Sebastian Braun, Dennis Paschke

Makroökonomie

anschaulich dargestellt

2. überarbeitete Auflage

PD-Verlag Heidenau

Bibliografische Information Der Deutschen Bibliothek

Die Deutsche Bibliothek verzeichnet diese Publikation in der Deutschen Nationalbibliografie; detaillierte bibliografische Daten sind im Internet über http://dnb.ddb.de abrufbar.

1. Auflage Januar 2005 (ISBN 3-930737-78-7)
2. überarbeitete Auflage November 2007

Druck: CPI books GmbH, Leck

ISBN 978-3-86707-492-6

Für Chris und Horst (S.B.)
Für Yvonne (D.P.)

VORWORT

Das Ziel des vorliegenden Buches ist es, den Leser auf besonders anschauliche Weise in alle relevanten Gebiete der Makroökonomie einzuführen. Die oft komplexen makroökonomischen Theorien werden daher mit einer Vielzahl von graphischen Abbildungen illustriert, ohne dass dabei die formale Darstellung vernachlässigt wird. Ein besonderes Augenmerk gilt darüber hinaus der Verknüpfung von Theorie und Praxis. Makroökonomische Fragestellungen sind weit mehr als graue Theorie und betreffen in der einen oder anderen Form das Leben jedes einzelnen. Die zentralen Theorien der Makroökonomie werden daher zunächst hergeleitet und dann auf zentrale wirtschaftspolitische Ziele angewendet. Anhand einer Reihe von aktuellen Beispielen wird das Beschriebene weiter veranschaulicht. Die vorliegende 2. Auflage des Buches wurde dabei noch einmal gründlich überarbeitet und die Zahlen und Beispiele auf den neuesten Stand gebracht.

Inhaltlich orientiert sich dieses Lehrbuch an den Anforderungen einer typischen makroökonomischen Vorlesung im Rahmen eines wirtschaftswissenschaftlichen Grundstudiums. Gewisse Vorkenntnisse, beispielsweise aus einer einführenden volkswirtschaftlichen Vorlesung, sind für das Verständnis des Buches von Vorteil, aber nicht unbedingt erforderlich. Da einige Hochschulen auf eine allgemeine Einführung in die Volkswirtschaftslehre verzichten, werden zu Beginn des Buches noch einmal die für das Verständnis grundlegenden Begriffe und Methodiken zusammengefasst.[1] Obwohl sich das Buch inhaltlich auf das Grundstudium konzentriert, eignet es sich – insbesondere als grundlegendes Nachschlagewerk – auch für Studenten im Hauptstudium. Weiterhin bietet das Buch eine kompakte Einführung in einige wichtige fortgeschrittene Themen, die zumeist Bestandteil eines (volkswirtschaftlichen) Hauptstudiums sind.

Das Buch ist in fünf Teile gegliedert. Im ersten Teil wird der Leser in Gegenstand, Probleme und grundlegende Methodik der Makroökonomie eingeführt. Teil zwei widmet sich dann der Mikrofundierung der Makroökonomie. Für das Verständnis gesamtwirtschaftlicher Prozesse ist es von zentraler Wichtigkeit, das Verhalten der einzelnen Teilnehmer am Wirtschaftsleben zu verstehen. Daher nimmt der zweite Teil zunächst das Verhalten der privaten Haushalte, der Firmen und des Staates unter die Lupe. Abschließend werden die Interaktion der Wirtschaftsteilnehmer am Arbeitsmarkt sowie die Rolle des Geldes in einer Volkswirtschaft behandelt. Aufbauend auf den im zweiten Teil des Buches dargelegten mikroökonomischen Konzepten beschäftigt sich der dritte Teil mit den grundsätzlichen makroökonomischen Modellen. In diesem Teil findet sich eine ausführliche Darstellung des so genannten IS-LM sowie des AD-AS Modells.

Der vierte Teil des Buches wendet dann die zuvor beschriebenen Theorien auf zentrale wirtschaftspolitische Zielsetzungen an. In den ersten beiden Abschnit-

---

[1] Eine umfassende Einführung in die Grundlagen der Volkswirtschaftslehre ist ebenfalls in der vorliegenden Reihe erschienen.

ten wird untersucht, ob und wie Konjunkturschwankungen vermieden werden können und warum eine Volkswirtschaft wächst. Die beiden folgenden Abschnitte widmen sich dem Ziel der Preisniveaustabilität und dem Problem der Arbeitslosigkeit. Abgerundet wird das Buch durch eine Einführung in einige fortgeschrittene makroökonomische Themen. So findet sich in Teil fünf eine Einführung in die moderne Konjunktur- und Wachstumstheorie. Darüber hinaus wird der Frage nachgegangen, wie flexible Wechselkurse bestimmt werden können.

Wir hoffen, dass das vorliegende Buch eine echte Verständnishilfe für den Einblick in die Welt der Makroökonomie bietet und wünschen dem Leser viel Spaß bei der Lektüre. Für Verbesserungsvorschläge oder Hinweise auf Fehler sind wir weiterhin stets dankbar und freuen uns auch sonst über Anmerkungen jeglicher Art.

Bei der Arbeit an diesem Buch sind wir von einer Reihe von Menschen unterstützt worden, bei denen wir uns an dieser Stelle ganz herzlich bedanken möchten. Unser Dank gilt Peter Dörsam für das Verlegen dieses Buches und für die gute Zusammenarbeit. Ingo Nebendahl und Christian Spielmann möchten wir für die vielen wichtigen Hinweise und Verbesserungsvorschläge danken. Unser besonderer Dank gilt schließlich Horst Braun und Yvonne Främke für die akribische Durchsicht des Manuskripts auf sprachliche Mängel und für wichtige inhaltliche Hinweise aus der Sicht ökonomisch unvoreingenommener Leser.

Sebastian Braun
Dennis Paschke

INHALTSVERZEICHNIS

SYMBOLVERZEICHNIS

a_L	Anteil der im Forschungssektor beschäftigten Arbeitnehmer
a_K	Anteil des im Forschungssektor eingesetzten Kapitals
A	Produktionsfaktor Technologie
ABM	Arbeitsbeschaffungsmaßnahmen
AD	gesamtwirtschaftliche Nachfrage (aggregate demand)
AL	effektive Arbeit
APC	Durchschnittsneigung zum Konsum (average propensity to consume)
AS	gesamtwirtschaftliches Angebot (aggregate supply)
AUG	ausländische Geldeinheiten
B	Basiswohlstand
B_D	Budgetdefizit (budget-deficit) des Staates
ΔB_{St}	Budgetsaldo des Staates
BG	Budgetgerade
BIP	Bruttoinlandsprodukt
$BIP_{nominal}$	nominales Bruttoinlandsprodukt
BIP_{real}	reales Bruttoinlandsprodukt
BNE	Bruttonationaleinkommen
BoE	Bank of England, Notenbank des Vereinigten Königreiches
c	Konsum pro Arbeiter
c_A	Konsum pro Einheit effektiver Arbeit
C	Konsum (auch Konsumfunktion)
C_{ST}	Konsum der privaten Haushalte
C_M	Bargeldumlauf (cash) im Besitz der Nichtbanken als Teil der Geldmenge
C_{ST}	Staatskonsum
δ	Abschreibungsfaktor
D	Nachfrage (auch Nachfragefunktion)
D	Sämtliche Sichteinlagen
D_1	Basisdefizit
D^L	Arbeitsnachfrage
D_M	Sichteinlagen (deposits) der Nichtbanken bei den Banken
ε_t	zufallsverteilter Fehlerterm in Periode t
E	nominaler Wechselkurs
E^{eff}	effektiver Wechselkurs
ECU	European Currency Unit
EGKS	Europäische Gemeinschaft für Kohle und Stahl
ESVG	Europäisches System der Volkswirtschaftlichen Gesamtrechnungen
ESZB	Europäisches System der Zentralbanken
EU	Europäische Union
Euratom	Europäische Atomgemeinschaft
EWI	Europäisches Währungsinstitut
EWG	Europäische Wirtschaftsgemeinschaft
EWM	Europäischer Wechselkursmechanismus
EWS	Europäisches Währungssystem
EWU	Europäische Währungsunion
Ex	Exporte
Ex^{net}	Nettoexporte
EZB	Europäische Zentralbank

Fed	Federal Reserve Board, US-Notenbank
FLSA	Fair Labor Standards Act
g	Rate des technologischen Fortschritts
g_0^i	Gewichtung von Gut i in Basisperiode
g_1^i	Gewichtung von Gut i in Berichtsperiode
g_x	Wachstumsrate der Variablen x
G	Staatsausgaben (governmental-expenditure)
G_I	Staatseinnahmen (governmental-income)
GE	Geldeinheiten
GK	Grenhang einer Volkswirtschaft zum Konsumieren
GS	Grenzhang einer Volkswirtschaft zum Sparen
GW	Gegenwartswert
HDI	Human Development Index
HVPI	Harmonisierten Verbraucherpreis Index
i	Nominalzins
i^*	Nominalzins auf dem Weltmarkt
I	Investitionen (auch Nettoinvestitionen sowie Investitionsfunktion)
I_{Brutto}	Bruttoinvestitionen
$I_{Ersatz,}$ I_E	Ersatzinvestitionen
I_{gepl}	geplante Investitionen
$I_{Netto,}$ I_N	Nettoinvestitionen
I_{St}	staatliche Investitionen
I_U	Investitionen der Unternehmen
I_{ungepl}	ungeplante Investitionen
Im	Importe
ILO	International Labour Office, Internationale Arbeitsorganisation
IWF	Internationaler Währungsfonds
k	Kapital pro Arbeiter
k_A	Kapital pro Einheit effektiver Arbeit
K	Kapital
K_0	vorhandener Kapitalstock
ΔK	Kapitalveränderung
$\bar{l}$	Zeitausstattung
l	Zeitausstattung, die für Freizeit genutzt wird
lr	langfristig (long run)
L	Arbeit (labour)
L	Geldnachfragefunktion
ΔL	Veränderung des Arbeitsangebotes
$\bar{L}$	gesamtes Arbeitsangebot
L^D	Erwerbstätige
L^S	Erwerbspersonen
L^U	Erwerbslose
LAS	langfristiges gesamtwirtschaftliches Angebot (long run aggregate supply)
λ	Liquidität
m	Geldschöpfungsmultiplikator
M	nominales Geldangebot
M^D	nominale Geldnachfrage
M^*	nominales Geldangebot im Ausland
MB	monetäre Basis
MC	Grenzkosten (marginal costs)

MPC	Grenzneigung zum Konsum (marginal propensity to consume)
MPK	Grenzprodukt des Kapitals (marginal product of capital)
MR	Grenzertrag (marginal revenue)
MRS	Marginale Grenzrate der Substitution (marginal rate of substitution)
n	Rate des Bevölkerungswachstums
NGW	Netto-Gegenstandswert
NSP	Nettosozialprodukt
NZB	Nationale Zentralbanken
OECD	Organisation für wirtschaftliche Zusammenarbeit und Entwicklung
p	Preis
p_0^i	Preis von Gut i in Basisperiode
p_1^0	Preis von Gut i in Berichtsperiode
P	Preisniveau
P^*	Ausländisches Preisniveau
P^e	erwartete Preissteigerungen
PC^{sr}	kurzfristige Phillips-Kurve (short run phillips curve)
PC^{lr}	langfristige Phillips-Kurve (long run phillips curve)
π	Inflation
π^e	Inflationserwartung
Π	Gewinn
q	Menge
q	Tobin's q (Marktwert vorhandenes Kapital nach Wiederbeschaffungswert)
q_0^i	Menge von Gut i in Basisperiode
q_1^i	Menge von Gut i in Berichtsperiode
Q	Menge
Q^d	nachgefragte Menge
Q^S	angebotene Menge
r	Realzins
r^G	Realzins, den Staat zu zahlen hat
RBC	real-business-cycle (realer Konjunkturzyklus)
RE	realer Wechselkurs
RS	Reserven der Banken bei der Zentralbank als Teil der Geldmenge
s	Sparquote
sr	kurzfristig (short run)
S	Angebot (auch Angebotsfunktion)
S	Ersparnisse
S^L	Arbeitsangebot
S_{pr}	private Ersparnisse
Sb	Subventionen
t	Zeit
T	Steuern
Tr	Transferzahlungen
τ	autonomer Teil der Geldnachfrage
U	Arbeitslosigkeit
ν	Kapital-Output Rate
V	Umlaufgeschwindigkeit des Geldes
VGR	Volkswirtschaftliche Gesamtrechnung
VP	Verbraucherpreisindex
VWL	Volkswirtschaftslehre
w	Reallohn
Ω	Budget eines Haushaltes, Wohlstand

WWU	Wirtschafts- und Währungsunion
y	Produktion pro Arbeiter
y_A	Produktion pro Einheit effektiver Arbeit
Y	gesamtwirtschaftliches Einkommen / gesamtwirtschaftlicher Output
Y^D	gesamtwirtschaftliche Nachfrage
Y^N	Nettoeinkommen der privaten Haushalte
Y^P	permanentes Einkommen
Y^S	gesamtwirtschaftliches Angebot
Y^T	transitores Einkommen
Y^V	verfügbares Einkommen
Y^*	ausländische Produktion
ZW	Zukunftswert

Anmerkung: Eine Variable, die mit einem hochgestellten * (z.B. Y^*) gekennzeichnet ist, beschreibt eine optimale Größe oder eine Größe im Gleichgewicht (sofern nicht abweichend im Text formuliert). Gleichgewichte Variablen können ferner mit einer tiefergestellten $_0$ (z.B. Y_0) gekennzeichnet sein. Wird eine Größe mit einem Oberstrich versehen (z.B. $\overline{G}$) gilt diese als konstant. Ein Punkt über einer Variablen (z.B. $\dot{G}$) bezeichnet die Veränderung dieser Größe im Zeitverlauf. Einige Funktionen sind mit kleinen Vorzeichen in Klammern unterschrieben, z.B. $C = f(\underset{(+)}{Y}, \underset{(-)}{i})$; diese Symbole geben de Richtung der Wirkung an. Y hat im obigen Beispiel einen positiven Einfluss auf C. Steigt Y, steigt auch C (und umgekehrt). Hingegen hat i einen negativen Einfluss. Steigt i, fällt C (und umgekehrt).

Einführung

Warum hat Deutschland nach dem Ende des zweiten Weltkrieges einen rasanten wirtschaftlichen Aufschwung erlebt? Und weshalb andere Länder nicht? Warum leben Menschen in Westeuropa in einem Wohlstand, der zu Beginn des 20. Jahrhunderts unvorstellbar war, während viele Bewohner der so genannten Entwicklungsländer ihr Dasein nach wie vor in absoluter Armut fristen müssen? Woran liegt es, dass derzeit so viele Menschen in unserem Land keine Arbeit finden? Kann der Staat etwas dagegen unternehmen? Warum sind die Preise in der Eurozone relativ stabil, während sie in anderen Ländern der Welt explodieren? Was hat die jeweilige Notenbank damit zu tun? Wieso gibt es Rezessionen? Und warum bleibt keine Volkswirtschaft der Welt von ihnen verschont? Auf diese und andere verwandte Fragen versucht die Makroökonomie Antworten zu finden. Makroökonomen befassen sich mit dem gesamtwirtschaftlichen Geschehen, suchen nach Erklärungen für gesamtwirtschaftliche Prozesse.

Kaum ein Tag vergeht, ohne dass ebendieses Geschehen in Zeitungen oder Fernsehprogrammen thematisiert wird. Die allabendlichen Nachrichten berichten von Rezessionsängsten oder gesunkenem Konsumentenvertrauen. Tageszeitungen informieren auf der Titelseite über Zinssenkungen der amerikanischen Notenbank oder Turbulenzen an den internationalen Aktienmärkten. Und auch wenn all diese Ereignisse im ersten Moment abstrakt erscheinen mögen, so berühren sie doch auf die eine oder andere Art das Leben jedes Einzelnen. Den Angestellten zum Beispiel, der kurz vor der Pensionierung steht und sich bei sinkenden Aktienkursen Sorgen um die Höhe seiner privaten Altersvorsorge machen muss. Den Selbstständigen, dessen unternehmerischer Erfolg auch von der gesamtwirtschaftlichen Situation abhängt genauso wie den Mitarbeiter im Einzelhandel, der bei sinkender Kauflust um seinen Arbeitsplatz fürchten muss. Den Studenten, der im nächsten Jahr seinen Abschluss machen will und dessen Jobaussichten mit einem Anziehen der Konjunktur steigen würden. Und selbst das kleine Mädchen, dessen Taschengeld für immer weniger Süßigkeiten ausreicht, wenn Schokolade immer teurer wird.

Weil makroökonomische Entwicklungen und Geschehnisse das Wohlergehen eines jeden beeinflussen können, nehmen sie in der politischen Auseinandersetzung eine herausragende Stellung ein. Der Zustand der Wirtschaft bestimmt maßgeblich die Beliebtheit der Regierenden. Sinkendes Wirtschaftswachstum und steigende Arbeitslosigkeit trugen mit dazu bei, dass 1982 die damalige sozialliberale Regierung unter Bundeskanzler Helmut Schmidt abgelöst wurde. Auch Helmut Kohl stolperte 1998 nicht zuletzt über das steigende Heer von Arbeitslosen. Und befragt nach den wichtigsten Themen des Wahlkampfs 2002 setzten die Bundesbürger „Arbeitslosigkeit" mit 82 Prozent auf den ersten Platz.[1] Berühmt geworden ist der Slogan, mit dem Bill Clinton 1992 die Präsidentschaftswahl in den USA gewann: It's the economy, stupid![2]

Auch auf der internationalen Bühne stehen wirtschaftspolitische Themen oft ganz oben auf der politischen Agenda und sorgen nicht selten für Zündstoff zwischen den Ländern. Da streiten Großbritannien und Frankreich munter über die zukünftige Höhe der Agrarsubventionen im vereinigten Europa. Die Ankündigung der USA, Importzölle auf ausländische Stahlerzeugnisse zu erheben, sorgt für Verstimmungen zwischen den Vereinigten Staaten und Europa. Mögliche Wege zur Entschuldung von Entwicklungsländern und der Abbau von Handelsschranken stehen immer wieder auf der Tagesordnung von ungezählten Treffen internationaler Regierungschefs. Auch die Massenkundgebungen, die mittlerweile Tagungen der Weltbank, des Internationalen Währungsfonds oder der Regierungschefs der großen Industrienationen begleiten, zeugen von der Bedeutung und der Tragweite wirtschaftspolitischer Entscheidungen.

Während es die Aufgabe von Politik und Zentralbanken ist, wirtschaftspolitische Entscheidungen zu treffen, suchen Makroökonomen nach Erklärungen für das gesamtwirtschaftliche Verhalten und schaffen die Grundlage für effizientes politisches Handeln. Anders als beispielsweise die Naturwissenschaften kann die makroökonomische Forschung keine wiederholbaren Experimente in einem Labor durchführen. Auch hätten die Betroffenen wohl wenig Verständnis dafür, wenn beispielsweise die Europäische Zentralbank zu Forschungszwecken eine Hyperinflation auslösen und dann deren Auswirkungen studieren würde.

Auf der Suche nach den Ursachen und Zusammenhängen wirtschaftlicher Entwicklungen müssen Makroökonomen daher auf ihre ganz eigenen Werkzeuge zurückgreifen. Wirtschaftlichen Daten, beispielsweise über die Entwicklung von Inflation und Arbeitslosigkeit in Deutschland, kommt dabei ein ganz besonderer Stellenwert zu. Zum einen spiegeln sie unsere Beobachtungen über das wirtschaftliche Geschehen wieder und dienen somit als Ausgangspunkt für die Entwicklung makroökonomische Theorien. Zum anderen werden diese Theorien dann wieder anhand von Daten auf ihre Übereinstimmung mit der Realität überprüft.

Obwohl sich das Verständnis für gesamtwirtschaftliche Zusammenhänge im Laufe der noch jungen Geschichte der Makroökonomie ständig verbessert hat, ist die Fähigkeit, ökonomische Entwicklungen richtig einzuschätzen und vorherzusagen, nach wie vor begrenzt. So müssen Wirtschaftsinstitute ihre Prognosen für das Wirtschaftswachstum im Laufe eines Jahres oftmals deutlich korrigieren, weil beispielsweise Konsumenten auf die Auswirkungen einer Steuerreform anders reagiert haben als von den Experten vorhergesagt oder die Ölpreise weniger stark gestiegen sind als ursprünglich angenommen. Nichtsdestotrotz können schon einfache makroökonomische Modelle eine Vielzahl von Aussagen über

[1] Quelle: Forschungsgruppe Wahlen 2004
[2] Es ist die Wirtschaft, Dummkopf!

das Funktionieren von Volkswirtschaften treffen und insbesondere dazu beitragen, unser Verständnis wirtschaftlicher Prozesse zu verbessern. In letzter Konsequenz ist eben dieses Verständnis notwendig, um wirtschaftspolitische Maßnahmen effektiver zu machen und damit das Wohlergehen vieler Menschen zu steigern.

I. EINLEITUNG IN DIE MAKROÖKONOMIE

1 Makroökonomie als Wissenschaft

1.1 Makroökonomie und ihr Verhältnis zur Mikroökonomie

Volkswirtschaftslehre oder genauer Volkswirtschaftstheorie wird generell in die Teilbereiche Mikro- und Makroökonomie unterteilt. Während sich die Makroökonomie mit gesamtwirtschaftlichen Verhalten und Vorgängen auseinandersetzt und sich dabei auf Aggregate wie den Haushalts- oder den Unternehmenssektor bezieht, beschäftigt sich die Mikroökonomie mit dem Verhalten einzelner Wirtschaftssubjekte wie einem Haushalt oder einem Unternehmen. Die Mikroökonomie untersucht beispielsweise das Zustandekommen des Preises eines einzelnen Produktes und erforscht die Funktionsweise einzelner Märkte. Sie hinterfragt das Konsumverhalten eines einzelnen Haushaltes oder die Produktionsentscheidung eines Unternehmens. Tabelle 1-1 gibt einen Überblick über zentrale Fragen der Volkswirtschaftslehre und ordnet sie den Teilbereichen Mikro- bzw. Makroökonomie zu.

Trotz der auf den ersten Blick recht klaren Trennung zwischen Makro- und Mikroökonomie sind beide Disziplinen untrennbar miteinander verbunden. So sind gesamtwirtschaftliche Prozesse letztlich die Summe einer Vielzahl von individuellen Entscheidungen, die wiederum Gegenstand mikroökonomischer Theorien sind. Möchte ein Ökonom zum Beispiel verstehen, durch welche Faktoren die gesamtwirtschaftliche Nachfrage beeinflusst wird, so ist dies zunächst eine makroökonomische Fragestellung. Um sie jedoch beantworten zu können, muss sie oder er auf mikroökonomische Theorien zurückgreifen. Welche Faktoren bestimmen das Konsumverhalten eines einzelnen Haushaltes? Wovon hängt es ab, ob eine Familie lieber zweimal im Monat zur Pizzeria um die Ecke geht anstatt das Geld zu sparen? Ein weiteres Beispiel: Möchte ein Ökonom verstehen wie die gesamtwirtschaftliche Investitionstätigkeit stimuliert werden kann, so muss er oder sie sich beispielsweise fragen, was eine Firma dazu veranlasst, eine zweite Produktionsstätte zu eröffnen. Die grundsätzlich makroökonomische Fragestellung enthält wiederum eine bedeutende mikroökonomische Komponente.

Zusammenfassend lässt sich sagen, dass gesamtwirtschaftliche Vorgänge nicht isoliert von individuellen Entscheidungen betrachtet werden können. Aus diesem Grunde basiert moderne makroökonomische Theorie immer auch auf mikroökonomischen Grundlagen. Diese werden im zweiten Teil des Buches näher erläutert.

Tabelle 1-1: Eine Übersicht über zentrale Fragen der Volkswirtschaftslehre und ihrer Einordnung[1]

Fragestellung	Einordnung
1. Warum und in welcher Menge werden bestimmte Güter nachgefragt?	Mikroökonomie
2. Was wird produziert?	Mikroökonomie
3. Wie wird die Produktion auf die Anbieter von Produktionsfaktoren verteilt (Arbeit, Boden, Kapital)?	Mikroökonomie
4. Wie entsteht Arbeitslosigkeit bzw. wodurch wird die Beschäftigungsmenge bestimmt?	Makroökonomie /Mikroökonomie
5. Warum verändert sich das Preisniveau?	Makroökonomie
6. Welches sind die Gründe und Bedingungen für gesamtwirtschaftliches Wachstum?	Makroökonomie
7. Wie beeinflusst der Staat gesamtwirtschaftliche Aktivitäten?	Makroökonomie
8. Wieso kommt Außenhandel zwischen Volkswirtschaften zustande?	Makroökonomie/Mikroökonomie

1.2 Ein kurzer geschichtlicher Abriss

Lange Zeit haben sich Ökonomen nur sehr wenig mit dem auseinandergesetzt, was wir heute unter Makroökonomie verstehen. Bis in die 30er Jahre des 20. Jahrhunderts hinein war die Vorstellung verbreitet, dass funktionierende Märkte von ganz alleine ein soziales Optimum hervorbringen und es deshalb keinen Sinn mache, das gesamtwirtschaftliche Verhalten als die Summe einzelner Märkte zu analysieren. Diese so genannte **klassische** Sichtweise hat seine Wurzeln in **Adam Smith**´s[2] gefeiertem „Wohlstand der Nationen", veröffentlicht im Jahre 1776. Darin beschreibt Smith seine Idee der **„unsichtbaren Hand"**, nach der das Zusammenspiel von Marktkräften und eigennützigem Verhalten der einzelnen Wirtschaftssubjekte zu einem gesellschaftlichen Optimum führt. Diese Sichtweise fand Niederschlag in der Forderung, dass der Staat nicht in das wirtschaftliche Geschehen eingreifen solle (die so genannte **laissez-faire Wirtschaftspolitik**). Die Klassiker argumentierten, dass jedes Angebot sich seine eigene Nachfrage schaffe[3] und daher allgemeine Über- oder Unterproduktionen, d.h. eine Abweichung der Produktion von der Nachfrage, nicht möglich seien. Bis ins 20. Jahrhundert hinein widersprachen nur sehr wenige Ökonomen, unter ihnen **Karl Marx**[4], der klassischen Lehre.

Unter dem Eindruck der Weltwirtschaftskrise, die um 1930 die wirtschaftliche Produktion in einer Vielzahl von Ländern rund um den Globus einbrechen (sie-

[1] Für eine detailliertere Übersicht über die Grundfragen der Volkswirtschaftslehre siehe Horst Siebert 1996.
[2] Adam Smith (1723-1790), schottischer Philosoph und Ökonom, lehrte an der University of Glasgow (1751-64). Hauptwerke: The Theory of Moral Sentiments (1759), An Inquiry into the Nature and Causes of the Wealth of Nations (1776).
[3] Dieses Gesetz wird auch als Saysches Theorem bezeichnet, benannt nach dem französischen Journalisten und Nationalökonom Jean-Baptiste Say (1767-1832). Hauptwerke: Traité d´économie politique... (1803), Cours complet d´économie politique practique (1828/29).
[4] Karl Marx (1818-1883), deutscher Ökonom und Vertreter des wissenschaftlichen Sozialismus. Hauptwerke: Das Manifest der kommunistischen Partei (1848, zusammen mit Friedrich Engels), Kritik der politischen Ökonomie (1859), Das Kapital (Band 1: 1867, Band 2 und 3 von Engels posthum herausgegeben).

he Tabelle 1-2) und viele Millionen Menschen arbeitslos werden ließ, veröffentlichte der englische Ökonom **John Maynard Keynes**[5] im Jahre 1936 seine „Allgemeine Theorie der Beschäftigung, des Zinses und des Geldes". In seinem Werk, das die Volkswirtschaftslehre revolutionieren sollte, stritt Keynes ab, dass das Konzept der unsichtbaren Hand mit Blick auf das allgemeine Produktions- sowie Beschäftigungsniveau einer Volkswirtschaft funktioniert. Vielmehr unterstrich Keynes die Instabilität des marktwirtschaftlichen Systems und folgerte, dass andauernde Unterbeschäftigung möglich sei. Keynes betonte die Bedeutung der gesamtwirtschaftlichen Nachfrage als Hauptursache für gesamtwirtschaftliche Fluktuation. Seine Lehre wurde der Ausgangspunkt für die moderne makroökonomische Theorie und Politik.

Tabelle 1-2: Prozentuale Veränderungen der Industrieproduktion und des BIP, 1929-32[6]

Land	Industrieproduktion	Bruttoinlandsprodukt
Belgien	-27,1	-7,1
Dänemark	-5,6	4,0
Deutschland	-40,8	-15,7
Finnland	-20,0	-5,9
Frankreich	-25,6	-11,0
Italien	-22,7	-6,1
Niederlande	-9,8	-8,2
Norwegen	-7,9	-0,9
Spanien	-11,6	-8,0
Schweden	-11,8	-8,9
USA	-44,7	-28,0
Vereinigtes Königreich	-11,4	-5,8

In den 40er und 50er Jahren erschien eine Vielzahl von Schriften, die die ursprüngliche keynesianische Theorie erweiterten und sie in konkrete ökonomische Modelle umsetzten. Anhänger der Ideen von Keynes (**Keynesianer**) drängten den Staat zu einer aktiven Wirtschafts- und insbesondere Fiskalpolitik[7] mit dem Ziel, gesamtwirtschaftliche Schwankungen abzumildern. Der theoretischen folgte dann auch die wirtschaftspolitische Revolution. Nach dem zweiten Weltkrieg und insbesondere in den 60er und 70er Jahren verfolgten fast alle großen Industrienationen eine an Keynes orientierte Wirtschaftspolitik.

Seit Ende der 50er Jahre sahen sich keynesianische Theorien jedoch verstärkt der Kritik einer Gruppe von Ökonomen ausgesetzt, die später unter dem Namen **Monetaristen** Beachtung fanden. Ihr bekanntester Vertreter war der spätere No-

[5] John Maynard Keynes (1883-1946), englischer Ökonom, Geschäftsmann und politischer Berater, gehörte ab 1909 zum Lehrkörper des Kings College in Cambridge. Hauptwerk: The General Theory of Employment, Interest and Money (1936).

[6] Quelle: Derek H. Aldcroft 1993

[7] Unter den Begriff Fiskalpolitik fallen sämtliche finanzpolitische Maßnahmen des Staates, wie beispielsweise eine Erhöhung der Ausgaben oder eine Steuersenkung, die der Stabilisierung der konjunkturellen Entwicklung dienen.

belpreisträger **Milton Friedmann**[8]. Die Monetaristen standen zumindest teilweise wieder in der Tradition der klassischen Lehre und setzten der keynesianischen Vorstellung einer generell instabilen Wirtschaft das Bild einer langfristig gegen einen Gleichgewichtszustand strebenden Volkswirtschaft entgegen. Sie verneinten daher zumindest in der langfristigen Betrachtung die Notwendigkeit einer aktiv stabilisierenden Wirtschaftspolitik.

Bis in die 70er Jahre bestimmte die Trennung zwischen Monetaristen und Keynesianern fast alle großen makroökonomischen Debatten. Während einige Ökonomen an der „reinen" monetaristischen bzw. keynesianischen Schule festhielten, bewegten sich andere aufeinander zu und vereinten Elemente aus beiden Lehren. Mit Blick auf die Wirtschaftspolitik argumentierten die meisten Vertreter dieser Symbiose, dass eine aktive Wirtschaftspolitik kurzfristig vonnöten sein könne, langfristig der Markt jedoch selbstständig gegen einen Gleichgewichtszustand strebe. Diese Überzeugung wird auch heute noch von vielen Ökonomen geteilt.

Teilweise aufbauend auf den Ideen der Monetaristen entwickelte sich Mitte der 70er Jahre eine neue, einflussreiche Denkrichtung, die so genannte **Neue Klassische Makroökonomie**. Die Vertreter dieser Richtung (**Neue Klassiker**) argumentierten, dass die makroökonomische Theorie stärker auf mikroökonomischen Prinzipien aufbauen müsse. Ihre Analyse basiert auf der Annahme von **rationalen Erwartungen**. Diese besagt, dass Wirtschaftssubjekte ihre Erwartungen auf der Grundlage aller vorhandenen Informationen formulieren und dabei so handeln, als würden sie das korrekte Modell einer Volkswirtschaft kennen. Die zweite zentrale Annahme der Neuen Klassiker ist die der vollkommenen Preis- und Lohnflexibilität. Unter diesen Voraussetzungen verliert jegliche staatliche Intervention in die Märkte ihre Wirkung und die Forderung der Klassiker nach einer Wirtschaftspolitik des laissez-faire erhält neue Bedeutung.

Zum Teil als Reaktion auf die Ideen der Neuen Klassiker entstand in den frühen 80er Jahren die **Neue Keynesianische Makroökonomie**. Ökonomen dieser Richtung (**Neue Keynesianer**) teilen mit den ursprünglichen Keynesianern die Sorge um lang anhaltende Arbeitslosigkeit und zweifeln an den vollständigen Selbstheilungskräften des Marktes. Ähnlich wie die Vertreter der Neuen Klassik unterstreichen Neue Keynesianer die Wichtigkeit einer mikroökonomischen Fundierung makroökonomischer Theorien. Neukeynesianische Forschung konzentriert sich dabei vor allem auf Erklärungsansätze für die Existenz unflexibler Preise und Löhne. Diese werden vor allem durch unvollständige Informationen

---

[8] Milton Friedman (1912) wurde in den USA als Kind österreichisch–ungarischer Einwanderer geboren. Seine wissenschaftliche Karriere begann an der Rutgers University, wo er zunächst Mathematik, später Ökonomie studierte. 1946 übernahm Friedman seine erste Lehrtätigkeit an der University of Chicago und war gleichzeitig Direktor im National Bureau of Economic Research. Friedman brachte sich in die US-amerikanische Politik als Wirtschaftsberater von Senator Goldwater (Präsidentschaftskandidat 1964) und Richard Nixon (US Präsident 1969-1974) ein. 1976 wurde ihm der Wirtschaftsnobelpreis für seine Arbeiten in der Konsumtheorie, Geldtheorie und Stabilitätspolitik verliehen. Zahlreiche wissenschaftliche Werke: u.a. Essays in Positive Economics (1953), Studies in the Quantity Theory of Money (1956), A Theory of the Consumption Function (1957), A Program for Monetary Stability (1959).

am Markt sowie durch unvollkommene Wettbewerbssituationen erklärt. Daraus resultiert eine Wiederbelebung einer an keynesianischen Ideen angelehnten Wirtschaftspolitik.

Heutige makroökonomische Forschung ist durch eine Vielzahl unterschiedlicher Forschungsprojekte gekennzeichnet, die sich mit den unterschiedlichsten Fragestellungen beschäftigen. Auch wenn noch immer Teile der aktuellen Diskussionen zwischen verschiedenen Lagern geführt werden, scheint die traditionelle Spaltung in verschiedene Denkschulen mehr und mehr an Bedeutung zu verlieren. So werden wichtige wirtschaftspolitische Themen, wie beispielsweise das der europäischen Währungsunion, immer weniger zwischen Vertretern einzelner Richtungen, sondern immer öfter innerhalb der makroökonomischen Profession als Ganzem geführt.

1.3 Die Methodik der Makroökonomie

1.3.1 Das Modell

Das zentrale Werkzeug eines jeden Ökonomen ist das Modell. Ein **Modell** kann als System von **Hypothesen** und eventuell **Definitionen** verstanden werden. Hypothesen beinhalten postulierte Zusammenhänge zwischen ökonomischen Größen, während Definitionen tautologische Beziehungen zwischen Variablen erfassen. In einem Modell wird zwischen zwei Arten von Variablen unterschieden. Als **endogene oder erklärte Variablen** werden die Größen bezeichnet, die mithilfe des Modells erklärt werden sollen, mit anderen Worten der Output oder das Ergebnis des Modells. Dagegen sind **exogene oder erklärende Variablen** der Input des Modells, mit dessen Hilfe die endogenen Variablen bestimmt werden sollen. Während exogene Größen als gegeben vorausgesetzt werden, werden endogene erst innerhalb des Modells bestimmt. Mithilfe eines Modells wird also die Wirkung von exogenen auf endogene Variablen untersucht (siehe Abbildung 1-1). Die auf diese Weise abgeleiteten Ergebnisse eines Modells werden auch **Theoreme** oder **Theorien** genannt.

Es sei beispielsweise angenommen, dass ein Ökonom den Markt für Fischbrötchen auf dem Hamburger Fischmarkt untersuchen will. Sie oder er stellt die Hypothese auf, dass die Fischnachfrage (Q^D)[9] vom aggregierten Einkommen der Hamburger Bevölkerung (Y), sowie vom Preis eines Fischbrötchens (P_f) abhängig ist. Der Ökonom nimmt weiter das Einkommen der Hamburger als konstant an und schreibt:

$$Q^d = D(\overline{Y}, P_f)$$

$$\Leftrightarrow \quad P_f = D^{-1}(\overline{Y}, Q^d).$$

[9] Die Bezeichnung Q^d leitet sich von dem englischen Begriff „quantity demanded“ (nachgefragte Menge) ab.

Abbildung 1-1: Funktionsweise eines Modells

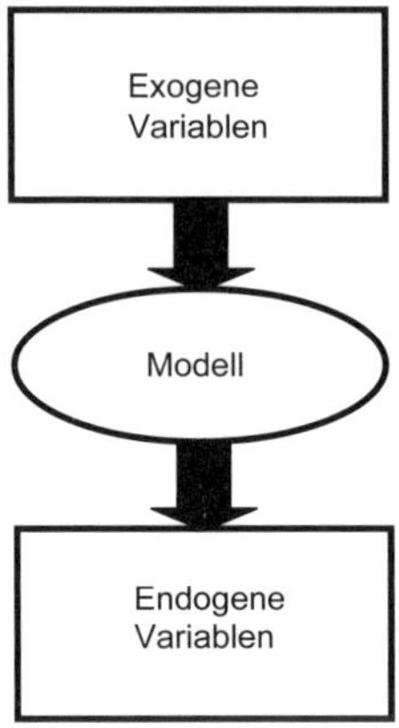

D steht dabei für die Nachfragefunktion (englisch „demand function"). Weiterhin postuliert der Ökonom, dass das Fischangebot (Q^S)[10] vom Einkaufspreis des Fisches (P_e) sowie dem Verkaufspreis eines Fischbrötchens abhängt und nimmt dabei den Einkaufspreis als konstant gegeben an. S bezeichnet hier die Angebotsfunktion (englisch „supply function"):

$$Q^s = D(\overline{P}_e, P_f)$$

$$\Leftrightarrow \quad P_f = S^{-1}(\overline{P}_e, Q^s).$$

Schließlich nimmt der Ökonom an, dass der (Fisch-)Markt die angebotene und die nachgefragte Menge in Einklang bringt:

$$Q^S = Q^D.$$

Die drei Gleichungen beschreiben zusammen ein Modell des Hamburger Fischmarktes. Dabei kann zwischen zwei endogenen und zwei exogenen Variablen unterschieden werden. Der Marktpreis eines Fischbrötchens sowie die gehandelte Menge sind die beiden Größen, die erklärt werden sollen. Sie werden innerhalb des Modells bestimmt, sind also endogene Variablen. Dagegen werden der Einkaufspreis des Fisches sowie das Einkommen der Hamburger als gegeben angenommen. Beide Variablen werden nicht innerhalb des Modells bestimmt, sind also exogen.

Der Ökonom kann das Modell mithilfe einer graphischen Abbildung illustrieren (siehe Abbildung 1-2). Für einen gegebenen Einkaufspreis kann zunächst die angebotene Menge in Abhängigkeit vom Marktpreis ermittelt werden. Die daraus resultierende Angebotskurve S hat eine positive Steigung, da zu einem höheren Preis mehr Anbieter bereit sein werden, Fischbrötchen zu verkaufen. Genau umgekehrt verhält es sich mit der Nachfragekurve D: Je höher der Preis für ein Fischbrötchen ist, desto weniger Besucher des Hamburger Fischmarktes werden bereit sein, sich ein solches Brötchen zu kaufen.[11] Auch bei der Nachfragekurve ist zu beachten, dass sie für einen bestimmten, konstant gehal-

[10] Die Bezeichnung Q^S leitet sich aus dem Englischen von „quantity supplied" (angebotene Menge) ab.

[11] Implizit wird hier die (realistische) Annahme getroffen, dass es sich bei Fischbrötchen um ein „gewöhnliches" Gut handelt. Dagegen werden Güter, die mit steigendem Preis stärker nachgefragt werden, als „Giffen-Güter" bezeichnet.

Abbildung 1-2: Der Markt für Fischbrötchen

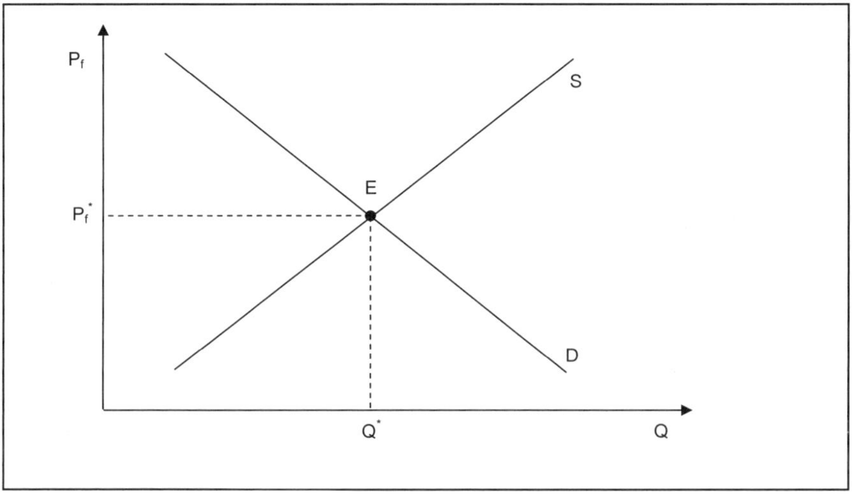

tenen Wert der exogenen Variablen (hier: Einkommen) gezeichnet ist. Im Schnittpunkt zwischen Angebots- und Nachfragekurve (Punkt E) ist der Markt im Gleichgewicht und die Menge an feilgebotenen Fischbrötchen entspricht genau der Nachfrage (Q^*). Der Gleichgewichtspreis beträgt P_f^*.
In einem nächsten Schritt kann nun untersucht werden, wie sich eine Veränderung der exogenen Variablen auf den Preis und die Menge der Fischbrötchen auf dem Fischmarkt, d.h. auf die endogenen Variablen, auswirkt. Welchen Effekt hat beispielsweise ein Rückgang des aggregierten Einkommens der Hamburger Bevölkerung? Mit sinkendem Einkommen sinkt zunächst die Nachfrage nach Fischbrötchen,[1] da den Hamburgern nun weniger Geld für den Konsum zur Verfügung steht. Dieser Zusammenhang ist in Abbildung 1-3 durch eine Linksverschiebung der Nachfragekurve illustriert: Zu jedem beliebigen Preis P_f wird nun eine geringere Menge Fischbrötchen nachgefragt. Daraus folgt, dass im neuen Marktgleichgewicht (Punkt E') weniger Fischbrötchen als zuvor zu einem geringeren Preis als bisher gehandelt werden ($Q^{**} < Q^*$; $P^{**} < P^*$).In eine andere Richtung wirkt dagegen eine Senkung des Einkaufspreises P_e. Die Herstellungskosten für ein Fischbrötchen sinken und der Verkauf eines Brötchens wird bei konstantem Verkaufspreis profitabler. Die daraus resultierende Erhöhung der Angebotsmenge ist durch die Rechtsverschiebung der Angebotskurve in Abbildung 1-4 dargestellt. Im neuen Marktgleichgewicht (E') wird nun eine größere Menge Fischbrötchen zu einem geringeren Preis verkauft ($Q^{**} > Q^*$; $P^{**} < P^*$).

[1] Hier wird impliziert, dass es sich bei Fischbrötchen um ein so genanntes superiores Gut handelt, nach dem die Nachfrage bei steigendem Einkommen ebenfalls steigt. Dagegen werden Güter, nach denen die Nachfrage mit steigendem Einkommen sinkt, als inferior bezeichnet.

Abbildung 1-3: Ein Rückgang des Einkommens

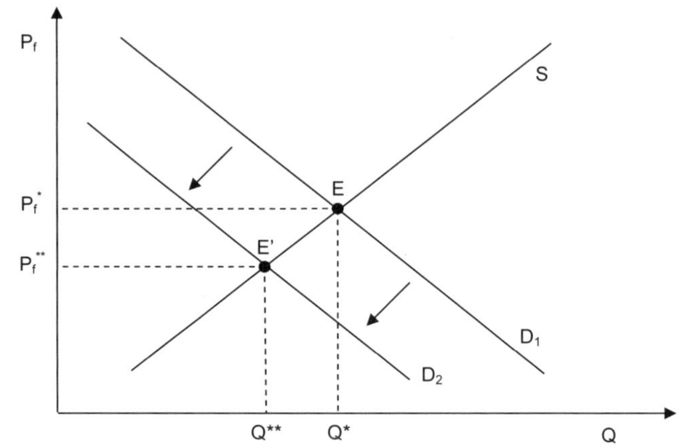

Zweifelsfrei handelt es sich bei dem dargestellten Modell nicht um eine detailgetreue Wiedergabe der Realität. Vielmehr liegt ihm eine Vielzahl von vereinfachenden Annahmen zugrunde, so zum Beispiel die eines homogenen Produktes. Die Fischbrötchen unterscheiden sich im Modell nicht voneinander und die Konsumenten ziehen folglich das Fischbrötchen des einen Standes nicht per se dem eines anderen vor. Die Händler konkurrieren daher nur über den Preis, nicht aber über die Qualität des Brötchens miteinander. Würden qualitative Unterschiede zugelassen, könnten verschiedene Händler bis zu einem gewissen Grade ihre eigenen Preise fordern. Generell beschränkt sich das Modell auf einige wenige Variablen. So werden die Kosten für den Verkauf eines Fischbrötchens und damit das Angebot in der Realität nicht nur von den Kosten des Fisches, sondern beispielsweise auch von Standgebühren oder dem Einkaufspreis der verwendeten Brötchen bestimmt. Auch die Beschränkung auf das Einkommen der Hamburger mag unrealistisch erscheinen, sind doch viele Besucher des Fischmarktes Touristen.

Inwieweit ein Modell trotz aller Vereinfachungen aussagekräftig ist, hängt stark von der zu untersuchenden Fragestellung ab. Sollen beispielsweise die Auswirkungen von steigenden Fischpreisen auf den Durchschnittspreis eines Fischbrötchens untersucht werden, ist das dargestellte Modell durchaus brauchbar. Dagegen ist die Aussagekraft erheblich eingeschränkt, wenn die Ursache für grundlegende Preisschwankungen auf dem Hamburger Fischmarkt untersucht werden soll, da die Anzahl der berücksichtigten Faktoren für eine solche Analyse schlicht nicht ausreicht. Generell kann ein Modell immer nur ein unvollständiges Abbild der Realität darstellen. Könnte die Wirklichkeit direkt und ohne vereinfachende Annahmen verstanden werden, so wären Modelle unnötig. Die

Abbildung 1-4: Ein Rückgang des Einkaufspreises

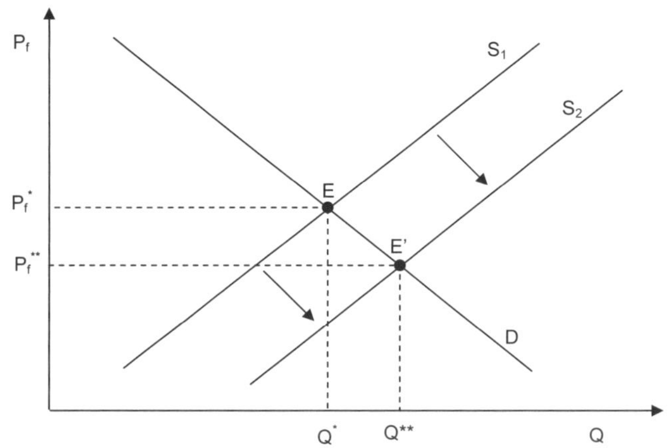

Schwierigkeit bei der Formulierung eines Modells liegt darin, die notwendigen Vereinfachungen und Abstraktionen von der Realität vorzunehmen, ohne dadurch zu falschen Schlüssen zu gelangen.

1.3.2 Empirische Überprüfung von Theorien

Nachdem ein Ökonom mithilfe eines Modells eine Theorie aufgestellt hat, muss diese an der Realität getestet werden. Stimmen die Ergebnisse des Modells nicht mit der Wirklichkeit überein, so gilt die Theorie als falsifiziert, d.h. als widerlegt. Die Aufstellung einer Theorie mit anschließender Überprüfung anhand der Realität wird als **deduktives Vorgehen** bezeichnet.[2] Wie bereits erwähnt können Theorien in der Volkswirtschaftslehre und speziell in der Makroökonomie – ähnlich wie in anderen sozialwissenschaftlichen Disziplinen und im Gegensatz zu den Naturwissenschaften – nur eingeschränkt mithilfe von Experimenten getestet werden. So eignen sich wirtschaftspolitische Entscheidungen denkbar schlecht als wissenschaftliches Experimentierfeld, da ihre Auswirkungen unmittelbar das Wohlergehen von Millionen Menschen beeinflussen. (Makro-)Ökonomische Theorien werden deshalb nicht anhand von Experimenten, sondern mithilfe der **Ökonometrie** getestet, einer Teildisziplin der Wirtschafts-

[2] Demgegenüber steht das **induktive Vorgehen**, bei dem Einzelfälle der Realität betrachtet und daraus allgemeine Zusammenhänge abgeleitet werden.

wissenschaften, die sich mit der Analyse ökonomischer Daten beschäftigt.[3] Neben der Überprüfung ökonomischer Theorien zählen die Quantifizierung ökonomischer Zusammenhänge, das Bereitstellen von Entscheidungshilfen für politische Entscheidungsträger sowie die Prognose zukünftiger Entwicklungen zu den Aufgaben der Ökonometrie.

Der Erfolg und die Genauigkeit ökonometrischer Analysen hängen unmittelbar von der Qualität der ihr zugrundeliegenden **Daten** ab. Dabei wird zwischen drei Typen von Daten unterschieden: Zeitreihendaten, Querschnittsdaten und Paneldaten. Wird der Wert einer Variablen über einen bestimmten Zeitraum beobachtet, so spricht man von einer **Zeitreihe**. Die Daten werden typischer Weise in regulären Zeitabständen, wie zum Beispiel täglich (Aktienpreise zum Handelsschluss), monatlich (Preisindex) oder jährlich (Haushaltsbudget des Bundes), erhoben. Dabei kann es sich sowohl um **quantitative** (d.h. um numerische Daten wie Preise oder Einkommen) als auch um **qualitative** Daten (angestellt oder nicht angestellt, verheiratet oder nicht verheiratet) handeln. Während Zeitreihendaten also Auskunft über den Wert einer Variablen im Zeitverlauf geben, werden Daten über eine oder mehrere Variablen zu einem bestimmten Zeitpunkt als **Querschnittsdaten** bezeichnet. Eine Statistik über die Bevölkerungsdichte der einzelnen Bundesländer im Jahre 2004, d.h. zu einem festgelegten Zeitpunkt, stellt beispielsweise einen solchen Querschnitt dar. Vereint ein Datensatz Elemente von Zeitreihen- und Querschnittsdaten, so wird von **Paneldaten** gesprochen.

Die in ökonometrischen Analysen verwendeten Daten können von einer ganzen Reihe unterschiedlicher Institutionen stammen. Beispiele hierfür sind Regierungsstellen, internationale Organisationen wie die Weltbank oder auch private Organisationen oder Unternehmen. Bei der Suche nach geeignetem Datenmaterial stößt die Wissenschaft jedoch oft auf Schwierigkeiten. So sind wichtige Größen, wie die Erwartungshaltungen der Menschen, nur schwerlich auszumachen. Auch können die Methoden, die in verschiedenen Ländern und Regionen verwendet werden, um bestimmte Daten zu gewinnen, so sehr differieren, dass ein aussagekräftiger Vergleich kaum möglich ist. Ebenso können Wahrheitsgehalt und Aussagekraft von Datensätzen, die auf Befragungen beruhen, stark eingeschränkt sein. So kann eine bestimmte Gruppe in der Gesellschaft Gründe dafür haben, eine Teilnahme an einer solchen Befragung abzulehnen oder gar falsche Angaben zu machen. Diese und eine Reihe weiterer Schwierigkeiten sollten bei der Analyse ökonomischer Daten und der Betrachtung der daraus resultierenden Ergebnisse beachtet werden.

[3] Der Begriff „Ökonometrie“ leitet sich aus den griechischen Wörter „oikonomia“ (Wirtschaft) sowie „metron“ (Maß, Messung) ab, die genaue Definition ist umstritten (für eine Übersicht über verschiedene Begriffsbestimmungen vgl. Damodar N. Gujarati 1995). Von einer eigenständigen Disziplin innerhalb der Wirtschaftswissenschaften wird erst seit der Gründung der Econometric Society am 29.12.1930 gesprochen.

1.3.3 Makroökonomische Prognosen

Ein besonders öffentlichkeitswirksamer Bereich makroökonomischer Forschung ist die **Prognose** der zukünftigen wirtschaftlichen Entwicklung. Die Bekanntgabe solcher Vorhersagen ist von hohem öffentlichem Interesse und neue Vorhersagen über die zukünftige wirtschaftliche Entwicklung heizen immer wieder die politische Debatte zwischen Regierung und Opposition an. Regierungen, Wirtschaftsforschungsinstitute, internationale Organisationen aber auch große Banken beschäftigen zahlreiche Ökonomen, die in regelmäßigen Abständen besonders die konjunkturelle Lage, aber auch die Entwicklung am Arbeitsmarkt oder die Inflationsgefahr einschätzen. Die in Deutschland wohl bekannteste Einschätzung der wirtschaftlichen Lage ist die so genannte **Gemeinschaftsdiagnose** von führenden deutschen Wirtschaftsforschungsinstitute, die zweimal jährlich im Frühjahr (so genanntes **Frühjahrsgutachten**) sowie im Herbst (**Herbstgutachten**) publiziert wird.[4]

Obwohl Vorhersagen oftmals eine respektable Übereinstimmung mit der Realität aufweisen, werden immer wieder erhebliche Abweichungen der tatsächlichen wirtschaftlichen Entwicklung von der zuvor prognostizierten beobachtet (siehe Kasten 1-1). Derartige Prognosefehler können eine Vielzahl von Gründen haben. Zunächst kann das der Schätzung zugrundeliegende theoretische Modell fehlerhaft sein. Weiterhin sind Daten und Informationen über erst kurze Zeit zurückliegende Entwicklungen und Geschehnisse häufig nur provisorischer Art. Eine nachträgliche Revidierung des Datenmaterials bedeutet aber unweigerlich auch Fehler in der ursprünglichen Prognose. Die häufigste Fehlerquelle ökonomischer Vorhersagen liegt aber in falschen Annahmen bezüglich der zukünftigen Entwicklung exogener Variablen.[5] Der erwähnten Gemeinschaftsprognose liegen beispielsweise Annahmen über die Entwicklung des Ölpreises, der Weltkonjunktur oder des Wechselkurses zugrunde. Steigt zum Beispiel der Euro im Jahresverlauf entgegen den Erwartungen der Experten, so hat dies direkte Auswirkungen auf die Konjunktur, da der höhere Preis deutscher Produkte auf dem Weltmarkt tendenziell zu einem Rückgang der deutschen Exporte führt. Eine auf der Basis eines niedrigeren Europreises ermittelte Prognose wird dadurch sehr wahrscheinlich fehlerhaft sein.

---

[4] Für den Zeitraum Herbst 2007 bis Frühjahr 2010 sind folgende Institute und Arbeitsgemeinschaften mit der Gemeinschaftsdiagnose betraut worden: das Institut für Weltwirtschaft (IfW), Kiel; das ifo Institut für Wirtschaftsforschung, München, zusammen mit der Konjunkturforschungsstelle der Eidgenössischen Technischen Hochschule (ETH), Zürich; das Institut für Wirtschaftsforschung Halle (IHW) zusammen mit dem Institut für Makroökonomie und Konjunkturforschung (IMK), Düsseldorf, und dem Österreichisches Institut für Wirtschaftsforschung (WIFO), Wien; das Rheinisch-Westfälisches Institut für Wirtschaftsforschung (RWI) zusammen mit dem Institut für Höhere Studien (IHS), Wien. Zur Erstellung der Prognose werden verschiedenen Konjunkturindikatoren einschließlich der Ergebnisse verschiedener Befragungen, ökonometrische Analysen sowie die so genannte iterativ-analytische Methode verwendet (für eine Erläuterung der verschiedenen Methoden vgl. Wolfgang Nierhaus 1998).

[5] Besonders drastische Fehleinschätzungen exogener Variablen sind oftmals die Folge schwer absehbarer internationaler Ereignisse. Beispiele hierfür sind die Ölpreisschocks in den 70er Jahren, die Golfkriege oder der Anschlag auf das World Trade Center.

Kasten 1-1: Prognose und Prognosefehler: Das Jahr 2001

Prognose und Prognosefehler: Das Jahr 2001

Das Jahr 2001 ist ein Beispiel für eine deutliche Überschätzung der konjunkturellen Entwicklung seitens der Wirtschaftsforschung. Bei der Vorlage der Gemeinschaftsprognose im Frühjahr 2001 waren die führenden deutschen Wirtschaftsforschungsinstitute von einem Zuwachs des deutschen Bruttoinlandsproduktes um 2,1 Prozent ausgegangen. Den Schätzungen zufolge sollte die Arbeitslosenquote von 9,2 auf 8,7 Prozent fallen, während ein Anstieg der Verbraucherpreise um 2,1 Prozent prognostiziert wurde. Den Prognosen lagen dabei unter anderem ein als konstant angenommener Rohölpreis sowie eine deutliche Verlangsamung der weltwirtschaftlichen Expansion zugrunde.

In ihrer im Herbst 2001 veröffentlichten Prognose mussten die Forscher ihre vorherigen Schätzungen drastisch korrigieren. So fiel die Prognose für das Bruttoinlandsprodukt auf ein Drittel des ursprünglichen Wertes. Dagegen wurde die Schätzung für den Anstieg der Verbraucherpreise deutlich von zuvor 2,1 auf 2,5 Prozent nach oben korrigiert. Die Arbeitslosenquote wurde nun mit 9,0 Prozent vorhergesagt. Zur Begründung der deutlichen Korrekturen wurde vor allem das schlechte weltwirtschaftliche Umfeld angegeben. Vor allem seien die von der schwachen US-amerikanischen Wirtschaft ausgehenden negativen Effekte für andere Regionen unterschätzt worden. Ein weiterer Grund für die Prognosefehler war dem Gutachten zufolge der unerwartet starke Preisanstieg. Dieser sei vor allem auf steigende Ölpreise, aber auch auf die Auswirkungen der Tierseuchen MKS (Maul-und-Klauen- Seuche) und BSE zurückzuführen. Durch den Terroranschlag auf das World Trade Center sei die Korrektur noch einmal verstärkt worden.

Dieses Beispiel zeigt, wie stark makroökonomische Prognosen von der tatsächlichen Entwicklung abweichen können, wenn sich die ihnen zugrunde liegenden Annahmen als unrichtig erweisen bzw. nicht vorhersagbare Ereignisse eintreten.

	Bruttoinlandsprodukt[1]	Verbraucherpreise[2]	Arbeitslosenquote[3]
Prognose Frühjahr	2,1	2,1	8,7
Prognose Herbst	0,7	2,5	9,0
Tatsächlicher Wert	0,6	2,5	9,1

[1]Veränderung gegenüber Vorjahreszeitraum in %, in Preisen von 1992; [2] Veränderung gegenüber Vorjahreszeitraum in %; [3]Arbeitslose in % der inländischen Erwerbspersonen
Quelle: Statistisches Bundesamt, Gemeinschaftsdiagnose Frühjahr und Herbst 2001

2 Makroökonomische Schlüsselgrößen

2.1 Bedeutung für Theorie und Praxis

Ökonomische Statistiken sind als Informationsgrundlage sowohl für die Wissenschaft als auch für die wirtschaftspolitische Praxis von großer Bedeutung. Sie liefern den Ausgangspunkt für die Entwicklung von Theorien, dienen zur Überprüfung derselben und bilden die Grundlage für Vorhersagen wirtschaftlicher Entwicklungen. In der Wirtschaftspolitik dienen sie als Anhaltspunkt für die Beurteilung der gesamtwirtschaftlichen Lage, sind Informationsgrundlage für Entscheidungen, erlauben aber auch die Bewertung von bereits getätigten Maßnahmen.

Die wohl wichtigsten ökonomischen Größen, die auch in der öffentlichen Diskussion immer wieder eine Rolle spielen, sind der **Verbraucherpreisindex** bzw. die **Inflationsrate**, die **Arbeitslosenquote** und das **Bruttoinlandsprodukt**. Die Wichtigkeit dieser Indikatoren begründet sich darin, dass sie zentrale gesamtwirtschaftliche Ziele messen, denen die Wirtschaftspolitik in Deutschland verpflichtet ist. Dazu heißt es im Gesetz zur Förderung der Stabilität und des Wachstums der Wirtschaft (so genanntes **Stabilitätsgesetz**) von 1967:

„Bund und Länder haben bei ihren wirtschafts- und finanzpolitischen Maßnahmen die Erfordernisse des gesamtwirtschaftlichen Gleichgewichts zu beachten. Die Maßnahmen sind so zu treffen, dass sie im Rahmen der marktwirtschaftlichen Ordnung gleichzeitig zur Stabilität des Preisniveaus, zu einem hohen Beschäftigungsstand und außenwirtschaftlichen Gleichgewicht bei stetigem und angemessenem Wirtschaftswachstum beitragen."

Die Schlüsselgrößen der Makroökonomie ermöglichen eine Quantifizierung der verschiedenen gesamtwirtschaftlichen Ziele[1] bzw. des Grades, zu denen die jeweiligen Ziele erreicht werden. So ist der Verbraucherpreisindex ein Indikator für die Stabilität des Preisniveaus, während die Arbeitslosenquote Aussagen über den Beschäftigungsstand einer Volkswirtschaft erlaubt. Das Wirtschaftswachstum schließlich wird anhand der Wachstumsrate des Bruttoinlandsproduktes gemessen. Weniger bekannt ist der Indikator für das Ziel des außenwirtschaftlichen Gleichgewichts, das als erreicht gilt, wenn die so genannte Leistungsbilanz einer Volkswirtschaft ausgeglichen ist. Die Leistungsbilanz wird im Rahmen des Abschnittes zur Zahlungsbilanz (Kapitel 4.4) näher erläu-

[1] In der Praxis sind über die im Stabilitätsgesetz festgelegten Ziele hinaus eine gerechte Einkommens- und Vermögensverteilung sowie umweltverträgliches Wirtschaften Ziele der Wirtschaftspolitik.

tert, während im Folgenden die Inflationsrate, die Arbeitslosenquote sowie das Bruttoinlandsprodukt dargestellt werden.

2.2 Der Verbraucherpreisindex und die Inflationsrate

Der **Verbraucherpreisindex** (früher: Preisindex für die Lebenshaltung aller privaten Haushalte) misst die durchschnittliche Preisveränderung aller Waren und Dienstleistungen, die von privaten Haushalten zu Konsumzwecken gekauft bzw. verbraucht werden. Berücksichtigt werden Güter des täglichen Bedarfs (wie beispielsweise Lebensmittel) ebenso wie Mieten und langlebige Gebrauchsgüter (zum Beispiel Kraftfahrzeuge), aber auch Dienstleistungen wie der Besuch beim Friseur. Insgesamt werden im Verbraucherpreisindex die Preisveränderungen von etwa 750 Gütern und Dienstleistungen abgebildet. Der Verbraucherpreisindex ermittelt die für die Gesamtheit *aller* privaten Haushalte in Deutschland maßgeblichen Preisveränderungen. Einbezogen werden also sowohl eine vierköpfige Familie wie auch der Singlehaushalt oder ein Rentnerehepaar. Ermittelte das statistische Bundesamt bis zum Jahr 2000 auch Preisindizes für spezielle Haushaltstypen, so entfällt diese Abgrenzung seitdem.

Nicht jede Preisveränderung ist gleich wichtig für einen durchschnittlichen privaten Haushalt. Beispielsweise dürfte sich ein Ansteigen der Brotpreise um 20 Prozent in der durchschnittlichen Haushaltskasse stärker bemerkbar machen als eine Verteuerung von elektronischen Zahnbürsten um denselben prozentuellen Wert. Aus diesem Grunde werden die Preisveränderungen gemäß der Bedeutung, die den jeweiligen Waren und Dienstleistungen im Budget der privaten Haushalte zukommt, im Preisindex unterschiedlich gewichtet. Hierzu wird auf der Grundlage der Ausgaben der privaten Haushalte für die Käufe von Waren und Dienstleistungen die Verbrauchstruktur bzw. der so genannte **Warenkorb** des durchschnittlichen privaten Haushaltes ermittelt. Geben die privaten Haushalte in Deutschland relativ mehr Geld für Brot anstatt für elektronische Zahnbürsten aus, so schlägt sich eine Erhöhung der Brotpreise auch stärker im Preisindex nieder.

Die Verbrauchsstrukturen werden bei der Berechnung des Verbraucherpreisindex nicht jedes Jahr neu berechnet, sondern für einen bestimmten Zeitraum konstant gehalten. Die berechneten Indexwerte beziehen sich also immer auf den Warenkorb des Jahres, in dem die Verbrauchsstrukturen ermittelt wurden, dem so genannten **Basisjahr**. Ein solcher Preisindex, dem ein festes Basisjahr zugrunde liegt, wird allgemein als **Laspeyres-Index**[2] bezeichnet. Dagegen wird ein Preisindex, der jeweils die aktuell konsumierten Mengen zur Gewichtung der einzelnen Preisveränderungen heranzieht als **Paasche-Index**[3] bezeichnet. Formal lassen sich die beiden unterschiedlichen Konzepte wie folgt darstellen:

---

[2] vgl. Étienne Laspeyres 1871
[3] vgl. Hermann Paasche 1874

$$P^{Laspeyres} = \sum \frac{p_1^i q_0^i}{p_0^i q_0^i} = \sum \frac{p_1^i}{p_0^i} \times \frac{p_0^i q_0^i}{\sum p_0^i q_0^i} = \sum \frac{p_1^i}{p_0^i} \times g_0^i$$

$$P^{Paasche} = \sum \frac{p_1^i q_1^i}{p_0^i q_1^i} = \sum \frac{p_1^i}{p_0^i} \times \frac{p_0^i q_1^i}{\sum p_0^i q_1^i} = \sum \frac{p_1^i}{p_0^i} \times g_1^i$$

mit p_1^i = Preis von Gut i in Berichtsperiode;

p_0^i = Preis von Gut i in Basisperiode;

q_1^i = (Konsumierte) Menge von Gut i in Berichtsperiode;

q_0^i = (Konsumierte) Menge von Gut i in Basisperiode;

g_1^i = Gewichtung von Gut i in Berichtsperiode;

g_0^i = Gewichtung von Gut i in Basisperiode.

Ein Preisindex ist also die Summe der Preisentwicklungen einzelner Güter gewichtet mit dem Anteil, den die Ausgaben für die einzelnen Güter an den Gesamtausgaben haben. Der Unterschied zwischen beiden Indizes liegt in der Definition des Gewichtungsfaktors. Der Laspeyres-Index gewichtet die Preisveränderung eines Gutes i mit dem Anteil der im Basisjahr für dieses Gut getätigten Ausgaben an den Gesamtausgaben des Basisjahres. Dagegen berechnet sich der Gewichtungsfaktor des Paasche-Index unter Berücksichtung der aktuell konsumierten Menge eines Gutes. Da wie bereits erwähnt die Gewichte bzw. die Verbrauchsstruktur einer Volkswirtschaft nicht von Jahr zu Jahr neu ermittelt werden müssen, wird der Laspeyres-Index in der Praxis meist bevorzugt. Allerdings verliert der Laspeyres-Index mit zunehmender Entfernung vom Basisjahr an Aussagekraft, da der Warenkorb die Realität immer unvollkommender abbildet. Beispielsweise führen starke Preissteigerungen eines Gutes oft dazu, dass Verbraucher (wenn möglich) das betreffende Gut durch ein anderes ersetzen; die relative Bedeutung der Güter im Warenkorb verändert sich also. Ein weiteres Problem bei der Ermittlung eines Preisindex sind mögliche Qualitätsveränderungen. Preiserhöhungen, die alleine auf eine Verbesserung der Qualität zurückzuführen sind, dürfen bei der Preismessung nicht berücksichtigt werden. Obwohl das Statistische Bundesamt große Anstrengungen unternimmt, derartige Preiserhöhungen nicht in die Berechnungen einfließen zu lassen, dürfte dies in der Praxis nicht vollständig gelingen. Nichtsdestotrotz hat sich der Verbraucherpreisindex als Maß für die durchschnittlichen Preisveränderungen etabliert.

Ein kleines Beispiel anhand eines Zwei-Waren Warenkorbs macht die Ermittlung eines Preisindex (nach Laspeyres) noch einmal deutlich. Der Warenkorb enthält Brot und Bier. Das Basisjahr, das Jahr von dem aus die Preisänderungen betrachtet werden, sei das Jahr 2005. Das aktuelle Jahr, die so genannte **Berichtsperiode** sei 2008. Die folgende Tabelle liefert den Brotpreis pro Kg und den Bierpreis pro Liter für beide Jahre (in angenommenen Eurobeträgen).

Tabelle 2-1: Ein hypothetischer Warenkorb für die Jahre 2005 und 2008

		2005		2008	
	Mengeneinheit	**Preis**	**Menge**	**Preis**	**Menge**
Brot	Kg	1,50	15	1,60	14,9
Bier	l	0,80	14	0,90	15

Ein hypothetischer Haushalt hat im Jahr 2005 15 Kg Brot gekauft und dafür 1,50 Euro pro Kilo bezahlt. Drei Jahre später kostet das Brot 1,60 pro Kilo und ein Haushalt konsumiert 14,9 Kg im Jahr. Der Bierkonsum des Haushaltes ist von 14 Liter im Jahr 2005 auf 15 Liter im Jahr 2008 gestiegen. Der Bierpreis betrug 80 Cent im Jahr 2005 und 90 Cent im Jahr 2008. Das Jahr 2005 wird als Basisjahr betrachtet und der Preis für die einzelnen Produkte gleich 100 gesetzt. Die Preisentwicklung für Brot und Bier separat betrachtet ergibt sich wie folgt:

$$\text{Brot}^{P_{05/08}} = (1{,}60/1{,}50)\times 100 = 106{,}67$$

$$\text{Bier}^{P_{05/08}} = (0{,}90/0{,}80)\times 100 = 112{,}50$$

Der Preisindex Brot betrug im Jahr 2005 100 und ist bis 2008 auf 106,67 gestiegen. Der Preis für Brot ist folglich in drei Jahren um 6,67% gestiegen. Bier ist in der gleichen Zeit um 12,5% (Preisindex von 100 auf 112,5) teurer geworden. Um den Preisindex dieses hypothetischen Haushaltes mit dem zugrundeliegenden Warenkorb berechnen zu können, werden die Preisveränderungen aggregiert. Dabei geben die gekauften Mengen im Basisjahr das Gewicht an, mit dem die jeweiligen Güter in den Preisindex eingehen. Es folgt:

$$P_{05/08} = (1{,}6\times 15 + 0{,}9\times 14)/(1{,}5\times 15 + 0{,}8\times 14)\times 100 = (36{,}6/33{,}7)\times 100 = 108{,}6$$

Das allgemeine Preisniveau ist für den hypothetischen Haushalt von 100 auf 108,6, d.h. um 8,6% vom Jahr 2005 bis zum Jahr 2008 gestiegen.

Auf der Grundlage des Verbraucherpreisindex wird auch die **Inflationsrate** ermittelt. Angenommen der Preis von Brot und Bier war über die Jahre 2005 bis 2007 konstant und ist auch im Folgejahre 2009 konstant gegenüber 2008, so handelt es sich um einen einmaligen Anstieg des Preisniveaus. In einem solchen Fall wird von einer Preisniveausteigerung, nicht aber von Inflation gesprochen. *Als Inflation wird der dauerhafte Anstieg des gesamten Preisniveaus in einer Volkswirtschaft bezeichnet.* Der Begriff Inflation wird in der Ökonomie erst seit dem Sezessionskrieg in den USA verwendet. Das Phänomen der Inflation ist allerdings wesentlich älter und konnte historisch erstmals 575 v.Chr. beobachtet werden.[4] Mit Inflation nimmt die **Kaufkraft** des Geldes, d.h. einer Geldeinheit ab. Die Kaufkraft ist gerade der Kehrwert des Preises eines Gutes. Bezogen auf das vorherige Beispiel betrug die Kaufkraft eines Euros in Bezug auf Brot 1/1,5 = 2/3 im Jahre 2005. Mit einem Euro konnte folglich 2/3 der angegebenen Mengeneinheit, d.h. 2/3 Kilo oder 667 g gekauft werden. Die Kaufkraft sank im Jahr 2008 auf 1/1,6 = 0,625. Mit einem Euro konnten nur noch 625 g gekauft werden. Die Kaufkraft ist der so genannte reziproke Wert, d.h. der Kehrwert des Preises. Aufgrund dieser Beziehung gilt immer: *Mit steigenden (sinkenden) Preisen nimmt die Kaufkraft ab (zu).*

Die Inflation beschreibt nicht das Niveau der Preise, dafür ist der Preisindex da, sondern die Veränderung des Preisniveaus nach oben. Inflation ist mithin eine Wachstumsrate. Für das vorherige Beispiel wurde sie bereits angegeben. Sie beträgt 8,6% über drei Jahre. Im Allgemeinen gilt, dass die Inflationsrate einfach die prozentuale Steigerung des Verbraucherpreisindex in einem bestimmten Zeitraum, zumeist einem Monat oder einem Jahr, ist. Das Ziel der Preisniveaustabilität gilt dabei in Europa als erreicht, wenn die Inflationsrate bei etwa zwei Prozent liegt. Formal ausgedrückt definiert sich die Inflationsrate wie folgt:

$$\text{Inflationsrate (in Prozent)} = \frac{VP_t}{VP_{t-1}} \times 100 - 100 = \frac{VP_t - VP_{t-1}}{VP_{t-1}} \times 100$$

$$\text{mit } VP_t = \text{Verbraucherpreisindex in Periode } t;$$

$$VP_{t-1} = \text{Verbraucherpreisindex in Periode } t-1 \text{ (Vorperiode)}$$

Soll in unserem Beispiel aus der Entwicklung des Verbraucherpreisindex die durchschnittliche jährliche Inflationsrate für Brot und Bier abgeleitet werden, so kann dies durch Ziehen der dritten Wurzel aus der Gesamtinflation über drei Jahre erreicht werden.[5] Im Beispiel ergibt sich dann ein Wert von 2,8% (3.Wurzel 1,086 - 1), ein durchaus realistischer Wert wie Abbildung 2-2 zeigt.

In Abbildung 2-1 ist zunächst die Entwicklung des Preisindex und der Kaufkraft in Deutschland in den Jahren 1949 bis 2004 dargestellt. Der Preisindex ist auf der linken Achse und die Kaukraft auf der rechten abgetragen. Es ist deutlich zu erkennen, dass sich die Kaufkraft eines Euros rechnerisch seit 1949 etwa geviertelt hat. Das Basisjahr ist 2000. 1949 hätte ein Bürger demnach für einen Euro Waren im Wert von ca. 4 Euro bezogen auf die Preise von 2000 erwerben können.

[4] vgl. René Sedillot 1992, S. 81 und 214

[5] Analog ergibt sich die durchschnittliche Inflationsrate pro Periode aus der Entwicklung des Preisindex über n Perioden durch das Ziehen der n-ten Wurzel.

Abbildung 2-1: Entwicklung des Preisniveaus und der Kaufkraft in Deutschland 1949 - 2004[6]

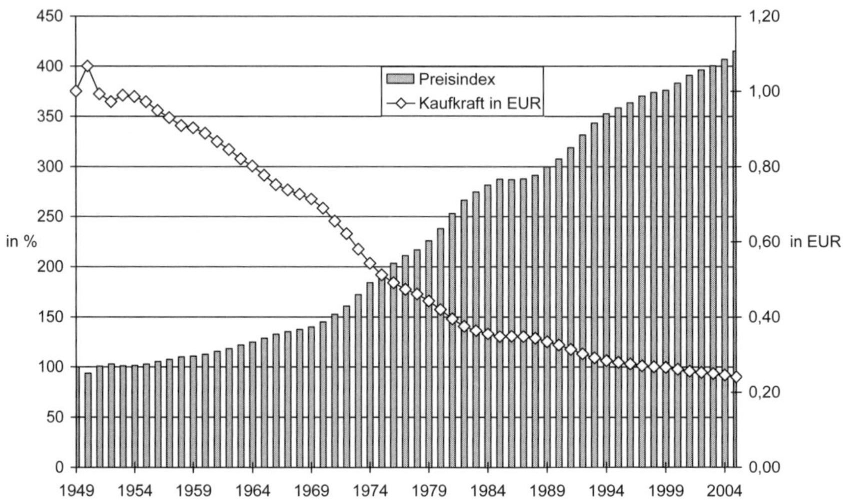

Im Zuge der einheitlichen Geldpolitik in der Europäischen Union misst die Europäische Zentralbank (EZB) die Preisniveauveränderungen anhand des Harmonisierten Verbraucherpreis Index (HVPI). Die Messung des Preisniveaus in den Euroländern differiert leicht, was eine einfache gewichtete Aggregation vorhandener Indizes unmöglich macht. Daher harmonisiert Eurostat, das Statistische Amt der Europäischen Gemeinschaft, die einzelnen Länderindizes, um einen aussagekräftigen Preisindex zu erhalten.

Abbildung 2-2 zeigt die Inflation in den Jahren 1996 bis 2006 in Deutschland, dem Vereinigten Königreich und der Eurozone gemessen am HVPI. Die durchschnittliche jährliche Inflationsrate über den jeweiligen gesamten Zeitraum betrug für Deutschland 1,4 Prozent, für das Vereinigte Königreich 1,6 Prozent und für die Eurozone 2,0 Prozent.

---

[6] Quelle: Statistisches Bundesamt. Von 1949 bis Januar 1961 Entwicklung des Preisindex für die Lebenshaltung von 4-Personen-Haushalten von Arbeitern und Angestellten mit mittlerem Einkommen im früheren Bundesgebiet (jew. Gebietsstand); von Januar 1961 bis Januar 1990 Entwicklung des Preisindex für die Lebenshaltung aller privaten Haushalte im früheren Bundesgebiet. Ab Januar 1991 Verbraucherpreisindex für Deutschland.

Abbildung 2-2: Inflationsraten für Deutschland, das Vereinigte Königreich und die Eurozone [%][7]

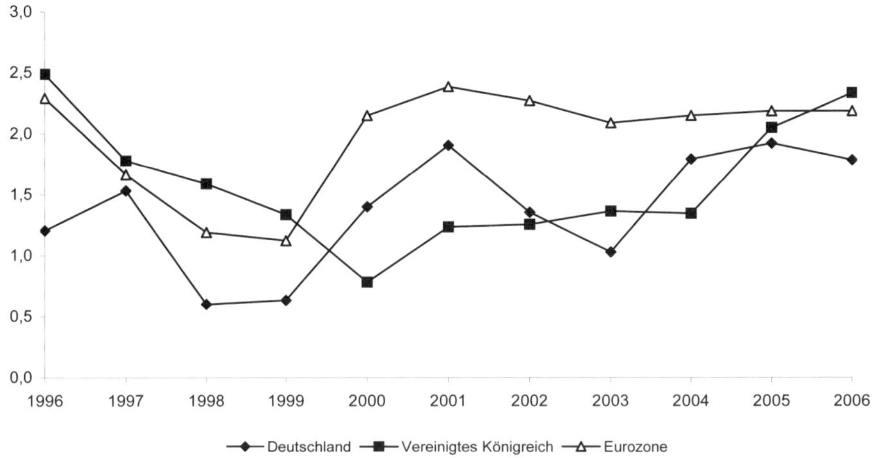

2.3 Die Arbeitslosenquote

Die Arbeitslosigkeit ist das in Deutschland wohl meist diskutierte (wirtschaftliche) Thema der letzten Jahre. Der grundlegende Indikator für das Ausmaß der Erwerbslosigkeit in Deutschland ist die Arbeitslosenquote bzw. die nach dem Konzept der Europäischen Union ermittelte Erwerbslosenquote. Die Arbeitslosenquote ist definiert als Anteil der bei den Arbeitsämtern registrierten Arbeitslosen an allen Erwerbspersonen;8 letztere setzen sich wiederum aus Erwerbstätigen und Arbeitslosen zusammen. Die Aussagekraft der Arbeitslosenquote ist nicht unumstritten, da nur beim Arbeitsamt gemeldete Personen als arbeitslos gelten. Als registrierte Arbeitslose gelten dabei Arbeitsuchende, die vorübergehend ohne Beschäftigung sind oder nur eine so genannte geringfügige Tätigkeit ausüben. Voraussetzung für die Registrierung ist die persönliche Meldung beim Arbeitsamt. Außerdem muss der Arbeitsuchende sofort zur Arbeitsaufnahme zur Verfügung stehen, nicht arbeitsunfähig erkrankt sein, das 65. Lebensjahr noch nicht vollendet haben und keine Altersrente beziehen. Zu den Erwerbstätigen zählen Personen ab 15 Jahren, die in einem Arbeitsverhältnis stehen (Arbeit-

[7] Quelle: OECD.

[8] Bei der Definition der Erwerbslosen existieren unterschiedliche Definitionen in der deutschen Statistik. So betrachtet das Bundesministerium für Wirtschaft und Arbeit Personen als erwerbslos, wenn diese nach eigenen Angaben nach einer Erwerbstätigkeit suchen, unabhängig davon, ob diese Personen als Arbeitslose registriert sind oder nicht. Die Bundesagentur für Arbeit hingegen betrachtet bei der Berechnung der offiziellen Arbeitslosenquote nur solche Personen als erwerbslos, die bei einem Arbeitsamt registriert sind.

Abbildung 2-3: Arbeitslosen- und Erwerbslosenquote für Gesamtdeutschland 1992 – 2006[9]

nehmer), Selbständige sowie Familienangehörige, die im Betrieb eines Familienangehörigen mitarbeiten, ohne dafür Lohn oder Gehalt zu beziehen.[10] Es gilt:

$$\text{Arbeitslosenquote} = \frac{\text{Registrierte Arbeitslose}}{\text{Erwerbstätige} + \text{Arbeitslose}}.$$

Aufgrund der unterschiedlichen nationalen Definitionen von Arbeitslosigkeit, ist die Arbeitslosenquote für internationale Vergleiche nur bedingt aussagekräftig. Die EU-weit standardisierte Erwerbslosenquote folgt dagegen den international anerkannten Definitionen des International Labour Office (ILO). Danach umfassen die Erwerbstätigen alle Personen, die während der Berichtswoche mindestens eine Stunde gegen Lohn oder Gewinn Arbeit verrichteten oder die nicht arbeiteten, aber einen Arbeitsplatz hatten, dem sie vorübergehend fernblieben. Auch mithelfende Familienangehörige werden erfasst. Als Erwerbslose gelten Personen, die keiner Beschäftigung von wenigstens einer Stunde wöchentlich nachgingen, für eine Beschäftigung verfügbar waren und aktiv nach Arbeit suchten. Im Gegensatz zur deutschen Definition von Arbeitslosigkeit ist die Registrierung beim Arbeitsamt also keine Voraussetzung für den Status als Erwerbsloser. Andersherum werden geringfügig Beschäftigte nicht länger den Erwerbslosen zugerechnet. Dies ist ein Grund dafür, weshalb die Zahl der Erwerbslosen kleiner ist als die der Arbeitslosen. Für die Definition der Erwerbslosenquote gilt:

---

[9] Quelle: Bundesagentur für Arbeit, Statistisches Bundesamt

[10] Die Bundesagentur für Arbeit berechnet noch eine zweite Arbeitslosenquote, die als Basis nur die abhängig beschäftigten Erwerbspersonen mit einbezieht.

$$\text{Erwerbslosenquote} = \frac{\text{Erwerbslose}}{\text{Erwerbstätige} + \text{Erwerbslose}}.$$

2.4 Das Bruttoinlandsprodukt

Eine weitere Schlüsselgröße anhand derer die Leistungsfähigkeit einer Volkswirtschaft beurteilt werden kann, ist die Gesamtproduktion bzw. das Wachstum der Gesamtproduktion. Aufschluss über die Höhe der Gesamtproduktion gibt das **Bruttoinlandsprodukt** (BIP), das den Wert aller in einem Jahr im Inland erzeugten Endprodukte erfasst. Zum Bruttoinlandsprodukt zählen Güter und Dienstleistungen, die innerhalb der Landesgrenzen erstellt bzw. erbracht wurden, nicht jedoch Zwischenprodukte. Eine ausführliche kritische Betrachtung der Berechnung des Bruttoinlandsproduktes folgt in Kapitel 4.

Der Wert der in das Bruttoinlandsprodukt einfließenden Endprodukte orientiert sich an den am Markt erzielten Preisen. Daraus folgt, dass eine Erhöhung des Bruttoinlandsproduktes entweder auf eine höhere Menge an produzierten Gütern (bzw. Dienstleistungen) zurückzuführen ist oder aber auch einfach auf Preiserhöhungen (da diese laut Definition den Wert der Endprodukte erhöhen). Aufgrund dieser Tatsache wird zwischen **nominalem und realem Bruttoinlandsprodukt** unterschieden. Während das nominale Bruttoinlandsprodukt die Gesamtproduktion zu aktuellen Preisen berechnet, wird beim realen Bruttoinlandsprodukt ein Basisjahr gewählt, dessen Preisniveau zur Berechnung aller übrigen Werte herangezogen wird. Das Preisniveau wird also konstant gehalten. In Abbildung 2-4 wird ersichtlich, dass das nominale BIP in Deutschland stärker gestiegen ist als das reale BIP. Dies erklärt sich durch das im betrachteten Zeitraum gestiegene Preisniveau. Zur Berechnung des realen Bruttoinlandsproduktes wird ein so genannter **BIP-Deflator** ermittelt, der das nominale BIP um den Einfluss reiner Preiserhöhungen bereinigt. Im Unterschied zum Verbraucherpreisindex, dem ein feststehender repräsentativer Warenkorb zugrunde liegt, ändern sich die Gütergewichtungen des BIP-Deflators von Jahr zu Jahr. Formal ergibt sich das reale Bruttoinlandsprodukt wie folgt:

$$\text{BIP}_{\text{real}} = \frac{\text{BIP}_{\text{nominal}}}{\text{Deflator}}$$

$$\Leftrightarrow \quad \text{Deflator} = \frac{\text{BIP}_{\text{nominal}}}{\text{BIP}_{\text{real}}}.$$

Abbildung 2-4: Nominales vs. Reales BIP für Gesamtdeutschland 1991 - 2006[11]

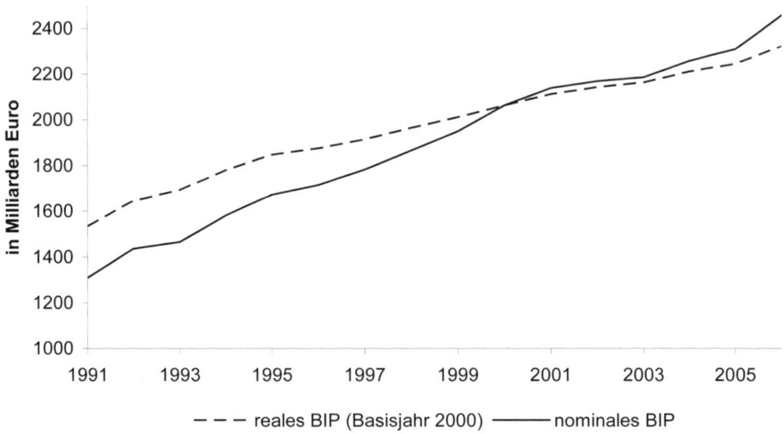

Anstelle des absoluten Wertes des Bruttoinlandproduktes wird oft das **Wirtschaftswachstum** betrachtet. Dieses ergibt sich einfach aus der prozentualen Veränderung des Bruttoinlandsproduktes gegenüber der vorherigen Periode (beispielsweise dem Vorjahr):

$$\text{Wirtschaftswachstum (in \%)} = \frac{BIP_t}{BIP_{t-1}} \times 100 - 100 = \frac{BIP_t - BIP_{t-1}}{BIP_{t-1}} * 100$$

$$\text{mit } BIP_t = \text{BIP in Periode t;}$$

$$BIP_{t-1} = \text{BIP in Periode } t-1 \text{(Vorperiode).}$$

Ein letztes Maß bezieht sich auf das **Bruttoinlandsprodukt pro Kopf**. Dieses wird beispielsweise verwendet, um die relative Leistungsfähigkeit von unterschiedlich großen Ländern zu bewerten. Wie der Name bereits sagt, wird zur Berechnung lediglich das (reale oder nominale) BIP durch die Bevölkerungsanzahl des Landes dividiert.

[11] Quelle: Statistisches Bundesamt

3 Der Wirtschaftskreislauf

3.1 Grundlagen des Wirtschaftskreislaufes

Für moderne Volkswirtschaften sind eine ständige Zunahme der Arbeitsteilung und ein intensiver Austausch der Güter charakteristisch. Die Gesamtheit aller volkswirtschaftlichen Transaktionen wird als Wirtschaftskreislauf bezeichnet. Die theoretische Analyse des Wirtschaftskreislaufes ist Aufgabe der **Kreislaufanalyse**. Diese versucht das ökonomische Geschehen in Kategorien zu gliedern und die Beziehungen zwischen diesen Kategorien zu analysieren.

Bei der Einteilung des Wirtschaftsgeschehens unterscheidet die Kreislaufanalyse zunächst zwischen **Wirtschaftsobjekten** und **Wirtschaftssubjekten**. Als Wirtschaftsobjekte werden dabei zum einen Güter (Sachgüter, Dienstleistungen, Faktorleistungen) und zum anderen Rechte (Geld, Wertpapiere) bezeichnet. Die Wirtschaftssubjekte werden nach ihrer Funktion im Wirtschaftskreislauf in die Sektoren Unternehmen, private Haushalte, Staat (öffentliche Haushalte) sowie übrige Welt unterteilt.[1] Private Organisationen ohne Erwerbszweck, wie beispielsweise Kirchen oder Verbände, zählen dabei zu den privaten Haushalten. Wirtschaftssubjekte können nun einer Reihe unterschiedlicher **ökonomischer Aktivitäten** nachgehen. Unterschieden wird zwischen der Produktion und Verwendung von Gütern, dem Empfang und der Verwendung von Einkommen, der Bildung von Vermögen sowie der Kreditaufnahme und Kreditgewährung. Schließlich werden **ökonomische Transaktionen**, d.h. der Übergang eines Wirtschaftsobjektes von einem Wirtschaftssubjekt zu einem anderen, in Transaktionen mit Gegenleistung (Tausch) und ohne Gegenleistung (Transfer) unterteilt. Tabelle 3-1 gibt einen zusammenfassenden Überblick über die Gliederung der für die Analyse des Wirtschaftskreislaufes grundlegenden Größen und Vorgänge.

In der Kreislaufanalyse werden nun die Sektoren als **Pole** und die zwischen ihnen stattfindenden Transaktionen als **Ströme**[2] dargestellt. Grundsätzlich kann es sich dabei um Güterströme (reale Ströme) oder Geldströme (monetäre Ströme) handeln. Ströme innerhalb einzelner Sektoren, wie zum Beispiel der Verkauf von Gütern von einem Unternehmen an ein anderes, bleiben unberücksichtigt. Jedem Güterstrom steht ein wertmäßig identischer Geldstrom in

[1] Die hier gewählte Gliederung der Wirtschaftssubjekte folgt einer leicht vereinfachten Einteilung und ist nicht vollkommen identisch mit der Sektorengliederung des Europäischen Systems der Volkswirtschaftlichen Gesamtrechnungen (ESVG 95).

[2] Im Allgemeinen werden sämtliche volkswirtschaftliche Größen, die in Bezug auf einen Zeitraum gemessen werden, als Stromgrößen bezeichnet. Dagegen werden Größen, die zeitpunktbezogen gemessen werden, als Bestandsgrößen bezeichnet.

entgegengesetzter Richtung gegenüber. Beispielsweise wird die Lieferung von einer Tonne Kohle im Wert von 100€ vom Unternehmer Müller an den Haushalt Meier als Güterstrom vom Unternehmenssektor zum Haushaltssektor dargestellt. Diesem Strom steht ein Geldstrom in gleicher Höhe vom Haushalts- zum Unternehmenssektor für die Bezahlung der gelieferten Ware gegenüber. In einem geschlossenen Wirtschaftskreislauf ist die Summe der Abflüsse dabei für jeden Pol gleich der Summe der Zuflüsse (**Kreislaufaxiom**).

Im Folgenden werden nun einige Kreislaufschemata[3] dargestellt. Zum besseren Verständnis der Begriffssystematik und der Zusammenhänge wird zunächst ein stark vereinfachter Wirtschaftskreislauf analysiert, der bestimmte Wirtschaftssubjekte und ökonomische Aktivitäten unberücksichtigt lässt.

Tabelle 3-1: Kreislaufanalyse - Grundlegende Größen und Vorgänge

Kreislaufanalyse – Gliederung der grundlegenden Größen und Vorgänge
1. Wirtschaftsobjekte 1.1. Güter (Sachgüter, Dienstleistungen, Faktorleistungen) 1.2. Rechte (Geld, Wertpapiere)
2. Wirtschaftssubjekte 2.1. Unternehmen 2.2. Private Haushalte 2.3. Staat 2.4. Übrige Welt
3. Ökonomische Aktivitäten 3.1. Güter produzieren und verwenden 3.2. Einkommen empfangen und verwenden 3.3. Vermögen bilden und anlegen 3.4. Kredite
4. Ökonomische Transaktion 4.1. mit Gegenleistung (Tausch) 4.2. ohne Gegenleistung (Transfer)

3.2 Der einfache Kreislauf ohne Spartätigkeit

Der einfache Kreislauf ohne Spartätigkeit beschreibt das wirtschaftliche Geschehen einer geschlossenen Volkswirtschaft, in der kein Warenaustausch mit dem Ausland stattfindet. Außerdem wird unterstellt, dass kein Staat existiert und die privaten Haushalte nicht sparen, sondern ihr gesamtes Einkommen konsumieren. Ferner tätigen die Unternehmen in diesem einfachen Modell keinerlei Nettoinvestitionen[4], sondern beschränken sich auf den Erhalt des bestehenden Kapitals (so genannte Ersatzinvestitionen). Zusammenfassend lauten die vereinfachenden Grundannahmen des einfachen Kreislaufs ohne Spartätigkeit wie folgt:

---

[3] Ein Wirtschaftskreislauf kann generell in Konten- und Matrixform, mithilfe von Gleichungssystemen sowie graphisch dargestellt werden. Im Folgenden werden die beiden letztgenannten Darstellungsformen verwendet.

[4] Unter Nettoinvestitionen (I^{netto}) wird die Differenz aus den gesamten Investitionen (Bruttoinvestitionen, I^{brutto}) und den zum Erhalt des Kapitalstocks notwendigen Ersatzinvestitionen (I^{Ersatz}) verstanden. Es gilt: $I^{netto} = I^{brutto} - I^{Ersatz}$. Im Folgenden sind mit Investitionen immer Nettoinvestition gemeint.

- kein Warenaustausch mit dem Ausland;
- ein Staat existiert nicht;
- keine Spartätigkeit;
- keine Nettoinvestitionen.

Unter diesen Annahmen kann das wirtschaftliche Geschehen durch Abbildung 3-1 veranschaulicht werden. Um produzieren zu können, benötigen die Unternehmen die Arbeitsleistung der privaten Haushalte. Diese bieten ihre Arbeitskraft an und erhalten dafür Lohn von den Unternehmen. Mit dem so erworbenen Einkommen fragen die Haushalte die von den Unternehmen produzierten Güter nach. Da die Haushalte annahmegemäß nicht sparen, verwenden sie ihr gesamtes Einkommen für den Erwerb von Gütern. Abbildung 3-1 verdeutlicht, dass jedem Geldstrom ein Güterstrom in gleicher Höhe entgegensteht. Dem Wert des realen Stroms von Konsumgütern entspricht der monetäre Strom der Konsumausgaben und dem Wert der Arbeitsleistung stehen die Löhne gegenüber.

In einem einfachen Wirtschaftskreislauf ohne Spartätigkeit setzen die Unternehmen stets alle produzierten Güter ab, da die Haushalte ihr gesamtes Faktoreinkommen zum Konsum verwenden. Das gesamtwirtschaftliche Angebot Y^S gleicht also der gesamtwirtschaftlichen Nachfrage Y^D, die wiederum aus den privaten Konsumausgaben C besteht. Es gilt also:

$$Y^S = Y^D = C.$$

Abbildung 3-1: Einfacher Wirtschaftskreislauf ohne Spartätigkeit

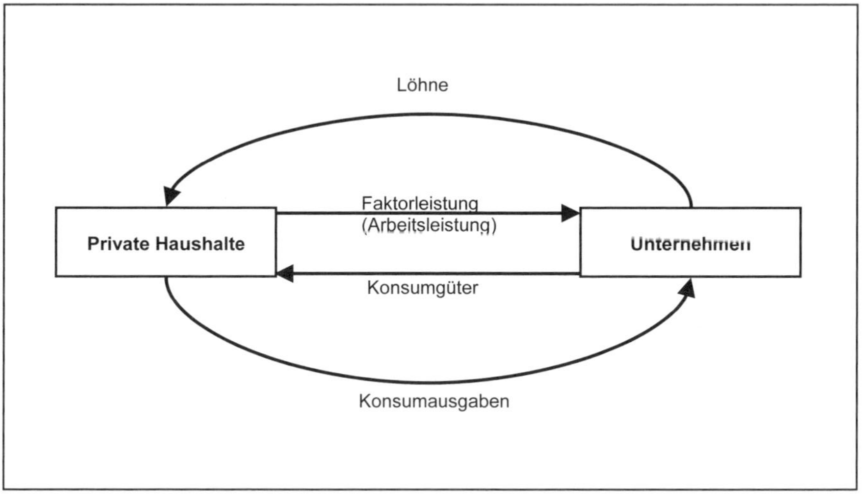

3.3 Der einfache Wirtschaftskreislauf mit Spartätigkeit

Der einfache Wirtschaftskreislauf mit Spartätigkeit unterscheidet sich von dem vorherigen Modell dadurch, dass nun sowohl Ersparnisse wie auch (Netto-) Investitionen zugelassen werden. Als vereinfachende Grundannahmen verbleiben daher:

- kein Warenaustausch mit dem Ausland;
- ein Staat existiert nicht.

Als Ersparnis wird der Teil des Einkommens bezeichnet, der nicht zu Konsumzwecken ausgegeben wird. Folglich kann das Einkommen der privaten Haushalte zu Konsumausgaben C und Ersparnisbildung S verwendet werden. Es folgt:

$$Y^D = C + S.$$

Da Ersparnisse einen Nachfrageausfall nach Konsumgütern bedeuten, können die Unternehmen nicht ihre gesamte Produktion absetzen. Wenn beispielsweise der Unternehmenssektor Produkte im Wert von € 100 produziert, die Haushalte sich aber dafür entscheiden, von ihrem Gesamteinkommen in Höhe von € 100 nur € 80 für den Kauf von Gütern zu verwenden, verbleiben Güter im Wert von € 20 im Produktionsbereich. Diese im Unternehmenssektor verbleibenden Güter werden als Investitionen bezeichnet. Wenn die Güter zur Erweiterung des Lagers eines Unternehmens verwendet werden, spricht man von Lagerinvestitionen. Weiterhin können Güter als so genannte Investitionsgüter in der nächsten Periode zur Produktion verwendet werden. Zusammenfassend lässt sich feststellen, dass in einem einfachen Wirtschaftskreislauf mit Spartätigkeit das Produktionsergebnis in Verkäufe (in Höhe der Konsumausgaben C) und Investitionen I aufgeteilt werden kann:

$$Y^S = C + I.$$

Da in einem volkswirtschaftlichen Gleichgewicht das Angebot und die Nachfrage übereinstimmen müssen, ergibt sich:

$$\begin{aligned} Y^S &= Y^D \\ C + S &= C + I \\ S &= I. \end{aligned}$$

In einer geschlossenen Volkswirtschaft stimmen also für eine abgelaufene Periode immer die Summe der Ersparnisse und die Summe der Investitionen überein. Dieser Zusammenhang wird auch als Ex-post5 Identität zwischen Sparen und Investitionen bezeichnet. Die Übereinstimmung von Ersparnissen und Investitionen ergibt sich auch aus dem so genannten Kreislaufaxiom. Danach ist die Summe aller in einen Pol hineinfließenden Ströme gleich der Summe aller aus ihm herausfließenden Ströme. In der graphischen Darstellung (Abbildungs3-2) kann die Spar- und Investitionstätigkeit mithilfe des zusätzlichen Pols „Kapitalmarkt" dargestellt werden. Private Haushalte legen am Kapitalmarkt ihr Geld an, der Unternehmenssektor wiederum finanziert seine Investitionen am Kapitalmarkt. Da die privaten Ersparnisse der einzige zum Pol „Kapitalmarkt" hinfließende Strom sind und Investitionen der einzige abfließende Strom, müssen beide Ströme wertmäßig übereinstimmen.

Abbildung 3-2: Einfacher Wirtschaftskreislauf mit Spartätigkeit

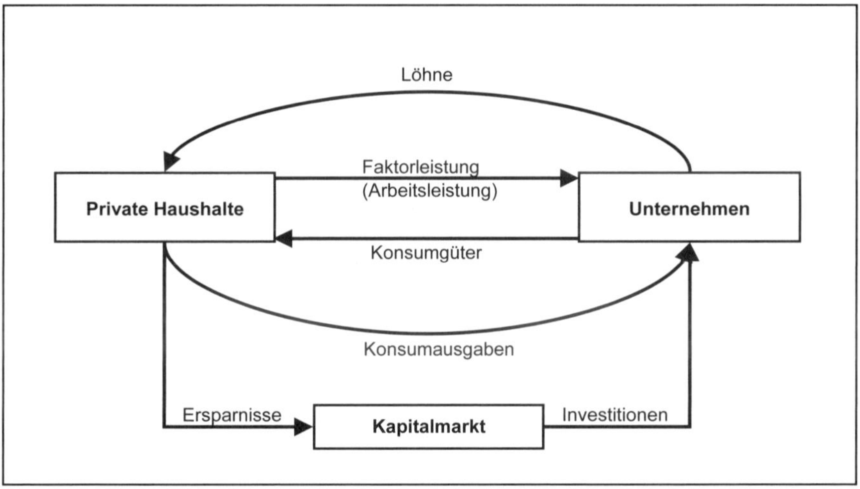

Es ist wichtig zu verstehen, dass diese Identität nicht zwangsläufig auf die übereinstimmende Planung des Unternehmens- und des Haushaltssektors zurückzuführen ist. Wollen die Unternehmen beispielsweise ihr gesamtes Produktionsergebnis absetzen, die privaten Haushalte jedoch einen Teil ihres Einkommens zur Ersparnisbildung verwenden, so ist der Unternehmenssektor zu unfreiwilligen Investitionen gezwungen. Nichtverkaufte Produkte müssen entgegen des Willens der Unternehmen auf Lager genommen oder als Kapitalgüter verwendet werden. In einem solchen Falle stimmen zwar tatsächliche Investitionen und Ersparnisse überein, nicht jedoch die geplanten Entscheidungen der Unternehmen und Haushalte. Dieser Zusammenhang wird deutlich, wenn die tatsächlichen In-

[5] Als Ex-post-Analyse wird die rückschauende Betrachtung des wirtschaftlichen Geschehens einer Volkswirtschaft in einer abgelaufenen Periode bezeichnet. In Kapitel 3.6 wird der Ex-post Charakter der Kreislaufanalyse näher erläutert.

vestitionen in geplante Investitionen I^{gepl} und ungeplante (unfreiwillige) Investitionen I^{ungepl} unterteilt werden. Es gilt:

$$I = I^{ungepl} + I^{gepl} = S.$$ [6]

3.4 Der Wirtschaftskreislauf bei Existenz des Staates

In einem weiteren Schritt wird jetzt die Annahme fallengelassen, dass kein Staatssektor existiert. Es verbleibt deshalb als letzte Grundannahme:

- kein Warenaustausch mit dem Ausland.

Die Aufnahme des Staates in den Wirtschaftskreislauf ist für die Aussagekraft der Kreislaufanalyse von großer Bedeutung, da der Staat in modernen Volkswirtschaften in erheblichem Ausmaß am Wirtschaftsgeschehen teilnimmt.

So produziert der Staat selbst Güter und Dienstleistungen, die er aber überwiegend ohne direkte Gegenleistung oder aber nicht kostendeckend an die übrigen Wirtschaftssubjekte abgibt (so zum Beispiel Infrastruktur, öffentliche Sicherheit und Bildung). Um seine Ausgaben zu finanzieren, zieht der Staat von den privaten Haushalten Steuern ein. Weiterhin fragt der Staat die Arbeitsleistung der Haushalte nach und zahlt dafür Lohn. Ferner fließen Transferzahlungen an die privaten Haushalte, beispielsweise in Form von Arbeitslosenunterstützung. Von den Unternehmen erhält der Staat ebenfalls Steuern. Darüber hinaus fragt er Güter und Dienstleistungen nach und gewährt den Unternehmen Subventionen. Schließlich wird der Staat bei einem nicht ausgeglichenen Budgetsaldo auch am Kapitalmarkt tätig. Zusammengefasst stellt sich der Kreislauf nun wie in Abbildung 3-3 dar.

Das Budgetsaldo ΔB_{St} des Staates ergibt sich logisch aus der Differenz von Einnahmen und Ausgaben. Die gesamten Ausgaben des Staates (G) setzten sich dabei aus staatlichen Investitionen (I_{St}) und staatlichem Konsum (C_{St}) zusammen.[7] Diesen Ausgaben gegenüber stehen die Netto-Zuflüsse (G_I), d.h. die Steuern (T) abzüglich Aufwendungen für Transferzahlungen (Tr) und Subventionen (Sb). Es gilt also:

---

[6] Hier wird unterstellt, dass es keine ungeplanten Ersparnisse gibt. Dies kann aber dann der Fall sein, wenn Unternehmen ihr Produktangebot rationieren und dadurch Haushalte zum Sparen „zwingen".

[7] Dies Unterscheidung zwischen investiven und konsumtiven Staatsausgaben ist sehr umstritten. Grundsätzlich gilt, dass eine Ausgabe als Investition gewertet wird, wenn sie die Produktivität der Volkswirtschaft steigert, während von Staatskonsum gesprochen wird, wenn Ausgaben lediglich zum Verbrauch von Ressourcen führen, die Produktivität der Volkswirtschaft jedoch unberührt bleibt. Da die Kreditaufnahme nach dem Grundgesetz die Höhe der Investitionen nicht überschreiten darf, wird der Investitionsbegriff aus politischen Gründen in der Praxis jedoch sehr eng gefasst. Beispielsweise gelten Ausgaben für den Betrieb des Bildungswesens (nicht jedoch Ausgaben für Schul- oder Universitätsgebäude) als Staatskonsum, obwohl diese wirtschaftswissenschaftlich betrachtet sehr wohl die Produktivität der Volkswirtschaft erhöhen.

Abbildung 3-3: Der Wirtschaftskreislauf bei Existenz des Staates

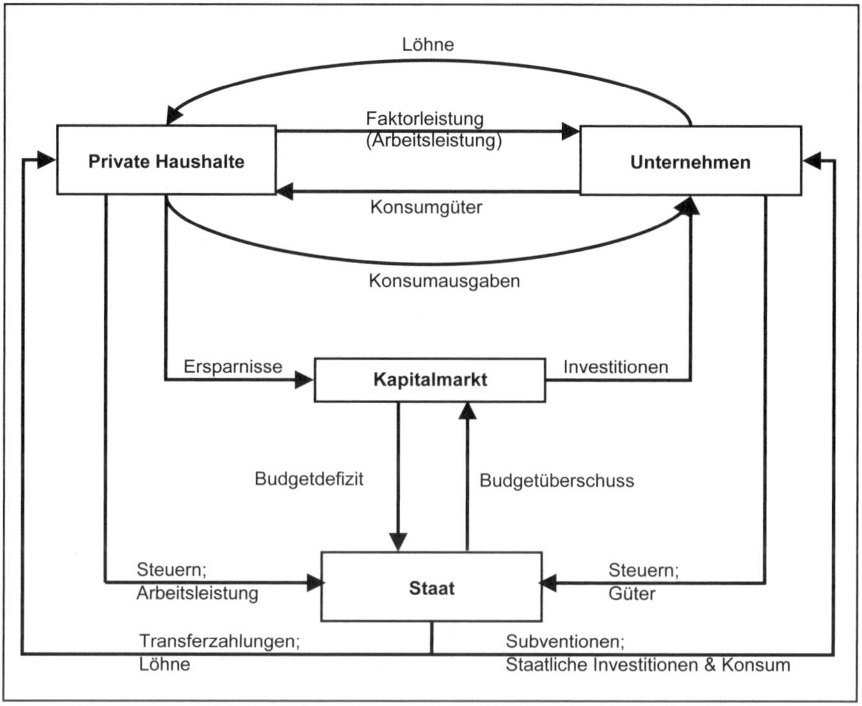

$$\Delta B_{St} = G_I - G = (T - Tr - Sb) - (I_{St} + C_{St}).$$

Übersteigen nun die Einnahmen die Ausgaben, so ist das Budgetsaldo positiv, der Staat erwirtschaftet einen Budgetüberschuss. Umgekehrt stellt ein negativer Budgetsaldo ein Budgetdefizit dar.

Aus dem Kreislaufaxiom folgt, dass im Falle eines nicht ausgeglichenen Budgetsaldos in diesem Modell die tatsächlichen privaten Ersparnisse und Investitionen nicht übereinstimmen müssen. So ist es im Falle eines Budgetüberschusses möglich, dass der Staat eine Diskrepanz zwischen privatem Sparen und Investitionen durch eigene Ersparnisse ausgleicht. Planen beispielsweise die Unternehmen Investitionen in Höhe von 10 € und betragen die geplanten Investitionen der privaten Haushalte nur 5 €, so können die Wirtschaftssubjekte ihre Planungen dennoch realisieren, wenn der Staat einen Budgetüberschuss von 5 € erwirtschaftet. Dieser Zusammenhang wird deutlich, wenn für den Pol „Kapitalmarkt" die Summe der Zuflüsse der Summe der Abflüsse gegenübergestellt wird. Es ergibt sich:

$$I_U = S_{pr} + \Delta B_{St}.$$ [8]

Die Investitionen der Unternehmen müssen also ex-post der Summe aus privaten Ersparnissen und dem Finanzierungsüberschuss des Staates entsprechen.

Schließlich müssen die wirtschaftlichen Aktivitäten des Staates auch mit Blick auf das volkswirtschaftliche Gleichgewicht berücksichtigt werden. Es ergibt sich:

$$Y^S = Y^D = C_{pr} + I_U + C_{St} + I_{St}$$

$$Y^S = Y^D = C_{pr} + I_U + G.$$

3.5 Der Wirtschaftskreislauf einer offenen Volkswirtschaft

Jede moderne Volkswirtschaft importiert Waren aus dem Ausland und verkauft Produkte an die übrige Welt. Im letzten Schritt wird daher noch die Restriktion aufgehoben, dass kein Warenaustausch mit dem Ausland besteht. Volkswirtschaften, die Handelsbeziehungen mit dem Ausland pflegen, werden als **offene Volkswirtschaften** bezeichnet.

Abbildung 3-4: Wirtschaftskreislauf einer offenen Volkswirtschaft bei Existenz des Staates

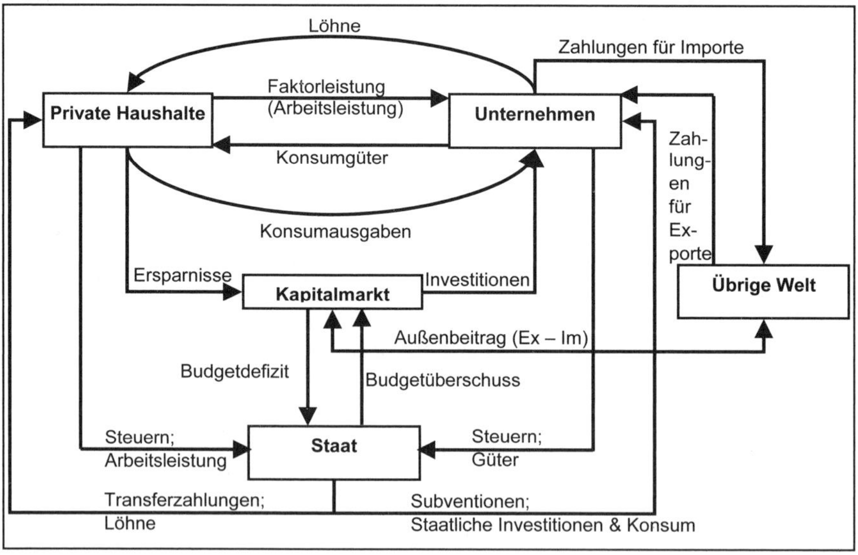

[8] Zur Unterscheidung zwischen den einzelnen Sektoren werden den bereits bekannten Variablen folgende Suffixe zugeordnet: pr für private Haushalte, U für Unternehmen sowie St für den Staatssektor.

Abbildung 3-4[9] stellt den Wirtschaftskreislauf einer offenen Volkswirtschaft dar. Der Einfachheit halber ist das Ausland nur durch Exporte und Importe mit dem Unternehmenssektor verbunden. In der Realität bestehen jedoch noch zahlreiche andere Verflechtungen der inländischen Wirtschaftssubjekte mit der übrigen Welt. Beispiel hierfür sind der Güteraustausch zwischen Staat und Ausland oder die Beschäftigung inländischer Arbeitnehmer bei ausländischen Unternehmen.

Exporte von Waren und Dienstleistungen führen zu einem Geldzufluss in die inländische Volkswirtschaft, während Ausgaben für Importe einen Geldabfluss ins Ausland bedeuten. Die Differenz zwischen Exporten (Ex) und Importen (Im) wird auch als **Außenbeitrag** bezeichnet. Übersteigen die Exporte eines Landes die Importe, so ist der Außenbeitrag positiv. Dieser Fall wird als **Exportüberschuss** bezeichnet. Sind die Importe dagegen größer als die Exporte, so ist der Außenbeitrag negativ und es wird von einem **Exportdefizit** gesprochen.

Da zur Bezahlung der Importe im Falle eines Exportdefizits mehr Geld ins Ausland fließen muss als aus dem Ausland ins Inland fließt, ist ein negativer Außenbeitrag gleichbedeutend mit einem Anstieg der Verbindlichkeiten gegenüber dem Ausland. Zur Finanzierung der Importe werden Kredite benötigt. Dagegen verschuldet sich das Ausland im Falle eines Exportüberschusses bei der inländischen Volkswirtschaft. Ein positiver Außenbeitrag führt daher zu einer Kreditgewährung an das Ausland. Inländische Ersparnisse können jetzt nicht mehr im vollen Umfang für Investitionen genutzt werden, da die übrige Welt inländisches Geld nachfragt. Im Kreislaufschema ist dieser Zusammenhang durch die Verbindung zwischen dem Sektor „Übrige Welt" und dem Pol „Vermögensänderung" dargestellt.[10]

Bei der Betrachtung des Pols „Kapitalmarkt" wird deutlich, dass die ex-post Identität zwischen gesamtwirtschaftlichen Ersparnissen (d.h. privaten Ersparnissen und staatlichem Budgetüberschuss) und Investitionen im Falle einer offenen Volkswirtschaft nur bei ausgeglichenem Außenbeitrag gilt. Aus dem Kreislaufaxiom folgt:

$$I_U + (Ex - \mathrm{Im}) = S_{pr} + \Delta B_{St}$$

$$\Leftrightarrow \quad I_U = S_{pr} + \Delta B_{St} - (Ex - \mathrm{Im}).$$

Die inländischen Investitionen gleichen der Differenz aus gesamtwirtschaftlichen Ersparnissen und dem Außenbeitrag. Durch einen positiven Außenbeitrag werden einer Volkswirtschaft also finanzielle Mittel für Investitionen entzogen. Andersherum kann ein Finanzierungsdefizit im Inland ($S_{pr} + \Delta B_{St} < I_U$) durch ein Exportdefizit, d.h. einen negativen Außenbeitrag ausgeglichen werden.

Mit Blick auf die Gleichgewichtsbeziehung einer offenen Volkswirtschaft lässt sich feststellen, dass die Nachfrage nach inländischen Produkten und

---

[9] Zur Vereinfachung wurden nur monetäre Auslandsströme in die Abbildung aufgenommen.

[10] Im Falle eines Exportdefizits fließt der Strom „Außenbeitrag" nicht zum Pol „Übrige Welt" sondern von diesem weg.

Dienstleistungen um den Außenbeitrag steigt (oder im Falle eines negativen Außenbeitrages sinkt). Während Exporte eine Nachfrage nach inländischen Produkten bedeuten, wird durch den Import ausländischer Güter die Nachfrage nach inländischen Produkten durch die Nachfrage nach den importierten Gütern ersetzt. Nachfragewirksam ist also nur die Differenz aus Exporten und Importen:

$$Y^S = Y^D = C_{pr} + I_U + C_{St} + I_{St} + (Ex - \mathrm{Im})$$

$$Y^S = Y^D = C_{pr} + I_U + G + (Ex - \mathrm{Im}).$$

3.6 Der Ex-post-Charakter des Wirtschaftskreislaufes

Abschließend soll noch einmal betont werden, dass die Kreislaufanalyse das wirtschaftliche Geschehen für eine abgelaufene Periode, d.h. im Nachhinein betrachtet. Die Kreislaufanalyse stellt keine Theorie dar, da sie keine Hypothesen, sondern nur Definitionen enthält. Aus diesem Grunde macht die Kreislaufanalyse keine Aussagen über zukünftige Ströme, sondern hält ökonomische Geschehnisse nur statistisch fest. Diese ex-post Ermittlung von Geld- und Güterströmen ist jedoch zwingende Voraussetzung sowohl für die Entwicklung als auch für die Überprüfung von Theorien.

4 Die Volkswirtschaftliche Gesamtrechnung

4.1 Zweck und Grundlagen

Die Volkswirtschaftliche Gesamtrechnung (VGR) baut auf den im vorherigen Kapitel beschriebenen Konzepten der Kreislaufanalyse auf und füllt dieses Gerüst mit Daten. Ziel ist eine möglichst umfassende und übersichtliche quantitative Darstellung des wirtschaftlichen Geschehens einer Volkswirtschaft für eine abgelaufene Periode. Im Mittelpunkt der Analyse steht dabei die Entstehung, Verwendung sowie Verteilung der Gesamtproduktion und des Gesamteinkommens einer Volkswirtschaft (die so genannte **VGR im engeren Sinne**). Darüber hinaus werden in den **Nebenrechnungen** der VGR Angaben über die Finanzierungsströme zwischen den Sektoren, über die Produktionsverflechtungen sowie über die Transaktionen zwischen Inländern und Ausländern gemacht. Die Ergebnisse der VGR können in Form von Konten, Tabellen, Kreislaufdiagrammen oder Gleichungssystemen dargestellt werden. Da die Darstellung in der Praxis zumeist in Form von Konten und Tabellen erfolgt, beschränken sich die folgenden Kapitel auf diese Darstellungsformen und setzen einen besonderen Schwerpunkt auf die Tabellenrechnung.

Als umfassendes statistisches Instrument ist die VGR sowohl für die Wissenschaft als auch für die Politik von großer Bedeutung. Abnehmer der vom Statistischen Bundesamt veröffentlichten Daten sind sowohl Bundes- und Landesministerien als auch die Bundesbank und wissenschaftliche Forschungsinstitute. Wirtschaftswissenschaftlern dienen die gewonnenen Daten sowohl als Ausgangspunkt für die Aufstellung von Theorien als auch zur Überprüfung derselben. Die Analyse und Prognose des gesamtwirtschaftlichen Geschehens in einer Volkswirtschaft basiert auf den Ergebnissen der VGR. Daher findet die VGR besonders in der Konjunktur- und Wachstumspolitik Verwendung. Darüber hinaus ermöglicht die VGR internationale Vergleiche. Stark umstritten ist dagegen ihr Aussagewert für die Messung des Wohlstandes in einem Land (Kapitel 4.3.6).

4.2 Das Kontensystem der Volkswirtschaftlichen Gesamtrechnung[1]

Die Ergebnisse der VGR werden vom statistischen Bundesamt in Form eines geschlossenen Kontensystems dargestellt. Dieses folgt dem Prinzip der doppelten Buchführung. Jede Transaktion wird einmal im Haben und einmal im Soll eines Kontos gebucht. Analog zur Kreislaufanalyse teilt die VGR dabei ökonomische Aktivitäten nach ihren Funktionen ein und verbucht wirtschaftliche Vorgänge in den entsprechenden Konten. Dementsprechend wird bei der Darstellung des wirtschaftlichen Geschehens in Form des Kontensystems zwischen folgenden vier Kontenarten unterschieden:

- **Produktionskonten** (erfassen Produktionsergebnisse);
- **Einkommenskonten** (erfassen Einkommensentstehung, Einkommensverteilung und Einkommensverwendung);
- **Vermögensveränderungskonten** (erfassen die Bildung von Sach- und Geldvermögen);
- **Finanzierungskonten** (erfassen Kreditaufnahme und –gewährung).

Kasten 4-1: Das Europäische System der Volkswirtschaftlichen Gesamtrechnungen (ESVG 95)

Das Europäische System der Volkswirtschaftlichen Gesamtrechnungen (ESVG 95)[2]

Im April 1999 wurde die Volkswirtschaftliche Gesamtrechnung in Deutschland und in anderen EU-Ländern auf das neue Europäische System der Volkswirtschaftlichen Gesamtrechnungen (ESVG 95) umgestellt. Diese Umstellung brachte ganz erhebliche konzeptionelle Veränderungen des bisherigen Systems mit sich, die auch eine spürbare Revision des mithilfe der VGR berechneten Bruttoinlandsproduktes zur Folge hatten.

Eine wichtige Neuerung des ESVG 95 bezieht sich beispielsweise auf die Gliederung der Sektoren. So tritt an die Stelle eines umfassenden Unternehmenssektors, die Unterscheidung in Nichtfinanzielle (vor allem produzierende) und Finanzielle Kapitalgesellschaften. Darüber hinaus existieren die Sektoren Staat, private Haushalte und private Haushalte ohne Erwerbszweck (sowie das Ausland). Anstatt wie bisher zwischen drei nationalen Sektoren wird nun zwischen fünf Sektoren unterschieden.

Eine weitere Neuerung, die sich vor allem auf den berechneten Wert des Bruttoinlandsproduktes auswirkt, ist die Erweiterung des Investitionsbegriffes. Investitionen enthalten nach dem ESVG im Gegensatz zur bisherigen Regelung auch immaterielle Anlagegüter wie EDV Software oder Urheberrechte, zivil nutzbare militärische Ausrüstungen und Bauten. Dadurch haben sich die Anlageinvestitionen nominal um fast 10 Prozent erhöht. Auf weitere Neuerungen des ESVG wird in den Fußnoten der folgenden Kapitel aufmerksam gemacht.

Insgesamt hat sich durch die Umstellung auf die neuen Richtlinien das Niveau des Bruttoinlandsproduktes deutlich erhöht. Für 1998 war es beispielsweise um 41,3 Milliarden DM oder 1,1 Prozent höher als bisher berechnet. Dagegen wurde das Wachstum der deutschen Volkswirtschaft nach unten korrigiert. Für 1998 betrug die Wachstumsrate lediglich 2,3 anstatt der bisher ausgewiesenen 2,8 Prozent.

[1] Das hier dargestellte Kontensystem der VGR ist leicht vereinfacht und weicht daher teilweise von den Bestimmungen der in Deutschland seit 1999 gültigen Richtlinien des Europäischen Systems der Volkswirtschaftlichen Gesamtrechnungen (ESVG 95) ab (siehe auch Kasten 4-1).

[2] Quellen: Peter M. von der Lippe 1999 sowie Jörg Hinze 1999

Für jede Gruppe inländischer Wirtschaftssubjekte (Staat, private Haushalte, Unternehmen) wird dabei ein eigenständiges Produktions-, Einkommens-, Vermögensänderungs- sowie Finanzierungskonto geführt.

Über die nach Sektoren gegliederten Konten hinaus umfasst das Kontensystem der VGR noch zwei so genannte zusammengefasste Konten, die sich auf die gesamte Volkswirtschaft beziehen. Im **Güterkonto** wird dargestellt, wie das durch heimische Produktion und Importe entstandene Aufkommen an Gütern verwendet worden ist. Dabei wird zwischen intermediärer Verwendung (Vorleistung für andere Güter) und letzter Verwendung (privater und staatlicher Konsum, Investitionen, Exporte) unterschieden. In den so genannten **Außenkonten** werden schließlich die Transaktionen der einheimischen Volkswirtschaft mit der restlichen Welt erfasst. Tabelle 4-1 gibt einen zusammenfassenden Überblick über das Kontenschema der VGR.

Tabelle 4-1: Das Kontenschema der VGR

	Staat	**Private Haushalte**	**Unternehmen**
Güterkonto			
Produktionskonten			
Einkommenskonten			
Vermögens-änderungskonten			
Finanzierungskonten			
Außenkonten			

4.3 Tabellenrechnungen

4.3.1 Das BIP/BNE und das Volkseinkommen

Wie bereits in Kapitel 2.4 erwähnt, ist eine der Schlüsselgrößen einer Volkswirtschaft ihre Gesamtproduktion bzw. ihr Gesamteinkommen. Aufschluss über die Höhe der Gesamtproduktion gibt das Bruttoinlandsprodukt (BIP), das den Wert aller in einem Jahr im Inland erzeugten Endprodukte erfasst. Zum Bruttoinlandsprodukt zählen also sämtliche Konsum-, aber auch Investitionsgüter, die innerhalb der Landesgrenzen erstellt wurden, nicht jedoch Zwischenprodukte. Da sich das BIP an den Landesgrenzen und nicht an der Nationalität orientiert, wird das BIP auch als **Inlandsprodukt** bezeichnet. Im Gegensatz zum BIP ist das **Bruttonationaleinkommen** (BNE)[3] ein **Inländerprodukt**. Es erfasst alle Waren und Dienstleistungen, die von Inländern, d.h. von Institutionen oder Personen, die ihren ständigen Sitz bzw. Wohnsitz im Inland haben, erstellt wurden. In Abgrenzung zum BIP enthält das BNE keine im Inland entstandenen **Primäreinkommen**, die an Ausländer fließen. Als Primäreinkommen werden sämtliche Einkommen bezeichnet, die durch die Mitwirkung am Produktionsprozess entstehen. Erfasst werden dagegen entsprechende Einkommen, die Inländer aus dem Ausland erhalten.

Während BNE und BIP wie beschrieben auf die Gesamtproduktion einer Volkswirtschaft abstellen, bezieht sich eine weitere Größe, das **Volkseinkommen**, auf das Gesamteinkommen einer Volkswirtschaft. Es umfasst die Summe aller von Inländern empfangenen **Faktoreinkommen**, d.h. alle Entgelte, die den Inländern aus der Beteiligung am Produktionsprozess zufließen.[4] Faktoreinkommen lassen sich unterscheiden in Entgelte aus Arbeitnehmertätigkeit und in Einkommen aus Unternehmertätigkeit und Vermögen.

Die Berechnung der vorgestellten Sozialprodukte ist eine der Hauptaufgaben der VGR. Dabei stehen mit der Entstehungs-, der Verwendungs- sowie der Verteilungsrechnung drei verschiedene Methoden zur Verfügung. Der Hauptunterschied zwischen den verschiedenen Rechnungen besteht darin, dass sie an unterschiedlichen Stellen im Wirtschaftskreislauf ansetzen: bei der Produktion, der Verwendung oder der Verteilung. Diese unterschiedlichen Ansatzpunkte erlauben es, die Sozialprodukte einer Volkswirtschaft unter jeweils anderen Gesichtspunkten zu analysieren. Im Folgenden werden die drei Rechnungen einzeln vorgestellt.

[3] Das Bruttonationaleinkommen wird nach alter Terminologie Bruttosozialprodukt genannt.

[4] Das ESVG 95 unterscheidet zwischen Primäreinkommen und Faktoreinkommen, indem die Nettoproduktionsabgabe (Saldo aus Produktions- und Importabgaben und Subventionen) dem Staat als primäres Einkommen zugerechnet werden, während es in den Faktoreinkommen nicht enthalten ist. Die Summe der Primäreinkommen wird als Nettonationaleinkommen bezeichnet.

4.3.2 Entstehungsrechung

Die Entstehungsrechnung geht bei der Berechnung des gesamtwirtschaftlichen Produktionsergebnisses von den **Produktionswerten** der einzelnen Wirtschaftsbereiche aus. Unter dem Produktionswert eines Unternehmens wird die Gesamtsumme der zu Marktpreisen bewerteten Verkäufe von Waren und Dienstleistungen aus eigener Produktion sowie von Handelswaren an andere Wirtschaftseinheiten ohne Mehrwertsteuer verstanden. Ausgehend von den Produktionskonten der Sektoren wird nun ein Produktionswert für jeden einzelnen Wirtschaftsbereich ermittelt. Dabei wird zwischen den folgenden Sektoren unterschieden:

- Land- und Forstwirtschaft, Fischerei;
- Produzierendes Gewerbe ohne Baugewerbe;
- Baugewerbe;
- Handel, Gastgewerbe und Verkehr;
- Finanzierung, Vermietung und Unternehmensdienstleistungen;
- Öffentliche und private Dienstleister.

Um den gesamtwirtschaftlichen Produktionswert zu erhalten, werden in einem ersten Schritt die entsprechenden Einzelwerte der Produktionsergebnisse der einzelnen Sektoren addiert. Von diesem Wert werden sämtliche **Vorleistungen** subtrahiert, d.h. der Wert der Güter, die ein Wirtschaftssubjekt von einem anderen erhalten hat, um es für die eigene Produktion zu benutzen. Das Ergebnis wird als **unbereinigte Bruttowertschöpfung** einer Volkswirtschaft bezeichnet. Der Produktionswert wird um Vorleistungen bereinigt, um Doppelzählungen von Produkten zu vermeiden. Ein kleines Beispiel erläutert den Zusammenhang (siehe auch Abbildung 4-1).

Angenommen ein Produzent von CD-Playern kauft zunächst Rohstoffe im Wert von 30 € von seinem Lieferanten. Die gelieferten Materialien verarbeitet er zu einem fertigen Gerät, das er für 60 € an einen Großhändler weiterkauft. Dieser wiederum liefert das Gerät für 90 € an ein Elektrofachgeschäft, das schließlich den CD-Player für 120 € an seine Kunden verkauft. Würden bei der Berechnung des Bruttosinlandsproduktes lediglich die Erlöse der einzelnen Unternehmen addiert, so ergebe sich ein Gesamtwert von 30 € + 60 € + 90 € + 120 € = 300 €. In dieser Summe ist jedoch der Wert der Rohstoffe gleich viermal enthalten, da er auch in die Verkaufspreise des Produzenten, des Großhändlers sowie des Einzelhändlers eingeht. Analog dazu beziehen sowohl Groß- als auch Einzelhändler den Verkaufspreis des Produzenten in ihre Kostenkalkulation mit ein u.s.w. Eine simple Addition der Verkaufspreise würde daher zu einem zu hohen Bruttoinlandsprodukt führen, da die Leistungen einzelner Unternehmen doppelt oder sogar noch häufiger gezählt würden.

Abbildung 4-1: Die Wertschöpfung

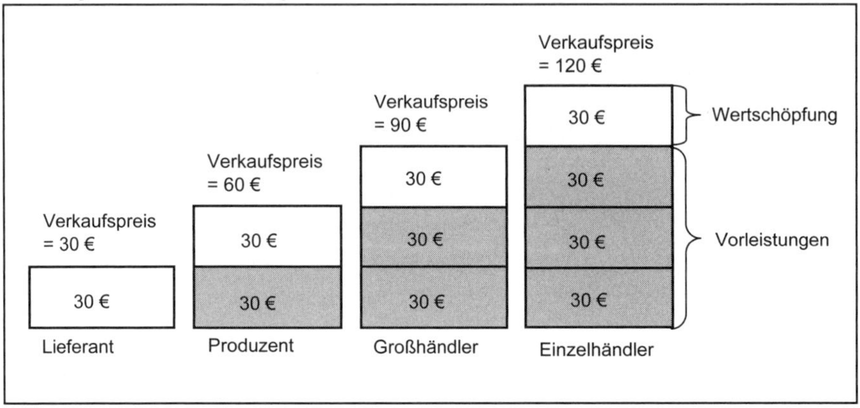

Um nur die tatsächliche **Wertschöpfung** eines Unternehmens in das Bruttoinlandsprodukt einfließen zu lassen, müssen also die von anderen Unternehmen erbrachten Vorleistungen vom jeweiligen Verkaufspreis abgezogen werden. Übrig bleibt der Teil des Verkaufswertes, den das jeweilige Unternehmen durch Verarbeitung und Veredelung des Produktes selbst hinzugefügt hat. Im genannten Beispiel würde sich die gesamte Wertschöpfung also wie folgt berechnen:

$$30€ + (60€ - 30€) + (90€ - 30€ - 30€) + (120€ - 30€ - 30€ - 30€) = 120€ .$$

Eine Ausnahme von der oben dargestellten subtraktiven Ermittlung der Wertschöpfung eines Wirtschaftszweiges sind Güter und Dienstleistungen, die vom Staat oder von privaten Organisationen ohne Erwerbszweck produziert werden. Da diese überwiegend unentgeltlich zur Verfügung gestellt werden, kann kein Marktpreis für diese Produkte ermittelt werden. Daher wird die Wertschöpfung dieser Sektoren einfach über die Addition der für die Produktion anfallenden Kosten bestimmt. Somit wird unterstellt, dass der Staat seine Produktion selber konsumiert.

Tabelle 4-2 veranschaulicht schematisch die Entstehungsrechnung des BNE. Nach der Berechnung der unbereinigten Bruttowertschöpfung einer Volkswirtschaft als Addition der Wertschöpfung der einzelnen Sektoren, werden in einem nächsten Schritt die so genannten unterstellten Bankgebühren subtrahiert. Bei diesen handelt es sich um eine Schätzung der Bankdienstleistungen, für die keine Gebühr erhoben wird. Das Ergebnis wird als bereinigte Bruttowertschöpfung oder Bruttoinlandsprodukt einer Volkswirtschaft bezeichnet. Da die dem BIP zugrunde liegenden Produktionswerte auf Marktpreisen basieren, wird es genauer als Bruttoinlandsprodukt zu Marktpreisen bezeichnet.[5] Um aus dem BIP das BNE zu berechnen, müssen sämtliche Einkommen, die Ausländer aus inländischer Produktion erhalten haben subtrahiert und Einkommen, die Inländer aus dem Ausland erhalten haben addiert werden. Zusammengefasst wird auch vom Saldo der Primäreinkommen aus dem Ausland gesprochen.

Tabelle 4-2: Grundschema der Entstehungsrechnung

	Grundschema der Entstehungsrechnung
	Produktionswerte aller Wirtschaftsbereiche (bewertet zu Marktpreisen)
-	Vorleistungen
=	Wertschöpfungen der Wirtschaftsbereiche
=	(unbereinigte) Bruttowertschöpfung
-	Unterstellte Bankgebühr
=	(bereinigte) Bruttowertschöpfung
=	**Bruttoinlandsprodukt**
+	Einkommen von Inländern aus dem Ausland
-	Einkommen von Ausländern aus dem Inland
=	**Bruttonationaleinkommen (früher: Bruttosozialprodukt)**

Neben der Bedeutung der Entstehungsrechnung als Werkzeug zur Berechnung des BIP sowie des BNE ermöglicht sie auch eine eingehende Analyse der beiden Größen von der Entstehungsseite her. Sie zerlegt die Gesamtproduktion einer Volkswirtschaft in die Wertschöpfungen der einzelnen Wirtschaftsbereiche. Somit lassen sich Aussagen über die relative Wichtigkeit einzelner Sektoren für die Gesamtwirtschaft treffen. Abbildung 4-2 zeigt wie sich im Jahre 2006 die gesamtwirtschaftliche Bruttowertschöpfung in Deutschland auf die einzelnen Wirtschaftsbereiche verteilt hat. Beispielsweise trugen private und öffentliche Dienstleister mit 22 Prozent zur nationalen Wertschöpfung bei. Insgesamt wurden im Dienstleistungssektor, der neben privaten und öffentlichen Dienstleistern auch die Bereiche Finanzierung, Vermietung und Unternehmensdienstleistungen sowie Handel, Gastgewerbe und Verkehr umfasst, etwa 70 Prozent der deutschen Gesamtproduktion geschaffen. Der Anteil des produzierenden Gewerbes lag bei 29 Prozent, knapp 1 Prozent der Bruttowertschöpfung entfielen auf die Land- und Forstwirtschaft sowie die Fischerei.

[5] Der Unterschied zu den Sozialprodukten zu Faktorpreisen wird in Kapitel 4.3.5 erläutert. Nach der neuen Terminologie der ESVG 95 entfällt die Unterscheidung zwischen Faktorkosten und Marktpreisen jedoch.

Abbildung 4-2: Wertschöpfung 2006 aufgeteilt nach Wirtschaftsbereichen[6]

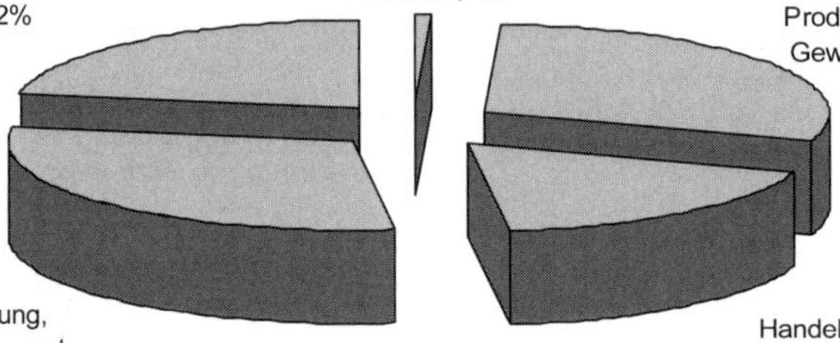

Ebenfalls von großem Interesse sowohl für die Wirtschaftspolitik als auch für die Wissenschaft ist die Veränderung der relativen Bedeutung einzelner Wirtschaftszweige im Zeitablauf. Abbildung 4-3 belegt, dass sich in Deutschland in den vergangenen Jahrzehnten ein Wandel von einer Industriegesellschaft hin zu einer Dienstleistungsgesellschaft vollzogen hat. Während 1970 die wirtschaftliche Leistung des produzierenden Gewerbes noch leicht die des Dienstleistungssektors übertraf, ist die Bedeutung von Dienstleistungen in den darauffolgenden Jahren stets angestiegen. Ein umgekehrter Trend ist für das produzierende Gewerbe erkennbar. Derartige Beobachtungen haben wichtige Implikationen, beispielsweise für die Struktur- oder Bildungspolitik. So ist die in einer vom Dienstleistungssektor bestimmten Volkswirtschaft benötigte Ausbildung eine gänzlich andere als die in einer landwirtschaftlich oder industriell geprägten Gesellschaft.

[6] Quelle: Statistisches Bundesamt

Abbildung 4-3: Anteil der Wirtschaftsbereiche an der Wertschöpfung 1970 - 2005[7]

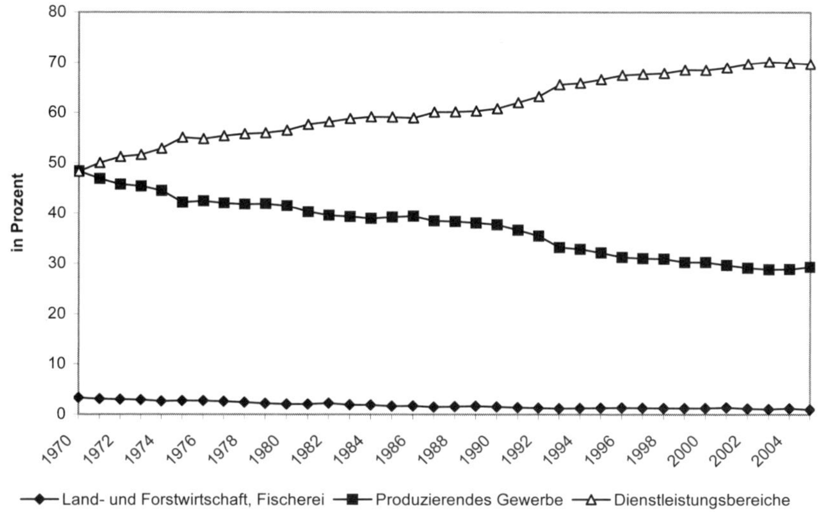

4.3.3 Die Verwendungsrechnung

Das Bruttoinlandsprodukt kann auch ausgehend von der Verwendungsseite der gesamtwirtschaftlichen Leistung berechnet werden. Die der Verwendungsrechnung zugrunde liegende Idee ist die bereits aus der Kreislaufanalyse bekannte Tatsache, dass die Produktion einer Volkswirtschaft ex post gleich der gesamtwirtschaftlichen Nachfrage sein muss. Die Verwendungsrechnung zerlegt nun die gesamtwirtschaftliche Nachfrage in ihre Komponenten und berechnet das BIP durch einfache Addition dieser Teilwerte. Eine erste, grobe Einteilung der Nachfrage erfolgt in die Blöcke Konsum, Investitionen und Außenbeitrag. Bei den Konsumausgaben wird zwischen staatlichem Konsum und dem Konsum von privaten Haushalten bzw. privaten Organisationen ohne Erwerbszweck unterschieden. Auch die (Brutto-)Investitionen lassen sich weiter untergliedern. Es wird differenziert zwischen Anlageinvestitionen und Vorratsveränderungen. Letztere bilden in der VGR zusammen mit dem Nettozugang an Wertsachen einen gemeinsamen Posten. Investitionen können aber nicht nur nach ihrer Art, sondern auch nach dem Investor in staatliche und private Investitionen unterteilt werden.

[7] Quelle: Sachverständigenrat. Werte bis einschließlich 1990 beziehen sich auf das frühere Bundesgebiet.

Abbildung 4-4: Bruttoinlandsprodukt 2006 nach Verwendung[8]

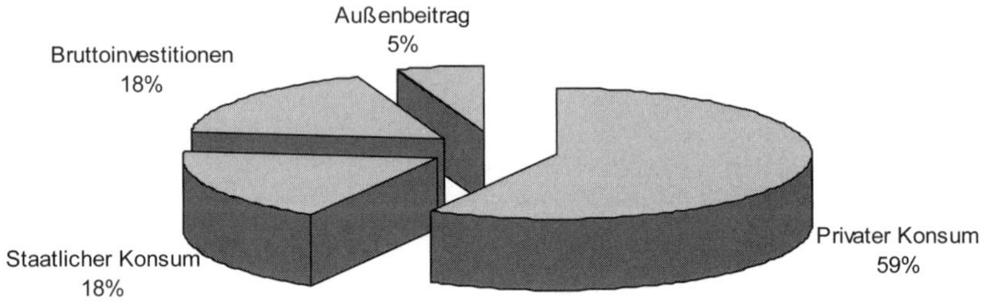

Die Summe aller Konsumausgaben und (Brutto-)Investitionen einer Volkswirtschaft wird als **inländische Verwendung** bezeichnet. Das Bruttoinlandsprodukt ergibt sich aus dieser durch Addition des Außenbeitrages. Analog zur Entstehungsrechnung ergibt sich das Bruttonationaleinkommen, indem zum BIP der Saldo der Primäreinkommen aus dem Ausland hinzuaddiert wird (siehe Tabelle 4-3). Auch die Verwendungsrechnung erlaubt über die reine Berechnung des Bruttoinlandsproduktes hinaus eine eingehendere Analyse der gesamtwirtschaftlichen Leistung. Abbildung 4-4 zerlegt das deutsche Bruttoinlandsprodukt 2006 nach seiner Verwendung, gibt also Aufschluss über die Nachfragestruktur. Die Grafik macht deutlich, dass die gesamtwirtschaftliche Nachfrage in hohem Maße von den privaten Konsumausgaben abhängig ist. Insgesamt konsumierten private Haushalte sowie Organisationen ohne Erwerbszweck in 2006 Güter und Dienstleistungen im Wert von 1357,50

Tabelle 4-3: Grundschema der Verwendungsrech.

	Grundschema der Verwendungsrechnung
	Konsum
	staatlicher Konsum
	privater Konsum
+	Bruttoinvestitionen
	Anlageinvestitionen
	Vorratsveränderungen (+ Nettozugang an Wertsachen)
=	**Inländische Verwendung**
+	Außenbeitrag
=	**Bruttoinlandsprodukt**
+	Einkommen von Inländern aus dem Ausland
-	Einkommen von Ausländern aus dem Inland
=	**Bruttonationaleinkommen (früher: Bruttosozialprodukt)**

[8] Quelle: Statistisches Bundesamt

Mrd. €. Dies entspricht einem Anteil von fast 60 Prozent an der gesamtwirtschaftlichen Nachfrage und damit am BIP. Auf staatliche Konsumausgaben sowie auf Bruttoinvestitionen entfielen jeweils etwa 18 Prozent der gesamtwirtschaftlichen Nachfrage. Derartige Zahlen haben wiederum wichtige Bedeutung für die Politik, lassen sie doch beispielsweise den Schluss zu, dass die Wirtschaftskraft in hohem Maße von der Konsumlust der privaten Haushalte abhängt. Ein möglicher Ansatzpunkt für die Steigerung der gesamtwirtschaftlichen Leistung ist demnach, Anreize für eine Steigerung des privaten Konsums zu schaffen. Auch eine Erhöhung der Staatsausgaben kann potenziell zu einer höheren Nachfrage und damit einem höheren Produktionsergebnis führen. Ob und unter welchen Umständen derartige Maßnahmen wirklich richtig sind und zum erwünschten Ergebnis führen, wird noch in späteren Kapiteln zu klären sein.

4.3.4 Die Verteilungsrechnung

Die Verteilungsrechnung setzt bei der Verteilung des Volkseinkommens, d.h. bei der Verteilung der Summe der von Inländern empfangenen Faktoreinkommen an. Es wird differenziert zwischen Einkommen, die Inländern aus unselbstständiger Arbeit zufließen (Arbeitnehmerentgelte) und Einkommen aus Unternehmertätigkeit und Vermögen. Das Volkseinkommen eines Landes wird durch Addition dieser beiden Einkommensarten berechnet (siehe Tabelle 4-4). Dabei muss das Volkseinkommen vom **verfügbaren Einkommen** unterschieden werden. Das verfügbare Einkommen ist definiert als der Teil des gesamtwirtschaftlichen Einkommens, den die Wirtschaftseinheiten nach erfolgter Einkommensumverteilung tatsächlich erhalten und der ihnen somit zum Konsum bzw. zum Sparen zur Verfügung steht. Um das verfügbare Einkommen zu berechnen, müssen die Primäreinkommen um erhaltene Transferzahlungen[9] (wie beispielsweise Sozialleistungen) erhöht und um geleistete Transferzahlungen (wie beispielsweise Sozialbeiträge oder direkte Steuern) vermindert werden.

Tabelle 4-4: Grundschema der Verteilungsrechnung

Grundschema der Verteilungsrechnung	
	Arbeitnehmerentgelte
+	Einkommen aus Unternehmertätigkeit und Vermögen
=	**Volkseinkommen**

Die Verteilungsrechnung dient über die Berechnung des Volkseinkommens hinaus auch zur Bestimmung der so genannten Lohn- und der Gewinnquote. Die **Lohnquote** eines Landes ist definiert als Anteil der Entgelte aus unselbstständiger Arbeit am Volkseinkommen, während die **Gewinnquote** den Anteil der Einkommen aus Unternehmertätigkeit und Vermögen beziffert. Abbildung 4-5 gibt einen Überblick über die Entwicklung der Lohn- und Gewinnquote in

[9] Als Transferzahlungen werden solche Geldleistungen bezeichnet, für die keine direkt zurechenbaren Gegenleistungen erbracht und die nicht als Vermögensübertragungen angesehen werden.

Deutschland. So entfielen 1970 etwa 65 Prozent des gesamten Volkseinkommens auf Entgelte aus unselbstständiger Arbeit. Dieser Anteil stieg bis 1981 auf 73,6 Prozent an. Insbesondere seit Beginn des neuen Jahrtausends ist die Lohnquote spürbar gesunken und liegt mittlerweile wieder auf dem Niveau von 1970.

Anwendung finden Lohn- und Gewinnquote besonders in der Diskussion um die Verteilungsgerechtigkeit in einer Volkswirtschaft. Sie sind ein Maß für die so genannte **funktionelle Verteilung**, d.h. die Verteilung der Einkommen nach Funktion der Produktionsfaktoren. Ihre Aussagekraft ist allerdings aus vielerlei Gründen stark umstritten. So bleiben Änderungen in der Erwerbstätigenstruktur vollkommen unberücksichtigt. Auch vereinen die der Lohn- bzw. Gewinnquote zugrunde liegenden Kategorien Unternehmer und Arbeitnehmer sehr heterogene Gruppen. Beispielsweise gelten sowohl der hoch bezahlte Manager wie auch der eher gering verdienende ungelernte Arbeiter als unselbstständig Beschäftigte. Weiterhin fehlt eine Unterscheidung zwischen Einkommen aus Unternehmertätigkeit und solchen aus Vermögen. Dies wäre insofern wichtig, als dass auch Arbeitnehmer Vermögenseinkommen beispielsweise in Form von Zinsen beziehen. Schließlich sagen Lohn- und Gewinnquote nichts über die **personelle Einkommensverteilung**, d.h. über die Verteilung des Einkommens auf bestimmte Personen und Personengruppen, unabhängig von ihrer funktionellen Kategorie, aus.

Abbildung 4-5: Die Entwicklung der Lohn- und Gewinnquote in Deutschland 1970 - 2006[10]

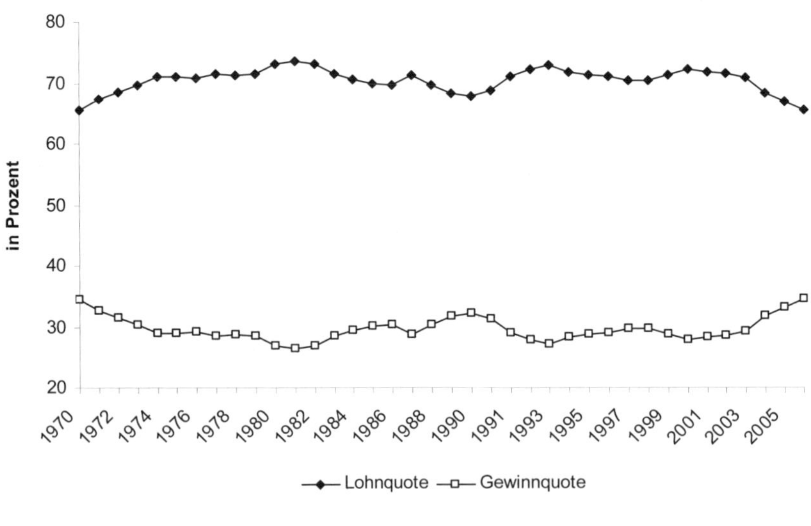

[10] Quelle: Statistisches Bundesamt. Werte bis einschließlich 1990 beziehen sich auf das frühere Bundesgebiet.

4.3.5 Der Zusammenhang zwischen Entstehungs-, Verwendungs- und Verteilungsrechnung

Nachdem in den vorherigen Abschnitten die verschiedenen Methoden zur Berechnung der wirtschaftlichen Leistung einer Volkswirtschaft beschrieben wurden, soll nun der Zusammenhang zwischen den einzelnen Rechnungen erläutert werden (siehe Tabelle 4-5). Während die Entstehungs- und die Verwendungsrechnung einfach das Bruttonationaleinkommen bzw. das Bruttoinlandsprodukt auf unterschiedliche Weise in seine Bestandteile zerlegt, berechnet die Verteilungsrechnung eine andere Größe, das Volkseinkommen. Wie aber hängen nun BNE/BIP und Volkseinkommen und damit auch die ihnen zugrunde liegenden Rechnungen zusammen?

Das Bruttonationaleinkommen umfasst drei Komponenten der gesamtwirtschaftlichen Produktion, die nicht den Produktionsfaktoren als Einkommen zufließen. Soll aus der Gesamtproduktion einer Volkswirtschaft ihr Einkommen berechnet werden, muss das BNE um genau diese drei Größen bereinigt werden. In einem ersten Schritt müssen die **Abschreibungen** subtrahiert werden. Diese beziffern den durch Verschleiß in einer Periode entstehenden Wertverlust im Anlagevermögen eines Unternehmens. Die Summe der Abschreibungen ist gleich dem Wert der Ersatzinvestitionen, die dazu notwendig sind, die bisherigen Anlagen zu ersetzen. Während im BNE die gesamten Bruttoinvestitionen einer Volkswirtschaft berücksichtigt werden, werden nach dem Abzug der Abschreibungen nur noch die Nettoinvestitionen[11] erfasst. Folgerichtig wird die Differenz aus Bruttonationaleinkommen und Abschreibungen auch als **Nettonationaleinkommen** bezeichnet.

Die zweite und dritte Komponente, die vom BNE abgezogen werden muss, um das Volkseinkommen zu berechnen, sind die an den Staat zu leistenden indirekten Steuern (auch Produktions- und Importabgaben genannt) und die vom Staat gezahlten Subventionen. Sowohl indirekte Steuern (wie z.B. die Tabaksteuer) als auch Subventionen werden in der Regel an den Verbraucher in Form von höheren bzw. niedrigeren Preisen weitergegeben. Sie beeinflussen also den Marktpreis der Produkte und somit die (zu Marktpreisen bewertete) Wertschöpfung einer Volkswirtschaft ohne jedoch als Kosten den Produktionsfaktoren angelastet zu werden. Anders ausgedrückt gehen in den Marktpreis eines Gutes zum einen die Faktorkosten (für den Faktor Arbeit, aber auch für die Unternehmerleistung), zum anderen aber auch indirekte Steuern und Subventionen ein. Die Marktpreise sind also um den Saldo aus indirekten Steuern und Subventionen höher als die Faktorkosten. Da die Faktorkosten aus Sicht der Produktionsfaktoren Einkommen darstellen, müssen zur Berechnung des gesamtwirtschaftlichen Einkommens sowohl indirekte Steuern vom Nettonationaleinkommen abgezogen als auch die Subventionen hinzuaddiert werden. Das Ergebnis ist das Volkseinkommen, auch **Nettosozialprodukt zu Faktorkosten** genannt.

---

[11] Nettoinvestitionen = Bruttoinvestitionen – Ersatzinvestitionen.

Tabelle 4-5: Der Zusammenhang zwischen Entstehungs-, Verwendungs- und Verteilungsrechnung

Entstehungsrechnung	Verwendungsrechnung
Bruttowertschöpfung der Wirtschaftsbereiche - Vorleistungen - Unterstellte Entgelte für Bankdienstleistungen	Konsum + Bruttoinvestitionen

= Bruttoinlandsprodukt (zu Marktpreisen)

+ Einkommen von Inländern aus dem Ausland
- Einkommen von Ausländern aus dem Inland
= **Bruttonationaleinkommen (zu Marktpreisen)**
- Abschreibungen
= **Nettonationaleinkommen (zu Marktpreisen)**
- Indirekte Steuern
+ Subventionen

= Nettosozialprodukt (zu Faktorkosten) / Volkseinkommen

Verteilungsrechnung
Arbeitnehmerentgelte + Einkommen aus Unternehmertätigkeit und Vermögen

4.3.6 Kritik am BIP als Wohlstandsmaßstab

Ein hohes und steigendes Bruttoinlandsprodukt (oder auch Bruttonationaleinkommen) wird, gerade in der politischen Diskussion, oft gleichgesetzt mit einem hohen und steigenden Wohlstand. Wenngleich das Bruttoinlandsprodukt ohne Frage ein wichtiges Maß der wirtschaftlichen Leistung einer Volkswirtschaft ist, ist seine Aussagekraft in Bezug auf den Wohlstand eines Landes jedoch stark umstritten. Die Kritik bezieht sich dabei vor allem darauf, dass es wichtige, den Wohlstand steigernde Faktoren nicht mit einbezieht, während andere den Wohlstand nicht vermehrende oder sogar verringernde Tätigkeiten berücksichtigt werden.

Ehrenamtliche Tätigkeiten in Vereinen, Schulen, für gemeinnützige Organisationen oder die Kirche werden beispielsweise nicht vom Bruttoinlandsprodukt erfasst. Dasselbe gilt für die Arbeit von Hausfrauen oder –männern. Obwohl all diese Tätigkeiten unfraglich den Wohlstand einer Gesellschaft verändern und teilweise sogar von zentraler Bedeutung sind, gehen sie nicht in die Sozialprodukte ein, da sie nicht über Märkte gehandelt werden. Das Gleiche gilt für eine ganze Reihe von sozialen und politischen Faktoren. So richtet sich der

Wohlstand eines Haushaltes nicht allein nach dem verfügbaren Einkommen, sondern hängt in starkem Maße vom Gesundheitswesen, dem Bildungssystem, der politischen und persönlichen Freiheit oder der Umweltqualität ab. Auch die Verteilung des Einkommens innerhalb einer Gesellschaft kann von großer Bedeutung sein. So ist ein hohes Pro-Kopf Einkommen nicht gleichbedeutend mit einem hohen durchschnittlichen Wohlstand, wenn große Bevölkerungsgruppen von diesem Reichtum ausgeschlossen sind. Alle diese Formen von qualitativem Wohlstand, also Wohlstand der nicht direkt quantitativ gemessen werden kann, werden jedoch in der quantitativen Wohlstandsmessung des Bruttoinlandsproduktes nicht berücksichtigt.

Eine Verringerung des qualitativen Wohlstandes kann gar zu einer höheren wirtschaftlichen Leistung führen. Beispielsweise müssen für die Aufforstung eines durch sauren Regen vergifteten Waldgebietes Dienstleistungen in Anspruch genommen werden, die wiederum das Produktionsergebnis der Volkswirtschaft erhöhen. Das ursprünglich negative Ereignis der Umweltverschmutzung findet also im BIP nur positiven Niederschlag. Auch die Bewertung von staatlichen Leistungen zu Herstellungskosten kann eine eigentlich wohlstandsmindernde Maßnahme als Wohlfahrtssteigerung erscheinen lassen. Erhöht beispielsweise ein neues Gesetz den bürokratischen Aufwand für die Bearbeitung von BAföG-Anträgen, so fließen die höheren Kosten als staatliche Leistung in das Bruttoinlandsprodukt mit ein.

All diese Beispiele machen deutlich, dass das Bruttoinlandsprodukt zwar Einblicke in die wirtschaftliche Leistung eines Landes geben kann, nicht jedoch als (alleiniger) Wohlstandsmaßstab fungieren sollte. Daraus folgt, dass auch die Wirtschaftspolitik nicht allein diesen Indikator im Blick haben darf, sondern auch andere Faktoren, insbesondere den qualitativen Wohlstand, berücksichtigen muss. Infolge dieser Einsicht sind seit den 60er Jahren immer wieder Versuche unternommen worden so genannte **soziale Indikatoren** zu entwickeln, die eine umfassendere Bewertung des gesellschaftlichen Wohlstandes ermöglichen sollen. Zentrale Probleme bei der Entwicklung von sozialen Indikatoren sind die Messung der qualitativen Merkmale, aber auch die Gewichtung der einzelnen sozialen und politischen Faktoren bzw. ihre relative Bedeutung für den Wohlstand eines Landes. Auch kann ein Übermaß an Einflussfaktoren die Aussagekraft eines Indikators verringern, da die Ursache eines positiven oder negativen Trends immer schwerer nachvollziehbar wird.

Ein bekanntes Beispiel für einen sozialen Indikator ist der Human Development Index (HDI) des United Nations Development Program. Dieser erstmals für 1975 ermittelte Index basiert auf der Bildungsqualität, dem Lebensstandard sowie der Lebenserwartung in einem Land. Die Bildungsqualität wird dabei anhand der Analphabetenrate aber auch anhand des Prozentsatzes derer, die eine Grundschule, eine weiterführende Schule bzw. eine Universität besucht haben, bewertet. Auch das Bruttoinlandsprodukt fließt als Maß des Lebensstandards in den Human Development Index ein. Dagegen werden andere qualitative Faktoren, wie beispielsweise die Umweltqualität nicht berücksichtigt. Trotzdem kann der HDI aufschlussreiche Ergebnisse, gerade im internationalen Vergleich, liefern.

Tabelle 4-6 macht zunächst deutlich, dass ein klar positiver Zusammenhang zwischen dem Bruttoinlandsprodukt einerseits und der Qualität der Ausbildung, der Lebenserwartung und des Lebensstandards andererseits besteht. Reiche Industrieländer mit einem hohen Pro-Kopf Einkommen wie Norwegen, den USA oder Deutschland liegen auch bei einem weltweiten Vergleich des Human Development Index weit vorne. Doch schon bei der Betrachtung dieser drei Länder fällt auf, dass Norwegen trotz eines gegenüber den USA niedrigeren Bruttoinlandsproduktes pro Kopf, unter Einbeziehung von Bildung, Lebenserwartung und Lebensstandard vor den Vereinigten Staaten rangiert. Bereits dieses Beispiel macht deutlich, dass die Wirtschaftsleistung, gemessen am BIP pro Kopf, kein umfassender Wohlstandsmaßstab sein kann.

Tabelle 4-6: Bruttoinlandsprodukt und Human Development Index im Vergleich[12]

	Bruttoinlandsprodukt pro Kopf 2004 (in US$)	Rang Bruttoinlandsprodukt pro Kopf 2004	Human Development Index 2004	Rang Human Development Index 2004
Norwegen	38.454	4.	0,965	1.
USA	39.676	2.	0,948	8.
Deutschland	28.303	19.	0,932	21.
Chile	10.847	56.	0,859	38.
Bahrain	20.758	29.	0,859	39.
Kuba	5.700	93.	0,826	50.
Kirgisien	1.935	142.	0.705	110.
Pakistan	2.225	128.	0,539	134.

Noch deutlicher wird dies beim Vergleich der Zahlen für Chile und Bahrain. Trotz eines fast doppelt so hohen Bruttoinlandsproduktes pro Kopf schneidet Bahrain aufgrund einer niedrigeren Lebenserwartung und eines relativ schlechten Bildungsstandards beim HDI schlechter ab als Chile. Ein Vergleich der Daten von Pakistan und Kirgisien zeigt, dass trotz einer ähnlich hohen Wirtschaftsleistung insbesondere die Bildungsqualität in Pakistan weitaus schlechter sind. Derartige Ergebnisse liefern nicht nur wichtige zusätzliche Informationen über das Bruttoinlandsprodukt hinaus, sondern fördern die öffentliche Diskussion und die Analyse der Frage durch welche Politik eine hohe Wirtschaftsleistung auch tatsächlich für den Menschen nutzbar gemacht werden kann, beispielsweise in Form von besserer Bildung.

Zusammenfassend lässt sich sagen, dass das Bruttoinlandsprodukt ein wichtiger Indikator für die wirtschaftliche Leistung eines Landes ist und als solcher auch Anhaltspunkte über den Wohlstand einer Nation gibt, nicht jedoch als alleiniger Wohlstandsmaßstab fungieren kann.

[12] Quelle: United Nations 2006

4.4 Die Zahlungsbilanz

Die **Zahlungsbilanz** ist eine Nebenrechnung der Volkswirtschaftlichen Gesamtrechnung, die eine detaillierte Darstellung der ökonomischen Transaktionen zwischen Inländern und der übrigen Welt vornimmt. Dabei werden sowohl entgeltliche wie auch unentgeltliche Übertragungen von Waren, Dienstleistungen und Forderungen erfasst.

Die Zahlungsbilanz wird im Kontenschema der Deutschen Bundesbank in insgesamt sechs verschiedene Teilbilanzen aufgeteilt, von denen die Leistungs- sowie die Kapitalbilanz wiederum in verschiedene Unterbilanzen unterteilt sind. Folgende Bilanzen werden unterschieden:

1. **Leistungsbilanz**
    a. *Handelsbilanz*: In der Handelsbilanz wird die Einfuhr und Ausfuhr von Waren erfasst.
    b. *Dienstleistungsbilanz*: Die Dienstleistungsbilanz erfasst alle Exporte und Importe von Dienstleistungen. Ein Beispiel für einen Dienstleistungsexport sind Transportdienste deutscher Unternehmen für Ausländer. Ebenfalls in der Dienstleistungsbilanz erfasst werden Einnahmen und Ausgaben im Zusammenhang mit dem internationalen Reiseverkehr.
    c. *Erwerbs- und Vermögenseinkommen*: Zu diesen zählen Einkommen aus unselbständiger Arbeit, aber auch Kapitalerträge. Der Saldo aus Handels- und Dienstleistungsbilanz sowie der Erwerbs- und Vermögenseinkommen ergibt den **Außenbeitrag**.
    d. *Laufende Übertragungen*: In der Übertragungsbilanz werden unentgeltliche Leistungen ohne direkten Gegenwert verbucht. Diese umfassen Zahlungen an internationale Organisationen wie die EU, aber auch Überweisungen von in Deutschland lebenden Ausländern in ihre Heimatländer.

2. **Vermögensübertragungen**
    Im Gegensatz zu den laufenden Übertragungen werden in den Vermögensübertragungen nur solche unentgeltlichen Transaktionen erfasst, die einmaligen Charakter haben, wie beispielsweise Schuldenerlasse oder ins Ausland abfließende Erbschaften.

3. **Kapitalbilanz**
    a. *Direktinvestitionen;*
    b. *Wertpapiertransaktionen und Finanzderivate;*
    c. *Übriger Kapitalverkehr*: Zum übrigen Kapitalverkehr zählen vor allem lang- und kurzfristige Kredite der Kreditinstitute.

4. Veränderung der Währungsreserven / Devisenbilanz

Diese Bilanz erfasst die Veränderung der Währungsreserven (wie Gold oder Devisen) der Deutschen Bundesbank zu Transaktionswerten.

5. Statistisch nicht aufgliederbare Transaktionen

Die Zahlungsbilanz muss aufgrund des Prinzips der doppelten Buchführung immer ausgeglichen sein. Da dies jedoch aufgrund von statistischen Ungenauigkeiten in der Praxis nicht der Fall ist, wird dieses Konto als eine Art Restpostenbilanz geführt, die den Ausgleich der Zahlungsbilanz herbeiführt.

6. Veränderung der Nettoauslandsaktiva der Bundesbank

Die Veränderung der Nettoauslandsaktiva wird berechnet als Summe der Salden der Leistungsbilanz, der Vermögensübertragungen, der Kapitalbilanz und den statistisch nicht aufgliederbaren Transaktionen.

Wie bereits erwähnt, folgt die Zahlungsbilanz dem Prinzip der doppelten Buchführung und muss deshalb stets ausgeglichen sein. Jede Transaktion, die zu einem Zahlungseingang führt, wird dabei auf der Aktivseite verbucht, während die Passivseite Zahlungsausgänge eines Landes erfasst (siehe auch Tabelle 4-7). Diesem Prinzip folgend, werden Güter- und Dienstleistungsexporte sowie empfangene Vermögen auf der Aktivseite verbucht, während Güter- und Dienstleistungsimporte sowie gezahlte Vermögensübertragungen auf der Passivseite verbucht werden. In der Kapitalbilanz werden dagegen Kapitalimporte, die ja einen Zahlungseingang darstellen, auf der Aktivseite verbucht, während Kapitalexporte als Zahlungsausgang auf der Passivseite erscheinen. Kapitalimporte wie sie beispielsweise durch eine erhöhte Kreditaufnahme im Ausland erfolgen, stellen im Übrigen eine Zunahme der Auslandsverbindlichkeiten dar, während Kapitalexporte als Zunahme der Auslandsforderungen interpretiert werden können. Analog werden steigende Auslandsverbindlichkeiten der Zentralbank, d.h. eine Verringerung der Währungsreserven, auf der Aktivseite verbucht, während eine Zunahme der Auslandsforderungen der Bundesbank, d.h. eine Erhöhung der Währungsreserven, auf der Passivseite verbucht werden. Ein negativer Devisenbilanzsaldo ist daher gleichbedeutend mit einer Zunahme der Währungsreserven.

Tabelle 4-7: Die Leistungsbilanz

+	-	=	
Aktivseite	**Passivseite**	**Saldo**	
Warenexporte	Warenimporte	Saldo der Handelsbilanz	**Saldo der Leistungsbilanz**
Dienstleistungsexporte	Dienstleistungsimporte	Saldo der Dienstleistungsbilanz	
Empfangene Erwerbs- und Vermögenseinkommen	Gezahlte Erwerbs- und Vermögenseinkommen	Saldo der Erwerbs- und Vermögenseinkommen	
Empfangene laufende Übertragungen	Geleistete laufende Übertragungen	Saldo der Übertragungsbilanz	
Empfangene Vermögensübertragungen	Geleistete Vermögensübertragungen	**Saldo der Vermögensübertragungsbilanz**	
Ausländische Direktinvestitionen im Inland (Kapitalimport)	Inländische Direktinvestitionen im Ausland (Kapitalexport)	Saldo der Direktinvestitionsbilanz	**Saldo der Kapitalbilanz**
Ausländischer Erwerb inländischer Wertpapiere (Kapitalimport)	Inländischer Erwerb ausländischer Wertpapiere (Kapitalexport)	Saldo der Wertpapierbilanz	
Ausländische Kreditgewährung an Inländer (Kapitalimport)	Inländische Kreditgewährung an Ausländer (Kapitalexport)	Saldo der Bilanz des Kreditverkehrs	
Zunahme der Auslandsverbindlichkeiten der Zentralbank (Abnahme der Währungsreserven)	Zunahme der Auslandsforderungen der Zentralbank (Zunahme der Währungsreserven)	**Saldo der Devisenbilanz = - Veränderung der Währungsreserven**	
Saldo der statistisch nicht aufgliederbaren Transaktionen			
Summe Aktivbuchungen	Summe Passivbuchungen	**Saldo der Zahlungsbilanz = 0**	

Während die Zahlungsbilanz als Ganzes ausgeglichen sein muss, trifft dies nicht auf die Salden der einzelnen Unterbilanzen zu. Vielmehr muss die Summe der Salden gleich Null sein, während einzelne Bilanzen einen Überschuss bzw. ein Defizit aufweisen können. Beispielsweise war der Saldo der deutschen Leistungsbilanz aufgrund einer positiven Handelsbilanz in den letzten Jahren immer positiv (siehe Tabelle 4-8), der Export von Gütern überstieg also die Importe. Dieser positive Saldo der Handelsbilanz muss jedoch durch entsprechende Gegenbuchungen an anderer Stelle wieder ausgeglichen werden. So können Exporte beispielsweise durch einen Kredit an den ausländischen Käufer finanziert werden. Eine Kreditvergabe an das Ausland ist gleichbedeutend mit einem Kapitalabfluss bzw. einem Kapitalexport, der wiederum auf der Passivseite der Kapitalbilanz verbucht wird. Wird der Export dagegen mit Devisen bezahlt, so würde die Gegenbuchung auf der Passivseite der Devisenbilanz erfolgen. In diesem Fall würden sich die Währungsreserven der Bundesbank erhöhen.

Dieses Beispiel macht bereits deutlich, dass ein Leistungsbilanzüberschuss, der oft als Zeichen einer hohen Wettbewerbsfähigkeit einer Volkswirtschaft interpretiert wird, gar nicht unbedingt wünschenswert sein muss, da ihm an anderer Stelle ein Defizit in der Kapitalbilanz (oder der Devisenbilanz) gegenübersteht. Solch ein Abfluss von Kapital ins Ausland wird wiederum als Standortschwäche der heimischen Volkswirtschaft angesehen, werden doch dem Wirtschaftskreislauf wichtige Geldmittel entzogen.

Tabelle 4-8: Die deutsche Zahlungsbilanz 2004– 2006[13]

	2004	2005	2006
I. Saldo der Leistungsbilanz	94,9	103,1	116,6
II. Saldo der Vermögensübertragungsbilanz	0,4	-1,3	-0,2
III. Saldo der Kapitalbilanz	-119,5	-121,6	-149,2
IV. Veränderung der Währungsreserven	1,5	2,2	2,9
V. Saldo der stat. nicht aufgliederbaren Transaktionen	22,6	17,6	30,0
VI. Saldo der Zahlungsbilanz	**= 0**	**= 0**	**= 0**

[13] Quelle: Deutsche Bundesbank, Angaben in Milliarden Euro.

II. Mikrofundierung der Makroökonomie (Reale Makroökonomie)

Obwohl sich die Makroökonomie mit gesamtwirtschaftlichen Fragen beschäftigt, lassen sich makroökonomische Modelle im Wesentlichen auf mikroökonomische Konzepte zurückführen. Beispielsweise lässt sich die gesamtwirtschaftliche Nachfrage, d.h. die Nachfrage aller Personen, die am Wirtschaftsleben einer Volkswirtschaft teilnehmen, in die Einzelnachfrage jeder Person zerlegen. Um grundlegend zu verstehen, warum die gesamtwirtschaftliche Nachfrage steigt oder fällt, ist es somit notwendig, die Entscheidung jeder einzelnen Person zu verstehen. Die gesamtwirtschaftliche Nachfrage verändert sich nur aufgrund der veränderten Nachfrage mindestens einer Person.

In diesem Abschnitt wird daher zunächst ein grundlegendes Verständnis für das Verhalten einzelner Wirtschaftsteilnehmer aufgebaut. Dabei wird erläutert, welche Bewertungsmethoden die Wirtschaftsteilnehmer ihrem Verhalten zugrunde legen. Einzelne Wirtschaftsteilnehmer sollen hier nicht unbedingt als einzelne Personen, sondern als einzelne Einheiten verstanden werden. Im Folgenden werden Haushalte, Firmen und der Staat separat betrachtet. Die Wirtschaftsteilnehmer treffen Entscheidungen, z.B. trifft ein Haushalt die Entscheidung ein Kilo Erdbeeren zu kaufen, Firmen treffen die Entscheidung eine bestimmte Menge an Cola-Dosen zu produzieren und der Staat trifft die Entscheidung eine neue Straße zu bauen. Alle drei Beispiele beschreiben Entscheidungen über reale Güter, ein Kilo Erdbeeren, eine bestimmte Menge Cola-Dosen und eine Straße. Mit realen Gütern werden sich die ersten vier Abschnitte dieses Teils befassen. Die ersten drei Abschnitte befassen sich mit den drei wesentlichen Wirtschaftsteilnehmern. Der vierte Abschnitt behandelt den Arbeitsmarkt, an dem die Wirtschaftsteilnehmer interagieren. Die Haushalte bieten am Arbeitsmarkt ihre Arbeitskraft an. Diese wird von den Unternehmen und teilweise auch vom Staat nachgefragt. Dabei obliegen dem Staat grundlegende Regulierungsmöglichkeiten. Der fünfte Abschnitt beschäftigt sich mit Geld, d.h. mit der nominalen Bewertung von Gütern. In diesem Abschnitt wird beschrieben, was Geld ist und welche Rolle es in einer Volkswirtschaft spielt.

Im Folgenden wird der Buchstabe Y genutzt, um auf der einen Seite das Einkommen der Haushalte und auf der anderen Seite den Output der Unternehmen zu symbolisieren. Diese gleichlautende Symbolik für Einkommen und Output ergibt sich später aus der Identität des einfachen Wirtschaftskreislaufes. Intuitiv leuchtet die Symbolgebung aber auch so ein. Die Unternehmen erwirtschaften einen Umsatz mit dem produzierten Output, damit decken sie ihre Kosten, d.h. auch Lohnkosten und erwirtschaften einen betrieblichen Gewinn. Die Löhne fließen den Haushalten, den Arbeitnehmerhaushalten, direkt in Form von Einkommen zu. Die Gewinne fließen den Haushalten, den Unternehmerhaushalten in Form von Gewinnbeteiligungen oder Unternehmereinkommen zu. In einem einfachen Modell werden Output und Einkommen einer Volkswirtschaft immer gleich sein.

Wie bereits erläutert, ist es das Ziel dieses Abschnitts, die realen Entscheidungen der unterschiedlichen Sektoren einer Volkswirtschaft zu verstehen. Im ersten Abschnitt wird das Verhalten der Haushalte untersucht. Hierbei handelt es sich insbesondere um die Konsumentscheidung der Haushalte. Im zweiten Abschnitt wird das Verhalten der Firmen oder Unternehmen in den Mittelpunkt gerückt. Dies bedeutet vor allem die Produktionsentscheidung zu untersuchen. In Abschnitt drei wird die Aufmerksamkeit schließlich auf den Staat gelenkt. In diesem Abschnitt werden die Aufgaben des Staates in einer Volkswirtschaft erläutert. Dabei wird dargestellt, wie der Staat die Ausgaben, die in Verbindung mit der Erledigung seiner Aufgaben stehen, finanzieren kann. Im vierten und letzten Abschnitt der Beschreibung der realen Seite einer Volkswirtschaft wird dem Arbeitsmarkt besondere Aufmerksamkeit geschenkt. Anhand des Arbeitsmarktes wird ein stückweit die Interaktion zwischen Haushalten, Firmen und dem Staat innerhalb einer Volkswirtschaft beschrieben.

5 Haushalte

Die **Haushalte** sind einer von drei Sektoren einer Volkswirtschaft. Die anderen beiden Sektoren sind die **Firmen** (Unternehmen) und der **Staat**.[1] Die Haushalte sind vorstellbar als ein gewöhnlicher deutscher Haushalt in der realen Welt, d.h. eine Familie, ein Paar oder ein Single. Der Einfachheit halber beschränkt sich die Bedeutung des Wortes ‚Haushalt' im Folgenden auf einen so genannten **statistischen Durchschnittshaushalt**. Dieser beschreibt den statistischen Durchschnitt in einer Volkswirtschaft. In Deutschland besteht ein statistischer Durchschnittshaushalt aus 2,1 Personen.[2]

5.1 Annahmen über Haushalte

Einige Annahmen über Haushalte gelten für die folgenden Modelle und Analysen.

1. Haushalte sind **Nutzenmaximierer**;
2. Haushalte sind rationale Mitglieder der Volkswirtschaft und bilden daher auch **rationale Erwartungen** über ihre zukünftige Situation;

[1] Die Firmen werden ausführlich im Kapitel 1 und der Staat in Kapitel 7 behandelt.
[2] Quelle: Statistisches Bundesamt

3. Haushalte beziehen **Einkommen**, das zum **Konsumieren** und **Sparen** eingesetzt wird;
4. Haushalte verfügen über eine **Anfangsausstattung** oder einen **Basiswohlstand**.

Dass Haushalte als Nutzenmaximierer angenommen werden, ist eine Standardannahme in grundlegenden volkswirtschaftlichen Modellen. Auf diese Weise wird erreicht, dass ein Haushalt einen Anreiz hat, seine Situation gemessen in Nutzeneinheiten zu optimieren. Das **Optimierungsprinzip** besagt, dass ein Haushalt versucht den maximalen Nutzen zu erreichen, den er sich leisten kann. Die Annahmen drei und vier sind nur eine logische Folge aus Annahme eins und im Wesentlichen der Vollständigkeit halber hier aufgeführt. Ohne Einkommen bzw. bereits vorhandenen Wohlstand kann ein Haushalt nichts optimieren. Das Einkommen bzw. der Basiswohlstand für sich betrachtet kann auch Null sein. Die Summe muss jedoch größer Null sein, um einen Untersuchungsgegenstand überhaupt zu gewährleisten. Es wird angenommen, dass der Haushalt sein Einkommen ausschließlich zum Konsumieren und Sparen einsetzt.

Etwas größere Aufmerksamkeit erfordert die zweite Annahme. Ein Haushalt wird bei der Maximierung seines Nutzens nicht nur das Hier und Jetzt betrachten, sondern auch in die Zukunft schauen. Kaufentscheidungen machen dies deutlich. Die meisten Menschen denken beim Kauf der morgendlichen Zeitung an einem Kiosk nur selten bewusst an ihre Zukunft, doch der Kauf eines Hauses oder einer Eigentumswohnung erfordert dies. Für eine solche Entscheidung ist es wichtig, welche Erwartungen der Haushalt an sein zukünftiges Einkommen hat. In Kürze wird gezeigt, dass auch kleine Kaufentscheidungen vor dem Hintergrund einer Betrachtung über die gesamte Lebenszeit eines Haushaltes bzw. einer Person von der Erwartungsbildung abhängen. Die Annahme der rationalen Erwartungsbildung[3] besagt, dass *ein Haushalt im Durchschnitt richtige Erwartungen hat. Die Differenz zwischen dem tatsächlich eintretenden Wert und der Erwartung ist nur ein zufälliger Fehler in der Vorhersage.*[4]

[3] Die Theorie rationaler Erwartungen wurde zuerst definiert von John F. Muth (1961), verbreitete sich jedoch erst durch Robert E. Lucas, Jr. in den 1970er Jahren. Robert E. Lucas, 1937 in den USA geboren, studierte an der University of Chicago und kehrte an diese, nach einer Professur an der Carnegie-Mellon University, in den siebziger Jahren zurück. Ihm wurde der Nobelpreis für Wirtschaftswissenschaften 1995 für seine Arbeiten an der Theorie der rationalen Erwartungen verliehen (zwei berühmte Aufsätze sind Lucas 1972 und 1976).

[4] ε_t wird in der Statistik oder Ökonometrie als Fehlerterm bezeichnet. Dieser hat wohldefinierte Eigenschaften, die an dieser Stelle nicht weiter vertieft werden sollen. Bei rationalen Erwartungen liegt ein Spezialfall eines Fehlerterms vor, White-noise genannt, mit einem eigenen Erwartungswert $E(\varepsilon_t) = 0$ und einer konstanten Varianz σ^2. Hierin spiegelt sich der Charakter rationaler Erwartungen wieder, die im Durchschnitt richtig sind, aber in bestimmten Perioden positive oder negative Abweichungen vom tatsächlich eintretenden Wert aufweisen. Nähere Erläuterungen zu Fehlertermen können in jedem einführenden Statistik- oder Ökonometriebuch gefunden werden, vgl. z.B. Damodar Gujarati 1995, S. 38-41, 718.

Ein Beispiel soll dies verdeutlichen. In Periode t bildet Haushalt A seine Erwartungen über die Höhe seines Einkommens in der nächsten Periode, t+1. Das Einkommen in t+1 sei Y_{t+1} und der Erwartungswert $E(Y_{t+1})$. Der zufallsverteilte Fehler ε_{t+1} ergibt sich dann wie folgt:

$$Y_{t+1} - E(Y_{t+1}) = \varepsilon_{t+1}.$$

Es ist darauf zu achten, dass $E(Y_{t+1})$ bereits in Periode t gebildet wird. Es ist die Erwartung in Periode t über das Einkommen in Periode t+1. Die tatsächliche Höhe des Einkommens in Periode t+1, Y_{t+1}, ist erst in Periode t+1 bekannt. Die Differenz ε_{t+1} kann daher erst in Periode t+1 ermittelt werden. Der tiefergestellte Index an den Größen kann leicht verwirren. Ein einfaches Zahlenbeispiel wird alles noch ein wenig verdeutlichen. Haushalt A erwartet in Jahr 1 ein Jahreseinkommen in Höhe von EUR 50.000 für Jahr 2. Das tatsächliche Jahreseinkommen betrug EUR 50.500, wie sich am Anfang des Jahres 3 herausstellt. Somit ist ε_2, d.h. die Abweichung zwischen der Erwartung für das Jahreseinkommen im Jahr 2 und dem tatsächlichen Jahreseinkommen:

$$\varepsilon_2 = EUR\ 50.500 - EUR\ 50.000 = EUR\ 500.$$

Weiterhin bleibt zu verdeutlichen, dass rationale Erwartungen nicht bedeuten, dass die Haushalte immer richtige Vorhersagen über die Zukunft machen. Sie begehen jedoch keine systematischen Fehler, die zu dauerhaften Über- oder Unterschätzungen führen. Rationale Erwartungen verlangen, dass die Haushalte alle Informationen über ihre Zukunft bei der Bildung ihrer Erwartungen berücksichtigen. Diese Charakteristik rationaler Erwartungen wird häufig als unrealistisch kritisiert. Die Haushalte müssten alle Eventualitäten, die Auswirkungen auf das Einkommen haben, bei ihren Erwartungen berücksichtigt haben. Das bedeutet, es muss berücksichtigt werden, wie hoch die Wahrscheinlichkeit einer Einkommensveränderung ist durch z.B. Kündigung, Krankheit, Kurzarbeit, Beförderung etc. Bis zu einem gewissen Grad an Genauigkeit können diese persönlichen Faktoren sicher berücksichtig werden. Wenn bei der Erwartungsbildung in Periode t also alle zu dem Zeitpunkt der Erwartungsbildung verfügbaren Informationen richtig verarbeitet wurden, dann kann eine Abweichung von der Erwartung nur durch externe Faktoren beeinflusst werden, z.B. eine plötzliche Veränderung der wirtschaftlichen Lage, die nicht zu erwarten war. Solche externen Faktoren sind nicht vorhersagbar und treten zufällig auf. Daher sind die sich ergebenden Abweichungen ebenfalls zufällig. Im Ergebnis folgen die zufälligen Veränderungen des Einkommens über mehrere Perioden einem so genannten

Random Walk[5] und sind der Annahme folgend nicht vorhersagbar.[6] Zusammengefasst bedeutet dies: von den Haushalten wird verlangt, dass sie bestimmte Faktoren, die ihre Person betreffen, richtig vorhersehen können; die Vorhersage externer Faktoren ist jedoch mit Fehlern behaftet und diese treten zufällig auf; daher liegen Haushalte mit rationalen Erwartungen bei Vorhersagen durchschnittlich richtig, d.h. sie machen keine systematischen Fehler.

Die Theorie rationaler Erwartungen ist umfangreich in empirischen Studien diskutiert und getestet worden. Vollkommen rationale Erwartungen konnten nicht nachgewiesen werden.[7] Es gibt andere Modelle zur Erwartungsbildung, die an dieser Stelle nicht ausführlich diskutiert werden.[8] Ein weiteres wichtiges Modell, **adaptive Erwartungen**[9], soll jedoch kurz vorgestellt werden. Gemäß diesem Modell werden die Erwartungen wie folgt gebildet:

$$E(Y_{t+1}) - E(Y_t) = \alpha(Y_t - E(Y_t)).$$

Die aktuellen Erwartungen über die Periode t+1 ($E(Y_{t+1})$) werden um Fehler, die bei der Erwartungsbildung in der Vergangenheit begangen wurden, teilweise oder ganz korrigiert. Der Koeffizient α gibt dabei das Ausmaß der Korrektur an. Ein Beispiel wird die Arbeitsweise dieses Modells verdeutlichen. Der vorher schon erwähnte Haushalt hatte in Jahr 0 ein Jahreseinkommen von EUR 51.000 für Jahr 1 erwartet. Das tatsächliche Jahreseinkommen in Jahr 1 betrug EUR 49.000. Die Abweichung zwischen erwartetem und tatsächlichem Einkommen ($Y_1 - E(Y_1)$) belief sich folglich auf EUR –2.000. Der Koeffizient α sei 0,5. Die Überschätzung im Jahr 1 möchte der Haushalt in Jahr 2 vermeiden und wird seine Erwartungen mit dem Faktor 0,5 korrigieren. Das erwartete Jahreseinkommen in Jahr 2 ergibt sich aus:

$$E(Y_2) - EUR\ 51.000 = 0{,}5(EUR\ 49.000 - EUR\ 51.000)$$
$$\Leftrightarrow \quad E(Y_2) = EUR\ 50.000$$

---

[5] Ein Random Walk ist ein einfacher Zufallsprozess in der Statistik bzw. Ökonometrie und ist definiert als $Y_t = Y_{t-1} + \varepsilon_t$ wobei ε_t White-noise ist. Der aktuelle Wert Y_t ergibt sich aus dem vorherigen Wert verändert um einen zufälligen Fehler. Eine einfache Möglichkeit einen Random Walk darzustellen ist ein Münzwurfspiel. Zum Beispiel erhält der Spieler bei Kopf jedes Mal 1 Euro und bei Zahl muss er 1 Euro zahlen. Der Gewinn nach dem t-ten-Wurf, Y_t, setzt sich zusammen aus dem Gewinn nach dem t-1.-Wurf, Y_{t-1}, und dem zufälligen Ergebnis (plus oder minus 1 Euro) des t-ten-Wurfs, ε_t. Nähere Erläuterungen zum Random Walk können in jedem einführenden Statistik- oder Ökonometriebuch gefunden werden, vgl. z.B. Damodar Gujarati 1995, S. 718.

[6] vgl. Robert E. Hall 1978. Hall zeigt genauer, dass die Annahme zufälliger Einkommens- und Konsumveränderungen nicht zu widerlegen ist (S. 986).

[7] vgl. Gregory C. Chow 1989; Pollock, Suyderhoud 1992

[8] Die einfachste Möglichkeit der Erwartungsbildung sind so genannte naive Erwartungen. Hierbei wird der zukünftige Wert unverändert gegenüber dem gegenwärtigen Wert angenommen (Beispiel Einkommen: $Y_{t+1}=Y_t$). Für weitere Modelle siehe John W. Galbraith 1988.

[9] Für eine tiefergehende Diskussion und einen Überblick über die Literatur siehe Albert Marcet, Thomas J. Sargent 1988 und für einen Vergleich mit rationalen Erwartungen siehe Gregory C. Chow 1989.

Diese Erwartung ist bereits aus dem vorherigen Beispiel bei rationalen Erwartungen bekannt. Die Übereinstimmung ergibt sich lediglich aus den an dieser Stelle gewählten Zahlen. Die Modelle können die gleichen Ergebnisse liefern. Im Gegensatz zu rationalen Erwartungen, bei denen vergangene Fehler für die Bildung zukünftiger Erwartungen vollkommen unerheblich sind, lernt der Haushalt bei adaptiven Erwartungen aus seinen Fehlern in der Vergangenheit. Adaptive Erwartungen sind ein Trial-and-Error Verfahren und sollten idealerweise Fehler bei der Erwartungsbildung über mehrere Perioden auf Null reduzieren. Sofern die tatsächlichen Werte einen Trend aufweisen, d.h. permanent steigen oder fallen, wird nur der relative nicht aber der absolute Fehler bei adaptiven Erwartungen gegen Null gehen. Mit einem Trend in den tatsächlichen Werten strebt der Fehler mathematisch betrachtet gegen einen konstanten Wert ungleich Null, d.h. es entsteht ein systematischer Fehler.

Die Diskussion über Realitätsnähe bzw. -ferne von Erwartungsmodellen soll an dieser Stelle nicht geführt werden. Es ist zu erwähnen, dass die Richtigkeit rationaler Erwartungen empirisch nur schwierig getestet werden kann.[10] Andere Modelle sind jedoch nicht besser zu belegen. Aus diesem Grunde sowie aus dem praktischen Grunde heraus, dass Marktteilnehmer in der Ökonomie im Allgemeinen als rational handelnde Personen oder Personengruppen angenommen werden, soll die Erwartungsbildung der Haushalte im Folgenden dem Modell rationaler Erwartungen folgen.

5.2 Das Budget der Haushalte und Budgetrestriktionen

5.2.1 Das Budget

Jedem Haushalt steht ein **Budget** (auch: **Wohlstand**) zur Verfügung. Das Budget Ω einer Periode setzt sich zusammen aus dem Basiswohlstand B und dem Einkommen Y des Haushaltes. Für das Budget einer Periode t unabhängig von anderen Perioden gilt:

$$\Omega_t = Y_t + B_t \,.$$

Ein Haushalt wird seinen Wohlstand in der Regel nicht für einzelne Perioden betrachten. Die obige Gleichung nimmt an, der Haushalt hat nur Einkommen in Periode t und seinen Basiswohlstand. Dies würde tatsächlich nur für die letzte Periode gelten, in der ein Haushalt lebt. Folgt jedoch auf Periode t noch Periode t+1, d.h. der Haushalt besteht noch eine weitere Periode, wird dem Haushalt in t+1 weiteres Einkommen zufließen. Das Einkommen von Morgen ist heute aufgrund von **Zinsen** weniger Wert.

Angenommen ein Haushalt lebt über zwei Perioden. Der Haushalt weiß mit absoluter Sicherheit, dass sein Einkommen in Periode zwei 110 Geldeinheiten

[10] vgl. Michael C. Lovell 1986

(GE) betragen wird. Er könnte dieses Geld bei einer Bank zu einem bestimmten Zinssatz i heute leihen und in der nächsten Periode zurückzahlen. Der Haushalt kann in Periode zwei exakt 110 GE inklusive Zinsen zurückzahlen. Mit $i = 10\%$ kann der Haushalt daher in Periode eins nicht 110 GE, sondern nur 100 GE ($110/1{,}1 = 100$) leihen. Die Bestimmung des Wertes des Einkommens der zweiten Periode in der ersten Periode wird **Abzinsung** genannt. Aus der Abzinsung ergibt sich der **Gegenwartswert** des Einkommens. Wenn das Einkommen des Haushaltes in der ersten Periode 100 GE beträgt und sein Basiswohlstand 0 ist, beträgt sein Wohlstand in Periode 1 insgesamt 200 GE ($100 + 110/1{,}1 + 0$). Allgemein:

$$\Omega_1 = Y_1 + \frac{Y_2}{1+i} + B_1 .$$

Zinsen werden nach **Nominalzinsen** und **Realzinsen** differenziert. Der Unterschied liegt in der **Inflation**. *Die Veränderungsrate von Preisen bezogen auf einen bestimmten Zeitraum, meistens ein Jahr, wird Inflation genannt.* In Deutschland betrug die durchschnittliche Inflation 2005 2%[11]. Die Inflation wird gemessen am Verbraucherpreisindex.[12] Die Zahl beschreibt eine durchschnittliche Verteuerung der Lebenshaltungskosten um 2%. Die Inflation kann als negativer Zins verstanden werden. Sie reduziert die Kaufkraft jeder zukünftigen Geldeinheit. Der Nominalzins beschreibt die tatsächliche Höhe der zukünftigen Zinsen und ist nicht um die Preissteigerung, d.h. die Inflation bereinigt. Im vorherigen Beispiel beträgt der Nominalzins $i = 10\%$. Der Haushalt muss auf die 100 GE, die er in Periode eins bei der Bank leiht, 10 GE ($100 \times 10\% = 10$) Zinsen zahlen. Wird der Nominalzins um die Inflation bereinigt, ergibt sich der Realzins. Bei einer Inflation $\pi = 2\%$ beträgt der Realzins r ca. 8%. Intuitiv ergibt sich diese Zahl aus der Differenz von Nominalzins und Inflation. Noch einmal zur Verdeutlichung: der Nominalzins erhöht die Summe, die der Haushalt in Periode zwei zurückzahlen muss, um 10%. Die Inflation reduziert jedoch den **realen Wert** um 2%. Daraus ergibt sich in etwa eine Erhöhung um 8%. Dies ist das Ergebnis der Fisher Zinstheoreme. Die Theoreme, benannt nach **Irving Fisher**[13], sind **Fishers Realzinstheorem** und **Fishers Nominalzinstheorem**:

Realzinstheorem: $r \approx i - \pi$;
Nominalzinstheorem: $i \approx r + \pi$.

Zu beachten ist, dass es sich bei beiden Theoremen nicht um eine Gleichung, sondern nur eine Ungefähr-Gleichung handelt. Daher wurde im Beispiel auch nur ein ungefährer Realzins von 8% angegeben. Die Herleitung der Zinstheoreme aus der **Fisher Gleichung** macht deutlich warum. Der Realzins ergibt sich

[11] Quelle: Statistisches Bundesamt
[12] Für eine Darstellung vgl. Kap. 2.2.
[13] Irving Fisher (1867-1947) war ein früher amerikanischer Neoklassiker. Seine Hauptarbeiten bewegen sich im Rahmen der Kapital- und Investitionstheorie (vgl. Irving Fisher 1896).

aus dem Nominalzins korrigiert um die Inflation. Da die Inflation einem negativen Zins gleicht, kann wie bei der Abzinsung vorgegangen werden. Die Herleitung der Fisher Gleichung lautet:

$$1+r=\frac{1+i}{1+\pi}$$

$$\Leftrightarrow \quad r=\frac{1+i}{1+\pi}-1$$

$$\Leftrightarrow \quad r=\frac{1+i}{1+\pi}-\frac{1+\pi}{1+\pi}$$

$$\Leftrightarrow \quad r=\frac{i-\pi}{1+\pi} \qquad |\times(1+\pi) \qquad \text{(Fisher Gleichung)}$$

$$\Leftrightarrow \quad r+r\pi=i-\pi$$

$$\Leftrightarrow \quad i=r+\pi+r\pi$$

Sind die Werte für r und π klein, ist der letzte Term auf der rechten Seite der Gleichung, $r\pi$, zu vernachlässigen. Diese Annahme ist nicht unrealistisch, handelt es sich doch bei beiden Werten in der Regel um kleine Prozentzahlen.[14] Die Zinstheoreme sind daher gute Näherungen für Länder mit geringen Realzinsen und geringer Inflation. Für Hochinflationsländer weichen die Werte zu stark von den tatsächlichen Werten ab.

Mit dem Wissen über Real- und Nominalzinsen wird ein Haushalt zur Bestimmung seines Wohlstandes den Realzins verwenden. Die vorher genannte Gleichung verändert sich somit zu:

$$\Omega_1=Y_1+\frac{Y_2}{1+r}+B_1.$$

Ein Haushalt mit einer Lebenszeit von drei Perioden berechnet den Gegenwartswert seines Wohlstandes wie folgt:

$$\begin{aligned}\Omega_1&=Y_1+\frac{Y_2}{1+r}+\frac{Y_3}{(1+r)^2}+B_1\\&=\frac{Y_1}{(1+r)^0}+\frac{Y_2}{(1+r)^1}+\frac{Y_3}{(1+r)^2}+B_1\\&=\sum_{t=1}^{3}\frac{Y_t}{(1+r)^{t-1}}+B_1\end{aligned}$$

[14] In den westlichen Industrienationen liegen die Nominalzinsen im Allgemeinen unter 10%, d.h. die Realzinsen müssen noch geringer sein. Die Inflation nimmt auch nur selten größere Werte an. Betragen beide Werte 10%, würde der Nominalzins durch diesen Term nur mit 0,01 beeinflusst werden.

Aus der Herleitung wird eines deutlich: je weiter eine Periode in der Zukunft liegt, desto geringer ist der Gegenwartswert des Einkommens dieser Periode. Dies wird unmittelbar durch die Abzinsung deutlich. Das Einkommen in Periode t wird durch $(1+r)^{t-1}$ geteilt. Je größer t, d.h. je weiter das Einkommen in der Zukunft liegt, desto größer wird dieser Term und damit der Nenner des Bruches. Je größer der Nenner, desto kleiner wird tendenziell der Bruch selbst.

Es ist relativ leicht, diese Gleichung auf den Standardlehrbuchfall eines Haushaltes mit unendlicher Lebenszeit zu erweitern. Ganz allgemein berechnet sich der Gegenwartswert des Wohlstands eines solchen Haushaltes anhand folgender Gleichung:

$$\Omega_1 = \sum_{t=1}^{\infty} \frac{Y_t}{(1+r)^{t-1}} + B_1 .$$

Im Gegensatz zum Gegenwartswert des Wohlstandes ergibt sich der **Zukunftswert** durch **Aufzinsung**. Der Zukunftswert des Wohlstandes für einen Haushalt mit unendlicher Lebenszeit errechnet sich aus:

$$\Omega_{s<\infty} = \sum_{t=1}^{s} (1+r)^{s-t} Y_t + (1+r)^{s-1} B_1 .$$ [15]

5.2.2 Intertemporäre Budgetrestriktionen

Haushalte wurden als Nutzenmaximierer angenommen. In der Regel werden Haushalte zur Steigerung ihres Nutzens immer mehr konsumieren. Das bedeutet nicht unbedingt eine größere Menge, sondern kann und wird auch eine bessere Qualität bedeuten. Eine weitere Uhr oder noch ein Kleidungsstück muss es irgendwann nicht mehr sein, um den Nutzen zu steigern, vielmehr werden die Konsumgüter häufig teurer. Dies geht tendenziell einher mit einer höheren Qualität. Der Nutzenmaximierung eines Haushaltes durch mehr Konsum ist aber eine Grenze gesetzt, sein Wohlstand. Diese Begrenzung der Konsummöglichkeiten wird **Budgetrestriktion** genannt. Wenn es dem Haushalt möglich ist, seinen Wohlstand durch Sparen über mehrere Perioden zu verteilen, wird von einer **intertemporären Budgetrestriktion**[16] gesprochen. Sparen wird umgangssprachlich mit einem Verzicht auf heutigen Konsum gleichgesetzt. Wenn ein Haushalt in einer Periode weniger als sein Einkommen aus der Periode konsumiert, spart der Haushalt. In der Theorie wird häufig aus Gründen der Praktikabilität auch bei der Aufnahme von Krediten vom Sparen gesprochen. Die Kreditaufnahme wird als vorgezogenes Sparen betrachtet, d.h. als Verzicht auf zukünftigen Kon-

[15] Zu beachten ist, dass im Text eine unendliche Lebenszeit angenommen wird. Mathematisch ergäbe sich bei der Summenbildung irgendwann $\infty - \infty$. Mit diesem Ausdruck kann man nicht einfach rechnen im Sinne von ‚ist gleich Null'. Daher wird in der mathematischen Gleichung eine Lebensdauer von s angenommen; s soll sehr groß aber nicht Unendlich sein.

[16] Das intertemporäre Budgetdefizit geht auf Irving Fisher zurück (vgl. Irving Fisher 1930).

sum. Der Haushalt muss dann auf Konsum verzichten, wenn der Kredit zur Rückzahlung fällig ist. Bei der Betrachtung eines intertemporären Budgets kann durch Sparen nicht nur Einkommen in die Zukunft verschoben werden, sondern auch zukünftiges Einkommen vorgezogen werden. Der Haushalt kann sowohl negativ als auch positiv Sparen.

Wie sieht eine Budgetrestriktion in einem einfachen Zwei-Perioden Fall aus? Um diese Frage zu beantworten soll das intertemporäre Budget Schritt für Schritt hergeleitet werden. In einem ersten Schritt sei der Basiswohlstand des Haushaltes Null ($B_1 = 0$) und die Möglichkeit einer Kreditaufnahme sei untersagt. Der Haushalt kann zunächst nicht negativ sparen. Das Einkommen betrage Y_1 in der ersten und Y_2 in der zweiten Periode. Dies ist die **Ausstattung** des Haushaltes, die nicht mit dem Wohlstand verwechselt werden sollte, der Zinszahlungen beinhaltet. Mit C_1 und C_2 wird der Konsum des Haushaltes in der ersten bzw. zweiten Periode bezeichnet. Der Haushalt hat die Möglichkeit weniger als sein Einkommen in der ersten Periode zu verkonsumieren und damit seine Konsummöglichkeiten in der zweiten Periode zu erhöhen. Da der Haushalt nur zwei Perioden besteht, wird er am Ende der zweiten Periode sein gesamtes Einkommen verkonsumieren. Würde er dies nicht tun, hätte er seinen Nutzen nicht maximiert.[17]

Es gilt daher: $\Omega_1 = Y_1 + \frac{Y_2}{1+r} = C_1 + \frac{C_2}{1+r}$.[18] und die Konsummöglichkeiten des Haushaltcs lauten:

$$C_1 \leq Y_1$$
$$C_2 = Y_2 + (1+r)(Y_1 - C_1).$$

Der Term (Y_1-C_1) beschreibt die Ersparnisse, die positiv sind, wenn C_1 kleiner ist als Y_1 und Null sind, wenn C_1 gleich Y_1 ist. Die Ersparnisse werden mit dem Realzins r für eine Periode verzinst. Die einfache intertemporäre Budgetbeschränkung wird in Abbildung 5-1 als so genannte **Budgetgerade** (BG) dargestellt. Die geknickte intertemporäre Budgetrestriktion umschließt die **Budgetmenge** (auch: **Konsummöglichkeitenmenge**). Es ist zu beachten, dass die tatsächliche Konsumentscheidung (C_1, C_2) immer auf der Budgetrestriktion lie-

[17] Dies impliziert, dass ein positives Vermögen am Ende der Lebenszeit, wobei der Haushalt nach zwei Perioden nicht mehr besteht, keinen positiven Nutzen spendet. Im realen Leben ist diese Annahme sicher zu kritisieren, denn sie verneint zum Beispiel, dass Eltern für ihre Kinder oder Enkel vorsorgen und diesen ein Vermögen durch Erbschaft hinterlassen. Dabei kann das Gefühl, für die eigenen Kinder und Enkel Vorsorge getroffen zu haben, sicherlich befriedigend sein und somit auch positiven Nutzen generieren. Der Einfachheit halber wird diese Möglichkeit hier ausgeschlossen.
Es wird ebenfalls ausgeschlossen, dass ein Haushalt am Ende der Lebenszeit einen negatives Vermögen hat, d.h. Schulden hinterlässt (siehe Kasten: Der Ponzi-Plan).

[18] Der Konsum in Periode zwei wird hier ebenfalls abgezinst zur Bestimmung des Gegenwartswertes des Konsums über beide Perioden. Die Abzinsung des Konsums folgt der gleichen Logik wie der des Einkommens. Der Konsum in Periode zwei ist weniger Wert als der in Periode eins, denn er kostet bei einem realen Zins größer Null relativ weniger. Dies liegt daran, dass für den Konsum in Periode zwei Ersparnisse aus Periode eins eingesetzt werden können, die Zinsen erzielt haben.

gen muss. Tut sie es nicht, würde der Haushalt nicht sein gesamtes Einkommen verkonsumieren. Dies wurde annahmegemäß ausgeschlossen.

Kasten 5-1: Der Ponzi-Plan

Der Ponzi-Plan

Der so genannte Ponzi-Plan ist benannt nach **Charles (Carlos) Ponzi**, ein italienischer Einwanderer in den USA. In den zwanziger Jahren erdachte sich Ponzi einen ‚todsicheren' Plan um Geld zu machen. Er kaufte auf ausländische Währungen lautende Anleihen der International Postal Union und löste deren Zinscoupons in Ländern mit relativ stärkeren Währungen ein. Auf diese Weise konnte Ponzi zusätzlich zu den Zinsen noch Erträge aus Währungsschwankungen generieren (Robert Sobel 1968). So verkaufte er jedenfalls seine Idee an seine Investoren. Dabei lockte Ponzi seine Investoren damit, 50% Zinsen für 45 Tage zu zahlen.

Tatsächlich zahlte Ponzi die Erträge an die ersten Investoren mit den Geldern neuer Investoren. Ponzi nahm folglich das Geld von Investor A, um damit Investor B auszuzahlen. Investor A wiederum musste mit dem Geld von Investor C befriedigt werden usw. Ponzi's Plan war für kurze Zeit ein Erfolg, er soll über acht Monate 15 Millionen US-Dollar eingenommen haben. Noch heute eine große Summe aber erst recht 1920.

Der Ponzi-Plan funktioniert ähnlich wie ein Kettenbrief - so lange, bis es extrem schwer wird neue Mitspieler zu finden. Ein Ponzi-Plan kann nur aufgehen, wenn Ponzi unendlich viel Geld leihen könnte.

Bei der theoretischen Betrachtung von intertemporären Budgetrestriktionen wird häufig die Annahme getroffen, dass der Wohlstand eines Haushalts am Lebensende größer oder gleich Null ist bzw. dass der Haushalt unendlich lange lebt. Erstere Annahme schließt aus, dass ein Haushalt am Ende der Lebenszeit Schulden hinterlassen kann. Zweitere umgeht das Problem, in dem der Haushalt ewig lebt. Beide Annahme werden als **No-Ponzi-Bedingung** bezeichnet.

Eine Finanzierung wird vor allem in der Englischen Sprache auch Ponzi-Finanzierung genannt, wenn die von einem Unternehmen zu zahlenden Zinsen größer sind als die Einnahmen aus der gewöhnlichen Geschäftstätigkeit (Charles Kindleberger 2001). In diesem Fall können die Zinsen nur aus der Substanz eines Unternehmens heraus gezahlt werden.

Der Ponzi-Plan ist 1920 nicht aufgegangen. Der Betrug flog auf und Ponzi musste ins Gefängnis. ‚Todsicher' war nur der Bankrott in diesem Fall.

Abbildung 5-1: Intertemporäre Budgetrestriktion mit zwei Perioden ohne Kredit

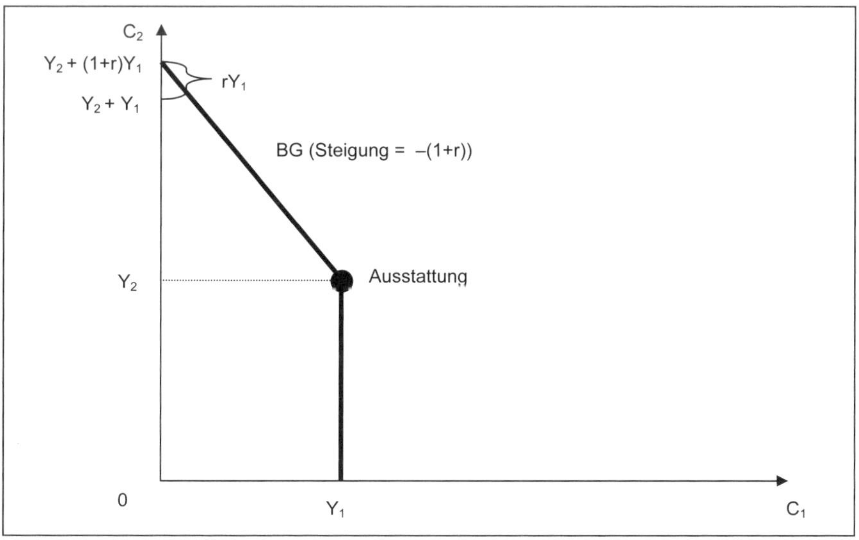

In einem zweiten Schritt bei der Entwicklung einer intertemporären Budgetrestriktion in einem einfachen Zwei-Perioden Fall wird die Aufnahme von Krediten ermöglicht. Der Haushalt kann negativ sparen und Einkommen aus der zweiten Periode in die erste vorziehen. Der Basiswohlstand des Haushaltes sei weiterhin Null ($B_1 = 0$). Die Konsummöglichkeiten des Haushaltes verändern sich dadurch wie folgt:

$$C_1 = Y_1 + \frac{Y_2 - C_2}{1+r}$$

$$C_2 = Y_2 + (1+r)(Y_1 - C_1)$$

Die Konsummöglichkeiten in Periode zwei unterscheiden sich optisch nicht von dem vorherigen Fall. Ein Unterschied ist jedoch zu beachten. Der Term (Y1-C1) kann mit der Möglichkeit der Kreditaufnahme auch negativ werden. Im Falle der Kreditaufnahme in Periode eins ist C1 größer als Y1 und der Haushalt muss diesen Betrag inklusive Zinsen in Periode zwei zurückzahlen. Der gesamte zweite Term in der C2-Gleichung wird dann negativ und C2 ist folglich kleiner als Y2. Die Gleichung für den Konsum in der ersten Periode hat sich gegenüber dem vorherigen Fall offensichtlicher verändert. Neben Y1 kann der Haushalt nun noch einen weiteren Teil für den Konsum in Periode 1 ausgeben. Präferiert der Haushalt den Konsum von Heute gegenüber dem Konsum von Morgen, wird C2 kleiner sein als Y2. Der gesamte zweite Term in der C1-Gleichung wird somit positiv und C1 größer als Y1. Umgekehrt wird der zweite Term in der C1-Gleichung negativ, wenn der Haushalt zukünftigen Konsum vorzieht. C2 ist dann größer als Y2 und C1 folglich kleiner als Y1. Die intertemporäre Budgetrestriktion mit einer möglichen Kreditaufnahme ist in
Abbildung 5-2Abbildung 5-2 dargestellt.[19]

Abbildung 5-2 macht grafisch zwei weitere Begriffe für diesen Zwei-Perioden Fall deutlich, den Gegenwartswert und den Zukunftswert des Wohlstandes, der in diesem einfachen Fall, bei dem der Basiswohlstand mit Null angenommen wurde, gleich dem Gegenwartswert bzw. dem Zukunftswert des gesamten Einkommens ist. Die Strecke 0GW repräsentiert den Gegenwartswert des Wohlstandes und die Strecke 0ZW den Zukunftswert. Die mathematische Berechnung ist noch einmal in der Grafik angegeben; sie wurde bereits zuvor im Zusammenhang mit dem Budget eines Haushaltes allgemein hergeleitet.[20]

---

[19] Die Ausstattungen in Abbildung 5-1 und Abbildung 5-2 unterscheiden sich. In erstgenannter Abbildung ist das Einkommen in Periode zwei größer als das Einkommen in Periode eins. Dies ist genau umgekehrt in letztgenannter Abbildung. Die Tatsache soll nicht zur Verwirrung beitragen, sondern deutlich machen, dass die Verteilung des Einkommens über die Perioden bei der hier beschriebenen Betrachtung unwichtig ist, da mit Zinssätzen gewichtet wird. Durch entsprechende Möglichkeiten des Sparens kann der Haushalt jeden Punkt auf der Budgetgeraden erreichen.

[20] vgl. Kap. 5.2.1

Abbildung 5-2: Intertemporäre Budgetrestriktion mit zwei Perioden mit Kredit

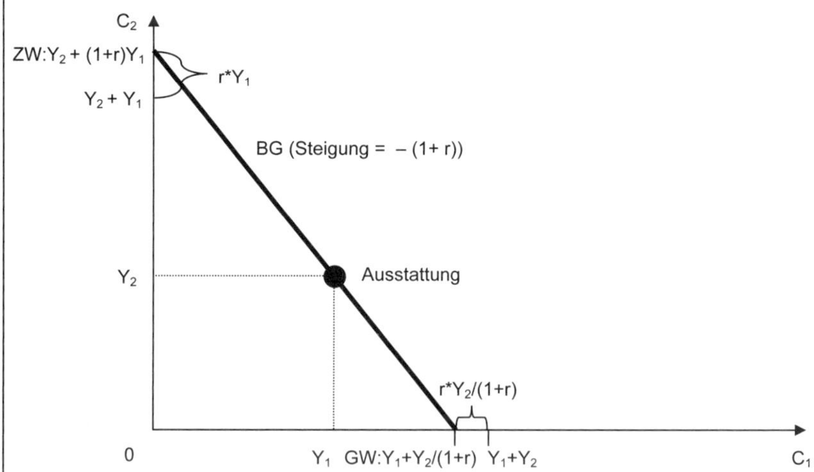

In einem letzten Schritt wird die Veränderung des Basiswohlstandes mit berücksichtigt. Die Annahme, dass dieser gleich Null sei, wird aufgegeben, stattdessen kann dieser Wohlstand sowohl positiv als auch negativ sein. Ein positiver Basiswohlstand kann sich zum Beispiel aus einem Erbe ergeben, aber auch aus einer Schenkung oder schlichtweg durch die Tatsache, dass die Betrachtung erst zu einem Zeitpunkt beginnt, da der Haushalt schon Vermögen aufgebaut hat. Ein negativer Basiswohlstand ist zum Beispiel für eine Studentin denkbar, die am Ende ihres Studiums Überlegungen über ihren zukünftigen Lebensstandard anstellt. Dabei muss sie unter Umständen einen Kredit berücksichtigen, den sie während ihrer Studentenzeit in Anspruch genommen hat. Wie verändert der Basiswohlstand das intertemporäre Budget? Die Antwort lässt sich am besten unter Berücksichtigung des Gegenwartswertes des Wohlstandes herleiten. Wie verändert sich dieser? Im Zwei-Perioden Fall lautet der Gegenwartswert des Wohlstandes:

$$\Omega_1 = Y_1 + \frac{Y_2}{1+r}.$$

Dieser Ausdruck ist bekannt, gilt aber nur unter der Annahme, dass der Basiswohlstand Null ist. Wird diese Annahme aufgegeben, muss der Term des Basiswohlstandes B_1 hinzu addiert werden. Unter Beachtung der Annahme, dass der Gegenwartswert des Konsums, d.h. die Summe des Konsums aller Perioden abgezinst auf Heute, gleich dem Gegenwartswert des Wohlstandes ist, folgt:

$$C_1 + \frac{C_2}{1+r} = Y_1 + \frac{Y_2}{1+r} + B_1 .$$

Der Basiswohlstand kann wie erläutert positiv oder negativ sein. In beiden Fällen verändert sich der Gegenwartswert des Konsums bzw. der Gegenwartswert des Wohlstandes im gleichen Maße. Mithilfe der Abbildung 5-2 können die Auswirkungen auf die intertemporäre Budgetrestriktion abgeleitet werden. Die Strecke 0GW stellte den Gegenwartswert des Wohlstandes dar. Wenn B_1 positiv ist und somit diesen Gegenwartswert erhöht, wird die Strecke einfach etwas länger, d.h. der Schnittpunkt der Budgetrestriktion mit der horizontalen Achse des Koordinatenkreuzes verschiebt sich nach rechts. Der Zukunftswert des Wohlstandes erhöht sich ebenfalls durch einen positiven Basiswohlstand. Allerdings in diesem Fall in der Größenordnung $(1+r)B_1$. Die Strecke 0ZW wird um diesen Betrag länger, d.h. auch der Schnittpunkt der Budgetrestriktion mit der vertikalen Achse des Koordinatenkreuzes verschiebt sich nach oben. Ein positiver Basiswohlstand erhöht sowohl die gegenwärtigen als auch die zukünftigen Konsummöglichkeiten und die Budgetrestriktion verschiebt sich nach außen. Ein negativer Basiswohlstand, d.h. ein ursprünglicher Kredit hat einen gegenteiligen Effekt. Die Budgetrestriktion verschiebt sich nach innen. Abbildung 5-3 macht das Erläuterte noch einmal deutlich.

Abbildung 5-3: Intertemporäre Budgetrestriktion mit zwei Perioden mit Kredit und ursprünglichem Wohlstand bzw. Verschuldung

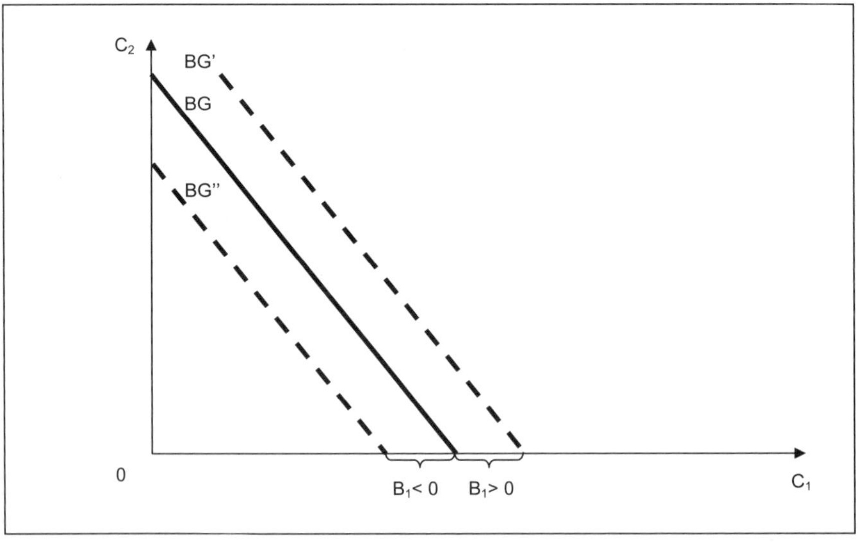

5.3 Der private Konsum

5.3.1 Die optimale intertemporäre Konsumentscheidung

Der Haushalt wird sein Einkommen über seine Lebenszeit für seinen Konsum einsetzen. Die **Präferenzen** des Haushaltes bzw. seine Vorzüge oder Vorlieben machen dabei deutlich, inwieweit zukünftiger Konsum mit gegenwärtigem substituiert wird bzw. umgekehrt der gegenwärtige durch den zukünftigen. Ein Haushalt, der lieber heute als morgen konsumiert, wird seinen gegenwärtigen Konsum steigern, indem er auf zukünftigen verzichtet. Präferenzen werden durch **Indifferenzkurven**, *die der geometrische Ort aller möglichen Konsumkombinationen auf einem bestimmten Nutzenniveau sind*, dargestellt. Jede Indifferenzkurve spiegelt unterschiedliche Aufteilungen zwischen gegenwärtigem und zukünftigem Konsum wider, bei denen der Haushalt den gleichen Nutzen erhält. zeigt eine beispielhafte Schar von Indifferenzkurven, die so genannte **normale Präferenzen** darstellen.

Abbildung 5-4: Schar von Indifferenzkurven bei normalen Präferenzen

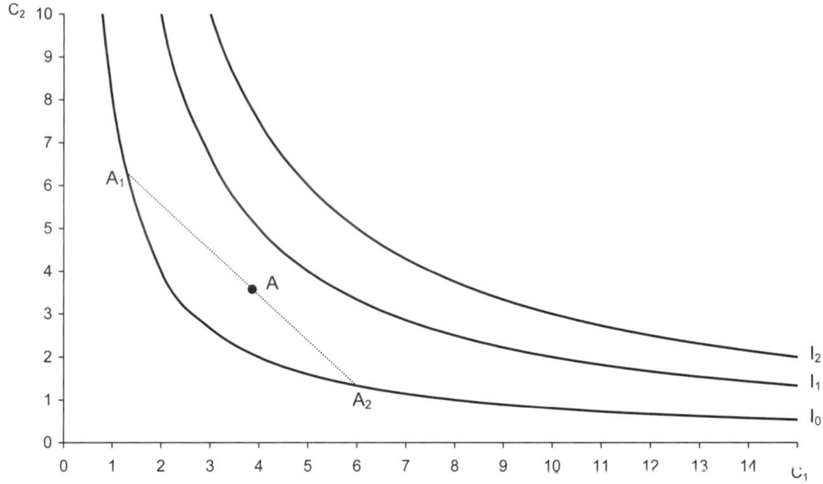

Die Eigenschaften von normalen Präferenzen werden in Kürze erläutert.[21] Jede Indifferenzkurve stellt ein anderes Nutzenniveau dar, wobei der Nutzen mit der Entfernung vom Ursprung zunimmt. Noch einmal in anderen Worten, um das Konzept deutlich zu machen. Ein Haushalt ist indifferent zwischen jeder Aufteilung des Konsums in gegenwärtigen und zukünftigen, so lange diese auf derselben Indifferenzkurve liegen. Er zieht also keinen Punkt auf der Kurve ei-

[21] Neben normalen Präferenzen gibt es zahlreiche spezielle Arten von Präferenzen, die an dieser Stelle nicht von weiterer Bedeutung sind. Für eine ausführliche Beschreibungen anderer als normaler Präferenzen vgl. Dennis Paschke 2005, Kapitel 5.

nem anderen auf derselben Kurve vor. Der Haushalt bevorzugt aber eine möglichst hohe Indifferenzkurve, d.h. eine möglichst weit vom Ursprung entfernt liegende, weil ihm diese einen höheren Nutzen bietet als eine niedrigere, d.h. eine dichter am Ursprung liegende. Neben den drei dargestellten Indifferenzkurven gibt es unendlich viele weitere, die jeweils oberhalb, unterhalb oder zwischen den eingezeichneten Kurven liegen.

An dieser Stelle soll auf zwei Eigenschaften der in dargestellten normalen Präferenzen hingewiesen werden: die Krümmung und die Steigung. Die Krümmung der Indifferenzkurven wird konvex genannt. Hierbei liegt die Annahme zugrunde, *dass ein Haushalt eine relativ gleichmäßige Verteilung seines Konsums einer relativ extremen Verteilung vorzieht.*

Beispielhaft ist die gestrichelte Verbindungslinie an die Kurve I_0 gezeichnet worden. Jede Konsumaufteilung auf dieser Verbindungslinie (zum Beispiel A) teilt den Konsum gleichmäßiger auf als es die beiden Punkte A_1 und A_2 auf I_0 tun, die durch diese Linie verbunden werden. $A_1(1^1/_3, 6)$ bietet $1^1/_3$ Einheiten Konsum in Periode eins und 6 Einheiten Konsum in Periode 2. $A_2(6, 1^1/_3)$ dreht dieses Verhältnis genau um. Beide Punkte bieten einen relativ niedrigen Konsum in der einen und einen relativ hohen Konsum in der anderen Periode. A(4, 3,5) bietet eine wesentlich gleichmäßigere Aufteilung des Konsums. Wird eine Indifferenzkurve an A gelegt, ist diese weiter vom Ursprung entfernt als I_0 und repräsentiert ein höheres Nutzenniveau. Alle Konsumaufteilungen auf der Verbindungslinie, hier im Beispiel A, liegen auf einer höheren Indifferenzkurve als die extremeren Verteilungen A_1 und A_2. Die Intuition hinter der Annahme ist, dass sich Menschen in der Regel in allen Perioden einen relativ konstanten Wohlstand und somit ein konstantes Konsumniveau wünschen. Die meisten Menschen wollen nicht in einer Periode extrem reich sein, ein Haus mit Pool bewohnen und Luxusautos fahren, und in der nächsten verhältnismäßig arm, eine Einzimmerwohnung bewohnen und kein Auto haben. Umgekehrt, d.h. erst arm und dann reich ist eher vorstellbar, aber in der Regel wird bei konstantem Durchschnittskonsum eine gleichmäßige Verteilung bevorzugt. Diese Annahme wird durch konvexe Indifferenzkurven erfüllt.

Die Steigung einer Indifferenzkurve gibt das Substitutionsverhältnis zwischen gegenwärtigem und zukünftigem Konsum an, das den Haushalt genau indifferent zwischen zwei möglichen Konsumaufteilungen macht. Die Punkte A_1 $(1^1/_3;6)$ bzw. A_2 $(6;1^1/_3)$ liegen auf derselben Indifferenzkurve I_0, d.h. dem Haushalt ist es egal, ob er die eine Aufteilung erhält oder die andere. Das wiederum bedeutet, dass der Haushalt, befindet er sich in A_1, bereit ist, $4^2/_3$ Einheiten von seinem Konsum in der zweiten Periode aufzugeben, wenn er statt dessen $4^2/_3$ Einheiten für seinen Konsum in Periode eins erhält. Dies beschreibt den Spezialfall eines Substitutionsverhältnisses von eins zu eins. Wenn der Abstand zwischen den beiden Punkten auf einer Indifferenzkurve beliebig klein wird, stellt die Steigung der Indifferenzkurve das Substitutionsverhältnis zwischen diesen beiden beliebig dicht nebeneinander liegenden Punkten dar. Dies wird die

Grenzrate der Substitution (MRS; marginal rate of substitution) oder auch etwas genauer die **Grenzrate der intertemporären Substitution** genannt. Es gilt:

$$MRS = -\frac{dC_2}{dC_1}.$$

dC_1 und dC_2 werden als Differentiale bezeichnet. Mit anderen Worten beschreibt das ‚*d*' einen unendlich kleinen Abschnitt auf einer der beiden Achsen des Diagramms. Der Quotient zweier Differentiale, in diesem Fall die MRS, wird als Differentialquotient bezeichnet.[22] Das negative Vorzeichen ergibt sich aus der Substitution bei konstantem Nutzen. Definitionsgemäß repräsentiert eine Indifferenzkurve ein bestimmtes Nutzenniveau. Bewegt sich der Haushalt entlang einer Indifferenzkurve ohne diese zu verlassen, muss die Zunahme des Konsums in einer der beiden Perioden (positives Vorzeichen) zwingend mit einer Abnahme in der anderen Periode (negatives Vorzeichen) einhergehen. Plus durch Minus ergibt Minus.

Eine steile Indifferenzkurve repräsentiert eine Präferenz für gegenwärtigen Konsum eines Haushaltes. Der Haushalt ist in diesem Falle bereit, für geringfügig höheren gegenwärtigen Konsum relativ viel seines zukünftigen aufzugeben. Ein Haushalt mit einer flachen Indifferenzkurve präferiert zukünftigen Konsum.

Mithilfe einer Budgetgeraden und der Kenntnis über die Präferenzen eines Haushaltes, dargestellt durch die Indifferenzkurven, kann der optimale Konsum für einen Haushalt bestimmt werden. Die Zusammenfügung von Abbildung 5-1 mit liefert Abbildung 5-5. Die optimale Konsumaufteilung für den hier dargestellten Haushalt[23] ist A^*. Diese Aufteilung liegt auf der intertemporären Budgetrestriktion, d.h. der Haushalt verkonsumiert über beide Perioden seinen gesamten Wohlstand. Dabei wird A^* tangiert von der Indifferenzkurve, die am weitesten vom Ursprung entfernt ist und mit dem gegebenen Budget gerade noch zu erreichen ist. Natürlich spiegelt die Indifferenzkurve I_2 ein noch höheres Nutzenniveau wider, aber es ist mit dem vorhandenen Budget unerreichbar. Folglich maximiert der dargestellte Haushalt seinen Nutzen im Punkt A^* bei gegebenem Budget und gegebener Präferenzordnung. A_0 sei die ursprüngliche Ausstattung des Haushaltes, der die Konsumaufteilung (7;2,4) hat. Dieser Punkt liegt auf einer Indifferenzkurve, die unterhalb von I_1 liegt. Durch Verzicht auf Konsum in Periode eins und zusätzlichem Konsum in Periode 2 kann der Haushalt ein höheres Nutzenniveau erreichen. Von A_0 ausgehend erhält der Haushalt 0,8 Einheiten Konsum in Periode 2, wenn er eine Einheit Konsum in Periode eins aufgibt. Diese Konsumaufteilung (6;3,2) liegt auf der Budgetgeraden zwischen A_0 und A^* und auf einer höheren Indifferenzkurve. Die endgültige und optimale Konsumaufteilung über die zwei Perioden ist A^* (5;4). Würde der Haushalt von A^* ausgehend eine weitere Konsumeinheit in Periode eins aufgeben und so den Punkt (4;4,8) realisieren, würde er eine Indifferenzkurve unterhalb von I_1

[22] Für nähere Erläuterungen zu Differentialen und Differentialquotienten siehe Peter Dörsam 2006.

[23] Die Darstellung ist allgemein gehalten und prinzipiell auf jeden Haushalt anwendbar. Dennoch wird genaugenommen ein ganz bestimmter Haushalt dargestellt. Es existieren unendlich viele Präferenzordnungen für Haushalte. Die Darstellung einer ganz bestimmten Ordnung, wie durch die gewählten Indifferenzkurven in Abbildung 5-5 geschehen, beschreibt daher prinzipiell einen ganz bestimmten Haushalt. Unter Umständen können mehrere Haushalte zufällig dieselben Präferenzen haben.

Abbildung 5-5: Die optimale intertemporäre Konsumentscheidung

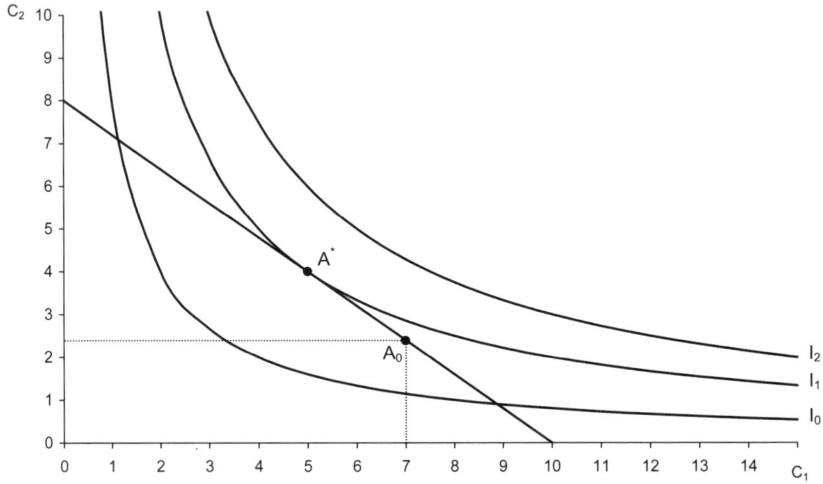

erreichen. Dieser Punkt ist relativ schlechter als A^*. Egal in welche Richtung sich der Haushalt von A^* auf der Budgetgeraden bewegt, sein Nutzenniveau würde sich verringern. Folglich muss A^* optimal sein. Im Optimum ist die Steigung der Indifferenzkurve gleich der Steigung der Budgetgeraden, es gilt daher:

$$MRS = -(1+r)$$

Drei Variablen haben einen direkten Einfluss auf die optimale Konsumaufteilung des Haushaltes: das Einkommen, der Basiswohlstand und der Realzins. Das Einkommen und der Basiswohlstand sollen gemeinsam betrachtet werden, da der Effekt identisch ist. Sowohl eine Veränderung des Einkommens als auch ein anderer Basiswohlstand führt zu einer Verschiebung der Budgetgeraden. *Ein höheres (niedrigeres) Einkommen bzw. ein höherer (niedrigerer) Basiswohlstand führt zu einer Verschiebung der Budgetgeraden nach außen (innen).* Handelt es sich bei dem Konsum in beiden Perioden um ein normales Gut, führt eine Verschiebung nach außen (innen) zu einer Erhöhung (Senkung) des Konsums in beiden Perioden. Ein **normales Gut** ist definiert als ein Gut, das mit steigendem Einkommen bzw. Wohlstand mehr nachgefragt wird.[24] Abbildung 5-6 (linke Grafik) zeigt die Veränderung des Konsums in beiden Perioden bei steigendem Einkommen bzw. Wohlstand. Dem Prinzip nach ist das gleiche Schema auf eine Senkung des Einkommens bzw. des Wohlstandes anzuwenden,

[24] Als Gegenteil eines normalen Gutes kann ein inferiores Gut bezeichnet werden. Dies ist definiert als ein Gut, dessen Nachfrage mit steigendem Einkommen bzw. Wohlstand zurückgeht. Für eine ausführliche Beschreibung unterschiedlicher Gütercharakteristiken vgl. Dennis Paschke 2003, Kapitel 6.

Abbildung 5-6: Optimaler intertemporärer Konsum bei steigendem Einkommen und steigendem Zins

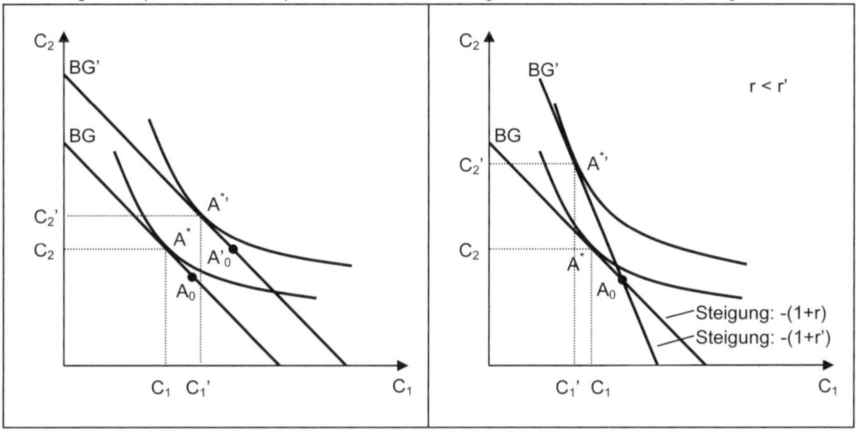

mit der einen Veränderung, dass der Konsum dann sinkt. Das Konzept sollte klar sein, so dass auf eine Zeichnung verzichtet werden kann.

Eine Veränderung des Realzinses ruft eine andere Reaktion der Budgetgeraden hervor. *Der Realzins bestimmt die Steigung der Budgetgeraden, die* $-(1+r)$ *beträgt. Ein steigender (fallender) Realzins führt zu einer steileren (flacheren) Budgetgeraden.* Der feststehende Punkt ist die ursprüngliche Ausstattung, die das Einkommen als nominale Werte darstellt, d.h. unabhängig vom Realzins. Die Veränderung des Realzinses dreht die Budgetgerade um die Ausstattung. Abbildung 5-6 (rechte Grafik) stellt die veränderte Konsumaufteilung eines Sparers bei einem steigenden Zins dar. Zu beachten ist, dass beispielhaft die Konsumveränderung für einen Sparer dargestellt wird. Dieser zeichnet sich dadurch aus, dass in Periode eins weniger als die Ausstattung verkonsumiert wird. Die Ausstattung des dargestellten Haushaltes ist A_0. Die optimale Konsumaufteilung liegt bei einem Zins r im Punkt A^*. In A^* ist C_1 kleiner als in A_0, der Haushalt spart, um in Periode zwei mehr konsumieren zu können als es die Ausstattung ermöglicht. Steigt der Zins von r auf r' wird die Budgetgerade steiler. Ein Sparer wird in der in Abbildung 5-6 (rechte Grafik) dargestellten Konstellation von Präferenzen und Budget noch mehr sparen als zuvor. Dem Prinzip nach ist das gleiche Schema auf eine Zinssenkung anzuwenden, mit der einen Veränderung, dass der Sparer dann in der Regel weniger spart oder gar zu einem Schuldner wird. Dem Prinzip nach ist das gleiche Schema auch auf einen Schuldner anzuwenden. Dabei wird das Nutzenniveau bei einem Schuldner in der Regel bei einer Zinserhöhung fallen und bei einer Zinssenkung steigen.[25] Die folgende Tabelle fasst die gemachten Erläuterungen noch einmal für einen Sparer bzw. Schuldner zusammen.

Tabelle 5-1: Eine Übersicht über die Veränderung der Budgetgeraden, des Nutzenniveaus und der Konsumverteilung bei der Veränderung der einflussreichen Variablen

SparerIn	**Budget steigt**	**Budget sinkt**	**Realzins steigt**	**Realzins fällt**
Budgetgerade	verschiebt sich nach außen	verschiebt sich nach innen	dreht sich um die Ausstattung und wird steiler	dreht sich um die Ausstattung und wird flacher
Nutzen	steigt	fällt	steigt (i.d.R.)	fällt (i.d.R.)
Konsum	$C_{1,2}$ steigt	$C_{1,2}$ fällt	C_1 fällt (i.d.R.) C_2steigt (i.d.R.)	C_1 steigt (i.d.R.) C_2 fällt (i.d.R.)
SchuldnerIn	**Budget steigt**	**Budget sinkt**	**Realzins steigt**	**Realzins fällt**
Budgetgerade	verschiebt sich nach außen	verschiebt sich nach innen	dreht sich um die Ausstattung und wird steiler	dreht sich um die Ausstattung und wird flacher
Nutzen	steigt	fällt	fällt (i.d.R.)	steigt (i.d.R.)
Konsum	$C_{1,2}$ steigt	$C_{1,2}$ fällt	C_1 fällt (i.d.R.) C_2steigt (i.d.R.)	C_1 steigt (i.d.R.) C_2 fällt (i.d.R.)

Das bis hierher vorgestellte einfache Zwei-Perioden Modell für den Konsum ist das grundlegendste Modell zur Herleitung einer Konsumfunktion, die im nächsten Abschnitt beschrieben wird. Dieses Modell beruht auf der Annahme absoluter Sicherheit über die Zukunft. Dem Haushalt ist das Einkommen der zweiten Periode bereits in der ersten Periode bekannt. Darüber hinaus hat ein Haushalt keine Möglichkeit, seine Präferenzen über die Zeit zu ändern. Er ist entweder ein Sparer in der ersten Periode und hat einen relativ höheren Konsum in der zweiten Periode oder er ist ein Schuldner in der ersten und konsumiert relativ weniger in der zweiten. Dies liegt natürlich vor allem an den Restriktionen des Modells selber. Es wurde angenommen, dass ein Haushalt nur zwei Perioden lebt. Die Realität weicht hiervon für gewöhnlich stark ab, wenn man eine Periode mit einem Jahr oder auch einem Jahrzehnt gleichsetzt. Anstatt gegenwärtigem bzw. zukünftigem Konsum generell den Vorzug zu geben, werden sich die Präferenzen über die Lebenszeit eines Haushaltes ändern. Ein junger Haushalt nimmt häufig einen Kredit auf, der während der Arbeitsphase getilgt wird. Darüber hinaus wird während der Berufstätigkeit Vorsorge für den Ruhestand getroffen. Ein Haushalt wird in der Regel zunächst Schuldner, dann Sparer und schließlich wieder Schuldner sein. Dabei wird er im Allgemeinen versuchen

[25] Bei Zinsänderungen müssen für eine detaillierte Untersuchung zahlreiche Fallunterscheidungen gemacht werden, um die genaue Veränderung des Nutzenniveaus bestimmen zu können. Die Aussagen an dieser Stelle sind daher immer mit dem Zusatz ‚in der Regel' versehen worden. Die Betrachtung ist deshalb so schwierig, weil zwischen Sparer und Schuldner unterschieden werden muss. Darüber hinaus kann bei extremeren Zinsschwankungen aus einem Schuldner auch ein Sparer werden oder umgekehrt. Eine detaillierte Betrachtung ist an dieser Stelle nicht notwendig, um das Konzept dem Prinzip nach zu verstehen. Für eine detailliertere Beschreibung mit Fallunterscheidungen vgl. Dennis Paschke 2004.

den Konsum über seinen gesamten Lebenszyklus zu glätten. Dies wird **Konsumglättung** bzw. **Consumption Smoothing** genannt. Wie lange die einzelnen Perioden andauern, ist von der Verteilung des Einkommens über den gesamten Lebenszyklus abhängig.

Eine Studentin zum Beispiel wird unter Umständen Schulden während ihres Studiums machen, im Anschluss eine Familie gründen und einen Kredit für ein Haus aufnehmen. Innerhalb der nächsten 20-30 Jahre wird der Kredit getilgt und bereits Vorsorge für den Ruhestand getroffen werden. Mit 55 Jahren mögen alle Kredite getilgt sein und die Vorsorge für den Ruhestand wird noch einmal etwas erhöht für die letzten zehn Jahre. Während der Rente ist die frühere Studentin im Sinne ihres Einkommens Schuldnerin, denn sie wird mehr konsumieren als sie an Einkommen hat. Auf diese Weise reduziert sie ihr angespartes Vermögen[26], dies wird auch **Entsparen** genannt.

Abbildung 5-7: Einkommen und Konsum über den gesamten Lebenszyklus einer ‚Studentin' (linke Grafik) und eines ‚Profisportlers' (rechte Grafik)

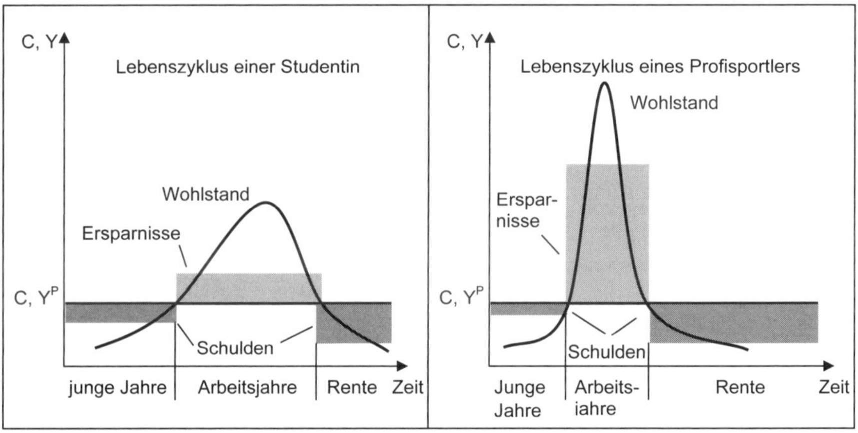

Bei einem talentierten Profisportler, z.B. einem Fußballspieler, wird die Zeit als Schuldner sehr kurz sein, wenn sie überhaupt besteht. Erhält der Sportler aufgrund seines Talentes schon frühzeitig Förderung und gehört bereits mit 20 Jahren zu den Top Spielern der Bundesliga, wird sein Einkommen womöglich ausreichen, um nie Schuldner zu sein. Das Einkommen ist zwischen 20 und 35 extrem hoch und führt dazu, dass der Sportler ein Sparer ist. Im Anschluss an

[26] Angespartes Vermögen zu dem Zweck der Konsumglättung nennt Christopher Carroll Buffer-Stock Savings (vgl. Christopher D. Carrol 1997), d.h. Puffer-Ersparnisse. In den Zeiten höheren Einkommens wird demnach absichtlich ein Puffer aufgebaut, der in Zeiten niedrigeren Einkommens abgebaut oder aufgebraucht wird. Im Gegensatz hierzu existiert reines Zweck-Sparen für geplante größere Anschaffungen. Hierbei handelt es sich nicht um den Ausgleich von zukünftig niedrigerem Einkommen, sondern um eine direkte Konsumentscheidung, wobei der Konsum erst in der Zukunft stattfindet. Ein Haushalt spart zum Beispiel 100 GE monatlich für die Anschaffung eines neuen Fernsehers. Im Sinne der Hypothese von der Konsumglättung sind diese 100 GE monatlich bereits als Konsum zu betrachten, denn der Zweck dieser Ersparnisse ist bereits bestimmt. Bei Puffer-Ersparnissen ist der direkte Konsumzweck noch unbekannt.

die sportliche Karriere wird er womöglich bereits zum Entsparer, weil er zum Beispiel ehrenamtliche Tätigkeiten übernimmt oder eine Stiftung gründet. Abbildung 5-7 zeigt den möglichen Verlauf von Konsum und Einkommen der beiden beschriebenen Haushalte.

In beiden Grafiken wird die Konsumglättung deutlich. Es wird sogar angenommen, der Konsum sei über den gesamten Lebenszyklus identisch, in der Realität wird das meistens nicht genau stimmen. Der Konsum wird folglich vom Lebenseinkommen und vom Wohlstand beeinflusst, dies beschreibt die **Lebenszyklus-Hypothese**[27] von Albert Ando[28] und Franko Modigliani[29]. Diese ergänzt das Konzept des **permanenten Einkommens**[30] von Milton Friedman. Hiernach lässt sich das Einkommen in zwei Bestandteile aufteilen. Zum einen in eine permanente Komponente und zum anderen in eine transitorische Komponente. Die permanente Komponente ist der Teil des Einkommens, den ein Haushalt aufgrund seiner Ausbildung, Berufs- und Lebenserfahrung dauerhaft, d.h. über mehrere Perioden erwarten kann. Die transitorische oder temporäre Komponente lässt sich hingegen auf Ausnahmen wie zum Beispiel Glück oder Zufall zurückführen. Hierzu zählen unerwartete Bonuszahlungen beim Gehalt, Lotteriegewinne oder überdurchschnittliche Gewinne bei Spekulationen etc. Auf diesen Teil des Einkommens kann sich ein Haushalt nicht verlassen und wird daher auch seinen Konsum nicht danach planen. Während Modigliani von einem konstanten durchschnittlichen Einkommen über alle Perioden ausgegangen ist, das sich alleine aus der Aufnahme von Krediten bzw. dem Aufbau von Ersparnissen aus dem Lebenseinkommen ergibt, ermöglicht Friedman regelmäßige Schwankungen. Für das Einkommen entsteht eine einfache Gleichung:

$$Y = Y^P + Y^T.$$

Das permanente Einkommen ist in Abbildung 5-7 zu erkennen. Es ist gleich dem durchschnittlichen Konsum des Haushaltes über seinen gesamten Lebenszyklus. Strebt der Haushalt Konsumglättung an, ergibt sich ein gewünschtes konstantes Konsumniveau, dass ausschließlich durch permanentes Einkommen gedeckt wird. Dies ist die verlässliche Komponente des Einkommens eines Haushaltes. Die zufällig auftretenden Schwankungen durch den transitoren Teil des Einkommens werden durch Kredite bzw. Ersparnisse ausgeglichen.

---

[27] vgl. Ando, Modigliani 1963; Ando, Modigliani 1964; Franco Modigliani 1986.

[28] Albert Ando (1929) erhielt seinen Doktortitel vom Carnegie Institute of Technology 1959. Zunächst lehrte er am Massachusetts Institute of Technology (MIT), bevor er 1963 an die Wharton Fakultät der University of Pennsylvania wechselte, deren Mitglied er noch heute ist.

[29] Franko Modigliani (1918), geboren in Rom, studierte an der Universität von Rom und an der Sorbonne in Paris. Seinen Doktor in Jura erhielt er 1939 und wanderte kurz danach in die USA aus, wo er seine ökonomischen Interessen verfolgte und zunächst an der New School for Social Research lehrte. (Das Institute wurde 1939 gegründet, um europäischen Akademikern eine fachliche Heimat zu geben, die aufgrund des zweiten Weltkrieges von dort flohen.) Ende der 1940er und in den 1950er Jahren lehrte und arbeitete Modigliani an der University of Illinois und der Carnegie Mellon University. 1960 wechselte er zum MIT bei dem er verblieb. Der Nobelpreis in Wirtschaftswissenschaften wurde Modigliani 1985 für seine Arbeit an der Lebenszyklus Hypothese und seinen Arbeiten im Bereich effizienter Finanzmärkte verliehen.

[30] vgl. Milton Friedman 1957, insb. Kapitel 3.

Ein Haushalt wird auf eine Veränderung seines permanenten Einkommens stärker reagieren als auf eine zeitlich beschränkte Veränderung, die auf den transitoren Teil des Einkommens zurückzuführen ist. Diese Tatsache ist in Abbildung 5-8 dargestellt. *Der Konsum steigt in beiden Perioden unabhängig von der Art der Einkommensänderung, jedoch steigt er stärker, wenn die Einkommensänderung permanent ist.* Wie schon vorher ist dabei Voraussetzung, dass es sich bei dem Konsum in beiden Perioden um ein normales Gut handelt. Ein Haushalt habe das ursprüngliche Einkommen (Y_1, Y_2), das gleich dem Konsum in den jeweiligen Perioden ist. Nun steige das Einkommen der ersten Periode auf Y_1'. Eine temporäre Steigerung, denn das Einkommen der zweiten Periode bleibt konstant. Der Haushalt hat eine Ausstattung $A'(Y_1', Y_2)$ und konsumiert $A^{*}'(C_1', C_2')$. Eine permanente Einkommenserhöhung, zusätzlich zu Y_1' steigt Y_2 auf Y_2'. Dies gibt dem Haushalt die Ausstattung $A''(Y_1', Y_2')$ und ermöglicht ihm den Konsum $A^{*}''(C_1'', C_2'')$.

Abbildung 5-8: Konsumveränderung als Reaktion auf eine temporäre bzw. permanente Einkommensänderung

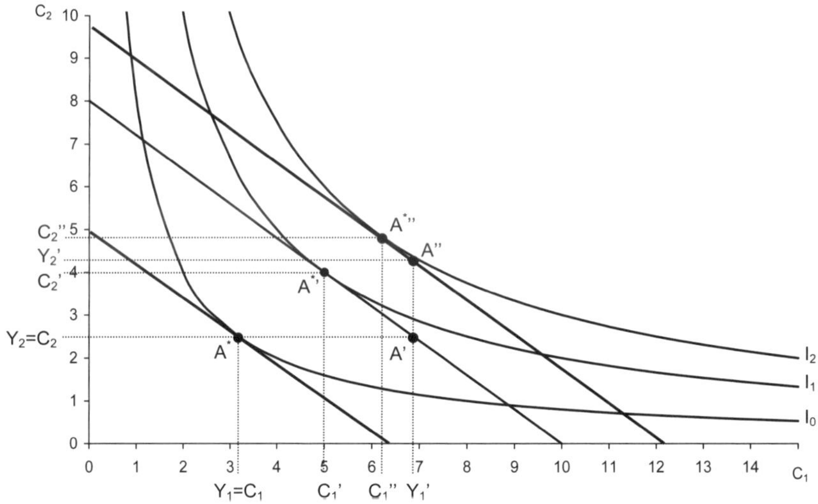

5.3.2 Die Konsumfunktion eines Haushaltes

Bevor die Erläuterungen zum Konsum der Haushalte abgeschlossen werden, verbleibt noch die Definition der eigentlichen Konsumfunktion. Es ist deutlich geworden, dass der Konsum im Wesentlichen von zwei Variablen abhängt, dem Einkommen und dem Wohlstand. Um eine endgültige Definition der Konsumfunktion geben zu können, soll noch ein weiterer Begriff eingeführt werden, der bisher vernachlässigt wurde, das **verfügbare Einkommen**. Es steht in engem Zusammenhang zum permanenten Einkommen. Das verfügbare Einkommen ist definiert als das (permanente) Einkommen abzüglich Steuern und Abgaben. Häufig finden die Begriffe **Bruttoeinkommen** bzw. **Nettoeinkommen** synonyme Verwendung für die Begriffe (permanentes) Einkommen bzw. verfügbares Einkommen. Es leuchtet unmittelbar ein, dass ein Haushalt Steuern und Abgaben nicht für den Konsum einsetzen kann. Der Einfachheit halber wurde auf diese Unterscheidung vorher verzichtet und somit implizit angenommen, dass es keine Steuern und Abgaben gibt. Da nun aber die Konsumfunktion endgültig definiert werden soll, wie sie im weiteren Verlauf dieses Buches Verwendung findet, ist die Einführung des verfügbaren Einkommens wichtig. Alle vorher eingeführten Begriffe finden Anwendung auf das verfügbare Einkommen, dieses teilt sich somit auf in eine permanente und eine transitore Komponente. Die Konsumfunktion lautet:

$$C = C(\underset{(+)}{Y^V}, \underset{(+)}{B}).$$

Der Konsum lässt sich als eine Funktion C in Abhängigkeit vom verfügbaren Einkommen Y^V und dem Basiswohlstand B darstellen. Dabei beschreiben die beiden Pluszeichen unter den Variablen das Vorzeichen der ersten Ableitung der Konsumfunktion nach der jeweiligen Variablen, d.h. der partiellen Ableitungen nach Y^V und nach B. Die erste Ableitung der Konsumfunktion nach Y^V gibt die Veränderung des Konsums an, wenn Y^V sich verändert. Ist die erste Ableitung positiv, wie durch das Pluszeichen dargestellt, steigt der Konsum, wenn das verfügbare Einkommen steigt. Ebenso verhält es sich mit dem Basiswohlstand, wie ausführlich erläutert wurde. Der Realzins hat keinen direkten Einfluss auf den Konsum in der hier dargestellten Funktion. Wie im vorherigen Abschnitt ausführlich erläutert wurde, hat der Realzins Einfluss auf die Konsumverteilung über verschiedene Perioden. Mit der permanenten Einkommenshypothese wird das Einkommen gleichmäßig auf alle Perioden verteilt. Die Haushalte werden dabei ihre Erwartungen bezüglich der Realzinsschwankungen einfließen lassen. Das permanente Einkommen ist wiederum unter Beachtung von Steuern und Abgaben im verfügbaren Einkommen enthalten. Nur wenn die Erwartungen der Haushalte bezüglich des Realzinses nachhaltig falsch sind, wird dies das verfügbare Einkommen und damit den Konsum verändern. Der Realzins wird auch den Gegenwartswert des Basiswohlstandes beeinflussen. Allerdings sind auch hier bei der Berechnung des Gegenwartswertes die Erwartungen bezüglich des Realzinses mit eingeflossen. Der Realzins kann folglich nur einen indirekten Einfluss auf den Konsum haben. Nämlich dann, wenn sich die Erwartungsbildung der Haushalte nachhaltig als falsch erweist.

Eine einfache lineare Konsumfunktion kann zum Beispiel lauten:

$$C_t = \beta_0 Y_t^V + \beta_1 B_t \qquad \text{mit } 0 \le \beta_0 \le 1, \beta_1 > 0.$$

Der Konsum in Periode t, C_t, wird finanziert durch einen bestimmten Teil des verfügbaren Einkommens der Periode und einem Teil des Basiswohlstandes. Dabei wird grundsätzlich angenommen, dass β_0 zwischen 0 und 1 liegt. Ist der Konsum des Haushaltes größer als sein verfügbares Einkommen muss der Teil, der über dem verfügbaren Einkommen liegt, durch Entsparen, d.h. mindestens durch einen Teil oder aber auch den gesamten Basiswohlstand finanziert werden. Die beispielhafte lineare Konsumfunktion ist in Abbildung 5-9 dargestellt. Der Basiswohlstand ist eine bekannte konstante Größe am Beginn einer Periode. Er stellt praktisch eine Art Basiskonsum dar, wenn das verfügbare Einkommen gleich Null ist und eine Kreditaufnahme ausgeschlossen wird. Manchmal wird er auch **autonomer Konsum** genannt. Um wie viel der Konsum oberhalb des Basiswohlstandes liegt, hängt vom verfügbaren Einkommen und von β_0 ab. Die Steigung der Konsumfunktion ist gleich β_0, sie drückt aus, welcher Teil eines zusätzlichen Euros an verfügbarem Einkommen zum Konsum eingesetzt wird. Dies wird der **Grenzhang** bzw. die **Grenzneigung zum Konsum** (MPC; marginal propensity to consum) oder die **marginale Konsumneigung** genannt und ist definiert als:

$$MPC = \frac{\partial C}{\partial Y^V}.$$

Abbildung 5-9: Eine lineare Konsumfunktion

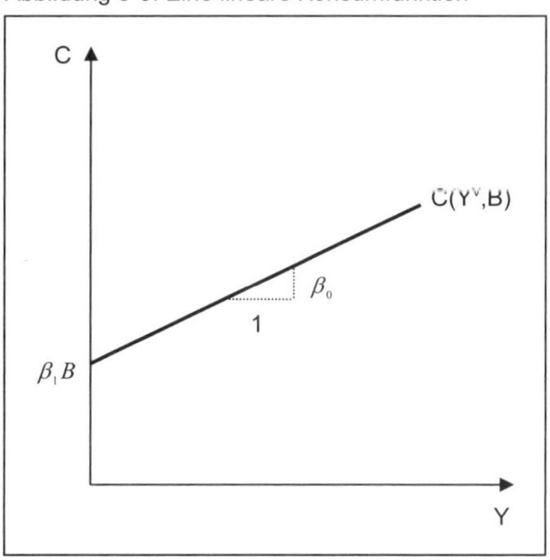

Bei empirischen Betrachtungen stellt sich heraus, dass die Grenzneigung zum Konsum im Zeitablauf relativ konstant ist. Dies geht aus Abbildung 5-10 für Deutschland deutlich hervor. Die Abbildung stellt einen Zusammenhang zwischen verfügbarem Einkommen und privatem Verbrauch in den Jahren 1992 bis 2005 her. Die durchschnittliche Veränderung des Konsums mit steigendem Einkommen ist nahezu linear. Eine gedachte Gerade, die die durchschnittliche Reaktion des privaten Verbrauchs bei einer Veränderung des

Einkommens darstellt, eine so genannte Regressionsgerade[31], hat eine Steigung von 0,90.[32] Dies bedeutet nichts anderes, als dass der durchschnittliche Bürger in Deutschland 90 Cent jedes zusätzlichen Euro an Einkommen für den Konsum einsetzt.

Abbildung 5-10: Zusammenhang zwischen verfügbarem Einkommen (horizontale Achse) und privatem Verbrauch (vertikale Achse) in Deutschland 1992-2005[33]

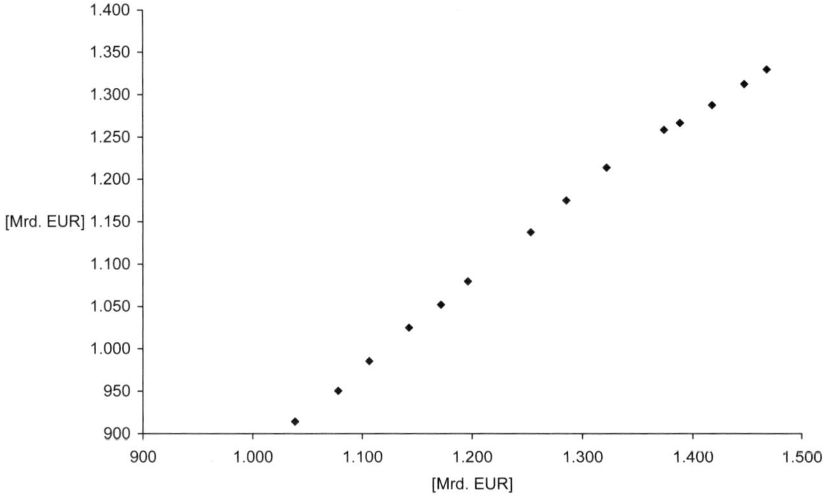

Mit anderen Worten, die Grenzneigung zum Konsum in Deutschland beträgt durchschnittlich 0,90. Dieser durchschnittliche Wert der Grenzneigung zum Konsum wird auch **Durchschnittsneigung zum Konsum** (APC; average propensity to consume) genannt.[34] Der Teil des Einkommens, der nicht für den Konsum eingesetzt wird, wird gespart, d.h. entweder werden tatsächlich Ersparnisse aufgebaut oder aber die Verschuldung wird reduziert. Die **Ersparnisse** einer Periode, S_t, sind definiert als:

$$S_t = Y_t^V - C_t .$$

[31] vgl. Damodar N. Gujarati 1995, S. 17.

[32] Die Berechnung einer Regressionsgerade mit einem Achsenabschnitt von 0 ergibt für die gegebenen Werte $C = 0{,}9047Y^V$. Der zweite Term, $\beta_1 B$ wurde hierbei mit Null angenommen (Achsenabschnitt = 0). Für eine Gesellschaft insgesamt kann angenommen werden, dass sie eine unendliche Lebenszeit hat. Der Basiswohlstand wird in diesem Fall nicht verbraucht, sondern insgesamt weitervererbt. Mit dieser Annahme ist $\beta_1 = 0$.

[33] Quelle: Statistisches Bundesamt, Bundesministerium für Wirtschaft und Arbeit.

[34] In Friedman's Hypothese des permanenten Einkommens sind MPC und APC identisch. Nach dieser Hypothese wird der Konsum ausschließlich durch die permanente Komponente des Einkommens finanziert, während die transitorische Komponente zufällige Schwankungen darstellt, die sich im Laufe der Zeit gegeneinander aufheben. Danach ist MPC = permanentes Einkommen, das, ceteris paribus, konstant ist über die Zeit und daher gleich der APC sein muss. In der realen Welt gilt dies nicht, wie Abbildung 5-10 mit dem nicht exakt linearen Zusammenhang zwischen verfügbarem Einkommen und Konsum beispielhaft für Deutschland deutlich macht.

Abschließend ist der langfristige Verlauf zwischen verfügbarem Einkommen, Konsum und Ersparnissen in Deutschland in Abbildung 5-11 für die Jahre von 1992-2005 dargestellt. Auch hier kann die konstante MPC beobachtet werden. Der Abstand zwischen verfügbarem Einkommen und privatem Konsum ist nahezu konstant wie die eingezeichneten privaten Ersparnisse verdeutlichen.

Abbildung 5-11: Verfügbares Einkommen, private Konsumausgaben und Ersparnisse in Deutschland 1992-2005 [in Mrd. EUR, in Preisen des jeweiligen Jahres][35]

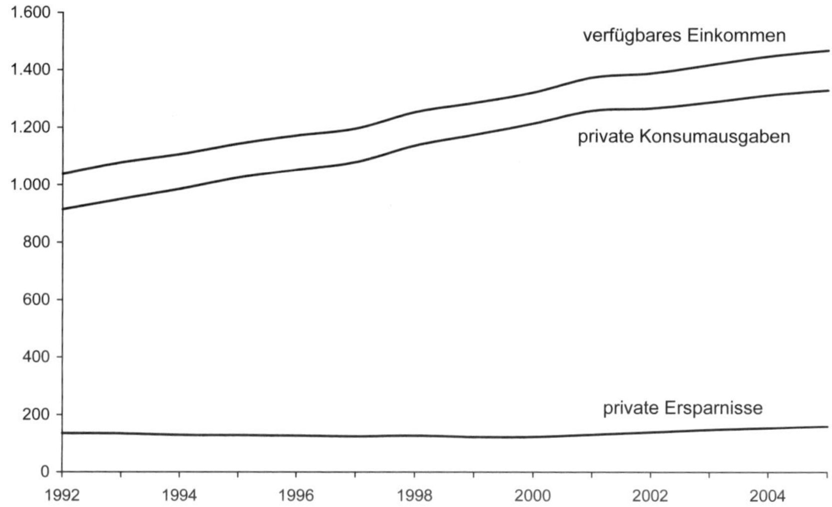

[35] Quelle: Statistisches Bundesamt, Bundesministerium für Wirtschaft und Arbeit.

6 Die Firma

Neben den Haushalten existieren im privaten Sektor einer Volkswirtschaft **Firmen** bzw. **Unternehmen.**[1] In Deutschland gibt es ca. 3,4 Mio. Unternehmen[2] und ca. 3,8 Mio. Selbstständige[3]. Firmen übernehmen in der Volkswirtschaft die Aufgabe der Produktion von Gütern, d.h. sie erzeugen den **Output**. Der Output wird entweder für Investitionen verwendet, dies ist eine Verwendung im Wesentlichen innerhalb des Unternehmenssektors oder für den Konsum. Der Konsum innerhalb einer Volkswirtschaft wird zum größten Teil von den inländischen Haushalten gedeckt. Darüber hinaus werden Teile des Outputs aber auch vom Staat und vom Ausland verwendet. Sowohl der Staat als auch das Ausland können investieren bzw. konsumieren.

Generell wird angenommen, dass die Firmen sich gewinnmaximierend verhalten, d.h. entweder werden bei gegebenem Umsatz die Kosten minimiert oder bei gegebenen Kosten der Umsatz maximiert. Da die Märkte als vollkommen angenommen werden, ist der maximale Gewinn Null, d.h. es entsteht kein Verlust. Jeder Gewinn wird bei vollkommenem Wettbewerb wegkonkurriert. Dies ist eine grundlegende Annahme in den mikroökonomischen Konzepten für die Firmen. Ein Gewinn von Null bedeutet hierbei nur, dass die Umsätze gleich den Kosten sind. Dies bedeutet nicht, dass eine Firma unrentabel ist. Unter Kosten werden auch die Opportunitätskosten, d.h. die Verzinsung des eingesetzten Kapitals und der Unternehmerlohn subsummiert. Ein Gewinn von Null bedeutet, dass eine Firma eine durchschnittliche Verzinsung auf das eingesetzte Kapital erwirtschaftet.[4]

6.1 Die Produktionsfunktion

Zur Produktion von Output müssen Ressourcen eingesetzt werden. Diese werden **Inputs** bzw. **Produktionsfaktoren** genannt. *Inputs sind die Mittel einer Gesellschaft, die zur Herstellung bzw. Produktion von Gütern bzw. Output eingesetzt werden können.* Sie lassen sich unterteilen in klassische und nicht klassische Inputs. Wobei klassische Inputs wiederum in originäre und erzeugte Inputs eingeteilt werden. Originäre Inputs sind **Arbeit** und **Boden,** aus denen **Kapital**,

---

[1] In der volkswirtschaftlichen Literatur wird ein Unternehmen meistens als Firma bezeichnet. Hierbei besteht ein Unterschied zum juristischen Begriff der Firma. Die Volkswirtschaftslehre versteht die Firma als einen produzierenden Betrieb. Es handelt sich daher um eine Ansammlung von Produktionsfaktoren, die Produkte herstellen. Juristisch handelt es sich bei der Firma um die Bezeichnung eines kaufmännischen Betriebes. Der Name eines Unternehmens wie ‚Musterbetrieb GmbH' ist die Firma.

[2] Quelle: Institut für Mittelstandsforschung 2007

[3] Quelle: Institut für Mittelstandsforschung 05.09.2007

[4] Für eine detailliertere Erläuterung von Opportunitätskosten und ökonomischen Gewinnen siehe Dennis Paschke 2003.

d.h. **physisches Kapital** und **Finanzkapital**, erzeugt werden kann. Nicht klassische Inputs sind im weitesten Sinne alle weiteren Inputs, die zur Produktion des Outputs notwendig sind. Beispiele sind die Technologie, das Humankapital, Infrastruktur und das Sozialkapital. Mit der Technologie ist die Produktionstechnologie im weitesten Sinne gemeint. Es wird später deutlich, dass der technologische Fortschritt einen erheblichen Einfluss auf den Output hat. Das Humankapital umfasst im weiteren Sinne das Wissen und die Fähigkeiten eines Individuums und ist vor allem im Bereich Forschung und Entwicklung als Input sehr wichtig. Die Infrastruktur einer Region bzw. eines Landes hat entscheidenden Einfluss auf die Ansiedelung der Produktionsstätten. Sozialkapital erfasst die ökonomischen Einflüsse, die aus Gruppen, Teams, Vereinen und Clubs hervorgehen. Demnach kann die Produktion von Outputs durch das Bilden von Teams positiv beeinflusst werden. Die dahinter stehende Intuition ist recht offensichtlich. Die Arbeit in Teams wirkt motivierend, der Austausch von Ideen und Gedanken führt zur Entwicklung neuer Produktionstechniken und neuer Konzepte, die Kosten reduzieren können.[5] Für die Modelle und Fragestellungen in diesem Buch sind nur zwei Inputs von großer Bedeutung: Kapital und Arbeit.

Es wird folglich angenommen, dass der Output nur von Kapital und Arbeit abhängt. Somit lässt sich der gesamtgesellschaftliche Output Y als eine Funktion in Abhängigkeit von Kapital K und Arbeit L ausdrücken. Die **Produktionsfunktion** lautet dann:

$$Y = f(\underset{(+)}{K}, \underset{(+)}{L})$$

Die Darstellung der Produktionsfunktion in einem dreidimensionalen Diagramm ergibt zum Beispiel das folgende **Produktionsgebirge**. Der Input Arbeit wird in einem gesonderten Kapitel[6] behandelt und soll daher zunächst als konstant angenommen werden. Dadurch vereinfacht sich die Produktionsfunktion auf $Y = f(K)$ und lässt sich in einem zweidimensionalen Diagramm (Abbildung 6-2) darstellen. Das Aussehen der Produktionsfunktion mit nur einem Input ergibt sich aus einem vertikalen Schnitt durch das Produktionsgebirge an der Stelle, an der der Input Arbeit konstant gehalten wird. Ein solcher Schnitt ist in Abbildung 6-1 eingezeichnet. Dabei wurde in diesem speziellen Fall der Faktor Arbeit gleich zwei gesetzt. Die Produktionsfunktion in Abbildung 6-2 zeigt folglich den Output in Abhängigkeit von Kapital unter der Annahme, dass Arbeit eine bestimmte konstante Größe ist.

[5] Der Begriff des Sozialkapitals wird in der Literatur stark diskutiert. Er widerspricht der klassischen Annahme, dass Menschen nur ihren eigenen Nutzen sehen und ausnahmslos egoistisch handeln. Durch dieses egoistische Handeln eines jeden Individuums wird letztlich der Wohlstand der gesamten Gesellschaft gesteigert. Dies ist das Konzept der unsichtbaren Hand von Adam Smith (vgl. Kap. 1.2; vgl. Adam Smith 1996). Sozialkapital entsteht dann, wenn der Nutzen eines Individuums positiv beeinflusst wird, wenn es Mitglied einer Gruppe oder eines Teams ist. Dazu gehört aber die Berücksichtigung von Interessen anderer Individuen, was zu dem Schluss führt, dass ein Individuum nicht jederzeit vollkommen egoistisch sein kann. (Für eine aktuelle Übersicht über die Diskussion von Sozialkapital siehe Economic Journal Vol. 112 Nr. 483, Glaeser, Laibson, Sacerdote 2002).

[6] vgl. Kap. 8

Abbildung 6-1: Ein Produktionsgebirge[7]

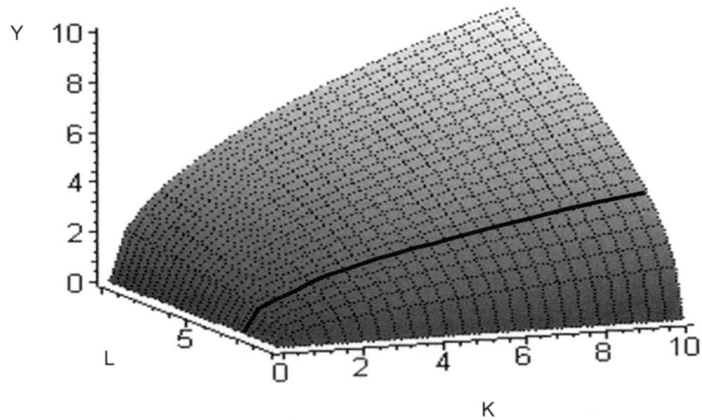

Zwei Annahmen über die Produktionsfunktion verleihen ihr das typische Aussehen wie in Abbildung 6-2. Das **Grenzprodukt des Kapitals** soll **positiv** und **abnehmend** sein. *Das Grenzprodukt ist allgemein definiert als der zusätzliche oder marginale Output je zusätzlicher Inputeinheit. Das Grenzprodukt des Kapitals ist demnach der marginale Output je zusätzlicher Kapitaleinheit bei Konstanz aller anderen Faktoren.*

Abbildung 6-2: Eine typische Produktionsfunktion

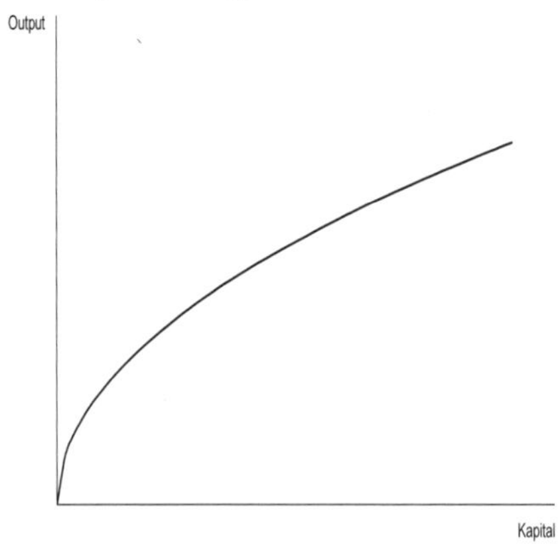

Das Grenzprodukt wird repräsentiert durch die Ableitung der Produktionsfunktion im Allgemeinen, das Grenzprodukt des Kapitals durch die Ableitung der Produktionsfunktion nach Kapital im Speziellen. Das Grenzprodukt des Kapitals (MPK; marginal product of capital) lautet:

$$MPK = \frac{\partial f(K)}{\partial K}.$$

[7] Hierbei wurde eine spezielle Produktionsfunktion angenommen. Die dargestellte Funktion ist eine so genannte Cobb-Douglas Produktionsfunktion und lautet $Y = K^{0,5} L^{0,5}$.

Wenn der Output mindestens gleich bleibt bei gleichzeitiger Erhöhung des Faktors Kapital, ist das Grenzprodukt des Kapitals positiv.[8] Das Grenzprodukt des Kapitals ist abnehmend, wenn der Outputzuwachs mit zunehmendem Kapitaleinsatz geringer wird. Ist das Niveau des Kapitals gering, führt der Einsatz einer zusätzlichen Kapitaleinheit zu einer relativ stärkeren Erhöhung des Outputs als bei einem hohen Kapitalniveau. Formal bedeutet ein positives, abnehmendes Grenzprodukt des Kapitals, dass die erste Ableitung der Produktionsfunktion nach K positiv ist und die zweite Ableitung negativ. Eine solche Funktion wird monoton steigend genannt.[9]

Die Produktionsfunktion beschreibt auch, ob die Produktionstechnologie **fallende**, **steigende** oder **konstante Skalenerträge** besitzt. *Skalenerträge beschreiben die Veränderung des Outputs im Verhältnis zur Veränderung des gesamten Inputs.* Weist eine Produktionstechnologie konstante Skalenerträge auf, verändert sich der Output im gleichen Maße wie die Inputs. Werden alle Inputs verdoppelt, verdoppelt sich auch der Output. Fallende (steigende) Skalenerträge liegen dann vor, wenn die Veränderung des Outputs im Verhältnis zur Veränderung der Inputs geringer (größer) ist. Wenn eine Verdoppelung der Inputs zu weniger (mehr) als einer Verdoppelung des Outputs führt, besitzt die Technologie fallende (steigende) Skalenerträge. Formal muss die Produktionsfunktion mit Kapital und Arbeit als Inputs homogen sein. Es gilt:

$$f(aK,aL)=a^{\lambda}\times f(K,L)$$

Die Funktion ist homogen vom Grade λ. Die Technologie besitzt konstante Skalenerträge mit $\lambda=1$, d.h. die Produktionsfunktion ist homogen vom Grade eins. Jedoch besitzt die Technologie fallende Skalenerträge mit $\lambda<1$ bzw. steigende mit $\lambda>1$. Die Produktionsfunktion ist dann homogen vom Grade kleiner eins bzw. homogen vom Grade größer eins. Im Folgenden wird aus Vereinfachungsgründen meistens eine homogene Produktionsfunktion vom Grade eins angenommen, d.h. die Technologie besitzt konstante Skalenerträge.

[8] Streng mathematisch verlangt die Annahme eines positiven Grenzproduktes des Kapitals, dass $MPK>0$. Somit muss der Output streng genommen steigen, ceteris paribus. Dennoch wird gesagt, dass der Output ‚mindestens' gleich bleibt, d.h. er könnte auch unverändert sein. Der Grenzfall ($MPK=0$) ist nur dann in dem Begriff ‚positives Grenzprodukt des Kapitals' enthalten, wenn gilt: $MPK=x$ mit $x\in\Re_0^+$, d.h. wenn gilt: $x\in\Re$ und $x\geq 0$, d.h. die Zahl Null wird als positive Zahl definiert.

[9] Eine streng monoton steigende Funktion hat immer eine positive Steigung. Im Grenzfall wird in der Regel angenommen, dass MPK auch gleich Null sein kann. Wird Null dann als positive Zahl definiert, steigt die Funktion nur noch monoton, d.h. ihre Steigung ist nie negativ, kann aber sehr wohl Null sein.

6.2 Der optimale Kapitalstock

Wie viel Kapital sollte eine Firma akkumulieren, d.h. aufbauen? Es hängt von den Kosten des Kapitals ab. Diesbezüglich sind zwei Arten zu nennen, Zinsen bzw. **Opportunitätskosten** und **Abschreibungen**.

Kapital verursacht Zinskosten bzw. Opportunitätskosten. Dabei sind die Zinskosten intuitiv vielleicht leichter zu verstehen, denn sie entstehen, wenn eine Firma das Kapital leihen muss, mit dem produziert werden soll. Eine Firma, die beispielsweise einen Kredit aufnimmt, um eine Maschine zu kaufen, wird auf diesen Kredit Zinsen zahlen. Der Zinssatz betrage r, dies sei der Realzins, und die Rückzahlung des Kredites beträgt (1+r)×Kreditsumme. Es ist auch denkbar, dass die Firma keinen Kredit aufnimmt, sondern die Maschine stattdessen leiht und eine Miete bezahlt. Dies ist zu verstehen wie ein wirklicher Realkredit, die Firma leiht ein reales Gut. Die Miete kann ebenfalls in Form von r ausgedrückt werden. Am Ende der Periode gibt die Firma die Maschine zurück und hat die Miete gezahlt, der Rückgabewert beträgt daher insgesamt (1+r)×Maschine.

An dieser Stelle soll das Konzept des **realen Gutes** verdeutlicht werden. Viele Leser werden häufig in Geldeinheiten denken. Geld gibt es aber in den bisherigen Konzepten nicht. Es gibt nur reale Güter, die einen Wert haben. Dieser Wert kann mit anderen Gütern ausgedrückt werden. Zum Beispiel kann die Maschine eine Produktionsmaschine für Blumentöpfe sein. Der Unternehmer besitzt kein Kapital, sondern leiht sich die Maschine von einer zweiten Person, einem Kapitalgeber. Dieser verlangt eine Miete. Auch diese Miete ist kein Geld, sondern wird in realen Gütern gezahlt. Angenommen die Maschine produziert in einem Jahr 10.000 Blumentöpfe. Der Unternehmer benötigt 1.000 Blumentöpfe zur Bestreitung seines Lebens. Diese tauscht er im Laufe des Jahres gegen Lebensmittel und sonstige angenehme Dinge des Lebens ein. Die restlichen Blumentöpfe, noch 9.000 verbleiben nach Abzug des Unternehmerlohnes, zahlt der Unternehmer als Miete an den Kapitalgeber. Der reale Zins r betrage 10%. Dieser Zins beläuft sich in realen Werten ausgedrückt auf 9.000 Blumentöpfe, dass ist die Zahlung des Unternehmers an den Kapitalgeber. Folglich gilt für das Beispiel: r×Maschine =0,1×Maschine = 9.000. Die gesamte Maschine muss folglich einen realen Wert haben von: Maschine = 9.000/0,1 = 90.000. Somit lässt sich dann auch der obige Rückgabewert der Maschine in Höhe von (1+r)×Maschine = 99.000 Blumentöpfe einfach berechnen. Dieser reale Wert kann natürlich auch mit allen anderen realen Gütern beschrieben werden. Die 99.000 Blumentöpfe können zum Beispiel den gleichen Wert haben wie 20.000 Autoreifen. Es wird später noch eingehender erklärt, warum inzwischen ‚alle Welt' mit Geld anstatt mit realen Gütern rechnet. An dieser Stelle ist es aber wichtig im Hinterkopf zu behalten, dass es immer um reale Güter geht, auch wenn teilweise von Geld gesprochen wird, um die Assoziation von Wert etwas leichter zu machen. Der entscheidende Unterschied zwischen einem realen Gut und einem nominalen Gut, wie Geld es ist, wird aus dem folgenden kleinen Beispiel deutlich.

Die Maschine hat in einem Jahr einen realen Wert von 90.000 Blumentöpfen. Angenommen dies sind 100.000 Euro. Ist der Wert der Maschine gestiegen, wenn die Maschine im nächsten Jahr 110.000 Euro kostet? Dies kommt darauf an, was mit Wert gemeint ist. Wenn 90.000 Blumentöpfe im nächsten Jahr ebenfalls 110.000 Euro kosten, dann ist der *reale Wert* der Maschine konstant geblieben. Der *nominale Wert* ist allerdings gestiegen. Im ersten Jahr hatte eine Maschine einen realen Wert von 90.000 Blumentöpfen und beide, die Maschine und die Blumentöpfe konnten für 100.000 Euro gekauft werden. Im zweiten Jahr hat eine Maschine immer noch einen realen Wert von 90.000 Blumentöpfen, aber beide, die Maschine und die Blumentöpfe müssen mit 110.000 Euro bezahlt werden. Die realen Güter, Maschine und Blumentöpfe, haben über die zwei Jahre einen konstanten realen Wert. Ihr nominaler Wert steigt. Das nominale Gut ist der Euro und sein realer Wert ist in diesem Beispiel gefallen. Im ersten Jahr mussten nur 100.000 Euro für eine Maschine bzw. die Blumentöpfe bezahlt werden. Im zweiten Jahr müssen 110.000 Euro für jedes der beiden Produkte bezahlt werden. Umgekehrt bedeutet dies, dass für 100.000 Euro im zweiten Jahr keine ganze Maschine bzw. 90.000 Blumentöpfe mehr gekauft werden können. Der reale Wert des Euro ist also gefallen. Zusammenfassend bedeutet dies: der *reale Wert* von einer Maschine bzw. 90.000 Blumentöpfen ist konstant; der *nominale Wert* einer Maschine bzw. von 90.000 Blumentöpfen ist von 100.000 Euro auf 110.000 Euro gestiegen; der *reale Wert* eines Euro ist gefallen; der *nominale Wert* eines Euro ist konstant (ein Euro ist nach wie vor ein Euro).

Nun kann man sich reales Kapital in Form von Finanzkapital, also Geld, vorstellen. Um jedoch sagen zu können, ob dieses Finanzkapital einen realen Wertverlust oder einen realen Wertgewinn verbuchen konnte, muss immer die Frage beantwortet werden, wie viel von einem anderen realen Gut mit diesem Wert gekauft werden kann.

Zurück zu den realen Zinsen auf reales Kapital. Allgemeiner ausgedrückt zahlt eine Firma auf das eingesetzte Kapital K einen Zins r. Am Ende der Periode muss das Kapital daher einen Wert von (1+r)K haben. Inwiefern sind Zinsen die Opportunitätskosten von Kapital? *Opportunitätskosten, auch Alternativkosten, repräsentieren den entgangenen Gewinn aus dem alternativen Einsatz des Kapitals.* Angenommen eine Firma besitzt bereits Kapital in Form von Geld. Die Firma hat grundsätzlich die Möglichkeit mit diesem Geld eine Maschine zu kaufen und zu produzieren oder das Geld am Kapitalmarkt anzulegen bzw. zu verleihen. Bei der ersten Variante sollte der Gewinn der produzierten Güter über ihren Produktionskosten liegen. Dabei muss dieser Gewinn mindestens so groß sein wie die Zinsen, die die Firma auf das verliehene Geld am Kapitalmarkt erhalten hätte. Erwirtschaftet die Firma mit der Produktion der Güter weniger als die Kapitalmarktzinsen, hätte sie ihren Gewinn steigern können, wenn sie das Geld angelegt hätte. Die entgangenen Zinsen auf eingesetztes Kapital sind daher die Opportunitätskosten des Kapitals. Diese betragen rK.

Die zweite Art von Kosten sind Abschreibungen. *Diese repräsentieren alle Wertminderungen aufgrund von Abnutzung oder Zerstörung im ruhenden Vermögen einer Firma.* Wenn eine neue Maschine für eine Periode genutzt wird, verliert sie an materiellem Wert. Am Ende der Periode kann die gleiche Maschine in der Regel nicht mehr für den Neupreis verkauft werden. Der Wert der Maschine beträgt daher nur noch $(1-\delta)\times$Maschine. Im Allgemeinen beträgt der Wert des Kapitals K am Ende der Periode $(1-\delta)$K. Die durch Wertminderungen verursachten Kosten betragen folglich δK. Die gesamten Kapitalkosten betragen daher:

$$\begin{aligned} & Kapitalkosten = rK + \delta K \\ \Leftrightarrow \quad & Kapitalkosten = (r + \delta)K \end{aligned}$$

Ein Unternehmen wird sein Kapital solange aufbauen, bis der Wert einer zusätzlichen Kapitaleinheit gerade so groß ist wie dessen Kosten. Der Wert einer zusätzlichen Kapitaleinheit ist das Grenzprodukt des Kapitals, MPK. In unserem Beispiel ist eine zusätzliche Kapitaleinheit gleich einer Maschine und die erzeugt ein Grenzprodukt von 10.000 Blumentöpfen. Dies ist der Wert der Maschine für den Unternehmer. 9.000 Blumentöpfe muss der Unternehmer an den Kapitalgeber als Miete zahlen. Es würde sich also rentieren, wenn der Unternehmer eine zusätzliche Kapitaleinheit leiht. Verlangt der Kapitalgeber für die zweite Maschine aber eine Miete in Höhe von 10.000 Blumentöpfen, weil er erkennt, dass Abschreibungen in Höhe von 1.000 Blumentöpfen berücksichtigt werden müssen, lohnt sich das Geschäft nicht mehr. Der Wert der zweiten Maschine betrüge für den Unternehmer 10.000 Blumentöpfe, das Grenzprodukt, und er hat Kosten in gleicher Höhe. Allgemein sind die Kosten einer zusätzlichen Kapitaleinheit einfach $(r+\delta)$. Der optimale Kapitalstock einer Firma ist daher erreicht, wenn gilt:

$$MPK = (r + \delta)$$

Der optimale Kapitalstock einer Firma kann auf diese Weise einfach grafisch bestimmt werden. Das Grenzprodukt des Kapitals stellt die Steigung der Produktionsfunktion in Abhängigkeit von Kapital dar. Aufgrund der gemachten Annahmen eines positiven, fallenden Grenzproduktes des Kapitals, nimmt die Grenzratproduktivität des Kapitals einen Verlauf wie in Abbildung 6-3 dargestellt. Je geringer der Kapitalstock, desto größer ist das Grenzprodukt einer zusätzlichen Einheit. Dabei ist auf der horizontalen Achse das Kapital selbst abgetragen. Die vertikale Achse zeigt die Größe des Grenzproduktes des Kapitals. Die Kosten des Kapitals sind konstant, dargestellt durch die horizontale Linie auf der Höhe $(r+\delta)$. Dort, wo die Kapitalkostengerade die MPK-Linie schneidet, ist der **optimale Kapitalstock** K^* auf der horizontalen Achse abzulesen.

Abbildung 6-3: Optimaler Kapitalstock bei gegebener Technologie

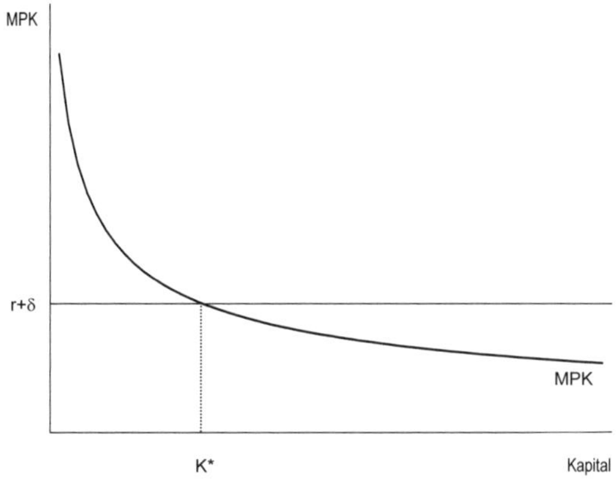

Die Produktionstechnologie ist in der Regel nicht statisch, sondern verschiedensten Weiterentwicklungen unterworfen. Wie reagiert eine Firma auf **technischen Fortschritt**? Wird damit der Kapitalstock reduziert oder erhöht? Technischer Fortschritt ist eine exogene Variable im Falle einer einfachen Produktionsfunktion wie hier angenommen. Die Veränderung einer exogenen Variablen führt zu einer Verschiebung der Produktionsfunktion in Abbildung 6-2 und nicht zu einer Veränderung entlang der Produktionsfunktion. *Technischer Fortschritt führt zur Steigerung der Produktivität, d.h. pro Inputeinheit kann der Output gesteigert werden.* Wird der Input Arbeit als gegeben hingenommen, wie die einfache Produktionsfunktion $Y = f(K)$ impliziert, erhöht technischer Fortschritt den Output für alle Werte von K mit Ausnahme des Wertes $K = 0$. Dies leuchtet intuitiv ein, wenn kein Kapital, d.h. keine Maschinen eingesetzt werden, kann technischer Fortschritt auch nichts ausrichten, um die Produktion effizienter zu machen. Die Produktionsfunktion Y_{NEU}, nach der Einführung einer technischen Neuerung, beginnt wie die ursprüngliche Produktionsfunktion im Ursprung. Der Funktionswert ist anschließend für jeden Wert von $K > 0$ größer als der Wert der ursprünglichen Funktion. Abbildung 6-4 verdeutlicht den Einfluss von technischem Fortschritt auf die Produktionsfunktion (linke Grafik).

Der technische Fortschritt hat Auswirkungen auf die optimale Kapitalausstattung K^* in dem Sinne, dass diese nicht länger optimal ist. Der technische Fortschritt führt zu einer günstigeren Produktion je Stück. Anders ausgedrückt, wird der Wert des Grenzproduktes des Kapitals an der Stelle K^* größer. Da der optimale Kapitalstock durch den Schnittpunkt aus Grenzprodukt des Kapitals und Kapitalkosten bestimmt wird, das Grenzprodukt jetzt aber größer ist, muss der Kapitalstock steigen und somit muss sich das Grenzprodukt reduzieren. Noch einmal in anderen Worten. Die kostengünstigere Produktion aufgrund des technischen Fortschritts führt dazu, dass für die zuvor gegebene Kapitalausstattung K^* die marginale Outputeinheit unterhalb der marginalen Kapitalkosten produziert werden kann. Die Firma wird daher weitere Kapitaleinheiten einsetzen. Dabei wird die Produktion einer marginalen Outputeinheit je zusätzlicher Kapitaleinheit teurer, d.h. das Grenzprodukt sinkt. Die Firma wird ihren Kapitalstock solange ausweiten, bis die Bedingung $MPK_{NEU} = (r + \delta)$ auf der veränderten

Produktionsfunktion erfüllt ist. In Abbildung 6-4 (rechte Grafik) wird der neue optimale Kapitalstock K^*_{NEU} mit dem MPK Konzept ermittelt. Dass die neue MPK Kurve oberhalb der ursprünglichen liegt, wird in der linken Grafik veranschaulicht. Durch technischen Fortschritt wird die Produktionsfunktion für jeden Wert von K größer Null steiler. Die MPK Kurve stellt lediglich die Steigung der Produktionsfunktion für jeden Wert von K dar. Für jeden Wert K größer Null ist die Steigung der neuen Produktionsfunktion größer als die Steigung der ursprünglichen. Das neue MPK liegt somit für jeden Wert von K oberhalb des ursprünglichen MPK.

Abbildung 6-4: Technischer Fortschritt, Produktionsfunktion und optimaler Kapitalstock

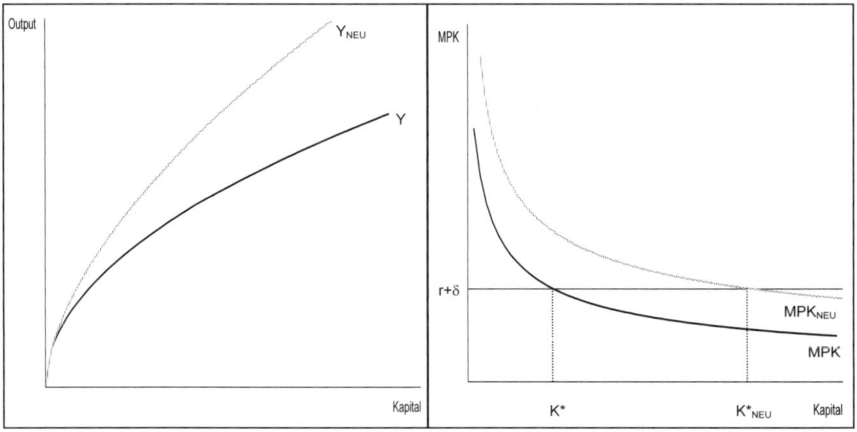

Neben der grafischen und argumentativen Lösung für den optimalen Kapitalstock kann dieser mathematisch bestimmt werden. Auf diese Weise kann auch die vorherige Behauptung, dass im Optimum $MPK = (r + \delta)$ gilt, nachgewiesen werden. Im Optimum hat die Firma ihren **Gewinn** maximiert. Der Gewinn ist definiert als **Umsatz**, Preis mal Output minus Kosten. In diesem Teil des Buches spielt der Umsatz keine Rolle, stattdessen wurde immer der **reale Umsatz**, d.h. der Output betrachtet. Dieser ergibt sich aus dem Umsatz geteilt durch den Preis $((p \times f(K))/p = f(K))$. Für den **realen Gewinn** Π gilt:

$$\Pi = f(K) - (r + \delta)K$$

Zur Ermittlung des realen Gewinnmaximums wird die erste Ableitung ermittelt und gleich Null gesetzt. Es gilt:

$$\frac{d\Pi}{dK} = f'(K) - (r + \delta) \overset{!}{=} 0$$

$$\Leftrightarrow \quad \frac{d\Pi}{dK} = MPK - (r + \delta) \overset{!}{=} 0$$

$$\Rightarrow \quad MPK = (r + \delta)$$

Die schlichte Maximierung[10] der Gewinne erfüllt erwartungsgemäß die Optimalitätsbedingung. Im Folgenden, nachdem nun der optimale Kapitalstock bestimmt wurde, wird erläutert, wie dieser aufgebaut werden kann.

6.3 Investitionen

Güter können ganz allgemein in **Konsumgüter** und **Investitionsgüter** eingeteilt werden. *Konsumgüter dienen ausschließlich der Bedürfnisbefriedigung eines Konsumenten bzw. Haushaltes und werden nicht für die Produktion weiterer Güter genutzt. Investitionsgüter werden zur Herstellung neuer Güter, die wiederum Konsum- bzw. Investitionsgüter sein können, eingesetzt.* Die Nutzung eines Konsumgutes wird folglich Konsum genannt, die eines Investitionsgutes wird **Investition** genannt. Grundsätzlich können sowohl Firmen als auch der Staat Investitionen tätigen. Der Staat[11] wird im nächsten Abschnitt behandelt und soll zunächst vernachlässigt werden. Investitionen können daher zunächst nur von Firmen durchgeführt werden.

Investitionen dienen dem Aufbau eines Kapitalstockes; das Ziel sollte der optimale Kapitalstock sein. Dabei sind zwei Arten von Investitionen zu unterscheiden, **Ersatzinvestitionen** und **Nettoinvestitionen**. Ersatzinvestitionen dienen ausschließlich dem Erhalt eines bereits vorhandenen Kapitalstocks und sind somit von der Abnutzung abhängig. Der wertmäßigen Erfassung der Abnutzung wird mit den Abschreibungen δ begegnet. Wenn sich ein vorhandener Kapitalstock über eine Periode nicht abnutzt, muss nicht auf einen niedrigeren Wert abgeschrieben werden. Die Ersatzinvestitionen sind gleich Null. Dies wird in der Regel bei Grundstücken angenommen. Nutzt sich ein vorhandener Kapitalstock hingegen innerhalb einer Periode vollkommen ab, d.h. er ist wertlos am Ende der Periode, muss auf einen Wert von Null abgeschrieben werden. Die Abschreibung beträgt 100% des ursprünglichen Wertes und δ ist folglich 1. Dies kann grundsätzlich durch die Zerstörung von Gütern erfolgen, z.B. durch ein Feuer, Erdbeben oder eine Flutkatastrophe. Ersatzinvestitionen sind streng ge-

[10] Rein mathematisch ist bis hierher lediglich die notwendige Bedingung für ein Maximum geprüft worden, die erste Ableitung muss gleich Null sein. Um mathematische Gewissheit zu haben müsste die hinreichende Bedingung erfüllt sein, d.h. die zweite Ableitung muss an der Stelle des Maximums kleiner Null sein. Aufgrund der Annahmen über die Produktionsfunktion ist die hinreichende Bedingung an dieser Stelle jedoch immer erfüllt. Es wurde angenommen, dass das Grenzprodukt positiv aber fallend ist. Der Annahme folgend ist die zweite Ableitung daher negativ. Wenn ein Extremwert gefunden wird, muss dieser daher ein Maximum sein.

[11] vgl. Kap. 7

nommen dann Null, wenn erstens kein Kapitalstock vorhanden war und zweitens δ gleich Null ist. In allen anderen Umständen gibt es positive Ersatzinvestitionen.

Mit Ersatzinvestitionen kann ein vorhandener optimaler Kapitalstock zwar erhalten werden, nicht jedoch ursprünglich erreicht werden. Dies geschieht durch Nettoinvestitionen. Sie dienen dem Aufbau bzw. Abbau des Kapitalstocks. Das in Kapitel 6.2 erläuterte Beispiel des technischen Fortschritts verlangte den Kapitalstock auszuweiten, um den neuen, höheren optimalen Kapitalstock zu erreichen. Auf der anderen Seite gibt es auch Gründe den Kapitalstock abzubauen. Ein Grund wäre zum Beispiel die Verkleinerung der Betriebsgröße, wobei eine dauerhaft zurückgehende Nachfrage die Ursache sein kann. Der geringere Output kann mit dem gleichen Kapitalstock nicht mehr optimal produziert werden. Die Nettoinvestitionen sind folglich negativ, dies wird auch **Desinvestition** bzw. in diesem Zusammenhang genauer **Nettodesinvestition** genannt. Die Veränderung des Kapitalstocks ergibt sich aus den Nettoinvestitionen. Es ist offensichtlich, dass diese direkt vom Realzins abhängen. Je höher der Realzins, d.h. die Opportunitätskosten des Kapitals, desto höher muss der erwartete reale Gewinn aus der Investition sein, desto weniger wird in der Tendenz investiert. Niedrigere Realzinsen senken die Kosten für Kapital und führen tendenziell zu höheren Nettoinvestitionen.

Der optimale Kapitalstock K^* entsteht aus dem bereits vorhandenen Kapitalstock K_0 und den Investitionen. Dabei ist er direkt abhängig von der Veränderung gegenüber dem vorhandenen Kapitalstock K_0, d.h. den Nettoinvestitionen ΔK und indirekt von den Ersatzinvestitionen δK_0, die dem Erhalt des vorhandenen Kapitalstocks dienen. Es gilt:

$$K^* = (1-\delta)K_0 + \Delta K + \delta K_0$$
$$\Leftrightarrow \quad K^* = K_0 + \Delta K.$$

Dies ist gut in Abbildung 6-4 ersichtlich. K^*_{NEU} ergibt sich dort aus K^*, dies entspricht K_0 in der vorherigen Gleichung und einer Veränderung, die in der Gleichung durch ΔK repräsentiert wird. Die Investitionen oder **Bruttoinvestitionen** werden in den vorherigen Gleichungen durch die Terme ΔK und δK_0 symbolisiert. Dabei seien I die Investitionen, I_N die Nettoinvestitionen ΔK und I_E die Ersatzinvestitionen δK_0:

$$I = I_N(r) + I_E(\delta).$$

Die Investitionen lassen sich schreiben als eine Funktion I in Abhängigkeit von r und δ. Eine allgemeine Form einer Investitionsfunktion kann lauten:

$$I = I(\underset{(-)}{r}, \underset{(+)}{\delta}).$$

Diese Investitionsfunktion soll für alle weiteren Ausführungen in diesem Buch genutzt werden. Der Vollständigkeit halber sei auf eine Vereinfachung hingewiesen, die bei der Herleitung gemacht wurde. Die Ersatzinvestitionen sind nicht ausschließlich von der Abschreibungsrate δ abhängig, sondern ebenfalls vom Realzins. Ein Extremfall führt dies vor Augen. Angenommen die Abnutzung einer Maschine beträgt 100% innerhalb einer Periode. Um die Produktion in der nächsten Periode fortzuführen, muss eine vergleichbare neue Maschine gekauft werden. Dabei wird der Firmenbesitzer die Opportunitätskosten des Kapitaleinsatzes beachten. Wenn der zu erwartende Gewinn gleichbleibt, weil die neue Maschine identisch mit der alten ist und die Nachfrage konstant sei, kann ein höherer Zins dazu führen, dass der Besitzer ein anderes Investment in der nächsten Periode wählt. Es kommt mithin gar nicht zum Erhalt des Kapitalstocks, sondern zum Aufbau eines neuen. Auch bei einer geringeren Abschreibungsrate wird die Firma bei ihrer Entscheidung, ob eine Ersatzinvestition getätigt werden soll oder nicht, die Realzinsen beachten. Da nur ein Teil des Kapitals ersetzt werden muss, fällt der Zins allerdings weniger ins Gewicht. Die Vereinfachung an dieser Stelle, dass die Ersatzinvestitionen unabhängig vom Realzins sind, soll mit zwei Argumenten begründet werden. Erstens wird im weiteren Verlauf des Buches im Wesentlichen mit der allgemeinen Investitionsfunktion gearbeitet, die ausschließlich die Bruttoinvestitionen betrachtet. Hierbei spielt der Zins bereits über die Nettoinvestitionen eine direkte Rolle und die zusätzliche indirekte Wirkung über die Ersatzinvestitionen kann vernachlässigt werden. Zweitens finden Abschreibungen in der Regel zunächst ausschließlich in der Buchführung einer Firma statt und eine tatsächliche Ersatzinvestition erfolgt erst später. Eine Maschine wird in der Regel über mehrere Perioden genutzt. Die Abnutzung, d.h. der Wertverlust ist nur in der Buchführung der Firma zu erkennen. Erst wenn die Maschine keinen Gebrauchswert mehr hat, unter gewöhnlichen Umständen ist der Buchwert dann Null, wird über eine Ersatzinvestition entschieden. Erst dann, nicht bei den Buchungen in der Buchhaltung während der Nutzungszeit, sind die Realzinsen entscheidend.

6.4 Die q-Theorie der Investitionen und der Investment Akzelerator

Die im letzten Abschnitt beschriebene Optimierung des Kapitalstocks und die daraus abgeleiteten Investitionen stellt die **neoklassische Investitionstheorie** dar. Sie geht im Wesentlichen auf **Dale W. Jorgenson**[12] zurück. Wie gezeigt kann mit der Theorie der optimale Kapitalstock bestimmt werden und somit grundsätzlich bestimmt werden, ob Investitionen oder Desinvestitionen erforderlich sind. Sehr früh wurde jedoch kritisiert, dass der Anpassungszeitraum, d.h. die Höhe der Investitionen pro Periode bis zum Erreichen des optimalen Kapitalstocks nicht bestimmt werden kann. Das Modell macht keine Aussage darüber, wie schnell die Anpassung an den neuen Kapitalstock erfolgen sollte. Dieses Manko wird durch die so genannte **modifizierte neoklassische Investitionstheorie** behoben. Zur Bestimmung der optimalen Investitionsrate, d.h. der Veränderung des Kapitalstocks im Verhältnis zum ursprünglichen Kapitalstock, ist es notwendig die Kosten der Investitionen in das Modell zu integrieren. Die ursprüngliche neoklassische Theorie beachtete ausschließlich die Kosten des Kapitalstocks. Die Veränderung von einem vorhandenen Kapitalstock hin zu einem neuen Kapitalstock wurde unmittelbar in einer Periode vollzogen. Der Zinssatz als wesentlicher Kosteneinflussfaktor beeinflusst lediglich die Tatsache, ob Investitionen stattfinden sollten oder nicht. Wenn dies der Fall ist, wurde die Veränderung in einem einzigen Anpassungsschritt vorgenommen.

Um die Brisanz dieser vereinfachenden Annahme zu verstehen, wird sie am besten einmal aufgegeben. Angenommen ein Unternehmer ermittelt seinen optimalen Kapitalstock nach der neoklassischen Methode. Das Ergebnis seiner Analyse ist eine erforderliche Aufstockung seines vorhandenen Kapitalstocks um 20%. Die neoklassische Theorie nimmt nun an, dass der Unternehmer unmittelbar nach seiner Analyse seinen Kapitalstock um genau diese Menge aufstocken wird. In der realen Welt wird dies aber nur unter Beachtung zusätzlicher Einflüsse geschehen, wenn zum Beispiel die erhöhte Produktion auch verkauft werden kann, die Zinsen in naher Zukunft gleich bleiben oder eventuell steigen und das benötigte Kapital zu erhalten ist. Ein Unternehmer wird diese Aufstockung nicht in vollem Maße vornehmen, wenn er zum Beispiel in Kürze fallende Zinsen erwartet. Es hängt folglich nicht nur der optimale Kapitalstock von den Kapitalkosten ab, sondern auch die Investitionen selber. Unter Umständen ist eine langsame Anpassung an den neuen Kapitalstock vorteilhaft. Dem trägt die modifizierte neoklassische Investitionstheorie, unter anderen entwickelt von Robert E. Lucas[13], Rechnung. Da die Investitionsrate hier eine Funktion in Abhängigkeit der Investitionskosten ist, wird das Model schon recht kompliziert. Dies kann mit einem weiteren Modell, das mit dem modifizierten neoklassi-

[12] vgl. Dale W. Jorgenson 1963
[13] vgl. Robert E. Lucas 1967

schen Modell im Ergebnis identisch ist,[14] umgangen werden, der **q-Theorie der Investition** von **James Tobin**[15].

Die q-Theorie wählt einen etwas anderen Weg als den neoklassischen Ansatz über die Produktionsfunktion zur Bestimmung der optimalen Investitionsrate. Ein Investor investiert, wenn der **Marktwert** des Kapitals, in das investiert wird, größer ist als der **Beschaffungswert** des Kapitals. Der Marktwert des Kapitals ist der Wert, den der Markt bereit wäre dem Investor für das Kapital zu zahlen. Der Beschaffungswert des Kapitals ist der Wert, den der Investor für das Kapital aufbringen muss. Der Wert einer Firma am Aktienmarkt ist ein Beispiel für den Marktwert einer Firma.

Ein kleines Beispiel verdeutlicht die beiden Begriffe. Angenommen eine Aktiengesellschaft wird mit 10 Millionen Euro am Aktienmarkt bewertet. Die Firma gibt bekannt, dass sie eine neue Fabrik baut. Aufgrund der erwarteten zukünftigen Gewinne durch die neue Fabrik steigt der Wert des Unternehmens am Aktienmarkt auf 11 Millionen. Der Marktwert der neuen Fabrik ist somit 1 Million Euro. Der Beschaffungswert ist lediglich der Kaufpreis. Zum Zeitpunkt der Anschaffung sollte dieser in der Regel kleiner sein als der Marktwert. Das wird in Kürze deutlich. Wie kann der Markt überhaupt einen höheren Preis als den Kaufpreis ansetzen? Eine Begründung dafür sind steigende Skalenerträge. Durch die Ausnutzung der Größeneffekte kann die Aktiengesellschaft möglicherweise Mengenrabatte beim Einkauf durchsetzen und so die Produktionskosten senken. In einem Konkurrenzmarkt sinken die Preise und die Nachfrage steigt. Bei konstanten Erträgen pro Stück, kann der Gewinn dann gesteigert werden. Solche so genannten **Synergieeffekte** führen regelmäßig dazu, dass Marktwerte über Beschaffungswerte steigen.

Genau genommen handelt es sich bei der Bestimmung der Werte um eine Grenzbestimmung, denn nur eine Firma wird über eine zukünftige Investition entscheiden. Nur wenn der Marktwert der zusätzlichen Kapitaleinheit größer ist als deren Beschaffungswert, wird die Firma investieren. Realistischerweise kann der Marktwert einer zusätzlichen Kapitaleinheit aber vor der Investition gar nicht bestimmt werden, weil diese Einheit noch nicht existiert. In der Regel wird daher nicht der Ausdruck des **Grenz-q's** verwendet, sondern der des **Durchschnitts-q's**.[16] Dieser ist definiert als:

$$q = \frac{\text{Marktwert des vorhandenen Kapitals}}{\text{Wiederbeschaffungswert des Kapitals}}$$

---

[14] vgl. Fumio Hayashi 1982

[15] James Tobin (1918-2002), geboren in den USA, studierte an der Harvard University und lehrte bald nach dem zweiten Weltkrieg an der Yale University, wo er die längste Zeit seiner akademischen Laufbahn verbracht hat. 1961 und 1962 war Tobin Mitglied des wirtschaftlichen Beraterkreises von John F. Kennedy (US Präsident 1961-63). Ihm wurde der Nobelpreis für Wirtschaftswissenschaften 1981 für seine Arbeit im Bereich der Theorie der Finanzmärkte verliehen.

[16] vgl. Fumio Hayashi 1982

Der Wert wird **Tobin's q** genannt und zwar unabhängig davon, ob es sich um das Grenz-q oder das Durchschnitts-q handelt. Ein Wert von q größer als eins impliziert einen Marktwert des vorhandenen Kapitals, der größer ist als der Wiederbeschaffungswert des Kapitals. Die Firma wird investieren. Mit anderen Worten, eine Firma, die zum Beispiel für 100 GE, dies sind die Wiederbeschaffungskosten oder bei Erstanschaffung die Beschaffungskosten des Kapitals, eine Maschine kaufen kann, wird dies tun, wenn der Marktwert der Maschine zum Beispiel 110 GE (q ist dann gleich 1,1) ist. Auf der anderen Seite wird eine Firma vorhandenes Kapital nicht ersetzen, wenn der Markt dem Kapital einen geringeren Wert beimisst als es kostet (q ist dann kleiner als 1). Abbildung 6-5 macht das Investitionsverhalten noch einmal deutlich.

Abbildung 6-5: Die q-Theorie der Investitionen

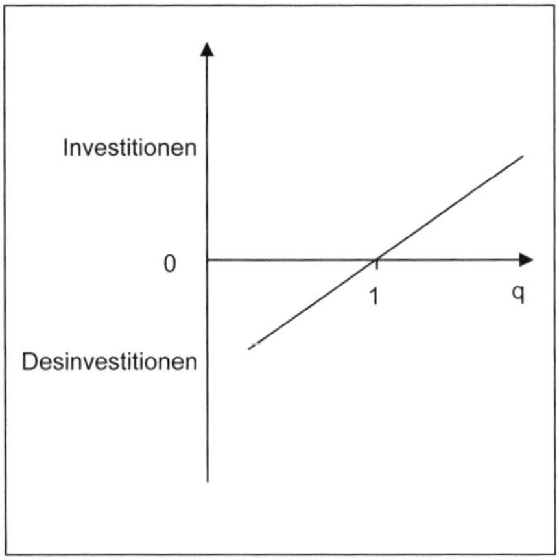

Ist q größer als eins, investiert eine Firma. Da weiterhin ein abnehmendes Grenzprodukt des Kapitals angenommen wird, reduziert die zusätzliche Kapitaleinheit den Wert von q, denn der Markt wird eine weitere Einheit weniger hoch bewerten. Solange q größer ist als eins wird eine Firma investieren, wobei jede zusätzlich beschaffte Kapitaleinheit den Wert von q bei unveränderten Wiederbeschaffungskosten reduziert. Dieser konvergiert mit zunehmenden Investitionen gegen eins. Mit q gleich eins werden die Investitionen auf Null reduziert. Mit einem ursprünglichen Wert von q kleiner als eins verhält es sich ähnlich. Kapital, das aufgrund von Abnutzung nicht mehr verwendet wird, wird auch nicht ersetzt. Damit steigt der Wert der letzten Kapitaleinheit und somit q, wenn die Wiederbeschaffungskosten konstant bleiben. Die Firma wird solange abgenutztes Kapital nicht ersetzen, bis q gleich eins ist. In diesem Fall konvergiert q von ‚unten' gegen eins.

Der Marktwert von Kapital kann auf volkswirtschaftlicher Ebene durch einen Aktienindex dargestellt werden. Je höher der Index steigt, desto höher bewertet der Markt tendenziell die im Index enthaltenen Unternehmen. In Zeiten mit starken Indexsteigerungen gegenüber der Vorperiode werden Unternehmen daher grundsätzlich investieren. Hingegen werden sie grundsätzlich auch Ersatzinvestitionen nicht vornehmen, d.h. Kapital letztlich abbauen, wenn der Index stark zurückgeht. Abbildung 6-6 zeigt die 12-Monats-Rendite des Deutschen Aktienindex (DAX) und die jährliche Wachstumsrate des realen BIP für die Jahre 1980 bis 2005.

Abbildung 6-6: Zusammenhang zwischen der Jahresrendite des Deutschen Aktienindex und dem Wachstum des realen BIP p.a. in Deutschland [1980-2005; Angaben in %][17]

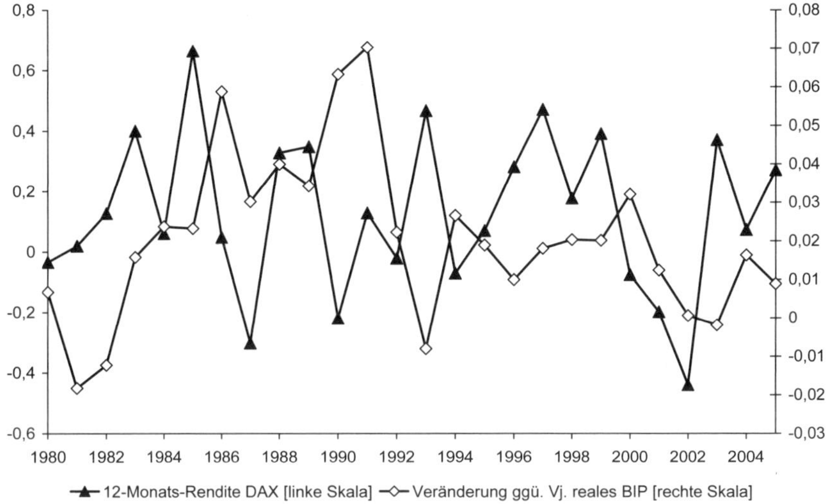

Insbesondere bei diesem groben Vergleich kann der tatsächliche Zusammenhang nicht wirklich eindeutig gezeigt werden. Allerdings kann ein Gefühl dafür vermittelt werden, dass Marktbewertungen die Investitionen und somit die Wachstumsraten des realen BIP beeinflussen; dies erscheint intuitiv sinnvoll. In vielen Jahren scheinen die Renditen des DAX den Wachstumsraten des realen BIP vorweg zu laufen. Genaue Ergebnisse sind an dieser Stelle nicht zu erwarten. Es werden zu ungleiche Daten verglichen. Auf der einen Seite liegt der DAX vor, der 30 bestimmte Unternehmen enthält. Auf der anderen Seite die Wachstumsraten des realen BIP in Deutschland. Nach der q-Theorie bestimmt der Marktwert die Investitionen der Unternehmen. Diese sind im Beispiel der 30 DAX Unternehmen im Verhältnis zum gesamten BIP in Deutschland aber immer noch gering. Zu gering, als das die Investitionen dieser 30 Unternehmen die Wachstumsrate des BIP alleine bestimmen könnten. Dennoch kann die q-Theorie und somit auch die im Ergebnis identische, modifizierte neoklassische Investitionstheorie in genauen empirischen Studien belegt werden.[18]

Die neoklassische Investitionstheorie und die q-Theorie der Investitionen können grob als die beiden äußeren Enden einfacher Investitionstheorie in der Volkswirtschaftslehre beschrieben werden. Während die erste keine eigentliche Investitionstheorie ist, da nur der endgültige Kapitalstock nicht aber die Höhe der Investitionen pro Periode bestimmt werden kann, ist letztere genau dafür geeignet. Zwischen den beiden Theorien gibt es einen Verbindung, die den Anpas-

[17] Quelle: OECD (BIP 1980-1991), Statistisches Bundesamt (BIP 1992-2005), Deutsche Bundesbank basierend auf Zahlen der Deutsche Börse AG (DAX)
[18] Für eine Untersuchung der q-Theorie in Bezug auf US Firmen vgl. Huntley Schaller 1990.

sungspfad von einem bisherigen optimalen Kapitalstock hin zu einem neuen Optimum aufzeigt und noch dazu empirisch sehr gut belegt werden kann, dies ist die **Akzelerations-Theorie der Investitionen** (auch: **Akzelerations Prinzip**). Sie geht unter anderem zurück auf John Maurice Clark[19]. Grundsätzlich drückt die Theorie einen Zusammenhang zwischen Kapital und Output aus. Die Theorie geht davon aus, dass innerhalb einer Volkswirtschaft eine bestimmte Proportion zwischen Kapitalstock und Output besteht. In einer einfachen Variante der Theorie ist diese Relation konstant ist. Dann gilt:

$$K^* = vY$$

$$\Leftrightarrow \quad v = \frac{K^*}{Y}$$

Wobei K^* der **relative Kapitalstock** ist. Umformung der ersten Gleichung ergibt die Kapital-Output Rate v. Investitionen, d.h. die Aufstockung des Kapitalstocks sind demnach als eine Reaktion auf eine höhere Nachfrage zu begreifen. Steigt die Nachfrage, muss das Angebot bei konstantem Kapitalstock knapper werden. Die Firmen haben zwei Möglichkeiten, um diese Knappheit zu verhindern. Erstens könnten die Preise angehoben werden, dies führt wiederum zu einem Rückgang der Nachfrage und ein zu geringes Angebot kann verhindert werden. Zweitens könnte der Output erhöht werden. Die erste Möglichkeit wird kurzfristig sicher häufig in Anspruch genommen, weil eine Ausweitung des Kapitalstocks gar nicht unmittelbar möglich ist. Sie wird auch dann in Anspruch genommen werden, wenn die erhöhte Nachfrage nur eine temporäre Erscheinung ist. Ist die höhere Nachfrage jedoch mittel- bis langfristig nachhaltig, werden die Firmen den Output steigern. Da v, die Kapital-Output Rate, als konstant angenommen wird, muss eine Erhöhung des Output ebenfalls zu einer Erhöhung des Kapitalstocks führen, letztlich in gleichem Maße. Dies kann formal wie folgt deutlich gemacht werden:

Optimaler Kapitalstock in Periode 1: $K_1^* = vY_1$
Optimaler Kapitalstock in Periode 2: $K_2^* = vY_2$

Die Differenz aus der ersten und zweiten Gleichung ergibt:

$$K_2^* - K_1^* = vY_2 - vY_1$$

$$\Leftrightarrow \quad K_2^* - K_1^* = v(Y_2 - Y_1).$$

Die Differenz des Kapitalstocks zwischen der zweiten und der ersten Periode ist v-mal die Veränderung zwischen dem Output in der zweiten Periode und

---

[19] Für einen Originalaufsatz vgl. John Maurice Clark 1917.

dem Output in der ersten Periode. Für die Investitionen I, die die Differenz zwischen den beiden Kapitalstöcken sind, gilt dementsprechend im Allgemeinen:

$$\begin{aligned} I_t &= K^*_{t+1} - K^*_t \\ &= v(Y_{t+1} - Y_t) \end{aligned}$$

Dieser einfachen Investitionsfunktion liegen zwei vereinfachende Annahmen zugrunde, die aber leicht integriert werden können. Erstens sind bei dieser Betrachtung die Abschreibungen unbeachtet geblieben bzw. implizit mit Null angenommen worden. Die Investitionen werden sich bei positiven Abschreibungen lediglich um genau die Höhe der Abschreibungen auf den ursprünglichen Kapitalstock erhöhen und können einfach in der Höhe δK^*_t addiert werden. Zweitens wird implizit angenommen, dass der Kapitalstock innerhalb einer Periode auf sein neues optimales Niveau gebracht wird. Die Investitionen in Periode t sind ausreichend, um bereits in Periode t+1 den optimalen Kapitalstock zu erreichen. Hierbei ist vor allem wichtig zu beachten, dass der Output in t+1, Y_{t+1}, nur ein Erwartungswert ist. Dieser ist in der Regel mit Unsicherheiten behaftet. Firmen werden daher vorsichtiger vorgehen, um Überkapazitäten, die zukünftig zu sinkenden Preisen führen, zu vermeiden. Es wird daher im Allgemeinen nur ein Teil der für einen zu erwartenden Output notwendigen Investitionen vorgenommen. Dieser Teil sei μ. Es gilt:

$$\begin{aligned} I_t &= \mu v(Y_{t+1} - Y_t) + \delta K^*_t \\ &= \mu v \Delta Y_t + \delta K^*_t \end{aligned}$$

Ein Zahlenbeispiel kann die vorherige Gleichung und ihren Mechanismus etwas verdeutlichen. Der Kapitalstock in Periode $t = 1$, K^*_1, sei gleich 300. Die Abschreibungen betragen 10%, d.h. 0,1. Der Output in Periode 1 beträgt 100 und in Periode 2 erwartungsgemäß 120, d.h. $\Delta Y = 20$. Die konstante Kapital-Output Rate v beträgt 3 und die Anpassungsgeschwindigkeit μ ist gleich 0,5, d.h. die Hälfte der erforderlichen Investitionen zur Erreichung des optimalen Kapitalstocks wird in der nächsten Periode getätigt. Die Investitionen betragen:

$$\begin{aligned} I_1 &= 0{,}5 \times 3 \times 20 + 0{,}1 \times 300 \\ &= 60 \end{aligned}$$

In diesem kleinen Beispiel betragen die Investitionen in der ersten Periode 60 Einheiten. Da der Output um 20 Einheiten wächst, die Kapital-Output Rate 3 beträgt, muss der optimale Kapitalstock für den neuen Output von 120 um 60 Einheiten höher sein als der ursprüngliche. Der Anpassungskoeffizient μ verhindert die Anpassung in der ersten Periode und reduziert sie um die Hälfte auf 30

Einheiten. Weitere 30 Einheiten der Investitionen ergeben sich aus den Abschreibungen. Wenn die Firmen mit ihren Erwartungen nicht vollkommen danebenlagen, können Überkapazitäten ausgeschlossen werden. Der Output in der nächsten Periode wird allerdings nur 110 erreichen und nicht die erwarteten 120, denn die Investitionen waren für letzteren nicht hoch genug. Sollte die Nachfrage weiterhin auf dem hohen Niveau verharren, wird es eine weitere Anpassung in Periode zwei geben, diese beträgt noch 48 Einheiten ($I_2 = 0{,}5 \times 3 \times (120 - 110) + 0{,}1 \times 330$). Ein weiterer Anpassungsschritt führt zu Investitionen von 42 Einheiten ($I_3 = 0{,}5 \times 3 \times (120 - 115) + 0{,}1 \times 345$). Wenn alle Werte außer dem Kapitalstock und dem aktuellen Output in diesem Beispiel weiterhin konstant gehalten werden, reduzieren sich die Investitionen immer weiter, bis schließlich der optimale Kapitalstock von 360 Einheiten für den neuen höheren Output von 120 Einheiten erreicht ist. Die Investitionen betragen dann noch 36 Einheiten und dienen dem Erhalt des Kapitalstocks.

Eine allgemeine Investitionsfunktion kann dann gegenüber der vorher angeführten um zwei Argumente erweitert werden, q und die Veränderung des Outputs, ΔY. Es folgt:

$$I = I(\underset{(-)}{r}, \underset{(+)}{\delta}, \underset{(+)}{q}, \underset{(+)}{\Delta Y}).$$

Dabei steigen die Investitionen wenn q steigt bzw. wenn die Outputveränderung positiv ist.

7 Der Staat

7.1 Die Aufgaben des Staates

Der Staat übernimmt in wirtschaftlicher Hinsicht in einer Gesellschaft mehrere Funktionen. Drei sollen an dieser Stelle genannt werden:

1. Schaffung eines Rechtssystems;
2. Angebot von öffentlichen Gütern;
3. Umverteilung.

Jede Wirtschaftsordnung baut auf einem Rechtssystem auf. Ohne ein rechtliches Gerüst kann eine Wirtschaft nicht funktionieren. Dabei sind zwei rechtliche Grundlagen wesentlich, die Freiheitsrechte und die Eigentumsrechte. Die Freiheitsrechte ermöglichen jedem Individuum in einer Gesellschaft sich frei zu bewegen und einer Tätigkeit nach freien Wünschen nachzugehen. Damit kann Einkommen überhaupt erst erzielt werden. Die Eigentumsrechte billigen schließlich jedem Individuum zu, Erworbenes zu behalten und in der Zukunft nutzen zu können.

Der zweite wichtige Punkt ist der Staat als Anbieter von öffentlichen Gütern, die aus verschiedenen Gründen vom privaten Sektor nicht angeboten werden.[1]

Der dritte oben genannte Punkt betrifft die Verteilung des Wohlstandes einer Gesellschaft. Die Ökonomie verneint nicht, dass einige Individuen im wirtschaftlichen Prozess gegenüber anderen benachteiligt sind. Um die Häufung von Wohlstand bei Einzelnen zu vermeiden und Armut bei anderen zu verhindern, sind staatliche Eingriffe unter Umständen unvermeidlich, um einen gewissen gesellschaftlichen Ausgleich zu schaffen.

Die Schaffung eines Rechtssystems und die Folgen für die Wirtschaft eines Landes ist ein wirtschaftsrechtliches Thema und führt bei der Betrachtung der Mikrofundierung der Makroökonomie nicht weiter. Ebenso sind die beiden weiteren Punkte im Einzelnen, d.h. wie öffentliche Güter effizient produziert werden können bzw. wie Umverteilung effizient vorgenommen werden kann, nicht von besonderem Interesse an dieser Stelle. Dagegen soll grundlegend erläutert

---

[1] In der Regel handelt es sich um Marktversagen im privaten Sektor, weil keine Preise für ein öffentliches Gut bestehen. Ein öffentliches Gut zeichnet sich durch zwei Charakteristiken aus: (1) keine Ausschlussmöglichkeit von der Nutzung, (2) kein rivalisierender Konsum. Wird ein solches öffentliches Gut erst einmal angeboten, kann es jeder nutzen und der Konsum einer Person beeinträchtigt nicht den Konsum einer anderen Person. Die Grenzkosten einer weiteren Einheit des Produktes sind Null, daher kann auf vollkommenen Märkten kein positiver Preis verlangt werden. Es kommt zu Marktversagen, das durch den Eingriff des Staates behoben werden kann.

werden, was die genannten Aufgaben für Anforderungen an den Staates stellen. Für alle drei Aufgaben fallen beim Staat Ausgaben an.

Die drei Gewalten, die Judikative, die Legislative und die Exekutive sind zur Schaffung und Erhaltung eines Rechtssystems unabdingbar. Daher sind Verwaltungsgebäude im weiteren Sinne und Arbeitnehmer notwendig. Der Staat hat somit Ausgaben für den Kauf und die Erhaltung bzw. die Anmietung der staatlich genutzten Gebäude und Ausgaben für die Vergütung seiner Beamten und Angestellten. Darüber hinaus kauft der Staat weitere Güter bzw. Dienstleistungen, die entweder indirekt oder direkt der Öffentlichkeit zur Verfügung gestellt werden. Hierunter fallen in Deutschland auf Bundesebene militärische Güter, der Straßenbau und die allgemeine Infrastruktur eines Landes. Auf Länderebene der Bau von Schulen und die Bereitstellung des Bildungssystems im Allgemeinen, innere Sicherheit, d.h. die Bereitstellung von Polizei und Sicherheitskräften, der Bau von Bibliotheken, Schwimmbädern und vielem mehr. Es handelt sich bei den Staatsausgaben für Güter und Dienstleistungen um investive bzw. konsumtive Staatsausgaben, wobei die genaue Abgrenzung sehr schwer ist. Die Unterscheidung zwischen staatlichen Investitionen und Konsum ist an dieser Stelle aber nachrangig, entscheidend ist die Beanspruchung eines Teils des gesamtgesellschaftlichen Outputs durch den Staat. Dieser Teil wird mit G symbolisiert und soll **Staatsausgaben** heißen.

Neben diesen Staatsausgaben, bei denen der Staat tatsächliche Güter bzw. Dienstleistungen im weitesten Sinne kauft, hat der Staat Ausgaben für **Transferleistungen**, d.h. grob gesprochen für die Umverteilung von reich zu arm. Diese Transferzahlungen beinhalten alle Sozialleistungen des Staates und sind in G nicht enthalten, sondern werden stattdessen bei den Einnahmen des Staates angerechnet. Die Einnahmen des Staates setzen sich zusammen aus Steuern, Gebühren und sonstigen Abgaben sowie Privatisierungserlösen und sonstigen Einnahmen. Im weiteren Sinne wird auch die Kreditaufnahme als eine Einnahmequelle betrachtet. Diese Bruttoeinnahmen abzüglich der Transferzahlungen, die an die Gesellschaft zurückgegeben werden, werden mit T symbolisiert und heißen **Nettoeinnahmen des Staates**.

7.2 Das Staatsbudget

Das Staatsbudget setzt sich aus den verschiedenen Einnahmen des Staates zusammen. Die bei weitem größte Einnahmequelle in den Staatshaushalten sind Steuern. Abbildung 7-1 zeigt eine detaillierte Aufstellung für den deutschen Bundeshaushalt als Beispiel, womit die Wichtigkeit von Steuereinnahmen für die Finanzierung des Staates verdeutlicht wird.

Abbildung 7-1: Bundeshaushalte 2001-2008 und Finanzplan des Bundes bis 2011 in Deutschland[2]

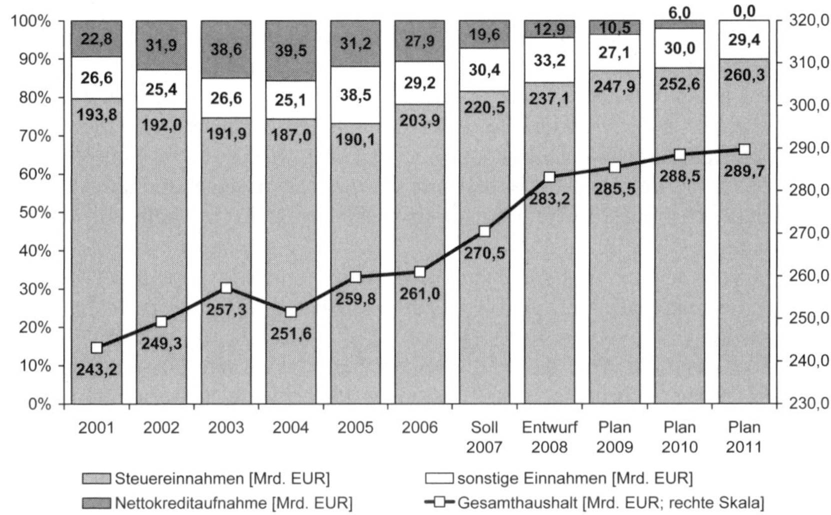

Die Staatsaktivitäten sind ebenso wie die Aktivitäten der privaten Haushalte durch das Staatsbudget beschränkt. Die Differenz zwischen Ausgaben und Einnahmen des Staates wird **Finanzierungssaldo** genannt. Für eine einzelne Periode gilt (1) der Staat hat einen **ausgeglichenen Haushalt** im Falle $G = T$, (2) der Staat führt ein **Haushaltsdefizit** (auch Finanzierungsdefizit) im Falle $G > T$ und (3) der Staat führt einen **Haushaltsüberschuss** (auch Finanzierungsüberschuss) im Falle $G < T$. Ein Finanzierungsdefizit wird häufig auch Budgetdefizit bzw. **Nettokreditaufnahme** (auch Nettoneuverschuldung) genannt. Genau genommen sind die beiden Größen nicht notwendigerweise identisch, die synonyme Verwendung aber in der Regel zulässig. Beim Finanzierungssaldo bleiben die so genannten besonderen Finanzierungsvorgänge außer Betracht. Als besondere Finanzierungsvorgänge werden die Zuführung zu bzw. die Auflösung von Rücklagen und auch der **Münzgewinn**[3] bezeichnet. Die Veränderung von Rücklagen spielt jedoch, zumindest in vielen Ländern, keine Rolle und der Münzgewinn ist verhältnismäßig gering.[4]

[2] Quelle: Bundesministerium der Finanzen

[3] Die Bundesregierung besitzt das so genannte **Münzregal**, d.h. das alleinige Recht zur Ausgabe von Münzen. Die Prägung von Münzen wird demnach vom Bund beauftragt. Dabei sind die Kosten der Münzprägung regelmäßig geringer als der Nennwert, d.h. der aufgeprägte Wert (z.B. 2,- Euro) einer Münze. Die Differenz vereinnahmt der Bund als Münzgewinn. Alle Regierungen in der Eurozone besitzen das Münzrecht für das eigene Staatsgebiet. Die EZB muss allerdings den Umfang der Ausgabe von Münzen genehmigen.

[4] Zur Abgrenzung von Nettokreditaufnahme und Finanzierungssaldo siehe Zimmermann, Henke 2001. Ein Berechnungsbeispiel findet sich im Monatsbericht (März 2003) des Bundesministeriums für Finanzen.

Innerhalb einer Periode sind die Staatsausgaben G durch die Nettoeinnahmen des Staates T begrenzt. Etwas anders sieht dies bei zwei Perioden aus. Die Staatsausgaben bzw. Nettoeinnahmen für die erste bzw. zweite Periode sind mit 1 bzw. 2 indexiert. Angenommen der Staat existiert am Ende der zweiten Periode nicht mehr, dann müssen die Ausgaben über die zwei Perioden gleich sein mit den Einnahmen über beide Perioden. Dies bedeutet allerdings nicht, dass die Ausgaben der ersten Periode gleich der Einnahmen in dieser Periode sein müssen. Der Staat kann ein Defizit bzw. Überschuss in der ersten Periode haben. Nur über beide Perioden betrachtet muss der Haushalt ausgeglichen sein. Ähnlich der intertemporären Budgetrestriktion der privaten Haushalte gilt dann für den Staat,

$$G_1 + \frac{G_2}{1+r^G} = T_1 + \frac{T_2}{1+r^G},$$

wobei r^G den Realzins darstellt, den der Staat zu zahlen hat. Zunächst ist es unerheblich, ob sich dieser vom Realzins r des privaten Sektors unterscheidet, allerdings wird in einem der nächsten Abschnitte deutlich, dass die Annahme zweier unterschiedlicher Realzinssätze relevant ist. Durch einfache Umformung der intertemporären Budgetrestriktion des Staates ergibt sich die grundlegende Aussage, dass einem Staatsdefizit (Staatsüberschuss) in Periode eins ein Staatsüberschuss (Staatsdefizit) in Periode zwei folgen muss. Es gilt:

$$(G_1 - T_1) + \frac{G_2 - T_2}{1+r^G} = 0.$$

Der Term $(G_1 - T_1)$ ist positiv, wenn die Ausgaben der ersten Periode größer sind als deren Einnahmen, d.h. wenn der Staat ein Defizit erwirtschaftet. In dem Fall muss der zweite Term auf der linken Seite negativ sein, damit die Gleichung weiterhin gilt. Dieser Term wird negativ, wenn die Einnahmen der zweiten Periode größer sind als deren Ausgaben, d.h. der Staat einen Überschuss hat.

Etwas anders und weniger eindeutig sind die Folgerungen, wenn der Staat bereits ein Defizit bzw. einen Überschuss aus einer vorherigen Periode mitbringt. Einer solchen Situation sieht sich zum Beispiel jede neue Bundesregierung nach einem Regierungswechsel gegenüber, sie muss mit dem ‚Erbe' der vorherigen Bundesregierung leben. Das ursprüngliche Defizit oder **Basisdefizit** sei definiert als D_1 (ein **Basisüberschuss** wird folglich mit $-D_1$ symbolisiert) und kann einfach auf der linken Seite der vorherigen Gleichung hinzu addiert werden. Es folgt:

$$D_1 + (G_1 - T_1) + \frac{G_2 - T_2}{1+r^G} = 0.$$

Abbildung 7-2: Primärer Finanzierungssaldo in sechs EU Ländern für die Jahre 1989-2008 [teilweise Schätzungen, Überschuss (+) bzw. Defizit (-) in % des BIP][5]

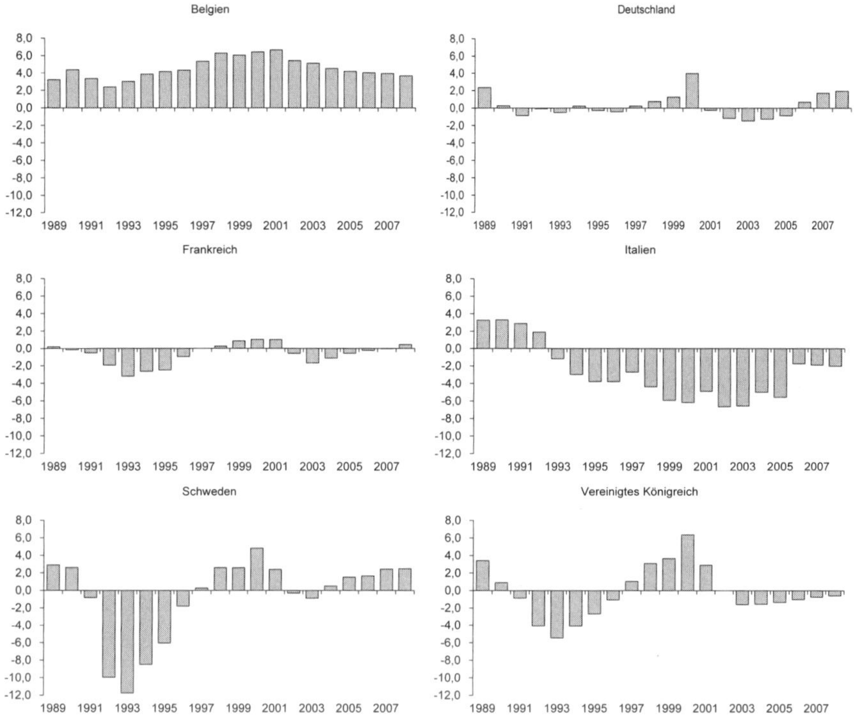

Unter Beachtung eines ursprünglichen Defizits bzw. Überschusses ist die vorherige Schlussfolgerung nicht länger ein Muss. Bei einem Basisüberschuss ($D_1 < 0$) muss ein Defizit in der ersten Periode ($G_1 > T_1$) nicht notwendigerweise mit einem Überschuss in der zweiten Periode ausgeglichen werden. Zumindest muss der Überschuss in der zweiten Periode nicht mehr so groß sein wie ohne den ursprünglichen Überschuss. Der Überschuss muss hingegen noch größer sein, wenn ein ursprüngliches Defizit durch ein Defizit in der ersten Periode noch gesteigert wird.

Mit der Einführung eines ursprünglichen Defizits kann das **Gesamtdefizit** in zwei Teile zerlegt werden, das **Primärdefizit** und den Zinsdienst. Das Primärdefizit (auch primäres Finanzierungsdefizit) ergibt sich aus dem **Finanzierungssaldo** des Staates einer Periode abzüglich der Zinszahlungen auf bereits vorhandene Schulden. Es kann auch ein **Primärüberschuss** bestehen. Dies ist der aktuelle Finanzierungssaldo abzüglich der Zinseinnahmen auf vorhandenes Vermögen. Abbildung 7-2 zeigt den primären Finanzierungssaldo für sechs EU

[5] Quelle: OECD

Länder seit 1989. Es ist deutlich zu erkennen, dass der primäre Finanzierungssaldo mit Ausnahme von Belgien regelmäßig positiv und negativ ist. Die laufenden operativen Einnahmen und Ausgaben führen daher mindestens in den dargestellten Ländern und in der dargestellten Zeitspanne nicht zu einer dauerhaft steigenden Staatsverschuldung.

Abbildung 7-3: Finanzierungssaldo in sechs EU Ländern für die Jahre 1989-2008 [teilweise Schätzungen, Überschuss (+) bzw. Defizit (-) in % des BIP][6]

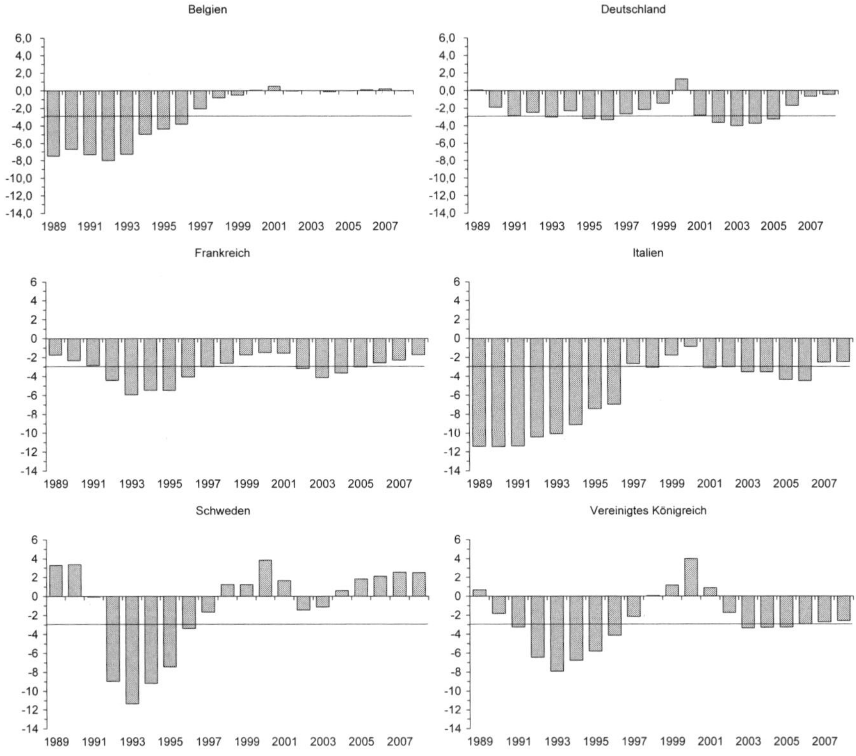

[6] Quelle: OECD. Die Finanzsalden enthalten einmalige Einnahmen aus der Versteigerung von Mobilfunklizenzen der vierten Generation, wenn diese signifikant waren. Dies betrifft Belgien 2001, Deutschland 2000, Frankreich 2001-2002, Italien 2000 und das Vereinigte Königreich 2000.

Kasten 7-1: Die Maastricht-Kriterien

Die Maastricht-Kriterien

Der Vertag über die Europäische Union wurde am 07. Februar 1992 in Maastricht, Niederlande, unterzeichnet. Hierher rührt denn auch sein Name. Der Vertrag gründete die Europäische Union (EU), deren Grundlage die Europäischen Gemeinschaften sind. Dies sind die Europäische Wirtschaftsgemeinschaft (EWG) und die Europäische Atomgemeinschaft (Euratom), beide vertraglich begründet durch die so genannten Römischen Verträge von 1957. Ursprünglich gehörte noch eine dritte Gemeinschaft unter das Dach der EU, die Europäische Gemeinschaft für Kohle und Stahl (EGKS). Sie wurde 1952 für eine Zeit von 50 Jahren gegründet und ist daher im Jahre 2002 ausgelaufen. Ziele der EU sind z.B. eine gemeinsame Außen- und Sicherheitspolitik und eine Unionsbürgerschaft. Ein Ziel, die Wirtschafts- und Währungsunion (WWU), ist bereits erreicht.

Die WWU bestand aus drei Stufen. Die 1. Stufe (1990-1994) diente der Vorlage von ‚Konvergenzprogrammen' durch die Mitgliedsstaaten, mit denen die wirtschaftliche Lage in den einzelnen Staaten angenähert und verbessert werden sollten, so dass ein fester Wechselkurs ermöglicht wurde. Die 2. Stufe (1994-1999) diente der weiteren Angleichung und Vorbereitung auf die dritte und letzte Stufe (ab 1999), der Einführung des Euro. Voraussetzung für den Eintritt in die 3. Stufe war die Erfüllung von fünf Kriterien, die Maastricht-Kriterien oder Konvergenzkriterien:

1. Preisstabilität: die Inflationsrate darf nicht mehr als 1,5 Prozentpunkte über dem Mittelwert der drei Mitgliedsstaaten mit der geringsten Inflation liegen.
2. Zinssätze: der langfristige Nominalzins darf nicht mehr als 2 Prozentpunkte über dem Mittelwert der drei Mitgliedsstaaten mit den geringsten Zinsen liegen.
3. Haushaltsdefizite: diese dürfen 3% des BIP nicht übersteigen.
4. Verschuldung: die öffentliche Verschuldung darf 60% des BIP nicht übersteigen.
5. Währungsstabilität: die Währung darf in den letzten zwei Jahren nicht abgewertet worden sein und die maximale Volatilität von + bzw. – 2,25% nicht übersteigen.

Bei der Entscheidung über den Beitritt wurden die Kriterien nicht strikt ausgelegt. Insbesondere aus Angst vor einer zukünftig ‚schwachen' Währung wurde dies stark diskutiert. Die Maastricht-Kriterien bezogen sich ausschließlich auf einen Stichtag, die Mitgliedsstaaten waren nicht daran gebunden nach der Einführung des Euro diese Kriterien einzuhalten. Dies wurde durch die Annahme des Stabilitäts- und Wachstumspaktes geändert, mit dem sich die Mitgliedsstaaten der EU der Haushaltsdisziplin verschrieben haben.

Anders sieht dies aus, wenn der Finanzierungssaldo betrachtet wird, d.h. Zinszahlungen bzw. gegebenenfalls Zinseinnahmen Berücksichtigung finden. Die Finanzierungssalden für die gleichen sechs EU Länder sind in Abbildung 7-3 dargestellt. Positive Finanzierungssalden sind wesentlich rarer als deren primäre Teile. Daraus ist zu schließen, dass die Zinszahlungen einen erheblichen Teil in den meisten Staatshaushalten ausmachen. Die Abbildung zeigt ebenfalls, welche Länder die so genannten Maastricht-Kriterien zum Zeitpunkt der Entscheidung, welche Mitgliedsstaaten von Beginn an den Euro einführen konnten, erfüllt haben[7] Die Maastricht-Kriterien waren für die Teilnahme an der dritten Stufe der europäischen Wirtschafts- und Währungsunion, d.h. der Einführung des Euro, maßgeblich. Diese Entscheidung wurde von den Finanzministern der damaligen 15 EU-Mitgliedsstaaten im Mai 1998 gefällt. Entscheidend war damals nicht ein einzelnes Jahr, sondern der gesamte wirtschaftliche und finanzielle Ausblick. Insgesamt gibt es fünf Maastricht-Kriterien[8], darunter die Anforde-

[7] Die Angaben in Abbildung 7-3 weichen teilweise von den Angaben, die an die EU Kommission gemacht werden, aus Berechnungsgründen ab. Daher ist das Bild nicht ganz akkurat aber in der Tendenz immer noch richtig.

[8] Die so genannten Maastricht-Kriterien sind in den Artikeln 104c und 109j des Vertrags zur Gründung der Europäischen Gemeinschaft, so genannter Maastrichtvertrag (unterzeichnet am 07. Februar 1992 in Maastricht, Niederlande), festgelegt und in den Protokollen Nr. 5 und 6 zu diesem Vertrag weiter spezifiziert. (Maastrichtvertrag sowie zugehörige Protokolle unter http://europa.eu/scadplus/treaties/maastricht_de.htm.)

rung an die Haushaltsdefizite, einen Referenzwert von 3% des BIP nicht zu übersteigen.

Wenn die Zinszahlungen innerhalb der öffentlichen Haushalte teilweise eine so große Bedeutung haben, müssen entweder die Zinssätze oder die ursprünglichen Defizite, d.h. die kumulierten Schulden hoch sein. Die Höhe von Staatsschulden wird regelmäßig öffentlich diskutiert, vor allem im Zusammenhang mit ihren Auswirkungen auf den privaten Sektor und dort insbesondere auf Konsum und Investitionen. Bevor die Auswirkungen auf den privaten Sektor einführend erläutert werden, soll zunächst ein genauerer Blick auf die Staatsschulden geworfen werden. Tabelle 7-1 zeigt die Höhe der Staatsschulden im Verhältnis zum BIP für die jeweiligen EU-Länder, die USA, Japan und die EU selbst für die Jahre 1998, relevantes Jahr für die Euroeinführung, und 2007. Letztere sind Schätzungen zum Jahresende.

Tabelle 7-1: Staatsschulden einiger EU-Länder, der USA, Japan und der Eurozone 1998 und 2007 (geschätzt) [% des BIP][9]

Land	% des BIP		Land	% des BIP	
	1998	2007		1998	2007
Belgien	117,3	85,6	**Polen**	38,3	43,8
Dänemark	60,8	26,1	**Portugal**	52,2	65,5
Deutschland	59,8	65,3	**Schweden**	67,6	43,1
Finnland	48,3	40,8	**Slowakei**	33,6	29,3
Frankreich	58,6	63,0	**Spanien**	63,2	35,8
Griechenland	82,3	80,6	**Tschechien**	12,6	30,1
Irland	53,0	24,5	**Ungarn**	60,2	67,1
Italien	114,8	105,8	**Ver. Königreich**	47,6	45
Luxemburg	6,2	9,7	**Japan**	114,3	179,0
Niederlande	65,2	48,1	**USA**	64,5	62,4
Österreich	64,3	60,8	**Eurozone**	72,2	66,8

Die Definition der Schulden der EU-Länder entspricht der Definition im Maastrichtvertrag.[10] Die Angaben für die USA und Japan entsprechen den jeweiligen Definitionen der beiden Länder und sind daher nicht direkt vergleichbar.[11] Der im Maastrichtvertrag festgelegte Referenzwert ist 60%. Dieses Kriterium wird von einigen EU-Ländern, darunter auch Deutschland, noch immer nicht

[9] Quelle: OECD

[10] Hiernach bedeutet ‚Schuldenstand' der Brutto-Gesamtschuldenstand zum Nominalwert am Jahresende nach Konsolidierung innerhalb und zwischen den einzelnen Bereichen des Staatssektors. Es handelt sich nicht ausschließlich um den Schuldenstand der Zentralregierung. (vgl. Vertrag zur Gründung der Europäischen Gemeinschaft, Art. 104c inklusive Protokoll Nr. 5 zum Vertrag; http://europa.eu.int/abc/treaties_de.htm)

[11] Insbesondere die Angabe zu den USA ist tendenziell im Vergleich zu den anderen hier angeführten Zahlen zu hoch. Nach einer vergleichbaren Definition wie für die EU-Länder, wäre der Schuldenstand der USA demnach geringer. Dies liegt an der unterschiedlichen Behandlung der zukünftigen Pensionsverbindlichkeiten gegenüber Beamten. Nach der Definition der USA werden diese mit ihrem abgezinsten Wert gleichberechtigt mit gegenwärtigen Verbindlichkeiten verbucht. Hingegen sieht die Verbuchung in den meisten EU-Ländern diese zukünftigen Verbindlichkeiten nur als Eventualverbindlichkeiten an, die somit nicht direkt den aktuellen Schuldenstand verändern.

oder schon wieder nicht mehr eingehalten. Darüber hinaus ist zu erkennen, dass in einigen Ländern innerhalb des fünfjährigen Zeitraumes eine erhebliche Reduzierung, in anderen allerdings teilweise eine erhebliche Erhöhung des Schuldenstandes stattgefunden hat. Einen extrem hohen Schuldenstand verzeichnet Japan. Dieser ist mit ein Ergebnis der schlechten wirtschaftlichen Verhältnisse in Japan in den 1990er und Anfang der 2000er Jahre, in denen wiederholt so genannte Konjunkturprogramme aufgelegt wurden.[12]

Abgesehen von unterschiedlichen Definitionen und abweichenden Handhabungen bei der kontenmäßigen Erfassung ist noch aus anderen Gründen Vorsicht bei der Interpretation der gebotenen Zahlen angebracht. Unterschiedliche Definitionen können umgangen werden, wie die Zahlen für die EU und ihre Mitgliedsländer zeigen. Dennoch unterscheidet sich die kontenmäßige Erfassung innerhalb der EU-Länder, da kein gänzlich einheitliches System der volkswirtschaftlichen Gesamtrechnung eingeführt ist.[13] Ein einfacher Vergleich der absoluten Höhe des Schuldenstandes ist ebenfalls unangebracht, da ein großes Land wie Deutschland in der Regel viel höhere Schulden hat als zum Beispiel das kleine Land Luxemburg. Vergleichszahlen sollten daher wie auch hier getan, in Relation zu einer anderen Größe gesetzt werden. Dies muss nicht das BIP sein. Andere denkbare Größen wären das BNE oder der Schuldenstand pro Kopf. Der einfache Vergleich zwischen dem Schuldenstand in Belgien und dem in Deutschland zum Beispiel ist dennoch kritisch. Belgien hat keine Zeit der Hyperinflation und somit vollkommenen Geldentwertung im 20. Jh. erlebt. Im Gegensatz zu Deutschland war der Schuldenstand in Belgien 1949 bereits auf einem höheren Level.

Makroökonomisch ist es vor allem wichtig die Frage zu klären, wann es gerechtfertigt ist, dass der Staat Schulden macht. Dabei ist ebenso von Interesse, welches Schuldenniveau angemessen sein kann. Dies kann sehr von der Betrachtungsweise abhängen. Der Schuldenstand in Deutschland betrug 2005 rund EUR 1,4 Billionen[14]. Eine relativ unvorstellbar große Zahl. Ist das gerechtfertigt? Allein die pure Summe scheint nicht gerechtfertigt. Ausgedrückt pro Kopf kann die Einschätzung eine komplett andere sein. Die Verschuldung pro Kopf beträgt ca. EUR 17.500.[15] Bei einem verfügbaren Einkommen pro Kopf in etwa gleicher Höhe[16] erscheint der Schuldenstand nicht unverschämt hoch. Im Verhältnis zum Lebenseinkommen eines durchschnittlichen Bürgers von rund einer Million Euro sogar recht niedrig. Diese zahlreichen Blickwinkel, von denen aus Defizite und letztlich Schulden betrachtet werden können, machen deutlich, wie schwer eine eindeutige Aussage zu Art und Umfang gemacht werden kann.

Es sollte deutlich geworden sein, dass Defizite und Schulden viel diskutierte Themen sind. Umstritten ist dabei vor allem ihr Einfluss auf die Wirtschaft. Be-

[12] Konjunkturprogramme werden in einem späteren Kapitel eingehender thematisiert (vgl. Kap. 15).
[13] Für eine Diskussion zu diesem Thema vgl. Kap. 4.2
[14] Quelle: Statistisches Bundesamt
[15] Quelle: Statistisches Bundesamt, Bevölkerungsstand per 31.12.2005: 82,438 Mio.
[16] Quelle: Statistisches Bundesamt, verfügbares Einkommen rund EUR 1,5 Billionen, d.h. ca. EUR 18.000 pro Kopf.

vor hierauf zunächst argumentativ eingegangen wird, soll das Wissen über die privaten und staatlichen Budgetrestriktionen zusammengefasst werden. Eine konsolidierte Betrachtung lässt erste Schlussfolgerungen zu.

7.3 Zusammenfassung der Budgets der Haushalte und des Staates

Die intertemporäre Budgetrestriktion der privaten Haushalte und die des Staates wurden in Abschnitt 5.2 bzw. im vorherigen Abschnitt hergeleitet. Aus Gründen der Bequemlichkeit sind sie an dieser Stelle noch einmal für den einfachen zwei Perioden Fall angegeben. Wobei der Basiswohlstand bzw. das Basisdefizit mit Null angenommen wird.

Intertemporäre Budgetrestriktion privater Haushalte: $Y_1^N + \frac{Y_2^N}{1+r} = C_1 + \frac{C_2}{1+r}$ [17]

Intertemporäre Budgetrestriktion des Staates: $T_1 + \frac{T_2}{1+r^G} = G_1 + \frac{G_2}{1+r^G}$

Unter der vereinfachenden Annahme ausgeglichener Budgets am Ende der zwei Perioden muss jeweils der Gegenwartswert der Einnahmen gleich dem Gegenwartswert der Ausgaben sein. Die beiden bisher separat betrachteten Budgetrestriktionen sind tatsächlich unmittelbar miteinander verbunden. Der Staat erhält seine Einnahmen aus Steuern, die von den privaten Haushalten aufgebracht werden müssen. Für das Nettoeinkommen der privaten Haushalte gilt:

$$Y_t^N = Y_t - T_t \,.$$

Das Nettoeinkommen in Periode t ergibt sich aus dem Bruttoeinkommen der Periode Y_t abzüglich der Nettostaatseinnahmen der Periode T_t. $Y_t - T_t$ kann in die Budgetrestriktion der privaten Haushalte eingesetzt werden. Es ergibt sich:

$$(Y_1 - T_1) + \frac{(Y_2 - T_2)}{1+r} = C_1 + \frac{C_2}{1+r}$$

Eine einfache Umformung macht deutlich, dass auf der linken Seite der Gleichung der Term $T_1 + T_2/(1+r)$ enthalten ist. Wenn gilt $r = r^G$, dies ist der Spezialfall identischer Realzinsen für den privaten Sektor und den Staat, muss unter

[17] In Abschnitt 5.2.2 wurde die intertemporäre Budgetrestriktion der privaten Haushalte mit Y statt Y^N eingeführt. In diesem Abschnitt soll nun unter Beachtung von Steuerzahlungen das Nettoeinkommen Y^N der Haushalte Beachtung finden. Y symbolisiert im Folgenden das Einkommen der Volkswirtschaft und ist in diesem Sinne als Bruttoeinkommen zu verstehen.

den gemachten Annahmen der Gegenwartswert der Steuerzahlungen mit dem Gegenwartswert der Staatsausgaben $G_1 + G_2/(1+r^G)$ übereinstimmen. Somit gilt innerhalb einer Volkswirtschaft mit Staat:

$$
\begin{aligned}
& (Y_1 - T_1) + \frac{(Y_2 - T_2)}{1+r} = C_1 + \frac{C_2}{1+r} \\
\Leftrightarrow \quad & Y_1 + \frac{Y_2}{1+r} - \left(T_1 + \frac{T_2}{1+r} \right) = C_1 + \frac{C_2}{1+r} \\
\Leftrightarrow \quad & Y_1 + \frac{Y_2}{1+r} - \left(G_1 + \frac{G_2}{1+r} \right) = C_1 + \frac{C_2}{1+r} \\
\Leftrightarrow \quad & Y_1 + \frac{Y_2}{1+r} = (C_1 + G_1) + \frac{(C_2 + G_2)}{1+r}.
\end{aligned}
$$

Der Gegenwartswert des Einkommens der Volkswirtschaft (linke Seite der Gleichung) ist identisch mit dem Gegenwartswert der volkswirtschaftlichen Ausgaben (rechte Seite der Gleichung). Diese ergeben sich aus der Summe des privaten Konsums und den Staatsausgaben.

Aus der am Anfang dieses Abschnitts gemachten Definition des Nettoeinkommens wird deutlich, dass sich die Höhe des Staatsbudgets unmittelbar auf das Nettoeinkommen und somit auf den Konsum der privaten Haushalte auswirkt. Je höher der Gegenwartswert der Staatsausgaben, desto höher muss der Gegenwartswert des Steueraufkommens sein und desto geringer ist der Gegenwartswert des Nettoeinkommens der privaten Haushalte und folglich der Gegenwartswert des privaten Konsums. Alles andere konstant gehalten führt höherer Staatskonsum zu geringerem privaten Konsum. Die Ausführungen zum aktuellen Schuldenstand am Beispiel einiger Industrieländer haben deutlich gemacht, dass die Staatsbudgets nicht notwendigerweise die im Modell gemachten Annahmen erfüllen. Die Höhe der Staatsschulden, absolut oder in Relation zum Bruttoinlandsprodukt, macht deutlich, dass die Regierungen vieler Länder ihre Budgets nicht nach zwei Perioden, wenn diese mit Jahren oder auch Jahrzehnten gleichgesetzt werden, ausgleichen. Staatsausgaben werden teilweise nicht direkt mit höheren Steuern gegenfinanziert und reduzieren somit auf den ersten Blick auch den Konsum der privaten Haushalte nicht. Wenn ein Staat Schulden macht, um seine Ausgaben zu finanzieren, können die Steuern stabil bleiben. Damit sind das Nettoeinkommen und der Konsum der Periode ebenfalls konstant. Hieraus können zwei Hypothesen abgeleitet werden, die im nächsten Abschnitt diskutiert werden:

1. steuerfinanzierte Staatsausgaben reduzieren den privaten Konsum in gleichem Maße;
2. schuldenfinanzierte Staatsausgaben haben keine Auswirkungen auf den privaten Konsum.

7.4 Der Einfluss der Finanzierung der Staatsausgaben auf die Volkswirtschaft

In der makroökonomischen Theorie existieren zwei verschiedene Ansichten über die Finanzierung des Staates. Die eine behauptet, dass die Art der Finanzierung des Staates keinen Einfluss auf die Volkswirtschaft hat und die andere behauptet, die Art der Finanzierung habe einen Einfluss auf die Volkswirtschaft. Die erste Ansicht wird durch die **Ricardianische Äquivalenz Hypothese** beschrieben, die letzte durch zwei Denkschulen, die wiederum gegensätzlicher Meinung sind, die Neoklassiker und die Keynesianer.[18]

Die neoklassische und die keynesianische Schule argumentieren beide, dass die Art der Finanzierung des Staates einen Einfluss auf die Volkswirtschaft hat. Dabei geht die neoklassische Schule von einem negativen, die keynesianische hingegen von einer positiven Wirkung aus. Auf beide Schulen wird im Zusammenhang mit makroökonomischen Gleichgewichten noch genauer eingegangen,[19] zu diesem Zeitpunkt ist aber schon genügend Vorwissen vorhanden, um die grundlegende Argumentation und damit die Kontroverse über das Budgetdefizit des Staates zu verstehen.

Zwei Gleichungen sollten in Erinnerung gerufen werden. Erstens die Zerlegung des volkswirtschaftlichen Einkommens Y in einer geschlossenen Volkswirtschaft und zweitens die Definition von privaten Ersparnissen S, die im Gleichgewicht identisch sind mit den Investitionen. Für die Zwecke an dieser Stelle werden die Staatsausgaben als konstant angenommen. Die beiden Gleichungen lauten:

$$Y = C + I + \overline{G}$$

$$S = Y - C - \overline{G}\,.$$

Angenommen der Staat reduziert die Steuern bei konstanten Ausgaben, fährt so ein Budgetdefizit und erhöht die Schulden. Der Staat nimmt das Geld am öffentlichen Kreditmarkt auf, d.h. er verkauft eine Anleihe oder Schuldverschreibung. Diese wird von den privaten Haushalten als Geldanlage gekauft. Der Staat zahlt jährlich einen bestimmten Zins an die Eigentümer der Anleihe. Neoklassiker argumentieren, dass der Staat auf diese Weise bei gleichbleibendem Geldangebot die Zinsen erhöht. Diese Tatsache lässt sich leicht erklären, wenn Geld als normales Gut betrachtet wird. Es gibt Individuen, die besitzen Geld und es gibt andere, die besitzen keines oder nicht genug und beabsichtigen etwas zu leihen, sie nehmen einen Kredit auf. Auch wenn die Kreditvergabe in der realen Welt komplizierter ist, werden die Kreditgeber ihr Geld unter sonst gleichen Bedingungen an denjenigen verleihen, der den höchsten Preis bietet, d.h. wenn die

[18] Einen Einstieg in die tiefere Diskussion bietet das Symposium über Budgetdefizite im Journal of Economic Perspectives (Frühlingsausgabe 1989). Der einführende Aufsatz „Symposium on the Budget Deficit" (Janet L. Yellen 1989) bietet einen Überblick über die Beiträge.

[19] vgl. Kap. 13.3.3

Nachfrage bei gleichem Angebot steigt, wird der Preis des Geldes steigen. Der Preis des Geldes ist der Zins. Folglich steigt der Zins am Kapitalmarkt, weil der Staat Geld nachfragt und somit das Angebot verknappt. Das Kapital für Firmen wird teurer und somit wird der Kapitalstock reduziert. Zur Erinnerung, der optimale Kapitalstock ist dort erreicht, wo $MPK = r$ gilt. Wenn r steigt, muss MPK ebenfalls steigen, wenn die Gleichung weiterhin gelten soll. Das MPK stellt die Steigung der Produktionsfunktion dar und diese wird steiler, d.h. MPK steigt, wenn der Kapitalstock reduziert wird. Die hohen Zinsen am Kapitalmarkt verdrängen private Investitionen. Dieser Effekt wird **crowding-out**, Verdrängung, genannt. Durch die Reduzierung des Kapitalstocks wird der Output insgesamt reduziert und der Wohlstand der Gesellschaft sinkt. Der crowding-out Effekt ist der Grund dafür, dass nach Ansicht der Neoklassiker die Steuerfinanzierung der Staatsausgaben einer Defizitfinanzierung vorzuziehen ist.

Der keynesianische Ansatz auf der anderen Seite argumentiert, dass die niedrigeren Steuern und damit höhere Defizite zu höherem Konsum führen. Dieser wiederum führt insbesondere bei nicht ausgelasteten Kapazitäten ebenfalls zu höherem Einkommen. In der nächsten Periode wird folglich der Output erhöht und der gesellschaftliche Wohlstand steigt.

Die beiden Ansätze unterscheiden sich in zwei Annahmen. Der neoklassische Ansatz nimmt Vollbeschäftigung an und denkt langfristig. Hingegen denkt der keynesianische Ansatz kurzfristig und nimmt Unterbeschäftigung an. Nur durch die Annahme der Unterbeschäftigung, d.h. unausgelastete Kapazitäten, kann der Output in der zweiten Periode steigen und somit das gesellschaftliche Einkommen wachsen ohne dass Investitionen getätigt werden müssen. Im neoklassischen Fall wird Vollbeschäftigung angenommen, d.h. eine Erhöhung des gesellschaftlichen Outputs bzw. Einkommens muss mit Investitionen einhergehen. Darüber hinaus betrachtet der keynesianische Ansatz nur die unmittelbar folgende Periode. Bei permanent steigender Nachfrage müssen die Kapazitätsgrenzen irgendwann erreicht werden und Investitionen werden für eine weitere Steigerung notwendig. Auf der anderen Seite betrachtet der neoklassische Ansatz mehrere Perioden. Schließlich werden zunächst die Steuern sinken, dann wird der Konsum steigen und somit die Ersparnisse zurückgehen. Investitionen werden notwendig, können bei den höheren Zinsen aber nicht in die Tat umgesetzt werden. Anstelle der Investitionen finden schließlich Desinvestitionen statt. Dies alles wird nicht simultan, sondern in der Regel nacheinander passieren. Die offensichtlichen Gegensätze dieser beiden Schulen lassen sich daher nicht aus der grundsätzlichen ökonomischen Theorie erklären, sondern ausschließlich aus unterschiedlichen Modellannahmen. Daher ist auch keine der Schulen falsch oder richtig, weshalb sie sich in der ökonomischen Theorie beide behaupten.

Im Gegensatz zu den Neoklassikern bzw. den Keynesianern, für die Staatsdefizite entweder negativ oder positiv sind, betrachten die Verfechter der Ricardianischen Äquivalenz-Hypothese die Art der Staatsfinanzierung als irrelevant.

Die Hypothese ist nach **David Ricardo**[20] benannt, der sie zwar als erstes beschrieben hat, sie aber ironischerweise für die reale Welt abgelehnt hat. Erneut aufgegriffen wurde die Hypothese von Robert J. Barro.[21]

Ganz eindeutig führt die Erhöhung von Steuern zu einer Reduzierung des verfügbaren Einkommens und somit zu einer Reduzierung des Konsums. Die Verfechter der Äquivalenz Hypothese argumentieren, dass auf der anderen Seite die Reduzierung der Steuern zwar zu einer Erhöhung des verfügbaren Einkommens führt, jedoch bei konstanten Staatsausgaben nicht zu einer Erhöhung des Konsums. Die privaten Haushalte antizipieren die höheren Steuern in der Zukunft und werden daher nicht den Konsum, sondern die Ersparnisse erhöhen. Dies wird deutlich anhand der konsolidierten intertemporären Budgetrestriktion aus dem vorherigen Abschnitt:

$$(Y_1 - G_1) + \frac{(Y_2 - G_2)}{1+r} = C_1 + \frac{C_2}{1+r}$$

Abbildung 7-4: Auswirkungen der Steuer

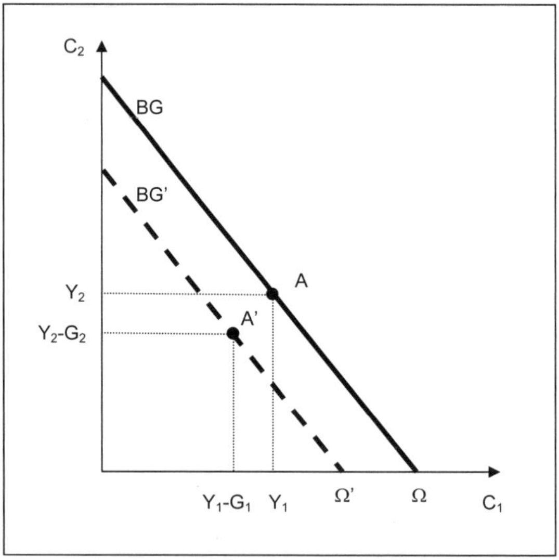

Die Haushalte haben zum Konsum nur das Einkommen abzüglich der Staatsausgaben zur Verfügung. Wie die Staatsausgaben G finanziert werden, ob durch Steuern oder durch Schulden, ist dabei vollkommen unerheblich. Abbildung 7-4 zeigt deutlich, dass die Staatsausgaben den Wohlstand der privaten Haushalte reduzieren. Ohne Staatsausgaben befindet sich der Haushalt auf der Budgetgeraden BG mit der Ausstattung A. Positive Staatsausgaben redu-

[20] David Ricardo (1772-1823) wird oft als der bedeutendste Ökonom aller Zeiten bezeichnet. Mit Sicherheit ist er der einflussreichste Wirtschaftswissenschaftler im 19. Jh. Er ist der Begründer und die zentrale Figur der so genannten klassischen Ökonomie. Sein einflussreiches Hauptwerk ‚On the Principles of Political Economy and Taxation' ist 1817 erschienen. Die Ricardianische Äquivalenz Hypothese, damals nicht unter diesem Namen, wird in Ricardos Aufsatz ‚Essay on the Funding System' aus dem Jahre 1820 beschrieben (vgl. David Ricardo 1951a und 1951b).

[21] vgl. Robert J. Barro 1974, 1976, 1989.

zieren seinen Wohlstand um die Strecke ΩΩ'. Der Haushalt befindet sich unter Beachtung der Staatsausgaben auf der Budgetgeraden BG' mit der Ausstattung A'.

Staatsanleihen können keinen Nettowohlstand darstellen, wenn das Äquivalent gilt. Die zukünftigen Steuern müssen daher genauso hoch sein wie das ursprüngliche Defizit und die gezahlten Zinsen. Wenn dies nicht so wäre, würde der Wohlstand der Anleihebesitzer, d.h. die Individuen, die dem Staat Kredit gegeben haben, steigen und somit würde der Wohlstand der gesamten Gesellschaft steigen. Der Rückgang des privaten Konsums wäre in dem Fall relativ geringer als die Staatsausgaben. Die Art der Staatsfinanzierung würde Auswirkungen auf die Volkswirtschaft haben. *Ganz generell gilt das Ricardianische Äquivalent mithin nur dann, wenn die heutigen Schulden identisch sind mit den höheren Steuern in der Zukunft.*

Die Hypothese ist von vielen Seiten durchaus angreifbar, aber dennoch nicht zu widerlegen. So hält sie sich bis heute in der ökonomischen Theorie. Die Kritik berührt die grundlegenden Annahmen der Hypothese. Diese werden im Folgenden benannt und kritisch hinterfragt

1. endlich lebende Haushalte sind mit den Haushalten der Zukunft verbunden

Zunächst ist die Annahme endlich lebender Haushalte realistisch. Viele makroökonomische Modelle nehmen Haushalte an, die unendlich lange leben. Auf diese Weise wird es leichter zu argumentieren, dass die Haushalte in die Zukunft blicken und sich um diese sorgen. Bei Haushalten, die endlich leben, kann immer argumentiert werden, dass die Haushaltsmitglieder Ereignisse nach ihrem Tod nicht mehr interessieren. Dies wird mit einem kleinen Beispiel deutlich. Angenommen der Staat gibt eine Anleihe heraus und senkt auf der anderen Seite die Steuern. Die Laufzeit der Anleihe beträgt 30 Jahre.[22] Eine Person, die zum Zeitpunkt der Steuersenkung 47 Jahre alt ist, wird bei einer durchschnittlichen Lebenserwartung von 77 Jahren von einer zukünftigen Steuererhöhung nicht belastet. Die Person wird das höhere Nettoeinkommen für den Konsum einsetzen und seinen persönlichen Wohlstand steigern. Gibt es innerhalb einer Gesellschaft eine große Anzahl von Personen, die so handeln, liegt die Last der Steuerzahlung in der Zukunft im Wesentlichen auf den Schultern der zur Zeit der Anleihebegebung jungen Generation, die keine ausreichende Vorsorge treffen konnte und nicht im vollen Umfang von der vergangenen Steuersenkung profitiert hat. Es findet eine **intergenerationelle Umverteilung** von Wohlstand statt. Wichtig für die Hypothese ist daher die Verbindung der Generationen. Es wird argumentiert, dass Eltern sich um ihre Kinder sorgen. Die Steuersenkung, auch wenn sie erst nach dem Tod zu einer Steuererhöhung führt, erhöht das Erbe. Die

[22] Dies ist durchaus nicht ungewöhnlich, in Großbritannien aber auch in anderen Ländern befinden sich Anleihen auf dem Kapitalmarkt, die tatsächlich eine unendliche Laufzeit haben.

Hypothese setzt daher eine uneigenützige Elterngeneration voraus. In einer Kritik wird darauf hingewiesen, dass dies aber auch eine uneigennützige Kindergeneration impliziert. Wären die Kinder egoistisch, kann argumentiert werden, dass sie ein höheres Erbe erpressen würden. Die Kinder verneinen das Erbe der Eltern, wenn es nicht groß genug ist mit dem Argument: Wenn das alles ist, was ihr könnt, dann behaltet es![23] Tatsächlich ist ein Erbe, das eine zukünftige Versorgungslücke schließen kann, in Deutschland für einen Großteil der Bevölkerung nicht gewiss. In den ersten Jahren des 21. Jahrhunderts werden Vermögen von 2 Billionen Euro an 15,1 Millionen Haushalte vererbt werden. Ein Viertel dieser Summe verteilt sich dabei auf nur zwei Prozent dieser Haushalte, hingegen werden ca. sechs Prozent überhaupt nichts erben und weitere 22 Prozent wertmäßig nur sehr geringe Erbschaften haben.[24] Das Ricardianische Äquivalenz Theorem ist nicht erfüllt, wenn entweder die alte oder die junge Generation eigennützig handelt.

2. Haushalte sind rational

Die Annahme der Rationalität ist keine spezielle Annahme der Äquivalenz Hypothese, sondern eine sehr verbreitete Annahme in ökonomischen Modellen. Dennoch wird diese in der realen Welt nicht immer zutreffen. Es kann davon ausgegangen werden, dass Individuen häufiger rational handeln, als es ihnen unter Umständen bewusst ist. Es ist allerdings manchmal für einen Außenstehenden schwer zu erkennen, ob die Handlung eines Individuums rational ist oder nicht. Allerdings erfordert die konsequente Anwendung rationalen Verhaltens auch ein gewisses ökonomisches Verständnis. Die Auswirkungen eines erhöhten Defizits müssen erkannt werden. David Ricardo, der nachträgliche Namensgeber der Hypothese, lehnt diese denn auch mit folgendem Argument ab. Ricardo stellt fest: Eine einmalige Steuer von 1000 Pfund bei einem Zinssatz von 5% ist identisch mit einer Zahlung von 50 Pfund für unendlich viele Perioden;[25] daher macht es keinen Unterschied, ob ein Vater seinem Sohn 20.000 Pfund hinterlässt und

---

[23] Die Kritik wird in Kotlikoff u.a. 1990 ausgeführt.

[24] vgl. Deutsches Institut für Altersvorsorge 2002

[25] Es lässt sich zeigen, dass der Gegenwartswert einer dauerhaften Zahlung von 50 Pfund bei einem Zinssatz von 5% 1000 Pfund entspricht. Der Zins entspricht wie bekannt den Opportunitätskosten des Kapitals.
Definiere eine geometrische Reihe R:

$$R = 1 + x + x^2 + x^3 + \ldots \quad | \, x \qquad (1)$$

$$\Leftrightarrow \quad xR = x^1 + x^2 + x^3 + x^4 + \ldots \qquad (2)$$

Subtraktion von (1) und (2) liefert: $R(1-x) = 1 \quad \Leftrightarrow \quad R = 1/(1-x) \quad \Leftrightarrow \quad xR = x/(1-x)$

Gegenwartswert einer dauerhaften Zahlung von 50 Pfund mit $r = 5\%$:

$$GW = 50/1{,}05 + 50/(1{,}05)^2 + 50/(1{,}05)^3 + \ldots \qquad \text{mit } x = 1/1{,}05$$

$$\Leftrightarrow \quad GW = 50(x^1 + x^2 + x^3 + \ldots)$$

$$\Leftrightarrow \quad GW = 50x/(1-x) \qquad \text{wobei } x/(1-x) = \frac{1/1{,}05}{1 - 1/1{,}05} = 1/0{,}05$$

$$\Leftrightarrow \quad GW = 50/0{,}05 = 1000 \qquad q.e.d.$$

dieser die Zahlung der 50 Pfund übernimmt oder ob ihm nur 19.000 Pfund hinterlassen werden und keine regelmäßige Zahlung. Ricardo schreibt (siehe auch Kasten 7-2):

„Die Menschen, die Steuern zahlen [...] handeln bei privaten Entscheidungen nicht nach diesem Prinzip. Wir sind geneigt zu denken, dass [die Staatsausgaben] nur in der Höhe eine Verbindlichkeit darstellen, die wir zur Zeit in Form von Steuern bezahlen müssen, ohne über die Dauer der Steuererhebung nachzudenken."[26]

Ricardo behauptet mit anderen Worten, dass der Vater in seinem Beispiel nicht unbedingt immer rational handelt. Der Vater könnte zum Beispiel Folgendes denken: für die Finanzierung der Staatsausgaben müssen nur 50 Pfund pro Jahr aufgebracht werden, das ist weniger als 1000 Pfund bei einer einmaligen Abgabe. Denkt der Vater tatsächlich so, wird er sich reicher fühlen und mehr Geld ausgeben. Dies ist natürlich auch sein gutes Recht, aber seinen Erben stellt er damit schlechter. Die folgende Gegenüberstellung veranschaulicht das Argument von Ricardo:

Der Vater wünscht seinem Sohn 19.000 Pfund zu hinterlassen!

Staat verlangt einmalig	1000	Staat verlangt p.a.	50
Vermögen Vater	20000	- Vermögen Vater	20000
- Steuerzahlung Vater	1000	- Steuerzahlung Vater	50
- Konsum Vater	0	- Konsum Vater	950
= Erbe	19000	= Erbe	19000
- Steuerzahlung Erbe	0	- Steuerzahlung Erbe[27]	1000
= Tatsächliches Erbe	19000	= Tatsächliches Erbe	18000

Im Fall der jährlichen Steuerzahlung erkennt der Vater in dem Beispiel nicht, dass dennoch eine Gesamtsteuerzahlung in Höhe von 1000 Pfund entsteht. Das Beispiel macht deutlich, dass rational handelnde Individuen ein Muss für die Gültigkeit der Ricardianischen Äquivalenz sind. Wenn nicht alle Individuen rationale Entscheidungen treffen, macht die Finanzierungsart der Staatsausgaben sehr wohl einen Unterschied.

[26] vgl. David Ricardo 1951b, S. 186f.

[27] Der Sohn muss annahmegemäß bei einem Zinssatz von 5% 50 Pfund pro Jahr für eine unendliche Dauer zahlen: 50/0,05 = 1000.

Kasten 7-2: Der Netto-Gegenwartswert[28]

Der Netto-Gegenwartswert

Zur Beurteilung der finanziellen Auswirkungen eines erhöhten Staatsdefizites und paralleler Steuersenkungen ist das Konzept des Netto-Gegenwartswertes von Nutzen.

Der **Gegenwartswert** einer zukünftigen Zahlung ist i.d.R. kleiner als der Wert der zukünftigen Zahlung, d.h. mit anderen Worten: ein Euro heute ist mehr wert als ein Euro morgen. Dies ist deshalb der Fall, weil der heutige Euro investiert werden kann und mithin Zinserträge erwirtschaftet. Bei einem Zinssatz r von 10% sind EUR 50 von morgen heute nur EUR 45,46 wert. Der Gegenwartswert (GW) einer Zahlung z, die in der nächsten Periode fließt, errechnet sich im Allgemeinen mit:

$$GW = \frac{z}{1+r}$$

Fließt die gleiche Summe z über zwei Perioden, beträgt der Gegenwartswert:

$$GW = \frac{z}{1+r} + \frac{z}{(1+r)^2}$$

Für unendlich viele Perioden (eine so genannte **annuitätische Zahlung**) folgt:

$$GW = \frac{z}{1+r} + \frac{z}{(1+r)^2} + ... + \frac{z}{(1+r)^n}$$

Erwartet ein Investor aus einer risikolosen Investition in Höhe von EUR 500 einen Überschuss von EUR 50 für die nächsten drei Jahre, beträgt der Gegenwartswert der Überschüsse bei einem Zinssatz von 10%:

$$GW^{inv} = \frac{50}{1{,}1} + \frac{50}{1{,}1^2} + \frac{50}{1{,}1^3} = 124{,}34$$

Dies kann aber nicht der Vorteil des Investors sein. Der Investor hat schließlich am Anfang EUR 500 investiert, d.h. in dieser Höhe hat eine Auszahlung stattgefunden, die bei der Berechnung mit einem negativen Vorzeichen berücksichtigt werden muss. Da die Investition annahmegemäß risikolos ist, erhält der Investor am Ende auch seine investierten Gelder vollständig zurück. Dies muss wiederum mit einem positiven Vorzeichen bei der Berechnung berücksichtigt werden. Dieser so genannte **Netto-Gegenwartswert (NGW)** beträgt:

$$NGW^{inv} = -500 + \frac{50}{1{,}1} + \frac{50}{1{,}1^2} + \frac{50}{1{,}1^3} + \frac{500}{1{,}1^3} = 0$$

Der NGW beschreibt den Vor- bzw. Nachteil einer Investition unter Berücksichtigung der investierten Mittel.

Innerhalb einer Gesellschaft ist dies nicht anders. Da jedes Budgetdefizit in der Zukunft zurückgezahlt werden muss, muss diese Rückzahlung bei der Bestimmung der finanziellen Auswirkungen berücksichtigt werden. Den regelmäßigen jährlichen Steuerersparnissen muss der Gegenwartswert der Rückzahlung der Staatskredite gegenübergestellt werden. Der Wohlstand der Steuerzahler steigt (fällt, bleibt gleich), wenn der NGW größer (kleiner, gleich) Null ist.

3. Haushalte haben absolute Sicherheit über ihr zukünftiges Einkommen und sehen sich keiner Kreditbeschränkung ausgesetzt

Das Äquivalenz Theorem setzt ebenfalls voraus, dass die Menschen ihr genaues Einkommen in der Zukunft kennen und daher die Konsumausgaben entsprechend diesem Einkommen und den gegebenen Staatsausgaben anpassen können. Dies ist konform mit der Lebenszyklus Hypothese.[29] Es wurde bereits gezeigt, dass das Einkommen zwar über den gesamten Lebenszyklus teilweise durch Kredite und Sparen bzw. Entsparen geglättet wird, nur wird eine solche Glättung nie perfekt sein. Es herrscht in der Regel Unsicherheit über die tatsächliche Höhe des zukünftigen Einkommens. Wird dieses überschätzt, ist der gegenwärtige Konsum zu hoch und die zukünftige

---

[28] Für eine ausführliche Betrachtung des Netto-Gegenwartwertes siehe z.B. Brealey, Myers 2003, insb. Kap. 2.
[29] vgl. Kap. 5.3

Steuer kann nicht aus Ersparnissen gezahlt werden. Staatsdefizite haben dann eine Auswirkung auf den zukünftigen Konsum. Die Unsicherheit über das zukünftige Einkommen kann auch zu Kreditbeschränkungen führen. Über die Dauer der Laufzeit der Staatsanleihe sind die Steuern relativ geringer und damit das Einkommen relativ höher. Das permanente Einkommen der Haushalte steigt demnach und der Konsum könnte theoretisch in allen Perioden angepasst werden. Die privaten Haushalte, in der realen Welt im Wesentlichen die Haushalte mit geringen Einkommen, werden Kreditgeber häufig nicht von der verbesserten Kreditwürdigkeit überzeugen können. Kreditrestriktionen können, müssen aber nicht der Äquivalenz Hypothese widersprechen.[30]

4. vollkommene Finanzmärkte

Vollkommene Finanzmärkte ermöglichen die Annahme von $r = r^G$. Diese Annahme ist ebenfalls wichtig für die Gültigkeit des Ricardianischen Äquivalentes. Allerdings ist diese Annahme in der realen Welt kaum aufrecht zu erhalten. In der Eurozone liegen die langfristigen Zinsen des Staates ca. 1% unter denen der privaten Haushalte. Im kurzfristigen Zinsbereich ist der Abstand noch größer.[31] Das Verhältnis der Realzinsen des Staates zu den Realzinsen des privaten Sektors kann ausgedrückt werden als $(1+r^G)/(1+r)$. Die folgende Umformung der Budgetrestriktion des Staates und der konsolidierten Budgetrestriktion macht deutlich, dass unterschiedliche Zinssätze dem Ricardianischen Äquivalent widersprechen:

$$T_1 + \frac{T_2}{1+r^G} = G_1 + \frac{G_2}{1+r^G} \quad | \times \frac{1+r^G}{1+r}$$

$$\Leftrightarrow \quad \frac{1+r^G}{1+r} T_1 + \frac{T_2}{1+r} = \frac{1+r^G}{1+r} G_1 + \frac{G_2}{1+r}$$

$$\Leftrightarrow \quad \left(\frac{1+r}{1+r} + \frac{r^G - r}{1+r}\right) T_1 + \frac{T_2}{1+r} = \left(\frac{1+r}{1+r} + \frac{r^G - r}{1+r}\right) G_1 + \frac{G_2}{1+r}$$

$$\Leftrightarrow \quad T_1 + \frac{T_2}{1+r} + \frac{r^G - r}{1+r} T_1 = G_1 + \frac{G_2}{1+r} + \frac{r^G - r}{1+r} G_1$$

$$\Leftrightarrow \quad T_1 + \frac{T_2}{1+r} = G_1 + \frac{G_2}{1+r} + \frac{r^G - r}{1+r}(G_1 - T_1)$$

[30] Diese Kritik wird von Marc Hayford 1989 diskutiert.

[31] Quelle: EZB Monatsberichte

Konsolidierung mit der Budgetrestriktion der privaten Haushalte ergibt:

$$(Y_1 - T_1) + \frac{(Y_2 - T_2)}{1+r} = C_1 + \frac{C_2}{1+r}$$

$$\Leftrightarrow \quad (Y_1 - G_1) + \frac{(Y_2 - G_2)}{1+r} - \frac{r^G - r}{1+r}(G_1 - T_1) = C_1 + \frac{C_2}{1+r}$$

Dabei beschreibt der Term $((r^G - r)/1 + r) \times (G_1 - T_1)$ die Zinszahlungen auf das Budgetdefizit unter Beachtung unterschiedlicher Zinssätze für Staat und Haushalte. Der Term ist Null, wenn der Staat kein Defizit fährt oder wenn $r = r^G$ gilt. In der realen Welt ist dieser Term negativ (es gilt: $(G_1 - T_1) > 0; (r^G - r) < 0$; insgesamt: plus mal minus gleich minus) und erhöht daher die Konsummöglichkeiten, weil er subtrahiert wird. Der Staat subventioniert den privaten Konsum durch seine günstigen Finanzierungsmöglichkeiten. Das Ricardianische Äquivalenz Theorem gilt bei unterschiedlichen Zinssätzen nicht.

5. gleiche Transaktionskosten für die Erhebung von Steuern und die Vergabe von Anleihen für den Staat

   Transaktionskosten sind Kosten, die im Zusammenhang mit einer Handlung entstehen. Bei der Erhebung von Steuern sind dies zum Beispiel die Kosten der Steuerbehörden. Bei der Ausgabe von Anleihen entstehen ebenfalls Transaktionskosten, z.B. in Form von Bankgebühren. Sind die Transaktionskosten zwischen den beiden Arten der Staatsfinanzierung unterschiedlich, führt die Art mit den geringeren Kosten zu einer Steigerung des gesellschaftlichen Wohlstandes im Verhältnis zu der Finanzierung durch die andere Art.

Offensichtlich gibt es reichlich Kritik an der Ricardianischen Äquivalenz Hypothese. Die Kritiken spiegeln sich in den beiden anderen Sichtweisen, der neoklassischen und der keynesianischen wieder. Kann die Ricardianische Hypothese denn überhaupt als relevant bezeichnet werden in der realen Welt? Hierzu hilft die Betrachtung des Zusammenhangs von zwei Zeitreihen. In Abbildung 7-5 ist die Veränderung der Sparquote auf der horizontalen Achse und die Veränderung der Staatsdefizitquote auf der vertikalen Achse dargestellt. Die Daten beziehen sich auf Deutschland für den Zeitraum 1970 bis 2002. Nach der Äquivalenz Hypothese muss tendenziell die Sparquote ansteigen, wenn die Staatsdefizitquote steigt. Nach der Hypothese erkennen die Bewohner eines Landes, dass ein höheres Staatsdefizit in der Zukunft zu höheren Steuern führen wird. Die Ersparnisse werden auf der Basis dieser Erkenntnis steigen. Abbildung

Abbildung 7-5: Zusammenhang zwischen den Veränderungen der Spar- und Staatsdefizitquote, jeweils im Verhältnis zum BIP, in Deutschland (1970-2002)[32]

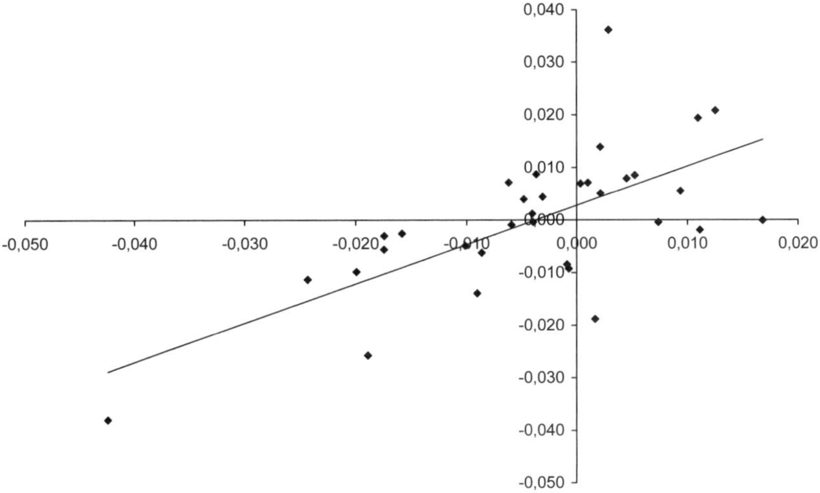

7-5 zeigt für den genannten Zeitraum in der Tat einen recht deutlichen positiven Zusammenhang und scheint damit die Hypothese zu unterstützen.[33]

Bezüglich der Auswirkungen der Art der Staatsfinanzierungen auf die Volkswirtschaft ist die Ricardianische Sicht als neutral zu bezeichnen. Sie wird daher auch als „Benchmark Fall" bezeichnet.[34] Auch wenn diese Bezeichnung von Barro selber stammt, sie mithin nicht als objektiv bezeichnet werden kann, macht sie den Spezialfall der Bewertung der Art der Staatsfinanzierung deutlich. In diesem Spezialfall, d.h. unter mehr oder weniger optimalen Bedingungen, besteht in der Tat kein Unterschied zwischen steuerfinanzierten und defizitfinanzierten Staatsausgaben. Die Ricardianische Sicht kann daher als Maßstab für die relative Bewertung der Finanzierung des Staates herangezogen werden.

---

[32] Quelle: Bundesministerium der Finanzen, OECD

[33] Viele Studien sind zur Überprüfung der Ricardianischen Hypothese durchgeführt worden. Die Ergebnisse sind wesentlich weniger eindeutig als das hier aufgezeigte Ergebnis. Insbesondere Emanuela Cardia zeigt, dass ein schwacher positiver Zusammenhang zwischen den Veränderungen der Spar- und Staatsdefizitquote nicht unbedingt eine klare Unterstützung der Hypothese bedeutet (vgl. Emanuela Cardia 1997).

[34] vgl. Robert J. Barro 1989, S. 52

8 Der Arbeitsmarkt

Arbeit ist ebenso wie Kapital ein Produktionsfaktor und stellt das Bindeglied zwischen Haushalten und Firmen dar. Haushalte besitzen Arbeitskraft, die sie für Lohn anbieten. Die Firmen, deren Produktion in der Regel vom Input Arbeit abhängt, sind die Abnehmer von bzw. Nachfrager nach Arbeit. Sie bezahlen den Lohn an die Haushalte. In absolut kleinerem Umfang fragt auch der Staat Arbeit nach. Im Folgenden wird diese Tatsache weder weiter explizit erwähnt noch genauer analysiert. Im Wesentlichen werden die Firmen und der Staat gemeinsam als Nachfrager nach Arbeit betrachtet, die ausführlichere Analyse konzentriert sich dabei ausschließlich auf die Firmen.

Der Input Arbeit wird aus zwei Gründen in diesem gesonderten Kapitel und nicht innerhalb des Kapitels ‚Die Firma'[1] betrachtet. Erstens kann der Faktor Arbeit nicht ausschließlich auf Firmen bezogen werden, sondern führt automatisch zu einer Interaktion von Haushalten und Firmen. Aus Gründen der Simplifizierung wurden Haushalte bei der Optimierung des Kapitalstocks und bei der Optimierung der Investitionen nicht direkt mit einbezogen, obwohl sie tatsächlich, z.B. in Form von Kapitalgebern[2], einen erheblichen Anteil an der Investitionskraft einer Volkswirtschaft tragen. Die Haushalte wurden nur indirekt über die Ersparnisse in die Überlegungen mit einbezogen. Zweitens fordert die Problematik der anhaltenden hohen Arbeitslosigkeit und ihrer Folgeprobleme in Europa eine genauere Betrachtung. Neben den folgenden theoretischen Einführungen geht ein späteres Kapitel auf mögliche Arbeitsmarktpolitiken ein.[3] Zunächst werden die beiden Seiten des Arbeitsmarktes, Arbeitsnachfrage und Arbeitsangebot sowie die jeweiligen bestimmenden Variablen betrachtet. Es folgen Erläuterungen zu Arbeitsmarktgleichgewichten und erste Erklärungen für die Entstehung von Arbeitslosigkeit. Dabei wird sich dieses Kapitel ausschließlich auf theoretische Überlegungen stützen und diese nicht diskutieren.

---

[1] vgl. Kap. 1

[2] Hiermit sind private Anteilseigner von Unternehmen gemeint. Diese können sowohl Anteil am Eigentum halten, d.h. Gesellschafter sein, als auch Kreditgeber sein.

[3] vgl. Kap. 18

8.1 Die Nachfrage nach Arbeit

Es wurde angenommen, dass der Output einer Firma ausschließlich von Kapital K und Arbeit L abhängt. Die Produktionsfunktion lautet: $Y = f(K,L)$. Um die Nachfrage nach Arbeit erklären zu können, wird der Faktor Kapital als konstante Größe angenommen, wodurch sich die Produktionsfunktion auf $Y = f(L)$ vereinfacht. Die Produktionsfunktion in Abhängigkeit von Arbeit besitzt die gleichen Eigenschaften wie die in Abhängigkeit von Kapital. Demnach werden für Arbeit die gleichen Annahmen getroffen wie für das Kapital, das **Grenzprodukt der Arbeit** (MPL; marginal product of labour) ist positiv und abnehmend. Die erste Ableitung der Produktionsfunktion in Abhängigkeit von Arbeit ist folglich positiv und die zweite negativ. Somit ergibt sich das gleiche Aussehen für diese Produktionsfunktion wie schon bekannt, eine im Ursprung beginnende konkave Funktion.

Bezüglich des optimalen Einsatzes von Arbeit im Produktionsprozess gilt ebenso wie beim Einsatz von Kapital, dass ein Unternehmen solange Arbeit nachfragen wird, bis der Wert einer zusätzlichen Arbeitseinheit gerade so groß ist wie deren Kosten. Der Wert einer zusätzlichen Arbeitseinheit ist das Grenzprodukt der Arbeit. Die Kosten einer zusätzlichen Einheit sind der **Reallohn** w, den die Firma zahlen muss. Die optimale Arbeitsnachfrage ist gegeben, wenn folgende Gleichung erfüllt ist:

$$MPL = w.$$

Es ist zu betonen, dass es sich bei den Lohnkosten um den Reallohn handelt und nicht um den **Nominallohn**, der mit einem großen W symbolisiert werden soll. *Der Nominallohn repräsentiert die Kosten für eine Arbeitseinheit ausgedrückt in Geldeinheiten. Hingegen drückt der Reallohn die Kosten einer Arbeitseinheit in Outputeinheiten anstatt in Geld aus.* Warum die tatsächlichen Arbeitskosten einer Firma der Reallohn statt des Nominallohns ist, ist leicht zu erklären. Angenommen eine Firma beschäftigt nur einen Arbeiter und verkauft die hergestellten Produkte nur an diesen. Der Arbeiter erhält einen Nominallohn von 100 GE und produziert eine Outputeinheit. Für den Kauf gibt er seinen gesamten Lohn aus. Verlangt der Arbeiter nun eine Lohnsteigerung auf 110 GE, kann die Firma, ceteris paribus, den Gewinn nur dann konstant halten, wenn sie den Preis des verkauften Produktes um die Kostensteigerung erhöht. Der Preis steigt somit auf 110 GE, den neuen Nominallohn des Arbeiters. Nominal erhält der Arbeiter 10 GE mehr Lohn, real kann er sich aber nicht mehr leisten, weil der Preis des Produktes in gleichem Maße gestiegen ist. Gleiches gilt auch für eine gesamte Volkswirtschaft. Die Summe aller Arbeiter und Arbeiterinnen fragt die gesamte Gütermenge nach.[4] Eine Lohnsteigerung kann dann dazu genutzt werden, die Güterpreise in gleichem Maße anzuheben. Die ArbeiterInnen wer-

[4] Um die Güternachfrage der Unternehmer vernachlässigen zu können, sei angenommen, dass sämtliche produzierende Firmen den ArbeiterInnen gehören. Diese sind zugleich ArbeiterInnen und Unternehmer.

den weiterhin die gesamte Gütermenge nachfragen, die allerdings unverändert ist. Um es noch einmal zu wiederholen, die wahren Kosten der Arbeit für eine Firma werden nicht durch den Nominal- sondern durch den Reallohn bestimmt. Der Reallohn ergibt sich aus dem Nominallohn geteilt durch das Preisniveau P. Es gilt: $w = W / P$.

Abbildung 8-1: MPL und die Arbeitsnachfrage

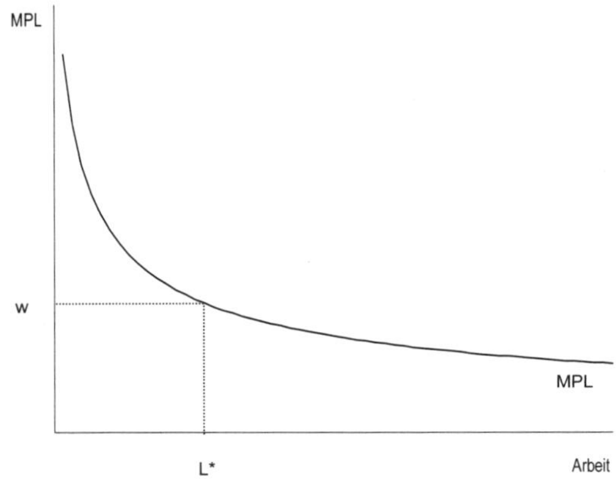

Das MPL ergibt sich als Ableitung der Produktionsfunktion nach L und stellt die Steigung der Produktionsfunktion in Abhängigkeit von Arbeit dar. Diese ist in Abbildung 8-1 dargestellt. Das Grenzprodukt nimmt mit zunehmendem Einsatz von Arbeitseinheiten ab, d.h. je größer die Menge an Arbeit, desto geringer der Lohn. Die dargestellte Kurve ermöglicht es, einem Unternehmen für jeden gegebenen Reallohn die optimale Menge an Arbeit zu bestimmen. Der Verlauf des MPL stellt daher gleichzeitig die **Nachfragekurve der Arbeit** dar.

8.2 Das Arbeitsangebot

Die Haushalte bieten Arbeit gegen Lohn an. Dabei findet wie gewöhnlich eine Optimierung statt. Jeder Haushalt hat bestimmte Präferenzen für Arbeit und Freizeit. Einige sind bereit mehr zu arbeiten als andere, um ein höheres Konsumniveau zu erreichen. Andere verzichten hingegen lieber auf Konsum und genießen Freizeit. Bei der Optimierung des Arbeitsangebotes werden die bereits aus der Optimierung des intertemporären Konsums bekannten Mittel verwendet: Indifferenzkurven und eine Budgetgerade.

Aus der Nutzenfunktion eines jeden Haushaltes lassen sich die schon bekannten Indifferenzkurven ableiten. Zur Optimierung des Arbeitsangebotes werden die Variablen Konsum und Zeit variiert. Die Indifferenzkurven repräsentieren in diesem Fall den so genannten **Konsum-Freizeit Trade-off**. Sie zeigen in welchem Maße ein Haushalt bereit ist, Konsum gegen Freizeit einzutauschen. Das zweite noch fehlende Mittel, um die Optimierung durchführen zu können, ist die Budgetgerade. Offensichtlich hat jeder Haushalt eine gegebene Zeit innerhalb einer Periode zur Verfügung. Dies kann ein Tag, ein Monat, ein Vierteljahr, ein Jahr etc. sein. Die gegebene Zeit ist für alle Haushalte gleich und soll mit $\bar{l}$

symbolisiert werden. Die Zeit, die ein Haushalt für seine Arbeit opfert, ist $\bar{l} - l$, d.h. l ist der Teil der Zeit, der für Freizeit genutzt wird. Wenn der Reallohn pro Arbeitseinheit w beträgt, dann beträgt das Arbeitseinkommen $w(\bar{l} - l)$. Es wird angenommen, dass der Haushalt sein gesamtes Einkommen für den Konsum einsetzt. Eine Budgetgerade, die den Konsum in Abhängigkeit von dem Reallohn und der Arbeitszeit ausdrückt, ist $C = w(\bar{l} - l)$. Abbildung 8-2 zeigt das optimale Arbeitsangebot für einen Haushalt mit einer bestimmten Präferenzordnung.

Der Schnittpunkt der Budgetgeraden mit der vertikalen Achse gibt den jeweils maximalen Konsum wieder. In diesem Punkt arbeitet der Haushalt die maximale Zeit. Von 24 Stunden, die ein Tag hat, werden zum Beispiel 16 gearbeitet. Unter Beachtung einer vernünftigen Portion Schlaf entspricht das der maximal möglichen menschlichen Arbeitskraft auf längere Sicht. Der Schnittpunkt der Budgetgeraden mit der horizontalen Achse repräsentiert den **Konsumnullpunkt**. Der Haushalt arbeitet überhaupt nicht, hat folglich kein Einkommen und kann nicht konsumieren.

Bei der Optimierung ist der Reallohn zunächst konstant gehalten worden. Der Haushalt hat lediglich für einen gegebenen Lohn sein optimales Arbeitsangebot ermittelt. Wird die Veränderung des Reallohns zugelassen, lässt sich eine Arbeitsangebotskurve ableiten, die die Veränderung des Reallohns bei einer Veränderung des Arbeitsangebotes abbildet. Genauer handelt es sich dabei um eine

Abbildung 8-2: Das optimale Arbeitsangebot eines bestimmten Haushaltes

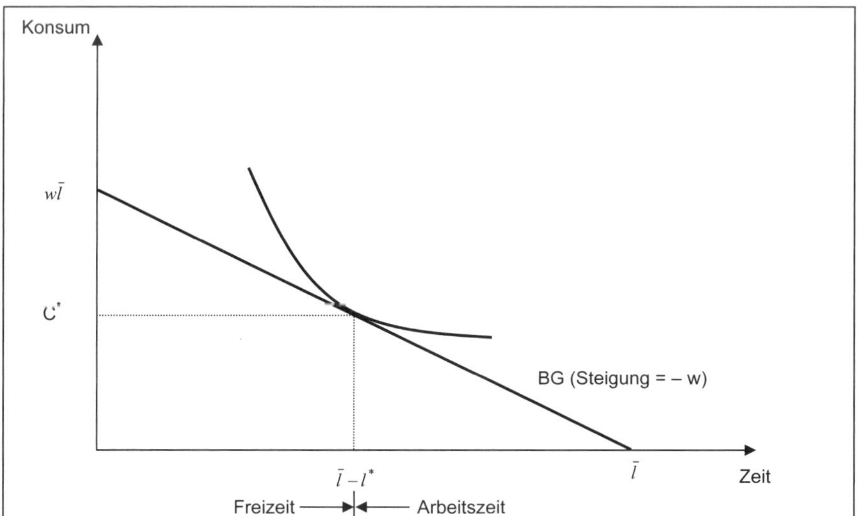

inverse Arbeitsangebotsfunktion.[5] In der Regel kann ein Haushalt nicht über den Lohn entscheiden, den er erhält, seine Anpassungsmöglichkeiten sind, wenn in der Realität überhaupt, auf die angebotene Zeit beschränkt.[6] Das Aussehen der **Arbeitsangebotskurve** hängt von der Präferenzordnung eines Haushaltes ab. Zwei Haushaltstypen sollen hier unterschieden werden. Erstens der **Freizeitfreak** (Abbildung 8-3, linke Grafik), der jede weitere Geldeinheit in viel Freizeit umsetzt. Zweitens der **Konsumfreak** (Abbildung 8-3, rechte Grafik), der jede weitere Geldeinheit in viel Konsum umsetzt.

Abbildung 8-3: Das Arbeitsangebot eines Freizeitfreaks (links) und eines Konsumfreaks (rechts)

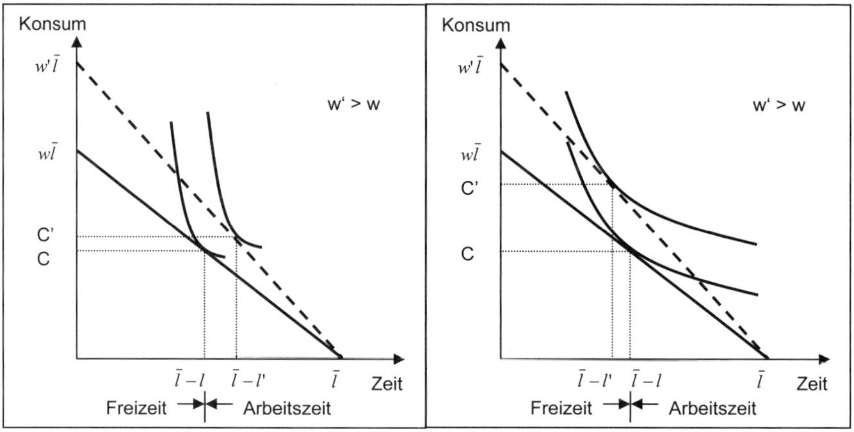

Angenommen beide Haushaltstypen befinden sich jeweils im Punkt ($\bar{l} - l$, C). Dieser Punkt liegt auf der ursprünglichen Budgetgeraden (durchgezogene Linie) mit einem Reallohn w. Wie reagieren die beiden Typen, wenn der Reallohn auf w‘ steigt? Hierbei sind zwei Effekte einer Reallohnveränderung zu unterscheiden, der **Substitutionseffekt** und der **Einkommenseffekt**. Die angenommene Reallohnsteigerung erhöht die Opportunitätskosten der Freizeit. Jede Stunde Freizeit kostet im Sinne von entgangenem Lohn mehr als vor der Reallohnsteigerung. Daher werden beide Haushalte tendenziell mehr arbeiten, d.h. sie substituieren Freizeit für Arbeit. *Der Substitutionseffekt einer Reallohnveränderung ist positiv, d.h. gleichläufig zu der Reallohnveränderung. Eine Reallohnsteigerung (-senkung) führt zu einer Erhöhung (Reduzierung) des Arbeitsangebotes.*

---

[5] Im Allgemeinen ist eine Angebotsfunktion definiert als eine Funktion, die jedem Preis eine bestimmte Menge zuordnet ($x = D(p)$). Eine inverse Angebotsfunktion dreht diese Beziehung um und stellt somit eine Funktion dar, bei der jeder Menge ein bestimmter Preis zugeordnet wird ($p = D^{-1}(x)$).

[6] Häufig ist die Anpassung auch hier nur eingeschränkt möglich. Arbeitszeiten werden im Allgemeinen durch Tarifverträge oder Betriebsvereinbarungen festgelegt, an die sich ArbeiterInnen und Angestellte halten müssen. Es existieren lediglich eingeschränkte Möglichkeiten der Anpassung wie zum Beispiel halbe oder dreiviertel Stellen.

Die beiden Haushaltstypen unterscheiden sich durch den Einkommenseffekt einer Reallohnveränderung.

Der Freizeitfreak hat einen größeren Nutzen durch Freizeit. Selbst wenn dem Freizeitfreak viel Konsum geboten wird, d.h. letztlich ein hoher Lohn, ist er nur bereit einen kleinen Teil seiner Freizeit aufzugeben. Die Konsumsteigerung, die eine Reallohnsteigerung bei gleichem Arbeitseinsatz ermöglichen würde, wird der Freizeitfreak nicht voll in Anspruch nehmen, sondern sich mit einer relativ geringeren Konsumniveausteigerung[7] begnügen und sein Arbeitsangebot reduzieren. Der Einkommenseffekt wirkt bei einem Freizeitfreak gegen den Substitutionseffekt und hebt diesen sogar auf. Die Reallohnsteigerung führt daher insgesamt zu einem Rückgang des Arbeitsangebotes. Mit der angenommenen Präferenzordnung endet der Freizeitfreak im Punkt ($\bar{l} - l'$, C‘) (Abbildung 8-3, linke Grafik). Der Konsumfreak hingegen steigert seinen Nutzen mit mehr Konsum relativ stärker als mit mehr Freizeit. Der Konsumfreak gibt selbst für eine relativ kleine Menge zusätzlichen Konsums eine relativ große Menge seiner Freizeit auf. Steigt nun der Reallohn, wird der Konsumfreak nicht nur Freizeit für Arbeit im Verhältnis der veränderten Kosten dieser beiden Güter substituieren, sondern seine Arbeitsleistung noch steigern. Er fühlt sich von dem höheren Lohn angespornt noch mehr Freizeit aufzugeben, um seinen Lebensstandard relativ stärker zur Reallohnerhöhung zu steigern. Mit der angenommenen Präferenzordnung endet der Konsumfreak im Punkt ($\bar{l} - l'$, C‘) (Abbildung 8-3, rechte Grafik). Er genießt dort ein höheres Konsumniveau bei mehr Arbeitsleistung und folglich weniger Freizeit.

Eine Reallohnsteigerung erhöht das Einkommen der Haushalte. Das gleiche Konsumniveau kann mit weniger Arbeitseinsatz erreicht werden. Je nach Haushaltstyp führt dies zu unterschiedlichen Reaktionen beim Arbeitsangebot. *Der Einkommenseffekt einer Reallohnveränderung ist bei einem Freizeitfreak negativ, d.h. gegenläufig zu der Reallohnveränderung. Eine Reallohnsteigerung (-senkung) führt zu einer Reduzierung (Erhöhung) des Arbeitsangebotes. Hingegen ist der Einkommenseffekt einer Reallohnveränderung bei einem Konsumfreak positiv, d.h. gleichläufig zu der Reallohnveränderung. Eine Reallohnsteigung (-senkung) führt zu einer Erhöhung (Reduzierung) des Arbeitsangebotes.*

Das unterschiedliche Verhalten der beiden beschriebenen Haushalte ist auch aus der Arbeitsangebotsfunktion ersichtlich. Diese kann aus den vorherigen Erläuterungen abgeleitet werden und ist für die beiden Haushaltstypen in Abbildung 8-4 dargestellt. Die Reallohnsteigerung veranlasst den Freizeitfreak letztlich sein Arbeitsangebot zu reduzieren. Er bewegt sich von dem Punkt (l,w) zu dem Punkt (l’,w’). Die sich ergebende Kurve ist eine **rückwärts geneigte Arbeitsangebotskurve** (auch: **backward-bending**). Das rückwärts geneigte Aussehen einer Angebotskurve ist in der Ökonomie sehr ungewöhnlich, für das Arbeitsangebot aber plausibel. Die Arbeitsangebotskurve des Konsumfreaks be-

[7] Bei nicht normalen Präferenzen wäre sogar eine Konsumreduzierung möglich.

Abbildung 8-4: Die Arbeitsangebotskurve eines Freizeitfreaks (links) und eines Konsumfreaks (rechts)

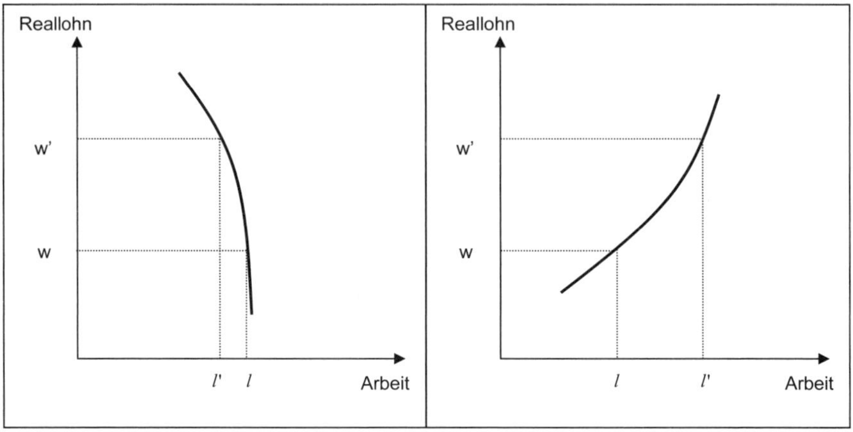

sitzt die gewöhnliche Form einer Angebotskurve in der Ökonomie, das Angebot steigt mit höherem Preis.

Die rückwärts geneigte Angebotskurve mag auf den ersten Blick etwas eigenartig anmuten. Sie ist deshalb aber kein absoluter Spezialfall, sondern ganz im Gegenteil in vielen Gesellschaften zu beobachten. Auf lange Sicht ist die Arbeitszeit eines Individuums in den Industrienationen bei steigenden Reallöhnen erheblich gesunken. Reale Daten für die alten Bundesländer zeigen zum Beispiel einen Wochenlohn von ArbeiterInnen aller Wirtschaftsbereiche von DM 511[8] im Jahr 1969 und von DM 986 im Jahr 1995. Die wöchentliche Arbeitszeit ist im gleichen Zeitraum erheblich von 44 Stunden auf 38,5 Stunden zurückgegangen.[9] Im Gegensatz zu dieser sehr langfristigen Betrachtung ist das Arbeitsangebot kurzfristig aus mehreren Gründen in der Regel konstant. Gründe sind Kündigungsfristen, Vertragsverhandlungen bei der Reduzierung bzw. Erhöhung der wöchentlichen, monatlichen oder jährlichen Arbeitszeiten und das Problem häufig nur begrenzt teilbarer Stellen. So können individuelle ArbeiterInnen die wöchentliche Arbeitszeit in der Regel nicht um eine oder zwei Stunden verändern, sondern nur erhebliche Veränderungen auf zum Beispiel halbe oder dreiviertel Stellen in Anspruch nehmen. Die in Abbildung 8-4 dargestellte Arbeitsangebotskurve des Konsumfreaks zeigt den mittelfristigen Anreiz mehr Stunden zu arbeiten, wenn der Lohn steigt. Soweit nicht anders vermerkt, soll diese Kurve im Folgenden als Arbeitsangebotskurve angenommen werden.

---

[8] Gemäß ILO (siehe Fußnote 9) betrug der Wochenlohn von ArbeiterInnen aller Wirtschaftsbereiche 1969 DM 237. Um die Löhne vergleichbar zu machen, wurde der Lohn von 1969 um die Inflation bereinigt. Mit einer durchschnittlichen Inflation von 3% in den Jahren 1969 bis 1995 ergibt sich: $237 \times 1{,}03^{26} = 511$.

[9] Quelle: ILO Bureau of Statistics; aufgrund der langen Zeitreihe ist ein Vergleich mit Daten für Gesamtdeutschland nicht möglich. Deutschland ist nur beispielhaft an dieser Stelle aufgeführt, die Daten für andere Industrieländer weisen die gleichen Trends auf. Bei Interesse können die Daten eingesehen und heruntergeladen werden unter http://laborsta.ilo.org/, yearly data, Tabelle 5A, Wages, by economic activity.

Die bis hierher beschriebene Arbeitsangebotskurve ist die eines einzelnen Individuums. Das Arbeitsangebot ist eindeutig elastisch, d.h. es reagiert auf Reallohnveränderungen. Das Ausmaß der Elastizität kann sich bei jedem Individuum unterscheiden. Allerdings ist das individuelle Arbeitsangebot immer unelastischer als das **aggregierte Arbeitsangebot**. Eine aggregierte Arbeitsangebotskurve ergibt sich aus der horizontalen Aggregation, d.h. für jeden Reallohn w wird das Arbeitsangebot vieler Individuen addiert, vieler individueller Arbeitsangebotskurven (Abbildung 8-5). Wenn, wie angenommen, alle individuellen Angebotskurven eine positive Steigung haben, wird bei einer Reallohnsteigerung jedes einzelne Individuum sein Arbeitsangebot erhöhen. Die Veränderung des Arbeitsangebotes auf der aggregierten Angebotskurve muss daher größer ausfallen als die Veränderung auf jeder individuellen Angebotskurve. Mit anderen Worten, eine aggregierte Arbeitsangebotskurve spiegelt die Tatsache wider, dass zu jedem Reallohn mehr als nur eine Person ihre Arbeitskraft anbietet. Abbildung 8-5 zeigt diesen Zusammenhang.

Abbildung 8-5: Arbeitsangebotskurven

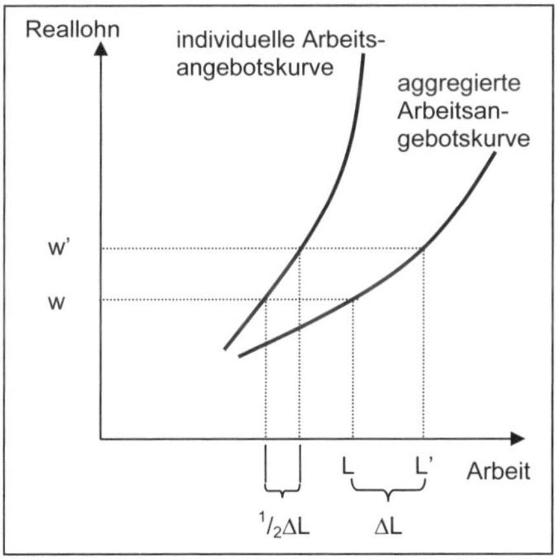

Angenommen zwei Personen haben die gleiche individuelle Arbeitsangebotskurve. Die eingezeichnete gemeinsame bzw. aggregierte Arbeitsangebotskurve bildet das Arbeitsangebot beider Personen für jeden Reallohn ab. In diesem Beispiel muss die Veränderung des Arbeitsangebotes auf der aggregierten Arbeitsangebotskurve, ΔL, aufgrund der Reallohnsteigerung von w auf w' doppelt so groß wie die Veränderung des Arbeitsangebotes auf der individuellen Angebotskurve aufgrund der gleichen Lohnsteigerung sein. Die Veränderung der Maßeinheit sollte beachtet werden. Das individuelle Arbeitsangebot wird in der Regel in Stunden pro Periode gemessen. Im Gegensatz dazu wird das aggregierte Arbeitsangebot meistens in **Personenstunden**[10], teilweise in Anzahl der Personen, gemessen. Das aggregierte Arbeitsangebot wird mit L symbolisiert.

[10] Personenstunden ist kein Ausdruck von Stunden pro ArbeiterIn, sondern die Summe der Stunden aller ArbeiterInnen. Zum Beispiel arbeitet ein Arbeiter Vollzeit mit 40 Stunden pro Woche und zwei Arbeiter Teilzeit mit jeweils 20 Stunden pro Woche, d.h. insgesamt 80 Personenstunden pro Woche, d.h. jede ‚Vollzeit'-Person als statistische Einheit arbeitet 40 Stunden pro Woche.

8.3 Das Arbeitsmarktgleichgewicht

Nachdem Nachfrage und Angebot auf dem Arbeitsmarkt bekannt sind, lässt sich ein Marktgleichgewicht, das so genannte **Arbeitsmarktgleichgewicht** leicht ableiten. Die Interaktion zwischen Preis und angebotener bzw. nachgefragter Arbeitsmenge wird den Arbeitsmarkt schließlich in ein Gleichgewicht bringen. In Abbildung 8-6 ist das Gleichgewicht im Punkt (L^*,w^*) erreicht. L^* repräsentiert sowohl das von der Summe der Haushalte gewünschte Arbeitsangebot als auch die von den Firmen gewünschte Arbeitsnachfrage zum Lohn w^*. Wie in jedem Gleichgewicht wird der Markt geräumt.

Abbildung 8-6: Das Arbeitsmarktgleichgewicht

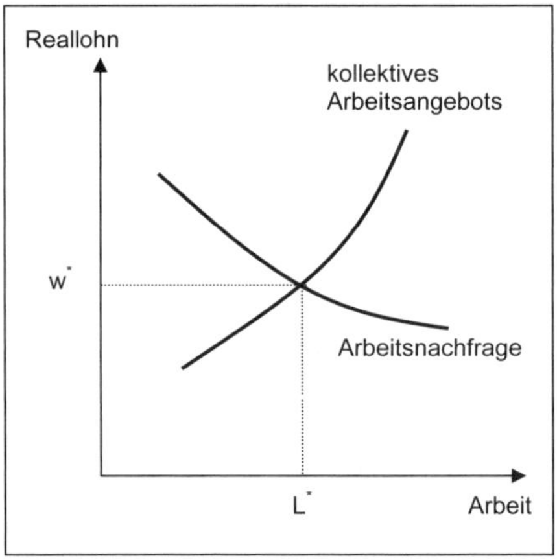

Das Gleichgewichtskonzept bei vollkommenem Wettbewerb sollte inzwischen vertraut sein. Der Leser möchte sich daher vielleicht zunächst selbst klarmachen, welchen Einfluss die Verschiebung der Arbeitsangebotskurve bzw. der Arbeitsnachfragekurve auf Lohn und Arbeitsmenge hat und welche Faktoren eine Verschiebung einer der beiden Kurven überhaupt erst auslösen kann.

Nur exogene Variablen können im Modell zu einer Verschiebung einer der beiden Kurven führen. Die Veränderung des Reallohns bzw. der Arbeitsmenge, die endogenen Variablen in diesem Modell, führt zu einer Bewegung entlang der jeweiligen Kurve. In diesem vereinfachten Modell sind viele Variablen exogen, daher lassen sich schnell Beispiele finden. Die Anzahl von neuen Arbeitskräften hat großen Einfluss auf die Lage der Arbeitsangebotskurve. Buchstäblich jeden Tag verlassen ArbeiterInnen aus den unterschiedlichsten persönlichen Gründen, z.B. Kindererziehung, Fortbildung, Krankheit oder Rente, den Arbeitsmarkt und andere treten ein. Täglich verändert sich daher die Anzahl von Leuten, die Arbeit anbieten. Im Gegensatz zu einer Veränderung des Arbeitsangebotes der sich bereits im Markt befindlichen Personen, welche zu einer Bewegung entlang der Angebotskurve führe, führt der Markteintritt bzw. -austritt zu einer Verschiebung der Angebotskurve. Wichtig ist nur die Nettobewegung von Arbeitskräften. Treten gemessen in Personenstunden mehr ArbeiterInnen in den Markt ein als aus, erhöht sich das Arbeitsangebot zu jedem Reallohn. Die Angebotskurve verschiebt sich nach rechts. Alles andere gleich bleibend führt dies zu einem neuen Gleichgewicht im Punkt (L^{**},w^{**}). Der Reallohn sinkt und das gleichgewichtige Arbeitsangebot steigt (Abbildung 8-7 (linke Grafik)).

Die Verschiebung der Nachfragekurve lässt sich im Wesentlichen auf eine Veränderung der Produktivität von Arbeit zurückführen. Zur Erinnerung, die Arbeitsnachfragekurve stellt den Verlauf des Grenzproduktes der Arbeit dar. Kapitalinvestitionen können die Produktivität von Arbeit steigern. Bereits in einem früheren Abschnitt wurde gezeigt, dass eine bessere Technologie den Output pro eingesetztem Faktor erhöhen kann.[11] Mit anderen Worten, trotz der gleichen Menge an Arbeit kann mehr produziert werden, d.h. jede einzelne Arbeitseinheit muss produktiver sein, denn Produktivität ist definiert als das Verhältnis von Output zu Input. Das Grenzprodukt der Arbeit steigt, d.h. die Firmen sind bereit, für jede Arbeitseinheit einen höheren Preis, d.h. Reallohn zu zahlen. Die Nachfragekurve verschiebt sich nach rechts (Abbildung 8-7 (rechte Grafik)). Der Lohn für die ursprüngliche Arbeitsmenge L^* steigt auf $w^{*'}$. Als neues Gleichgewicht, alles andere konstant, ergibt sich allerdings Punkt (L^{**},w^{**}), in dem der Reallohn und die Arbeitsmenge gestiegen sind.

Abbildung 8-7: Die Veränderung des Arbeitsmarktgleichgewichts als Ergebnis einer Verschiebung des Arbeitsangebotes bzw. der –nachfrage.

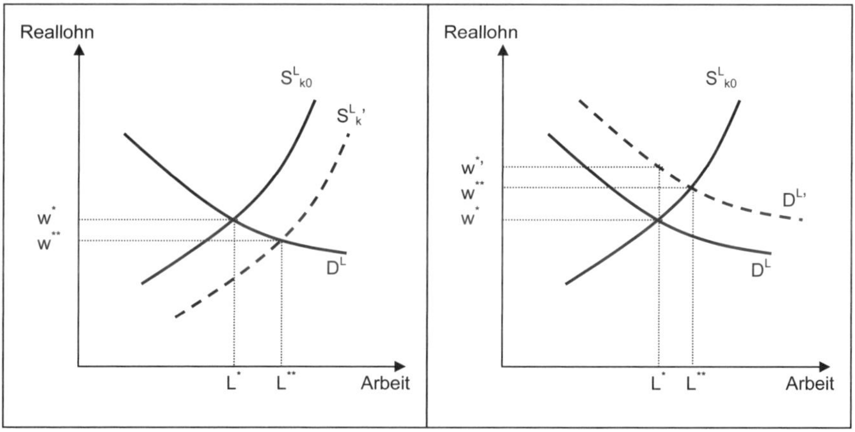

[11] vgl. Kap. 6.2; dort wurde gezeigt, dass eine neue Technologie die Produktivität von Kapital erhöht. Dies führte zu Kapitalinvestitionen und somit zu einer Ausweitung des optimalen Kapitalstocks.

8.4 Arbeitslosigkeit

8.4.1 Arten der Arbeitslosigkeit

In vielen ökonomischen Modellen wird der automatische Ausgleich zwischen Angebot und Nachfrage durch einen Preismechanismus als selbstverständlich angenommen. Nicht immer trifft dies in der Realität zu. Dabei können kurzfristige Abweichungen von einem Gleichgewicht durchaus vernachlässigt werden. Wenn ein Gleichgewicht aber dauerhaft nicht erreichbar scheint, muss nach Erklärungen gesucht werden. Arbeitslosigkeit ist ein solches Problem. Abbildung 8-8 zeigt die Arbeitslosenquote für Deutschland und die Europäische Union im Zeitablauf.

Abbildung 8-8: Die Entwicklung der Arbeitslosenquote in Deutschland und der EU-15[12]

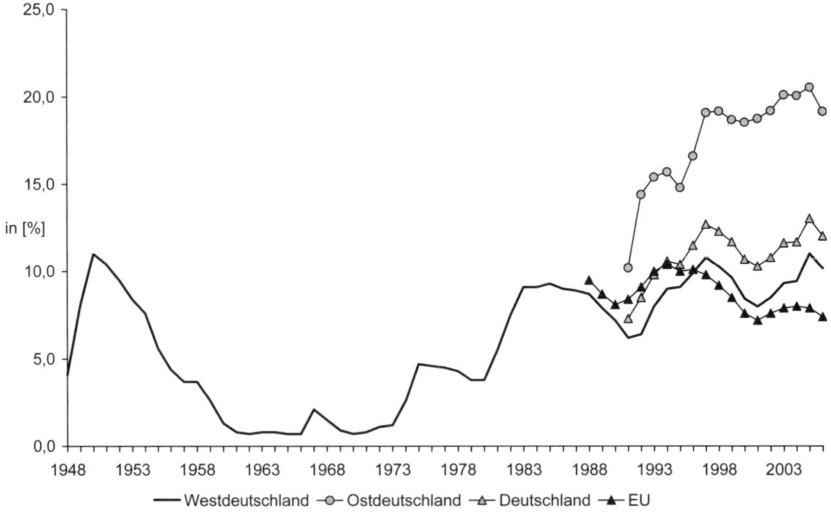

Ganz allgemein ist zu sagen, dass die Arbeitslosigkeit in Deutschland in den letzten Dekaden gestiegen ist. Zwar ist es kein kontinuierlicher Anstieg gewesen, aber das Niveau hat sich eindeutig erhöht. In der Europäischen Union hat sich die Arbeitslosigkeit reduziert, verbleibt aber auf einem relativ hohen Niveau. Im Folgenden wird zunächst zwischen verschiedenen Arten von Arbeitslosigkeit unterschieden, in einem späteren Kapitel wird auf die Ursachen von Arbeitslosigkeit eingegangen und mögliche Lösungsansätze diskutiert.[13]

[12] Quelle: Bundesagentur für Arbeit (Deutschland), OECD (EU-15)
[13] vgl. Kap. 18

Abbildung 8-9: Gleichgewichtige Arbeitslosigkeit

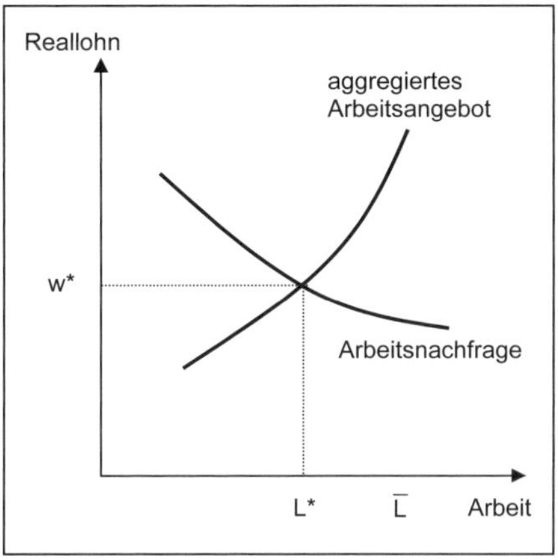

Die frühere Abbildung 8-6, die an dieser Stelle im Sinne der Bequemlichkeit reproduziert wird, zeigt ein Arbeitsmarktgleichgewicht im Punkt (w^*, L^*). Arbeitsnachfrage und Arbeitsangebot stimmen überein, der Markt wird geräumt. Arbeitslosigkeit scheint nicht zu existieren. Ganz stimmt das nicht, wie Abbildung 8-9 zeigt. Die Abbildung ist um einen Punkt $\bar{L}$, das gesamte Arbeitsangebot, erweitert worden. Für den gegebenen Reallohn w^* sind nicht sämtliche Arbeitsressourcen zur Arbeit zu mobilisieren. Ein Teil der gesamten Arbeitskraft der hier unterstellten Gesellschaft hat keine Arbeit. Mit anderen Worten, der Teil $\bar{L}$-L^* ist arbeitslos. Für das Modell wurden keine restriktiven Annahmen für den Arbeitsmarkt angenommen, d.h. es wurde davon ausgegangen, dass der Arbeitsmarkt für jedes Individuum frei zugänglich ist bzw. keine Barrieren beim Verlassen des Arbeitsmarktes bestehen. Unter diesen Voraussetzungen handelt es sich bei der Arbeitslosigkeit $\bar{L}$-L^* um die so genannte **freiwillige Arbeitslosigkeit** oder **Gleichgewichtsarbeitslosigkeit**. Der Begriff Arbeitslosigkeit ist sprachlich negativ belegt. Die gesellschaftliche Stellung und das soziale Ansehen von Arbeitslosen sind in den meisten Gesellschaften eher schlecht. Es mag auf den ersten Blick paradox sein vor diesem Hintergrund von freiwilliger Arbeitslosigkeit zu sprechen. Die Abgrenzung zur **unfreiwilligen Arbeitslosigkeit** oder **Ungleichgewichtsarbeitslosigkeit**, die in Kürze näher erläutert wird, ist hier ganz entscheidend. Viele Menschen sind freiwillig arbeitslos. Dies beschränkt sich nicht nur auf ‚die Reichen', die es finanziell nicht nötig haben zu arbeiten, sondern ebenso auf Hausfrauen oder Hausmänner und andere Familienangehörige, die sich in die finanzielle Abhängigkeit eines Partners oder eines Familienmitgliedes begeben. Wenn die klassische Rollenverteilung zwischen Mann und Frau in der Ehe sich auch verändert, so ist sie dennoch ein gutes Beispiel. Der Mann nimmt am Erwerbsleben teil und bringt ‚die Kohle' nach Hause, während die Frau die unentgeltliche Hausarbeit und häufig die Kindererziehung übernimmt. Es kann unterstellt werden, dass die Ehefrau in diesem Beispiel freiwillig arbeitslos ist. Mit steigendem Reallohn steigt der Anreiz Erwerbsarbeit aufzunehmen oder anders ausgedrückt die Opportunitätskosten der Hausarbeit und der Kindererziehung steigen. Ist der Lohn nur hoch genug, wird die Frau Erwerbsarbeit aufnehmen. Die Hausarbeit würde dann vermutlich von einer Haushälterin und die Kindererziehung von einer Tagesmutter oder einer Kindertagesstätte gegen Entgelt übernommen werden. Unter Vernachlässigung der so genannten Patriarchenehe, in der ein Partner nicht selbstständig über seine

Beschäftigung entscheiden kann und weiterer Probleme in der gesellschaftlichen Gleichstellung von Mann und Frau und von Erwerbsarbeit und unentgeltlicher Arbeit, ist die Ehefrau in der klassischen Rollenverteilung freiwillig arbeitslos. Es ist offensichtlich, dass die freiwillige Arbeitslosigkeit nicht das Problem darstellt, der Arbeitsmarkt ist schließlich auch in einem Gleichgewicht, Arbeitsangebot und Arbeitsnachfrage sind identisch. Das Problem liegt in einem Ungleichgewicht auf dem Arbeitsmarkt.

Abbildung 8-10: Das Ungleichgewicht am Arbeitsmarkt

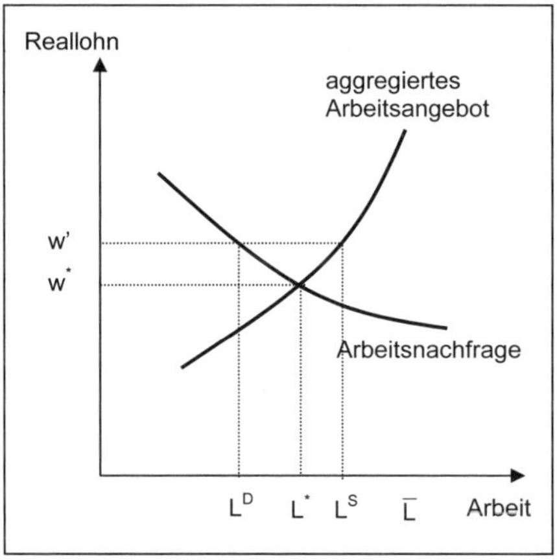

Ein Ungleichgewicht liegt zum Beispiel dann vor, wenn der tatsächliche Lohn w' oberhalb des gleichgewichtigen Lohnes w^* liegt. Bei gegebener Arbeitsangebots- und Arbeitsnachfragekurve entsteht dann ein Ungleichgewicht und Arbeitslosigkeit in Höhe von L^S-L^D. In diesem Ungleichgewicht ist die Nachfrage beim Lohn w' geringer als das Angebot, d.h. es gibt Individuen, die ihre Arbeitskraft zu Marktkonditionen anbieten, aber deren Arbeitskraft nicht nachgefragt wird. Da die Arbeitslosen gewillt sind zu arbeiten, die Nachfrageseite ihre Arbeitskraft jedoch nicht nachfragt, wird auch von unfreiwilliger Arbeitslosigkeit gesprochen.

Die Kategorisierung nach freiwilliger und unfreiwilliger Arbeitslosigkeit kann auf John M. Keynes zurückgeführt werden, der den Begriff der unfreiwilligen Arbeitslosigkeit geprägt hat.[14] Die Kategorisierungen werden aber auch in weiten Teilen der Literatur verwendet und sollten daher an dieser Stelle begrifflich eingeführt werden. Von Interesse ist dabei und dies ist als ein Zwischen-Fazit zu betrachten, dass der Begriff „Arbeitslosigkeit" viele Facetten hat und dass sich einzelne Bereiche der Arbeitslosigkeit, wie zum Beispiel freiwillige Arbeitslosigkeit, nur individuell nicht aber kollektiv erklären lassen.

[14] John M. Keynes hat zwischen drei Kategorien unterschieden: freiwillige, unfreiwillige und friktionelle Arbeitslosigkeit. Letztere Kategorie wird später in diesem Kapitel noch angesprochen.

8.4.2 Ein Modell der natürlichen Arbeitslosigkeit

Um in den weiteren Abschnitten dieses Kapitels etwas genauer zu werden und ein Modell aufbauen zu können, zunächst ein paar Definitionen.[15] Die **Erwerbspersonen** L^S sind der Teil der Bevölkerung, der entweder erwerbstätig (**Erwerbstätige** L^D) oder erwerbslos (**Erwerbslose** L^U) ist. Wobei erwerbstätige Personen eine haupt- oder nebenberufliche Erwerbsarbeit ausüben und erwerbslose Personen nach einer solchen Erwerbsarbeit suchen.[16] Neben den Erwerbspersonen gibt es **Nichterwerbspersonen**, diese üben weder eine Erwerbstätigkeit aus noch suchen sie nach einer. Die Nichterwerbspersonen entsprechen daher am ehesten den freiwillig Arbeitslosen. In Deutschland gab es im Durchschnitt des Jahres 2006 zum Beispiel 43,6 Mio. Erwerbspersonen. Davon waren 4,5 Mio. erwerbs- bzw. arbeitslos und 39,1 Mio. erwerbstätig.[17]

Ungleichgewichtsarbeitslosigkeit L^U ist definiert als die Differenz zwischen Angebot und Nachfrage zu einem gegebenen Reallohn:

$$L^U = L^S - L^D.$$

Abbildung 8-10 macht bereits deutlich, dass die gesamte Arbeitslosigkeit U, d.h. freiwillige und unfreiwillige in einem ungleichgewichtigen Arbeitsmarkt größer ist als in einem gleichgewichtigen Arbeitsmarkt ($\overline{L}-L^D > \overline{L}-L^*$). Da die unklare kollektive Definition der freiwilligen Arbeitslosigkeit bei den weiteren Erklärungen nicht hilft, wird vereinfachend $\overline{L}=L^S$ angenommen. Es gilt:

$$\begin{aligned} & U = \overline{L} - L^D \\ \Leftrightarrow \quad & U = L^S - L^D \qquad \text{mit } \overline{L} = L^S \\ \Rightarrow \quad & U = L^U \end{aligned}$$

Mit dem bis hierher entwickelten Modell können bereits viele Antworten zum Problem der Arbeitslosigkeit gegeben werden. Zunächst wird die Arbeitslosenquote in diesem Modell definiert. Eine Erwerbsperson kann entweder erwerbstätig oder erwerbslos sein. Wie vorher bereits beschrieben und aus der letzten Gleichung hervorgeht, gilt:

$$L^S = L^D + L^U.$$

---

[15] Diese stehen im Einklang mit deutschen statistischen Veröffentlichungen wie zum Beispiel vom Statistischen Bundesamt (www.destatis.de) oder der Bundesministerien für Wirtschaft und Arbeit bzw. für Finanzen.
[16] Für die Definition von Erwerbslosen vgl. Kap. 2.3.
[17] Quelle: Bundesagentur für Arbeit. Die Bundesagentur unterscheidet Erwerbspersonen und Erwerbstätige noch weiter im Detail. Für eine Übersicht vgl. Bundesagentur für Arbeit 2007, S. 13. An dieser Stelle sind die weniger detaillierten Definitionen ausreichend.

Die **Arbeitslosenquote** ist definiert als der Anteil der Erwerbspersonen, der erwerbslos ist, L^U/L^S.[18] Der Ausgangspunkt dieses Kapitels ist die dauerhaft hohe Arbeitslosigkeit in der EU und auch in Deutschland. Diese wurde ausgedrückt in der Arbeitslosenquote, die nunmehr für ein vereinfachendes Modell definiert wurde. Welche Variablen können die Arbeitslosenquote beeinflussen? Dabei ist sinnigerweise die Frage nach positiven Einflussfaktoren zu stellen, d.h. Faktoren, die Arbeitslosigkeit reduzieren.

Das so genannte **Stabilitätsgesetz**[19] fordert einen hohen Beschäftigungsstand. Der Begriff **Vollbeschäftigung** wird in diesem Zusammenhang in der Regel beschrieben als eine Situation, in der die offenen Stellen gleich der Anzahl der registrierten Arbeitslosen sind. In dieser Definition wird deutlich, dass Vollbeschäftigung im engsten Sinne des Wortes nicht erreicht wird. Jeden Tag verlieren ArbeiterInnen ihren Job oder geben ihn auf. Gleichzeitig finden andere eine neuen. Aus dieser Dynamik heraus entsteht ein gewisser Sockel an Arbeitslosen, der nur in seiner Höhe nicht aber an sich zu beeinflussen ist. Dieser Sockel wird auch **natürliche Arbeitslosigkeit** genannt. Der Steady-State des Arbeitsmarktes, d.h. die Situation, in der die Anzahl der Menschen, die ihren Job verlieren und die, die einen neuen finden, gleich ist, kann folgendermaßen bestimmt werden. Die Zahl der Menschen, die einen Job verlieren oder aufgeben sei αL^D (α:= Rate des Jobverlustes), die der Menschen, die einen neuen Job finden νL^U (ν:= Rate der Jobeinstellung), dabei gilt $\alpha,\nu \in [0,1]$. Sowohl α als auch ν kann nur einen Wert zwischen Null und Eins annehmen. Dies deshalb, da erstens nicht weniger als kein Mensch seinen Job verlieren oder aufgeben bzw. einen neuen Job finden kann und zweitens nicht mehr als alle Menschen ihren Job verlieren oder aufgeben bzw. einen neuen Job finden können. Der Steady-State sei definiert als:

$$\alpha L^D = \nu L^U .$$

Da gilt: $L^S = L^D + L^U$, ist $L^D = L^S - L^U$. Es ergibt sich durch einsetzen in die vorherige Gleichung:

$$\nu L^U = \alpha(L^S - L^U) .$$

Zur Bestimmung der natürlichen Arbeitslosenquote wird diese Gleichung durch L^S geteilt und umgeformt.

---

[18] vgl. Kap. 2.3

[19] Gesetz zur Förderung der Stabilität und des Wachstums der Wirtschaft (Stabilitätsgesetz; erste Fassung von 1967), vgl. Kap. 2.1.

$$v\frac{L^U}{L^S}=\alpha\left(1-\frac{L^U}{L^S}\right)$$

$$\Leftrightarrow \quad v\frac{L^U}{L^S}=\alpha-\alpha\frac{L^U}{L^S}$$

$$\Leftrightarrow \quad \frac{L^U}{L^S}(\alpha+v)=\alpha$$

$$\Leftrightarrow \quad \frac{L^U}{L^S}=\frac{\alpha}{\alpha+v}$$

Es wird deutlich, dass die natürliche Arbeitslosenquote von der Rate der Jobverluste und Jobeinstellungen abhängt. *Je höher die Jobverlustrate (Jobeinstellungsrate), desto höher (niedriger) ist die natürliche Arbeitslosenquote.* In den Ausdruck für die natürliche Arbeitslosenquote können beispielhafte Zahlen eingesetzt werden. Angenommen 10% der Arbeitslosen einer Volkswirtschaft finden jeden Monat einen neuen Job ($v=0{,}1$). Weiter angenommen 0,2% der Erwerbstätigen verlieren ihren Job jeden Monat in dieser Volkswirtschaft ($\alpha=0{,}002$). Für diese Volkswirtschaft ergäbe sich eine natürliche Arbeitslosenquote von

$$\frac{L^U}{L^S}=\frac{0{,}002}{0{,}002+0{,}1}=0{,}0196,$$

d.h. von ca. 2%. Das Modell liefert die ersten Anhaltspunkte für arbeitsmarktpolitische Maßnahmen. Soll die natürliche Arbeitslosigkeit reduziert werden, müssen Maßnahmen ergriffen werden, die entweder die Jobverlustrate senken oder die Jobeinstellungsrate erhöhen. Die Arbeitsmarktpolitik wird in einem späteren Kapitel ausführlicher dargestellt und diskutiert.[20]

Bis hierher wurde deutlich gemacht, dass eine bestimmte Arbeitslosigkeit immer vorliegt. Im vorherigen Modell der natürlichen Arbeitslosigkeit kann die Arbeitslosenquote nur dann Null werden, wenn entweder alle Menschen bereits einen Job haben und keiner mehr einen Job verliert oder wenn alle Menschen, die keinen Job haben sehr schnell einen neuen Job finden. Im ersten Fall wäre die Jobverlustrate Null und somit die Arbeitslosenquote Null. Im zweiten Fall wäre die Jobeinstellungsrate sehr hoch und die Arbeitslosenquote würde gegen Null streben. In der realen Welt ist beides sehr unwahrscheinlich. Insofern beschreibt das Modell den Bestand und die Veränderung der natürlichen Arbeitslosigkeit. Das Modell bietet aber keinen Anhaltspunkt für weitere als die genannten Ursachen von Arbeitslosigkeit. Welche Ursachen gibt es noch?

[20] vgl. Kap. 18

8.4.3 Ursachen von Arbeitslosigkeit

Unabhängig von der natürlichen Arbeitslosigkeit können im Wesentlichen drei weitere Ursachen für Arbeitslosigkeit ausgemacht werden: (i) **friktionelle Arbeitslosigkeit**, (ii) **saisonale bzw. konjunkturelle Arbeitslosigkeit** und (iii) **strukturelle Arbeitslosigkeit**.

(i) Eine Friktion ist im wirtschaftlichen Sinne ein Widerstand bzw. eine Verzögerung, der bzw. die das sofortige Wiederherstellen einer gleichgewichtigen Situation verhindert. Als friktionelle Arbeitslosigkeit wird die Arbeitslosigkeit bezeichnet, die aufgrund der Verzögerung zwischen Jobverlust und Neueinstellung entsteht. Beispiele hierfür gibt es zuhauf. Einem Arbeiter wird fristgerecht gekündigt, er schafft es aber nicht sich innerhalb der Kündigungsfrist eine neue Beschäftigung zu suchen, die nahtlos an seine alte anknüpft. Oder eine Arbeiterin kündigt und die bereits vorhandene Neueinstellung kann nicht nahtlos anschließen, da mit ihr ein Umzug in eine andere Stadt verbunden ist. In beiden Beispielen entsteht kurzfristig Arbeitslosigkeit. Friktionelle Arbeitslosigkeit ist grundsätzlich nicht zu verhindern in einer Volkswirtschaft, da sie aufgrund von ständig wechselnden Bedingungen bei den Individuen oder den Firmen entsteht. Veränderungen wird es in dieser Hinsicht immer geben und damit auch friktionelle Arbeitslosigkeit. Die friktionelle Arbeitslosigkeit kann allerdings durch gute Arbeitsvermittlung auf ein Minimum reduziert werden.[21]

(ii) Saisonale Arbeitslosigkeit entsteht innerhalb eines Jahres aufgrund saisonaler Veränderungen im Wirtschaftsleben. So wird die Bautätigkeit in einer Volkswirtschaft in den Wintermonaten häufig aufgrund der Witterungsbedingungen reduziert. Dies hat Arbeitslosigkeit für Bauarbeiter zur Folge. Die Tourismusbranche ist ebenfalls von der Witterung abhängig. Ein Wintersportort in den Alpen wird in aller Regel zu anderen Zeiten Arbeitskräfte nachfragen als ein Kurort an der Nord- oder Ostsee. Dabei werden nur einige Arbeitskräfte örtlich flexibel genug sein können bzw. wollen, um von der Sommeranstellung an der See zur Winteranstellung in die Berge zu ziehen.[22] In der Folge entsteht daher Arbeitslosigkeit bei ArbeiterInnen und Angestellten im gesamten Tourismusgewerbe.

Die konjunkturelle Arbeitslosigkeit ist mit unter diesen Punkt gefasst worden, obwohl sie natürlich andere als saisonale Gründe hat. Ihr Charakter ist jedoch der saisonalen Arbeitslosigkeit sehr ähnlich, zumal auch von einer saisonalen Konjunktur gesprochen werden kann, nur ist sie für gewöhnlich länger. Wäh-

[21] Auf die Verbesserung der Arbeitsvermittlung ist im Rahmen der Arbeitsmarktreformen, bekannt als Hartz Reformen, der so genannten Agenda 2010 besonderes Augenmerk gelegt worden.

[22] Dies liegt vor allem an den unterschiedlichen Angebotselastizitäten am Arbeitsmarkt. Lokal ist das Angebot sehr elastisch, d.h. Menschen sind bei nur geringen Lohnunterschieden bereit im „Laden nebenan“ zu arbeiten. Die Angebotselastizität nimmt tendenziell ab mit der Zunahme der Entfernung. National und international ist das Arbeitsangebot nicht sehr elastisch, d.h. eine Lohnsteigerung muss relativ höher ausfallen, wenn ein Arbeiter in eine neue Region bzw. sogar in ein neues Land ziehen muss als wenn er einfach nur den Standort innerhalb einer Stadt wechselt. Weitere Informationen zu Migrationsbewegungen bei Mäding 2002.

rend die saisonale Arbeitslosigkeit durch Schwankungen innerhalb eines Jahres entsteht, folgt die konjunkturelle Arbeitslosigkeit dem kurz- bis mittelfristigen Konjunkturzyklus, d.h. dem Auf und Ab der Wirtschaft. In starken wirtschaftlichen Phasen, d.h. in Zeiten hoher Produktivität und hohem Wachstum wird die Arbeitslosigkeit tendenziell abnehmen und erst wieder bei schwächeren Wachstumsraten zunehmen.

(iii) Die strukturelle Arbeitslosigkeit ist in strukturellen Widerständen bzw. Verzögerungen begründet. Arbeitslosigkeit entsteht durch Lohnstarrheit, d.h. einer Anpassungsverzögerung des Reallohns bei einer Veränderung von Angebot und Nachfrage. Abbildung 8-11 veranschaulicht die **Jobrationierung**. Ausgangspunkt ist das Gleichgewicht im Punkt (L^*, w^*). Verschiebt sich die Arbeitsangebotskurve nach rechts unten, z.B. aufgrund eines geburtenstarken Jahrgangs, der in das Berufsleben strömt, ergibt sich ein neues Gleichgewicht im Punkt (L', w'). Das erhöhte Arbeitsangebot führt zu einer Reduzierung des Reallohnes. Wird die Senkung des Reallohnes auf das neue Gleichgewichtsniveau verzögert, hierfür kann es mehrere Gründe geben, die im Folgenden erläutert werden, entsteht aufgrund der Lohnstarrheit Arbeitslosigkeit. Die Abbildung macht dies deutlich. Zum Lohn w^* gibt es ein erweitertes Arbeitsangebot L''. Die Jobs sind allerdings auf L^* rationiert. Somit entsteht bei Lohnstarrheit Arbeitslosigkeit in Höhe von L''-L^*. Diese Art der Arbeitslosigkeit wird teilweise auch **wartende Arbeitslosigkeit** genannt. Die neuen Anbieter von Arbeit warten lediglich darauf, dass sich das Lohnniveau reduziert. Mit der zunehmenden Reduzierung werden neue Jobs entstehen.

Abbildung 8-11: Starre Reallöhne und Arbeitslosigkeit

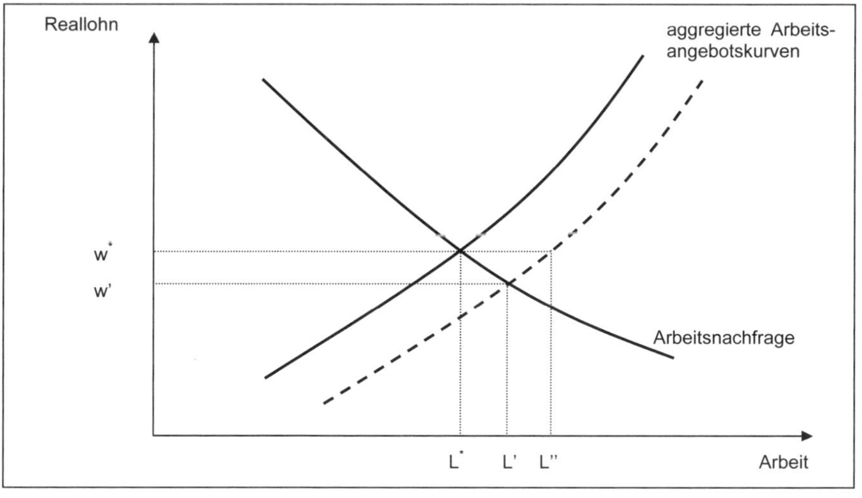

Lohnstarrheit als Ursache für strukturelle Arbeitslosigkeit hat wiederum eigene Ursachen. Folgende sind vorstellbar: (a) **Lohnverhandlungsmonopole**, (b) **Kündigungsschutz** und (c) **hohe Reservationslöhne**. Auf diese Ursachen wird im Einzelnen später noch eingegangen.[23] Im Rahmen der hier dargestellten Mikrofundierung der Makroökonomie ist die Theorie der **Effizienzlöhne** als eine Ursache von struktureller Arbeitslosigkeit von Bedeutung.

Die Theorie der Effizienzlöhne besagt, dass Firmen freiwillig einen höheren Lohn als den Gleichgewichtslohn bezahlen, um Arbeitnehmer zu motivieren und die Arbeitsproduktivität zu steigern. Diese Theorie hängt eng zusammen mit so genannten **Principal-Agent Problemen**. Ein Arbeitgeber, der Prinzipal, kann seinen Arbeitnehmer, den Agenten, nicht vollumfänglich beobachten. In der Regel kann der Prinzipal nur das Ergebnis beobachten, nicht aber die tatsächliche Tätigkeit. Dies liegt daran, dass Arbeitnehmer in der Regel relativ selbstständig agieren und nicht während des gesamten Arbeitstages mit einer Kamera beobachtet werden und dies regelmäßig auch eine Verletzung von individuellen Rechten darstellt. Somit kann ein Arbeitnehmer unter Umständen eine Vorgabe des Arbeitgebers erreichen, z.B. eine bestimmte Menge eines Gutes verkaufen. Da der Arbeitnehmer aber sehr produktiv ist, liegt er dennoch die Hälfte des Tages auf der faulen Haut. Würde er den gesamten Tag über gleich produktiv arbeiten, wäre das Verkaufsergebnis doppelt so hoch. Drei Theorien sollen an dieser Stelle kurz Erwähnung finden: **moral hazard**, **adverse selection** und **signaling**.[24]

Moral hazard tritt dann auf, wenn ein Individuum die Kosten seines Verhaltens auf jemand anderes überwälzen kann. Ein Arbeitnehmer, der einen fixen Lohn erhält, unabhängig von seinem verkäuferischen Erfolg hat einen Anreiz möglichst wenig zu arbeiten. Die Arbeitszeit wird dann dazu genutzt, um private Telefonanrufe zu erledigen, im Internet nach der günstigsten nächsten Urlaubsreise zu surfen etc. Die Kosten dieses Verhaltens drücken sich in einem relativ niedrigeren Gewinn für die Firma aus. Der Gewinn beeinflusst das Gehalt des Arbeitnehmers aber nicht, denn die Kosten seines Verhaltens trägt der Arbeitgeber. Die Kosten der Unehrlichkeit für den Arbeitnehmer sind die indirekten Kosten einer Kündigung, wenn er erwischt wird. Moral hazard kann in der Theorie verhindert oder reduziert werden, wenn die Löhne angemessen hoch sind, denn das erhöht auch die indirekten Kosten eines Arbeitnehmers, sollte er gekündigt werden. Der Anreiz ehrlich zu „schuften" ist demnach größer.

Eine zweite Theorie ist die Theorie der adverse selection. Als adverse selection wird die Schaffung eines Anreizsystems beschrieben, das jedes Individuum dazu treibt, eine für sich selbst und die Gesellschaft effiziente Wahl zu treffen. Ein Arbeitgeber soll nach dieser Theorie eine falsche Auswahl seiner Angestellten durch einen hohen Lohn verhindern. Senkt ein Arbeitgeber seine Löhne, werden die guten, talentierten Arbeitnehmer zu anderen Unternehmen wechseln,

---

[23] vgl. Kap. 18.4

[24] Für nähere Ausführungen zu diesen Theorien siehe Milgrom, Roberts 1992, insb. Kapitel 5, 6 und 7 für einen Einstieg. Zur Adverse Selection siehe George A. Akerlof 1970. Zum Signaling siehe auch Michael Spence 1973.

weil sie dort eine bessere Bezahlung erhalten. Das Unternehmen, dass die Löhne gesenkt hat, spart zwar direkte Lohnkosten, hat aber weitere Kosten in Form einer geringeren durchschnittlichen Produktivität. Aufgrund der Lohnsenkung verlassen die produktiven Kräfte das Unternehmen und die weniger produktiven Kräfte verbleiben. Die Durchschnittsproduktivität der Arbeitnehmer in dem Unternehmen sinkt. Das Unternehmen kann im Umkehrschluss die Durchschnittsproduktivität der Arbeitnehmer steigern, wenn die Löhne erhöht werden.

Die Hypothese der Signaling Theorien fordert Arbeitnehmer auf ein Signal über ihre Produktivität dem Arbeitgeber im Tausch gegen einen höheren Lohn zu geben. Ein Unternehmen kann z.B. zwei Lohnsätze festlegen. Einen hohen Lohn für Arbeitnehmer mit und einen niedrigeren Lohn für Arbeitnehmer ohne Hochschulabschluss. Vereinfachend kann davon ausgegangen werden, dass ein Hochschulabschluss eine höhere Produktivität widerspiegelt. Da der Abschluss aber Kosten in Form von entgangenem Lohn und Studiengebühren beinhaltet, werden nur die Arbeitnehmer einen solchen Abschluss vorweisen, die langfristig mit einem höheren Gehalt rechnen können. Individuum A weiß zum Beispiel von seiner höheren Produktivität. Er absolviert ein Studium und erhält ein höheres Gehalt. Nach einer Periode kann sein tatsächlicher Erfolg an seinem Erfolg gemessen werden. Ist seine Produktivität tatsächlich hoch, wird er den Job behalten und langfristig die Kosten des Studium wieder verdienen. Individuum B mit geringer Produktivität absolviert ebenfalls ein Studium und erhält im ersten Jahr ein hohes Gehalt. Die Erfolgskontrolle nach einer Periode deckt die niedrige Produktivität auf und B wird gekündigt. Die Kündigung signalisiert nun wiederum jedem neuen Arbeitgeber, dass B nicht produktiv ist, sonst wäre er nicht gekündigt worden. B wäre also besser dran gewesen, hätte er die Kosten für das Studium nicht auf sich genommen und hätte sich für einen niedrigen Lohn anstellen lassen.

Die drei Theorien liefern unterschiedliche Begründungen dafür, warum Unternehmen einen Anreiz haben können, einen höheren als den Gleichgewichtslohn zu bezahlen. Verstärkt werden kann der Effekt in einer Rezession dadurch, dass die Unternehmen trotz eines höheren Arbeitsangebotes ihre Löhne nur zögerlich senken, um die Motivation der Beschäftigten und damit ihre Produktivität nicht zu senken. Arbeitsloswerdende Individuen können daher keinen neuen Job finden, da sich das allgemeine Lohnniveau erst verspätet den wirtschaftlichen Bedingungen anpasst. Nach der Theorie der effizienten Löhne nimmt die Arbeitslosigkeit in einer Rezession daher relativ zu.

8.4.4 Schlussfolgerungen über die Arten von Arbeitslosigkeit

Arbeitslosigkeit ist unverkennbar ein Problem in den modernen Marktwirtschaften und insbesondere in vielen Ländern der Europäischen Union. Die Theorie der natürlichen Arbeitslosigkeit macht deutlich, dass ein bestimmter Grundstock an Arbeitslosigkeit immer herrschen wird und daher eine Arbeitslosenquote von Null nicht das Ziel einer Marktwirtschaft sein kann. Die unterschiedlichen Arten von Arbeitslosigkeit lassen aber auch erkennen, dass es nicht das *eine* Rezept gegen Arbeitslosigkeit gibt, um das Niveau möglichst gering zu halten. Die unterschiedlichen Arten haben unterschiedliche Ursachen und bedürfen verschiedener Problemlösungsansätze. Es ist Aufgabe der Arbeitsmarktpolitik die Arbeitslosigkeit zu reduzieren. Hierfür stehen zahlreiche Politiken mit unterschiedlichen Maßnahmen zur Verfügung. Die Arbeitsmarktpolitik wird in einem späteren Kapitel eingehender behandelt.[25]

[25] vgl. Kap. 18

III. Mikrofundierung der Makroökonomie (nominale Markoökonomie)

Dieses Kapitel ist eine Einführung in einen Bereich der volkswirtschaftlichen Forschung, der mit Geldtheorie überschrieben ist. Das Kapitel beschäftigt sich im Gegensatz zu den vorherigen Kapiteln in diesem Abschnitt nicht mit weiteren realen Variablen, sondern mit nominalen Variablen. Die realen Variablen lassen sich kategorisieren in Mengen und relative Preise. Beispiele für die erste Kategorie sind das reale BIP und der Kapitalstock. Für die zweite Kategorie lassen sich beispielsweise der Reallohn und der Realzins anführen.

Nominale Variable werden in Geld ausgedrückt. Die vorherigen einführenden Worte zur Inflation[1], eine nominale Variable, machen bereits deutlich, dass eine nominale Variable nicht immer, sogar meistens nicht den realen Wert eines Gutes oder einer Dienstleistung wiederspiegelt. Darüber hinaus ist zu beachten, dass reale Variablen bis hierher umfassend erläutert werden konnten, ohne nominale Variablen ansprechen zu müssen.[2] Nicht nur waren nominale Variablen zur Einführung der realen Variablen nicht von Nöten, auch die Veränderung der realen Variablen wurde unabhängig von den nominalen Variablen erklärt. Diesem Ansatz, der in vielen grundlegenden Lehrbüchern sinnvoller weise Verwendung findet, ist auf eine klassische Annahme in der Makroökonomie zurückzuführen: **Geld ist neutral**. Der Einfluss nominaler Variablen auf reale Variablen ist demnach irrelevant, weil annahmegemäß in der klassischen Makroökonomie nicht vorhanden. Das Ergebnis ist die auch bis hierher angewandte **klassische Zweiteilung** (engl.: **classical dichotomie**) der makroökonomischen Variablen in nominale und reale Variablen. Eine solche Trennung ist, wie ein kurzes Beispiel des Arbeitsmarktes verdeutlicht, bei einer langfristigen Betrachtung vertretbar.

Die Inflationsrate wird allgemein an einem Verbraucherpreisindex gemessen und tangiert die Entscheidungen von Unternehmen langfristig nicht. Ein Beispiel: Ein kleines Land hat ein Unternehmen und einen Arbeiter. Der Arbeiter produziert ein hypothetisches Gut, das ihm gerade zum Überleben ausreicht. Der Unternehmer ist reich genug, lebt die meiste Zeit im Ausland und konsumiert nichts in der heimischen Volkswirtschaft. Der Arbeiter gibt seinen gesamten Lohn für das von ihm hergestellte Produkt aus. Wenn der Arbeiter einen höheren Lohn fordert, seine Produktivität aber konstant ist, sollte, so wurde es im Kapitel Arbeitsmarkt[3] herausgearbeitet, der Unternehmer seine Arbeitsnachfrage etwas reduzieren, um seinen Gewinn konstant zu halten. Der Unternehmer kann aber die Nachfrage nach Arbeit auch konstant halten und einfach einen höheren

[1] vgl. Kap. 2.2 und Kap. 5.2.1

[2] Das doch bereits nominale Variablen angesprochen wurden, z.B. die Inflationsrate, diente ausschließlich dazu, die Verwendung der realen Variablen plausibel zu machen. Zur Erklärung der realen Variablen selbst, waren die nominalen Variablen nicht erforderlich. Der geneigte Leser möge sich beim Zurückblättern gerne davon überzeugen.

[3] vgl. Kap. 8

Preis für das Produkt von seinem Arbeiter und Abnehmer verlangen. Da der Arbeiter in diesem kleinen Beispiel mindestens das Gut zum Überleben braucht, wird er den höheren Preis bezahlen. Im Ergebnis steigen der Nominallohn und der nominale Preis für das Gut. Der Reallohn und der reale Preis sind aber konstant. Der reale Preis für das Gut ist die eingesetzte Arbeitskraft und der Reallohn ist das produzierte Gut. Beides ist unverändert.

In der Tendenz ist dieses Ergebnis durchaus langfristig auf eine große Volkswirtschaft zu übertragen. Die Betonung liegt auf langfristig. Kurzfristig kann die Veränderung von nominalen Variablen einen starken Einfluss auf reale Variablen haben. Dies ist allerdings erst das Thema des nächsten Abschnitts. Zunächst werden nominale Variablen genauer erläutert, dafür soll weiterhin die Neutralität des Geldes für reale Variablen angenommen werden. Zuerst wird **Geld** definiert. Ein Unterfangen, das nicht so einfach ist wie vielleicht angenommen werden könnte. Die Definition ist wissenschaftlich noch immer nicht eindeutig geklärt. An dieser Stelle werden zwei Möglichkeiten der Definition Verwendung finden, die im weiteren Verlauf des Buches nützlich sind:[4] die Definition nach den Funktionen und die Definition nach Vermögenswerten. Erstere geht zurück auf John R. Hicks[5], letztere wird von den Zentralbanken dieser Welt mit leichten Variationen verwendet. Was ist demnach Geld? Dies wird in Abschnitt 9 erläutert.

Die weiteren Abschnitte erklären die Geldnachfrage und das Geldangebot und leiten daraus ein Geldmarktgleichgewicht ab (Abschnitt 10). Im Anschluss wird das Preisniveau und vor allem Inflation und Deflation näher erläutert (Abschnitt 11). Im letzten Abschnitt dieses Teils wird der internationale Handel mit Geld in den Mittelpunkt der Betrachtung gerückt. In diesem Zuge werden Wechselkurse und ihre Aussagekraft erklärt (Abschnitt 12).

---

[4] Für eine ausführlichere Diskussion und weitere Möglichkeiten der Definition von Geld sei für einen Einstieg Peter Bofinger 2001 empfohlen.

[5] vgl. John R. Hicks 1972, insb. Kapitel 1 und 2.

9 Das Geld

9.1 Definition von Geld nach seinen Funktionen

9.1.1 Funktionen des Geldes

Geld hat insgesamt vier Funktionen zu erfüllen. Geld ist: (i) **allgemeines Tauschmittel**, (ii) **Recheneinheit**, (iii) **Wertaufbewahrungsmittel** und (iv) **Wertübertragungsmittel**. Häufig werden diese als die so genannte **Triade der Funktionen des Geldes** präsentiert. Die letztgenannte Funktion lässt sich dabei aus der Triade der ersten drei ableiten.

(i) Dies ist die wichtigste Funktion des Geldes. Geld muss ganz allgemein gegen Waren und Dienstleistungen getauscht werden können, natürlich auch gegen Geld selber. Die meisten Personen würden wohl bedenkenlos einen 20 Euro-Schein gegen einen anderen 20 Euro-Schein oder eine andere Stückelung von Euro-Scheinen oder -Münzen tauschen. Vor allem aber kann jeder Käufer sicher sein, sein Geld gegen Waren und Dienstleistungen aller Art tauschen zu können. Natürlich kann so ein Tausch auch direkt zwischen zwei Gütern stattfinden. Dies setzt aber ein gegenseitiges Begehren der Waren von Käufer und Verkäufer, die so genannte **Doppelkoinzidenz von Bedürfnissen** (engl.: **double coincidence of wants**), voraus. Ein Kilo Erdbeeren kann durchaus gegen einen Apfel getauscht werden. Es setzt voraus, dass eine Person auf Erdbeeren für einen Apfel verzichtet und umgekehrt. Es werden sich nicht immer zwei Personen finden, bei denen die Wünsche gerade übereinstimmen. Deshalb sollte nicht im Allgemeinen geschlossen werden, dass der Apfel Geld ist. Der Apfel ist in der Regel kein allgemeines Tauschmittel, sondern ein spezielles.

Eine engere Definition verlangt von Geld sogar nicht nur allgemeines Tauschmittel, sondern **allgemeines Zahlungsmittel** zu sein.[6] Dabei wird unter einem Zahlungsmittel verstanden, dass die Schuld bei Leistung vollständig getilgt wird. Euro-Bargeld ist demnach wirklich Geld, denn wenn ein Käufer eine Zahlung mit Bargeld leistet, ist seine Schuld ohne weitere zukünftige Ansprüche des Verkäufers getilgt. Bei einem Scheck ist das nicht so. Übergibt der Käufer einem Obstverkäufer auf einem Wochenmarkt 20 Euro für das eingekaufte Obst und fällt dem Verkäufer eben dieser 20 Euro-Schein beim Versuch, diesen in die Kasse zu legen, in das im Boden befindliche Gully, trägt der Verkäufer den Schaden. Die Schuld war mit der Übergabe getilgt. Übergibt der Käufer dem Verkäufer allerdings einen Scheck, ausgestellt auf 20 Euro, und fällt eben dieser Scheck in beschriebenen Gully, trägt der Verkäufer nicht den Schaden. Eben dieser Scheck wird nie eingelöst werden. Im Zweifelsfall kann er noch gesperrt werden, um ein Einlösen zu verhindern. Der Verkäufer hat nach wie vor einen Anspruch auf Zahlung von 20 Euro gegen den Käufer seines Obstes. Die Schuld

[6] vgl. Charles Goodhart 1989, S. 26f.

ist erst getilgt, wenn der Scheck bei der Bank eingelöst wird und die Bank des Käufers den Betrag auf das Konto des Verkäufers bereitgestellt hat. Der Scheck ist mithin kein Zahlungsmittel, dennoch ein Tauschmittel. Schließlich wird die Obsttüte gegen den Scheck getauscht. Im engeren Sinne ist der Scheck mithin kein Geld, da kein Zahlungsmittel, im weiteren Sinne aber schon.[7] Als weitere Beispiele für Tauschmittel, die keine Zahlungsmittel sind, kann der typische Lieferantenkredit oder auch das sich verbreitende Kundenkonto angeführt werden. Kundenkonten, etwa bei Supermarktketten oder Discountern, wurden ursprünglich Firmenkunden aber schon längst auch privaten Kunden angeboten. Die Kunden kaufen innerhalb einer Abrechnungsperiode zu Lasten ihres Kundenkontos. Die Belastung dort dient somit als Tauschmittel. Die tatsächliche Zahlung findet erst zum Ende einer Abrechnungsperiode, z.B. einem Monat, statt. Der Anbieter des Kundenkontos fordert dann einen Ausgleich des Sollsaldos durch den Kunden, in der Regel per automatischer Lastschrift direkt vom Bankkonto des Kunden.

(ii) Geld sollte als Recheneinheit dienlich sein. Es ist ein Vorteil von Geld, dass es Güter vergleichbar macht. In vorherigen Kapiteln wurde das Konzept der relativen Preise genutzt. Die Anwendung im Alltag ist jedoch sehr kompliziert. Für jemanden, der keine Kenntnisse im Gemüseanbau besitzt, ist es schwer zu beurteilen, wie viele Salatköpfe er als Tischler als Entgeld für die Reparatur der Scheune von einem Bauern verlangen sollte. Auf der anderen Seite kann der Bauer wiederum nur schwer beurteilen, ob die Bezahlung mit Salatköpfen richtig gewesen ist, da er den ökonomischen Wert der Tischlerarbeit nicht kennt. Jeder Bürger eines Landes verbindet aber einen Wert mit „seinem“ Geld. Insofern macht Geld die Waren vergleichbar. Ein schönes Beispiel können die meisten Menschen auch an sich selbst beobachten. Während des Urlaubs im Ausland werden Preise in ausländischer Währung meistens nicht akzeptiert, bevor sie nicht mit den Preisen in eigener Währung verglichen wurden. Es muss seit Einführung des Euro eigentlich nicht einmal eine Auslandsreise für dieses Beispiel bemüht werden. Der Euro macht die Preise in Europa vergleichbar. Allerdings macht er auch einiges schwerer im Inland. Im Jahr 2007, nach mehr als fünf Jahren Euro-Bargeld in den Taschen der Bürger und mehr als acht Jahre nach der Einführung des Euro als Währung und somit als Recheneinheit, nutzen viele Bürger, davon sind auch Ökonomen nicht auszunehmen, die D-Mark in Deutschland als Vergleichsmaßstab. Komischerweise konnten die Bundesbürger im Allgemeinen den Wert von 100 D-Mark einschätzen. Sie lassen sich aber zu dem Ausspruch verleiten: „Das kostet 50 Euro, das sind ja 100 D-Mark!“ Interessant wird zu beobachten sein, wann der Euro endgültig in den Köpfen der Bevölkerung als Recheneinheit akzeptiert wird. Ein großer Schritt ist bereits ge-

[7] In der Zahlungsverkehrspraxis wird der Scheck, dessen Nutzung langsam modernen, beleglosen Zahlungsformen weicht, folgerichtig auch nicht in letzter Konsequenz als Geld bezeichnet, sondern als so genanntes **Geldsurrogat** oder **Geldersatzmittel**. Gleiches gilt für den Wechsel.

tan wie Otmar Issing[8] in einem Interview auf die Frage warum gut die Hälfte der Deutschen sich die D-Markt zurück wünscht feststellt: „Drehen Sie das Argument [...] einmal um: Ist es nicht bemerkenswert, daß heute 50 Prozent der Deutschen den Euro der D-Mark vorziehen? Hätten Sie das 1999 erwartet?“[9]

(iii) Geld sollte als Wertaufbewahrungsmittel dienen können. Dies in zweierlei Hinsicht. Erstens sollte es möglich sein nach einem Tausch von Ware gegen Geld, letzteres nicht gezwungenermaßen sofort an Ort und Stelle für einen neuen Tausch einsetzen zu müssen, sondern das Geld auch an jedem anderen Ort einsetzen zu können. Zweitens sollte es möglich sein Geld über die Zeit aufzubewahren. Kurzgesagt, *Geld sollte den Transfer von Kaufkraft zwischen Orten und über die Zeit ermöglichen.* Die Funktion als Wertaufbewahrungsmittel ist dabei örtlich häufig zumindest teilweise beschränkt. Den Euro gibt es schließlich nicht überall und der Tausch gegen andere Währungen kann unter Umständen bestimmten Devisenkontrollen unterliegen, so dass er nicht in beliebiger Höhe möglich ist. Zeitlich ist die Funktion mit der **Geldwertstabilität**, die in einem der nächsten Kapitel[10] erörtert wird, verbunden.

(iv) Aus dieser vorangehenden traditionellen Triade der Geldfunktionen lässt sich die vierte Funktion, die Wertübertragungsfunktion, ableiten. Wenn das Geld einen stabilen Wert hat, d.h. die Wertaufbewahrungsfunktion erfüllt ist, und das Geld als allgemeines Tauschmittel dient, dann kann es auch sozusagen gegen nichts getauscht werden, d.h. von Person A auf Person B übertragen werden. Das beste Beispiel ist eine Schenkung oder ein Erbe. Hier werden Werte übertragen, die bei der nötigen Geldwertstabilität haltbar sind und keine Gegenleistung erfordern, also keinen Tausch darstellen.

Für die Zwecke dieses Buches ist es unerheblich, ob Geld nur dann Geld ist, wenn es alle oben genannten Funktionen erfüllt oder bereits bei Erfüllung einer bzw. mehrerer dieser Funktionen als Geld zu bezeichnen ist. Die Diskussion wird der geldtheoretischen Literatur überlassen. An dieser Stelle reicht es, einen Einblick in die gewünschten Funktionen erhalten zu haben. Welche Formen des Geldes sind nach dieser Definition möglich und welche sinnvoll?

9.1.2 Formen des Geldes

Grundsätzlich lassen sich zwei Arten von Geld unterscheiden, das **Naturalgeld** und das **Papiergeld**. Letzteres ist als das gängige moderne Geld zu verstehen und umfasst somit, abweichend vom Namen, auch Münzen. Geld ist eine Grundlage des Handels. Dennoch ist hervorzuheben, dass es Handel auch schon

---

[8] Otmar Issing (1936), war nach Professuren an den Universitäten Erlangen-Nürnberg und Würzburg Mitglied des Vorstandes der Deutschen Bundesbank (1990-1998) und erster Chefvolkswirt der EZB (1998-2006).
[9] Dries, Fehr 09.02.2006
[10] vgl. Kap. 1

vor der Entwicklung von Geld gegeben hat, so genannter Tauschhandel. Wie vorher bereits beschrieben, setzte der Tauschhandel das gegenseitige Begehren der Waren der Käufer und Verkäufer voraus. Dass ein solches Begehren nicht immer gegeben ist, erschwerte den Handel. Es wurde nach einem Gut gesucht, das im Allgemeinen häufig angeboten und nachgefragt wurde, noch dazu haltbar und werthaltig war. Ein solches Gut konnte und wurde dann als Geld genutzt.

Naturalgeld, in den Anfängen handelte es sich oft um eine Naturalie, entwickelte sich folglich aus den Handelsgewohnheiten einer bestimmten Region. Es konnte sich dabei um Tiere handeln, aber auch um Hölzer, Steine oder Salz.

Nur wenige Gelder dieser Form erlangten nationale oder gar internationale Bedeutung. Ein frühes Naturalgeld mit internationaler Bedeutung im Handel war die Kaurimuschel. Sie stammte ursprünglich aus der pazifischen Region und wurde zunächst durch arabische Händler, später auch durch westliche Kolonialmächte bis zum Atlantik verbreitet. Möglicherweise ist die Kaurimuschel bereits 1500 v. Chr. als Zahlungsmittel von den Chinesen verwendet worden. Besser zu bestimmen ist das Ende ihrer Verwendung Anfang des 20. Jh.[11]

Ihre Bedeutung dürfte die Kaurimuschel allerdings schon wesentlich früher verloren haben. Der Grund hierfür ist das wohl bekannteste Naturalgeld, Gold. Gold selbst erlangte wiederum seine Bedeutung erst relativ spät nach der Entwicklung von verschiedenen Metallgeldern. Je nach Region und Vorkommen wurden Kupfer, Blei, Zinn oder auch Eisen als Geld verwendet. Im Gegensatz zu vielen anderen Geldern hatten diese Metalle den Vorteil nicht verderblich zu sein, aber immer noch den Nachteil eines zu geringen Wertes. Auf der Suche nach wertvolleren Metallen, die somit in kleineren Mengen bereits große Mengen an Waren kaufen konnten, also handlicher waren, stieß man auf Silber und Gold. Die Metalle wurden zunächst in Form eines Barren und später auch in kleineren Einheiten verwendet. Es entstanden die ersten Münzen aus Silber und Gold. Die erste europäische Goldmünze wurde in Griechenland 550 v. Chr. geschlagen. Der Wert dieser Münzen basierte am Anfang noch auf ihrem Metallgehalt, der über die Zeit abnahm. Dies führte auch zu Preissteigerungen.[12] Im 19. Jh. wurde in England der so genannte Goldstandard geschaffen. Die freie Münzprägung war bereits verboten und der Wert des Geldes, in welcher Form auch immer, wurde durch Gold unterlegt.[13] Der Großteil der sich im Umlauf befindlichen Münzen war aus Gold. Silber hatte nur noch einen geringen Anteil. Stattdessen verbreitete sich das Papiergeld und hatte in einigen Bereichen das Gold schon längst ersetzt.

Im 7. Jh. n. Chr. wurden in China so genannte Wertscheine ausgegeben. Diese stellen das erste Papiergeld der Welt dar. Marco Polo bemerkte über sie, dass jeder gern einen Schein nehme, weil die Leute, wohin sie im Reich des großen

[11] vgl. René Sedillot 1992, insb. S. 41f.

[12] Preissteigerungen, d.h. Inflation, werden in einem folgenden Kapitel in diesem Abschnitt ausführlich behandelt. Vgl. Kap. 1.

[13] Zwar war der Wert des Geldes durch Gold unterlegt, d.h. Geld war frei konvertierbar in Gold. Das Wechselverhältnis stand jedoch nicht fest und konnte mehr oder weniger frei vom Staat festgelegt werden. Der Goldstandard alleine gab somit nur eine gewisse Sicherheit für die Stabilität des Geldes, nicht aber eine absolute.

Khan auch gingen, damit einkaufen und verkaufen könnten, so als ob es pures Gold sei.[14] In Europa kam das Papiergeld erst im 11. und 12. Jh. zunächst vor allem in Form von Schuldscheinen auf. Die ersten Banknoten begab Schweden im 17. Jh. Die Verbreitung des Papiergeldes fand allerdings erst im 18. Jh. statt. Im Jahre 1698 hat das Papiergeld nach Schätzungen einen Anteil von mehr als 56% des umlaufenden Geldes in England und Wales.[15]

Das heute verwendete Papiergeld inklusive Münzen hat regelmäßig nahezu keinen materiellen Wert mehr. Die freie Konvertierbarkeit in Gold in einem bestimmten Verhältnis, der Goldstandard, wurde von England, das den Standard geschaffen und verbreitet hatte, im Zuge der Weltwirtschaftskrise 1931 abgeschafft. In wirtschaftlich und politisch unsicheren Zeiten, d.h. schweren Krisen- bzw. Kriegszeiten, in denen der Wert der Währung unsicher scheint, kann daher auch oft ein Abwenden von der eigentlichen Währung eines Landes beobachtet werden. Die Bevölkerung besinnt sich darauf tatsächliche reale Werte zu schaffen und diese anstatt Geld aufzubewahren. In regional begrenzten Krisen finden die betroffenen Menschen häufig sichere Währungen im Ausland. Sie tauschen ihr Geld in fremde Währungen um. Sehr häufig ist dies der US-Dollar, der aufgrund seiner allgemeinen Geldwertstabilität und Verbreitung auch als ein „sicherer Hafen" bezeichnet wird. Andere Währungen sind aber ebenfalls denkbar, so haben europäische Länder mit instabilen Währungen immer wieder Sicherheit in der Deutschen Mark gefunden und würden heute eher den Euro dem Dollar vorziehen. In geografisch weitreichenderen Krisen bzw. Kriegen, z.B. während der beiden Weltkriege, sind aber auch andere „Währungen" wie Gold oder auch Zigaretten genutzt worden. Trotz eines vorhandenen gesetzlichen Zahlungsmittels entstehen in wirtschaftlich und politisch unsicheren Zeiten diese so genannten **Peripher-Währungen**.[16]

Die Ausführungen bis zu dieser Stelle lassen noch nicht erkennen, warum sich Papiergeld inklusive materiell nahezu wertloser Münzen am Ende durchgesetzt hat. In der Theorie wird hauptsächlich ein Grund hierfür angegeben: Kosten. Geld ist letztlich eine Ware und wie alle Waren verursacht auch die Ware „Geld" Kosten, **Informationskosten** und **Transaktionskosten**.

In der Regel herrschen zwischen Verkäufer und Käufer einer Ware so genannte **Informationsasymmetrien**, die Informationen über das Gut sind ungleich verteilt. Regelmäßig wird der Verkäufer mehr über das Gut wissen als der Käufer. Je mehr der Käufer über das Gut, das er zu kaufen beabsichtigt, erfahren möchte, desto mehr muss er in das Überprüfen von Informationen investieren. Es leuchtet unmittelbar ein, dass es weniger Kosten verursacht, den Wert einer Goldmünze zu bestimmen als den Wert einer Kuh. Die Goldmünze muss nur gewogen werden und der aktuelle Goldkurs am Markt sollte bekannt sein. Einen

---

[14] vgl. René Sedillot 1992, S. 164.

[15] vgl. Glyn Davies 1996, S. 279

[16] Auch in wirtschaftlich sicheren Zeiten entstehen häufig neben dem meist einzigen gesetzlichen Zahlungsmittel weitere „Währungen". In Deutschland zum Beispiel gibt es etwa 20 Regionalwährungen und weitere sind in Vorbereitung (siehe www.regiogeld.de).

funktionierenden Goldmarkt vorausgesetzt ist die Wertermittlung ganz einfach. Der Wert einer Kuh hängt von weitaus mehr Faktoren ab. Dies sind bestimmt das Alter, mögliche Krankheiten, hier vor allem genetische Krankheiten, die dazu führen, dass die Kuh eine geringere Lebenserwartung hat oder genetisch schwache Kälber zur Welt bringt etc. All dies verlässlich herauszufinden ist wesentlich aufwendiger und somit teurer. Da jeder Verkäufer beim nächsten Handelsgeschäft Käufer sein kann, haben alle Marktteilnehmer die gleichen Wünsche an ihr Geld. Es sollte mit geringen Informationskosten bewertbar sein. Die Vorliebe einer handhabbaren relativ wertvollen Naturalie wie Gold ist verständlich. Papiergeld bietet aber letztlich die gleiche Eigenschaft. Mindestens der nominale Wert kann sehr einfach bestimmt werden, er ist auf die Scheine aufgedruckt. Informationskosten alleine begründen somit noch nicht das Durchsetzen von Papiergeld gegenüber Naturalgeld. Einen echten Vorteil bietet Papiergeld aber bei den Transaktionskosten.[17]

Transaktionskosten umfassen im weiteren Sinne sämtliche Kosten, um die Transaktion, d.h. den Tausch durchzuführen. An dieser Stelle ist lediglich die Transaktion des Geldes an sich gemeint, d.h. die Übergabe dessen an den Verkäufer. Der Übergabe geht voraus, dass der Käufer zunächst das Geld haben muss, d.h. tatsächlich in den Händen halten muss, so jedenfalls die ursprüngliche Idee des Handels. Kauft ein Händler seine Ware im Ausland und muss diese über weite Strecken zum Abnehmermarkt transportieren, z.B. Gewürzlieferungen aus Indien nach Europa, machte es früher einen erheblichen Unterschied, ob wenige Goldbarren transportiert werden mussten oder eine ganze Rinderherde. Um die Transaktion möglich zu machen, entstehen demnach unter Umständen relativ hohe Lagerkosten für das Geld. Die Kosten für das Gold werden wesentlich geringer gewesen sein, als die Kosten eine Rinderherde zu halten.[18] Papier hat im Vergleich zu Gold aber wiederum geringere Lagerkosten. Es ist wesentlich leichter und kann daher besser transportiert werden. Außerdem ist es noch leichter teilbar als Gold. Darüber hinaus kann Gold im Wert beschädigt werden, wird es physisch beschädigt. Eine Goldmünze ohne Kratzer ist hochwertiger und somit wertvoller als eine mit Kratzer. Der Wert des Papiergeldes ist hingegen vollkommen unabhängig vom Aussehen der Scheine.

Die Entwicklung modernster Geldformen wie Buchgeld bestätigt, dass möglichst geringe Transaktions- und Lagerkosten entscheidende Gründe für die Auswahl eines bestimmten Gutes als Geld in einer Volkswirtschaft sind. Beim Buchgeld handelt es sich nicht einmal mehr um ein Gut im klassischen Sinne,

---

[17] Für eine ausführliche und modellhafte Darlegung der Informationskostenhypothese für die Existenz von Papiergeld siehe King, Plosser 1986.

[18] Auch wenn es auf den ersten Blick nicht so scheint, aber die Sicherheit beim Transport spielt in diesem Beispiel grundsätzlich keine Rolle. Da sowohl die Rinderherde als auch das Gold ausreichen musste um die Waren im fernen Indien einzukaufen, muss der Wert der gleiche gewesen sein. Somit sollten die Versicherungskosten, früher in Form von Wachleuten, heute in Form einer Versicherungsprämie, ähnlich sein. Zu bedenken ist allerdings, dass es bei Gold leichter war einen größeren Wert zu stehlen und die Sicherungskosten für Gold daher möglicherweise doch höher waren. Das sei aber vernachlässigt an dieser Stelle.

sondern um eine Dienstleistung, z.B. das Ausführen einer Überweisung oder das Einziehen einer Lastschrift.[19]

Das Papiergeld bzw. relativ wertlose moderne Münzgeld hat sich mithin aus sehr praktischen Gesichtspunkten ergeben. Dabei war das Geld zunächst noch mit einem realen Wert unterlegt und die Aufgabe des Goldstandards ist historisch gesehen noch relativ jung. Sie hat sich nicht aus praktischen Gründen, sondern vielmehr aus institutionellen Gründen ergeben wie im folgenden Kapitel ausgeführt wird.

9.1.3 Seigniorage

Durch die Ausgabe von Geld kann der Staat bzw. der jeweilige Herausgeber der Noten und Münzen selbst Geld verdienen. Der Überschuss zwischen dem aufgedruckten Noten- bzw. Münzwert und den Kosten der Herstellung wird **Seignorage**[20] genannt. Von den Druck- und Vertriebskosten einmal abgesehen ist das, was als Rohgewinn bezeichnet werden kann, d.h. die Differenz zwischen aufgedrucktem Wert und Metallwert, bei den Euromünzen relativ groß. Die Ein-Cent-Münze hat ein Gewicht von 2,3 Gramm. Der Metallwert beträgt 0,2 Cent und macht somit nur 20% des Nominalwertes aus. Im Durchschnitt aller Euromünzen beträgt der Metallgehalt gerade einmal 11% des Nominalwertes der jeweiligen Münze.[21] Je geringer der reale Wert der Münze im Verhältnis zum aufgedruckten Nominalwert, desto höher ist der Seignorage. Die Begünstigten hatten einen Anreiz den realen Wert des Geldes möglichst gering zu halten, um vom Seigniorage zu profitieren. Wieso haben sich dann die modernen Papier- und Münzgelder nicht bereits viel früher durchgesetzt?

Auf der einen Seite konnten die Gewinne aus der Geldausgabe nur begrenzt generiert werden. Dies lag vor allem an der Unsicherheit bei der Geldausgabe. Sehr häufig haben private Banken Banknoten ausgegeben. Diese stellten den größten Teil ihrer Finanzierung dar. Die Halter von Banknoten einer bestimmten Bank konnten tatsächlich als Gläubiger verstanden werden. Heute findet ein Großteil der Finanzierung von Banken über Buchgeld statt. In diesem Zusammenhang wird auch immer noch von Gläubigern gesprochen, z.B. ist ein Sparer mit einem Guthaben von mehreren Tausend Euro der Gläubiger einer Bank. Der Besitzer eines 20-Euro Scheins wird hingegen nicht mehr als Gläubiger betrach-

---

[19] Für ein einfaches Transaktionskosten- und hier speziell Lagerkostenmodell für die Existenz von Papiergeld siehe Kiyotaki, Wright 1989.

[20] Seignorage ist von dem französischen Wort seigneur := Lehns-, Landes-, Gutsherr, Landlord abgeleitet. Der Landlord hatte früher die Hoheit Geld auszugeben, somit stand ihm auch der Gewinn aus dieser Tätigkeit zu. Ausgeben heißt jedoch nicht unbedingt auch drucken bzw. prägen. Im 17. und 18. Jh. war das Prägen von Goldmünzen jedem freigestellt, d.h. es konnte und wurde auch regelmäßig privat organisiert. Wichtig war das vom Landlord gewünschte Konterfei, häufig sein eigenes, auf der Münze. Der Landlord erhielt eine Gebühr dafür, dass er sein Konterfei und damit auch seinen „Guten Ruf" für die Münze zur Verfügung stellte. Auftraggeber für die Prägung war aber häufig eine private Bank.

[21] Metallpreise der London Metal Exchange und MEPS (International) Ltd. (www.meps.co.uk/world-price.html), jeweils Durchschnittspreise im Juni 2007.

tet.[22] Da bei einzelnen Banken immer Unsicherheit darüber bestand, ob und in welcher Höhe die Banknoten noch bedient werden, wenn die Bank insolvent ist, war es in der Regel ausgeschlossen, Zahlungsmittel ohne materiellen Wert herauszugeben, die allgemein akzeptiert wurden. Selbst Staaten, auch mächtige Staaten wie Großbritannien, konnten im 17. und 18. Jh. ihre Macht nur begrenzt im Ausland ausspielen. Gesetzliche Zahlungsmittel ohne materiellen Wert wurden im Zweifelsfall im Ausland nicht akzeptiert und waren aus diesem Grunde schon von vornherein für internationale Händler nicht akzeptabel.

Auch heutzutage gibt es immer noch viele Währungen, die nicht international in letzter Konsequenz akzeptiert werden. Hierunter fallen die meisten afrikanischen Währungen, die teilweise nicht einmal im Inland akzeptiert werden. Hierunter fiel aber auch die Italienische Lira, die zwar in Italien akzeptiertes gesetzliches Zahlungsmittel war und auch im europäischen Ausland im Allgemeinen beim Wechsel akzeptiert wurde, die aber zu außereuropäischen Reisen nicht ausreichte. Insgesamt gibt es nur wenige Währungen, vielleicht sogar nur eine, der US-Dollar, die tatsächlich weltweit als Zahlungsmittel eingesetzt werden können.[23]

Auf der anderen Seite hatten die Staaten in früheren Zeiten aber auch wenig Interesse den Seigniorage zu maximieren. Der Grund waren Fälschungen. Wenn ein Geldfälscher nur einen relativ geringen Materialeinsatz hat und den Geldschein zu einem hohen Nominalwert weitergeben kann, ist der Anreiz zum Fälschen viel größer, als wenn der Materialwert identisch ist mit dem Nominalwert einer Münze. Die Herstellungskosten aus Material- und Prägekosten wären dann tatsächlich höher als der Nominalwert. Fälschungen würde es dann nicht geben.

Der Wert des Papiergeldes hängt offensichtlich nicht am Material, sondern vielmehr an der Macht der Institution bzw. des Landes dessen Stempel auf der Banknote zu finden ist. Dabei zählen Kriterien wie die Geldwertstabilität und die Verbreitung der Währung, d.h. ihre Akzeptanz auch im Ausland, eine große Rolle. Die Länder bzw. Währungsräume, deren Währungen internationale Akzeptanz genießen, dies sind im Wesentlichen der US-Dollar, der Euro, das Britische Pfund, der Schweizer Franken und der Yen, haben keinen Anreiz den Wert der eigenen Währung zu zerstören, indem sie ungehindert Geld drucken, um das Seniorage zu maximieren. In allen genannten Ländern fließen die Überschüsse in die Staatskassen, die eine persönliche Bereichung von einzelnen Individuen kaum ermöglichen. Darüber hinaus sind die Anteile des Seniorage an der Staatsfinanzierung zu gering, um von großer Bedeutung zu sein. In Krisen geschüttel-

[22] Gegenüber einem privaten oder öffentlich rechtlichen Kreditinstitut ist ein Besitzer von Bargeld tatsächlich kein Gläubiger mehr. Der schlussendliche Anspruch besteht gegenüber der Europäischen Zentralbank. Dies äußert sich dann noch direkt, wenn der Wert eines verbrannten Geldscheins ausgezahlt wird. Dies ist möglich bei der Zentralbank, solange mindestens die Asche der Hälfte eines Geldscheins vorliegt.

[23] Der US-Dollar wird in den aller meisten Ländern zum Umtausch akzeptiert. Jeder kann US-Dollar in ganz Europa in nationale Währungen, z.B. in den Euro umtauschen. Indirekt kann der US-Dollar in Europa folglich als Zahlungsmittel genutzt werden. In einigen Ländern kann der US-Dollar sogar direkt als Zahlungsmittel eingesetzt werden. Dies ist häufig in Ländern der Fall, deren eigene Währung aus verschiedensten Gründen nahezu wertlos ist. Ein aktuelles Beispiel ist Simbabwe.

ten, politisch und wirtschaftlich instabilen Ländern ist die Lage anders. Die häufig skrupellosen Diktatoren, können oft ungehindert in die Staatskasse greifen. Erhöhte Staatseinnahmen bedeuten oft genug persönliche Bereicherung. Da noch dazu Seniorage in diesen Ländern einen in absoluten Zahlen gemessen bedeutenden Beitrag zu den Staatseinnahmen leistet, besteht ein starker Anreiz zur Maximierung von Seniorage.

Vor allem in den zuvor genannten Beispielen der politisch und wirtschaftlich stabilen Länder gibt es einen weiteren Hinderungsgrund den Seigniorage zu maximieren: die so genannte **Inflationssteuer**. Das Argument ist wie folgt: Viele Haushalte in diesen Ländern kaufen Staatsanleihen mit ihren Ersparnissen. Diese gelten als eine relativ sichere Geldanlage und eignen sich daher für die langfristige Vorsorge. Eine solche Geldanlage ist ein nominaler Wert. Haushalte haben zum Beispiel Staatsanleihen mit einem nominalen Wert in Höhe von EUR 10.000 in einem Bankdepot liegen. Druckt der Staat neues Geld und verursacht so unter sonst gleichen Bedingungen Inflation, reduziert sich die Kaufkraft dieses nominalen Wertes. Der Wohlstand des Haushaltes sinkt. Da der Haushalt seinen Wohlstand bei Konsumentscheidungen mit einbezieht,[24] führt ein geringerer Wohlstand zu Konsumzurückhaltung. Die Inflation wirkt in diesem Sinne wie eine Steuer auf das Geldvermögen eines Haushaltes. Daher wird auch der Begriff Inflationssteuer verwendet. Je größer der beschriebene Kaufkrafteffekt, desto stärker wird die Nachfrage der Haushalte reagieren. Den möglichen Mehrausgaben des Staates aufgrund der erhöhten Geldmenge, stehen dann rückläufige Ausgaben des privaten Sektors gegenüber.

Geld und vor allem materiell wertloses Papiergeld ist eine soziale Institution. Es macht außerhalb von Gesellschaften keinen Sinn. Je mehr Menschen das Geld nutzen, desto höher ist der Nutzen für jeden einzelnen. Je stabiler dabei die politischen und wirtschaftlichen Bedingungen eines Landes, desto größer ist das Vertrauen der Bürger in ihr eigenes Geld. Ein solches Vertrauen wird auch im Ausland anerkannt werden, wenn das Land eine bedeutende Rolle im internationalen Handel spielt. Die Geldwertstabilität ist eine sehr gute Voraussetzung, um ein solches Vertrauen zu schaffen. Die Maximierung von Seniorage ist dabei fehl am Platze und stellt keinen Anreiz für einen wirtschaftlich und politisch mächtigen Staat dar. Die Entwicklung von Papiergeld ist folglich auf seine Praktikabilität zurückzuführen und darauf, dass moderne global mächtige Staaten die notwendige Sicherheit für einen vertrauensvollen Umgang mit einer Papierwährung bieten.

[24] Zur Erinnerung, der Basiswohlstand ist im Budget eines Haushaltes enthalten.

9.2 Definition von Geld nach Vermögenswerten mit unterschiedlichen Fristigkeiten

Die Definition von Geld nach Vermögenswerten mit unterschiedlichen Fristigkeiten dient den Notenbanken als Grundlage. Die Definition macht die Kontrolle der Geldmenge erst möglich. Logischerweise muss ein Gegenstand, bevor er kontrolliert werden kann, definiert sein. Die Definition setzt an einem einfachen Punkt an. Das gesamte umlaufende Bargeld in einer Volkswirtschaft wird als Geld im engeren Sinne definiert.

Darüber hinaus werden unterschiedliche Vermögenswerte zu so genannten **monetären Aggregaten** oder **Geldmengen** zusammengefasst. Die Geldmenge mit der engsten Definition heißt **monetäre Basis** (MB) und setzt sich zusammen aus dem umlaufenden Bargeld (C_M) und den Reserven der Banken bei der Zentralbank (RS). Diese Reserven können von den Banken in kürzester Zeit mithilfe der Zentralbank in Bargeld gewechselt werden. Dabei entstehen kaum Transaktionskosten. Die Reserven der Banken können als (fast) perfektes Substitut für Bargeld bezeichnet werden. Die Geldmenge MB kommt der früheren **Zentralbankgeldmenge** der Deutschen Bundesbank sehr nahe. Außer den Reserven der Banken beinhaltete die Zentralbankgeldmenge auch die Reserven der Nicht-Banken bei der Deutschen Bundesbank. In der Zentralbankgeldmenge wurden somit das gesamte Bargeld und die Guthaben auf den bei der Deutschen Bundesbank geführten Kontokorrentkonten zusammengefasst.

Zur Kontrolle der Geldmenge ist die monetäre Basis allerdings nicht ausreichend. Inzwischen wird sie von den wichtigsten Notenbanken wie der Europäischen Zentralbank, des Federal Reserve Boards (USA), der Bank von Japan und der Bank von England nicht mehr als geldpolitischer Indikator verwendet. Der erste wichtige Indikator für die Notenbanken ist die **Geldmenge M1** (auch **Geldstock**). Diese umfasst das umlaufende Bargeld und die Sichteinlagen der Nicht-Banken bei den Banken (D_M). Die Sichteinlagen sind diejenigen Einlagen, die am schnellsten in Bargeld verwandelt werden können.

Die monetäre Basis und M1 stehen im Einklang mit der Funktion des Geldes als allgemeines Zahlungsmittel. Bargeld und Sichteinlagen können direkt als Zahlungsmittel eingesetzt werden. Weitergefasste Geldmengen wie **M2**, **M3** oder gar **M4** stehen nicht mehr uneingeschränkt im Einklang mit dieser Funktion. Darüber hinaus ist die Abgrenzung dieser Geldmengen problematisch. Es ist nicht auf den ersten Blick ersichtlich, warum einige Vermögenswerte miteinbezogen werden, andere jedoch nicht. Ein Überblick über die Geldmengen der Europäischen Zentralbank, des Federal Reserve Boards und der Bank von England folgt. Die Geldmenge M2 nach der Definition der Europäischen Zentralbank soll zunächst herausgegriffen werden, um das vorherige Argument zu verdeutlichen.

M2 addiert zu M1 Einlagen mit einer vereinbarten Laufzeit von bis zu zwei Jahren und Einlagen mit einer vereinbarten Kündigungsfrist von bis zu drei Monaten hinzu. Es ist nicht ersichtlich, warum zu dieser Geldmenge nicht auch z.B. Schuldverschreibungen mit einer Restlaufzeit von bis zu einem Jahr hinzugerechnet werden. Unter Voraussetzung eines funktionierenden Kapitalmarktes, der hinsichtlich öffentlicher Schuldverschreibungen bis zu einem gewissen Grad in Europa sicher besteht, sind solche Papiere genau so schnell in Geld zu verwandeln wie Einlagen mit einer vereinbarten Laufzeit von bis zu zwei Jahren. Die Gründe für derartige Definitionen sollen an dieser Stelle nicht diskutiert werden. Es sollte aber deutlich geworden sein, dass die Definition weitgefasster Geldmengen nicht auf einem mikroökonomisches Fundament fußen, sondern reine institutionelle Entscheidungen im Hinblick auf die geldpolitische Verantwortung sind. Die folgende Tabelle stellt die Geldmengen der Europäischen Zentralbank, des Federal Reserve Boards und der Bank von England dar.

Tabelle 9-1: Die Geldmengen der EZB, der Fed und der BoE

	M1	**M2**	**M3**	**M4**
EZB[25]	Bargeld + Sichteinlagen	M1 + Einlagen mit einer vereinbarten Laufzeit von bis zu zwei Jahren + Einlagen mit einer vereinbarten Kündigungsfrist von bis zu drei Monaten	M2 + Repogeschäfte[26] + Geldmarktfonds + Schuldverschreibungen mit einer Laufzeit von bis zu zwei Jahren	-
FED[27]	Bargeld + Sichteinlagen	M1 + kleine Termineinlagen (bis 100 TUSD) + Spareinlagen + Termingelder mit täglicher Fälligkeit	M2 + große Termingelder + institutionell verwaltete Gelder + Termineinlagen mit einer Fälligkeit länger als einen Tag + Eurodollars	-
BoE[28]	wie EZB	wie EZB	wie EZB	M3 + Einlagen, inklusive Geldmarktinstrumente + Repogeschäfte

[25] vgl. EZB Monatsbericht Oktober 2003.

[26] Repogeschäfte sind Repurchase Agreements, d.h. die Zentralbank kauft einer Bank Wertpapiere ab und stellt ihr somit Liquidität zur Verfügung. Beim Verkauf wird der Rückkauf der Wertpapiere durch die Bank in Zeit und Höhe bereits festgelegt. Repogeschäfte dienen der kurzfristigen Finanzierung von Banken.

[27] vgl. Board of Governors of the Federal Reserve System 1994.

[28] vgl. Thorp, Turnbull 2000.

10 Der Geldmarkt

10.1 Die Geldnachfrage

Die Ausführungen des letzten Abschnitts machen deutlich, dass Geld letztlich nur ein Mittel zum Zweck ist. Natürlich kann argumentiert werden, dass einige Menschen Geld besitzen wollen nur des Geldes wegen. In der Regel wird Geld aber einfach für Transaktionen genutzt. Wer umgangssprachlich viel Geld hat, hat tatsächlich meist nicht soviel Geld. Reiche Individuen haben ein großes Vermögen, häufig aber nicht viel mehr Geld nach den vorherigen Definitionen als der Durchschnitt. Dennoch ist Geld ein Gut und wird auf einem Markt gehandelt. Was bestimmt die Höhe der Geldnachfrage?

Die frühen Theorien gingen davon aus, dass die Nachfrage nach Geld durch das Einkommen bestimmt wird. Eine einfache Geldnachfragefunktion hat **Arthur C. Pigou**[1] formuliert. Sie lautet:

$$M^D = kPY$$

Die **nominale Geldnachfrage** M^D ist gleich der k-te Teil des realen Output Y multipliziert mit dem Preisniveau P. Der reale Output Y ist die Menge an Gütern und Dienstleistungen, das reale BIP. Die nominale Geldnachfrage muss letztlich den Kauf dieser Güter ermöglichen. Da es sich um eine nominale Größe handelt, muss der reale Output auch nominal, d.h. in Geld ausgedrückt werden. Genau dies ist das Ergebnis des Produktes PY. Der reale Output sind z.B. drei Kilo Erdbeeren. Der Wert der Erdbeeren in Geld ist der Preis für ein Kilo Erdbeeren mal der Menge Erdbeeren. Bei einem Preis von zwei Euro pro Kilo beträgt der nominale Wert von drei Kilo Erdbeeren sechs Euro. Das k ist für dieses kleine Beispiel unerheblich, es kann gleich eins gesetzt werden. Ein Individuum kann drei Kilo Erdbeeren auf einmal kaufen und braucht daher auch sechs Euro. Eine gesamte Volkswirtschaft wird die eigenen Waren nicht auf einmal kaufen. Dies schon deshalb nicht, weil nicht alle Waren auf einmal produziert werden. Kein Mensch kauft den gesamten Erdbeervorrat für ein Jahr im Voraus. Die Erdbeeren werden gekauft, wenn sie benötigt werden. Dementsprechend erfordert die Versorgung einer Volkswirtschaft mit Geld regelmäßig nicht die Menge an Geld, die gleich des geldlichen Warenwertes ist. Das k ist mithin kleiner als 1 und größer als Null.

[1] Arthur Cecil Pigou (1877-1959), britischer Nationalökonom und Vertreter der Cambridge Neoklassiker. Hauptwerke: Wealth and Welfare (1912), The Economics of Welfare (1920). Die genannte Geldnachfrage findet sich in Pigou's Aufsatz „The Value of Money“ (1917).

Wird die Gleichung der nominalen Geldnachfrage durch das Preisniveau P geteilt, ergibt sich die **reale Geldnachfrage** M^D/P oder auch der **reale Geldstock** oder die **reale Geldmenge**. Sie muss, um beim gewohnten Erdbeer-Beispiel zu bleiben, drei Kilo Erdbeeren kaufen können. Für die reale Geldnachfrage ergibt sich:

$$M^D / P = kY$$

Mit anderen Worten misst der reale Geldstock die **Kaufkraft** des nominalen Geldstocks.

Auch zum Zwecke den bisher noch etwas ominösen Parameter k besser erläutern zu können, soll auf eine zeitlich früher entwickelte Gleichung zurückgegriffen werden. Ausgangspunkt ist die nominale Geldnachfrage:

$$\begin{aligned} & M^D = kPY \quad |: k \\ \Leftrightarrow \quad & M^D * 1/k = PY \\ \Leftrightarrow \quad & M^D V = PY \qquad \text{mit } V = 1/k \end{aligned}$$

Dies ist die so genannte **Quantitätsgleichung des Geldes**.[2] M^D ist der nominale Geldstock, P das Preisniveau und Y der reale Output. V, d.h. der Kehrwert von k symbolisiert die **Umlaufgeschwindigkeit des Geldes**. Wie oft muss das Geld innerhalb einer bestimmten Periode, z.B. eines Jahres in der Volkswirtschaft umgelaufen sein, um den Wert des gesamten Outputs bezahlen zu können? Das Erdbeer-Beispiel veranschaulicht dies gut. Der Output beträgt drei Kilo Erdbeeren zu zwei Euro das Kilo. Angenommen die nominale Geldmenge beträgt zwei Euro, d.h. es gibt nur ein einziges zwei Euro-Stück in dieser Volkswirtschaft, dann muss das Geld dreimal umlaufen, um den gesamten Output bezahlen zu können. V beträgt dann drei. Eingesetzt in die vorherige Gleichung ergibt sich:

$$\begin{aligned} & 2\,\text{EUR} * V = 2\,\frac{\text{EUR}}{\text{Kg}} * 3\,\frac{\text{Kg}}{\text{Jahr}} \\ \Leftrightarrow \quad & 2\,\text{EUR} * V = 2\,\text{EUR} * 3 \text{ pro Jahr } |: 2\,\text{EUR} \\ \Leftrightarrow \quad & V = 3 \text{ pro Jahr} \end{aligned}$$

Hinter der Gleichung steht die so genannte **Quantitätstheorie des Geldes**. Diese stellt einen direkten Bezug zwischen der Geldmenge und dem Wert des Outputs einer Volkswirtschaft her. Genauer gesagt stellt die Quantitätstheorie des Geldes einen direkten Bezug zwischen der nominalen Geldmenge und dem nominalen Output einer Volkswirtschaft her. Dabei wird V regelmäßig als kon-

---

[2] Die Quantitätsgleichung des Geldes geht auf Irving Fisher (1911a, 1911b) zurück. Fisher hat die Quantitätsgleichung ursprünglich als MV=PT dargestellt, wobei T die Menge aller Transaktionen innerhalb einer bestimmten Periode, z.B. einem Jahr, symbolisiert.

stant angenommen und als $\overline{V}$ symbolisiert. Für die Quantitätstheorie des Geldes ergibt sich folgende häufig verwendete Schreibweise:

$$M^D \overline{V} = P\overline{Y} .$$

Die Gleichung beschreibt die einfache Tatsache, dass die Steigerung der Geldmenge bei konstantem realem Output zu einer Erhöhung des Preisniveaus führen muss. Dass Geldmengensteigerungen Inflation verursachen, lässt sich mit der Quantitätsgleichung nur mit den gemachten restriktiven Annahmen begründen. Die Annahmen gehen auf die Klassiker zurück und sind zu kritisieren.

Es ist zu prüfen, ob die Annahmen der Theorie überhaupt zutreffend sind. Die Quantitätstheorie des Geldes nimmt die Umlaufgeschwindigkeit des Geldes im Allgemeinen als konstant an. Diese Annahme ist bei genauer Betrachtung nicht haltbar. Langfristig verändert sich die Umlaufgeschwindigkeit aufgrund von technischen Innovationen oder Finanzinnovationen. Eine Finanzinnovation, die zu einer Erhöhung der Umlaufgeschwindigkeit des Geldes geführt hat, ist die Einführung von Kontokorrentkonten für jedermann in den 1960er und 1970er Jahren. Das so genannte Girokonto ermöglicht es den Haushalten weniger Bargeld halten zu müssen. Rechnungen können seitdem per Überweisung oder Scheck bezahlt werden. Die Einführung von "Plastikgeld" aller Art, z.B. EC-Karten oder Kreditkarten, reduzierte die Bargeldhaltung noch einmal erheblich. Häufig liegt zwischen dem Holen eines Geldscheins von der Bank und der Weitergabe desselben für den Kauf einer Ware im Supermarkt nur eine sehr geringe Zeitspanne von wenigen Stunden. Eine technische Innovation, die zu einer erheblich reduzierten Bargeldhaltung geführt hat, ist die Einführung von Geldautomaten. Die Annahme einer konstanten Umlaufgeschwindigkeit ist, wie die Ausführungen verdeutlicht haben, höchstens näherungsweise erfüllt.

Auch die zweite Annahme, die eines konstanten Outputs bzw. Einkommens ist nur näherungsweise erfüllt. Schließlich ist es ein hehres Ziel der ökonomischen Lehre ein möglichst hohes Wohlstandsniveau zu erreichen, d.h. möglichst vielen Menschen möglichst viel zu bieten. Ein langfristig konstanter Output ist eher ein Albtraum für einen Ökonomen denn eine sinnvolle Annahme für ein Modell. Kurzfristig sind die Outputzuwächse und damit auch die Einkommenssteigerungen aber zu vernachlässigen, so dass die Annahme eines konstanten Outputs bzw. Einkommens kurzfristig näherungsweise erfüllt ist.

Eine allgemeine Geldnachfragefunktion kann nicht ausschließlich aus der Quantitätstheorie abgeleitet werden. Es gibt unterschiedliche Motive Geld nachzufragen. Der Output bzw. das Einkommen Y wurde bereits als ein Einflussfaktor für die Geldnachfrage ausgemacht. Das Einkommen beeinflusst die Geldnachfrage positiv, d.h. je höher das Einkommen, desto höher die Geldnachfrage. Diese logische Beziehung leuchtet intuitiv ein. Je höher das Einkommen, desto höher wird tendenziell der Konsum eines Haushaltes sein. Im vorherigen Erdbeer-Beispiel werden zum Beispiel mehr Erdbeeren pro Haushalt nachgefragt. Der Kauf von Erdbeeren muss mit Geld bezahlt werden und folglich wird mit steigendem Erdbeerkonsum auch die Nachfrage nach Geld steigen. Ein Motiv zur Geldhaltung sind demnach wirtschaftliche Transaktionen (auch **Transaktionsmotiv**), deren Höhe vom Einkommen positiv beeinflusst wird.

Neben dem Einkommen weitere Einflussfaktoren der Geldnachfrage außer Acht zu lassen wäre eine zu starke Vereinfachung und entspräche auch nicht in abstrakter Weise der Realität. Geld ist letztlich als ein normales Gut zu betrachten. Mit einer "Investition" in Geld sind Opportunitätskosten, die entgangenen Erträge aus der besten Alternative, verbunden. Für die Opportunitätskosten des Geldes drängt sich der Nominalzins als Maß auf. Die **Kosten der Geldhaltung** entsprechen den entgangenen Zinsgewinnen einer vergleichbaren Anlage. Warum wird hier der Nominalzins i und nicht der Realzins r verwendet?

Was entgeht dem Halter von Bargeld denn tatsächlich? Statt Bargeld zu halten, könnte das Geld auf einem so genannten Girokonto oder in einem Geldmarktfonds belassen werden.[3] In diesem Fall würde ein bestimmter Nominalzins auf die Einlage gezahlt werden, nicht nur der Realzins. Dass der Nominalzins die tatsächlichen Kosten der Geldhaltung beschreibt, wird auch auf eine andere Weise deutlich. Die Geldanlage in ein Wertpapier, z.B. in einen Geldmarktfonds, erbringt in der Regel einen bestimmten Realzins r. Dieser Zins entgeht dem Halter von Bargeld. Geld „erbringt“ in der Regel anstatt des Realzinses einen "Ertrag" in Form eines Kaufkraftverlustes.[4] Das Ergebnis der Geldhaltung ist: es besitzt in Zukunft weniger Kaufkraft. Ein Kaufkraftverlust entsteht durch Inflation, d.h. Preissteigerung. Der tatsächliche "Ertrag" von Geld ist mithin negativ in Höhe der Inflationsrate π. Die Differenz aus entgangenem realen Zinsertrag r und aus dem tatsächlichen "Ertrag" des Geldes in Höhe von $-\pi$ ergibt die Kosten der Geldhaltung. Dies ist aber gerade der Nominalzins i:

$$i = r - (-\pi)$$
$$\Leftrightarrow \quad i = r + \pi.$$

Diese Gleichung wurde in einem früheren Kapitel[5] bereits als das Fisher Nominalzinstheorem vorgestellt. An dieser Stelle sei noch einmal darauf hingewiesen, dass es sich beim Fisher Nominalzinstheorem nicht um eine Gleichung im strengen mathematischen Sinne handelt, sondern lediglich um eine Annäherung. Zur Erinnerung, Gleichheitsbeziehung zwischen Nominalzins auf der einen Seite und der Summe aus Realzins und ist annäherungsweise erfüllt, wenn die Inflationsrate ausreichend klein ist.

[3] Der Saldo eines Kontokorrent- bzw. Girokontos ist Buchgeld und steht für das Begleichen von Rechnungen jederzeit zur Verfügung. Nicht in allen Fällen zahlen private oder öffentlich rechtliche Kreditinstitute Zinsen auf die Einlagen eines Kontokorrentkontos, es ist aber auch keine Seltenheit mehr. Ein Geldmarktfonds enthält Geldmarktpapiere, das sind Wertpapiere, die eine kurzfristige Forderung verbriefen und jederzeit von der Zentralbank angekauft oder bei Fälligkeit eingelöst werden. Üblicherweise werden solche Papiere am Geldmarkt gehandelt, daher rührt ihr Name.

[4] Dies gilt nur, wenn das Preisniveau steigt, was in den meisten Volkswirtschaften mehr oder weniger die Regel ist. Im Falle eines sinkenden Preisniveaus würde Geld über die Zeit einen Kaufkraftgewinn verzeichnen.

[5] vgl. Kap. 5.2

Es sollte deutlich geworden sein, warum der Nominalzins das richtige Maß für die Opportunitätskosten der Geldhaltung ist. Je höher der Nominalzins, desto höher sind die Kosten der Geldhaltung. Wie bei jedem normalen Gut führen höhere Kosten zu einer geringeren Nachfrage nach dem jeweiligen Gut. So ist es auch beim Geld. Hohe Nominalzinsen reduzieren die Geldnachfrage. Dies wird das so genannte **Spekulationsmotiv** der Geldnachfrage genannt. Individuen halten Geld in Phasen niedriger Zinsen, um dieses bei steigenden Zinsen in Wertpapiere investieren zu können.

Das Transaktionsmotiv und das Spekulationsmotiv und mit ihnen das Einkommen und der Nominalzins sind die wohl wichtigsten Größen der Geldnachfrage. Der Einfluss der zwei genannten Faktoren auf die Geldnachfrage lässt sich mit folgender leicht komplexeren Geldnachfragefunktion darstellen:

$$M^D / P = L(\underset{(+)}{Y}, \underset{(-)}{i}).$$

Das kleine Pluszeichen unterhalb des Einkommens bzw. kleine Minuszeichen unterhalb des Nominalzinses symbolisiert den positiven Einfluss des Einkommens bzw. den negativen Einfluss des Nominalzinses auf die Geldnachfrage.

Mithilfe der allgemeinen Geldnachfragefunktion kann gezeigt werden, dass die klassische Annahme einer konstanten Umlaufgeschwindigkeit selbst kurzfristig kritisch ist. Die Umlaufgeschwindigkeit hängt demnach kurzfristig vom Nominalzins ab. Je höher der Nominalzins, desto teurer wird die Geldhaltung und tendenziell wird dies die Geldhaltung in der Bevölkerung verringern. Bekommt eine Privatperson keine Zinsen auf positive Salden auf dem Girokonto, macht es keinen Unterschied, wie hoch das durchschnittliche Guthaben auf dem Konto ist. Ein Haushalt habe zum Beispiel ein Einkommen von 2000 Euro. Am Ende des Monats ist das gesamte Einkommen ausgegeben. Hebt der Haushalt kontinuierlich die gleiche Summe von seinem Konto ab, beträgt der durchschnittliche Habensaldo auf dem Konto 1000 Euro. Bei einem Guthabenzins von Null macht es keinen Unterschied, ob der Haushalt die 2000 Euro am Anfang des Monats abhebt und dann kontinuierlich den Bargeldbestand in seinem Portemonnaie verändert oder ob er einen durchschnittlichen Guthabensaldo von 1000 Euro hat.[6] Ein positiver Zins von z.B. 10% wird die Entscheidung sicher ändern. Verfügt der Haushalt am Anfang des Monats über sein gesamtes Einkommen und verwahrt die 2000 Euro im Portemonnaie, kann er Waren im Wert von nominal 2000 Euro erwerben. Verfügt der Haushalt hingegen kontinuierlich über den gesamten Monat über sein Gehalt und erreicht somit ein durchschnittliches Habensaldo von 1000 Euro, erhält er Zinsen von 100 Euro (10% mal 1000 Euro)[7] auf dieses Guthaben. Über den gesamten Monat kann der Haushalt daher

[6] Mindestens entsteht kein Zinsnachteil durch die Geldhaltung. Aus Sicherheitsaspekten ist eine geringere Summe Bargeld dennoch sicher ratsam.

[7] Der Vollständigkeit halber sei darauf hingewiesen, dass ein Zinssatz von 10% pro Monat unrealistisch ist bzw. nur in Krisenländern zu erhalten ist. Im Grunde ändert aber ein anderer Zins nichts an dem Beispiel, daher wird aus Vereinfachungsgründen dieser hohe Zinssatz angenommen.

Waren im Wert von nominal 2100 Euro erwerben. Je höher der Nominalzins, desto geringer ist demnach tendenziell die Geldhaltung der Haushalte. Die Quantitätsgleichung des Geldes macht diesen Zusammenhang auch formal deutlich:

$$M^D V = PY$$

$$\Leftrightarrow \quad V = \frac{Y}{M^D / P} \qquad \text{mit } M^D / P = L(Y,i)$$

$$\Leftrightarrow \quad V = \frac{Y}{L(Y,i)}$$

Aus dem Ausdruck für V wird mit gleichbleibendem Y deutlich, wenn i steigt (sinkt) wird L(Y,i) tendenziell kleiner (größer) (Zur Erinnerung $\partial L(Y,i)/\partial i < 0$) und der gesamte Ausdruck somit größer (kleiner).

An dieser Stelle ist die Geldnachfrage ausführlich genug diskutiert worden. Es gibt unterschiedliche Motive Geld nachzufragen und unterschiedlichste Theorien sind zur Erklärung entwickelt worden. Der Vollständigkeit halber sei noch das **Vorsichtsmotiv** erwähnt. Individuen fragen Geld nach, um in wirtschaftlichen Notsituationen zusätzliche Anschaffungen tätigen zu können. Je höher das Risiko, dass ein Notfall eintritt, desto höher ist die Geldnachfrage. In Krisenregionen halten Individuen im Allgemeinen keine Wertpapiere, da das gesamte Bargeld für eventuelle Notfälle fest gehalten wird, z.B. um aus der Region zu fliehen. Im Folgenden wird die aus dem Transaktionsmotiv und dem Spekulationsmotiv hergeleitete Geldnachfrage verwendet.

10.2 Das Geldangebot

Das **Geldangebot** ist das von der verantwortlichen staatlichen bzw. privaten[8] Stelle geschaffene Geld. *Das Geldangebot und der Geldstock bzw. weiter gefasste Geldmengen sind deutlich voneinander zu unterscheiden.* Als Geldangebot sind nur die Mittel zu bezeichnen, die eine zuständige Stelle direkt kontrollieren kann. In Europa fallen hierunter das gesamte ausgegebene Bargeld und die Reserven der Banken, d.h. die Sichteinlagen der Banken bei der EZB. Der Geldstock hingegen gleicht allen Zahlungsmitteln innerhalb einer Volkswirtschaft. Der Geldstock beinhaltet zum Beispiel auch sämtliche Sichteinlagen der Nichtbanken, z.B. der Haushalte und der Firmen, bei den Banken. Weiter gefasste Geldmengen beinhalten noch andere Vermögenswerte, die aber nicht direkt als Zahlungsmittel eingesetzt werden können. Die einzelnen Geldmengen wurden in einem vorherigen Kapitel bereits näher betrachtet.[9]

[8] Wie in Kapitel 9.1.3 erwähnt, haben früher private Banken oft eigenes Geld ausgegeben. Dies ist heute nur noch in wenigen meist instabilen Ländern möglich.
[9] vgl. Kap. 9.2

Das Geldangebot wird in der Regel alleine von den Notenbanken bzw. Zentralbanken einzelner Länder bestimmt.[10] In Europa ist dies die EZB, in den USA die Federal Reserve Bank, in England die Bank von England und in Japan die Bank von Japan. Vor der europäischen Wirtschafts- und Währungsunion ist die Deutsche Bundesbank die Notenbank der Bundesrepublik Deutschland gewesen.

Gemäß §106 des Vertrages zur Gründung der Europäischen Gemeinschaft in der konsolidierten Fassung von Amsterdam (so genannter Amsterdamer Vertrag) hat die EZB das ausschließliche Recht, die Ausgabe von Banknoten zu genehmigen. Weiter heißt es, dass nur die von der EZB ausgegebenen Banknoten innerhalb der Europäischen Gemeinschaft als gesetzliches Zahlungsmittel gelten. Die Münzen werden durch die einzelnen Mitgliedsstaaten herausgegeben. Dabei muss die EZB den Umfang der Ausgabe von Münzen genehmigen. Letztlich bedeutet dies, dass die EZB die monetäre Basis kontrolliert und somit indirekt die weiter gefassten Geldmengen. Wie entsteht aber Geld?

Es bleibt festzuhalten, dass das physische Drucken von Geldscheinen respektive das Prägen von Münzen nicht automatisch die monetäre Basis in der EU erhöht. Das Drucken von Geld ist notwendig aber nicht hinreichend für die Schaffung von Geld. Jedes private bzw. öffentlich rechtliche Kreditinstitut unterhält ein Konto bei der EZB. Stellt die EZB einem Kreditinstitut Geld auf dem Konto zur Verfügung, erhöht sich die monetäre Basis. Das Kreditinstitut hat mit der zur Verfügungstellung von Buchgeld auf dem eigenen EZB-Konto einen Kredit bei der Zentralbank aufgenommen. Die monetäre Basis erhöht sich. Dieser Prozess wird **Geldschaffung** genannt. Die Rückzahlung von Krediten eines Kreditinstitutes an die EZB verringert die monetäre Basis. Dieser Vorgang wird folgerichtig **Geldvernichtung** genannt.

Die Zentralbank kann die monetäre Basis direkt mit zwei Instrumenten beeinflussen, der Zinspolitik und der Liquiditätspolitik. *Reduziert (erhöht) die Zentralbank die Zinssätze, verbilligt (verteuert) dies die Kredite und wird die Kreditaufnahme der Kreditinstitute erhöhen (reduzieren). Unabhängig von Zinssatzänderungen kann die Zentralbank durch den Ankauf von Vermögensgegenständen der Kreditinstitute, z.B. den Ankauf von Wertpapieren aus den Beständen der Kreditinstitute, die Liquidität, d.h. die flüssigen Mittel der Kreditinstitute erhöhen bzw. senken, wenn sie den Rückkauf der Vermögensgegenstände verlangt.*[11] Eine einfache Funktion für das nominale Geldangebot M, wobei i den Nominalzins und λ die Liquidität symbolisiert, lautet:

$$M = f(\underset{(-)}{i}, \underset{(+)}{\lambda})$$

Die monetäre Basis ist die einzige Geldmenge, die direkt von der Notenbank kontrolliert werden kann. Der Geldstock M1 und die weitergefassten monetären

[10] Dies gilt zumindest für alle modernen Marktwirtschaften in denen die Notenbanken mehr oder weniger unabhängig von der politischen Führung der jeweiligen Länder sind.

[11] Für Einzelheiten zur Geldpolitik vgl. Kap. 17.

Aggregate wie M2 und M3 kann die Notenbank nur indirekt über die monetäre Basis kontrollieren. Die Erhöhung der monetären Basis wird tendenziell auch zu einer Erhöhung der nachfolgenden Geldmengen führen. Dabei ist der Einfluss der Zentralbanken auf den Geldstock noch relativ groß, er wird durch den so genannten **Geldschöpfungsmultiplikator** beeinflusst. Die Geldschöpfung ist deutlich von der Geldschaffung zu unterscheiden. Die Geldschaffung wird direkt durch die Geldpolitik der Zentralbanken beeinflusst. Die Geldschöpfung wird nur zu einem Teil direkt von der Zentralbank beeinflusst. Der andere Teil wird direkt von der Geschäftspolitik der privaten Banken beeinflusst. In diesem Sinne können Banken also kein Geld schaffen, aber schöpfen. Das folgende Modell dient dazu den endgültigen Geldstock herzuleiten. Die zwei Grundgleichungen des Modells sind:

$$MB = C_M + RS$$

$$M1 = C_M + D$$

Die monetäre Basis MB setzt sich zusammen aus dem umlaufenden Bargeld C_M und den Reserven der Banken bei der Zentralbank RS. Der Geldstock bzw. die Geldmenge M1 setzt sich zusammen aus dem umlaufen Bargeld und sämtlichen Sichteinlagen. Die Geschäftsbanken können durch ihre Zinspolitik nur den Geldstock beeinflussen. Der Geldschöpfungsmultiplikator bestimmt letztlich das Verhältnis zwischen Geldstock und monetärer Basis (M1/MB). Es folgt:

$$\frac{M1}{MB} = \frac{C_M + D}{C_M + RS}$$

Die Geldschöpfung kann nun zum einen von der Zentralbank beeinflusst werden, in dem das Verhältnis zwischen Reserven und Einlagen verändert wird. Die EZB setzt zum Beispiel eine **Mindestreserve** für die Banken fest. Danach müssen die Geschäftsbanken einen gewissen Anteil, den **Mindestreservesatz**, von den Einlagen ihrer Kunden, der **Mindestreservebasis**, bei der EZB als Reserve unterhalten. Das Verhältnis zwischen Reserve und Einlagen ergibt sich als RS/D. Außerdem kann die Zentralbank das Verhältnis zwischen Bargeld und Einlagen beeinflussen, in dem mehr Bargeld in den Umlauf gebracht wird. Die Geldschöpfung kann zum anderen von den Geschäftsbanken beeinflusst werden. Diese haben ebenfalls die Möglichkeit das Verhältnis zwischen Bargeld und Einlagen mit ihrer eigenen Geschäftspolitik zu beeinflussen. Je mehr Zinsen die Geschäftsbanken den Kunden versprechen, desto mehr Einlagen werde diese den Banken zur Verfügung stellen. Das Verhältnis zwischen Bargeld und Einlagen ergibt sich als C_M/D.

Welchen Einfluss das Verhältnis zwischen Reserven und Einlagen auf der einen und zwischen Bargeld und Einlagen auf der anderen Seite auf die Beziehung zwischen Geldstock und monetärer Basis hat, wird mithilfe der vorherigen Gleichung deutlich. Hierzu wird sowohl der Zähler als auch der Nenner auf der rechten Seite der Gleichung durch D geteilt. Es ergibt sich:

$$\frac{M1}{MB}=\frac{C_M/D+1}{C_M/D+RS/D}$$

Dies ist der Geldschöpfungsmultiplikator m. Dass es ein Multiplikator ist, wird deutlich durch eine einfache Umformung. Es gilt:

$$\frac{M1}{MB}=m$$

$$\Leftrightarrow \quad M1=m\times MB$$

Somit ergibt sich der Geldstock aus der monetären Basis mal dem Geldschöpfungsmultiplikator m. Der Multiplikator kann auch für die weiter gefassten Geldmengen M2 und M3 genutzt werden. In diesem Fall wird lediglich der Begriff der Einlagen auf die längerfristigen Einlagen, die in M2 und M3 enthalten sind, ausgedehnt. Allgemein ergibt sich: $M=m\times MB$.

Der Multiplikator der Geldschöpfung ist jetzt bekannt. Wie verläuft aber der Prozess der Geldschöpfung über mehrere Perioden? Dies kann am besten mit einem Zahlenbeispiel veranschaulicht werden.[12] Angenommen die Zentralbank reduziert den Mindestreservesatz. Bei gleichbleibenden Reserven hätten die Banken jetzt einen Überschuss über dem Reservesoll. Diesen Reserveüberschuss müssen gewinnmaximierende Geschäftsbanken abbauen, da Reserven bei der Zentralbank in der Regel weniger Zinsen bringen als die Vergabe des Geldes als Kredit. Um den Multiplikatoreffekt in einfacher Weise zeigen zu können, wird weiter angenommen, dass Geschäftsbanken ihre eigene Kreditaufnahme bei der Zentralbank nicht reduzieren. Die überschüssigen Reserven werden dann ausschließlich für erhöhte Kreditvergaben an Haushalte und Firmen genutzt. Als letztes wird angenommen, dass Haushalte und Firmen die erhöhte Kreditvergabe auch ausnutzen, d.h. neue Kredite nachfragen. Für das folgende Zahlenbeispiel wird insbesondere angenommen, dass die Zentralbank die Mindestreserveanforderungen reduziert und die privaten Banken dann eine Überschussreserve von 1200 Geldeinheiten haben. Das Verhältnis zwischen Bargeld und Einlagen, C_M/D, in der Volkswirtschaft sei 1/3, das zwischen Reserven und Einlagen, RS/D, 1/10. Die folgende Tabelle stellt die Entwicklung der Geldschöpfung mit den gemachten Annahmen dar. In der ersten Periode (Perioden stehen in Spalte 1) haben die Geschäftsbanken eine Überschussreserve von 1200 Geldeinheiten, d.h. sie stellen zusätzliche Kredite in der gleichen Höhe zur Verfügung (Spalte 2). Ein Drittel, d.h. 400 Geldeinheiten dieser Kredite wird in Bargeld in Anspruch genommen (Spalte 3), der Rest, d.h. 800 Geldeinheiten entstehen in

---

[12] vgl. Peter Bofinger 2001, S. 52f

Form von Einlagen (Spalte 4). Aufgrund der erhöhten Einlagen müssen die Banken ihre Reserven in Höhe von 80 Geldeinheiten erhöhen (Spalte 5). Am Ende von Periode eins haben die Banken daher noch immer eine Überschussreserve von 720 Geldeinheiten (Spalte 6). Diese entsteht, da von der ursprünglichen Überschussreserve 400 Geldeinheiten in Form von Bargeld ausgezahlt werden und weitere 80 Geldeinheiten zur Erhöhung der vorhandenen Reserve aufgrund der erhöhten Einlagen genutzt werden. Am Ende der Periode beträgt die Überschussreserve demnach nur noch 1200 – 400 – 80 = 720. Aus der Tabelle geht hervor, wie sich die Geldschöpfung über die nächsten Perioden entwickelt.

Tabelle 10-1: Ein Beispiel für die Wirkung des Geldschöpfungsmultiplikators

Periode	Zusätzliche Kreditvergabe am Anfang der Periode	Zusätzliches Bargeld im Umlauf ($C_M/D = 1/3$)	Zusätzliche Einlagen	Zusätzliche Reserven (RS/D = 1/10)	Überschussreserve am Ende der Periode
1	1.200	400	800	80	720
2	720	240	480	48	432
3	432	144	288	28,80	259,20
...	...	...	...	...	...
Summe	3.692,31	1.230,77	2.461,54	246,15	

Insgesamt erhöht sich der Geldstock um 3.692,31 Geldeinheiten. Der Geldstock ist am Ende des Geldschöpfungsprozesses, der mathematisch betrachtet über unendlich viele Perioden verläuft, 3,077 mal größer als die ursprüngliche Überschussreserve von 1200 Geldeinheiten. Dies entspricht dem Geldschöpfungsmultiplikator, der mit der vorherigen Gleichung berechnet werden kann:

$$m = \frac{1/3 + 1}{1/3 + 1/10} = 3\frac{1}{13} \approx 3{,}07 .$$

Der Geldschöpfungsmultiplikator, wie im Beispiel dargestellt, lässt den Zins als einen direkten Haupteinflussfaktor völlig außer Acht. Die Darstellung dient folglich nicht dazu, eine Geldangebotsfunktion herzuleiten, sondern lediglich dazu, den Multiplikatoreffekt mit gegebenen Verhältnissen von Bargeld zu Einlagen und von Reserven zu Einlagen zu zeigen.

Haupteinflussfaktoren des Geldangebots bzw. des Geldstocks sind, wie erläutert, der Zins und die Liquidität. Die einfache Geldangebotsfunktion $M = f(i, \lambda)$ bleibt daher nach wie vor gültig. Zu beachten ist lediglich, dass es sich bei M um weiter gefasste Geldmengenaggregate wie M2 oder M3 handeln kann und nicht nur um die monetäre Basis. Für die einfachen Modelle im Folgenden wird allerdings angenommen, dass die Zentralbank das nominale Geldangebot kontrollieren kann. In diesem Sinne handelt es sich nachstehend um die monetäre Basis. Aus Vereinfachungsgründen wird das nominale Geldangebot im Folgenden sogar meistens kurzfristig als konstant angenommen. Das reale Geldangebot M/P wird somit exogen durch das Preisniveau bestimmt.

10.3 Die Notenbanken[13]

Als die erste Notenbank bzw. Zentralbank ist die Bank von England zu bezeichnen. Sie wurde 1694 als eine private-öffentliche Bank gegründet. Auf der einen Seite war sie eine private gewinnorientierte Bank, auf der anderen Seite, nicht zuletzt weil der Britische König Anteilseigner war, dazu verpflichtet, den Britischen Staat zu finanzieren. Die modernen Funktionen einer Zentralbank übte die Bank von England erst im späten 19. Jh. aus. Seit Sommer 2003 ist Mervyn Allister King Gouverneur der Bank von England. Die Bank von Frankreich wurde 1800 als reine Privatbank gegründet, allerdings mit persönlicher Unterstützung Napoleons. Auch sie übernahm moderne Funktionen erst im späten 19. Jh. Beide Banken wurden nach dem zweiten Weltkrieg verstaatlicht. In den USA gibt es seit 1914 ein System von Zentralbanken, das so genannte Federal Reserve System mit 12 Federal Reserve Banks und einem zentralen Vorstand. In diesem Sinne existiert "die" Federal Reserve Bank oder auch Fed, wie sie häufig genannt wird, nicht. Mit diesem Ausdruck ist für gewöhnlich das Federal Open Market Committee, das höchste geldpolitische Gremium in den USA gemeint. Der Vorsitzende ist Ben Bernanke seit Februar 2006. Er ist gleichzeitig Vorsitzender des Federal Reserve Boards, der obersten Geschäftsführung des Federal Reserve Systems.

In Deutschland wurde 1846 die Preußische Bank gegründet, die 1876 in der Reichsbank und nach dem zweiten Weltkrieg 1948 in der Bank deutscher Länder aufging. Erst die Bundesbank, gegründet 1957, ist die erste staatliche Notenbank Deutschlands bis zur Gründung der Europäischen Zentralbank.

Im Rahmen der dreistufigen Wirtschafts- und Währungsunion in der Europäischen Union ist am 01.01.1994 das Europäische Währungsinstitut (EWI) gegründet worden. Das EWI besaß keine geldpolitischen Kompetenzen, sondern diente der institutionellen und organisatorischen Vorbereitung eines Europäischen Währungssystems (EWS). Die Aufgabe bestand darin die getrennten Europäischen Geldpolitiken zu koordinieren. Das EWI ist am 01.07.1998 in der EZB aufgegangen. Die EZB bildet zusammen mit den Zentralbanken der Mitgliedsstaaten das Europäische System der Zentralbanken (ESZB). Die Organisation des ESZB ist in Abbildung 10-1 dargestellt.

[13] Dieses Kapitel liefert nur einen sehr knappen Überblick über die Entstehung und Aufgaben der Notenbanken, insbesondere der EZB. Weitere Ausführungen zur Geldpolitik sind in einem späteren Kapitel zu finden. Für nähere Informationen und Literaturhinweisen sei die Homepage der EZB (www.ecb.int) bzw. der Bundesbank (www.bundesbank.de) empfohlen.

Abbildung 10-1: Das Europäische System der Zentralbanken

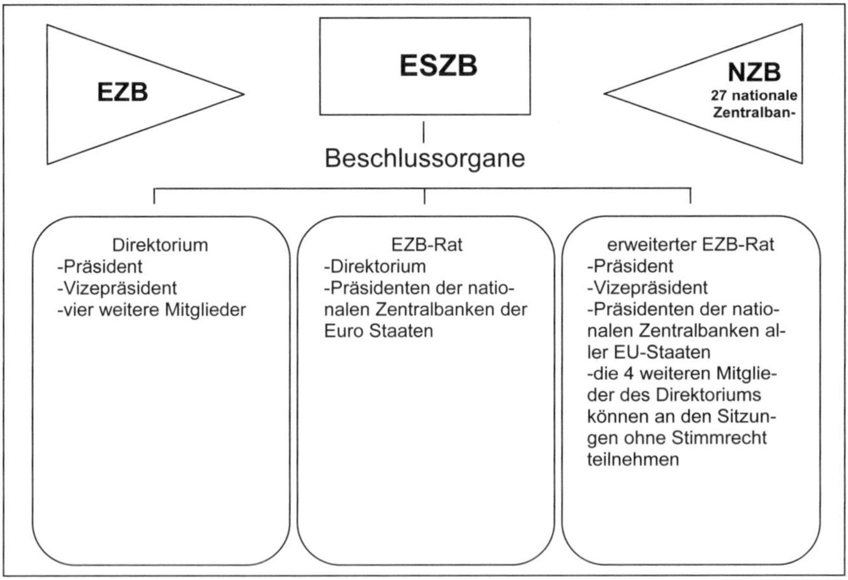

Oberstes Beschlussfassungsorgan der EZB ist der EZB-Rat, der sich aus dem Präsidenten und dem Vizepräsidenten der EZB und den Präsidenten der nationalen Zentralbanken der 13 Euro-Staaten zusammensetzt. Der EZB-Rat tagt mindestens einmal im Jahr und legt die strategischen Ziele der EZB fest. Das ausführende Organ der EZB ist das sechsköpfige Direktorium, welches die Geschäfte führt und in diesem Rahmen die Beschlüsse des Rates umsetzt. Der Präsident wird für eine achtjährige Amtszeit vom Europäischen Rat der Finanzminister gewählt und kann nicht für eine zweite Amtszeit wiedergewählt werden. Der erste Präsident der EZB war der Niederländer Wim Duisenberg. Dieser ist vorzeitig zum 01.11.2003 zurückgetreten. Sein Nachfolger ist Jean-Claude Trichet, der frühere Präsident der französischen Notenbank. Ein weiteres unterstützendes Organ bei der Erhebung von Statistiken und der Informationstätigkeit ist der so genannte erweiterte EZB-Rat. Ihm gehören neben dem EZB-Rat die Präsidenten der nationalen Zentralbanken der Nicht-Euro-Staaten und die weiteren vier Mitglieder des Direktoriums an. Letztere haben bei den Sitzungen des erweiterten EZB-Rates jedoch nur das Recht beizuwohnen, kein Stimmrecht.

Die EZB ist unabhängig von der politischen Führung der Europäischen Union. Dies wird nicht zuletzt deutlich durch die Stellung des EZB-Präsidenten, der für eine acht-jährige Amtszeit gewählt wird, um Kontinuität zu ermöglichen, aber nicht für eine zweite Amtszeit zur Verfügung stehen darf. Es bestehen auf diese Weise keine persönlichen Anreize die Geldpolitik nach den Wünschen der Politik zu gestalten, um die Wiederwahlchancen zu erhöhen. Die Gründungsländer, d.h. die Mitgliedsländer der Europäischen Union haben allerdings grundlegende Ziele und Aufgaben der EZB im Vorfeld festgelegt.

Nach der Satzung des ESZB und der EZB ist die Gewährleistung der Preisstabilität das vorrangige Ziel. Sofern das Ziel der Preisstabilität nicht beeinträchtigt wird, ist es weiterhin die Aufgabe des ESZB die allgemeine Wirtschaftspolitik der Gemeinschaft zu unterstützen. Des weiteren ist der "...Grundsatz einer offenen Marktwirtschaft mit freiem Wettbewerb..." und einer effizienten Ressourcenverteilung die Basis des Wirkens des ESZB und der Zentralbank. Zu den Aufgaben des ESZB und der EZB gehören:

1. Geldpolitik der Gemeinschaft festzulegen und auszuführen;
2. Devisengeschäfte durchzuführen;
3. offizielle Währungsreserven der Mitgliedsstaaten zu halten und zu verwalten;
4. reibungsloses Funktionieren der Zahlungsverkehrssysteme zu fördern.

Neben diesen Aufgaben führen weitere Artikel der Satzung Tätigkeiten im Bereich von beratenden Funktionen, speziell im Rahmen von Entscheidungen, die Auswirkungen auf die Geldpolitik haben können, an. Die Ermittlung relevanter statistischer Daten gehört genauso zu den Aufgaben der EZB und des von ihr geführten Systems, wie die Entscheidung über die Art der Vertretung des ESZB in internationalen Angelegenheiten.

Es sei noch einmal auf die Unabhängigkeit der EZB hingewiesen. Die genannten Punkte der Satzung sind durch politische Organe festgelegt worden. In der Führung der Geschäfte ist die EZB allerdings in zweifacher Hinsicht unabhängig. Erstens ist sie für die Definition der grundlegenden Ziele verantwortlich. Zweitens entscheidet sie, wie diese Ziele am besten erreicht werden. Hierbei wählt die EZB aus den ihr zur Verfügung stehenden Werkzeugen und bestimmt das Ausmaß, in dem sie diese Werkzeuge benutzt. Hierzu später mehr im Rahmen der Geldpolitik.

10.4 Das Geldmarktgleichgewicht

Nach der Herleitung von Geldnachfrage und Geldangebot sollte das Thema Geldmarkt mit der Beschreibung eines Geldmarktgleichgewichts abgerundet werden. Wie jedes Gleichgewicht auf einem beliebigen Gütermarkt, zeichnet sich das Geldmarktgleichgewicht ebenfalls durch die Übereinstimmung von Angebot und Nachfrage aus. Im Geldmarktgleichgewicht gilt:

$$L(Y,i) = M / P$$

Für eine grafische Darstellung wird auf der horizontalen Achse der reale Geldstock abgetragen. Auf der vertikalen Achse wird der Nominalzins abgetragen. Das nominale Geldangebot M sei exogen von der Zentralbank bestimmt und kurzfristig konstant. In dem einfachen Maschinen und Blumentopf Beispiel[14] waren dies 100.000 Euro. Bei gegebenem realen BIP von 90.000 Blumentöpfen ergibt sich ein Preisniveau von 1,11 Euro pro Blumentopf. Mit gegebener nominaler Geldmenge und gegebenem realen BIP ist das reale Geldangebot unabhängig vom Nominalzins und lässt sich als eine Senkrechte auf der horizontalen Achse darstellen. Die reale Geldnachfrage hängt für ein gegebenes reales BIP ausschließlich vom Nominalzins ab. *Dabei wird die Nachfrage umso geringer (höher) sein, je höher (niedriger) der Nominalzins ist.* Die Geldnachfragefunktion ist eine negativ geneigte Kurve. Abbildung 10-2 zeigt ein Geldmarktgleichgewicht für eine bestimmte nominale Geldmenge und ein bestimmtes reales BIP im Schnittpunkt der Kurven.

Abbildung 10-2: Das Geldmarktgleichgewicht

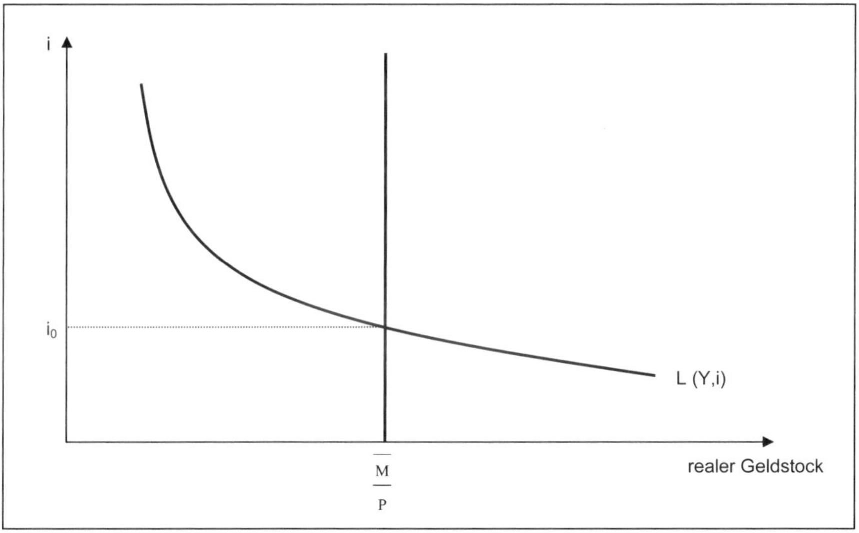

Wie verändert sich der Nominalzins, wenn sich entweder die Nachfrage- oder die Angebotskurve verschiebt? Abbildung 10-3 veranschaulicht die folgenden Erläuterungen. Eine Verschiebung der Nachfrage ist für die einfache Nachfragefunktion nur auf einen erhöhten realen Output zurückzuführen. Dies kann wiederum mehrere Ursachen haben. Entweder steigt die Produktivität der bisher eingesetzten Produktionsfaktoren, dies erhöht bei konstantem Einsatz der Faktoren den realen Output. Oder die Zahl der Produktionsfaktoren erhöht sich, was bei konstanter Produktivität ebenfalls zu einem höheren Output führt. Dies sind nur zwei Beispiele. Die erhöhte wirtschaftliche Aktivität schlägt sich in einem höheren BIP nieder. Dies gilt für jeden Nominalzins, d.h. die Geldnachfrage, die

[14] vgl. Kap. 6.2

Abbildung 10-3: Geldnachfrage und Geldangebot und der Nominalzins

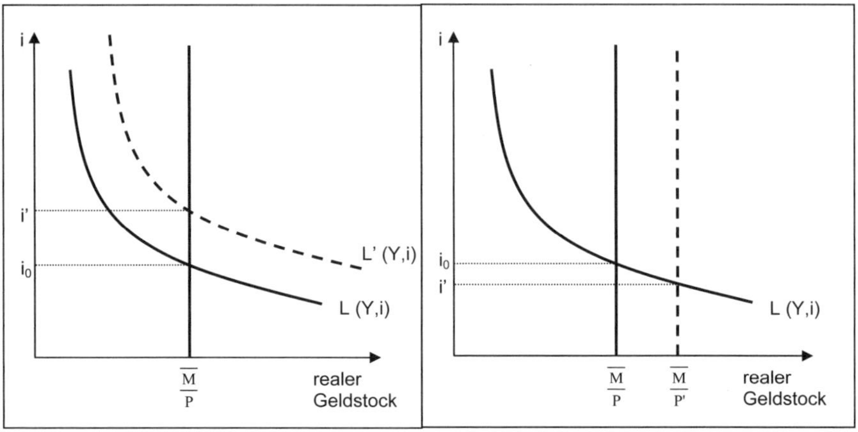

positiv mit dem Realeinkommen zusammenhängt, verschiebt sich nach oben. Bei konstantem realen Geldstock muss der Zins dann steigen.[15] Die linke Grafik in Abbildung 10-3 macht dies deutlich.

Eine Veränderung des realen Geldstocks lässt sich bei angenommenem kurzfristig konstantem nominalen Geldstock auf eine Veränderung des Preisniveaus zurückführen. Dabei führt ein Rückgang des Preisniveaus, d.h. eine Rechtsverschiebung der vertikalen Geraden in der rechten Grafik der Abbildung 10-3, zu einem geringeren Nominalzins. Je höher das Preisniveau steigt, desto höher steigt auch der Nominalzins. Gleiches gilt, wenn eine Veränderung des nominalen Geldstocks durch die Zentralbank zugelassen wird. Ein höherer nominaler Geldstock führt zu einem niedrigeren Nominalzins. Es ist zu beachten, dass ein nominal höherer Geldstock bei konstanten Preisen einem gestiegenen realen Geldstock entspricht. Das alt-bekannte Maschinen und Blumentopf Beispiel veranschaulicht auch diesen Zusammenhang. Steigt die nominale Geldmenge auf 110.000 Euro und verharrt der Preis bei 1,11 Euro pro Blumentopf, ist das reale Geldangebot auf ca. 99000 Blumentöpfe (110.000/1,11) gestiegen. Daher führt beides, ein höherer nominaler Geldstock genauso wie ein niedrigeres Preisniveau, zu niedrigeren Nominalzinsen.

Der Nominalzins sorgt für ein Gleichgewicht am Geldmarkt. Es muss allerdings deutlich hervorgehoben werden, dass dies ein Ergebnis der dargestellten, einfachen Modelle ist. Bei den Gleichungen in diesem Kapitel ist die Ursache Wirkungskette unklar. Auf der einen Seite wird ein steigendes Preisniveau zu einem steigenden Nominalzins führen. Investoren werden bei steigenden Preisen höhere Nominalzinsen bei einer Investition verlangen, um die reale Rendite der Investition zu erhalten. Tatsächlich kann ein langfristig relativ stabiler Realzins

[15] Der Nominalzins i ist als der Preis des Geldes zu betrachten. Mit steigender Nachfrage steigt der Preis, d.h. der Zins bei konstantem Angebot, wie bei gewöhnlichen Gütern.

von über 3% beobachtet werden.[16] Auf der anderen Seite kann ebenfalls argumentiert werden, dass höhere Zinsen höhere Preise unumgänglich machen. Wenn die Kosten von Unternehmen steigen, dies ist auch bei steigenden Nominalzinsen der Fall, da die Finanzierungskosten steigen, werden sie tendenziell höhere Preise verlangen. Es besteht also eine Wechselwirkung zwischen Zinsen und Preisen. Eine eindeutige Ursache ist nicht auszumachen. Dies erschwert auch die Feinjustierung von geldpolitischen Maßnahmen, wie später noch deutlich wird.

[16] Der Realzins 10-jähriger Staatsanleihen zwischen Januar 1994 und August 2004 betrug im Durchschnitt 3,8% in der Eurozone, 3,2% in den USA und 2,1% in Japan (EZB 2004; eigene Berechnungen).

11 Preisniveauveränderungen

11.1 Das Preisniveau und Inflation

Preisindex und Inflation wurden bereits in einem früheren Kapitel genau beschrieben.[1] Entgegen der dortigen genauen Definition von Inflation als die prozentuale Steigerung eines Preisindex in einem bestimmten Zeitraum, zumeist einem Monat oder einem Jahr, wird Inflation in einem geldpolitischen Rahmen *als ein dauerhafter Anstieg des gesamten Preisniveaus in einer Volkswirtschaft bezeichnet.*

Beispielhaft wurde in Kapitel **2.2** für einen hypothetischen Haushalt gezeigt, dass das Preisniveau für Brot und Bier von 100 im Jahre 2005 auf 108,6 im Jahre 2008 gestiegen ist. Angenommen der Preis von Brot und Bier in dem Beispiel war über die Jahre 2005 bis 2007 konstant und wäre auch im Folgejahre 2009 konstant gegenüber 2008, so handelt es sich um einen einmaligen Anstieg des Preisniveaus. In einem solchen Fall wird von einer Preisniveausteigerung nicht aber von Inflation gesprochen. Inflation beschreibt nicht das Niveau der Preise, dafür ist der Preisindex da, sondern die Veränderung des Preisniveaus nach oben. Inflation ist mithin eine Wachstumsrate. Für das vorherige Beispiel wurde sie bereits angegeben. Sie beträgt 8,6% über drei Jahre. In der Regel gibt die amtliche Statistik die Inflationsrate allerdings für eine kürzere Periode, ein Jahr oder einen Monat an. Die durchschnittliche jährliche Inflationsrate für das Brot und Bier Beispiel erhält man durch das Ziehen der dritten Wurzel aus der Gesamtinflation über drei Jahre. Sie beträgt im Beispiel 2,8% (3.Wurzel 1,086 - 1). Das Beispiel ist daher sehr realistisch wie Abbildung 2-2 zeigt.

Im Zuge der einheitlichen Geldpolitik in der Europäischen Union misst die EZB die Preisniveauveränderungen anhand des Harmonisierten Verbraucherpreis Index (HVPI). Die Messung des Preisniveaus in den Euroländern differiert leicht, was eine einfache gewichtete Aggregation vorhandener Indizes unmöglich macht. Daher harmonisiert Eurostat, das Statistische Amt der Europäischen Gemeinschaften, die einzelnen Länderindizes, um einen aussagekräftigen Preisindex zu erhalten.

Abbildung 2-2 zeigt die Inflationsraten in den Jahren 1996 bis 2006 für Deutschland, das Vereinigte Königreich und die Eurozone. Die durchschnittliche jährliche Inflationsrate über den dargestellten Zeitraum ist für Deutschland 1,4%, für das Vereinigte Königreich 1,6% und für die Eurozone 2,0%.

---

[1] vgl. Kap. 2.2

11.2 Geldmengenwachstum und Inflation

Worauf kann Inflation zurückgeführt werden? Neutralität des Geldes unterstellt, lässt sich eine eindeutige Ursache für Inflation finden, die Zunahme der nominalen Geldmenge. Die Quantitätstheorie des Geldes zeigt den Zusammenhang deutlich. Zur Erinnerung ist die Quantitätsgleichung des Geldes an dieser Stelle noch einmal dargestellt:[2]

$$M\overline{V} = P\overline{Y}$$

Neben einer konstanten Umlaufgeschwindigkeit wird dabei oft ein konstanter realer Output kurzfristig angenommen. Wird die Quantitätsgleichung des Geldes nicht in absoluten Zahlen, sondern mit prozentualen Veränderungen angegeben, wird aus den einzelnen Produkten eine Summe.[3] Kurzfristig muss also gelten:

$$\%\text{uale Veränderung M} + 0 = \%\text{uale Veränderung P} + 0$$

Die prozentuale Veränderung der nominalen Geldmenge spiegelt sich nach dieser Theorie in einer gleichstarken prozentualen Veränderung des Preisniveaus wieder. Die beiden Nullen ergeben sich aus der angenommenen Konstanz von V und Y, d.h. einem Wachstum von Null für diese beiden Variablen.

Langfristig ist die Annahme eines konstanten realen Outputs nicht realistisch. Ein konstantes reales Wachstum von z.B. drei Prozent hingegen schon. Wenn der reale Output um drei Prozent wächst, wächst der nominale Output bei konstanten Preisen ebenfalls um drei Prozent. Die rechte Seite der Quantitätsgleichung des Geldes wächst somit um drei Prozent. Auf der linken Seite muss analog das gleiche Wachstum stattfinden, damit die Gleichheitsbeziehung erfüllt bleibt. Die Umlaufgeschwindigkeit kann auch langfristig als relativ konstant angenommen werden. Wächst die Geldmenge prozentual aber schneller als der reale Output, kann ein Gleichgewicht auf dem Geldmarkt nur durch höhere Preise wieder hergestellt werden. Angenommen der reale Output wächst langfristig mit 3%, die nominale Geldmenge aber mit 6%, so muss das Preisniveau bei konstanter Umlaufgeschwindigkeit ebenfalls mit 3% wachsen, nur dann gilt die Gleichung weiter:

$$\underset{(M)}{6\,\%} + \underset{(\overline{V})}{0\%} = \underset{(P)}{3\%} + \underset{(Y)}{3\%}\,.$$

---

[2] vgl. Kap. 10.1

[3] Veränderungsraten können mit dem natürlichen Logarithmus näherungsweise angegeben werden. Um die Quantitätsgleichung des Geldes mit prozentualen Veränderungen darzustellen, wird die Gleichung logarithmiert, d.h. $\ln(MV) = LN(PY)$. Nach einer Rechenregel für den Logarithmus gilt: $\ln(MV) = \ln(M) + \ln(V)$, d.h. der Logarithmus eines Produktes ist gleich der Summe der logarithmierten Faktoren. Für nähere Erläuterungen zum Logarithmus und Rechenregeln für den Logarithmus vgl. Peter Dörsam 2006.

Abbildung 11-1: Geldmengenwachstum und Inflation in der Eurozone[4]

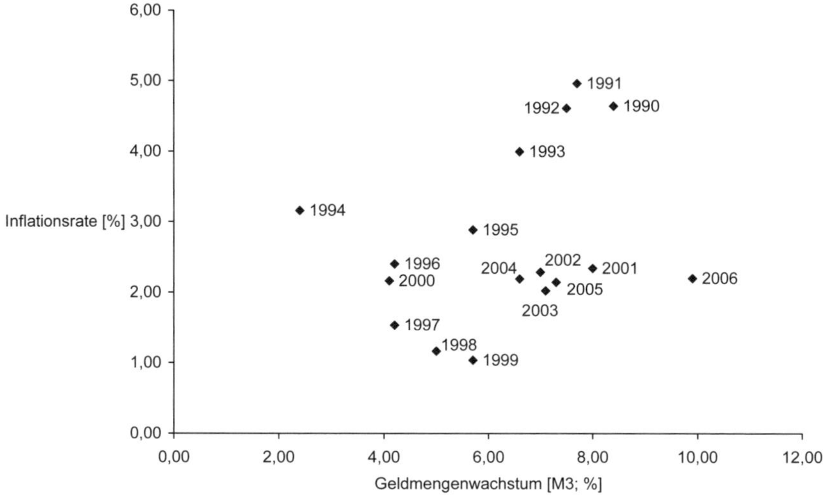

Diese Regel stimmt nicht exakt, aber dient als eine ganz gute Näherung. Abbildung 11-1 zeigt den relativen Zusammenhang zwischen Geldmengenwachstum und Inflationsrate in der Europäischen Union. Steigt die Geldmenge stärker, ist auch die Inflation tendenziell höher. So betrug zum Beispiel das Wachstum der Geldmenge M3 1990 8,4% gegenüber dem Vorjahr. Die Inflation lag 1990 auf einem relativ hohen Niveau von 4,6% im Durchschnitt des Jahres. Im Jahre 1997 betrug das Geldmengenwachstum hingegen nur 4,2% und die Inflation befand sich auf einem relativ geringen Niveau von 1,5%. In den Jahren seit 2000 ist der positive Zusammenhang allerdings zu bezweifeln. Trotz einer teilweise relativ stark steigenden Geldmenge verharrt die Inflation um 2%. Dies deutet mindestens auf eine Abschwächung des Zusammenhangs zwischen nominaler Geldmenge und Inflation hin und stellt die Quantitätstheorie des Geldes in Frage.

Abbildung 11-1 zeigt den relativen Zusammenhang von Geldmengenwachstum und Inflation in einem so genannten Streudiagramm. Hieraus geht aber die Ursache-Wirkungs-Relation nicht hervor. Mit anderen Worten: Das Streudiagramm zeigt nicht, ob ein hohes Geldmengenwachstum Inflation verursacht oder umgekehrt. Um Ursache und Wirkung zu erkennen, müssen die beiden Größen auf einem Zeitstrahl betrachtet werden. Abbildung 11-2 stellt die gleichen Zahlen wie in Abbildung 11-1 im Zeitablauf dar. Das Geldmengenwachstum hat danach bis zum Jahr 2000 einen gewissen Vorlauf vor der Inflation. So geht das Geldmengenwachstum bis 1996 tendenziell zurück, um dann tendenziell wieder

[4] Quelle: EZB; die Angaben beziehen sich auf die Eurozone in den jeweiligen Jahren, d.h. die Zusammensetzung variiert.

Abbildung 11-2: Geldmengenwachstum und Inflation in der Eurozone[5]

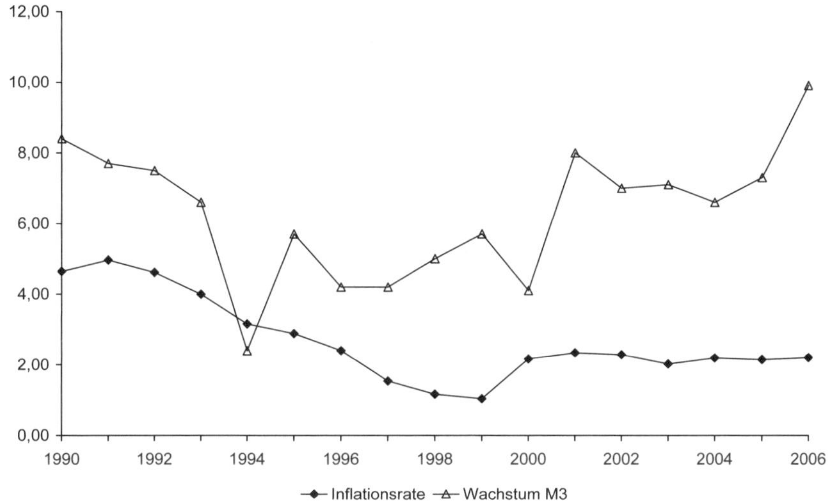

anzusteigen. Die Inflationsrate folgt dem Rückgang des Geldmengenwachstums von 1991 bis 1999. Steigt im Jahr 2000 und ist seit dem nahezu konstant. Die Grafik macht wie die vorherige deutlich, dass der Zusammenhang zwischen Geldmengenwachstum und Inflation nicht so robust ist, wie die Theorie verlangt. Das Geldmengenwachstum scheint nur eine Ursache für Inflation zu sein.

Nach der vereinfachten Quantitätstheorie des Geldes ist die nominale Geldmenge allerdings die einzige Ursache für Inflation. Diese Erklärung steht im Zusammenhang mit der so gennanten **Monetären Theorie**. Daneben coexistiert die so genannte **Nicht-Monetäre Theorie**. Diese lehnt es ab, die Ursachen für Inflation im nominalen Geldangebot zu suchen. Stattdessen macht diese Theorie zwei unterschiedliche Arten von Inflation aus, die **nachfrageinduzierte** bzw. die **angebotsinduzierte** Inflation. Die Inflation kann durch erhöhte private bzw. staatliche (**Nachfrageinflation**) oder ausländische Nachfrage (**importierte Inflation**) entstehen. Bei konstantem Angebot wird eine zunehmende Nachfrage in höheren Preisen münden, um ein Gleichgewicht auf dem Gütermarkt zu erhalten. Angebotsseitig entsteht Inflation durch steigende Kosten (**Kosteninflation**), z.B. aufgrund steigender Löhne, die von den Unternehmen in Form von höheren Preisen an den Markt weitergegeben werden. Die Nicht-Monetäre Theorie verneint dabei die klassische Annahme der Neutralität des Geldes.[6]

---

[5] Quelle: EZB; die Angaben beziehen sich auf die Eurozone in den jeweiligen Jahren, d.h. die Zusammensetzung variiert.

[6] Für weitere Ausführungen vgl. Kap. 9.

11.3 Hyperinflation

Inflation kann unterschiedliche Geschwindigkeiten der Geldentwertung annehmen. In der Regel wird von Geldstabilität gesprochen, wenn die Inflation in einem kleinen einstelligen Prozentbereich liegt, z.B. 2% oder 3%. Wie die Entwicklung der Kaufkraft in Deutschland seit 1949 zeigt (Abbildung 2-1), ist der Geldwert absolut nicht gerade stabil gewesen. Extremer ist dies aber noch in Zeiten von Hyperinflationen. Inflation wird manchmal eingeordnet in die Kategorien schleichend, trabend und galoppierend. Genaue Definitionen im Sinne einer bestimmten Höhe der Inflationsrate können hier allerdings nicht angegeben werden. Die Grenzen sind fließend. Eine **Hyperinflation** wird häufig definiert mit Inflationsraten von mindestens 50% *im Monat*. Daraus ergibt sich eine *tägliche* Inflationsrate von gerade einem Prozent. Zur Verdeutlichung: Die durchschnittliche Inflationsrate in Deutschland seit 1949 liegt unter 3% *im Jahr*.

Gründe für Hyperinflationen sind in der Vergangenheit häufig Finanzkrisen des Staates gewesen. Der erste Weltkrieg hatte einen erheblichen Schuldenstand in Deutschland entstehen lassen. Die Reparationszahlungen, zu denen Deutschland nach dem ersten Weltkrieg verpflichtet wurde, erhöhten diesen ohnehin schon hohen Schuldenstand noch einmal. Um das Defizit zu decken wurde schlicht Geld gedruckt. Zwischen Kriegsende 1918 und der Währungsreform 1923, die das Ende der Hyperinflationszeit in Deutschland markiert, stieg das Geldangebot um das 2000fache. Dies entspricht einem durchschnittlichen Geldmengenwachstum von 357% pro Jahr. In den Zeiten der Hyperinflation in Deutschland führte dies zu einem enormen Vertrauensverlust in die Mark. Keiner vertraute auf den Wert eines Scheins und darauf, dass der Schein morgen noch eine ähnliche Kaufkraft hat. Die Löhne wurden in der Regel mit dem Zuspitzen der Situation in den Jahren 1922 und 1923 in immer kürzeren Abständen, am Ende sogar täglich ausgezahlt. Mit steigenden Inflationsraten versuchten die Lohnempfänger nahezu sofort die Geldmittel in Sachmittel umzutauschen (so genannte **Flucht in Sachmittel**). Die Inflation erreichte ihren Höhepunkt in Deutschland im Oktober 1923, kurz vor der Währungsreform und der Einführung der Reichsmark, mit 32.400% pro Monat oder 21% pro Tag. Die Hyperinflation kann durch weitere unterschiedliche Zahlen veranschaulicht werden. Zum Beispiel stieg der Wechselkurs der damaligen Mark von 4,2 Mark pro US-Dollar 1914 auf 4.200.000.000.000 (sprich 4,2 Billionen) Mark pro US-Dollar. Ein allgemeiner Preisindex für die Lebenshaltung stieg von 1 im Jahre 1914 auf 1.535.000.000.000 (sprich 1,5 Billionen) im November 1923. Erst im November 1923 kommt mit der Einführung der Reichsmark die Inflation nahezu abrupt zum Stillstand.[7]

---

[7] Die Zahlenbeispiele in diesem Absatz sind Eric E. Rowley 1994 entnommen. Rowley bietet einen umfassenden Überblick über die Erkenntnisse der Hyperinflationszeit in Deutschland.

Mit der Währungsreform ist auch eine neue Zentralbank gegründet worden, die Rentenbank. Sie übernahm die Geschäfte der vormaligen Reichsbank. Ein großer Unterschied zwischen diesen beiden Banken war die größere Unabhängigkeit der Rentenbank gegenüber der Politik. Sie war nicht mehr dazu verpflichtet den Staat durch das Drucken von Geld zu finanzieren. Zur Unabhängigkeit der Zentralbank und ihrer Bedeutung für die Geldwertstabilität aber später mehr.[8]

Im Zusammenhang mit der Hyperinflation in Deutschland wird oft, so auch an dieser Stelle, das Argument des Vertrauensverlustes in die Mark hervorgebracht. Ein gewisser Zusammenhang zwischen Vertrauen in die geldpolitischen Institutionen und Inflation kann argumentativ mit der Quantitätsgleichung des Geldes begründet werden. Mit kurzfristig fixen Preisen und einer konstanten Umlaufgeschwindigkeit des Geldes hat ein steigender Geldstock direkte positive Auswirkungen auf den realen Output. Kontrolliert also die Regierung die Geldmenge, könnte sie einfach Geld drucken, so die Nachfrage steigern, um schließlich den realen Output kurzfristig zu erhöhen. Langfristig werden sich die Preise bei unveränderten Angebotsbedingungen aber an die gestiegene Nachfrage anpassen. Die erhöhte Geldmenge führt dann langfristig zu einem höheren Preisniveaus bei konstantem realen Output. Der kurzfristige Anreiz die Geldmenge zu steigern, um die Wirtschaft anzukurbeln führt in diesem einfachen Modell langfristig zu hoher Inflation. Eine Möglichkeit der Regierung hohe Inflationsraten langfristig zu vermeiden und dennoch den realen Output zu steigern ist die Einführung einer langfristig orientierten Geldpolitik mit einem geringen und mehr oder weniger konstanten Geldmengenwachstum. Die Institutionen, denen die Kontrolle der Geldmenge obliegt, sei es die Regierung oder eine Zentralbank, werden regelmäßig von Personen geleitet, die kurzfristige Interessen verfolgen, beispielsweise ihre Wiederwahl. Vor diesem Hintergrund ist es fraglich, ob die Wähler, d.h. die Haushalte und Unternehmer, den kurzfristig orientierten Politikern oder Funktionären bei der ausgegebenen langfristigen Strategie vertrauen.

Das Vertrauen der Bevölkerung in die Institutionen war in den Jahren 1922 und 1923 in Deutschland gestört. Es fehlte an Vertrauen in eine langfristige Strategie. Praktisch in der Vorahnung auf die weitere Steigerung der Geldmenge in der unmittelbaren Zukunft wurden die Preise von Tag zu Tag erhöht. Das fehlende Vertrauen in die Institutionen führte somit letztlich in die Hyperinflation. Ursache und Wirkung sind hierbei kaum auseinander zu dividieren. Auf der einen Seite war der Vertrauensverlust sicher eine Folge der mehrfachen Steigerung der Geldmenge zu Beginn der Hochinflationszeiten. Auf der anderen Seite gab der Vertrauensverlust der Inflation aber auch einen neuen Schub. Die Erwartungen der Bürger hinsichtlich des Regierungshandelns und der Inflation spielen in diesem Zusammenhang eine große Rolle wie im nächsten Abschnitt deutlich wird.

[8] vgl. Kap. 17.3.3.2

11.4 Die Auswirkungen unterschiedlicher Inflationserwartungen

Inflation reduziert die Kaufkraft des Geldes, wer Geld in den Händen hält, wird ohne Zutun ärmer. Dies stimmt dann, wenn das Geld in den Händen einer Person das eigene ist. Hält ein Individuum 100 Euro in den Händen, sind diese 100 Euro bei einer Inflationsrate von 10% pro Jahr am Ende des Jahres nur noch 90 Euro wert. Das Individuum ist also real ärmer. Die Tatsache dreht sich ins Gegenteil, wenn das Individuum die 100 Euro nur geliehen hat und am Ende des Jahres zurückzahlen muss. Real hat das Individuum 100 Euro am Anfang geliehen, muss am Ende des Jahres aber nur den realen Wert von 90 Euro zurückzahlen. Diese Beschreibung von Sieger und Verlierer von Inflationen ist populär, aber für ein einführendes Makro-Lehrbuch zu ungenau. Es soll daher etwas genauer auf die gesellschaftlichen Kosten von Inflation eingegangen werden.

Es ist dabei zu unterscheiden zwischen richtigen und falschen Erwartungen bezüglich der Inflationsrate. Die Inflation ist vor allem ein zukünftiges Problem. Betrachtet auf einen Zeitpunkt spielt Inflation keine Rolle. Selbst zu Zeiten der deutschen Hyperinflation änderten sich die Preise nicht von Minute zu Minute. Herr Müller konnte sicher die gleiche Menge Kartoffeln für den gleichen Preis kaufen wie Herr Meier, der sein Geschäft mit dem Händler vor einer Minute abgeschlossen hat. Inflation spielt für die Zukunft betrachtet eine Rolle. Wenn Herr Müller 1923 seinen Lohn heute bekommen hat, die Kartoffeln aber erst morgen kaufen will, nutzt es nichts, wenn er den Preis der Kartoffeln von heute spart, z.B. 1.000.000 Mark pro Kilo, sondern er muss den Preis von morgen sparen, z.B. 1.500.000 Mark pro Kilo. Spart er nur eine Million, bekommt er morgen anstatt eines Kilos nur 667 Gramm. Wenn die Inflationserwartungen von Herrn Müller korrekt sind, wird er 1.500.000 Mark für die Kartoffeln heute beiseite legen und morgen gegen den realen Wert von einem Kilo Kartoffeln tauschen können. Erwartet Herr Müller einen noch höheren Preis, d.h. eine noch höhere Inflation, wird er heute relativ zu viel sparen und unter Umständen auf Konsum heute verzichten. Ihm geht es also heute schlechter und morgen etwas besser. Da eine zukünftige Mark aber heute weniger Wert ist, man erinnere sich an die Abzinsung von zukünftigen Werten, kann sich der Wohlstand von Herrn Müller reduzieren. Dies ist ebenso der Fall, wenn Herr Müller eine geringere Inflation, d.h. einen geringeren Kartoffelpreis morgen erwartet. In diesem Fall geht es ihm morgen schlechter. Inflation wird auf die eine oder andere Weise den Wohlstand reduzieren.

11.4.1 Korrekte Inflationserwartungen

Selbst im Falle von korrekten Inflationserwartungen entstehen Kosten, die den Wohlstand eines Individuums reduzieren. Diese Kosten lassen sich in drei Kategorien einteilen.

1. Schuhleder-Kosten
2. Menü-Kosten
3. Nominalismus-Kosten

1. Je höher die Inflation steigt, desto geringer wird die Bargeldhaltung eines Haushalts. Im Umkehrschluss heißt dies, der Haushalt läuft nicht einmal im Monat zur Bank, sondern zweimal oder dreimal oder noch häufiger. Sein Schuhleder wird folglich abnutzen (**Schuhleder-Kosten**). Die Konsumgüternachfrage pro Transaktion wird ebenfalls mit steigender Inflation immer geringer werden. So kauft ein Haushalt für gewöhnlich genügend Kartoffeln für eine oder zwei Wochen ein. In den Zeiten der Hyperinflation erhielten die Arbeitnehmer ihre Löhne am Ende täglich, d.h. sie kauften auch täglich ein. Die Zeit fürs Einkaufen steigt und somit die Kosten in Form von entgangener Freizeit. Die Theorie spricht hier von steigenden Transaktionskosten.

2. Der Begriff **Menü-Kosten** ist aus dem englischen Begriff **menu-costs** abgeleitet. Das „menu" ist die Speisekarte in einem Restaurant. Beim Herstellen einer Speisekarte entstehen Kosten. Da die Preise auf einer Speisekarte in der Regel aber konstant sind, müssen diese häufiger ersetzt werden mit steigender Inflation. Im Extremfall, der Hyperinflation, müsste eine Speisekarte jeden Tag neu aufgelegt werden. Die Kosten entstehen natürlich auch in anderen Bereichen bei der Preisauszeichnung. Ein Verlag wird die Auflage für ein Buch erheblich reduzieren mit steigender Inflation, um die Möglichkeit zu haben nach kürzerer Zeit eine Preisanpassung vorzunehmen.[9]

3. Die so genannten **Nominalismus-Kosten** werden beim Steuersystem am deutlichsten. Die Steuersätze richten sich meist nach nominalen Einkommensgrenzen. Ein gutes Beispiel ist ein einfacher Freibetrag. Die Steuerzahler zahlen erst Steuern, wenn eine bestimmte Einkommensgrenze überschritten wird. An dieser Stelle ist es unerheblich, dass der Freibetrag auch bei höheren Einkommen noch Berücksichtigung findet, in dem er den Durchschnittssteuersatz reduziert. Angenommen ein Arbeiter in einer Gesellschaft habe relativ das geringste Einkommen, 15.000 Euro. Der Freibetrag beträgt 15.000 Euro, d.h. der Arbeiter muss keine Steuern zahlen. Ab einem Einkommen von mehr als 15.000 Euro werden Steuern in Höhe von 30% erhoben. Weiter sei angenommen die gesamte Gesellschaft erhalte eine Einkommenserhöhung von 10%. Der Arbeiter bezieht nun ein Einkommen von 16.500 Euro, ist aber relativ zu allen anderen Einkom-

[9] Für weitere Ausführungen vgl. Kap. 17.

mensempfängern immer noch der Ärmste. Tatsache ist, aufgrund der nominellen Anpassung muss der Arbeiter jetzt 450 Euro Steuern zahlen (30% auf die 1500 Euro, die oberhalb des Freibetrages liegen). Nimmt man jetzt noch an, dass der reale Output der Gesellschaft konstant geblieben ist, d.h. einzig das Preisniveau um 10% steigen wird, ist der Arbeiter sogar schlechter gestellt.[10] Vorher erhielt er ein reales Einkommen von 15.000 Euro und zahlt keine Steuern. Nach der Einkommenssteigerung erhält er 16.500 Euro und zahlt 450 Euro Steuern. Ihm verbleiben 16.050 Euro. Da die Preise um 10% gestiegen sind, beträgt der reale Wert des Einkommens nur 14.590,91 Euro (16.050/1,1). Ohne die angenommene Preissteigerung würde der Arbeiter zwar absolut besser gestellt aber durch die Steuerzahlung relativ immer noch schlechter.

In allen Steuersystemen verstecken sich diese Kosten des Nominalismus, so lange nominale Grenzen bei der Abgrenzung der Steuersätze Verwendung finden. Durch nominale Einkommenssteigerungen geraten die Einkommensempfänger in Bereiche höherer Durchschnittssteuersätze und werden damit schlechter gestellt. Man spricht hier auch von **kalter Progression**, d.h. die Steuerlast steigt ohne das Zutun der Legislativen.

Die Kosten von korrekten Inflationserwartungen könnten durch so genannte **Indexierungen** verhindert werden. Häufig ist dies bei Mieten zu finden, so genannte **Index-Mieten**. Die realen Kosten einer Wohnungsmiete sinken in der Regel mit der Dauer der Mietzeit. Dies liegt daran, dass Mieterhöhungen bei bestehenden Mietverträgen nur in engen Grenzen möglich sind. Häufig bewegen sie sich unterhalb der Inflation, d.h. die reale Last sinkt. Zu verhindern oder mindestens abzuschwächen ist dies bei einer indizierten Miete. Angenommen die Inflationsrate könnte korrekt mit 2% über die nächsten fünf Jahre vorhergesagt werden. Der Verfall der realen Miete kann dann verhindert werden, wenn bei Vertragsabschluss eine jährliche Mietsteigerung von 2% vereinbart wird.

Nach empirischen Schätzungen sind die Kosten unter (i) und (ii) in Niedriginflationsländern zu vernachlässigen. Die Europäische Kommission hat diese Kosten bei einer Inflationsrate von 10% auf nur 0,1% bis 0,3% des BIP der EU geschätzt.[11] Im ersten Halbjahr 2004 lag die Inflationsrate in der EU um 2% und die Kosten daher noch wesentlich niedriger. In Hochinflationsländern sind diese Kosten indes beträchtlich. Im Falle von Hyperinflationen können sie bis zu 30% des BIP betragen.[12] Komplett anders verhält sich dies bei den Verzerrungen, die durch Steuersysteme hervorgerufen werden. Ein Beispiel sind die oben beschriebenen Nominalismus-Kosten. Schätzungen zu Folge würde in den USA eine Reduzierung der Inflationsrate von 2% auf 0% zu einem Wohlstandsgewinn von 1% pro Jahr führen.[13] Die regelmäßige Reform der Steuersätze in gewissen

[10] Dies gilt auch für alle anderen Einkommensbezieher. Da die Löhne und die Preise um 10% gestiegen sind, auf die höheren Löhne aber auch höhere Steuern bezahlt werden müssen, stehen alle Einkommensempfänger real schlechter da. Das Beispiel desjenigen der vorher keine Steuern bezahlen musste ist lediglich am plakativsten.

[11] vgl. Europäische Kommission 1990

[12] vgl. M. J. Bailey 1956

[13] vgl. M. Feldstein 1999

zeitlichen Abständen, wie dies in Deutschland 2004 unter anderem wieder ausführlich diskutiert wurde, ist vor diesem Hintergrund in jeder Gesellschaft wünschenswert. Eine solche Reform ist nicht zu verwechseln mit der Reform des Steuersystems per se, die mit der Reform der Steuersätze einhergehen kann, aber nicht muss und meist mehr von normativen denn ökonomischen Argumenten getrieben wird.

11.4.2 Falsche Inflationserwartungen

Die Inflation ist regelmäßig variabel, d.h. sie schwankt um einen bestimmten Wert. Selbst in Ländern mit einer in der Regel geringen Inflationsrate ist die punktgenaue Vorhersage praktisch unmöglich. Deutschland gilt seit der Gründung der Bundesbank nach dem zweiten Weltkrieg als ein Land mit hoher Preisstabilität, dennoch schwankte die Inflationsrate in Deutschland zwischen einem Höchstwert von 7,5% pro Jahr im Jahr 1951 und 0,25% pro Jahr im Jahr 1987.[14] Was passiert, wenn die Inflationserwartungen also falsch sind?

Als Untersuchungsgegenstand bieten sich langfristige Lohnabschlüsse zwischen den Tarifparteien an. Die Lohnforderungen und späteren Abschlüsse basieren auf zwei grundlegenden Einschätzungen, Produktivitätssteigerungen und erwartete Inflation. Angenommen die Produktivitätssteigerung sei 1% und die erwartete Inflation 2%. Für zwei Jahre wird eine nominale Lohnerhöhung von 3% pro Jahr verhandelt. Ist die Inflation nach einem Jahr wie erwartet 2%, beträgt die Reallohnsteigerung unter sonst gleichen Bedingungen 1%. Diese ist zurückzuführen auf die Produktivitätssteigerung. Ist aber die Inflation 3%, d.h. höher als erwartet, ist die reale Lohnsteigerung unter sonst gleichen Bedingungen gleich Null und die Steigerung der Produktivität von einem Prozent ist für die Lohn- und Gehaltsempfänger nicht spürbar. Im Verhältnis zu ihren Erwartungen werden sie folglich schlechter gestellt. Die Arbeitgeber werden im Verhältnis zu ihren Erwartungen besser gestellt, denn sie zahlen 3% mehr Lohn bei 3% höheren Preisen und 1% Produktivitätssteigerungen. Unter sonst gleichen Bedingungen werden die Arbeitskräfte somit relativ günstiger. Umgekehrt verhält es sich bei einer Inflation, die hinter den Erwartungen zurückbleibt. Eine Inflation von 1% erhöht die Löhne unter sonst gleichen Bedingungen real um 2% und führt zu einer relativen Verteuerung von Arbeit.

Das Beispiel macht deutlich, dass sowohl Arbeitnehmer als auch Arbeitgeber von Inflation profitieren aber auch belastet werden können. Dies lässt sich ebenfalls zeigen am Verhältnis zwischen Schuldner bzw. Debitor zu Gläubiger bzw. Kreditor. Der Unternehmer kann als Schuldner betrachtet werden, er schuldet dem Arbeiter den Lohn und der Arbeiter als Gläubiger. Die so genannte **Kreditor-Debitor Hypothese** besagt, dass Inflation den Kreditor schlechter und den Debitor besser stellt. Inflation entwertet den realen Wert des verliehenen Geldes, somit erhält der Kreditor real weniger zurück als er dem Debitoren gegeben hat.

---

[14] Quelle: Statistisches Bundesamt

Das Beispiel macht deutlich, dass dies nur dann der Fall ist, wenn die Inflation die erwartete Inflation übertrifft. In dem Fall hat der Gläubiger keinen ausreichenden Schutz vor der Inflation und sein verliehenes Vermögen verliert an Wert.

Deutlicher wird dies noch bei der erneuten Betrachtung des Fischer-Nominalzinstheorems, wonach der Nominalzins gleich der Summe aus Realzins und Inflationsrate ist. Bei einem angenommenen Realzins von 3% und einer erwarteten Inflationsrate von ebenfalls 3% wird ein Gläubiger für einen Kredit 6% Zinsen nominal verlangen. Steigt im Extremfall die Inflation auf 6% oder noch höher, ist sein Realzins Null oder gar negativ. Sein Vermögen bleibt also Real höchstens konstant. Anders verhält es sich aber, wenn die Inflation auf Null zurückfällt. Der Gläubiger erhält in dem Fall einen Realzins von 6% und der Kreditor ist eindeutig schlechter gestellt. Die Kreditor-Debitor Hypothese ist nur richtig, wenn die Inflation höher ausfällt als erwartet.

Kosten aus Inflation entstehen bei falschen Inflationserwartungen daraus, dass die tatsächliche Inflation von der erwarteten abweicht. Empirische Untersuchungen zeigen, dass die Abweichungen in der Regel umso größer sind, je höher das Niveau der Inflation ist.[15] Dies ist ein Grund für die immer wieder in der Öffentlichkeit stehende Diskussion eine möglichst geringe Inflationsrate als Ziel einer Geldpolitik zu haben. Dies minimiert die Kosten von Inflation insgesamt (Schuhleder-, Menü-, Nominalismus-Kosten) und minimiert die Kosten aufgrund falscher Inflationserwartungen. Die Variabilität ist bei einem geringen Inflationsniveau geringer als bei einem höheren. Insgesamt bleibt festzuhalten, dass Inflation gesellschaftliche Kosten verursacht, diese aber bei niedriger Inflation äußerst gering sind, bei hohen Inflationsraten allerdings signifikant sein können. Empirisch ist der Gesamteffekt von Inflation auf das Wachstum einer Volkswirtschaft häufig untersucht worden. Dabei werden die Kosten einer um 10% Punkte steigenden Inflation auf 0,3% bis 0,4% geringeres Wachstum geschätzt.[16] Die genaue Höhe der Kosten schwankt von Untersuchung zu Untersuchung, einig sind sich die Autoren allerdings über den negativen Zusammenhang zwischen Inflation und Wachstum.

[15] vgl. Robert J. Barro 1997
[16] vgl. Robert J. Barro 1997, S. Fischer 1993

11.5 Deflation

Ein Kapitel über den Geldmarkt ist nicht abgerundet, wenn nicht auch das Gegenteil der Inflation, d.h. *die dauerhafte Senkung des gesamten Preisniveaus in einer Volkswirtschaft, Deflation genannt*, erwähnt wird. **Deflation** ist ein Rückgang des Preisniveaus und ist nicht zu Verwechseln mit der so genannten **Disinflation**, bei der es sich um einen Rückgang der Inflation handelt. Zur Verdeutlichung: Sinkt die Inflationsrate von 3% auf 2%, handelt es sich um Disinflation, die Preissteigerung wird nur geringer, die Preise steigen aber dennoch. Verkehrt sich die Inflationsrate von 3% in -3%, wird von Deflation gesprochen. Die Preise sinken tatsächlich um 3%.

Von einer tendenziellen Disinflation kann man in Deutschland in den Jahren 1992 bis 1996 sprechen. Abbildung 11-3 zeigt, dass die Inflationsrate im Jahre 1992 noch 5% pro Jahr betrug. Sie sank bis 1996 auf etwa 1%. Seitdem bewegt sich die Inflationsrate um 2%. Von tatsächlicher Deflation kann in Japan in den Jahren 1992 bis 1998 zeitweilig gesprochen werden. Zunächst disinflationierten die Preise von 1992 kontinuierlich bis 1995. In dem Jahr ging das Preisniveau erstmals zurück. Nach erneuter geringer Inflation 1996, 1997 und 1998 setzte die Deflation 1999 ein. Seit 2004 bewegt sich die Inflationsrate um 0%.

Abbildung 11-3: Deflation vs. Disinflation [%][17]

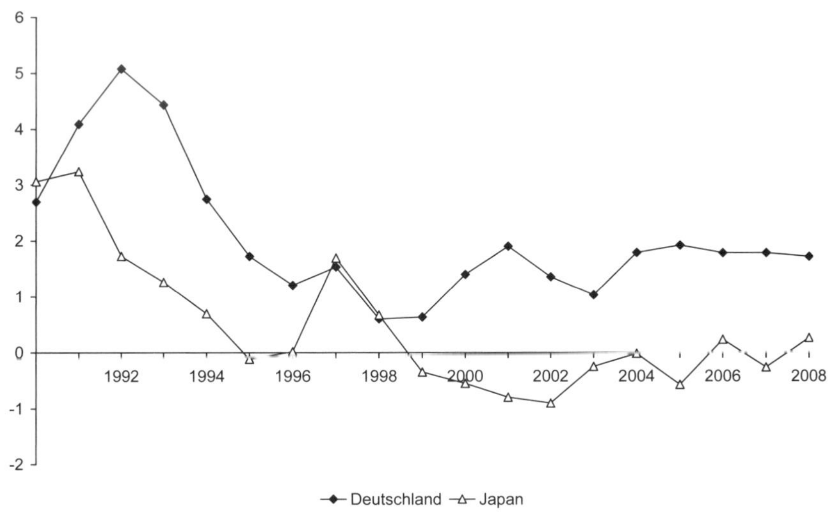

[17] Quelle: OECD; die Angaben für die Jahre 2007 und 2008 sind Schätzungen.

Deflation ist oft gefürchteter als Inflation. Historisch ist dies verständlich, wenn die Deflation in der Weltwirtschaftskrise in den Jahren 1929 bis 1933 betrachtet wird. In diesen Jahren ist das Preisniveau in Deutschland um mehr als 23% zurückgegangen. Das Jahr 1932 wies alleine eine Deflation von 11,5% auf.[18] Wird Deflation mit dem Schreckgespenst einer so weitreichenden Weltwirtschaftskrise in Verbindung gebracht, ist die Angst vor Deflation durchaus zu verstehen. Deflation hat aber durchaus zwei Seiten.

Auf der einen Seite erhöht Deflation die Kaufkraft des Geldes, die Einkommen können somit real steigen ohne nominal zuzunehmen. Unter Umständen können die Löhne am Anfang einer deflationären Phase, wenn z.B. vorher eine geringe Inflation erwartet wurde, somit relativ stark steigen. Steigende Einkommen führen tendenziell zu einer größeren Nachfrage und in diesem Zuge tendenziell zu Wirtschaftswachstum und steigenden Preisen. Auf der anderen Seite können Realzinsen zu Beginn einer deflationären Phase relativ hoch sein. Wurde eigentlich eine geringe Inflation von 1% erwartet und ein Nominalzins von 4% vereinbart (d.h. 3% Realzins), steigt der Realzins auf 5%, wenn es eine geringe Deflation von 1%, d.h. eine Inflation von -1%, gibt. Die Inflationserwartungen sind um 2% Punkte unterboten worden und der Realzins steigt in etwa um diese Spanne. Geplante Investitionen werden zurückgestellt, da das Kapital zu teuer ist. Langfristig kann dies zu sinkenden Kapazitäten und somit zu einem Rückgang des BIP führen. In diesem Fall hat die Deflation eine destabilisierende Wirkung. Die negativen Auswirkungen einer Deflation werden auch häufig durch die so genannte **Deflationsspirale** beschrieben. Die fallenden Preise geben den Anreiz den Konsum hinauszuzögern, da die Produkte im Allgemeinen in der Zukunft billiger sein werden. Die Nachfrage geht zurück, in Folge dessen werden die Unternehmen, so lange die Kapazitäten nicht angepasst sind, das im Verhältnis zur Nachfrage steigende Angebot zu immer tieferen Preisen anbieten müssen. Der Anreiz, den Konsum zeitlich in die Zukunft zu verschieben, erhöht sich dadurch.

Die vorgebrachten Argumente zeigen am Ende nur eins, Preisstabilität ist von höchster Wichtigkeit. Weder stark steigende noch stark fallende Preise sind wünschenswert. Die Kosten einer geringen Abweichung von der Preisstabilität sind aber zu verkraften.

---

[18] Quelle: Statistisches Bundesamt

12 Wechselkurse

Wechselkurse zwischen zwei oder mehr Ländern geben die relativen Preise von Gütern und Dienstleistungen dieser Länder wieder. Dabei werden grundsätzlich zwei Arten von Wechselkursen unterschieden, der **nominale Wechselkurs** E, und der **reale Wechselkurs** RE.[230] Die Bestimmung eines bilateralen Wechselkurses, nominal oder real, ist einfach. Es wird sich aber als sinnvoll herausstellen einen Wechselkurs angeben zu können, der im Durchschnitt für alle Handelspartner gilt. Ein solcher multilateraler Wechselkurs ist wesentlich aufwendiger zu bestimmen. Diese Arbeit wird aber von einschlägigen Instituten wie der EZB übernommen. An dieser Stelle steht daher nicht die Bestimmung, sondern das Verständnis eines solchen mulitlateralen Wechselkurses im Vordergrund. Dieser Wechselkurs wird **effektiver Wechselkurs** genannt. Er kann sowohl nominal als auch real bestimmt werden.

12.1 Der nominale und reale Wechselkurs

Der nominale Wechselkurs zwischen zwei Ländern ist der relative Preis der Währungen dieser Länder zueinander. Angenommen der Wechselkurs zwischen Euro und US-Dollar beträgt 1,15 US-Dollar pro Euro, dann kostet der Euro 1,15 US-Dollar oder im Umkehrschluss der US-Dollar 1/1,15 Euro, d.h. ca. 0,87 Euro. Ein US-Bürger zahlt einen Preis von 1,15 Dollar für jeden Euro, den er kaufen möchte. Umgekehrt zahlt jeder Bürger der Eurozone 87 Euro Cent für jeden gekauften US-Dollar.

Der reale Wechselkurs zwischen zwei Ländern ist der relative Preis zweier Güter dieser Länder zu einander. Zwischen einem agrarorientierten Entwicklungsland und einem entwickelten Industrieland können dies z.B. 10 Säcke Reis für einen Fernseher sein. Ein Handler aus dem Entwicklungsland zahlt 10 Säcke Reis für einen Fernseher aus dem Industrieland. Natürlich heißt das, der Händler aus dem Industrieland zahlt einen Fernseher für 10 Säcke Reis. Der reale Wechselkurs wird oft als **Terms of Trade** bezeichnet.

Der nominale und der reale Wechselkurs hängen in einem ganz bestimmten Verhältnis zusammen. Der Zusammenhang wird deutlich am Beispiel des US-Dollar/Euro Wechselkurses, einer der am häufigsten verwendeten Wechselkurse in den täglichen Medien. Angenommen ein PC kostet in den USA 1000 Dollar. Ein vergleichbares Gerät in Deutschland kostet 869,57 Euro. Auf den ersten

[230] Die Symbolisierung E für den Wechselkurs leitet sich aus dem englischen Wort Exchange Rate ab.

Blick ist unklar, welches Gerät günstiger ist. Um vergleichen zu können, muss entweder der Europreis in US-Dollar oder der US-Dollarpreis in Euro umgerechnet werden. Der amerikanische PC kostet bei einem US-Dollar Kurs pro Euro von 1,15 US-Dollar genau 869,57 Euro. Für einen Dollar muss ein EU-Bürger 1/1,15 Euro zahlen. Da der PC 1000 Dollar kostet, muss der Bruch einfach mit 1000 multipliziert werden ($1000*(1/1{,}15)=869{,}57$). Der amerikanische PC kostet in Deutschland ausgedrückt in Euro damit ebensoviel wie der europäische PC. Real kann ein amerikanischer PC gegen einen europäischen PC gehandelt werden. Der reale Wechselkurs ist folglich 1. Es gilt für den realen Wechselkurs:

$$RE = \frac{1{,}15\,\dfrac{\text{USD}}{\text{EUR}} * 869{,}57\ \text{EUR}}{1000\ \text{USD}} = 1\,.$$

Allgemein gilt:

$$RE = \frac{EP}{P^*}\,.$$

Wobei P das inländische Preisniveau, im Beispiel in Euros, und P^* das ausländische Preisniveau, im Beispiel in US-Dollar, symbolisiert.

Zum besseren Verständnis noch einmal in anderen Worten ausgedrückt. Der Preis für einen US-Fernseher in Europa beträgt 869,57 Euro, d.h. US-Preis durch nominalen Wechselkurs (P^*/E). Dies ist der inländische Preis für ein ausländisches Gut. Der Preis für einen europäischen Fernseher in den USA beträgt entsprechend des realen Wechselkurses 1000 US-Dollar, d.h. der Euro-Preis mal dem nominalen Wechselkurs (PE). Dies ist folglich der Preis eines inländischen Gutes im Ausland. Ein direkter Vergleich der Einheiten macht dies nochmals deutlich:

$$\frac{P^*}{E}\,\frac{\text{USD}}{\text{USD/EUR}} = \text{EUR}\,,$$

$$PE = \text{EUR} * \frac{\text{USD}}{\text{EUR}} = \text{USD}\,.$$

P^*/E ist ein Preis, der in Euro gemessen wird, also ein inländischer Preis für ein ausländisches Gut. Hingegen ist PE ein Preis, der in US-Dollar gemessen wird, also ein Preis für ein inländisches Gut im Ausland.

Die hier beschriebene und in diesem Buch verwendete Schreibweise des nominalen Wechselkurses entspricht der aktuellen Notierung der EZB. Sie wird **Mengennotierung** oder **britische Notierung** genannt. Hierbei wird immer die Frage gestellt: *Welche Menge an ausländischer Währung muss für eine feste Menge inländischer Währung getauscht werden*? Eine zweite Möglichkeit, den nominalen Wechselkurs auszudrücken, ist die **Preisnotierung** oder **(kontinental)europäische Notierung**. Der zweite Name mag etwas merkwürdig anmuten, denn ein Großteil Kontinentaleuropas nutzt im Zuge der Euroeinführung eben gerade die britische Notierung. Die Namensgebung geht aber auf die Zeit weit vor dem Euro zurück. Deutschland und andere kontinentaleuropäische Länder haben früher die Preisnotierung angewendet. Die Frage hinter der Preisnotierung ist: *Welchen Preis in inländischer Währung hat eine feste Einheit ausländischer Währung*? Die festen Einheiten sind dabei in der Regel 1 oder 100. So wird der nominale Wechselkurs gegenüber dem US-Dollar mit z.B. 1,15 US-Dollar pro Euro angegeben. Der gegenüber dem japanischen Yen mit z.B. 130 Yen pro Euro. Nur selten werden höhere Einheiten verwendet. Früher betraf dies die italienische Lire, die mit 1000 Einheiten notiert wurde. Bis zur Währungsreform im Januar 2005 wurde die türkische Lira in Millionen Einheiten notiert, z.B. 1,75 Mio. Lire pro Euro.

Eine Währung kann **Aufwerten** oder **Abwerten** gegenüber einer anderen Währung. *Eine Währung wertet auf (ab), wenn sie mehr (weniger) wert wird.* Bezogen auf die hier verwendete Mengennotierung liegt eine Aufwertung des Euros gegenüber dem US-Dollar vor, wenn der nominale Wechselkurs steigt. Der Wechselkurs wird als 1,15 US-Dollar pro Euro angegeben. Steigt der Kurs z.B. auf 1,20 US-Dollar pro Euro, ist der Euro mehr wert. Ein US-Bürger muss mehr Dollar hinblättern, um einen Euro zu erhalten. Eine Abwertung des Euros liegt vor, wenn der Wechselkurs sinkt, z.B. auf 1,10 US-Dollar pro Euro. Der US-Bürger muss nur noch 1,10 US-Dollar für einen Euro ausgeben. Der Wert des Euro gegenüber dem US-Dollar ist also gefallen. Gegensätzliches gilt jeweils für den US-Dollar. *Wertet der Euro auf (ab), wird der US-Dollar abgewertet (aufgewertet).*

Aus inländischer Sicht, d.h. aus Sicht eines Europäers, ist das Konzept sehr intuitiv. Der Wechselkurs steigt, also wertet der Euro auf und umgekehrt. Vorsicht ist bei der Preisnotierung geboten, d.h. also auch in älteren Lehrbüchern, die den Wechselkurs noch mit der alten Deutschen Mark erläutern. Dort gilt dann z.B. ein Wechselkurs von 2 DM pro US-Dollar. Steigt der Wechselkurs auf 2,20 DM pro US-Dollar bedeutet dies nicht etwa eine Aufwertung der DM, sondern eine Abwertung. Für einen Dollar müssen mehr DM hingeben werden. Erst wenn der Wechselkurs sinkt, z.B. auf 1,80 DM pro US-Dollar, liegt eine Aufwertung der DM vor. In Lehrbüchern sollte daher zunächst auf die verwendete Notierung geschaut werden, bevor Aussagen über steigende oder fallende Wechselkurse nachvollzogen werden. Dieses Buch verwendet die Mengennotierung. Tabelle 12-1 fasst die Zusammenhänge noch einmal zusammen.

Tabelle 12-1: Die Bedeutung von Wechselkursänderungen

	Aufwertung	reale Bedeutung (Aufwertung)	Abwertung	reale Bedeutung (Abwertung)
Mengennotierung	E steigt	- ausländische Waren werden im Inland billiger (steigert Import) - inländische Waren werden im Ausland teurer (bremst Export)	E fällt	- ausländische Waren werden im Inland teurer (bremst den Import) - inländische Waren werden im Ausland teurer (steigert Export)
Preisnotierung	E fällt		E steigt	

12.2 Der effektive Wechselkurs

Letztlich gibt ein Wechselkurs an, welchen Preis ein inländisches Gut im Ausland bzw. ein ausländisches Gut im Inland hat. Verändert sich der Wechselkurs zwischen zwei Ländern, beeinflusst dies die Wettbewerbsfähigkeit der beiden Länder. Seit Februar 2002 wertet der Euro gegenüber dem US-Dollar in der Tendenz kontinuierlich auf. Damit werden Waren aus den USA in Europa günstiger und die Nachfrage in Europa nach Importgütern aus den USA wird steigen. Auf der anderen Seite werden europäische Waren in den USA teurer und die Nachfrage nach diesen Waren wird in den USA sinken. Noch einmal auf das vorherige Fernseher-Beispiel zurückkommend wird dies deutlich. Angenommen der Preis hat sich in den USA und in Deutschland seit 2002 nicht verändert. Im Februar 2002 stand der Wechselkurs bei 0,87 US-Dollar pro Euro, d.h. der Fernseher, der in Deutschland 869,57 Euro kostet, kostet in den USA nur $0{,}87 * 869{,}57 = 756{,}53$ US-Dollar. Solange es ein Angebot an europäischen Fernsehern in den USA gibt, besteht kaum ein Grund, weshalb ein US-Bürger ein amerikanisches statt eines deutschen kaufen sollte. Im Sommer 2007 ist der Wechselkurs zwischen US-Dollar und Euro aber fast bei 1,40 US-Dollar pro Euro und ein deutscher Fernseher kostet 1.217,40 US-Dollar in den USA. Die Nachfrage nach deutschen Fernsehern in den USA wird folglich sinken. Der steigende US-Dollar/Euro Wechselkurs, d.h. die Aufwertung des Euros zum US-Dollar, führt tendenziell zu einer höheren Nachfrage nach US-Waren aus Europa und zu einer geringeren Nachfrage nach europäischen Waren in den USA.

In der Realität unterhält Deutschland Handelsbeziehungen nicht nur zu den USA, sondern zu sehr vielen Ländern. Um die preisliche Wettbewerbsfähigkeit insgesamt gegenüber dem Ausland ausdrücken zu können, muss das Ausland, d.h. im weitesten Sinne der Rest der Welt, aggregiert werden. Gebildet wird dann ein durchschnittlicher Wechselkurs mit allen Ländern. Dabei gehen die Länder mit einem Gewicht in diesen Durchschnitt ein, das ihrem Handelsvolumen entspricht. Ein solcher gewichteter Durchschnitt der Wechselkurse wird effektiver Wechselkurs genannt. Dabei ist zwischen dem nominalen und dem realen effektiven Wechselkurs zu unterscheiden.

Für den Euro wird der effektive Wechselkurs zum einen für einen engen Länderkreis aus 12 Ländern und zum anderen für einen weiten Länderkreis aus 38 Ländern berechnet. Der nominale Wechselkurs für Land eins sei E_1 und das

Gewicht, mit dem dieser Kurs in den effektiven Wechselkurs des Euros eingeht, sei ω_1. Wird dieses Schema auf alle 38 Länder angewendet, wobei die Summe aller $\omega_1 = 1$, ergibt sich der nominale effektive Wechselkurs E^{eff} des Euros vereinfacht dargestellt als:

$$E^{eff} = E_1^{\omega 1} * E_2^{\omega 2} * ... * E_{38}^{\omega 38}.$$

Verkürzt geschrieben: $E^{eff} = \prod_{i=1}^{38} E_i^{\omega i}$.

Zur Berechnung des realen effektiven Wechselkurses muss letztlich nur noch das ausländische Preisniveau P^* unter Einbeziehung aller Länder aggregiert werden. Alles zusammen kann dann in die vorher benutzte Gleichung für den realen Wechselkurs eingesetzt werden. P_1 sei das Preisniveau in Land eins, P_2 das Preisniveau in Land zwei und so fort. Die Gewichte bleiben die gleichen wie vorher. Es gilt:

$$P^{*eff} = P_1^{\omega 1} * P_2^{\omega 2} * ... * P_{38}^{\omega 38}.$$

Verkürzt geschrieben: $P^{*eff} = \prod_{i=1}^{38} P_i^{\omega i}$.

Somit ergibt sich für den realen effektiven Wechselkurs RE^{eff}:

$$RE^{eff} = \frac{E^{eff} P}{P^{*eff}} = \left(\frac{E_1 P}{P_1}\right)^{\omega 1} * ... * \left(\frac{E_{38} P}{P_{38}}\right)^{\omega 38}.$$

Die effektiven Wechselkurse können nicht mehr in Form von absoluten Werten angeben werden. Bei der Aggregation der nominalen Variablen E_i und P_i werden schließlich die unterschiedlichsten Währungen aggregiert. Dies ist nur in Form eines Index möglich. US-Dollar und Britische Pfunde können, um ein Beispiel zu nennen, ansonsten nicht sinnvoll zusammengefasst werden. Dies ist auch intuitiv verständlich. Was sollte zum Beispiel ein Produkt von $1{,}15^{0{,}5}$ US-Dollar pro Euro mal $0{,}7^{0{,}5}$ Pfund pro Euro aussagen? Dies könnte der effektive nominale Wechselkurs des Euros gegenüber dem Pfund und dem US-Dollar sein, wobei beide Länder gleich gewichtet sind. Der absolute Wert betrüge 0,897 aber als Einheit ergäbe sich US-Dollar pro Euro mal Pfund pro Euro[231] und das ist wenig sinnvoll. Daher die Beschreibung des effektiven Wechselkurses als Index. Abbildung 12-1 zeigt die Entwicklung der effektiven Euro Wechselkurse mit dem weiten Länderkreis seit 1996.[232]

---

[231] Als Einheit ergäbe sich: $\frac{USD}{EUR} \times \frac{GBP}{EUR} = \frac{USD \times GBP}{EUR^2}$.

[232] Für genauere methodische Erläuterungen zur Berechnung des nominalen und realen effektiven Euro Wechselkurses empfiehlt sich EZB 2003 und Buldorini, Makrydakis, Thimann 2002.

Abbildung 12-1: Nominaler und realer effektiver Euro Wechselkurs seit 1996[233]

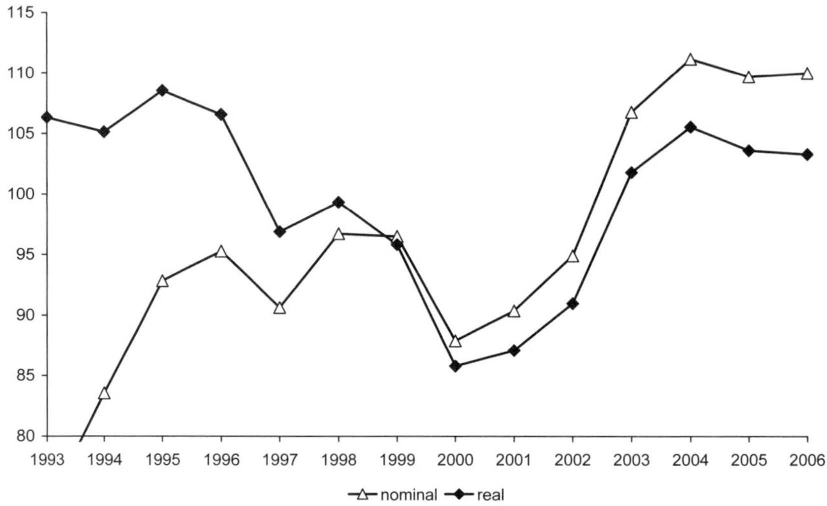

Seit 2000 wertet der Euro durchschnittlich gegenüber allen Ländern, die bei der Berechnung mit einbezogen wurden, auf und bewegt sich seit 2004 auf einem relativ konstanten Niveau. Die Wende im Jahr 2000 deutet auf eine Unterbewertung des Euros hin. Eine Unterbewertung würde die europäischen Waren im Ausland relativ günstig erscheinen lassen. Die ausländische Nachfrage würde folglich zunehmen. Letztlich führt dies dazu, dass Ausländer den Euro als Ware nachfragen. Will ein Ausländer in der EU etwas kaufen, wird er in der Regel als Tourist in Euro bezahlen, d.h. er hat vorher beispielsweise seine US-Dollar in Euro gewechselt. Bei gleichbleibender Euro-Geldmenge führt dies zu einem Anstieg des nominalen Wechselkurses. Wie bei jedem anderen Gut verhält es sich auch bei Geld. Steigt die Nachfrage bei konstantem Angebot, steigt der Preis. Der Euro wertet auf bzw. der nominale Wechselkurs steigt.

In größeren Dimensionen betrachtet kann ein ausländischer Großhändler unter Umständen in Europa mit Dollar bezahlen, z.B. wird Erdöl grundsätzlich in US-Dollar gehandelt. Das ist einfach eine Konvention auf dem internationalen Ölmarkt. Wenn europäisches Öl aber aufgrund des Wechselkurses relativ günstig ist, steigt die Nachfrage aus dem Ausland. Unter sonst gleichen Bedingungen werden die Umsätze und die Gewinne der europäischen Ölhändler steigen. Irgendwann werden diese aber mindestens einen Teil ihrer Gewinne in Euro tauschen und damit ihr tägliches Leben finanzieren. Am Ende führt eine größere ausländische Güternachfrage zu einer steigenden Nachfrage nach Euros und zu

233 Quelle: EZB

einem höheren Angebot an ausländischen Währungen. Folglich steigt der Preis des Euros und die Preise der ausländischen Währungen sinken. Die anscheinende Unterbewertung des Euros im Jahre 2000 führte zu mehr Exporten und zu einem steigenden Euro. Die These der Unterbewertung des Euros wird im nächsten Abschnitt näher betrachtet.

12.3 Die Parität der Kaufkraft

Ebenso wie auf einem inländischen Markt unter vollkommenem Wettbewerb nur ein Gleichgewichtspreis existieren kann, besagt die Theorie der **Parität der Kaufkraft**, dass es langfristig bei der Annahme vollständiger Konkurrenz nur einen Weltmarktpreis für ein Gut geben kann. Noch einmal zum Beispiel mit dem Fernseher. Es wurde angenommen, dass die beiden Fernseher, der deutsche und der amerikanische, vergleichbar sind. Wenn ein amerikanischer Händler im Februar 2002 einen Fernseher in den USA für 1000 Dollar verkaufen konnte, der in Deutschland nur 756,53 US-Dollar gekostet hat, gäbe es kaum einen Grund dieses Geschäft nicht zu machen. Sicher lässt diese Betrachtung die Kosten des Exports, wie Transportkosten und Geldwechselkosten, außen vor, doch die Idee wird deutlich. Fällt der nominale Wechselkurs nur stark genug, wird bei vollkommenem internationalen Wettbewerb die Preisdifferenz von Händlern geschlossen.[234] Geschäfte, bei denen aus Preisunterschieden im weitesten Sinne[235] Vorteile erzielt werden, werden **Arbitragegeschäfte** genannt. Eine Person, die solche Geschäfte unternimmt, wird **Arbitrageur** genannt.

In kurzen Worten fordert die Theorie der Kaufkraftparitäten, dass ein Euro überall auf der Welt das gleiche kaufen kann. Ist der Preisunterschied nur groß genug, werden Arbitrageure die Ware zu einem niedrigen Preis in Land A kaufen und zu einem teueren Preis in Land B verkaufen. Dabei werden sie letztlich die Nachfrage nach der Währung von Land A steigern, denn die Ware aus Land A muss letztlich mit der Währung von Land A bezahlt werden.[236] Umgekehrt werden sie die Nachfrage nach der Währung von Land B reduzieren und somit den Wechselkurs zwischen Land A und Land B zugunsten der Währung von Land A verändern. Die Theorie führt schlicht zu einem realen Wechselkurs von eins. Wenn ein Fernseher gegen einen Fernseher getauscht werden kann, besteht Kaufkraftparität. Mit anderen Worten, der nominale Wechselkurs ist abhängig

[234] Dies ist in groben Worten das Ergebnis der so genannten Hypothese der effizienten Märkte. Diese Hypothese geht zurück auf Fama (1970, S. 383), der einen Markt effizient nennt, wenn die Preise sämtliche zugängliche Informationen zu jeder Zeit vollständig widerspiegeln. Preisunterschiede, die rational nicht zu erklären sind, dies ist bei identischen Fernsehern und zwei unterschiedlichen Preisen sicher der Fall, werden von Marktteilnehmern eliminiert.

[235] Es muss sich nicht ausschließlich um reine Preise handeln. Arbitrage baut auch auf Kursdifferenzen bei Wertpapieren oder Zinsdifferenzen auf. Kurse und Zinsen sind letztlich aber als Preise zu betiteln.

[236] Um dies zu verdeutlichen: Ein Import/Export-Händler in Deutschland wird regelmäßig Ware auch zum Beispiel gegen US-Dollar verkaufen. Letztlich kann der Händler aber die US-Dollar in Deutschland nicht als Zahlungsmittel einsetzen, d.h. er wird sie gegen Euro eintauschen.

vom Preisniveau der betrachteten Länder. Wären die Preise in den jeweiligen Währungen identisch, wäre die Kaufkraftparität bei einem nominalen Wechselkurs von eins erreicht.

Der Preis des amerikanischen Fernsehers beträgt 1000 US-Dollar. Betrüge der Preis eines vergleichbaren deutschen Fernsehers 1000 Euro, wäre Kaufkraftparität bei einem nominalen Wechselkurs von 1 US-Dollar pro Euro erreicht. Es wurde aber ein unterschiedliches Preisniveau in den USA und in Deutschland angenommen. Der amerikanische Fernseher wird für 1000 US-Dollar angeboten, der deutsche allerdings für 869,57 Euro. Das Preisniveau in den USA ist 15% höher bei diesem Fernseher. Der nominale Wechselkurs muss dies widerspiegeln und ist folglich 15% oberhalb des realen Wechselkurses, 1,15 US-Dollar pro Euro ist 15% höher als 1 US-Dollar pro Euro.

Eine Unterbewertung einer Währung liegt vor, wenn der reale Wechselkurs kleiner als eins ist. Zur Erinnerung der Mengennotierung: dies bedeutet, dass ein amerikanischer Fernseher für z.B. zwei deutsche Fernseher getauscht werden kann bzw. ein deutscher Händler für einen deutschen Fernseher keinen ganzen amerikanischen Fernseher eintauschen kann. Analog ist bei einer Überbewertung der reale Wechselkurs größer als eins.

Das wöchentliche Nachrichtenmagazin The Economist hat die Theorie der Kaufkraftparität auf die Spitze getrieben und misst sie anhand des so genannten Big Mac Index, der regelmäßig veröffentlicht wird. Der allseits bekannte Fastfood Burger wird in mehr als 100 Ländern verkauft. Darüber hinaus kann davon ausgegangen werden, dass die Produktionsmethoden sehr ähnlich sind. Aufgrund dieser fehlenden Produktivitätsvorsprünge und der nahezu identischen Inhaltsstoffe sollte der Big Mac tatsächlich bereinigt um den nominalen Wechselkurs in allen Ländern das gleiche kosten. Tabelle 12-2 zeigt einige Positionen aus dem Index vom Juli 2007.

Ein Big Mac kostete im Durchschnitt 3,41 US-Dollar in den USA. In der dritten Spalte ist der Preis für einen Big Mac in der jeweiligen Landeswährung angeben. In der vierten Spalte ist der jeweilige Preis in US-Dollar basierend auf dem Wechselkurs im Juli (Spalte 6) angegeben. Für den Wechselkurs (Spalte 6) wird für Großbritannien und die Eurozone die Mengennotierung verwendet; bei den Angaben für alle anderen Länder handelt es sich um eine Preisnotierung. Die implizierte Kaufkraftparität in Spalte 5 ergibt sich für die Preisnotierungen aus lokalem Preis (Spalte 3) durch Preis in den USA, d.h. 3,41 US-Dollar. Für die Mengennotierung dreht sich das Verhältnis um. Anhand dieser Rechnung ist der Australische Dollar (Preisnotierung) unterbewertet. Der tatsächliche Wechselkurs betrug 1,17 Australische Dollar pro US-Dollar. Die Kaufkraftparität ist erst bei 1,01 Australische Dollar pro US-Dollar erreicht. Der Kurs müsste um 14% fallen, d.h. den Australischen Dollar aufwerten, um die Parität herzustellen. Anders stellt sich dies für den Euro (Mengennotierung) dar. Dieser ist 22% überbewertet. Der tatsächliche Wechselkurs betrug 1,36 US-Dollar pro Euro. Die Parität ist bei 1,12 US-Dollar pro Euro erreicht. Der Kurs liegt bereits 22% oberhalb der Parität. Um dies noch einmal zu verdeutlichen: es handelt sich bei dem vorgestellten Modell um eine extreme Vereinfachung der Kaufkraftparitätentheorie anhand eines einzigen Gutes. Verbindliche Aussagen können von dieser Basis nicht abgeleitet werden. Höchstens können Tendenzen aufgezeigt werden.

Tabelle 12-2: Der Big Mac Index des The Economist[237]

1	2	3	4	5	6	7
Land	**Währung**	**Big Mac Preis [Wäh rung]**	**Big Mac Preis [USD]**	**implizierte Kaufkraftparität ~**	**Wechselkurs am 2. Juli 2007**	**Unter- (-)/ Überbewertung (+) ggü. Dollar [%]**
USA	Dollar	3,41	3,41			
Australien	Australischer Dollar	3,45	2,95	1,01	1,17	-14
China	Yuan	11,0	1,45	3,23	7,6	-58
Dänemark	Dänische Krone	27,75	5,08	8,14	5,46	+49
Eurozone	Euro	3,06	4,17	1,12*	1,36*	+22
Großbritannien	Pfund	1,99	4,01	1,71**	2,01**	+18
Japan	Yen	280	2,29	82,10	122	-33
Schweden	Schwedische Krone	33,00	4,86	9,68	6,79	+42

~ Kaufkraftparität: lokaler Preis geteilt durch Preis in den USA; * Dollar pro Euro; ** Dollar pro Pfund

Eine frühere Berechnung des Index[238] deutet zum Beispiel daraufhin, dass der Euro Anfang 2000 tatsächlich 5% unterbewertet war. Dies gäbe einen Anhaltspunkt für die beginnende Aufwertung, die in Abbildung 12-1 zu erkennen ist. Dies kann aber nicht mehr als ein Anhaltspunkt sein. Die Kaufkraftparität und damit die Über- bzw. Unterbewertung einer Währung lässt sich nicht an einem einzigen Gut festmachen. Im Hinblick auf die internationale Wettbewerbsfähigkeit ist darüber hinaus meistens die Relation zu einer einzigen Währung weniger von Bedeutung. Ein genaueres Maß wäre ein größerer Warenkorb und der Vergleich der effektiven Wechselkurse.

Die Theorie der Kaufkraftparität ist durchaus kritisch zu betrachten. Ökonomen bringen zum Beispiel gegen sie vor, dass einige Waren und Dienstleistungen gar nicht auf einem internationalen Markt gehandelt werden und daher auch keiner Arbitrage unterliegen, die Preisdifferenzen ausgleichen würde. Ein Beispiel sind Dienstleistungen wie der Friseurbesuch oder auch eine gewöhnliche Untersuchung beim Hausarzt. Anders ist dies bei einer speziellen Herzoperation, hier kann die Dienstleistung eines entsprechenden Spezialisten durchaus gehandelt werden. Ein weiteres Problem liegt in nationaler Identität. Deutsche sind

[237] The Economist (05. Juli 2007): Sizzling.
[238] The Economist (27. April 2000): Big MacCurrencies.

unter Umständen bereit mehr für ein Auto aus deutscher Herstellung zu bezahlen als ein Autokäufer im Ausland.

IV. MAKROÖKONOMISCHE GLEICHGEWICHTE

Die Makroökonomie ist historisch letztlich aus der Mikroökonomie entstanden.[1] Im zweiten Teil und dritten Teil dieses Buches wurde ausführlich und hoffentlich verständlich im Detail dargelegt, dass der Makroökonomie mikroökonomische Konzepte zugrunde liegen. Auf diese mikroökonomische Fundierung wird jetzt aufgebaut. Der dritte Teil des Buches beschäftigt sich mit tatsächlichen makroökonomischen Modellen.

Wie bereits zu Beginn des Kapitels "Geld" angeschnitten, beruhten die vorangegangenen Erläuterungen auf den so genannten klassischen Annahmen. Dies sind vollkommene Märkte mit flexiblen Preisen im weiteren Sinne, d.h. Güterpreisen, Löhnen und Zinsen. Damit ist gewährleistet, dass die Märkte in ein Gleichgewicht kommen, also zum Beispiel Vollbeschäftigung herrscht. Darüber hinaus wurde Neutralität des Geldes angenommen. Die so genannte klassische Makroökonomie kann schlicht als die Aggregation mikroökonomischer Relationen betrachtet werden. Ein Vorreiter der makroökonomischen Analyse war Léon Walras[2], der ein Modell eines gesamtgesellschaftlichen Gleichgewichts entwickelt hat. Die Entstehung der Makroökonomie wird allerdings erst John Maynard Keynes zugeschrieben. So ist auch ein grundlegendes makroökonomisches Modell, das IS-LM Modell, auf ihn zurückzuführen.

Im Folgenden werden zwei Modelle vorgestellt, das schon erwähnte IS-LM Modell und das AD-AS Modell. Die Namensgebung wird später erläutert. Ersteres ist im unmittelbaren Nachklang zu Keynes "General Theory" Ende der 1930er Jahre entstanden. Zweiteres ist erst in den 1960er Jahren durch die Debatte zwischen zwei konträren Denkrichtungen, den Keynesianern und den Neuklassikern entstanden. Diese beiden Modelle legen den Grundstein für spätere wirtschaftspolitische Ansätze und Diskussionen in den folgenden Teilen des Buches. Sie werden in der modernen Makroökonomie weiterhin, wenn auch im Detail fortentwickelt, genutzt. Auf einige Entwicklungen geht der fünfte Teil des Buches noch ein. Für die Einführung des IS-LM Modells wird auf ein anderes Modell zurückgegriffen. Das so genannte keynesianische Kreuz wird manchmal in der Literatur als eigenständiges Modell für ein makroökonomisches Gleichgewicht beschrieben. Das Modell macht aus der Angebotsseite jedoch eine reine Marionette, die passiv auf die Nachfrage reagiert. Darüber hinaus wird ein monetärer Sektor ausgeblendet. Aus diesen Gründen ist das Modell kaum geeignet ein gesamtgesellschaftliches Gleichgewicht zu erklären, sondern lediglich die Nachfrageseite. Eben dafür wird das Modell hier auch verwendet werden.

Für das Verständnis späterer Diskussionen ist im Folgenden genaues Augenmerk auf die jeweiligen Annahmen zu legen, die die eine oder andere Denkrich-

---

[1] vgl. Kap. 1.1

[2] Léon Walras (1834 - 1910) war ein so genannter Marginalist oder Vertreter der Grenznutzenschule. Hauptwerke: Éléments d'économie politiure pure, ou théorie de la richesse sociale (Elements of Pure Economics, or the theory of social wealth; 1874); Théorie mathématique de la richess sociale (Mathematical Theorie of Social Wealth; 1883).

tung anwendet. Die Tatsache, dass unterschiedliche Denkrichtungen die gleichen Modelle verwenden, deutet bereits darauf hin, dass die Differenzen im Detail liegen. Eines sei vorweg genommen, die Unterschiede lassen sich im Wesentlichen auf die zeitliche Betrachtung zurückführen. Während die Klassiker und die ihr folgenden Ökonomen eher einen langfristigen Zeithorizont zugrunde legen, konzentrieren sich die Keynesianer aller Richtungen eher auf kurzfristige Schwankungen des Wirtschaftssystems.

Der Leser sollte allerdings nicht auf die Entdeckungsreise der Makroökonomie geschickt werden ohne den folgenden Hinweis. Die technische Beschreibung und die Details der Modelle mögen trocken erscheinen und schnell ermüdend wirken. Allerdings entbrennen auch in der modernen Makroökonomie die Diskussionen oft auf Basis dieser unterschiedlichen Detailbetrachtungen. Beispielsweise die Diskussionen um die Flexibilisierung der Arbeitsmärkte und die Schaffung bzw. Wiederbelebung von Anreizen, Arbeit überhaupt aufzunehmen vor dem Hintergrund der hohen Arbeitslosigkeit in Europa und auch in Deutschland. Oder die Diskussion um die Finanzierung einer vorgezogenen Steuerreform Ende 2003 durch Ausgabenbeschränkung oder Defiziterhöhung. Oder die Diskussion um die Sicherheit der Renten in einem Umlagesystem. Oder die Diskussion um Anreizsysteme im Studium durch die Erhebung von Studiengebühren. Spätestens wenn die Menschen persönlich von wirtschaftspolitischen Entscheidungen betroffen sind, beleben oder erhitzen sich die Gemüter. Das Verständnis der folgenden Grundlagen bietet gute Argumente, um die eigene Position in solchen Diskussionen zu stärken. Was aber noch viel wichtiger ist, das Verständnis bietet die Möglichkeit die tatsächlichen Probleme zu erkennen, d.h. auch die Fehlinterpretationen, die so häufig in den Medien gefunden werden können, richtig zu stellen. Sich eine fundierte eigene Meinung bilden und Überzeugungsarbeit leisten zu können. Die Devise heißt also durchhalten, auch wenn es mal nicht so spannend ist. Es wird relativ schnell klar, wozu die Theorie von Nöten ist.

13 Das IS-LM Modell

13.1 Das keynesianische Kreuz

Zunächst wird ein vereinfachendes Modell der gesamtwirtschaftlichen Nachfrage, das so genannte keynesianische Kreuz, hergeleitet. Das IS-LM Modell, das im nächsten Abschnitt in den Mittelpunkt rückt, baut auf das keynesianische Kreuz auf.

13.1.1 Herleitung des keynesianischen Kreuzes

Die gesamtwirtschaftliche Nachfrage AD (engl.: aggregate demand) setzt sich in einer geschlossenen Volkswirtschaft aus drei Teilen zusammen, dem privaten Konsum C, den privaten Investitionen I und der Staatsnachfrage G:[1]

$$Y = C + I + G$$

Für ein vereinfachendes Modell werden die geplanten Staatsausgaben und die geplanten Investitionen als konstant angenommen. Die gesamtwirtschaftliche Nachfrage lässt sich dann für gegebene Investitionen und Staatsausgaben einfach in ein zweidimensionales Diagramm zeichnen mit den geplanten Konsumausgaben auf der vertikalen Achse und dem Output bzw. Einkommen Y auf der horizontalen Achse (Abbildung 13-1). Alle Preise sind kurzfristig fix. Ein gesamtwirtschaftliches Gleichgewicht ist erreicht, wie auch ein mikroökonomisches Gleichgewicht, wenn Angebot und Nachfrage übereinstimmen. Eine 45°-Gerade erfüllt gerade diese Bedingung in einem zweidimensionalen Diagramm. Die Steigung einer solchen Gerade ist eins. In Kapitel 5.3.2 wurde bereits eine einfache Konsumfunktion vorgestellt. In der Regel, dies wurde auch empirisch belegt, ist die Steigung einer solchen Konsumfunktion kleiner als eins. Dies liegt daran, dass nicht das gesamte Einkommen einer Periode, sondern nur ein Teil dessen zum Konsum verwendet wird. Die Teile des Einkommens, die nicht konsumiert werden, werden vom Staat in Form von Steuern T abgeschöpft oder stehen von den Haushalten als Ersparnisse S für Investitionen zur Verfügung. Diese beiden Größen sind in diesem Modell exogen, d.h. sie sind unabhängig von Y und C und bestimmen folglich nicht die Steigung der AD-Funktion. Die Steigung der AD-Funktion ist gleich der Steigung der Konsumfunktion. In Abbildung 13-1 ist die AD-Funktion daher nur eine um die Investitionen und die Staatsausgaben parallel verschobene Konsumfunktion.

[1] vgl. Kap. 3.4

Die Gerade der Ersparnisse und Steuerzahlungen (S+T) dient im Wesentlichen der Überprüfung der Richtigkeit der Zeichnung. Die beiden Größen ergeben sich aus dem Einkommen minus Konsum. Der Achsenabschnitt 0a ist der autonome Konsum. Er kann intuitiv als der absolut notwendige Konsum verstanden werden, den eine Gesellschaft als Lebensgrundlage benötigt. Dieser Konsum, der unabhängig von einem Einkommen aufgrund eines vorhandenen Basiswohlstandes möglich ist, wird entweder aus Ersparnissen oder Transfers bezahlt. Die Gerade S+T muss folglich einen Achsenabschnitt der gleichen absoluten Größe nur eben mit negativem Vorzeichen haben. Investitionen und Staatseinnahmen können dann nicht durch Ersparnisse finanziert werden, sondern müssen ebenfalls aus Bestandsgrößen erfolgen. Die Investitionen erfolgen aus einer Reduzierung des Kapitalstocks, d.h. durch das Verkaufen von vorhandenem Eigentum. Der Staat muss sich genauso verhalten. In der Realität wird hier von dem Verkauf des Tafelsilbers gesprochen. Dazu gleich mehr im Zusammenhang mit der folgenden Grafik. Der Schnittpunkt der Geraden S+T mit der horizontalen Achse muss dort liegen, wo der Konsum gerade gleich dem Einkommen ist. Das Einkommen deckt die Konsumausgaben. Die Ersparnisse sind Null. Von jedem zusätzlichen Euro Einkommen kann jetzt ein Teil für die Finanzierung von Investitionen und Staatsausgaben genutzt werden.

Das gesamtwirtschaftliche Gleichgewicht ist dort erreicht, wo die AD-Gerade die 45°-Gerade kreuzt, im Punkt E_0. Daher stammt auch der Name, **keynesianisches Kreuz**. Die zwei Geraden, auf denen das Hauptaugenmerk liegt, sind absichtlich dicker gezeichnet, um sie deutlicher hervorzuheben. Im Gleichgewicht decken die Ersparnisse und die Steuereinnahmen gerade die Investitionen und die Staatsausgaben. Dieser Zusammenhang wurde bereits im Rahmen des Wirtschaftskreislaufs beschrieben.[2] Im Gleichgewicht sind die „Vermögensveränderungen" gleich Null, d.h. die Summe der Zuflüsse ist gleich der Summe der Abflüsse. Es wurde definiert:

$$I + \Delta B_{ST} = S$$

$$\Leftrightarrow \quad I + (G - T) = S\,,$$

$$\Leftrightarrow \quad I + G = S + T$$

Im Gleichgewicht gilt daher für den privaten Sektor: $I = S$ und für den Staatssektor: $G = T$. Letztere Beziehung beschreibt nichts anderes als ein ausgeglichenes Staatsbudget.

[2] vgl. Kap. 3.4

Abbildung 13-1: Das keynesianische Kreuz

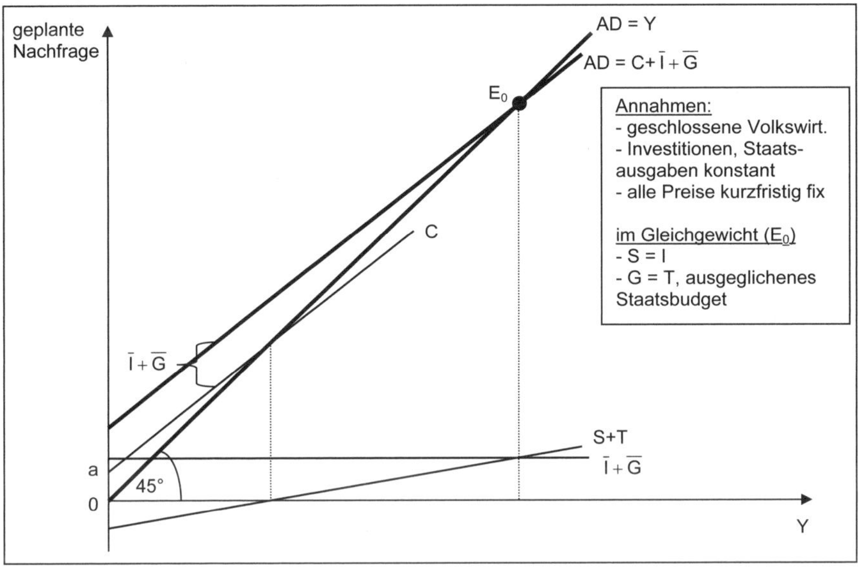

Abbildung 13-2 reproduziert die vorherige aus Gründen der Übersichtlichkeit. Y_0 symbolisiert den gleichgewichtigen Output, AD_0 die gleichgewichtige Nachfrage. Das Gleichgewicht ist stabil. Ist es einmal erreicht, hat weder das Angebot noch die Nachfrage einen Grund die erreichte Situation zu verlassen. Das Gleichgewicht herrscht aber nur in einem einzigen, ganz spezifischen Punkt. Die Entscheider auf der Nachfrageseite und auf der Angebotsseite sind in einer Gesellschaft aber meistens verschiedene Personen, z.B. entscheidet ein Konsument über seinen Konsum, den er aus seinem Arbeitseinkommen decken kann. Über den Output entscheidet jedoch der Unternehmer. Nur ein Teil der Entscheidungen wird von den gleichen Individuen getroffen. So ist ein Unternehmer auf der einen Seite Anbieter, auf der anderen Seite aber auch Konsument und Sparer. Es ist daher ex ante bzw. gemäß der Planungen bezüglich Angebot und Nachfrage eher unwahrscheinlich, dass gerade das Gleichgewicht E_0 erreicht wird.

Häufiger wird ein Punkt abseits vom Gleichgewicht realisiert. Im Punkt $(Y_1;AD_1)$ ist die geplante Nachfrage größer als der Output. Mit anderen Worten, die produzierten Güter und Dienstleistungen reichen nicht aus, um die Nachfrage zu decken. Der Output deckt gerade den Konsum und geringe Ersparnisse. Die Investitionen können nur durch Bestandsreduzierungen erreicht werden. In der beschriebenen einfachen Volkswirtschaft kommt es zu einem unerwarteten Rückgang der Lagerhaltung, um die Nachfrage zu befriedigen. Der Staat wird sich verschulden, d.h. er fährt ein Budgetdefizit.

Abbildung 13-2: Der Pfad zum Gleichgewicht im keynesianischen Kreuz

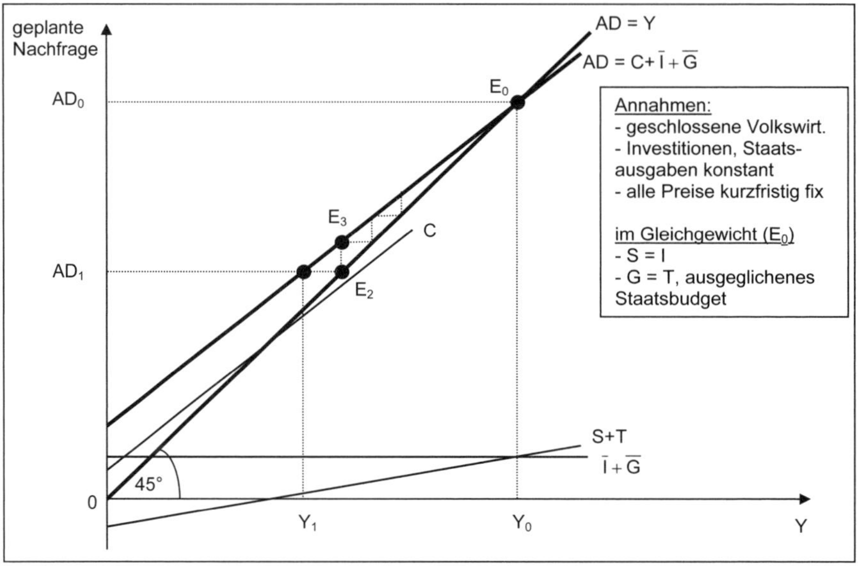

Die keynesianische Idee besagt, dass die Nachfrage der aktive, der bestimmende Teil der Volkswirtschaft ist. Während das Angebot lediglich passiv reagiert. Entsteht nun also ein Ungleichgewicht wie im Punkt (Y_1;AD_1), wird das Angebot in der nächsten Periode gesteigert. Anreiz hierzu bietet die Nachfrage, die größer ist als das Angebot. Bei gleich bleibender Nachfrage wird dann das Gleichgewicht E_2 realisiert. Bei gegebenem Output bzw. Einkommen, zur Erinnerung, der Output fließt letztlich den Arbeiter- und Unternehmerhaushalten in Form von Einkommen zu, wird die Nachfrage ihre Planungen nach oben anpassen. Anreiz ist das höhere Einkommen. In der wiederum folgenden Periode wird folglich das Gleichgewicht E_3 erreicht. Die Anpassung hin zum stabilen Gleichgewicht E_0 erfolgt über viele kurzfristige instabile Gleichgewichte. Der Pfad zu dem stabilen Gleichgewicht ist durch die gepunktete treppenartige Linie zwischen der Nachfragegeraden und der 45°-Geraden angedeutet. Genauer wird es unendlich viele kurzfristige Gleichgewichte geben, es sei denn der Punkt E_0 wird durch Zufall direkt erreicht.

Kann das stabile Gleichgewicht auf diesem Wege verpasst werden, d.h. kann ein Punkt jenseits von E_0 realisiert werden? Nein, der beschriebene Anpassungsprozess macht dies deutlich. E_0 wird immer erreicht. Kann es denn einen Grund geben dieses Gleichgewicht wieder zu verlassen, wenn es einmal erreicht wurde? Nein, das stabile Gleichgewicht zeichnet sich dadurch aus, dass geplante Nachfrage und Output übereinstimmen. Die Nachfrage hat keinen offensichtlichen Grund die Planungen zu verändern. Annahmegemäß verhält sich das Angebot passiv und wird daher ebenfalls keine Veränderungen vornehmen. Zur

Verdeutlichung, die Passivität des Angebots in diesem Modell besagt nicht, dass das Angebot sich gar nicht verändert, sondern dass es lediglich auf die Nachfrage reagiert. Der Punkt E_0 wird ceteris paribus auch in der nächsten und in allen folgenden Perioden erreicht. Die Volkswirtschaft wird ihr stabiles Gleichgewicht nicht verpassen. Dies schließt allerdings nicht aus, dass zu Beginn der Betrachtungen zunächst ein Gleichgewicht rechts oberhalb bzw. links unterhalb von E_0 realisiert werden kann. In einem Gleichgewicht rechts oberhalb ist die Nachfrage geringer als das Angebot. Es kommt zu ungeplanten Investitionen in die Lagerhaltung, d.h. die Lagerbestände werden aufgestockt. Durch das zu große Angebot im Verhältnis zur Nachfrage entsteht ein Anreiz die Produktion zu senken, dies führt zu Entlassungen. Die Arbeitslosigkeit steigt und somit sinkt die Nachfrage aufgrund des sinkenden Gesamteinkommens. Durch die Anpassung wird das Gleichgewicht E_0 von oben erreicht. In einem Gleichgewicht links unterhalb von E_0 ist die Nachfrage größer als das Angebot. Es kommt zu einem ungeplanten Abbau der Lagerbestände. Die zu große Nachfrage im Verhältnis zum Angebot bietet Anreize die Produktion zu steigern. Dies führt zu höherer Beschäftigung. Die Arbeitslosigkeit sinkt und somit steigt das Angebot aufgrund der steigenden Beschäftigung. Durch die Anpassung wird das Gleichgewicht E_0 von unten erreicht.

Die zwei beschriebenen Anpassungsvorgänge in der Volkswirtschaft sind jeweils von konstanten exogenen Größen ausgegangen. Dabei kann das Erreichen eines Gleichgewichts auch durch die Veränderung exogener Variablen zustande kommen. Eine Möglichkeit ist die Staatsnachfrage. Anstatt im Punkt E_1 ein Budgetdefizit zu fahren, kann der Staat auch seine Ausgaben kürzen. Dies führt zu einer Parallelverschiebung der Nachfragegeraden nach unten. Auf diese Weise könnte E_2 in der nächsten Periode als Schnittpunkt von AD-Geraden und 45°-Geraden erreicht werden. E_2 wäre ein stabiles Gleichgewicht. In kurzen Worten ist eben dieses ausgleichende Verhalten des Staates zur Erreichung eines Gleichgewichts ein essentieller Punkt in der keynesianischen Vorstellung einer Volkswirtschaft. In der Diskussion dieses sehr einfachen Modells wird der Staat als vorausschauendes Wesen betrachtet. Er besitzt einen Informationsvorsprung durch die Ansammlung von Kompetenz in Ministerien und Behörden und wird immer wissen, wie ein Ungleichgewicht in der Volkswirtschaft verhindert werden kann. Auf dieser Basis wird dem Staat eine stabilisierende Rolle durch makroökonomische Interventionspolitik zugeteilt. Die allgemeinen Schlussfolgerungen Keynes' sind auch heute in der makroökonomischen Diskussion wenig umstritten. Die Streitpunkte beziehen sich auf die zugrunde liegenden Annahmen der Modelle. Beispielsweise ist zu diskutieren, ob der Staat wirklich als ein vorausschauendes Wesen betrachtet werden kann? Warum sollte der Staat besser als die Haushalte wissen, wie groß die Nachfrage sein sollte?

13.1.2 Die Bedeutung der Nachfrage im keynesianischen Kreuz

Der Nachfrage kommt im keynesianischen Kreuz eine große Bedeutung zu. Dies wird in Abbildung 13-3 noch mal veranschaulicht. Die Volkswirtschaft befindet sich zunächst in einem stabilen Gleichgewicht E_0. Angenommen die **Sparquote**, der Anteil des Einkommens, den die Haushalte sparen, sinkt. Im Umkehrschluss bedeutet dies, die Nachfrage steigt. Die Haushalte geben einen größeren Teil ihres Einkommens für den Konsum aus. Dieser Teil wird auch **Konsumquote** genannt. Die Sparquote bzw. die Konsumquote wird auch als **Grenzhang einer Volkswirtschaft zum Sparen** GS bzw. **zum Konsumieren** GK bezeichnet. Von jeder zusätzlichen Einheit Einkommen wird in der Zukunft folglich weniger gespart. Dies bietet einen Anreiz die Investitionen zu erhöhen. Die Ersparnisse bzw. Investitionen sind eine exogene Größe im keynesianischen Kreuz und führen zu einer Verschiebung der AD-Geraden im angenommenen Fall nach oben. In Abbildung 13-3 wird deutlich, dass die Veränderung der gesamtwirtschaftlichen Nachfrage von AD_0 auf AD_0' wesentlich größer ist als die Veränderung von Sparquote und Investitionen. Die Nachfrageveränderung hat offensichtlich einen gewissen **Multiplikatoreffekt**.[3]

Die Größe des Multiplikators und damit die Bedeutung der Nachfrage im keynesianischen Kreuz werden anhand eines kleinen Zahlenbeispiels deutlich. Das Beispiel ist in Tabelle 13-1 zusammengefasst. Angenommen der Grenzhang zum Sparen sinkt, d.h. die gesamtwirtschaftliche Nachfrage steigt nachhaltig. Das Angebot hat folglich einen Anreiz die Produktion zu erhöhen und wird hierfür Kapazitäten aufbauen, d.h. investieren. Die Investitionen sollen in Periode Null auf 20 Geldeinheiten steigen und in den folgenden Perioden konstant sein. Die Volkswirtschaft habe ein gesamtwirtschaftliches Einkommen von 100 Geldeinheiten. Der Grenzhang zum Sparen betrage 0,2, d.h. der Grenzhang zum Konsum betrage 0,8. Von dem Einkommen werden 80 Einheiten konsumiert und 20 gespart. Die zusätzliche Investitionsnachfrage erhöht das gesamtwirtschaftliche Einkommen in Periode eins um 20 Einheiten auf 120 ($\Delta Y = 20$). Annahmegemäß werden hiervon 96 Einheiten ($0{,}8 \times 120$) konsumiert ($\Delta C = 16$) und 24 Einheiten ($0{,}2 \times 120$) gespart ($\Delta S = 4$). Die Investitionen betragen konstant 20 Einheiten und führen zusammen mit dem Konsum zu einem Einkommen in Periode zwei in Höhe von 156 Einheiten ($120 + 20 + 16$). Hiervon werden nun wiederum 124,8 Einheiten konsumiert und 31,2 GE gespart. Der weitere Verlauf ist Tabelle 13-1 dargestellt.

[3] Dieser Effekt ist ähnlich wie der Geldmengenmultiplikator; vgl. hierzu Kap. 10.2.

Abbildung 13-3: Die Bedeutung der Nachfrage im keynesianischen Kreuz

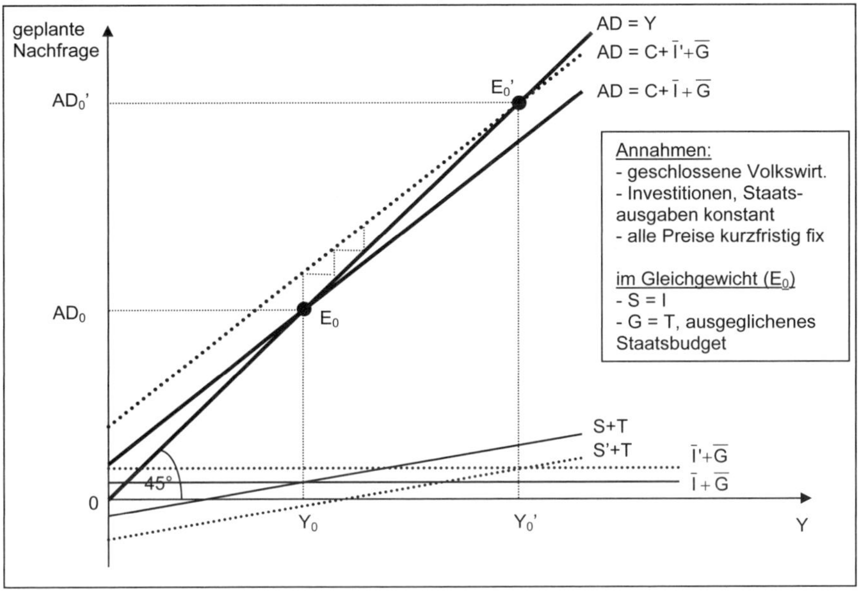

Tabelle 13-1: Der Multiplikatoreffekt im keynesianischen Kreuz

Periode	I	Y	ΔY	ΔC	ΔS
0	20	100	-	-	-
1	20	120	20	16	4
2	20	156	36	28,80	7,20
3	20	204,80	48,80	39,04	9,76
4	20	263,84	59,04	47,23	11,80
5	20	331,07	67,23	53,78	13,45
...					
10	20	742,95	89,26	71,41	17,85
...					
100	20	9700	99,99	79,99	19,99
...					
∞	20	∞	100	80	20

Nach beliebig vielen Jahren erreicht der Zuwachs des Volkseinkommens einen Grenzwert von 100 Einheiten. Der Grenzwert ergibt sich im Beispiel aus einem Multiplikator μ mal den Investitionen, daher ergibt sich:

$$\lim_{Periode \to \infty} \Delta Y = \mu \cdot I = 5 \cdot 20 = 100 .$$

Der Multiplikator μ ist der **Multiplikator der Nachfrage**. Er ist im Beispiel gerade so groß wie der Kehrwert des Grenzhangs zum Sparen (1/0,2=5). Bei konstanten Investitionen ist der Zuwachs des Volkseinkommens umso größer, je geringer der Grenzhang zum Sparen ist. Der Kehrwert von 0,1 ist größer als der von 0,5. Da sich der Zuwachs des Einkommens im Beispiel letztlich als ein Mehrfaches der Investitionen ergibt, wird dieser Multiplikator auch **Investitionsmultiplikator** genannt. Das Beispiel macht auch die Abhängigkeit des Wirtschaftswachstums von Investitionen deutlich. Bleiben die Investitionen konstant, strebt das Wachstum gegen einen Grenzwert. Würde man die Investitionen mit steigendem Volkseinkommen erhöhen, gäbe es theoretisch keine Wachstumsgrenze.

Analog zum Investitionsmultiplikator können auch andere Multiplikatoren der Nachfrage beschrieben werden. Hier finden häufig der **Staatsausgabenmultiplikator** und der **Steuermultiplikator** Erwähnung. Ersterer beschreibt den Multiplikatoreffekt der Veränderung der Staatsausgaben und ist der Quotient $\Delta Y / \Delta G$[4]. Letzterer beschreibt den Multiplikatoreffekt der Veränderung der Steuerzahlungen und ist der Quotient $\Delta Y / \Delta T$[5]. Alle Multiplikatoren machen die Bedeutung der gesamtwirtschaftlichen Nachfrage in diesem einfachen Modell deutlich. Auch in den folgenden, leicht komplexeren Modellen kommt der gesamtwirtschaftlichen Nachfrage eine große Bedeutung zu. An dem keynesianischen Kreuz ist allerdings zu kritisieren, dass die Nachfrage letztlich die einzige bedeutende Einflussgröße ist.

13.2 Herleitung und Beschreibung des IS-LM Modells

In diesem Abschnitt wird auf das keynesianische Kreuz aufgebaut und ein komplexeres Modell entwickelt, das IS-LM Modell. Wie bereits angedeutet sind in der Vergangenheit viele Diskussionen um die sehr restriktiven Annahmen im keynesianischen Kreuz entfacht worden. Im Folgenden wird es vereinzelt Quellenhinweise zur Vertiefung einzelner Diskussionspunkte geben. Im Wesentlichen wird die Diskussion aber auf das IS-LM Modell beschränkt sein. Das keynesianische Kreuz ist eine sehr einfache Interpretation der keynesianischen Theorie. Hingegen ist das IS-LM Modell, welches auf John R. Hicks zurück-

[4] Der Staatsausgabenmultiplikator lässt sich mithilfe der Differentialrechnung aus der gesamtwirtschaftlichen Nachfrage ableiten. Diese ist im Gleichgewicht: $Y = C + \bar{I} + G$, wobei C eine Funktion des verfügbaren Einkommens ist, d.h. von Y selbst wieder abhängt (vgl. Kap. 5). Das totale Differenzial ist: $dY = (\partial C / \partial Y)dY + dG$ (der Ausdruck für I fällt weg, da die Investitionen als konstant angenommen wurden). Wird dieser Ausdruck durch dY geteilt und umgeformt ergibt sich:

$$dY / dG = 1/(1-(\partial C / \partial Y)) \quad \Leftrightarrow \quad dY / dG = 1/(1-C').$$

Dabei symbolisiert C' den Grenzhang zum Konsum.

[5] Der Steuermultiplikator lässt sich ebenso aus der gesamtwirtschaftlichen Nachfrage ableiten wie in Fußnote 4 beschrieben. Es ergibt sich: $dY / dT = -C'/(1-C')$.

geht, realitätsnäher.[6] Das Modell zeichnet sich dadurch aus, dass einige Kritikpunkte am keynesianischen Kreuz durch die Einführung neuer Einflussgrößen berücksichtigt werden. Im Folgenden wird zunächst die IS-Kurve und im Anschluss die LM-Kurve hergeleitet. In einem dritten Abschnitt wird ein gesamtwirtschaftliches Gleichgewicht entwickelt und die Mechanismen des Modells erläutert.

13.2.1 Die IS-Kurve

Das keynesianische Kreuz hat ein großes Defizit. Alle Preise werden kurzfristig als fix angenommen. Im Allgemeinen sind drei Preise von Wichtigkeit: Güterpreise, Löhne und Zinsen. Im Modell sind die Investitionen exogen gegeben, ebenso das Arbeitsangebot, welches nicht einmal explizit erwähnt wurde im Modell. Lediglich indirekt spielte es bei der Produktion eine Rolle. Das Ungleichgewicht entstand im keynesianischen Kreuz folglich aus den kurzfristig fixen Güterpreisen. Hätten die Preise unmittelbar auf eine zu hohe oder zu niedrige Nachfrage reagiert, wäre ein Ungleichgewicht nicht entstanden. Das IS-LM Modell geht auf die Kritik am keynesianischen Kreuz ein, indem ein monetärer Sektor eingeführt wird, d.h. der Zins wird innerhalb des Modells auf einem Geldmarkt bestimmt. Die Güterpreise und Löhne seien weiterhin kurzfristig fix. Diese Annahme kann am ehesten gerechtfertigt und auch in der Realität beobachtet werden. Ein fehlender Geldmarkt ist jedoch auch kurzfristig unrealistisch. Mit der Einführung eines Geldmarktes ist der Zins nicht mehr länger eine exogene Variable, sondern wird am Geldmarkt durch Geldangebot und -nachfrage festgelegt. Die Investitionen können nicht mehr länger als konstant angenommen werden. Eine einfache Investitionsfunktion stellt einen Zusammenhang zwischen Investitionen in Abhängigkeit vom Zins her. Die Funktion lautet $I = I(i)$.

Die Einführung einer Investitionsfunktion verändert das keynesianische Kreuz nicht generell. Die Lage der AD-Geraden ist nun aber vom Zins abhängig. Zur Erinnerung, der Zins stellt die Opportunitätskosten der Investitionen dar. *Je höher (niedriger) der Zins, desto niedriger (höher) sind die Investitionen. Dies bedeutet für die aggregierte Nachfrage, je höher (niedriger) der Zins, desto geringer (höher) ist das Niveau der aggregierten Nachfrage.* Mit steigendem Zins wird die AD-Gerade immer weiter nach unten geschoben (Abbildung 13-4, Grafik a). Der Zins wird, wie bekannt, am Geldmarkt durch Angebot und Nachfrage bestimmt. In Abbildung 13-4, Grafik b, ist die Investitionsfunktion dargestellt.

Aus Grafik a und Grafik b in Abbildung 13-4 kann die **IS-Kurve** in Grafik c hergeleitet werden. Eine Zinserhöhung von i_0 auf i_1 führt zu einer Reduzierung der Investitionen von I_0 auf I_1 (Grafik b). Der höhere Zins führt zu einem Rückgang der geplanten Nachfrage aufgrund der Reduzierung der Investitionen von

[6] vgl. John R. Hicks 1937

AD_0 auf AD_1 (Grafik a). Es sind daher zwei Gleichgewichtspunkte bekannt: (Y_0,i_0) und (Y_1,i_1). Die Verbindungslinien von Grafik a nach unten und von Grafik b nach rechts deuten dies an. In Grafik c ergibt sich eine fallende Gerade, die IS-Kurve. *Sie ist der geographische Ort aller Gütermarktgleichgewichte, d.h. alle Punkte auf der IS-Kurve sind Kombinationen aus Zins und Einkommen, die gleichzeitig ein Gleichgewicht auf dem Gütermarkt wiederspiegeln.* Dabei ist der Zusammenhang zwischen Zins und Einkommen, d.h. BIP negativ. Ein steigender Zins führt zu einem geringeren BIP. Die Bezeichnung „IS-Kurve"[7] rührt vom gesamtwirtschaftlichen Gleichgewicht her, d.h. vom Einkommenskreislauf. Im Gleichgewicht gilt:

$$Y = C + I + G,$$

wobei der Konsum C nichts anderes ist als das Einkommen abzüglich der Ersparnisse und der Steuern, $Y - S - T$. Die gesamten Einkommen gelangen letztlich zu den Haushalten. Diese geben das Einkommen in Form von Konsum, Ersparnissen und Steuern in den Wirtschaftskreislauf zurück. Der Konsum und die Ersparnisse fließen mithin direkt den Unternehmen in Form von Güternachfrage und Investitionen zu. Der Staat erhält die Steuern und gibt diese in Form von Staatsausgaben in den Wirtschaftskreislauf zurück. Die Steuern gelangen somit von den Haushalten nur indirekt über den Staatshaushalt zu den Unternehmen. Die vorherige Gleichung kann umgeformt werden zu:

$$Y = Y - S - T + I + G$$
$$\Leftrightarrow \quad I + (G - T) = S$$

Unter der Annahme eines ausgeglichenen Staatsbudgets ($G = T$) im Gleichgewicht ergibt sich $I = S$. Dies gilt für alle Gleichgewichte auf der IS-Kurve: die Ersparnisse sind gleich den Investitionen.

Die IS-Kurve macht den negativen Zusammenhang zwischen Zinsen und gesamtwirtschaftlichem Output, d.h. BIP deutlich. *Je höher (niedriger) die Zinsen, desto geringer (höher) die Investitionen und desto niedriger (höher) ist das BIP.*[8] Wenn die Punkte auf der IS-Kurve Gleichgewichte sind, müssen die übrigen i-Y-Kombinationen Ungleichgewichte sein. Punkt A in Abbildung 13-4 (Grafik c) repräsentiert einen Punkt, in dem bei gleichgewichtigem Einkommen Y_0 der Zins zu hoch, d.h. über dem Gleichgewichtszins i_0 liegt. Die geplanten Investitionen sind bei diesem Zins folglich geringer als notwendig. Es liegt ein so genannter **Angebotsüberhang** vor, d.h. das Angebot ist größer als die Nachfrage. Die Unternehmen produzieren teilweise auf Lager. Im Punkt B hingegen liegt

[7] Die IS-Kurve muss nicht zwangsläufig eine „Kurve" sein, sondern kann in einem speziellen Fall wie dargestellt eine Gerade sein. Das Aussehen der IS-Kurve ist im Weiteren nicht von Bedeutung. Aus Vereinfachungsgründen wurde daher eine Gerade angenommen.

[8] Auf diese Weise versucht die Notenbank im Rahmen ihrer Geldpolitik das Wirtschaftswachstum zu begrenzen bzw. zu unterstützen. Dazu mehr im Rahmen der geldpolitischen Diskussionen in einem späteren Teil dieses Buches (vgl. Kap. 15.3.3, 15.4.2).

ein **Nachfrageüberhang** vor. Für das gegebene Einkommen Y_1 sind die Investitionen aufgrund eines unterhalb des Gleichgewichtszinses liegendem Zinsniveau zu hoch. Die Nachfrage ist größer als das Angebot.

Abbildung 13-4: Die Herleitung der IS-Kurve

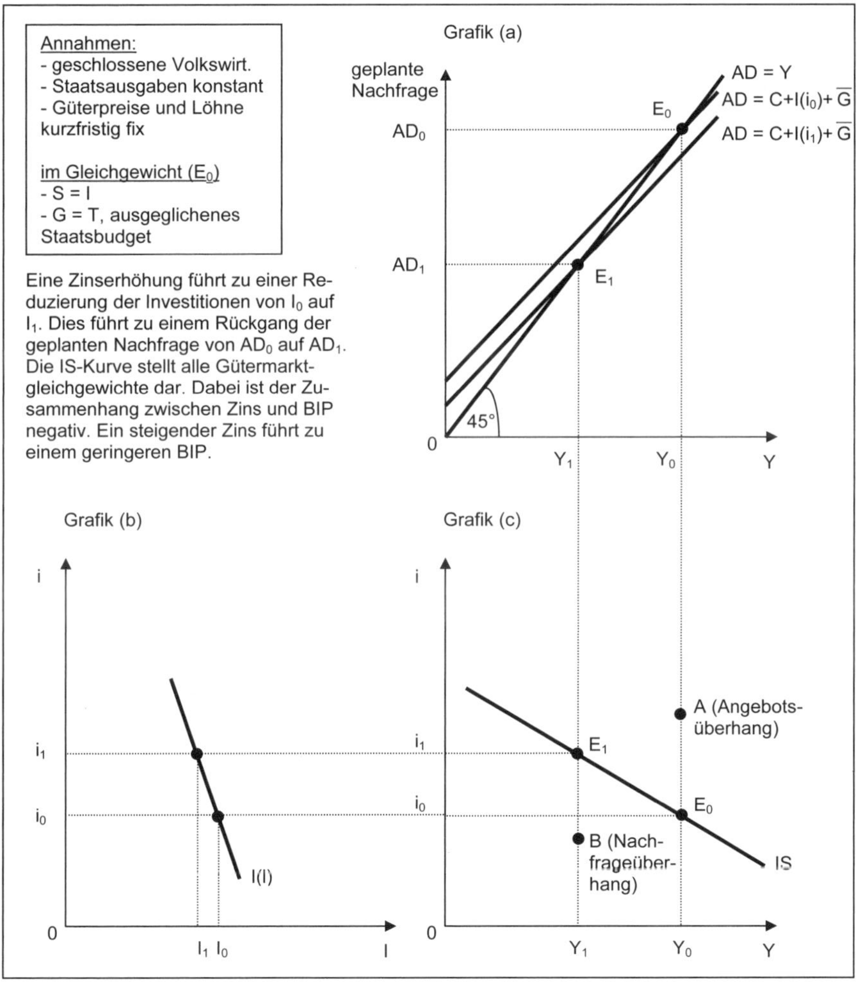

13.2.2 Die LM-Kurve

Das IS-LM Modell zeigt gesamtwirtschaftliche Gleichgewichte. Hierzu gehört nicht nur ein Gleichgewicht auf dem Gütermarkt, das durch die IS-Kurve dargestellt wird, sondern auch ein Gleichgewicht auf dem Geldmarkt. Auf dem Geldmarkt ist ein Gleichgewicht erreicht, wenn Geldangebot und Geldnachfrage übereinstimmen. Für die Herleitung der LM-Kurve werden folgende Annahmen getroffen. Erstens ist das Preisniveau kurzfristig fix. Das nominale Geldangebot wird von der Notenbank exogen festgelegt und wird ebenfalls als fix angenommen. Das gesamtwirtschaftliche Einkommen ist eine exogene Größe und somit gegeben. Die Geldnachfrage hängt kurzfristig nur vom Zins ab und kann geschrieben werden als $L(i,\overline{Y})$. Sie weist einen negativen Zusammenhang mit dem Zins auf. *Je höher (niedriger) der Zins, desto teurer (billiger) ist die Geldhaltung und desto geringer (höher) wird die Geldnachfrage sein.*

Der beschriebene Geldmarkt ist in Abbildung 13-5 in der linken Grafik dargestellt. Die kurzfristig konstante reale Geldmenge ist dargestellt durch die Senkrechte auf der horizontalen Achse und die Geldnachfrage durch die negativ geneigte Gerade. Bei gegebener nominale Geldmenge $\overline{M}$ und gegebenem Einkommen Y_0 ergibt sich ein Zins i_0. Steigt das Einkommen auf Y_1, steigt die Nachfrage nach Geld und ein neues Gleichgewicht ergibt sich im Punkt ($\overline{M}/\overline{P}$;$i_1$). In der rechten Grafik der gleichen Abbildung ist lediglich das Einkommen auf der horizontalen Achse abgetragen. Wie beschrieben ergibt sich der Zins i_0 bei einem Einkommen von Y_0 und der Zins i_1 bei einem Einkommen von Y_1. Die sich aus der Verbindung der Punkte (Y_0;i_0) und (Y_1;i_1) ergebende Gerade ist die LM-Kurve. *Sie ist der geographische Ort aller Geldmarktgleichgewichte, d.h. alle Punkte auf der LM-Kurve sind Kombinationen aus Zins und Einkommen, die gleichzeitig ein Gleichgewicht auf dem Geldmarkt wiederspiegeln.* Die Bezeichnung „LM-Kurve"[9] rührt einfach von der Tatsache der Übereinstimmung von Geldnachfrage L und Geldangebot M her.

Im Gegensatz zur IS-Kurve stellt die LM-Kurve einen positiven Zusammenhang zwischen steigendem BIP und höherem Zins dar. Zwei wesentliche Gründe sollen hierfür genannt werden. Erstens geht ein steigendes BIP mit steigenden Investitionen einher. Der Zins steigt als Reaktion auf die steigende Investitionsnachfrage. Zweitens wird eine Zunahme des Einkommens aufgrund von exogenen Faktoren, z.B. steigende Staatsausgaben, die Notenbank dazu veranlassen, die Zinsen zu erhöhen, um eine so genannte Überhitzung der Wirtschaft zu verhindern.[10] Alle Punkte abseits der LM-Kurve sind Geldmarktungleichgewichte. Im Punkt A (Abbildung 13-5, rechte Grafik) ist der Zins für das Einkommen Y_0 zu hoch, d.h. er liegt oberhalb des Gleichgewichtszinses. Die Geldnachfrage ist

[9] Die LM-Kurve muss wie auch vorher die IS-Kurve nicht zwangsläufig eine Gerade sein. Dies wurde aus Vereinfachungsgründen angenommen.

[10] Aus Gründen der Preisniveaustabilität muss eine Zinserhöhung in vielen Fällen bei steigendem Einkommen die logische Konsequenz für die Notenbank sein. Hierzu mehr im Rahmen der fiskalpolitischen und geldpolitischen Diskussion (vgl. Kap. 15.3).

im Verhältnis zum Geldangebot folglich zu gering. Es besteht ein Angebotsüberhang. Im Punkt B ist der Zins zu niedrig, d.h. er liegt unterhalb des Gleichgewichtszinses, der für das Einkommen Y_0 notwendig ist. Die Nachfrage ist folglich höher als das Angebot. Es besteht ein Nachfrageüberhang.

Abbildung 13-5: Die Herleitung der LM-Kurve

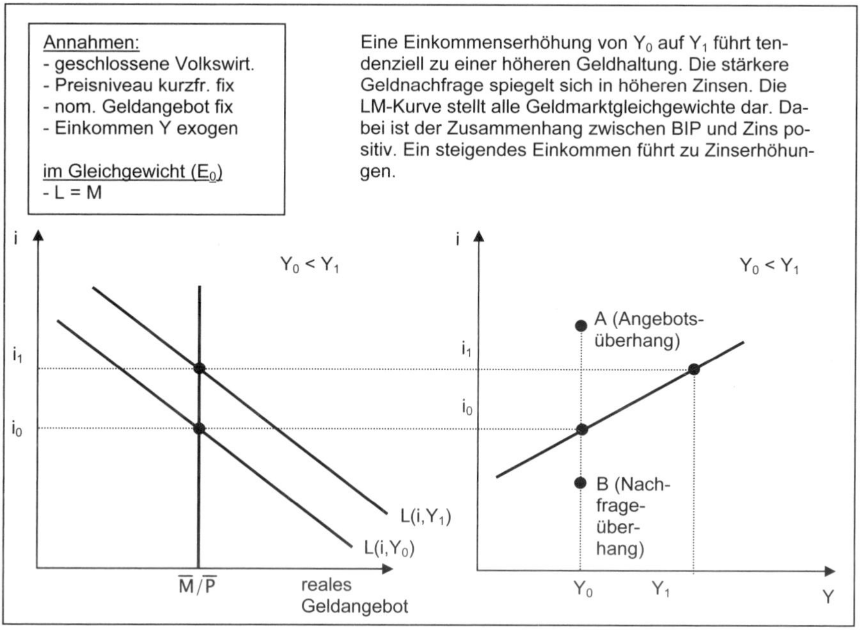

13.2.3 Ein gesamtwirtschaftliches Gleichgewicht

Die IS-Kurve zeigt alle Gütermarktgleichgewichte. Die LM-Kurve zeigt alle Geldmarktgleichgewichte. Ein gesamtwirtschaftliches Gleichgewicht ist unter den Modellannahmen gegeben, wenn sowohl auf dem Gütermarkt als auch auf dem Geldmarkt ein Gleichgewicht vorliegt. Dies ist gerade im Schnittpunkt der IS- mit der LM-Kurve der Fall. Im Schnittpunkt (Y_0;i_0) (Abbildung 13-6) müssen beide Märkte im Gleichgewicht sein und somit die Volkswirtschaft insgesamt.

Ein Gleichgewicht wie in Abbildung 13-6 ist stark vereinfacht durch die Modellannahmen des IS-LM Modells. Insbesondere die Annahme der fixen Preise und Löhne über die kurze Frist ist sehr restriktiv. Die Annahme der konstanten Staatsausgaben und der konstanten nominalen Geldmenge ist hier nötig um ein Gleichgewicht zu erreichen. Die Veränderung dieser Größen im Modell verändert die Lage der Kurven und ermöglicht es wirtschaftliche Fluktuationen, auch Konjunktur genannt, zu erklären bzw. Problemlösungsansätze zu bieten. Zu der wirtschaftspolitischen Diskussion sei noch einmal auf Kapitel 16 verwiesen. Um die Darstellung des Modells abzurunden sollen an dieser Stelle zusammenfassend die Veränderungen im IS-LM Modell erläutert werden, die aufgrund der Veränderung der zwei wichtigsten Variablen, der Staatsausgaben und der nominalen Geldmenge entstehen.

Abbildung 13-6: Das IS-LM Modell und ein gesamtwirtschaftliches Gleichgewicht

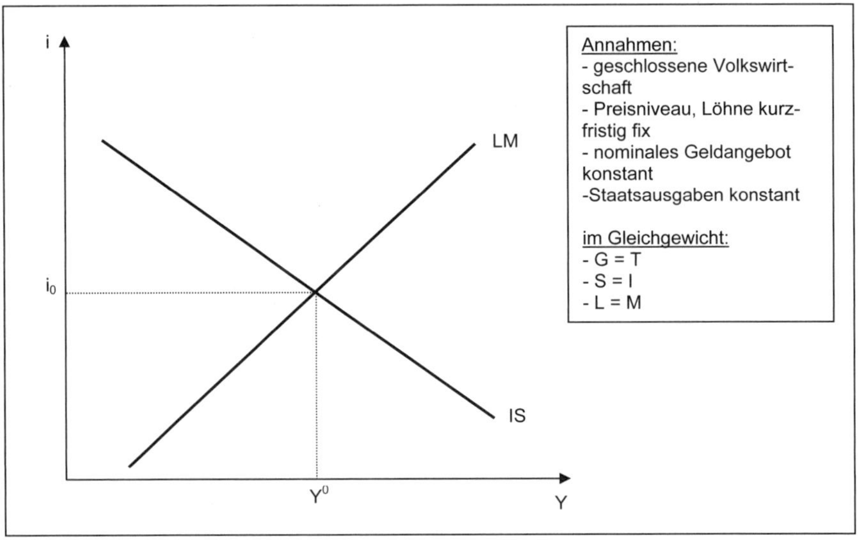

Die Staatsausgaben verändern zunächst die aggregierte Nachfrage und nehmen auf diese Weise direkten Einfluss auf das Gütermarktgleichgewicht und nur indirekt auf das Geldmarktgleichgewicht. Eine Ausweitung der Staatsausgaben erhöht die geplante Nachfrage, d.h. verschiebt die AD-Kurve nach oben. Was passiert mit der IS-Kurve? Die Staatsausgaben sind exogen in diesem Modell und verändern daher die Lage der IS-Kurve, nicht aber ihre Steigung. Mit anderen Worten: Die Veränderung einer exogenen Variablen muss unter der Annahme betrachtet werden, dass mindestens eine endogene Variable konstant bleibt. Die Ausweitung der Nachfrage führt bei gleich bleibendem Zins zu einem höheren Einkommen. Abbildung 13-7 stellt dies in der unteren Grafik dar. Verbleibt der Zins nach der Erhöhung der Staatsausgaben bei i_0, wird das Einkommen auf Y_1 steigen. Verbleibt das Einkommen allerdings bei Y_0, muss der Zins auf i_1 steigen. Werden die Punkte $(Y_0;i_1)$ und $(Y_1;i_0)$ verbunden, ergibt sich eine neue IS-Kurve, die oberhalb der ursprünglichen liegt. Insgesamt ergibt sich auch ein neues gesamtwirtschaftliches Gleichgewicht. Es stellt sich bei unveränderter LM-Kurve bei höherem Einkommen und bei höherem Zins ein. Die Erhöhung der Staatsausgaben verschiebt die IS-Kurve nach rechts oben und das Gleichgewicht von E_0 nach E_1. Gleiches gilt im Übrigen auch für Steuersenkungen. Nach einer Steuersenkung erhöht sich das zur Verfügung stehende Einkommen der Haushalte und deren Nachfrage wird zunehmen. Auf der anderen Seite werden die Reduzierung der Staatsausgaben bzw. Steuererhöhungen die IS-Kurve nach links unten verschieben. Tabelle 13-2 bietet nochmals einen Überblick über den Einfluss der Staatsausgaben auf die IS-Kurve.

Abbildung 13-7: Lage der IS-Kurve mit steigenden Staatsausgaben

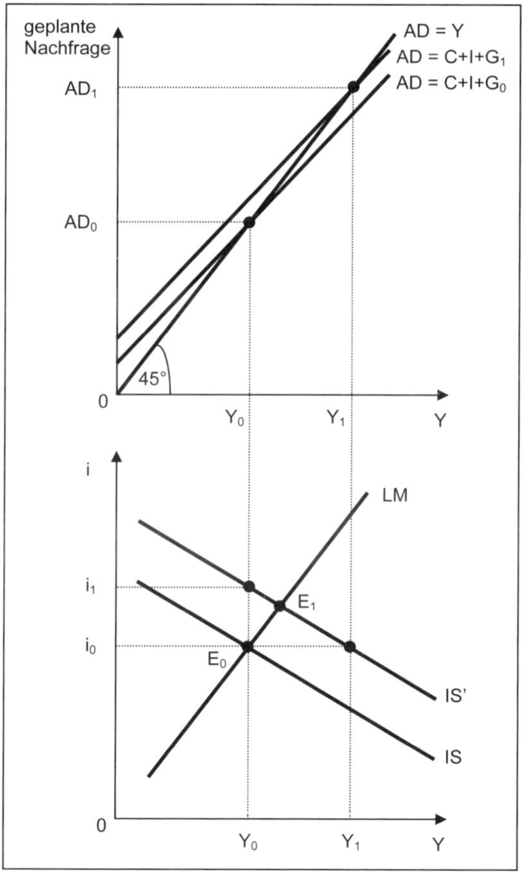

Die Veränderung der nominalen Geldmenge verschiebt die LM-Kurve. Eine expansive Geldpolitik der Notenbank, d.h. eine Ausweitung der Geldmenge, führt bei gleichem Zins i_0 zu einem höheren Einkommen Y_1 bzw. bei gleichem Einkommen zu einem niedrigeren Zins. Werden die beiden neuen Punkte $(Y_1;i_0)$ und $(Y_0;i_1)$ miteinander verbunden, ergibt sich eine neue LM-Kurve rechts unterhalb der ursprünglichen LM-Kurve in Abbildung 13-8. Das neue gesamtwirtschaftliche Gleichgewicht ergibt sich bei gegebener IS-Kurve bei höherem Einkommen und niedrigerem Zins. Eine expansive Geldpolitik, d.h. eine Geldmengenausweitung, verschiebt die LM-Kurve nach rechts unten und das Gleichgewicht von E_0 auf E_1. Auf der anderen Seite wird die LM-Kurve bei restriktiver Geldpolitik, d.h. einer Reduzierung der Geldmenge, nach links oben verschoben.

Abbildung 13-8: LM-Kurve mit steigender nominaler Geldmenge

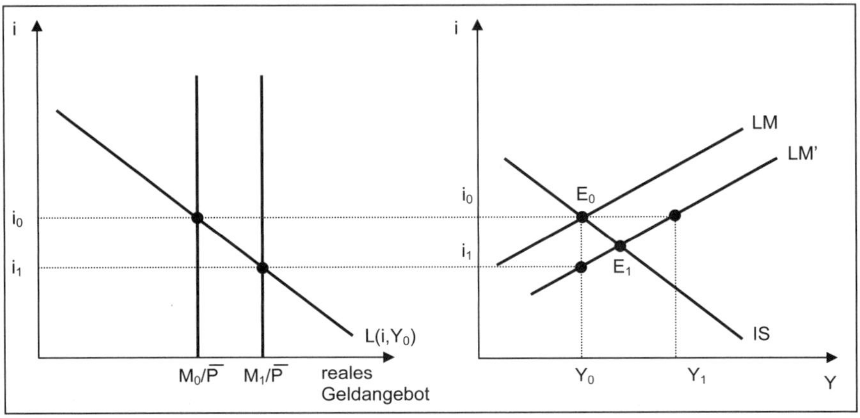

Tabelle 13-2: Der Einfluss wichtiger exogener Variablen auf die Lage der IS- bzw. LM-Kurve

Politik	**Maßnahme (alle weiteren Variablen konstant)**	**Wirkung**
Fiskalpolitik	Staatsausgabenerhöhung	IS-Kurve nach rechts oben
	Staatsausgabensenkung	IS-Kurve nach links unten
	Steuersenkung	IS-Kurve nach rechts oben
	Steuererhöhung	IS-Kurve nach links unten
Geldpolitik	Geldmengenausweitung	LM-Kurve nach rechts unten
	Geldmengenreduzierung	LM-Kurve nach links oben

Das IS-LM Modell umfasst einen monetären Sektor, d.h. innerhalb des Modells wird der Zins bestimmt. Nach wie vor sind jedoch die Güterpreise und die Löhne konstant. Aufgrund dieser Annahme, die erst im Folgenden aufgelöst wird, kann im Falle des IS-LM Modells alleine nicht unbedingt von einem gesamtwirtschaftlichen Gleichgewicht gesprochen werden. Hierzu fehlt neben dem Gütermarkt der zweite realwirtschaftliche Markt, der Arbeitsmarkt. Nur wenn dieser neben dem Güter- und Geldmarkt ebenfalls im Gleichgewicht ist, verdient ein Gleichgewicht die Bezeichnung "gesamtwirtschaftlich".11 Wie passt der Arbeitsmarkt in das IS-LM Modell? Hierzu sei einfach ein gesamtwirtschaftliches Gleichgewicht angenommen, d.h. Güter-, Geld- und Arbeitsmarkt sind im Gleichgewicht. In Kapitel 8.3 wurde ein Arbeitsmarktgleichgewicht als die Situation beschrieben, in der das Arbeitsangebot und die Arbeitsnachfrage übereinstimmen. Unter Umständen kann in dieser Situation freiwillige Arbeitslosigkeit herrschen. Da sie freiwillig ist, spielt sie wirtschaftspolitisch keine Rolle und muss nicht näher betrachtet werden. Mit dem Arbeitsmarkt im Gleichgewicht ist Höhe des Arbeitseinsatzes bekannt. Mithilfe einer gegebenen Produktionsfunk-

[11] Der Begriff wurde auf den vorherigen Seiten dennoch verwendet. Es wurde damit implizit ein Gleichgewicht auf dem Arbeitsmarkt angenommen.

Abbildung 13-9: Ein gesamtwirtschaftliches Gleichgewicht

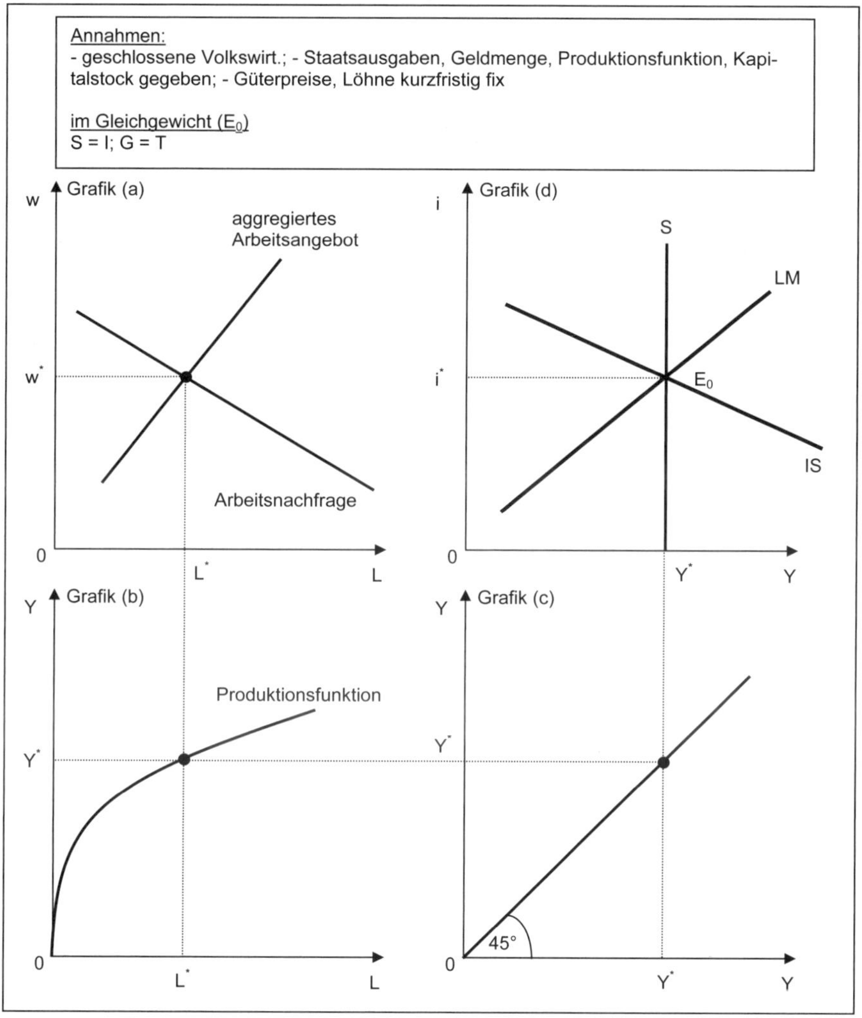

tion und gegebenem optimalem Kapitalstock kann Output bestimmt werden. Die Produktionsfunktion ist in Abbildung 13-9 in Grafik b dargestellt.

Die Produktionsfunktion als gegeben anzunehmen ist noch immer eine Vereinfachung, aber didaktisch zu rechtfertigen. Während der relative Einfluss einzelner Produktionsfaktoren auf den Output durch die relativen Preise der Faktoren bestimmt wird, ist die Produktionsfunktion selbst auf generellere Variablen wie den technischen Fortschritt und das Humankapital einer Gesellschaft zurückzuführen. Diese Größen beeinflussen sich wiederum gegenseitig positiv, d.h. eine verstärkte Ansammlung von Wissen, d.h. Humankapital wird in aller Regel auch den technischen Fortschritt steigern. Detaillierte Erläuterungen dieser Variablen sind weiterführenden Lehrbüchern zu überlassen, um an dieser Stelle die Modelle möglichst einfach zu halten und der anschaulichen Darstellung treu zu bleiben. Mit gegebenem technischem Fortschritt ist dann der optimale Kapitalstock bei konstanten Kapitalkosten ebenfalls exogen gegeben. Der geplante Output ist somit nur vom Produktionsfaktor Arbeit zu beeinflussen.

Abbildung 13-9 stellt dann insgesamt ein gesamtwirtschaftliches Gleichgewicht dar. Der Arbeitsmarkt (Grafik a) befindet sich im Gleichgewicht. Die gleichgewichtige Arbeitsmenge ist L^*. Wird diese Arbeitsmenge auf Grafik b übertragen, kann auf der vertikalen Achse der gesamtwirtschaftliche Output ermittelt werden. Durch die Hilfskonstruktion einer 45°-Linie in Grafik c, kann der gesamtwirtschaftliche Output in das IS-LM Diagramm (Grafik d) als gesamtwirtschaftliches Angebot S übertragen werden. Wenn alle drei Märkte, der Arbeitsmarkt, der Gütermarkt und der Geldmarkt im Gleichgewicht sind, ergibt sich das gesamtwirtschaftliche Gleichgewicht im Punkt E_0.

13.3 Der Mechanismus der Preise im IS-LM Modell

13.3.1 Das IS-LM Modell in der kurzen Frist

Im vorherigen Abschnitt ist ein gesamtwirtschaftliches Gleichgewicht mit konstanten Güterpreisen dargestellt worden. Tatsache ist, dass das Gleichgewicht im Wesentlichen deshalb zustande kam, weil ein Gleichgewicht vorausgesetzt wurde. In der Regel wird es kurzfristig eher selten der Fall sein, dass ein Gleichgewicht auf dem Gütermarkt von vornherein erreicht werden kann. Die Produzenten kennen die geplante Nachfrage der Konsumenten nicht. Es ist ungewiss, in welchem Maße beispielsweise eine Steuersenkung, die das verfügbare Einkommen der Haushalte erhöht, in Konsum umgesetzt wird. Wenn der Staat im gleichen Maße der Steuersenkung seine Ausgaben kürzt, die Haushalte noch dazu das gesamte zusätzlich verfügbare Einkommen sparen, wird die geplante Nachfrage zurückgehen. Wenn auf der anderen Seite die Produzenten damit rechnen, dass die reduzierten Staatsausgaben mindestens durch erhöhten privaten Konsum gedeckt werden, werden sie die Produktionskapazitäten konstant halten. Mit wenigen Worten: Das Angebot bleibt konstant, die Nachfrage geht allerdings zurück. Es entsteht ein kurzfristiges Ungleichgewicht. Das Marktgleichgewicht wird dann in der Regel langfristig durch den Preismechanismus wieder hergestellt. Die niedrigeren Preise werden langfristig die Produzenten unter der Annahme einer gleichbleibend geringen Nachfrage dazu bringen ihre Produktionskapazitäten anzupassen. Mit kurzfristig fixen Preisen wird nicht sofort ein Gleichgewicht entstehen. Dieses wird sich erst ergeben, wenn die Preise sich langfristig anpassen.

Abbildung 13-10: Ein gesamtwirtschaftliches (Un)Gleichgewicht in der kurzen Frist (konstante Preise)

Annahmen:
- geschlossene Volkswirt.; - Staatsausgaben, Geldmenge, Produktionsfunktion, Kapitalstock gegeben; - Güterpreise, Löhne kurzfristig fix

im Gleichgewicht (E_0)
S = I; G = T

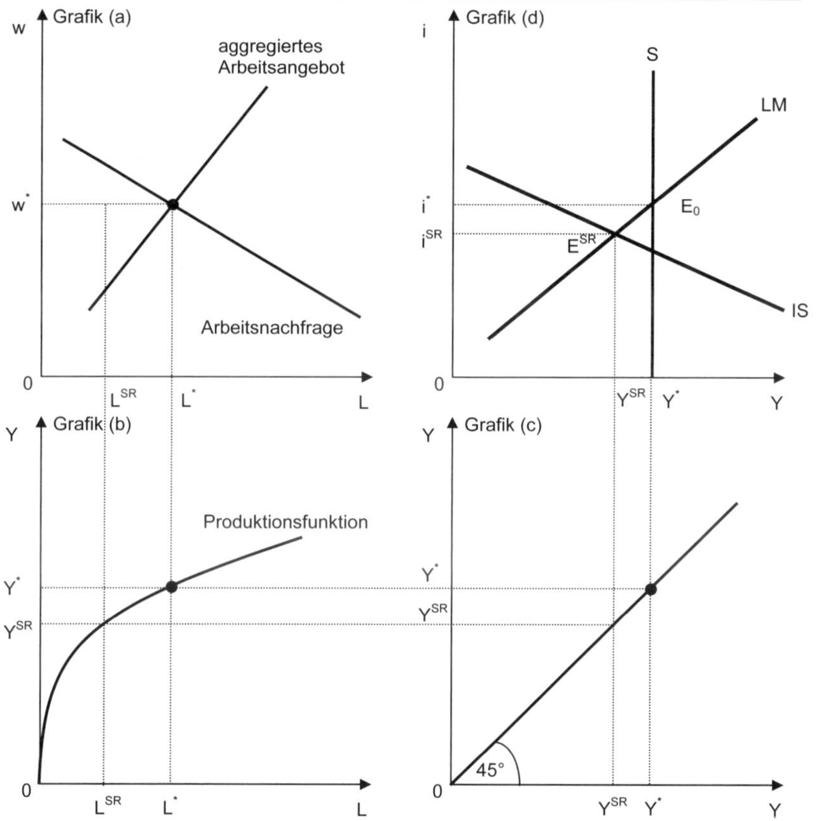

Ein kurzfristiges Ungleichgewicht ist der Ausgangspunkt in Abbildung 13-10 Grafik d. Die Produktionskapazitäten erlauben ein konstantes Angebot von S. Der Schnittpunkt der LM-Kurve mit der vertikalen Geraden S ist das gesamtwirtschaftliche Gleichgewicht E_0. Da die nominale Geldmenge exogen durch die Notenbank gegeben ist, als konstant angenommen wurde und die Preise ebenfalls als konstant angenommen wurden, kann sich die LM-Kurve nicht verschieben. Der Gütermarkt, d.h. die IS-Kurve bestimmt das (Un)Gleichgewicht. Über Grafik c und b kann das Gleichgewicht auf dem Arbeitsmarkt bestimmt werden. Bei gegebenem Reallohn w^* ist L^* die gleichgewichtige Arbeitsmenge. So weit, so bekannt. In Grafik d liegt aber kein gesamtwirtschaftliches Gleichgewicht, sondern ein kurzfristigen Ungleichgewicht vor. Die IS-Kurve schneidet die LM-Kurve im Punkt E^{SR} (SR:= kurzfristig; engl. short run). Dies ist der Fall, weil bezogen auf das langfristige Produktionspotential, symbolisiert mit S, die aggregierte Nachfrage zu gering ist. Wird die gestrichelte Linie durch E^{SR} in Grafik d zurückverfolgt, wird in Grafik c bereits deutlich, dass das zugehörige Einkommen Y^{SR} der Gesellschaft kleiner ist als das gleichgewichtige Einkommen Y^*. Wie Grafik b erkennen lässt, kann dieses geringere Einkommen mit einer Arbeitsmenge L^{SR}, die ebenfalls kleiner ist als die gleichgewichtige Arbeitsmenge L^*, produziert werden. Auf dem Arbeitsmarkt entsteht unfreiwillige Arbeitslosigkeit in Höhe von L^*-L^{SR}. Das Arbeitsangebot L^* ist größer als die Nachfrage nach Arbeit in Höhe von L^{SR}.

Dass sich kurzfristig kein Gleichgewicht einstellt, hängt unmittelbar mit fixen Güterpreisen und einem konstanten Reallohn zusammen. Dies ist ein vereinfachendes Abbild der realen Wirtschaft. Unabhängig von kollektiven oder individuellen Lohnverhandlungen sind die Nominallöhne kurzfristig als fix zu betrachten. Kollektive Lohnverhandlungen zwischen Tarifparteien können die kurze Frist unter Umständen aber verlängern. Tarifverträge hatten gerade in jüngster Zeit häufig Laufzeiten von bis zu zwei Jahren. Damit waren die Löhne nicht unbedingt absolut fix. Lohnanpassungen können in Tarifverträgen regelmäßig auch während der Laufzeit vorgesehen sein. So kann beispielsweise eine Lohnerhöhung nach Verhandlungsabschluss von 2% vereinbart werden und weitere 2% im nächsten Jahr. Die Nominallöhne sind somit aber mindestens relativ fix. Mit der geringen Inflationsrate in Deutschland ist es darüber hinaus nicht vermessen das Preisniveau kurzfristig als konstant anzunehmen. Alles in allem verändern sich die Arbeitskosten während eines zweijährigen Tarifvertrages also kaum. Eine zu geringe Nachfrage, d.h. ein Konjunkturrückgang kann dann zu Arbeitslosigkeit führen, da der Preismechanismus kurzfristig ausgeschaltet ist.

Kurzfristig konstante Preise können zu einem gesamtwirtschaftlichen Ungleichgewicht führen. Ein solches Ungleichgewicht kann durch die Nachfrageseite relativ schneller behoben werden als durch die Angebotsseite. Die Anbieter können nur relativ langsam mit ihren Kapazitäten reagieren. Aufgrund bereits entstandener Fixkosten bei der Installation von Produktionsanlagen und meist weiteren Fixkosten bei der Abschaltung der Anlagen bzw. beim Abbau werden Unternehmen regelmäßig nicht sofort auf Nachfrageänderungen reagieren, sondern die Kapazitäten erhalten. Auf der anderen Seite kann die Nachfrage relativ schnell reagieren. Im Wesentlichen ist hier der Staat zu nennen, der eine zu geringe private Nachfrage durch erhöhten Staatskonsum teilweise oder ganz ausgleichen kann.

Das beschriebene (Un)Gleichgewichtsmodell rechtfertigt die Forderung nach einer nachfrageorientierten Wirtschaftspolitik, die häufig auch keynesianisch genannt wird. Diese keynesianische Interpretation wird in einem folgenden Unterabschnitt noch genauer diskutiert.

13.3.2 Das IS-LM Modell in der langen Frist

Es wurde im letzten Unterabschnitt bereits angedeutet, dass die Annahme fixer Preise mit einem Blick auf die reale Wirtschaft langfristig nicht zu rechtfertigen ist. Dies sollte durch das Kapitel über Preisniveauveränderungen deutlich geworden sein. Der Preisindex in Deutschland ist in den letzten Jahren nur mit ca. 2% pro Jahr gestiegen. Kurzfristig verändern sich die Preise nur sehr wenig. Eine einmalige Veränderung des Preisniveaus ist eher zu vernachlässigen. Aber selbst eine jährliche Inflation von nur 2% mündet in einen Anstieg des Preisniveaus von mehr als 10% über fünf Jahre. Ein solcher Anstieg ist sicher nicht mehr zu vernachlässigen. Langfristig kann die Annahme eines konstanten Preisniveaus nicht aufrechterhalten werden. Welche Rolle spielen nun die Preise in einem gesamtwirtschaftlichen Gleichgewicht?

Abbildung 13-11 reproduziert noch einmal das im letzten Abschnitt dargestellte kurzfristige Ungleichgewicht im IS-LM Modell. Die Annahme konstanter Preise im Allgemeinen, d.h. Güterpreise und Löhne, wird fallen gelassen. Mit vollkommen flexiblen Löhnen ist der Arbeitsmarkt immer im Gleichgewicht. Aus der Grafik a geht die gleichgewichtige Arbeitsmenge hervor. Mit ihr wird in Grafik b der gleichgewichtige Output ermittelt und mittels Grafik c auf Grafik d übertragen. Mit vollkommen flexiblen Löhnen und Güterpreisen muss der Gütermarkt immer im Gleichgewicht sein. Das Gleichgewicht befindet sich folglich im Punkt E_0, dem Schnittpunkt der IS-Kurve mit dem vertikalen Angebot S. Ob das Gleichgewicht erreicht wird, bestimmt die Lage der LM-Kurve. Mit gegebenem Preisniveau P_0 schneidet die LM-Kurve die IS-Kurve im Punkt E^{SR}. In diesem Punkt ist die geplante Nachfrage geringer als das mit der gleichgewichtigen Arbeitsmenge produzierte Angebot S. Mit anderen Worten: Das reale Geldangebot ist für das reale Güterangebot zu klein. Es liegt beispielsweise folgender Fall vor: Es werden 10 Güter angeboten, der Preis beträgt 4 Euro, die nominale Geldmenge beträgt 20 Euro. In diesem Fall ergibt sich eine reale Geldmenge von 5 Gütern. Von den zehn Gütern können nur fünf nachgefragt werden. Sinken die Preise beispielsweise auf 2 Euro, vergrößert sich die reale Geldmenge auf 10 Güter. Der Markt wird leer gekauft. Übertragen auf Grafik d bedeutet dies: Mit der Preissenkung verschiebt sich die LM-Kurve nach unten. Dieser Mechanismus wurde bereits in Abbildung 13-8 dargestellt. Die neue LM-Kurve, LM', verläuft durch den Punkt E_0.

Bezogen auf die nächste Abbildung bleibt noch der umgekehrte Fall zu erwähnen. Hätte die ursprüngliche LM-Kurve unterhalb der gleichgewichtigen LM' gelegen, hätte sich eine kurzfristige Übernachfrage ergeben. Ausgedrückt mit vorherigem Zahlenbeispiel: Angebot 10, Preis 1 Euro, nominale Geldmenge 20 Euro. Die reale Geldmenge beträgt dann 20 Güter. Der Preis muss auf 2 Euro steigen, um die reale Geldmenge auf 10 Güter zu verkürzen. Die Preise müssen bei zu hoher Nachfrage im Verhältnis zum Angebot steigen.

Abbildung 13-11: Ein gesamtwirtschaftliches (Un)Gleichgewicht in der langen Frist (flexible Preise)

Annahmen:
- geschlossene Volkswirt.; - Staatsausgaben, Geldmenge, Produktionsfunktion, Kapitalstock gegeben;

im Gleichgewicht (E_0)
S = I; G = T

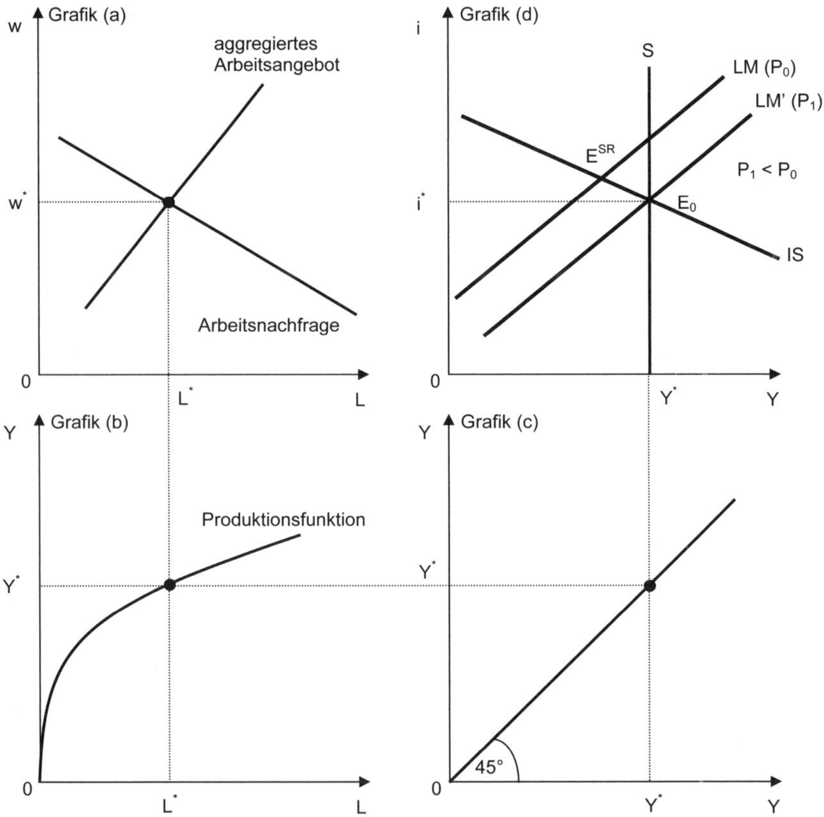

Mit vollkommen flexiblen Preisen auf dem Gütemarkt und flexiblen Löhnen auf dem Arbeitsmarkt ist die Volkswirtschaft immer im Gleichgewicht. Einige Überlegungen verdeutlichen dies schnell. Der Arbeitsmarkt befindet sich in einem Gleichgewicht, d.h. es gibt keine unfreiwillige Arbeitslosigkeit. Die Haushalte werden unter sonst gleichen Bedingungen ihre optimalen Konsumpläne nutzen. Von der Seite der Haushalte ist eine Nachfragesteigerung somit nicht mehr möglich. Selbst wenn die Annahme eines ausgeglichenen Staatsbudgets aufgegeben wird, kann der Staat die Nachfrage nur nominal steigern. Mit der optimalen Beschäftigung und einer gegebenen Produktionsfunktion ist das Angebot schlichtweg konstant. Jede höhere als die gleichgewichtige Nachfrage würde ausschließlich zu einer Preissteigerung führen, denn die höhere Nachfrage würde das Angebot übersteigen. Der Ausweitung des gesamtwirtschaftlichen Einkommens sind durch das Angebot Grenzen gesetzt. Nur durch die Veränderung von exogenen Variablen ist es möglich das gesamtwirtschaftliche Einkommen zu steigern. Technologischer Fortschritt würde die Produktivität erhöhen und bei gleichem Input den Output steigern. In der Folge fallen die Preise und der Wohlstand steigt. Die Veränderung der Freizeit-Arbeit Entscheidung in der Gesellschaft könnte das Angebot ebenso verändern. Wenn die Haushalte durch eine Verschiebung ihrer Präferenzen ihre Freizeit reduzieren und das Arbeitsangebot erhöhen, sinkt der Lohn und die gleichgewichtige Arbeitsmenge steigt. Mit ihr steigt der Output bei gegebener Produktionsfunktion.

Wird die Annahme vollkommen flexibler Preise und Löhne akzeptiert, rechtfertigt dies die Forderung nach einer angebotsorientierten Wirtschaftspolitik. Darüber hinaus verdeutlicht diese Annahme die klassische Erklärung der Neutralität des Geldes. Die Erhöhung der nominalen Geldmenge führt bei vollkommen flexiblen Preisen und Löhnen nicht zu einer höheren Nachfrage, sondern ausschließlich zu höheren Preisen. Die Veränderung einer nominalen Variablen, die nominale Geldmenge, beeinflusst auch nur eine nominale Variable, den Preis. Die nominalen Variablen haben jedoch keinen Einfluss auf reale Variablen wie den realen Konsum oder den realen gesamtwirtschaftlichen Output.

13.3.3 Nachfragepolitik vs. Angebotspolitik - eine alte Diskussion

In der Wirtschaftspolitik fallen häufig zwei sich anscheinend ausschließende Stichwörter, Nachfragepolitik und Angebotspolitik. Die Politiken können, vielleicht überspitzt aber dennoch zu rechtfertigen, den verschiedenen politischen Lagern zugeordnet werden. Die "Linken" hängen eher der Nachfragepolitik, d.h. auch der Rolle eines starken intervenierenden Staates an. Während die "Rechten" eher auf der Angebotsseite zu finden sind und im Allgemeinen die Eigenverantwortlichkeit der Individuen und möglichst geringen Interventionismus des Staates betonen. Unabhängig von den traditionellen politischen Lagern soll in diesem Abschnitt eine modelltheoretische Diskussion, die in den 1940er und 1950er Jahren ihren Ursprung hat, wiedergegeben werden. Dies ist die Diskussion um die zunächst sehr gegensätzliche Position der Keynesianer und der Neoklassiker bzw. der Monetaristen. Wie dargestellt werden wird, haben sich die Positionen bis in die heutige Zeit angeglichen. Eine eindeutige Einteilung der Makroökonomie in unterschiedliche Denkschulen ist kaum mehr möglich. Im Zuge dessen verschwimmt auch die früher recht eindeutige Trennung zwischen Nachfrage- und Angebotspolitik. In allen politischen Lagern ist je nach strategischer Ausrichtung und tatsächlicher wirtschaftlicher Lage durchaus beides zu erkennen. Dabei lassen sich nur noch einzelne Maßnahmen in die unterschiedlichen Kategorien einteilen. Die folgende Darstellung ist im Wesentlichen nützlich zum besseren Verständnis aktueller theoretischer und politischer Diskussionen, die regelmäßig, ohne darauf hinzuweisen, zu stark vereinfachen und in ebenso steter Regelmäßigkeit polemisch sind. In der Darstellung sollen die Gegensätze der früheren Denkschulen an Spezialfällen aufgezeigt werden. Eine vollumfängliche Darstellung der Diskussion würde den Rahmen dieses Buches sprengen.[12]

Die Diskussion entstand in den 1940er und frühen 1950er Jahren zwischen den Keynesianern und den Neoklassikern. Keynes selbst war an der Diskussion nicht mehr beteiligt, er starb 1946. Keynes hat die Klassiker, darunter verstand Keynes alle Ökonomen vor ihm selbst, stark kritisiert für die Außerachtlassung der Nachfrageseite und die dauerhafte Annahme sich selbst ins Gleichgewicht bringender Märkte. Die Neoklassiker nutzten das IS-LM Modell, welches zwar nicht von Keynes, sondern von Hicks entworfen wurde, aber auf Keynes Ideen basierte, um zu zeigen, dass die keynesianische Theorie der Ungleichgewichte keine eigentlich neue Theorie, sondern die klassische Theorie mit neuen Annahmen war.

Ausgangspunkt der neoklassischen Argumentation ist das von Keynes postulierte Ungleichgewicht auf dem Arbeitsmarkt und die beschriebene unfreiwillige Arbeitslosigkeit. Mit dieser geht eine relativ geringe Nachfrage einher. Die Neoklassiker brachten zwei Argumente hervor, die als **Keynes-Effekt** und **Pigou-Effekt** bekannt sind. Der Keynes- Effekt beschreibt folgenden Mechanismus: Arbeitslosigkeit bedeutet ein zu hohes Arbeitsangebot im Verhältnis zur Arbeitsnachfrage; die Arbeitgeber sind in einer relativ starken Verhandlungsposition; der Reallohn sinkt; mit fallendem realen Einkommen geht die Nachfrage der privaten Haushalte zurück; das allgemeine Preisniveau sinkt. Im Nachgang steigt das reale Geldangebot (M/P), der Realzins sinkt und die LM-Kurve verschiebt sich nach rechts unten. In der Folge steigt das gesamtwirtschaftliche Einkommen. Der Pigou-Effekt beschreibt folgenden Mechanismus: Wie beim Keynes-Effekt sinkt das allgemeine Preisniveau aufgrund der sinkenden Güternachfrage; der reale Wohlstand und das reale Einkommen steigen; der private Konsum nimmt zu. Die IS-Kurve verschiebt sich nach rechts oben und das gesamtwirtschaftliche Einkommen steigt.

Der Keynes-Effekt war das Argument der Neoklassiker, dass ein Ungleichgewicht auf dem Arbeitsmarkt nicht zwangsläufig den Eingriff des Staates erfordert, um die gesamtwirtschaftliche Produktion und das Einkommen zu steigern. Durch den Preismechanismus verschiebt sich die LM-Kurve und führt zum gleichen Ergebnis. Die Keynesianer hielten dagegen, dass eine Verschiebung der LM-Kurve dann keinen Effekt auf das Einkommen hat, wenn diese horizontal verläuft (Abbildung 13-12, linke Grafik). Dies ist dann der Fall, wenn die Geldnachfrage vollkommen zinselastisch ist, d.h. eine beliebig kleine Zinsänderung führt zu einer beliebig großen Änderung der Geldnachfrage. Dies wird durch Abbildung 13-12 (linke Grafik) veranschaulicht. Weicht der Zins nur mi-

[12] Einen guten Einstieg bietet Gregory Mankiw (1990). Eine ausführliche Diskussion wird geführt in Brian Hillier (1991). Die Hauptwerke von Keynes werden analysiert in Jochen Nielen (2000).

nimal von i_0 ab, nach oben oder nach unten, geht die Geldnachfrage auf Null zurück. Auf dem Geldmarkt führt eine Preissenkung dann zwar weiterhin zu einer Steigerung des realen Geldangebots aber nicht zu einer Zinsänderung. Eine Verschiebung der LM-Kurve führt bei unveränderter IS-Kurve zu nichts. Das gesamtwirtschaftliche Einkommen und der Zins bleiben konstant. Das Gegenargument auf der neoklassischen Seite lieferte der Pigou-Effekt, der aufgrund einer Preissenkung zu einer Verschiebung der IS-Kurve führt. Selbst bei einer horizontalen LM-Kurve steigt dann das gesamtwirtschaftliche Einkommen (Abbildung 13-12, rechte Grafik). Der Pigou-Effekt ist wiederum aus Sicht der Keynesianer zu kritisieren. Zwar gehen die Preise bei sinkender Nachfrage zurück und der reale Wohlstand steigt. Tendenziell werden die Haushalte dann mehr konsumieren. Aber der Ausgangspunkt der sinkenden Nachfrage und der sinkenden Preise ist unfreiwillige Arbeitslosigkeit. Dem mittelfristigen Anstieg des realen Einkommens steht folglich ein unmittelbarer Konsumrückgang aufgrund der vorhandenen Arbeitslosigkeit gegenüber. Der Pigou-Effekt tritt folglich nur dann auf, wenn das sinkende Preisniveau den realen Wohlstand der Haushalte mit Arbeit stärker erhöht als der Wohlstand der Haushalte, die vorher ihre Arbeit und damit ihr Einkommen verloren haben, zurückgeht.

Abbildung 13-12: Das IS-LM Modell in der Debatte: Keynesianer vs. Neoklassiker

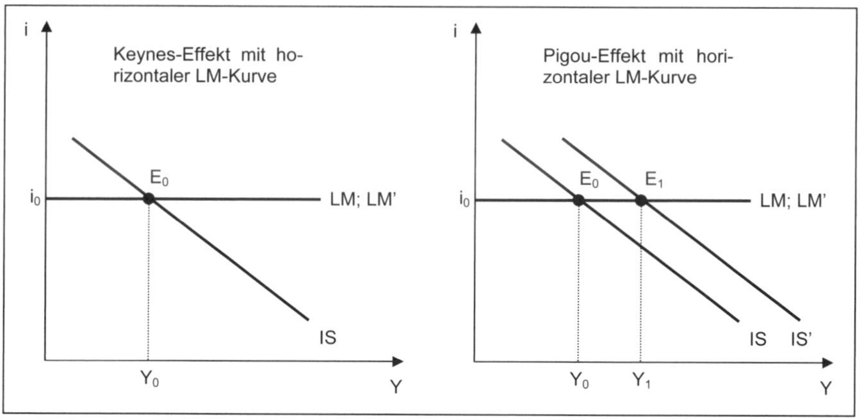

In der frühen Diskussion wurden Argumente ausgetauscht, die deutlich machten, dass die Unterschiede zwischen Keynesianern und Neoklassikern vor allem in den fundamentalen Annahmen der jeweiligen Modelle lagen. Es gab durchaus ein gemeinsames Verständnis über die Funktionsweise der Wirtschaft innerhalb der Modelle. Die Diskussion mündete in der so genannten **Keynesianischen-neoklassischen Synthese**. Die jeweiligen Anhänger verständigten sich darauf, dass der keynesianische Fall einen Spezialfall in der Volkswirtschaft darstellt. Fixe Preise sind kurzfristig möglich, langfristig wird die Wirtschaft aber immer zu einem Gleichgewicht zurückkehren. Die Synthese unterstützte damit eine kurzfristige Stabilisierungspolitik des Staates.

In den späten 1950er Jahren entstand eine andere Debatte. Die Gegner der Keynesianer wechselten sozusagen. Die so genannten Monetaristen, deren bekanntester Vertreter Milton Friedman ist, unterstrichen die Bedeutung des Geldangebots für eine Volkswirtschaft. Die Unterschiede dieser beiden Schulen lassen sich in Kürze wie folgt darstellen.

Die Keynesianer nahmen an, dass sowohl der Konsum als auch die Investitionen zinsunelastisch sind. Hingegen nahmen die Monetaristen Zinselastizität von Konsum und Investitionen an. Der Einfluss der Zinsen war natürlich negativ, d.h. höhere Zinsen führten zu geringerem Konsum und geringeren Investitionen. Die Auswirkung der unterschiedlichen Annahmen auf die IS-Kurve lassen sich am besten an einem kleinen Modell nachvollziehen. Es sei:

$$C = \alpha + \beta Y - \gamma i \qquad \text{mit } \alpha, \beta, \gamma \geq 0 \qquad \text{(I)}$$

$$I = \mu - vi \qquad \text{mit } \mu, v \geq 0 \qquad \text{(II)}$$

$$Y = C + I + \overline{G} \qquad \text{(III)}$$

Der Konsum C, der den autonomen Konsum α enthält, hängt positiv vom Einkommen und negativ vom Zins ab. Die Investitionen I enthalten ebenfalls eine autonome Komponente, die als die notwendigen Ersatzinvestitionen betrachtet werden kann, und hängen negativ vom Zins ab. Das Einkommen Y setzt sich zusammen aus dem Konsum, den Investitionen und konstanten Staatsausgaben. Aus den drei Gleichungen ergibt sich für den Zins i:

Aus (III) folgt:

$$C = Y - I - \overline{G} \qquad \text{(IIIa)}$$

(II) in (IIIa) einsetzen:

$$C = Y - (\mu - vi) - \overline{G}$$

$$\Leftrightarrow \quad C = Y - \mu + vi - \overline{G} \qquad \text{(IIIb)}$$

(IIIb) in (I) einsetzen:

$$Y - \mu + vi - \overline{G} = \alpha + \beta Y - \gamma i$$

$$\Leftrightarrow \quad i(v + \gamma) = \alpha + \mu + \overline{G} - (1 - \beta)Y$$

$$\Leftrightarrow \quad i = \frac{\delta}{v + \gamma} - \frac{1 - \beta}{v + \gamma} Y \qquad \text{mit } \delta = \alpha + \mu + \overline{G} \qquad \text{(IV)}$$

Aus (IV) ergibt sich die Steigung der IS-Kurve bei Ableitung nach Y:

$$\frac{\partial i}{\partial Y} = -\frac{1 - \beta}{v + \gamma}$$

Aus Gleichung (I) ist erkennbar, dass β der Grenzhang zum Konsum ist. Der Term 1-β stellt somit den Grenzhang zum Sparen dar. Der Nenner enthält die Summe der Koeffizienten vom Zins in diesem Modell. Der Grenzhang zum Sparen ist über die Zeit relativ stabil, d.h. die Steigung der IS-Kurve verändert sich fast ausschließlich durch die Veränderung von ν und γ. Im keynesianischen Modell wird angenommen, dass die Konsum- und Investitionsnachfrage relativ zinsunelastisch sind, d.h. ν und γ werden als klein angenommen. In diesem Fall geht der Nenner der vorherigen Gleichung gegen Null und die Steigung der IS-Kurve somit gegen unendlich. Die IS-Kurve ist im Extremfall eine vertikale Gerade. Genau gegensätzlich verhält es sich in einem monetaristischen Modell, in dem eine hohe Zinselastizität der Konsum- und Investitionsnachfrage unterstellt wird (ν und γ groß). Der Nenner in der vorherigen Gleichung geht im Extremfall gegen Unendlich und die Steigung der IS-Kurve somit gegen Null. In dem Fall ist die IS-Kurve eine horizontale Gerade (Abbildung 13-13).

Bezüglich der LM-Kurve gibt es ebenfalls starke Unterschiede zwischen Keynesianern und Monetaristen. Wie bereits vorher erwähnt, nahmen die Keynesianer die Geldnachfrage als relativ zinselastisch an. Die Monetaristen verneinten dies. Sie nahmen stattdessen eine zinsunelastische Geldnachfrage an. Ein einfaches Modell verdeutlicht die Auswirkungen der Annahmen auf die LM-Kurve. Es sei:

$$\frac{M^D}{P} = \tau + \lambda Y - \eta i \qquad \text{mit } \tau, \lambda, \eta \geq 0 \qquad \text{(I)}$$

$$M = \overline{M} \qquad \text{(II)}$$

$$M = M^D \qquad \text{(III).}$$

Die reale Geldnachfrage M^D/P enthält einen autonomen Teil τ, der die Geldnachfrage aufgrund eines positiven Basiswohlstandes wiederspiegelt, und hängt positiv vom Einkommen und negativ vom Zins ab. Das nominale Geldangebot sei konstant wie Gleichung (II) zeigt und gleich der nominalen Geldnachfrage wie Gleichung (III) zeigt. Aus den drei Gleichungen ergibt sich für den Zins:

Aus (II) und (III) ergibt sich:

$$M^D = \overline{M}$$

Eingesetzen in (I):

$$\frac{\overline{M}}{P} = \tau + \lambda Y - \eta i$$

$$\Leftrightarrow \quad \overline{M} = P\tau + P\lambda Y - P\eta i$$

$$\Leftrightarrow \quad P\eta i = P\tau - \overline{M} + P\lambda Y$$

$$\Leftrightarrow \quad i = \frac{P\tau - \overline{M}}{P\eta} + \frac{\lambda}{\eta} Y \qquad \text{(IV)}$$

Aus (IV) ergibt sich die Steigung der LM-Kurve bei Ableitung nach Y:

$$\frac{\partial i}{\partial Y} = \frac{\lambda}{\eta}.$$

Mit gegebenem λ hängt die Steigung der LM-Kurve von η und der gegensätzlichen Annahmen über die Zinselastizität der Geldnachfrage ab. Mit keynesianischen Annahmen (Geldnachfrage ist zinselastisch) strebt η gegen unendlich und die Steigung der LM-Kurve gegen Null. Im Extremfall ist die LM-Kurve horizontal. Das Gegenteil liegt bei den Monetaristen vor. Die Geldnachfrage ist sehr zinsunelastisch, d.h. η geht gegen Null und die Steigung der LM-Kurve im Extremfall gegen unendlich. Die LM-Kurve ist dann vertikal. Abbildung 13-13 stellt die beiden Extremfälle dar.

Abbildung 13-13: Das IS-LM Modell in der Debatte: Keynesianer vs. Monetaristen

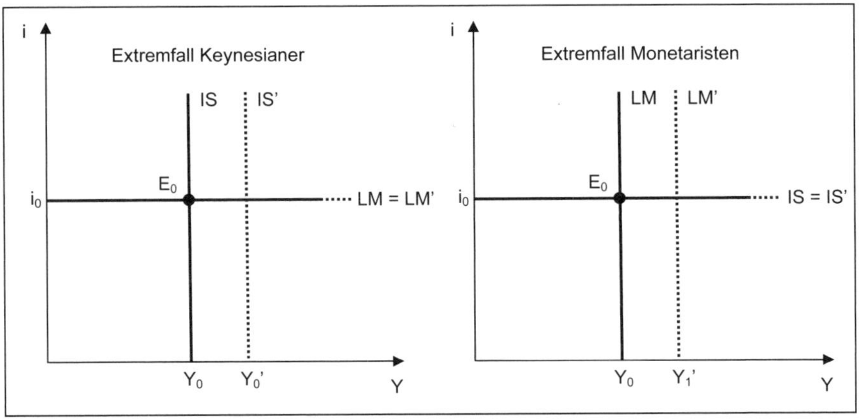

In Abbildung 13-13 ist ebenfalls dargestellt, welche Auswirkungen das Verschieben von IS- bzw. LM-Kurve in den jeweiligen Extremfällen auf das Einkommen bzw. den Zins hat. Auf der einen Seite hat im keynesianischen Fall die Verschiebung der LM-Kurve bei konstantem Zins (angedeutet durch die gepunktete Linie) keine Auswirkungen auf das Einkommen. Wird allerdings die IS-Kurve beispielsweise nach rechts verschoben (IS'), steigt das Einkommen für jeden Zins. Auf der anderen Seite führt im keynesianischen Fall die Verschiebung der IS-Kurve bei konstantem Einkommen (nicht eingezeichnet sollte aber leicht nachzuvollziehen sein) nicht zu einer Zinsänderung. Die Verschiebung der LM-Kurve nach oben oder unten führt hingegen zu einer Zinsänderung für jedes Einkommen. Mit anderen Worten: Im keynesianischen Fall hat ausschließlich die IS-Kurve Einfluss auf das Einkommen und die LM-Kurve Einfluss auf den Zins. Genau umgekehrt verhält es sich im monetaristischen Extremfall. Wird die IS-Kurve nach links oder rechts verschoben, bleibt das Einkommen gleich. Das

Einkommen bleibt ebenfalls konstant, wenn die IS-Kurve nach oben oder unten verschoben wird. Allerdings verändert sich in diesem Fall der Zins. Auswirkungen auf das Einkommen gehen im monetaristischen Extremfall nur von der LM-Kurve aus.

Die Debatte zwischen den Keynesianern und den Monetaristen mündete bis in die frühen 1980er Jahre in eine weitere Verschmelzung. Es wird hier häufig von der **keynesianisch-monetaristischen Konvergenz** gesprochen. Man einigte sich darauf, dass sowohl die Güternachfrage als auch die Geldnachfrage einen Einfluss auf die Wirtschaft ausüben kann. Im Mittelpunkt der Diskussion stand im Wesentlichen die **Fiskalpolitik**, d.h. die Veränderung der staatlichen Einnahmen oder Ausgaben, bzw. die **Geldpolitik**, d.h. die Veränderung der Geldmenge. Die Fiskalpolitik wirkt auf die IS-Kurve, da die Nachfrage nach Gütern beeinflusst wird. Die Geldpolitik wirkt auf die LM-Kurve. Im keynesianischen Extremfall ist die Geldpolitik machtlos und die Fiskalpolitik machtvoll im Hinblick auf die Veränderung des gesamtwirtschaftlichen Einkommens. Umgekehrt ist es im monetaristischen Extremfall. Für die folgende Diskussion ist es wichtig zwischen einer **kurzfristigen** und einer **langfristigen** Betrachtung zu unterscheiden. *Kurzfristig beschreibt hier einen Zeitraum, in dem sich die Preise nicht an die veränderte Nachfrage oder das veränderte Angebot anpassen. Die Adjustierung der Preise erfolgt erst langfristig.*

Einerseits kann staatlicher Konsum privaten Konsum ersetzen oder ergänzen. Andererseits können staatliche Investitionen private Investitionen ersetzen oder ergänzen. Das entscheidende Stichwort an dieser Stelle ist das so genannte **crowding out**. Durch erhöhte Nachfrage des Staates nach Investitionsmitteln steigt der Zins und private Investitionen werden nicht nur ergänzt, sondern mindestens teilweise verdrängt. In diesem Sinne hat die Investitionstätigkeit des Staates einen negativen Einfluss auf die Gesamtwirtschaft. Mit anderen Worten führen erhöhte staatliche Investitionen von beispielsweise 10 Mrd. Euro gesamtwirtschaftlich zu einem geringeren Anstieg der Investitionen, da ein Teil der privaten Investitionen verdrängt werden. Die zusätzlichen 10 Mrd. Euro Investitionsmittel des Staates erhöhen die gesamtwirtschaftlichen Investitionen beispielsweise nur um 8 Mrd. Euro, d.h. 2 Mrd. Euro privater Investitionen wären aufgrund der Zinssteigerungen am Kapitalmarkt verdrängt worden. Im Extremfall der Keynesianer existiert crowding out schlichtweg nicht. Der Zins ist konstant. Dagegen ist das crowding out im monetaristischen Extremfall 1:1, ein zusätzlicher staatlicher Investitions-Euro verdrängt einen privaten Investitions-Euro. Erhöhte staatliche Investitionen führen nur zu steigenden Zinsen, das Einkommen bleibt vollkommen unberührt. Es ist einzusehen, dass beides ausschließlich Extremfälle sind und die Wahrheit irgendwo in der Mitte liegt.

Bezogen auf den Geldmarkt und die LM-Kurve wurde ebenfalls ein Mittelweg eingeschlagen. Die Geldnachfrage ist bezogen auf den Zins weder vollkommen elastisch noch vollkommen unelastisch. Das nominale Geldangebot ist langfristig exogen, kurzfristig allerdings ist dies nicht notwendigerweise der Fall. Dies ist damit zu begründen, dass die Zentralbank ausschließlich die monetäre Basis direkt kontrollieren kann. Sind den Geschäftsbanken Kredite zur Verfügung gestellt worden, hängt es von der Geschäftspolitik der Banken ab, ob das Geldangebot im Wirtschaftskreislauf tatsächlich erhöht wird oder nicht bzw. in welchem Ausmaß es erhöht wird. Hierbei spielt sicher auch die Geldnachfrage der Unternehmen und privaten Haushalte eine Rolle. Kurzfristig können verbesserte wirtschaftliche Erwartungen das Geldangebot steigern. Langfristig liegt diese Entscheidung in den modernen Volkswirtschaften ausschließlich in den Händen einer Zentralbank. Darüber hinaus sind viele Zentralbanken unabhängig von politischen Entscheidungsträgern, von privaten Entscheidungsträgern natürlich sowieso. Die langfristige Exogenität der nominalen Geldmenge ist auf diese Weise sichergestellt.

Gemäß der beschriebenen Konvergenz der Meinungen können die vorher grafisch dargestellten Extremfälle abgeschwächt werden (Abbildung 13-14). Unterschiede bleiben bestehen aufgrund der zeitlichen Betrachtung von Gleichgewichten oder vor dem Hintergrund der Zuordnung einzelner Ökonomen in die vorher bestehenden Lager. Die linke Grafik in Abbildung 13-14 geht in Richtung der keynesianischen Ansichten und wird häufig als eine kurzfristige Betrachtung beschrieben. Die rechte Grafik beschreibt ein eher langfristiges Gleichgewicht und geht in Richtung der monetaristischen Ideen.

Abbildung 13-14: Das IS-LM Modell nach der keynesianisch-monetaristischen Konvergenz

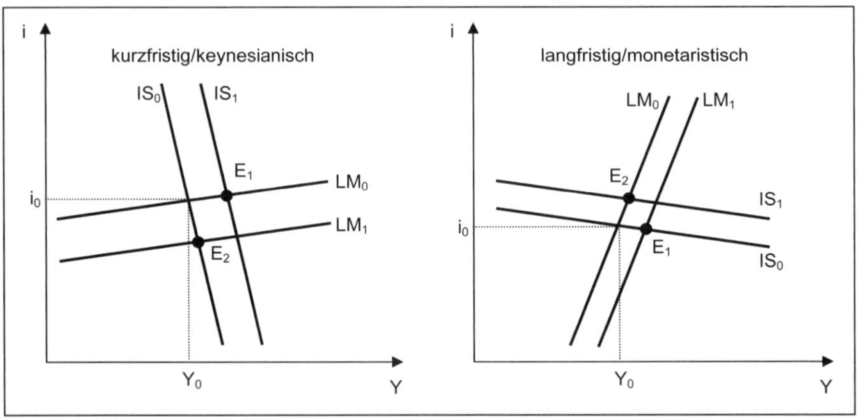

Der häufig hervorgehobene Unterschied zwischen einer Nachfragepolitik und einer Angebotspolitik wird sehr deutlich. In der linken Grafik hat die Zunahme der Nachfrage, die eine Rechtsverschiebung der IS-Kurve von IS_0 auf IS_1 verursacht, eine große Wirkung auf das Einkommen und nur eine sehr kleine Wirkung auf den Zins bei unveränderter LM_0-Kurve (es ergibt sich der Punkt E_1). Die Ausweitung des realen Geldangebots, womit die LM-Kurve von LM_0 auf LM_1 nach unten verschoben wird, hat hingegen eine sehr geringe Wirkung auf das Einkommen, aber eine große Wirkung auf den Zins bei unveränderter IS_0-

Kurve (es ergibt sich der Punkt E_2). Folglich ist die Geldpolitik relativ machtlos, die Fiskalpolitik des Staates, die auf der Nachfrageseite wirkt, hat aber relativ große Auswirkungen. Gerade umgekehrt verhält es sich in der rechten Grafik. Die Geldpolitik, d.h. eine Verschiebung der LM-Kurve beeinflusst das Einkommen bei gegebener IS-Kurve sehr (es ergibt sich der Punkt E_1). Fiskalpolitik führt zu hohem crowding out und ist fast wirkungslos hinsichtlich des Einkommens bei gegebener LM-Kurve (es ergibt sich der Punkt E_2).

In der Folge der keynesianisch-monetaristischen Konvergenz entstand in den 1980er Jahren die so genannte **Mainstream** Makroökonomie. In ihr ist eine Einteilung in unterschiedliche Denkrichtungen immer weniger möglich. Die modernen makroökonomischen Diskussionen finden weniger zwischen unterschiedlichen Denkrichtungen als innerhalb des Mainstream statt. Auf der Suche sind die Forscher nach Erklärungsansätzen für kurzfristige Ungleichgewichte und kurzfristige Schwankungen. Mögliche Erklärungsansätze sind unter anderem unterschiedliche Erwartungsbildungen, unvollkommener Wettbewerb, asymmetrische Informationen und intertemporale Abhängigkeiten. Jeder einzelne Punkt füllt ganze Regale an wissenschaftlicher Literatur. Grundlage der modernen Makroökonomie ist aber die relativ enge Bindung an die Mikroökonomie mit ihren Optimierungsmodellen. Das mikroökonomische Fundament wurde bereits ausführlich vorgestellt. In weiteren Teilen werden auch die eben genannten Punkte aufgegriffen und je nach Sinnhaftigkeit für ein einführendes Makrolehrbuch mehr oder weniger tiefgehend diskutiert.[13]

13.4 Die kleine offene Volkswirtschaft

In den zwei vorherigen Abschnitten wurde eine geschlossene Volkswirtschaft angenommen. Zum Kennenlernen des IS-LM Modells ist dies sinnvoll. Vor dem Hintergrund einer realistischeren Betrachtung muss diese Annahme jedoch aufgegeben werden. Die größten Länder der Welt sind Russland, die Volksrepublik China und die USA. Russland bzw. die Russische Föderation weist mit Abstand die größte Fläche auf, China die größte Zahl von Einwohnern und die USA ist die größte Wirtschaftsmacht.[14] Von diesen drei Ländern kann höchstens die USA ein relativ hohes Wohlstandsniveau unabhängig vom Rest der Welt erreichen. Im Falle der USA könnte daher am ehesten die Annahme einer geschlossenen Volkswirtschaft gelten. Fakt ist, dass die USA im Jahr 2005 ein Leistungsbilanzdefizit von gut mehr als 6% in Relation zum Bruttoinlandsprodukt aufwiesen[15] und mit Nichten als eine von der restlichen Welt unabhängige Nation bezeichnet werden können. Kleine bis sehr kleine Volkswirtschaften wie z.B. Liechtenstein, Monaco, kleine Inselstaaten oder die Vatikanstadt könnten aus

[13] vgl. Kap. 15.4.5 (Erwartungsbildung), Kap. 20.3.1 (unvollkommener Wettbewerb), Kap. 14.1.2 (asymmetrische Informationen), Kap. 20.2.3 (intertemporale Abhängigkeiten)
[14] vgl. Fischer Weltalmanach 2002, S. 31-50 und S. 1088
[15] vgl. Sachverständigenrat zur Begutachtung der gesamtwirtschaftlichen Entwicklung 2006, S. 112

vielerlei Gründen nur ein relativ geringes Wohlstandsniveau als geschlossene Volkswirtschaft erreichen. Die Tatsache der internationalen wirtschaftlichen Verbundenheit der Nationalstaaten wird durch kein anderes als das viel diskutierte Wort "Globalisierung" deutlich. Geschlossene Volkswirtschaften im Sinne der wirtschaftlichen Unabhängigkeit vom Rest der Welt existieren de facto nicht. Die Annahme soll daher im Folgenden aufgegeben werden.

Trotz der Betrachtung einer offenen Volkswirtschaft sollen weiterhin vereinfachende Annahmen, die im Einzelnen im nächsten Abschnitt noch näher erläutert werden, getroffen werden. Vorab nur ein Hinweis: Es soll eine kleine offene Volkswirtschaft betrachtet werden. Bei einer kleinen offenen Volkswirtschaft ist es vertretbar anzunehmen, dass sämtliche Aktivitäten der Volkswirtschaft lediglich dazu dienen sich an wechselnde Gegebenheiten des Weltmarktes anzupassen. Aufgrund der Größe haben die Aktivitäten selbst allerdings keinen Einfluss auf die Weltwirtschaft. Bei der gewöhnlichen Annahme vollkommener Konkurrenz in der Mikroökonomie wird ein Unternehmen als Preisnehmer bezeichnet. Die Entscheidungen des Unternehmens haben keinen Einfluss auf den Marktpreis. In diesem Sinne ist eine kleine Volkswirtschaft ein Preisnehmer auf dem Weltmarkt. Absolute Größe spielt dabei keine Rolle, sondern lediglich relative Größe. Ist die relative Größe einer Volkswirtschaft im Verhältnis zum Weltmarkt nur klein genug, haben die wirtschaftlichen Aktivitäten des kleinen Landes keinen Einfluss auf die Weltwirtschaft, d.h. letztlich keinen Einfluss auf die Weltmarktpreise von Gütern aller Art.

Auf der einen Seite betrifft dies eine große Zahl von Ländern. Selbst der wirtschaftliche Zusammenbruch einer mittelgroßen Industrienation wird nur marginale direkte weltwirtschaftliche Auswirkungen haben. Da aber kein Land und schon gar nicht ein mittelgroßes Industrieland eine geschlossene Volkswirtschaft ist, werden die indirekten weltwirtschaftlichen Auswirkungen eines solchen Zusammenbruchs spürbar sein. Was sind direkte und indirekte Auswirkungen einer wirtschaftlichen Krise?

Angenommen Land A kauft in der Regel 100 Güter aus Land B und 100 Güter aus Land C. Außerdem kauft Land C 100 Güter aus Land B. Gerät nun Land A in eine wirtschaftliche Krise, wird die Nachfrage nach ausländischen Gütern zurückgehen. Angenommen die Krise reduziert die Nachfrage um 50%, d.h. Land A kauft nur noch 50 Güter aus Land B und 50 Güter aus Land C. Dies sind die direkten Auswirkungen der Wirtschaftskrise in Land A auf die beiden anderen Länder. Land B wird darüber hinaus von indirekten Auswirkungen betroffen sein. Land C, dass vor der Krise in Land A noch 100 Güter von Land B gekauft hat, wird die Nachfrage nach diesen Gütern ebenfalls reduzieren. Angenommen Land C reduziert die eigene Nachfrage aus Land B ebenfalls um 50%, d.h. Land C kauft nur noch 50 Güter aus Land B. Dann geht die Nachfrage nach Gütern aus Land B insgesamt von 200 Gütern vor der Krise (100 von Land A, 100 von Land C) auf 100 Güter (50 von Land A, 50 von Land C) zurück. Land B ist sowohl direkt, Rückgang der Nachfrage aus Land A, als auch indirekt, Rückgang der Nachfrage aus Land B, weil dort die Nachfrage aus Land A abnimmt, betroffen. In der Realität sind die Beziehungen noch wesentlich komplexer. In der Regel wird nicht nur Land A etwas an Land B verkaufen, sondern Land B auch etwas an Land A und Land A wird wiederum von Land C kaufen und so weiter. Die Auswirkungen einer wirtschaftlichen Krise in einem Land sind daher sehr vielfältig.

Die so genannte Asien-Krise 1997 ist ein gutes Beispiel dafür. Wirtschaftliche Probleme in einem Land der Region hätten kaum direkte weltwirtschaftliche Auswirkungen gehabt, wenn das Land keine Handelsbeziehungen zu zahlreichen anderen Ländern unterhalten würde. In Wirklichkeit bestehen aber starke Handelsbeziehungen der süd-ost-asiatischen Länder untereinander und mit dem Rest der Welt. Die wirtschaftlichen Probleme der gesamten Region Süd-Ost-Asien hatten spürbare Auswirkungen auf die Weltwirtschaft. Das Weltwirtschaftswachstum ging von ca. 4% 1997 auf gut 2% 1998 zurück.[16]

Indirekte Einflüsse mit einbezogen sind daher auf der anderen Seite wesentlich weniger Länder als kleine Volkswirtschaften zu bezeichnen. Die folgenden Betrachtungen sind mithin nicht auf alle Länder zu übertragen und dennoch nicht wirklichkeitsfremd.

13.4.1 Das Mundell-Fleming Modell

Das Mundell-Fleming Modell, benannt nach Robert A. Mundell und J. Marcus Fleming[17] ist ein IS-LM Modell für eine offene Volkswirtschaft. Eine offene Volkswirtschaft hat zwei Auswirkungen auf das Standard IS-LM Modell: erstens der Im- und Export von Gütern und zweitens der Im- und Export von Kapital. Der Handel mit Gütern wird durch eine zusätzliche Komponente in der gesamtwirtschaftlichen Nachfrage abgedeckt. Für die gesamtwirtschaftliche Nachfrage ist nur die Differenz aus Exporten und Importen entscheidend. *Die gesamtwirtschaftliche Nachfrage steigt (fällt), wenn die Exporte größer (kleiner) sind als die Importe.* Für gewöhnlich werden die Exporte (Ex) und Importe (Im) mit dem Term (Ex-Im) im keynesianischen Kreuz berücksichtigt. Aufgrund der Tatsache, dass die Importe von den Exporten abgezogen werden, wird auch vom Nettoexport Ex^{net} gesprochen. Nur dieser ist nachfragewirksam. Das gesamtwirtschaftliche Einkommen ergibt sich in diesem Modell aus:

$$Y = C(Y,i) + I(i) + G + Ex^{net}(E).$$

---

[16] Quelle: Fischer Weltalmanach 2002, S. 1085

[17] Robert A. Mundell wurde 1932 in Kanada geboren. Seit 1974 lehrt Mundell an der Columbia University, New York. In den 1960er Jahren war er Mitarbeiter des IWF. Seine Forschungsschwerpunkte liegen im Bereich der Geld- und Fiskalpolitik und der Analyse verschiedener Wechselkurssysteme. Mundell erhielt 1999 den Nobelpreis für Wirtschaftswissenschaften.
J. Marcus Fleming, arbeitete beim Sekretariat der League of Nations, der volkswirtschaftlichen Abteilung im britischen Kabinett und als britischer Vertreter der Economic and Employment Commission der UNO. Er war unter anderem Advisor im Department of Research and Statistics des Internationalen Währungsfonds und verbrachte eine Zeit als Gastprofessor an der Columbia Universität in New York. Das Mundell-Fleming Modell geht auf Mundell (1963, 1968) und auf Fleming (1962) zurück.

Das Einkommen Y setzt sich zusammen aus dem privaten Konsum C, der positiv vom Einkommen und negativ vom Zins abhängt, den privaten Investitionen, die negativ vom Zins abhängen, den Staatsausgaben und dem Nettoexport, der negativ vom Wechselkurs E abhängt. Der Export und Import von Gütern verändert die Lage der IS-Kurve, hat aber keine weiteren grundlegenden Auswirkungen auf das Modell.

Der Export und Import von Kapital hingegen führt zu der Einbeziehung des Weltkapitalmarktes, der bisher im Modell nicht vorhanden ist. Für den Kapitalverkehr wird vollkommene Freiheit angenommen, d.h. es gibt keinerlei irgendwie geartete Beschränkungen im Kapitalverkehr. Es gibt keine Transaktionskosten und die inländischen und ausländischen Investitionsalternativen sind perfekte Substitute. Diese Annahmen machen das Kapital global vollkommen mobil. Ein Investor wird sein Kapital immer dort investieren, wo die Rendite für gleiche Anlagemöglichkeiten, z.B. das gleiche Risiko, am höchsten ist. Da vollkommene Kapitalmobilität herrscht, muss die Rendite bzw. der Zins überall auf der Welt gleich sein. Jeder Zinsunterschied wird durch Arbitragegeschäfte umgehend ausgeglichen werden. Das Kapital wird solange aus dem Niedrigzinsland abgezogen und im Hochzinsland investiert, bis der Zins in beiden Ländern gleich ist. Mit den gemachten Annahmen gilt dies weltweit. Der Weltzins ist mit i^* symbolisiert und er wird als konstant angenommen. Eine kleine offene Volkswirtschaft soll ein Preisnehmer auf dem Weltmarkt sein. Dies gilt auch für den Zins. Der Weltzins bestimmt somit die Höhe des inländischen Zinses i. Die inländische Rendite auf dem Weltmarkt ist aber nicht einfach i^*, sondern hängt vom effektiven Wechselkurs der inländischen Währung ab. Zur Erinnerung, der effektive Wechselkurs ist der gewichtete Durchschnitt aller Wechselkurse des Inlands mit dem Ausland.

Die Rendite auf inländische Investitionen ist einfach 1+i. 100 Euro in Deutschland investiert, erhöhen sich auf (1+i)*100 Euro am Ende einer Periode bzw. Anlagezeitraums. Wird das Geld allerdings im Ausland investiert, wird der Investor am Ende des Anlagezeitraums die Auszahlung aus der Investition wieder in inländische Währung umtauschen. Dabei ist er von einer Auf- bzw. Abwertung der inländischen Währung während des Anlagezeitraums betroffen. Neben einem Zinsgewinn kann der Investor auf diese Weise noch einen Kapitalgewinn machen. Bei einer Investition im Ausland muss zunächst das inländische Kapital in ausländisches umgetauscht werden. Zum Zeitpunkt der Investition ist der Wechselkurs E^{eff}_t bekannt. Eine inländische Einheit Kapital ist $1*E^{eff}_t$ Einheiten im Ausland. Ist der effektive Wechselkurs 1,20 ausländische Einheiten pro Euro, dann werden aus jedem Euro 1,20 Einheiten ausländische Währung. Auf diesen Betrag erhält der Investor den Weltzins i^*. Am Ende des Anlagezeitraums ergibt sich ein Betrag in Höhe von $(1+i^*)E^{eff}_t$ pro inländischer Kapitaleinheit. Das Kapital wird dann wieder in inländische Währung zurückgetauscht, d.h. durch den dann geltenden effektiven Wechselkurs geteilt. Zum Zeitpunkt der Investition ist der Wechselkurs am Ende des Anlagezeitraums nicht bekannt. Die Marktteilnehmer haben nur Erwartungen über den Kurs. Der erwartete Kurs in der nächsten Periode sei $E(E^{eff}_{t+1})$. Jede inländische Geldeinheit wird somit am Ende des Anlagezeitraum den Wert $((1+i^*)*E^{eff}_t)/E(E^{eff}_{t+1})$ haben. Zum Zeitpunkt der Anlage müssen die inländische und die ausländische Rendite übereinstimmen, dies ergibt sich aus vollkommen freier Kapitalmobilität. Jegliche Zinsunterschiede würden abgeschöpft werden. Im Gleichgewicht gilt:

$$(1+i_0) = \frac{(1+i^*)E_t^{eff}}{E(E_{t+1}^{eff})}.$$

Diese Beziehung wird **ungesicherte Zinsparität** (uncovered interest rate parity) genannt. Ungesichert deshalb, weil der Wechselkurs am Ende des Anlagezeitraums ein Erwartungswert ist, d.h. unsicher ist. Wird das Anlagegeschäft bereits zum Anlagezeitpunkt hinsichtlich des Wechselkurses abgesichert, d.h. der Investor schließt ein Termingeschäft ab und erhält damit Sicherheit über den späteren Wechselkurs, wird von der **gesicherten Zinsparität** (covered interest rate parity) gesprochen. Die obige Gleichung verändert sich lediglich auf $(1+i_0)=((1+i^*)*E^{eff}_t)/(E^{eff,T}_{t+1})$. Wobei $E^{eff,T}_{t+1}$ der Terminwechselkurs für eine Periode zum Zeitpunkt der Anlage ist.

Die Zinsparität, unabhängig davon, ob gesichert oder ungesichert, bestimmt den Wechselkurs in diesem Modell. Der Weltzins ist als konstant angenommen worden. Wird beispielsweise ein Wechselkurs von 1,20 in Periode 1 erwartet und beträgt beispielsweise der inländische Zins 10% und der ausländische Zins 15%, dann muss der Wechselkurs in Periode Null 1,1479 betragen. Dies ergibt sich aus folgendem Mechanismus. Der Ausgangspunkt seien identische Zinssätze von 15%. Der Wechselkurs betrage 1,20 und es wird keine Veränderung erwartet. Sinkt der inländische Zins kurzfristig auf 10%, kann sich die Zinsparität bei konstanten Erwartungen für den Wechselkurs nur einstellen, wenn der Wechselkurs umgehend fällt, d.h. die inländische Währung abgewertet wird. Genau das wird auch passieren. Der inländische Zins ist mit 10% unterhalb des Weltzinses von 15%. Investoren werden ihr Geld aus dem Inland abziehen und im Ausland investieren. Dies bedeutet, dass inländisches Geld verkauft wird, um damit ausländisches zu kaufen. Das Angebot an inländischem Geld steigt und der Preis, d.h. der Wechselkurs fällt.

Die dritte Gleichung dieses Modells ist die LM-Kurve, die unverändert ist. Im Gleichgewicht gelten für das gesamte Modell folgende drei Gleichungen:

$$Y = C(Y,i) + I(i) + G + Ex^{net}(E)$$

$$(1+i_0) = \frac{(1+i^*)E_t^{eff}}{E(E_{t+1}^{eff})}$$

$$\frac{M}{P} = L(Y,i)$$

Abbildung 13-15: Das IS-LM Modell in einer kleinen offenen Volkswirtschaft

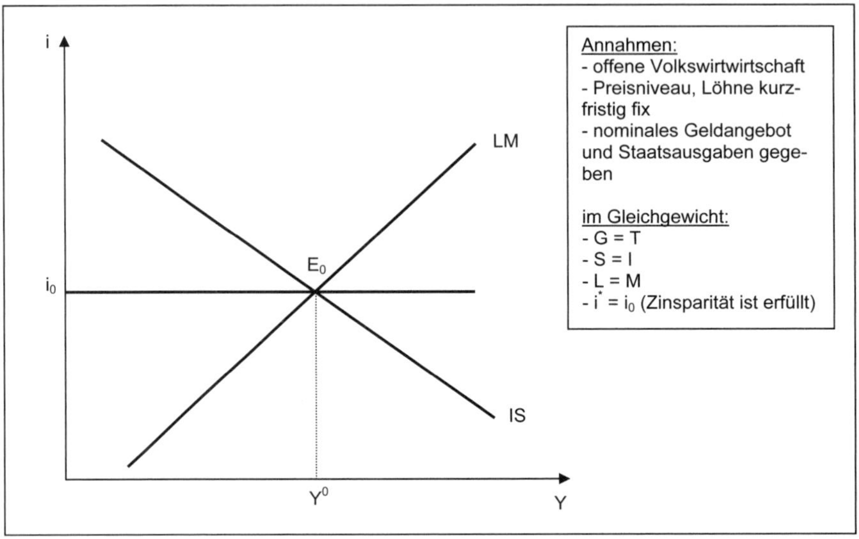

Es gelten ansonsten die gleichen Annahmen wie vorher auch. Die Staatsausgaben und die nominale Geldmenge sind exogen, der Staat kontrolliert sein Budget, die Zentralbank kontrolliert die Geldmenge und das Preisniveau ist kurzfristig konstant. Und der Vollständigkeit halber sei noch einmal erwähnt, dass der Weltzins konstant ist. Das IS-LM Modell der offenen Volkswirtschaft ist in Abbildung 13-15 dargestellt. Die IS- und die LM-Kurve sind bereits bekannt. Die horizontale Linie gibt den Gleichgewichtszins wieder, d.h. den Zins, der bei Zinsparität mit dem Ausland gilt und kann daher **Zinsparitätslinie** (auch **ZZ-Kurve** oder **Financial Integration Line**) genannt werden. Dabei wird ein Wechselkurs unterstellt, der die Zinsparität ermöglicht. Das kurzfristige Gleichgewicht der Volkswirtschaft ist im Punkt E_0, dem Schnittpunkt aller drei Geraden.

Im Folgenden gilt es nun zu untersuchen, welche Auswirkungen exogene Schocks auf das Gleichgewicht haben. Im Mittelpunkt stehen hierbei unterschiedliche Wechselkurssysteme.

13.4.2 Wechselkurssysteme

Im Allgemeinen lassen sich zwei unterschiedliche Wechselkurssysteme unterscheiden, **flexible Wechselkurse** und **fixe Wechselkurse**. Bei näherer Betrachtung kann darüber hinaus weiter abgegrenzt werden. Ein frühes System fixer Wechselkurse war das so genannte **Bretton-Woods System**. Auf einer Konferenz von 45 Staaten in Bretton-Woods, US-Bundesstaat New Hampshire, sind die Vorbereitungen zur Gründung des **Internationalen Währungsfond** (IWF) getroffen worden. In den Gründungsartikeln haben sich die Gründungsländer auf relativ fixe Wechselkurse geeinigt. In der Ausführung war das Bretton-Woods System praktisch ein System fixer Wechselkurse.[18] Der US-Dollar war die zentrale Währung des Systems. Für jede Mitgliedswährung wurde ein so genannter **Par-Wert** gegenüber dem US-Dollar definiert. Der US-Dollar selbst wurde mit Gold unterlegt.[19] Die Währungen der einzelnen Länder zueinander durften sich nur in sehr engen Wechselkursbandbreiten bewegen. Stärkere Neubewertungen, d.h. Auf- bzw. Abwertungen bedurften der Zustimmung des IWF. Das Bretton-Woods System, obwohl lange Zeit stabil und erfolgreich[20], zerbrach zwischen 1968 und 1971 im Wesentlichen auf Grund der Verfehlung der USA, die Preisstabilität des US-Dollars zu bewahren.[21]

Seit 1972 sind die Wechselkurse der wichtigsten Währungen flexibel, d.h. sie **floaten** gegenüber den anderen Währungen. Bis 1999 galt dies für den US-Dollar, den Japanischen Yen, das Britische Pfund und die Deutsche Mark. Seit Einführung des Euro 1999 floated dieser gegenüber den anderen genannten Währungen.

Weder fixe noch flexible Wechselkurse per se sind optimal. Auf der einen Seite ist der tatsächliche Wert einer Währung zu jedem Zeitpunkt ungewiss. Die Festlegung eines fixen Wechselkurses auf einem gleichgewichtigen Niveau ist daher nahezu unmöglich. Ist der Kurs allerdings erst einmal festgelegt, haben die beteiligten Länder immer einen Grund von diesem Kurs nicht mehr abzuweichen. Jede Abwertung der einen Währung bedeutet eine Aufwertung der anderen und beeinflusst die relative Wettbewerbsfähigkeit der Länder. Das Land, dessen Wettbewerbsfähigkeit negativ beeinflusst wird, wird einer Neubewertung regelmäßig nicht zustimmen. Fixe Wechselkurse können also langfristig ein Gleichgewicht verhindern, wenn nicht sogar ein Ungleichgewicht verschlimmern.[22] Auf der anderen Seite haben flexible Wechselkurse die Volatilität der Währungen erhöht und führen zu einer unnötigen Instabilität. Hieran sind auch kurzfristige Währungsspekulationen schuld.

Inzwischen existiert weder ein weltweites System flexibler noch fixer Wechselkurse. Vielmehr gibt es die unterschiedlichsten Modelle zwischen diesen zwei

[18] vgl. Micheal D. Bordo 1995, S. 317.
[19] Aus dieser Konstellation rührt auch der Name Gold-Wechsel-Standard für das Bretton-Woods System her.
[20] vgl. John Williamson 1985, S. 78.
[21] Für einen Überblick über das Bretton-Woods System seien John Williamson 1985 und Michael D. Bordo 1995 empfohlen. Ausführlicher wird das System in Bordo, Eichengreen 1993 analysiert.
[22] vgl. Charles A.E. Goodhart 1989, S. 417.

Extremen. Grundsätzlich gibt es auch hier zwei Modelle, erstens ein **System relativ fester Wechselkurse** und zweitens ein so genanntes **Currency Board**.

Für ersteres war das **Europäische Währungssystem** (EWS) bzw. genauer der **Europäische Wechselkursmechanismus** (EWM) ein Beispiel. Das Europäische Währungssystem wurde formal auf dem Europäischen Gipfeltreffen in Bremen im Jahre 1978 errichtet. Mit dem EWS wurde die **European Currency Unit** (ECU) als ein gewichtetes Mittel der paritätischen Wechselkurse der Teilnehmerländer eingeführt. Das EWS war folglich ein Währungskorb. Die Mitgliedsländer im EWS unterschieden sich von den Teilnehmern am EWM. Letztere verpflichteten sich, ihre Wechselkurse in einer Bandbreite von plus/minus 15% um den paritätischen Wechselkurs gegenüber allen Teilnehmerstaaten zu halten.[23] Zentrales Land des EWM war Deutschland und die Deutsche Mark folglich die zentrale Währung. Das System zerbrach zwar nicht insgesamt wie vorher das Bretton-Woods System, sondern ging im Gegenteil in die heutige Europäische Währungsunion (EWU) über. Die größte Krise des EWM im Sommer 1992 wurde aber ebenso wie im Bretton-Woods System durch die Verfehlungen im zentralen Land, d.h. in Deutschland verursacht.[24]

Beispiele für Currency Boards sind Argentinien, Hongkong oder auch Estland und Litauen. Im Rahmen eines Currency Boards wird der Wert sämtlichen umlaufenden Geldes durch den Wert der so genannten **Ankerwährung** in Form von Währungsreserven unterlegt. Der Sinn hinter einer solchen Kopplung der Währung und Unterlegung der inländischen Währung mit Währungsreserven ist einfach ausgedrückt, dass eine "schwache" Währung sich das Vertrauen einer "starken" Währung zu Nutze macht. Im Fall von Argentinien, das den eigenen Peso an den US-Dollar gekoppelt hat, verspricht die Zentralbank Argentiniens im Zweifelsfall die gesamte Geldmenge in US-Dollar umtauschen zu können. Ein Currency Board ist somit praktisch nichts anderes als ein fixer Wechselkurs. Der Unterschied besteht lediglich in der einseitigen Abhängigkeit. Ein bilateral fixer Wechselkurs erfordert Pflichten von beiden teilnehmenden Ländern, während ein Currency Board lediglich einseitige Pflichten erfordert. Das Land der Ankerwährung, d.h. beispielsweise die USA, wird keine Rücksicht auf den Wechselkurs zu Argentinien nehmen. Argentinien muss hingegen jeder geldpolitischen Entscheidung der USA folgen, um die Währungsreserven relativ aufrecht zu erhalten.

---

[23] Die relativ große Bandbreite von plus/minus 15% ist erst 1993 nach einer schweren Krise des EWM, die Großbritannien (eingetreten erst 1990) und Italien zum Austritt veranlasst haben, eingeführt worden. Bis 1993 betrug die Schwankungsbreite der Währungen nur plus/minus 2,25%. Nach Einführung der größeren Bandbreite behielten nur die Niederlande und Deutschland nach einer bilateralen Übereinkunft die vorherige niedrigere Schwankungsbreite bei.

[24] Auslöser für die Wechselkursschwierigkeiten Großbritanniens und Italiens waren starke Zinssteigerungen der Deutschen Bundesbank, um den inflationären Tendenzen in Deutschland durch die starke vereinigungsbedingte Nachfrage zu begegnen. Die zu der Zeit schwache Wirtschaft in Großbritannien hätte ähnliche Zinssteigerungen nur schwer verkraftet. Die Bank von England verzichtete dementsprechend auf notwendige Zinserhöhungen, was den Wechselkurs des Pfundes unter Druck setzte. Dieser Druck wurde durch internationale Spekulationen noch erhöht. Die Bank von England war im Grunde dazu verpflichtet den Währungskurs innerhalb der Bandbreite zu halten. Spekulanten konnten daher zunächst darauf setzen, dass die Abwertung nicht weiter voranschreiten würde. Für einen Einblick in die Spekulationen hinter der Krise siehe Weissenfeld, Weissenfeld 1999.

Es existieren verschiedene Wechselkurssysteme mit ihren jeweiligen Vor- und Nachteilen. Im Folgenden reicht eine einfache Unterscheidung zwischen fixen und flexiblen Wechselkursen allerdings aus.

13.4.3 Das Mundell-Fleming Modell mit fixen Wechselkursen

In diesem Abschnitt wird ein System fixer Wechselkurse angenommen. Die Zentralbank kontrolliert die Geldmenge und muss den Wechselkurs gegenüber dem Ausland konstant halten. Folglich ist die Zentralbank zu **Devisenmarktinterventionen** gezwungen, wenn der Wechselkurs nach oben oder nach unten von dem festgelegten Niveau abweicht.

Zum besseren Verständnis soll vorab gedanklich durchgespielt werden, wie die Zentralbank zu intervenieren hat. Im Modell wird ein Wechselkurs gegenüber dem Rest der Welt angenommen. Wie bereits vorher erwähnt, handelt es sich bei dem effektiven Wechselkurs um einen Index. Aus Vereinfachungsgründen gilt für die folgenden Beschreibungen allerdings ein fixer Wechselkurs von 1,20 ausländischen Geldeinheiten (AUG) pro Euro. Entsteht ein Aufwertungsdruck auf die inländische Währung, d.h. der Kurs steigt über 1,20 AUG/EUR, muss die Zentralbank, um den Kurs stabil zu halten, Euro verkaufen und ausländische Währung kaufen. Das Angebot an Euro auf dem Geldmarkt nimmt zu und der Preis des Euro, d.h. der Wechselkurs sinkt und wirkt somit dem Aufwertungsdruck entgegen. Dies wird auch anhand der Zinsparitäten-Gleichung deutlich. Die Zinsparitäten-Gleichung

$$(1+i_0)=\frac{(1+i^*)E_t}{E(E_{t+1})}$$

beschreibt das Verhältnis des inländischen zum ausländischen Zinsniveau und verbindet dabei Zinsen und Wechselkurse. Sie ist bereits vorher beschrieben worden.[25] Vorausgesetzt der Zentralbank wird Vertrauen entgegengebracht, d.h. die Marktteilnehmer erwarten, dass die Zentralbank den fixen Wechselkurs jederzeit wieder herstellen kann, wird im Nenner auf der rechten Seite der Gleichung der fixe Wechselkurs stehen. $E(E_{t+1})$ sei also gleich 1,20 AUG/EUR. Ein kurzfristig steigender Wechselkurs, d.h. E_t steigt über 1,20 AUG/EUR führt zu einem inländischen Zins oberhalb von i_0. Die Wirkungskette kann natürlich auch andersherum sein, der zu hohe Zins im Inland führt zu Kapitalzufluss aus dem Ausland. Ausländische Investoren kaufen den Euro und verkaufen die ausländischen Geldeinheiten, folglich steigt der Wechselkurs. Wie es gedreht und gewendet wird, spielt aber keine Rolle. Fakt ist, der inländische Zins liegt oberhalb des gleichgewichtigen Zinses. Der Zins muss folglich gesenkt werden. Dies kann die Zentralbank erreichen, indem sie die nominale Geldmenge ausweitet.

[25] vgl. Kap. 13.4.1

Da das Preisniveau konstant ist, führt dies zu einer Erhöhung der realen Geldmenge und der Zins auf dem Geldmarkt sinkt.[26]

Wie passen die zwei Erklärungen für die Intervention der Zentralbank zusammen? Zu Beginn wurde gesagt, dass die Zentralbank den Euro verkaufen und ausländische Geldeinheiten kaufen muss, um dem Aufwertungsdruck zu begegnen. Die Zinsparitäten-Gleichung führt zu dem Schluss, dass die Zentralbank die Geldmenge ausweiten muss. Dies senkt den Zinssatz und wirkt dem Aufwertungsdruck entgegen. Die beiden Sachen passen perfekt zueinander. Tatsache ist, dass die Zentralbank die Geldmenge erhöht, wenn sie Euro gegen ausländische Geldeinheiten verkauft. Die Geldmenge mit der engsten Definition, die monetäre Basis, umfasst nicht die Währungsreserven der Zentralbank, sondern das umlaufende Bargeld und die Reserven der privaten Banken bei der Zentralbank. Angenommen die Zentralbank verkauft den privaten Banken Euro und lässt sich diese mit ausländischen Geldeinheiten bezahlen, dann steigen die Reserven der privaten Banken bei der Zentralbank und folglich steigt die monetäre Basis. Das Verkaufen des Euro gegen ausländische Geldeinheiten erhöht die Geldmenge, senkt den Zins, lässt den Wechselkurs fallen, wirkt dem Aufwertungsdruck auf die inländische Währung entgegen und erhält den fixen Wechselkurs.

Für einen entstehenden Abwertungsdruck auf die Währung gilt genau das Gegenteil. Der Wechselkurs sinkt kurzfristig unter 1,20 AUG/EUR, d.h. der inländische Zins ist unterhalb des gleichgewichtigen Zinses. Die Zentralbank kauft Euro gegen ausländische Geldeinheiten. Die Geldmenge im Inland sinkt, der Zins steigt und mit ihm der Wechselkurs.

Nach diesen Vorüberlegungen soll nun in das Modell direkt eingestiegen werden. Der Gleichgewichtszins i_0 ist konstant. Es gibt somit nur vier Möglichkeiten eines kurzfristigen Ungleichgewichts. Entweder ist die IS-Kurve unter- bzw. oberhalb ihrer Lage im Gleichgewicht oder die LM-Kurve ist unter- bzw. oberhalb ihrer gleichgewichtigen Lage. Ein Gleichgewicht besteht nur, wenn alle drei Geraden durch einen Punkt verlaufen. Zwei Beispiele werden näher erläutert, eine Verschiebung der IS-Kurve nach oben und eine Verschiebung der LM-Kurve nach unten.[27]

Eine Verschiebung der IS-Kurve nach oben kann in diesem Modell vier Ursachen haben. Erstens der private Konsum steigt. Zweitens die privaten Investitionen steigen. Drittens die Staatsausgaben steigen. Viertens der Nettoexport steigt, d.h. die Differenz zwischen Export und Import steigt. Abbildung 13-16 veranschaulicht diesen Fall. Das ursprüngliche Gleichgewicht liegt im Punkt E_0. Die Verschiebung der IS-Kurve von IS auf IS' führt zu einem kurzfristigen Gleichgewicht im Punkt A. Der inländische Zins liegt hier oberhalb des gleichgewichtigen Zinses i_0. Arbitrageure werden ausländisches Geld im Inland anlegen und die Zinsdifferenz ausnutzen. Dies verursacht einen Aufwertungsdruck auf die in-

[26] Dieser Mechanismus wurde in Kapitel 13.2.2 beschrieben.

[27] Die anderen beiden Fälle möge der Leser selbst nachvollziehen. Das vertieft das Verständnis für dieses wichtige Basismodell einer kleinen offenen Volkswirtschaft.

ländische Währung, der Wechselkurs wird nach oben tendieren. Eine Veränderung des Wechselkurses kann annahmegemäß von der Zentralbank nicht zugelassen werden. Dem Aufwertungsdruck wird die Zentralbank mit einer Ausweitung der Geldmenge begegnen. Dies verschiebt die LM-Kurve nach unten. Die Ausweitung der Geldmenge muss solange erfolgen, bis die LM-Kurve die Lage LM' erreicht hat. Es entsteht ein neues Gleichgewicht im Punkt E_0' mit einem höheren Einkommen Y_1 bei konstantem Zins i_0.

Abbildung 13-16: Nachfrageveränderungen; kleine offene Volkswirt. mit fixen Wechselkursen

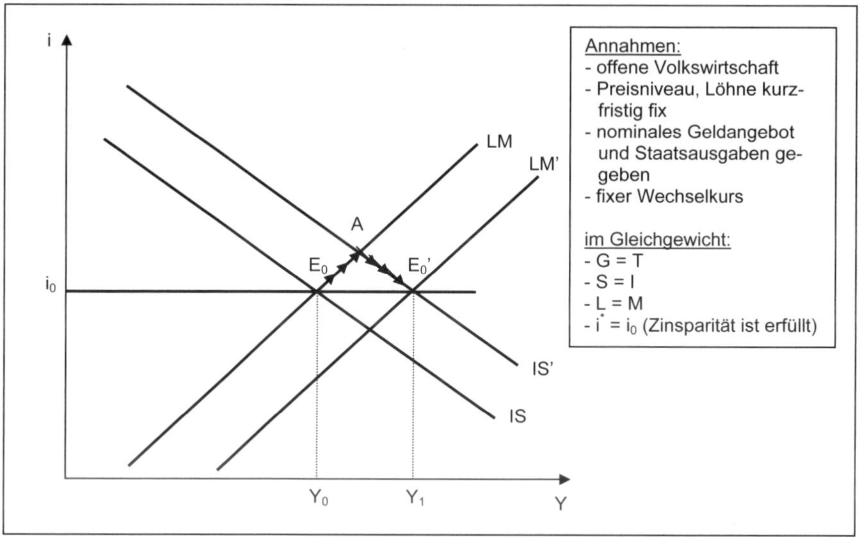

Gründe für die Erhöhung der Nachfrage gibt es mehrere, wie bereits deutlich wurde. Ein Beispiel ist die Erhöhung der Staatsausgaben, eine Maßnahme der Fiskalpolitik. Diese führt also bei fixen Wechselkursen zu einer Erhöhung des gesamtwirtschaftlichen Einkommens.

Eine Verschiebung der LM-Kurve nach unten kann in diesem Modell nur eine denkbare hypothetische Ursache haben, die Erhöhung der nominalen Geldmenge. Die Preise sind kurzfristig konstant und können somit die reale Geldmenge nicht verändern. Die reale Geldnachfrage wird grundsätzlich als konstant vorausgesetzt. Abbildung 13-17 veranschaulicht die Auswirkungen der veränderten LM-Kurve. Das Gleichgewicht befindet sich im Punkt E_0. Die Ausweitung der Geldmenge durch die Zentralbank verschiebt die LM-Kurve von LM nach LM'. Ein kurzfristiges Gleichgewicht befindet sich im Punkt A. Die Ausweitung der Geldmenge zieht eine Zinssenkung nach sich. Der inländische Zins fällt unter sein gleichgewichtiges Niveau. Die Arbitrageure werden Geld aus dem Inland abziehen und im Ausland zum höheren Zinssatz anlegen. Die inländische Währung gerät unter Abwertungsdruck. Die Zentralbank darf dies vor dem Hintergrund des festen Wechselkurses nicht zulassen und muss intervenieren. Sie wird die Geldmenge verringern, d.h. Euro gegen ausländische Währung kaufen und somit den Wechselkurs wieder erhöhen. Die Reduzierung der Geldmenge verschiebt die LM-Kurve wieder nach Innen. Ein Gleichgewicht ist erst wieder erreicht, wenn die LM-Kurve die Lage LM, d.h. ihre ursprüngliche Lage wieder erreicht hat. Die Ausweitung der Geldmenge muss von der Zentralbank selbst also umgehend wieder rückgängig gemacht werden, um den festen Wechselkurs zu erhalten. Daher wurde diese Maßnahme eingangs des Absatzes auch nur als hypothetisch bezeichnet. Geldpolitik ist demnach mit festen Wechselkursen vollkommen machtlos hinsichtlich ihres Einflusses auf das gesamtwirtschaftliche Einkommen.

Abbildung 13-17: Nominale Geldmengenänderung; kleine offene Volkswirt. mit fixen Wechselkursen

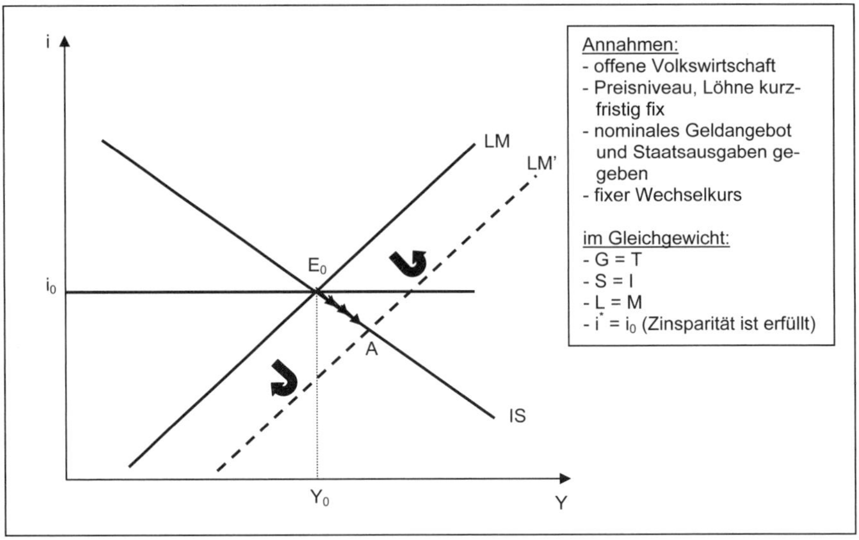

Es bleibt festzuhalten: *Mit festen Wechselkursen ist Fiskalpolitik potent, während Geldpolitik impotent ist hinsichtlich des Einflusses auf das gesamtwirtschaftliche Einkommen.*

Die Annahme fester Wechselkurse in einer kleinen offenen Volkswirtschaft passt in das vereinfachte Bild der keynesianischen Nachfragepolitik. Die Geldpolitik hat keinen aktiven Einfluss auf die realen Variablen. Die einzige Aufgabe der Geldpolitik ist die passive Anpassung der Geldmenge an eine neue reale Nachfrageänderung. Die Nachfrageänderung kann dabei durch Fiskalpolitik hervorgerufen werden. Das Modell ist insofern keynesianisch, weil alle Preise, auch der Wechselkurs, als konstant angenommen wurden. Die Zentralbank nimmt hier nur eine passive Rolle in der Wirtschaft ein bzw. sie bekommt eine passive Rolle von der Gesellschaft zugewiesen. Handelt es sich bei dem beschriebenen Modell dann nicht um die klassische Zweiteilung[28], d.h. Geld hat keinen Einfluss auf reale Größen? Diese Frage ist eindeutig zu verneinen. Im zuerst beschriebenen Fall, in dem die IS-Kurve verschoben wird, wird das neue Gleichgewicht E_0' gerade aufgrund der Veränderung der Geldmenge erreicht. Die Geldmenge hat somit einen Einfluss auf das gesamtwirtschaftliche Einkommen. Das Entscheidende ist, dass die Geldpolitik nur passiv wirkt. Aktive Geldpolitik ist impotent. Hingegen besagt die klassische Zweiteilung, dass die nominale Geldmenge so oder so keinen Einfluss auf reale Variablen hat, egal ob die Geldpolitik aktiv oder passiv ist.

13.4.4 Das Mundell-Fleming Modell mit flexiblen Wechselkursen

Im Gegensatz zum vorherigen Abschnitt werden die Wechselkurse in diesem Abschnitt als flexibel angenommen. Die Zentralbank kontrolliert weiterhin die Geldmenge, muss aber den Wechselkurs gegenüber dem Ausland nicht mehr konstant halten. Folglich sind Devisenmarktinterventionen der Zentralbank unnötig.

Der Gleichgewichtszins i_0 ist nach wie vor konstant. Es gibt weiterhin nur vier Möglichkeiten eines kurzfristigen Ungleichgewichts. Entweder ist die IS-Kurve unter- bzw. oberhalb ihrer Lage im Gleichgewicht oder die LM-Kurve ist unter- bzw. oberhalb ihrer gleichgewichtigen Lage. Ein gesamtwirtschaftliches Gleichgewicht besteht nur dort, wo alle drei Geraden durch einen Punkt verlaufen. Die Auswirkungen auf das Modell werden für die gleichen Fälle wie vorher unter fixen Wechselkursen dargestellt, eine Verschiebung der IS-Kurve nach oben bzw. der LM-Kurve nach unten.[29]

Eine Verschiebung der IS-Kurve nach oben ist in Abbildung 13-18 veranschaulicht. Das Gleichgewicht liegt im Punkt E_0. Die Verschiebung der IS-Kurve von IS auf IS' führt zu einem Ungleichgewicht im Punkt A. Der inländische Zins liegt hier oberhalb des gleichgewichtigen Zinses i_0. Der Wechselkurs steigt, was die Zentralbank bei flexiblen Wechselkursen hinnehmen wird. Der höhere Wechselkurs verteuert inländische Waren im Ausland und verbilligt ausländische Waren im Inland, d.h. die Exporte fallen und die Importe steigen bzw. die Nettoexporte gehen zurück. Die IS-Kurve wird nach unten geschoben. Ein gesamtwirtschaftliches Gleichgewicht ist erst wieder im Punkt E_0 erreicht.

[28] vgl. Kap. 9

[29] Die anderen beiden Fälle möge der Leser zur Übung wieder selbst nachvollziehen.

Abbildung 13-18: Nachfrageveränderung; kleine offene Volkswirt. mit flexiblen Wechselkursen

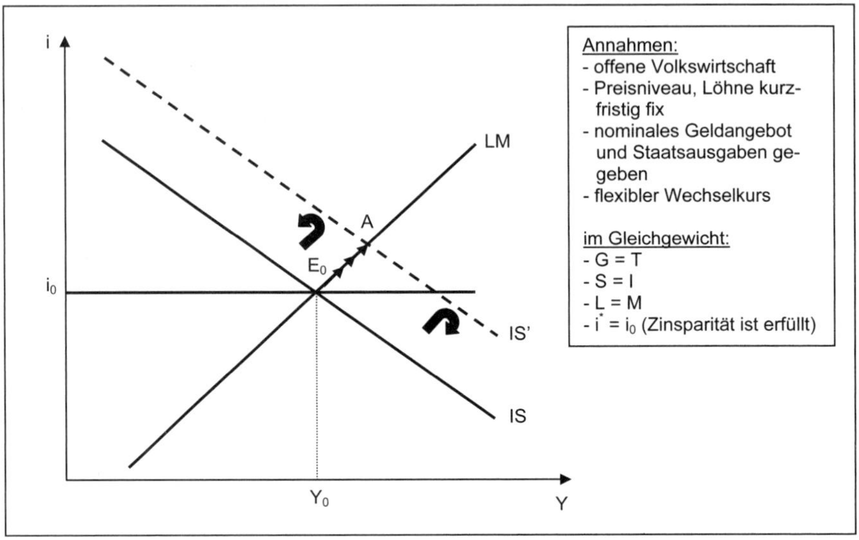

Offensichtlich ist jegliche Nachfragepolitik hinsichtlich des gesamtwirtschaftlichen Einkommens unwirksam.

Eine Verschiebung der LM-Kurve nach unten aufgrund der Erhöhung der nominalen Geldmenge wird in Abbildung 13-19 veranschaulicht. Das ursprüngliche Gleichgewicht befindet sich im Punkt E_0. Die Ausweitung der Geldmenge durch die Zentralbank verschiebt die LM-Kurve von LM nach LM'. Ein kurzfristiges Gleichgewicht befindet sich im Punkt A. Die Ausweitung der Geldmenge zieht eine Zinssenkung nach sich. Der inländische Zins fällt unter sein gleichgewichtiges Niveau. Die Arbitrageure werden Geld aus dem Inland abziehen und im Ausland zum höheren Zinssatz anlegen. Die inländische Währung gerät unter Abwertungsdruck. Die Zentralbank wird einen fallenden Wechselkurs akzeptieren. Der Preis von inländischen Waren im Ausland sinkt und die ausländische Nachfrage wird steigen, d.h. die Nettoexporte zunehmen. Dies verschiebt die IS-Kurve nach oben. Ein Gleichgewicht ist erst wieder im Punkt E_0' erreicht, wenn die IS-Kurve die Lage IS' erreicht hat. Die Ausweitung der Geldmenge führt letztlich zu einer Steigerung des gesamtwirtschaftlichen Einkommens auf Y_1.

Abbildung 13-19: Nominale Geldmengenänd.; kleine offene Volkswirt. mit flexiblen Wechselkursen

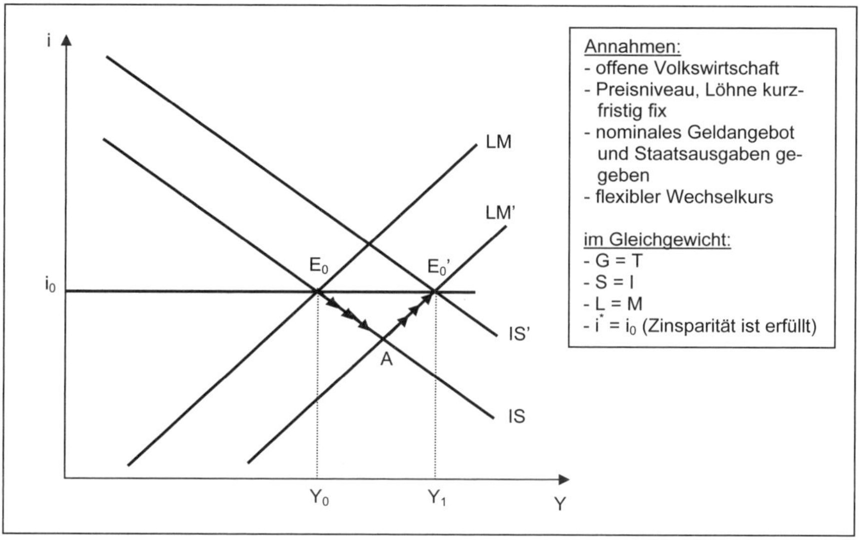

Es bleibt festzuhalten: *Mit flexiblen Wechselkursen ist Fiskalpolitik impotent, während Geldpolitik potent ist hinsichtlich des Einflusses auf das gesamtwirtschaftliche Einkommen.*

Die Annahme flexibler Wechselkurse in einer kleinen offenen Volkswirtschaft passt nicht in das Bild einer keynesianischen Nachfragepolitik, sondern zum monetaristischen Denken. Die Geldpolitik hat großen Einfluss auf die realen Variablen. Die Nachfragepolitik, d.h. die Fiskalpolitik hat keine Aufgabe, nicht einmal eine passive Anpassung der staatlichen Ausgaben ist erforderlich. Der Markt regelt sich selbst. Das Modell ist insofern monetaristisch, weil der Wechselkurs flexibel ist, d.h. nicht alle Preise als konstant angenommen wurden. Die Aufgaben des Staates werden reduziert auf wenige hoheitliche Aufgaben wie die Landesverteidigung und interventionistische Aufgaben bei Marktversagen, wie z.B. bei reinen öffentlichen Gütern. Geld ist auch in diesem Modell nicht neutral. Warum bricht die klassische Zweiteilung in einem monetaristischen Modell, das der klassischen Lehre sehr nahe kommt, zusammen? Die Antwort lautet: sie tut es nicht. Die klassische Zweiteilung tritt nur unter der Annahme vollkommen flexibler Preise auf. Diese Annahme ist aber bezogen auf alle Preise gar nicht gegeben. Lediglich die Wechselkurse wurden als flexibel angenommen. Der Unterschied zum vorherigen Modell mit fixen Wechselkursen liegt darin, dass die Geldpolitik mit flexiblen Wechselkursen eine aktive Rolle einnehmen kann.

Werden flexible Güterpreise angenommen, würde sich im ersten Fall die Verschiebung der IS-Kurve gar nicht erst einstellen. Beispielsweise würde die Erhöhung der staatlichen Nachfrage die private Nachfrage im gleichen Maße auf die eine oder andere Weise durch steigende Preise reduzieren. Die Lage der IS-Kurve bliebe unverändert. Im zweiten Fall würde sich die Verschiebung der LM-Kurve ebenfalls nicht einstellen. Die Erhöhung der nominalen Geldmenge würde eine sofortige Erhöhung der Preise nach sich ziehen. Die Lage der LM-Kurve bliebe unverändert. Damit wäre die Neutralität von Geld und somit die klassische Zweiteilung hergestellt. Das Gleichgewicht ist stabil und kann nur durch externe Schocks auf der Angebotsseite beeinflusst werden.

Ein solcher Fall ist noch abschließend in Abbildung 13-20 dargestellt. Das ursprüngliche Gleichgewicht ist E_0. Aufgrund eines exogenen Schocks, beispielsweise eine verbesserte Technologie, verschiebt sich die IS-Kurve von IS auf IS'. Mit der Annahme vollkommen flexibler Preise wird dies umgehend zu einer Reduzierung der Preise und damit zu einer Erhöhung der realen Geldmenge führen. Praktisch gleichzeitig mit der IS-Kurve verschiebt sich also auch die LM-Kurve von LM auf LM'. Es entsteht umgehend das neue Gleichgewicht E_0'.

Abbildung 13-20: Gleichgewichte; kleine offene Volkswirt. mit flexiblen Wechselkursen und Preisen

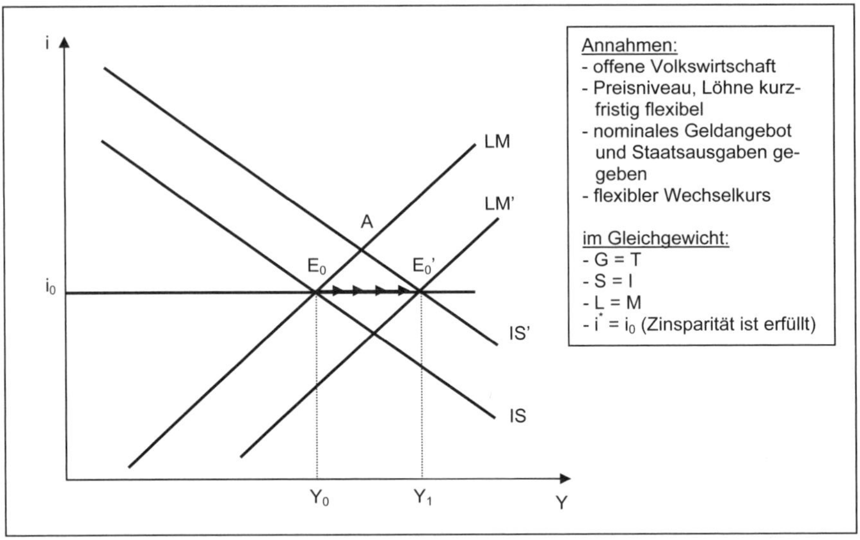

Das Ergebnis E_0' ist auch bei einer Erhöhung der Nachfrage bei festen Wechselkursen erreicht worden (siehe Abbildung 13-16). Der entscheidende Unterschied besteht nun darin, dass unter der Annahme vollkommen flexibler Preise nicht der Umweg über ein kurzfristiges Ungleichgewicht im Punkt A gegangen wird, sondern dass sich die Volkswirtschaft gleichmäßig von E_0 in Richtung E_0' entlang der i_0-Geraden bewegt. Das gesamtwirtschaftliche Einkommen steigt auf Y_1, wobei im theoretischen Grenzfall vollkommen flexibler Preise, d.h. sämtliche Preise passen sich unmittelbar an die neuen Gegebenheiten an, auch nicht kurzfristig ein Ungleichgewicht entsteht. Beschreibend ausgedrückt bewegt sich die IS-Kurve ein beliebig kleines Stück nach oben. Dies zieht eine beliebig kleine Bewegung der LM-Kurve nach sich. Es ergibt sich ein neues Gleichgewicht mit einem größeren gesamtwirtschaftlichen Einkommen. Wobei die Differenz zwischen dem neuen und dem alten Einkommen beliebig klein ist. Diese Bewegung setzt sich solange fort, bis die verbesserte Technologie vollkommen internalisiert wurde. Dies ist im grafischen Beispiel in dem stabilen Gleichgewicht E_0' der Fall.

14 Das AD-AS Modell

Im letzten Abschnitt zum IS-LM Modell klang bereits durch, dass dem Modell im Grunde eine Annahme schadet, um die Aussagen generalisieren zu können, nämlich die Annahme des fixen Preisniveaus. Mit der Annahme flexibler Preise ist die Aussagekraft des IS-LM Modells stark eingeschränkt. Lediglich das neue Gleichgewicht kann aus dem Modell abgelesen werden. Wie die Nachfrage bzw. das Angebot kurzfristig auf Preisänderungen reagieren, ist nicht ersichtlich. Darüber hinaus ist das Angebot im IS-LM Modell lediglich passiv integriert. Die Angebotsseite reagiert auf Nachfrageänderungen, ist aber nicht aktiv. Angebotsänderungen fließen lediglich im Rahmen von Schocks in das Modell ein. Mit dem AD-AS Modell werden die Preise endogenisiert und das Angebot analytisch der Nachfrage gleichgestellt. Das Modell erinnert an ein wohlbekanntes Modell von Angebot und Nachfrage aus der Mikroökonomie, in dem der Preis durch das Zusammenwirken von Angebot und Nachfrage den Output bestimmt. In der Regel wird dabei in der Darstellung auf inverse Angebots- und Nachfragefunktionen zurückgegriffen, d.h. der Output bestimmt über das Zusammenwirken von Angebot und Nachfrage den Preis.

Das **AD-AS Modell** beschreibt nicht den Markt eines einzelnen Produktes wie in der Mikroökonomie, sondern den gesamtwirtschaftlichen Markt als solches. Die gesamtwirtschaftliche bzw. **aggregierte Nachfrage** (aggregate demand, AD) und das gesamtwirtschaftliche bzw. **aggregierte Angebot** (aggregate Supply, AS) bestimmen dabei simultan das Preisniveau und den gesamtwirtschaftlichen Output bzw. das nationale Einkommen. Nebenbei wird noch eine weitere Kritik am IS-LM Modell aufgegriffen, die Exogenität des Arbeitsmarktes. Der Arbeitsmarkt wurde zwar im Rahmen der Betrachtung eines gesamtwirtschaftlichen Gleichgewichtes integriert, dabei wurde aber grundsätzlich von einem Gleichgewicht bzw. Ungleichgewicht ausgegangen. Sämtliche Veränderungen auf dem Arbeitsmarkt waren exogen. Dies wird im AD-AS Modell zumindest abgeschwächt, indem die Herleitung der AS-Kurve im Wesentlichen auf dem Arbeitsmarkt beruht.

Im Folgenden wird das AD-AS Modell zunächst hergeleitet, dabei wird die AD-Kurve von der AS-Kurve getrennt betrachtet. Anschließend wird ein komplettes Modell dargestellt und untersucht, welche Auswirkungen die zwei grundlegenden Politiken, Fiskalpolitik und Geldpolitik, auf das kurzfristige bzw. langfristige gesamtwirtschaftliche Gleichgewicht haben. Es wird von Anfang an von einer offenen Volkswirtschaft ausgegangen. Entscheidend werden am Ende die zwei unterschiedlichen Wechselkurssysteme, feste Wechselkurse und flexible Wechselkurse sein. Dass grundsätzlich die Annahme konstanter Preise aufgegeben wird, ist nur stringent. Einzige Ausnahme bildet zeitweise die Annahme fester Wechselkurse. Der Wechselkurs ist der einzige Preis, der auch längerfristig von den staatlichen Stellen in einer Marktwirtschaft mit gutem Grund kontrolliert werden kann. Beispiele für feste Wechselkurssysteme wurden bereits angesprochen[1], dabei wurde auch auf die Gründe und die Schwierigkeiten hingewiesen.

14.1 Das Modell

14.1.1 Die AD-Kurve

Die AD-Kurve (aggregate demand) kann auf verschiedene Weisen hergeleitet werden. Sie verläuft grundsätzlich fallend und beschreibt so die sinkende Nachfrage bei steigenden Preisen. Das ist intuitiv leicht zu verstehen, kann aber auch etwas formaler hergeleitet werden. Hierzu hilft eine Grafik (Abbildung 14-1).

Ausgangspunkt ist das bekannte IS-LM Modell mit dem einzigen Unterschied, dass nun von variablen Preisen ausgegangen wird. Das ursprüngliche Gleichgewicht befindet sich im Punkt E_0 mit einem Preisniveau P_0. Sinkt das Preisniveau auf P_1, steigt das reale Geldangebot und die LM-Kurve verschiebt sich nach unten auf LM(P_1). Der Zins sinkt unter den Gleichgewichtszins mit dem Ausland und die gesamtwirtschaftliche Nachfrage steigt auf Y_1. Es ergibt sich ein kurzfristiges Gleichgewicht im Punkt E'. Die AD-Kurve beschreibt den Zusammenhang zwischen Preisniveau und gesamtwirtschaftlicher Nachfrage. Werden die genannten Punkte in ein P-Y-Diagramm (Abbildung 14-2) eingetragen, ergibt sich eine fallende Kurve. Der Punkt E_0 (Y_0;P_0) liegt links und oberhalb von Punkt E' (Y_1;P_1). Im Diagramm der AD-Kurve ist das Preisniveau eine endogene Variable. Daher führt eine Veränderung des Preisniveaus nicht wie im IS-LM Modell zu einer Verschiebung der AD-Kurve, sondern zu einer Bewegung entlang dieser.

Kurzfristig bewegt sich die Volkswirtschaft von E_0 nach E', daraus ergibt sich eine kurzfristig fallende AD-Kurve. Langfristig kann eine kleine offene Volkswirtschaft das Gleichgewicht E', bei dem das inländische Preisniveau unter dem Weltmarktpreisniveau liegt, nicht aufrechterhalten. Die Volkswirtschaft befand sich im Punkt E_0 in einem Gleichgewicht bei einem Preisniveau P_0, dies muss das Weltmarktpreisniveau sein. Langfristig kann nur ein Preis auf dem Weltmarkt herrschen, eine kleine offene Volkswirtschaft muss sich folglich dem Weltmarktpreisniveau anpassen. Dies beschreibt die Parität der Kaufkraft[2], wonach der reale Wechselkurs konstant sein muss; es gilt: $RE = EP / P^*$. In dem vorliegenden einfachen Modell ist das auch zu erklären. Bei festen nominalen Wechselkursen, d.h. E ist konstant, führt eine Preissenkung im Inland (P sinkt, P^* ist konstant) zu einem fallenden realen Wechselkurs. Die internationale Wett-

[1] vgl. Kap. 13.4.2
[2] vgl. Kap. 12.3

Abbildung 14-1: IS-LM Modell mit flexiblen Preisen

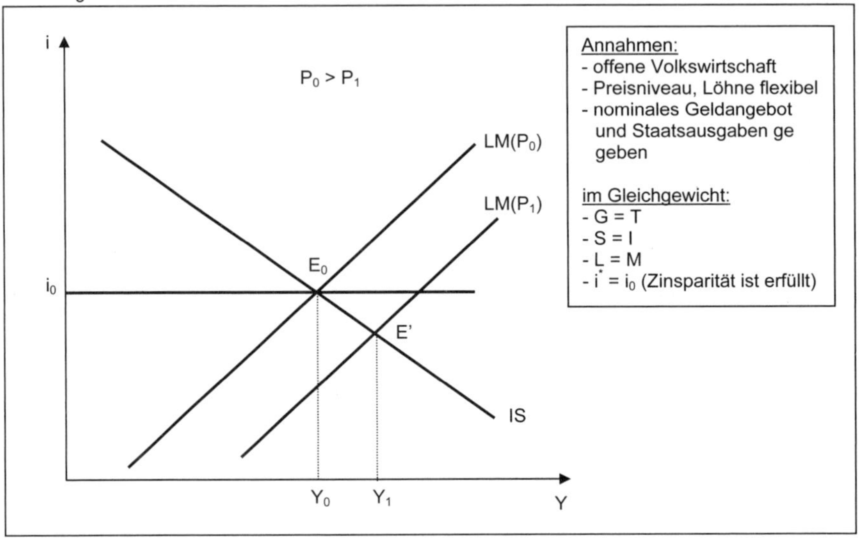

bewerbsfähigkeit der Volkswirtschaft steigt. Die inländischen Waren werden im Ausland billiger und die Nachfrage aus dem Ausland steigt. Dies führt wiederum zu steigenden Preisen. Im Idealfall steigen die Preise wieder auf das vorherige Niveau. Noch einfacher stellt sich dieser Fall bei flexiblen Wechselkursen dar. Der nominale Wechselkurs E wird dann im gleichen Maße steigen, wie die Preise im Inland fallen. Es gibt dann keine Impulse aus dem Ausland. Die Produzenten können einer Preissenkung im Inland nur durch die Reduzierung des Angebots begegnen. Dadurch werden die Preise langfristig wieder auf das vorherige Niveau der Weltmarktpreise steigen. Mit den steigenden Preisen wird der nominale Wechselkurs im gleichen Maße sinken. Flexible Wechselkurse vorausgesetzt machen sich Preisänderungen nur für Inländer bemerkbar.

Das inländische Preisniveau einer kleinen offenen Volkswirtschaft wird langfristig mit dem Niveau der Weltmarktpreise übereinstimmen. Es gilt folglich immer Kaufkraftparität zwischen Inland und Ausland. Die Nachfrage verändert sich daher langfristig entlang der horizontalen Geraden P^*. Diese wird auch **Kaufkraftparitäten-Gerade** (auch **PPP-Linie**) genannt.

Abbildung 14-2: Eine AD-Kurve

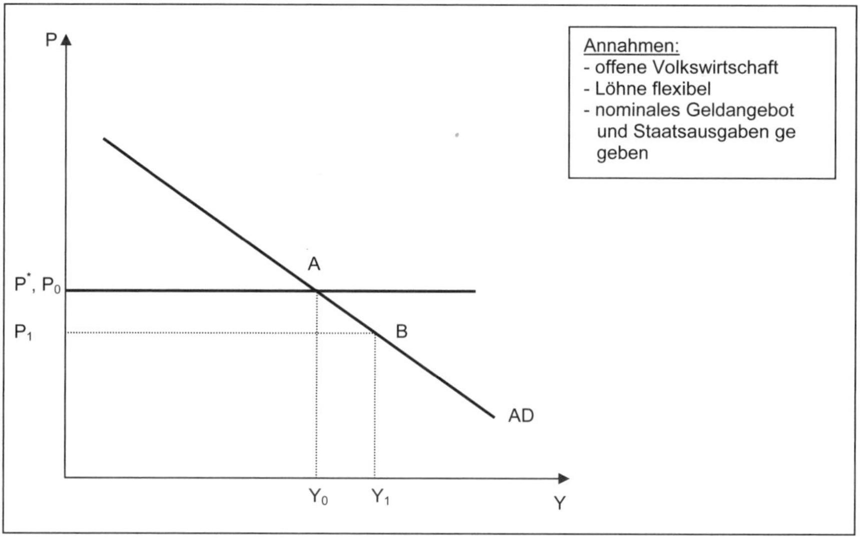

Die AD-Kurve verschiebt sich analog zu der IS- bzw. LM-Kurve. So werden erhöhte Staatsausgaben, d.h. die IS-Kurve wird nach rechts oben geschoben, die AD-Kurve ebenfalls nach rechts oben verschieben. Die erhöhten Staatsausgaben sind unabhängig vom Preisniveau. Mit anderen Worten: Zu jedem Preisniveau erhöht sich bei steigenden Staatsausgaben das gesamtwirtschaftliche Einkommen. *Die AD-Kurve wird nach links unten (rechts oben) geschoben, wenn die IS-Kurve nach links unten (rechts oben) verschoben wird.* Für die LM-Kurve gilt das Gleiche. Eine Verschiebung der LM-Kurve nach rechts unten, z.B. aufgrund von einer Erhöhung der nominalen Geldmenge, wird unabhängig vom Preisniveau ein höheres gesamtwirtschaftliches Einkommen ermöglichen. *Wird die LM-Kurve nach rechts unten (links oben) verschoben, verschiebt dies die AD-Kurve nach rechts oben (links unten).* Dies darf nicht mit dem vorher beschriebenen Fall verwechselt werden. Die Veränderung des Preisniveaus verschiebt die LM-Kurve ebenfalls. Das Preisniveau ist aber eine endogene Variable der AD-Kurve und führt daher zu einer Bewegung entlang der Kurve statt diese zu verschieben. Fazit: sämtliche exogene Variablen der AD-Kurve, die eine expansive (restriktive) Wirkung auf die IS- bzw. LM-Kurve haben, führen zu einer Verschiebung der AD-Kurve nach rechts (links).

14.1.2 Die AS-Kurve

Für die Herleitung der AS-Kurve gibt es ebenfalls unterschiedliche Möglichkeiten. Im Folgenden soll jedoch der Arbeitsmarkt dazu herangezogen werden.

In den 1960er Jahren hat der Ökonom Arthur Okun die Beziehung zwischen Arbeitslosigkeit und realem BIP untersucht. Er fand dabei folgende Gesetzmäßigkeit, die als **Okun's Gesetz**[3] bekannt ist: Mit sinkendem realen BIP steigt die Arbeitslosigkeit bzw. die Arbeitslosigkeit fällt mit steigendem realen BIP. Der Zusammenhang ist sehr einsichtig. Langfristig bewegt sich das reale BIP auf einem bestimmten Trendpfad, d.h. die Wachstumsrate ist konstant aber in der Regel positiv. Das reale BIP wird dann aus einem Mix vieler Produktionsfaktoren erzeugt. Hierbei spielen hauptsächlich Kapital und Arbeit eine Rolle, auch aus einfachen Produktionsfunktionen bekannt. Langfristig wird in der Regel der Einsatz beider Faktoren zum Wachstum des BIP beitragen, dabei kann sich das Mischverhältnis von Kapital und Arbeit ändern. Kurzfristige Abweichungen vom Gleichgewicht[4] können allerdings kaum durch Kapital erzeugt werden. Der Einsatz von Kapital verursacht Fixkosten, die ein Unternehmen nach Möglichkeit vermeidet. Für eine kurzfristig höhere Produktionsmenge wird ein Unternehmen daher regelmäßig die gleiche Menge an Kapital einsetzen, z.B. eine Maschine, und diese einfach länger laufen lassen. Dafür ist wiederum Arbeit notwendig, entweder in Form von Überstunden, was überhaupt keine Fixkosten verursacht, da ein bereits vorhandener Arbeiter einfach für eine weitere Stunde bezahlt wird oder in Form von neuen Arbeitskräften.

Abbildung 14-3: Okun's Gesetz

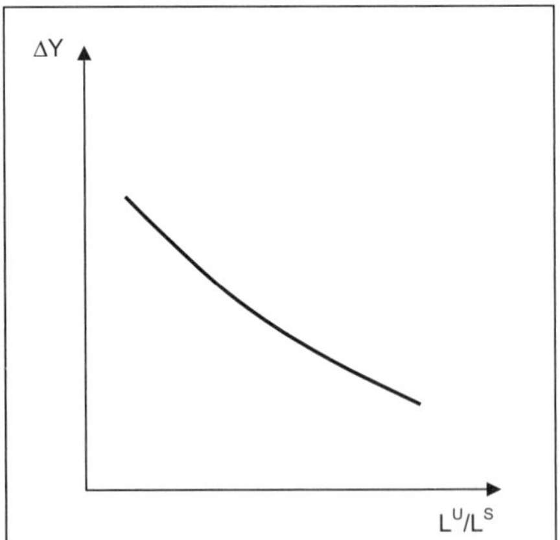

Auf Grund vieler gesetzlicher und tariflicher Regelungen kann argumentiert werden, dass Arbeitskräfte gewisse Fixkosten verursachen. Es liegt meistens eine Kündigungsfrist vor, d.h. so etwas wie eine Mindestbeschäftigungszeit, ein Arbeiter kann nicht heute eingestellt und morgen entlassen werden. Dem kann ein Unternehmen aber mit Leiharbeitskräften oder zeitlich befristeten Arbeitsverträgen begegnen. Für eine sehr kurzzeitige Erhöhung der Produktion, z.B. einmalig, werden sicher Überstunden verlangt werden. Wird aufgrund einer besonderen Wirtschaftssituation im nächsten halben Jahr grundsätzlich eine höhere Produktion erwartet, wird ein Unternehmen eher auf befristete Arbeitsver-

[3] vgl. Arthur M. Okun 1962
[4] vgl. auch Kap. 0 für nähere Erläuterungen zu Konjunkturverläufen

träge zurückgreifen. Es wird deutlich, auf die eine oder andere Art wird eine kurzfristige Veränderung der Produktionsmenge durch die Veränderung der Arbeitsmenge ermöglicht. Okun's Gesetz ist vereinfacht in Abbildung 14-3 grafisch dargestellt.

Ein zweiter Zusammenhang, der zwischen Arbeitslosigkeit und Inflation besteht, ist ebenfalls von Bedeutung bei der Herleitung der AS-Kurve. Der Zusammenhang wird an dieser Stelle nur kurz erläutert, eine ausführliche Behandlung findet sich in Kapitel 17. Eine starke Auswirkung auf die Inflation geht von den Löhnen aus. Löhne sind Faktorkosten für die Unternehmen. Tendenziell wird ein Unternehmen seine Preise erhöhen, wenn die eigenen Kosten steigen. Mit steigenden Löhnen wird die Inflation folglich ebenfalls steigen. Steigende Löhne ihrerseits ergeben sich aber erst mit einer Verknappung des Arbeitsangebotes, d.h. mit sinkender Arbeitslosigkeit. Der beschriebene Zusammenhang zwischen Löhnen und Inflation macht dann deutlich, dass mit zunehmender Inflation die Arbeitslosigkeit zurückgegangen ist bzw. geringe Arbeitslosigkeit hohe Inflation verursacht und hohe Arbeitslosigkeit nur geringe Inflation hervorruft. Dieser Zusammenhang wird durch die so genannte **modifizierte Phillips-Kurve**[5] in Abbildung 14-4 veranschaulicht. Der Zusammenhang wird auch auf andere Weise intuitiv deutlich. Ein starkes Wirtschaftswachstum verursacht regelmäßig steigende Preise, d.h. Inflation. Dabei geht ein starkes Wirtschaftswachstum regelmäßig auch mit sinkender Arbeitslosigkeit einher. In einem so genannten Boom ist die Inflation relativ hoch und die Arbeitslosigkeit nimmt ab. Umgekehrt ist es in einer Rezession.[6]

Abbildung 14-4: Eine stilisierte modifizierte Phillips-Kurve

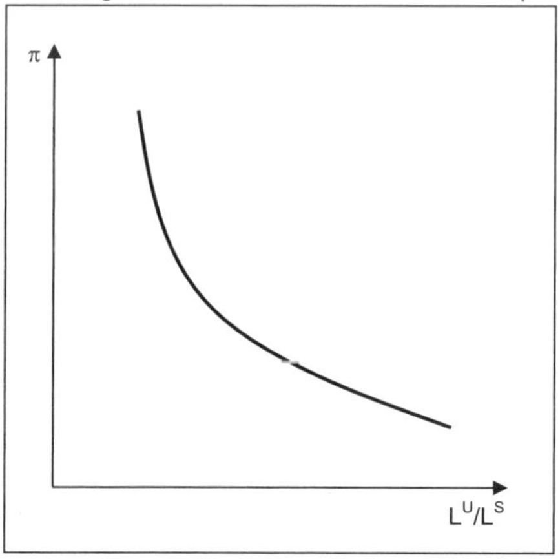

Mithilfe von Okun's Gesetz und der modifizierten Phillips-Kurve lässt sich ein Zusammenhang zwischen Output und Preisen herstellen und somit die AS-Kurve herleiten. Bei geringer Arbeitslosigkeit ist die Inflation hoch. Dies kann, zwar nicht direkt, mit einem hohen Preisniveau beschrieben werden.[7] Geringe Arbeitslosigkeit deutet aber nicht nur auf hohe Preise hin, im Wesentlichen aufgrund stärker steigender Löhne, sondern ebenfalls auf einen relativ hohen Output. Bei geringer Arbeitslosigkeit bewegt sich

[5] Die Phillips-Kurve ist nach dem britischen Ökonometriker A.W. Phillips benannt. Die Modifizierung geht im Wesentlichen auf P.A. Samuelson und R.M. Solow zurück. vgl. Kap. 17.2.2

[6] Auf die Begriffe "Boom" und "Rezession" geht Kap. 15.3.1 ein.

[7] Auch von einem geringen Preisniveau ausgehend, kann die Inflation sehr hoch sein. Es ist aber zu beobachten, dass die Variabilität der Inflation mit steigenden Preisen zunimmt. Eine hohe Inflation wird daher häufiger zu beobachten sein, wenn die Preise sowieso schon hoch sind. (vgl. Robert J. Barro 1997)

die Produktion sehr nahe an der eigenen Kapazitätsgrenze und produziert einen relativ hohen Output. Folgendes gilt vereinfachend: geringe Arbeitslosigkeit gleich hohes Preisniveau gleich hoher Output; hohe Arbeitslosigkeit gleich geringes Preisniveau gleich geringer Output. Dieser Zusammenhang wird durch die AS-Kurve beschrieben, die in Abbildung 14-5 dargestellt ist. Die Intuition hinter der AS-Kurve ist die gleiche wie hinter jeder gewöhnlichen Angebotskurve: in der Regel steigt das Angebot mit steigendem Preis.

Abbildung 14-5: Eine kurzfristige und langfristige AS-Kurve

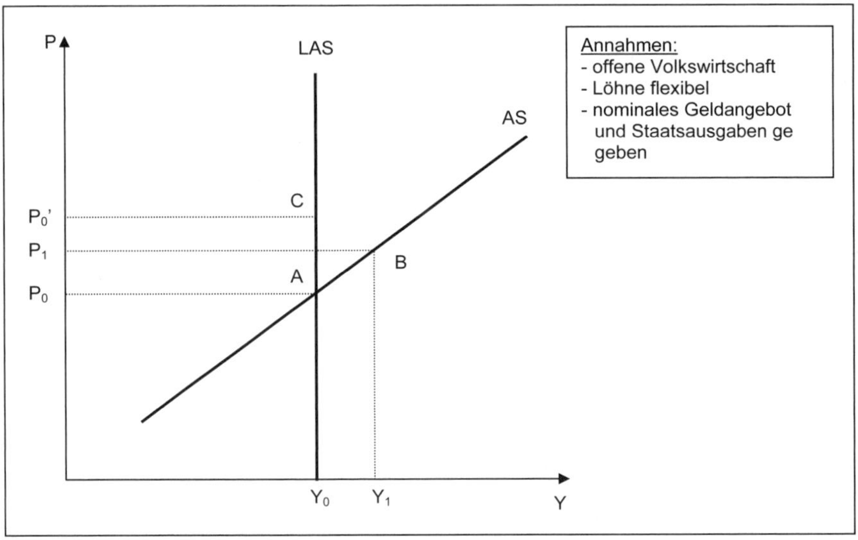

Neben der kurzfristigen AS-Kurve ist in Abbildung 14-5 auch die langfristige AS-Kurve, LAS, dargestellt. Die LAS-Kurve ist senkrecht, d.h. der langfristige gesamtwirtschaftliche Output ist unabhängig vom Preisniveau. Hier besteht ein deutlicher Unterschied zur Mikroökonomie, in der die langfristige Angebotskurve einer Branche bei vollkommenem Wettbewerb horizontal ist. Dies bedeutet, dass eine bestimmte Branche langfristig unendlich viel produzieren könnte und die Produktion lediglich durch die Nachfrage restringiert wird. Dies macht mikroökonomisch auch Sinn. Vor allem die Tatsache, dass die gleichgewichtige Produktion durch die Nachfrage bestimmt wird. Eine Branche könnte innerhalb der Gesellschaft immer mehr produzieren, indem Faktoren aus anderen Branchen abgezogen werden. Die Nachfrageseite hat jedoch nur einen bestimmten Bedarf an einem speziellen Gut. Die tatsächlichen Produktionsmöglichkeiten einer Branche liegen jenseits der Nachfrage nach dem Produkt. Makroökonomisch ist die Sache anders. Die gesamtwirtschaftliche Nachfrage umfasst alle Güter, wobei das Verhältnis der Nachfrage sich ändern kann. Unter bestimmten modischen Voraussetzungen wird die Nachfrage nach Miniröcken zum Beispiel größer sein als nach langen Röcken. Da die Bedürfnisse bzw. Wünsche eines einzelnen Menschen häufig als unendlich bezeichnet werden, gilt dies erst recht für eine Gesellschaft. Die Nachfrage restringiert den gesamtwirtschaftlichen Output nicht. Die Gesamtwirtschaft kann, vorausgesetzt jede einzelne unternehmerische Einheit befindet sich in einem Optimum, durch die Umschichtung von Faktoren nicht mehr produzieren. Fragt ein Unternehmen oder eine Branche mehr Faktoren nach, fehlen diese einem anderen Unternehmen bzw. einer anderen Branche zur Produktion. Es kann auf diese Weise nicht mehr produziert werden.[8] Langfristig wird makroökonomisch betrachtet, dass der gesamtwirtschaftliche Output von den gesamtwirtschaftlich zur Verfügung stehenden Produktionsfaktoren abhängt. Sämtliche Faktoren auf der Welt sind letzten Endes nur begrenzt vorhanden. Dies restringiert auch den Output.

Am leichtesten ist dies vielleicht zu verstehen, wenn einmal eine Situation mit konstantem Kapital angenommen wird (Abbildung 14-5 dient zur Veranschaulichung). Der gesamtwirtschaftliche Output hängt dann ausschließlich von der Arbeit ab. Bei einer bestimmten wöchentlichen oder monatlichen Arbeitszeit von allen Beschäftigten, eine Vollbeschäftigung vorausgesetzt, kann nur ein bestimmter Output produziert werden. Kurzfristig kann der Output steigen, indem Überstunden gefahren werden. Mit steigenden Preisen von P_0 auf P_1 wird die Produktion daher kurzfristig von Y_0 auf Y_1 steigen und die Wirtschaft bewegt sich von ihrem langfristigen Gleichgewicht A hin zu einem kurzfristigen Gleichgewicht B. Langfristig wird die erhöhte Stundenzahl aber nicht erreichbar sein und folglich auch nicht der erhöhte Output. Alles andere gleich bleibend werden die Preise wieder sinken und die Produktion wieder auf Y_0 zurückgehen. Oder die höheren Preise werden in höhere Löhne umgesetzt, dadurch steigt die Nachfrage zu jedem Preis, die Produktion wird dennoch auf Y_0 langfristig zurückgefahren. Dies erfolgt aus dem einfachen Grund einer langfristig relativ konstanten Arbeitszeit. Wird diese Arbeitszeit für längere Zeit überschritten, erhöht sich die Arbeitsbelastung der Gesellschaft mit der Folge von höherem Stress, mehr Krankheitstagen und weniger Motivation. Bei der historisch betrachtet relativ geringen Arbeitszeit in den modernen Industrie- und Dienstleistungsgesellschaften mag auch eine stärkere Arbeitszeiterhöhung möglich sein, aber die (individuelle) Schmerzgrenze ist irgendwann erreicht. Diese kann langfristig nicht überschritten werden. Die zum Preis P_1 und höheren Löhnen auf Y_1 gestiegene Nachfrage trifft dann auf ein wieder geringeres Angebot Y_0, was die Preise nur weiter steigen lässt. Die Gesellschaft findet ein neues Gleichgewicht im Punkt C. Kurzfristig entsteht eine Bewegung von A nach B und langfristig entweder zurück nach A oder von B durch eine Veränderung der Löhne zu C.

[8] Genau genommen wird der gesamtwirtschaftliche Output sogar auf jeden Fall geringer sein, wenn die vorher genannte Voraussetzung, dass jede unternehmerische Einheit sich in einem Optimum befindet, gilt und eine normale Produktionsfunktion mit fallenden Grenzerträgen vorliegt. Bei einer solchen Produktionsfunktion wird das Unternehmen, das mehr Faktoren nachfragt, einen geringeren Outputzuwachs haben als das Unternehmen, dem die Faktoren fehlen und das so auf Output verzichten muss. Der Gesamtoutput ist folglich kleiner als vorher.

Nur A und C sind wie alle anderen Punkte auf der LAS-Kurve mögliche langfristige Gleichgewichte.

Die kurzfristige AS-Kurve lässt sich auch formal darstellen. Der langfristige Output Y_0 ist konstant.[9] Vollkommenen Wettbewerb vorausgesetzt ist jedes einzelne Unternehmen relativ zum Markt unbedeutend, d.h. die eigene Outputentscheidung hat keinen Einfluss auf den Marktpreis. Einzelne Unternehmen sind also Preisnehmer, d.h. sie setzen den eigenen Preis gleich dem Marktpreis. Die Preise der Wettbewerber sind für die einzelnen Unternehmen aber eine Unbekannte, d.h. sie können nur bestimmte Erwartungen über den Preis der Konkurrenz haben. Bei der Preisfestsetzung folgen die Unternehmen daher der Gleichung $p = E(P)$, d.h. der eigene Preis p wird gleichgesetzt mit den Erwartungen über die Preise in der Gesamtwirtschaft $E(P)$. Der tatsächliche Output setzt sich dann aus zwei Komponenten zusammen. Zum einen einer geplanten Komponente Y_0 und zum anderen einer ungeplanten Komponente, die von den tatsächlichen Preisen und den Preiserwartungen abhängt $b(P - E(P))$. Der tatsächliche Output kann dann geschrieben werden als:

$$Y = Y_0 + b(P - E(P)).$$

Dies ist die so genannte **Überraschungs-Angebotskurve**. "Überraschung" deshalb, weil der tatsächliche Output Y vom überraschenden Effekt der Preise abhängt. *Ist der tatsächliche Preis P größer als der erwartete Preis, wird der Output oberhalb von Y_0 liegen. Ist der tatsächliche Preis kleiner als der erwartete, werden die Unternehmen weniger als Y_0 produzieren.* Mit anderen Worten, der Output weicht nur von seinem gleichgewichtigen Niveau ab, wenn der tatsächliche Preis vom erwarteten Preis abweicht.

Bei der Herleitung der AS-Kurve ist mehr intuitiv als modellhaft vorgegangen worden, um zu tiefgehende Diskussionen in diesem einführenden Lehrbuch zu vermeiden. Die Meinung der Ökonomen über die Ursachen kurzfristiger Outputabweichungen bzw. die Steigung der AS-Kurve gehen auseinander. Es gibt zahlreiche unterschiedliche Modelle zur Herleitung der vorher genannten Gleichung der AS-Kurve. Eine knappe Vorstellung ist wenig verständnisvoll und eine ausführliche würde den Rahmen des Buches sprengen. Die unterschiedlichen Modelle bieten unterschiedliche Gründe für kurzfristige Schwankungen des gesamtwirtschaftlichen Angebots. Alle Gründe lassen sich mit dem Term „Marktunvollkommenheiten" beschreiben. Der interessierte Leser findet einen Einstieg in vielen weiter führenden Makrolehrbüchern[10] oder in einschlägigen wissenschaftlichen Zeitschriften zum Beispiel unter den Stichworten: Lohn- bzw. Preisstarrheiten (engl. sticky wages/prices), Informationsasymmetrien (engl. asymmetric information) und Output-Inflations Tradeoff.

---

[9] Genau genommen kann er natürlich auf sehr lange Sicht wachsen. Gründe sind technischer Fortschritt oder auch Bevölkerungswachstum.

[10] vgl. Charles A. E. Goodhart 1989, Kap. 13, vgl. David Romer 2001, Kap. 5 und 6

14.1.3 Das gesamtwirtschaftliche Gleichgewicht im AD-AS Modell

In Abbildung 14-6 ist ein komplettes AD-AS Modell dargestellt. Ein gesamtwirtschaftliches Gleichgewicht erfordert, dass sich mindestens zwei Gerade schneiden. Es liegt ein kurzfristiges Gleichgewicht im Schnittpunkt der AD-Kurve mit der AS-Kurve vor. Schneiden sich alle vier Geraden in einem Punkt, stellt dieser Punkt ein langfristiges Gleichgewicht dar.

Abbildung 14-6: Ein komplettes AD-AS Modell

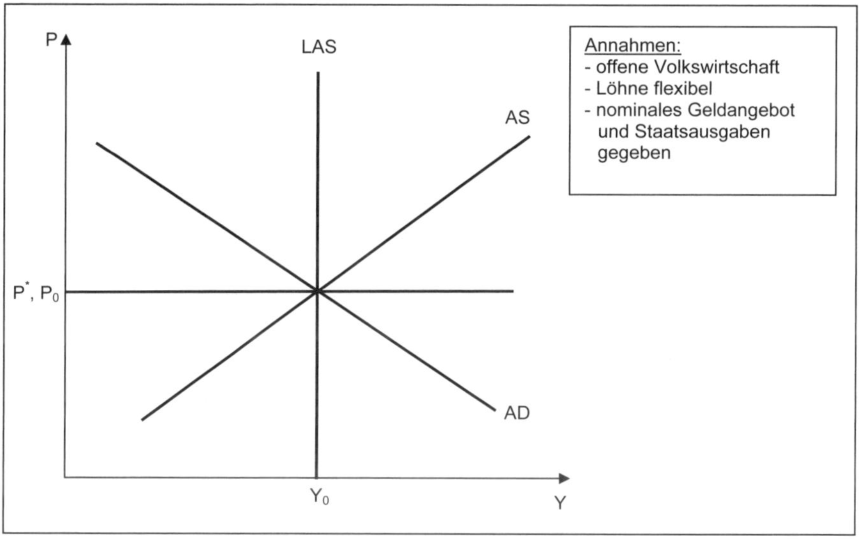

14.2 Das AD-AS Modell in einer kleinen offenen Volkswirtschaft

In den folgenden beiden Abschnitten wird weiterhin eine kleine offene Volkswirtschaft angenommen. Es werden die Auswirkungen einer Verschiebung der AD- bzw. AS-Kurve auf das kurzfristige bzw. langfristige gesamtwirtschaftliche Gleichgewicht betrachtet. Dabei werden zunachst fixe Wechselkursen und im Anschluss flexible Wechselkursen unterstellt.

14.2.1 Das AD-AS Modell mit fixen Wechselkursen

Eine Ausweitung der Nachfrage aufgrund eines positiven exogenen Schocks, d.h. eine Verschiebung der AD-Kurve nach oben auf AD', erhöht kurzfristig das Preisniveau auf P_1 und den Output auf Y_1 (Abbildung 14-7, linke Grafik) Die Volkswirtschaft erreicht ihr kurzfristiges Gleichgewicht im Punkt B. Unabhängig davon wie die Verschiebung der AD-Kurve zustande gekommen ist, führt das höhere Preisniveau P_1 bei festen Wechselkursen zu einer reduzierten internationalen Wettbewerbsfähigkeit. Der reale Wechselkurs steigt und die Nachfrage aus dem Ausland geht zurück. Dies wird letztlich die AD-Kurve wieder in die ursprüngliche Position bringen. Eine andere Begründung für die Rückverschiebung der AD-Kurve sind die festen Wechselkurse an sich. Die zurückgehende ausländische Nachfrage setzt den Wechselkurs unter Abwertungsdruck und die Zentralbank muss intervenieren, indem sie inländisches Geld auf dem Devisenmarkt kauft. Auf diese Weise wird die inländische Geldmenge reduziert und die AD-Kurve verschiebt sich nach unten; langfristig in die ursprüngliche Position zurück.

Ein positiver Nachfrageschock führt bei festen Wechselkursen kurzfristig zu einem höheren Output und höheren Preisen. Umgekehrt verhält es sich bei einem negativen Nachfrageschock. Langfristig haben weder positive noch negative Nachfrageschocks einen Effekt auf das Gleichgewicht.

Abbildung 14-7: Kurzfr. und langfr. Gleichgewichte in einem AD-AS Modell; feste Wechselkurse

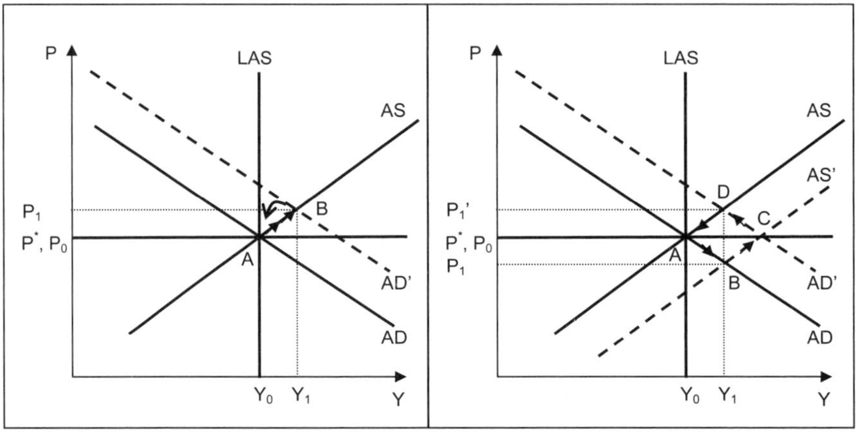

Ein positiver Angebotsschock (Abbildung 14-7, rechte Grafik) verschiebt die AS-Kurve nach unten auf AS'. Der Output steigt auf Y_1 und die Preise sinken auf P_1. Das niedrigere Preisniveau führt bei festen Wechselkursen zu einer realen Abwertung und somit zu einer Zunahme der Nachfrage aus dem Ausland. Die AD-Kurve verschiebt sich nach AD' und die Volkswirtschaft bewegt sich von Punkt B nach Punkt C. Der kurzfristige Angebotsschock kann den Output langfristig nicht steigern. Der erhöhte Output in C kann nicht gehalten werden, stattdessen geht die AS-Kurve bei jetzt erhöhter Nachfrage auf AS zurück und der Preis steigt folglich auf P_1'. Der erhöhte Preis reduziert wiederum die Nachfrage, die auf ihre ursprüngliche Position zurückgeht. Die Volkswirtschaft bewegt sich letztlich von D nach A zurück.

Ein Angebotsschock führt bei festen Wechselkursen zu einer kurzfristigen Veränderung des Outputs bei veränderten Preisen. Das langfristige Gleichgewicht wird dabei nicht tangiert.

Mit festen Wechselkursen hat ein kurzfristiger Schock, egal ob angebots- oder nachfrageseitig keinen Effekt auf das langfristige Gleichgewicht. Dies liegt an der Preisneutralität des langfristigen Angebots und an der vollkommenen Preiselastizität der langfristigen Nachfrage. Das Preisniveau im Inland wird bei festen Wechselkursen vom Weltpreisniveau bestimmt. Mit einem fixen Weltpreisniveau ist auch das inländische Preisniveau langfristig fix. Eine Abweichung vom langfristigen Gleichgewicht ist somit unter festen Wechselkursen nur durch die Veränderung des langfristigen Angebots möglich. Wirtschaftswachstum, d.h. die langfristige Erhöhung des gesamtwirtschaftlichen Outputs ist somit nur aufgrund von Maßnahmen möglich, die eine Verschiebung des langfristigen Angebots nach rechts bewirken. Insbesondere kommt dabei in Frage: technologischer Fortschritt, Erhöhung des Humankapitals, Bevölkerungswachstum (auch Zuwanderung).

14.2.2 Das AD-AS Modell mit flexiblen Wechselkursen

In Abbildung 14-6 wurde ein komplettes AD-AS Modell mit festen Wechselkursen dargestellt. Die kleine offene Volkswirtschaft lasse nun aber ihre Währung gegenüber allen internationalen Wettbewerbern floaten. Die vorherige Abbildung gilt dann nur mit Einschränkung. Die langfristig horizontale AD-Kurve gilt nur für einen bestimmten nominalen Wechselkurs. Mit anderen Worten, die horizontale AD-Kurve ist nicht mehr unveränderlich, sondern ist ganz im Gegenteil vollkommen variabel. Das ausländische Preisniveau hat langfristig keinen Einfluss auf das inländische Preisniveau, da sich der nominale Wechselkurs so anpassen wird, dass die Kaufkraftparität immer hergestellt ist. Um diese Variabilität im Folgenden deutlich zu machen, wird auf die P^*-Gerade verzichtet.

In Abbildung 14-8 sind die Veränderungen im AD-AS Modell aufgrund eines positiven Nachfrageschocks veranschaulicht. Die AD-Kurve verschiebt sich nach oben auf AD'. Das ursprüngliche Gleichgewicht im Punkt A wird verlassen und die Gesellschaft begibt sich nach Punkt B. Der Nachfrageschock geht beispielsweise von erhöhten Staatsausgaben aus. Punkt B ist ein kurzfristiges Gleichgewicht und kann langfristig keinen Bestand haben. Der Output Y_1 liegt jenseits des langfristig konstanten Outputs Y_0. Es bestehen zwei Möglichkeiten.

Entweder ist die Verschiebung der AD-Kurve nur temporär und wird wieder zurückgenommen. Dies ist zum Beispiel bei erhöhten Staatsausgaben der Fall. Der Staat kann die Politik hoher Ausgaben nicht lange durchhalten und wird in der Zukunft die Budgetdefizite, z.B. durch die Reduzierung der eigenen Ausgaben, wieder reduzieren müssen.[11] Die Wirtschaft wird ihr langfristiges Gleichgewicht dann wieder in Punkt A finden. Oder es wird auf nachfragepolitische Maßnahmen verzichtet. Die höheren Preise im kurzfristigen Gleichgewicht B werden sich in Folgeperioden in höheren Löhnen niederschlagen. Dies führt zu Entlassungen und die Produktion wird zurückgefahren. Die kurzfristige AS-Kurve verschiebt sich auf AS'. Die Volkswirtschaft bewegt sich zum Punkt C, ein langfristiges Gleichgewicht mit Output Y_0 und lediglich einem höheren Preisniveau.

Abbildung 14-8: Ein positiver Nachfrageschock in einem AD-AS Modell; flexible Wechselkurse

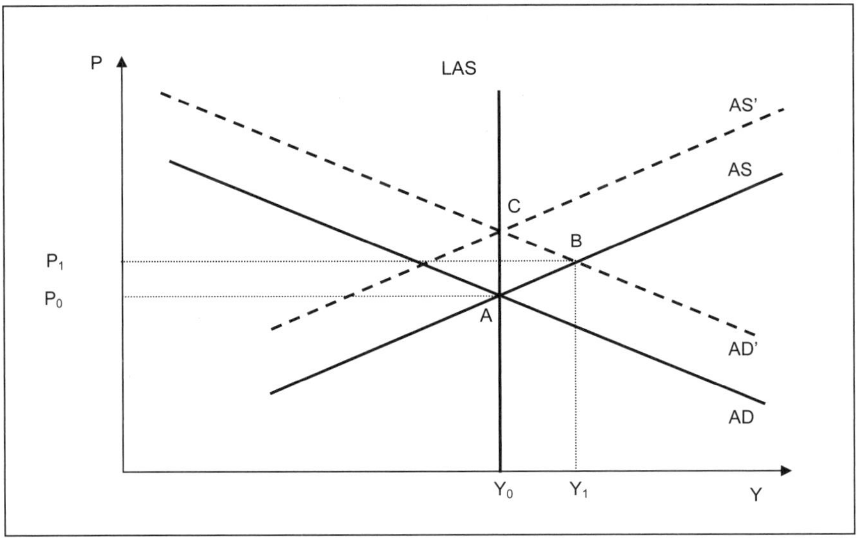

Sowohl die eine als auch die andere Verhaltensweise bringt langfristig kein Wachstum für die Volkswirtschaft. Auf der einen Seite gibt es lediglich temporär einen höheren Output zu leicht höheren Preisen. Auf der anderen Seite gibt es temporär ebenfalls einen höheren Output zu leicht höheren Preisen, die Preise steigen allerdings weiter, verschlechtern die internationalen Wettbewerbsbedingungen und setzen den nominalen Wechselkurs unter Abwertungsdruck. Fazit: *wirtschaftspolitische Anreize auf der Nachfrageseite haben keinen langfristigen Wachstumseffekt, aber tendenziell einen inflationären Effekt. Aktive Nachfragepolitik per se ist in diesem Modell unbrauchbar, wenn die Volkswirtschaft bereits in einem langfristigen Gleichgewicht ist.* Eine aktive Nachfragepolitik, bei der die Nachfrage eingeschränkt wird, hat ceteris paribus temporär negative Effekte auf den Output. Langfristig wird kein Outputeffekt zustande kommen. Der

[11] Dies bedeutet unter Umständen, dass sich die AD-Kurve sogar relativ zu ihrer ursprünglichen Lage AD nach unten verschiebt. Dies muss aber nicht der Fall sein. Der Staat kann regelmäßig auch langfristig einen hohen Schuldenstand vor sich hertragen.

mögliche Vorteil eines negativen Nachfrageschocks ist die so genannte Deflationierung bzw. Disinflationierung. Das Preisniveau kann langfristig sinken, d.h. es könnte ein Punkt unterhalb von Punkt A in Abbildung 14-8 erreicht werden. Grundsätzlich ist die tatsächliche Höhe des Preisniveaus eher unwichtig, wichtig ist die Veränderung des Preisniveaus, d.h. die Inflationsrate. Ein möglichst stabiles Preisniveau, d.h. eine geringe Inflationsrate ist wünschenswert und dies kann durch Restriktionen auf der Nachfrageseite erreicht werden. Diese Maßnahme ist wenig erwünscht in der Politik, da sie temporär zu einem geringeren Output führt.

Abbildung 14-9: Ein negativer Angebotsschock in einem AD-AS Modell; flexible Wechselkurse

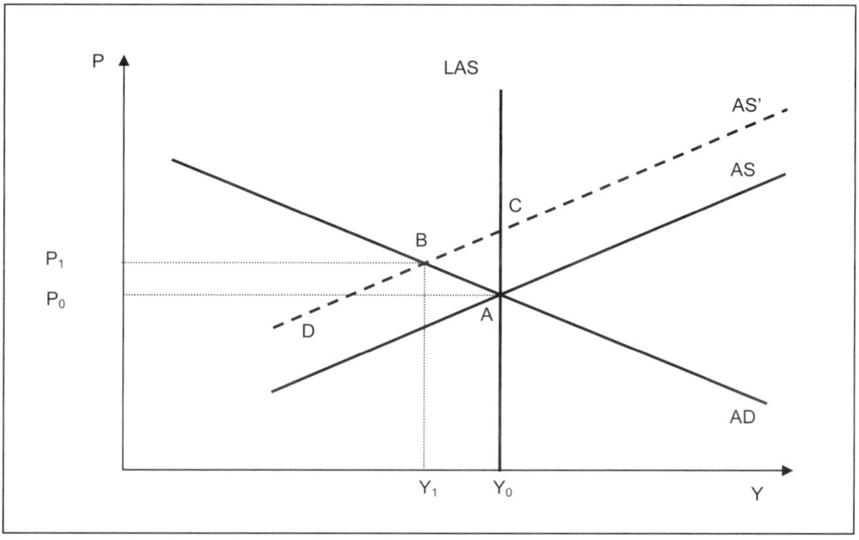

Ein negativer Angebotsschock ist in Abbildung 14-9 dargestellt. Die AS-Kurve verschiebt sich nach oben auf AS'. Der Output reduziert sich auf Y_1 und die Preise steigen auf P_1. Das Gleichgewicht verschiebt sich von A nach B. Der Schock kann kurzfristiger Natur sein beispielsweise durch einen Krieg ausgelöst. Die AS-Kurve verschiebt sich in diesem Fall nach Beendigung der Krisensituation wieder nach AS. Ist der Schock langfristiger Natur, beispielsweise eine generelle Störung des Vertrauens in die inländische Wirtschaft auf Seiten der Unternehmen, kann der Staat versuchen, das Vertrauen durch nachfragepolitische Maßnahmen wieder herzustellen. Dabei hat er zwei Möglichkeiten. Entweder begrenzt er die Nachfrage, die AD-Kurve verschiebt sich nach unten und die Volkswirtschaft erreicht Punkt D. Zwar sind die Preise in diesem Fall wieder gesunken, aber der Output ist noch weiter zurückgegangen. Die Volkswirtschaft hat sich noch weiter von ihrem langfristigen Gleichgewicht entfernt. Oder der Staat kann eine aktive Nachfragepolitik betreiben. Die AD-Kurve verschiebt sich in diesem Fall nach oben und die Volkswirtschaft erreicht Punkt C. Der langfristige Output Y_0 ist wieder hergestellt, allerdings auf Kosten eines höheren Preisniveaus. Die aktive Nachfragepolitik erzeugt einen kurzfristigen Wachstumseffekt in diesem Fall und hat positive Auswirkungen für die Wirtschaft. Im Einzelfall ist zu prüfen, ob die Inflation nicht unter Umständen zu stark steigt. Dennoch wird in der Regel Punkt C immer noch Punkt B vorgezogen. Punkt D ist sicher nicht wünschenswert und wird in der Regel auch nicht angestrebt werden. Punkt C kann allerdings positiv sein für die Gesellschaft. Fazit: *einem exogenen negativen Angebotsschock kann nur mit angebotspolitischen Maßnahmen begegnet werden. Nachfragepolitische Maßnahmen können zwar einen positiven Wachstumseffekt haben, führen aber zu dem unerwünschten Nebeneffekt steigender Preise und sind daher im Einzelfall abzuwägen.*

Abbildung 14-10: Ein positiver Angebotsschock in einem AD-AS Modell; flexible Wechselkurse

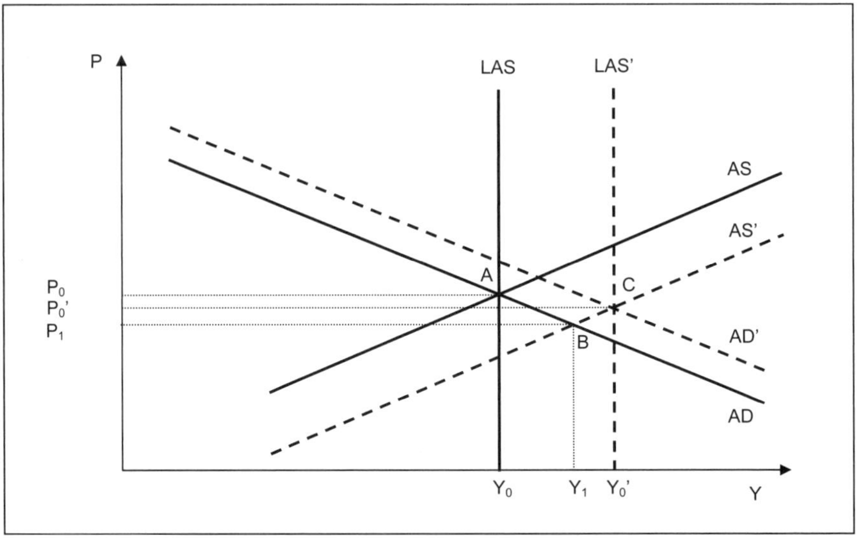

Es verbleibt zu analysieren, was bei einem positiven Angebotsschock passiert (Abbildung 14-10). Die AS-Kurve verschiebt sich nach unten auf AS' beispielsweise aufgrund einer technologischen Erneuerung. Die Volkswirtschaft erreicht das kurzfristige Gleichgewicht B. Die Bewegung kann möglicherweise nur temporär sein. In diesem Falle würde die Kurve in ihre ursprüngliche Lage zurückkehren. Im Falle einer dauerhaften Verbesserung der Technologie würden die Preise dauerhaft auf dem niedrigeren Niveau P_1 verharren. Die neue Technologie erhöht die Produktivität der Arbeit und die Löhne steigen. Dies stärkt die Nachfrage und die AD-Kurve verschiebt sich nach oben rechts auf AD'. Die Volkswirtschaft erreicht dann das Gleichgewicht C. Je nachdem wie weit sich die AD-Kurve verschiebt, wird das endgültige Preisniveau im Schnittpunkt von

AD' und AS' unterhalb oder oberhalb des ursprünglichen Preisniveaus P_0 liegen. Möglicherweise kann das ursprüngliche Preisniveau exakt wieder erreicht werden. Die dauerhafte Verbesserung der Technologie erhöht den langfristigen Output mittelfristig auf Y_0'. Die LAS-Kurve verschiebt sich nach rechts auf LAS'. Fazit: *ein dauerhafter positiver Angebotsschock ermöglicht in diesem Modell eine langfristige Steigerung des Outputs bei leicht höheren, gleichen oder sogar niedrigeren Preisen.*

Unabhängig von fixen oder flexiblen Wechselkursen kann in diesem Modell nur ein dauerhafter positiver Angebotsschock den langfristigen Output erhöhen. Der Vorteil eines Systems flexibler Wechselkurse liegt in der unabhängigen Geldpolitik des Landes. Dadurch kann ein Preisniveau unabhängig vom Ausland gewählt werden. Steigenden Preisen im Ausland muss nicht mit höherer Inflation im Inland begegnet werden. Das bedeutet auch, dass steigende Zinsen im Ausland, die dazu dienen die Inflation zu begrenzen, nicht im Inland durchgesetzt werden müssen. Dies bringt wiederum den Vorteil mit sich, auf die inländische Konjunktur besser reagieren zu können. Befindet sich die Wirtschaft gerade in einer Rezession, eine Situation, die durch relativ geringen Output und relativ hohe Arbeitslosigkeit geprägt ist, sind Zinserhöhungen regelmäßig schädlich, da sie Investitionen verhindern. Ein steigendes ausländisches Preisniveau, das mit Zinserhöhungen bekämpft wird, würde die inländische Wirtschaft bei festen Wechselkursen nur noch mehr schädigen. Flexible Wechselkurse ermöglichen es, die Inflation und somit die Stabilität des Preisniveaus autark zu bestimmen.

Die folgenden Abschnitte beschäftigen sich eingehend mit der Konjunktur, dem Wachstum und wirtschaftspolitischen Maßnahmen. Dabei wird auf das IS-LM- und das AD-AS Modell zurückgegriffen.

V. Makroökonomische Ziele und Wirtschaftspolitik

Nachdem in den vorherigen beiden Teilen dieses Buches das grundsätzliche, vor allem theoretische Rüstzeug der Makroökonomie entwickelt worden ist, werden im Folgenden konkrete makroökonomische Ziele und Wege zur Erreichung derselben in den Mittelpunkt des Interesses rücken. Dabei wird der Leser immer wieder auf theoretische Grundlagen stoßen, die insbesondere aus dem II. und III. Teil bereits bekannt sind. Diese und andere noch zu entwickelnde Theorien werden dazu verwendet, geeignete wirtschaftspolitische Maßnahmen für die Erreichung ökonomischer Ziele zu entwickeln. Ein besonderer Schwerpunkt des vierten Teils liegt also darauf, aus theoretischen makroökonomischen Analysen Handlungsempfehlungen für die konkrete wirtschaftspolitische Praxis abzuleiten. Unter **Wirtschaftspolitik** ist dabei jegliche Beeinflussung der Wirtschaft durch politische Maßnahmen zu verstehen.

Bereits im einleitenden I. Teil dieses Buches wurden mit dem Bruttoinlandsprodukt bzw. dem Wachstum des Bruttoinlandsproduktes, der Inflationsrate sowie der Arbeitslosenquote die wichtigsten makroökonomischen Schlüsselgrößen betrachtet. Wie an anderer Stelle schon erwähnt, messen diese Indikatoren zentrale gesamtwirtschaftliche Ziele, denen die Wirtschaftspolitik in Deutschland im Rahmen des Stabilitätsgesetzes verpflichtet ist.[1] In diesem Kapitel sollen eben diese gesamtwirtschaftlichen Ziele untersucht werden. So lassen sich mithilfe des Wachstums des Bruttoinlandsproduktes Aussagen darüber treffen, ob eine Volkswirtschaft wächst und ob dieses Wachstum stetig oder aber in einem dauernden Auf und Ab erfolgt. Diese Thematik wird in den Kapiteln 15 und 16 behandelt werden. Gegenstand von Kapitel 17 ist dann das Ziel der Preisniveaustabilität bzw. wirtschaftspolitische Maßnahmen zur Inflationsbekämpfung. Schließlich nimmt Kapitel 18 mit dem Thema Beschäftigung und Arbeitsmarktpolitik die in Deutschland wohl meist diskutierte wirtschaftspolitische Problematik unter die Lupe.

[1] vgl. Kap. 2.

15 Konjunkturschwankungen und Konjunkturpolitik

15.1 Grundlagen

Die Wirtschaftspolitik in Deutschland (und anderswo) hat nicht nur ein „angemessenes“, sondern auch ein „stetiges“ Wirtschaftswachstum zum Ziel. Mit anderen Worten soll sowohl ein Wachstum der Gesamtproduktion erreicht als auch verhindert werden, dass dieses Wachstum von Jahr zu Jahr sehr unterschiedlich ausfällt. Die Schwankungen des Wirtschaftswachstums bzw. des Outputs um den langfristigen Trend und damit einhergehend Schwankungen aller wichtigen ökonomischen Größen werden auch als **Konjunktur** bezeichnet. In allen Volkswirtschaften ist schon seit Jahrhunderten ein mehr oder minder regelmäßiges Auf und Ab der gesamtwirtschaftlichen Produktion beobachtet worden. Bis zur Weltwirtschaftskrise im Jahre 1929 vertraten die Wirtschaftswissenschaftler die Auffassung, dass keinerlei stabilisierende Eingriffe in die Volkswirtschaft notwendig seien. Erst unter dem Eindruck des Zusammenbruchs der Industrieproduktion und horrender Arbeitslosenzahlen wurde das Problem von Konjunkturschwankungen und Wirtschaftskrisen zum zentralen Gegenstand der VWL.

Im vorherigen Kapitel haben wir bereits gesehen, wie in den theoretischen Modellen beispielsweise eine Störung der gesamtwirtschaftlichen Nachfrage zu einer Abweichung vom ursprünglichen Gleichgewichtsoutput führen kann. Die entsprechenden Gegenmaßnahmen sind in der Theorie denkbar einfach: Ein negativer Nachfrageschock kann mit einer expansiven Fiskal- oder Geldpolitik korrigiert werden. Andersherum kann eine kontraktive Politik eine Überhitzung der Volkswirtschaft vermeiden. Konjunkturelle Fluktuationen könnten somit auf ein Minimum beschränkt, wenn nicht gar ganz vermieden werden. Leider ist die Umsetzung einer solchen Politik in der Realität nicht unproblematisch. Es ist sogar umstritten, ob eine aktive Wirtschaftspolitik überhaupt zur Stabilisierung der wirtschaftlichen Entwicklung beitragen kann.

In den folgenden Abschnitten werden die Chancen und Unzulänglichkeiten der Konjunkturpolitik untersucht. Dazu wird in einem ersten Schritt der Konjunkturzyklus einer Volkswirtschaft näher beschrieben. Danach werden die Instrumente der Fiskal- und Geldpolitik näher beleuchtet, bevor in einem letzten Schritt ihre Wirksamkeit hinterfragt wird.

15.2 Der Konjunkturzyklus

15.2.1 Formale Darstellung und Messung

Konjunkturschwankungen können als zyklische Bewegungen der gesamtwirtschaftlichen Produktion um einen langfristigen Wachstumstrend aufgefasst werden (siehe Abbildung 15-1). Der Wachstumstrend stellt dabei das im Zeitverlauf größer werdende Produktionspotential einer Volkswirtschaft dar, d.h. die gesamtwirtschaftliche Produktion, die bei Vollbeschäftigung aller Produktionsfaktoren hergestellt werden kann[2]. Neben der tatsächlichen Produktion bzw. dem Wirtschaftswachstum ist deshalb der so genannte Auslastungsgrad, der anhand der tatsächlichen Produktion die relative Auslastung des Produktionspotentials misst, ein Indikator für die konjunkturelle Lage eines Landes.

In der Konjunkturtheorie wird normalerweise zwischen vier **Konjunkturphasen**[3] unterschieden, die zusammen einen **Konjunkturzyklus** darstellen. Es sei an dieser Stelle jedoch hinzugefügt, dass die Einteilung in der Praxis oft sehr schwer fällt.

Abbildung 15-1 Der Konjunkturverlauf

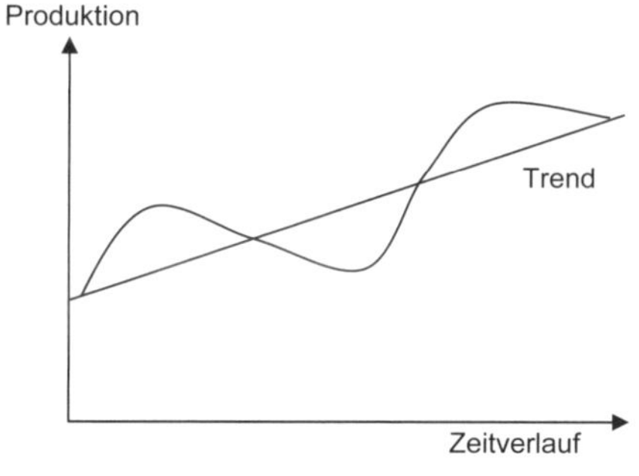

- 1. Phase: In der ersten Phase, der so genannten **Aufschwungsphase (auch Expansions- oder Erholungsphase)**, führen relativ niedrige Zinsen und Löhne aus der vorherigen Periode zu steigenden Investitionen und höheren Gewinnaussichten. Die Kapazitätsauslastung steigt infolge der höheren Produktion ebenso an wie die Beschäftigung. Die private Konsumnachfrage nimmt zu, was sich im Zeitverlauf auch in höheren Preisen niederschlägt. Auf das gestiegene Preisniveau reagieren die Arbeitnehmer mit höheren Lohnforderungen. Sowohl Preise als auch Löhne steigen allerdings (wenn überhaupt) nur moderat, da in Bezug auf Beschäftigung und Produktion noch keine Engpässe existieren.
- 2. Phase: Steigt die Gesamtnachfrage über das Produktionspotential hinaus an, geht der Aufschwung in die so genannte **Boomphase** über. Die Produktionsfaktoren sind voll ausgelastet und die Unternehmen stoßen an ihre Kapazi-

[2] Die Vollbeschäftigung des Faktors Arbeit ist dabei nicht zu verwechseln mit einer nicht vorhandenen Arbeitslosigkeit. Vielmehr bezeichnet Vollbeschäftigungsarbeitslosigkeit die (nicht starr festgelegte) Arbeitslosenhöhe, die unter Berücksichtigung der Unvollkommenheit des Arbeitsmarktes mit dem Ziel der Vollbeschäftigung vereinbar ist (so genannte natürliche Arbeitslosenrate, vgl. Kap. 8.4.2).

[3] In der Literatur existieren verschiedene Einteilungen und Bezeichnungen für die einzelnen Konjunkturphasen.

tätsgrenzen. Steigende Löhne infolge der Knappheit am Arbeitsmarkt und starke Preiserhöhungen aufgrund von Produktionsengpässen sind die Folge. Kreditengpässe, aber auch eine restriktive Geldpolitik der Zentralbank als Reaktion auf die explodierenden Preise führen zu steigenden Zinsen.

- 3. Phase: Nach Erreichen des oberen Wendepunktes geht die Entwicklung in die **Abschwungsphase** über. Die bei hohen Zinsen getätigten Investitionen erweisen sich als unrentabel. Weiterhin sinkt das Ausmaß der Neuinvestitionen aufgrund des hohen Zinsniveaus. Das relativ hohe Preisniveau lässt auch die private Nachfrage sinken. Die Kapazitätsauslastung wird zurückgefahren, die Gewinne der Unternehmen sinken. Beschäftigung wird wieder abgebaut und Löhne steigen langsamer oder sinken sogar.
- 4. Phase: Die Phase unterhalb des Trendwertes des Auslastungsgrades bis hin zum unteren Wendepunkt wird als **Rezession** bezeichnet. Diese ist gekennzeichnet durch geringe Kapazitätsauslastungen und hohe Arbeitslosigkeit. Es werden kaum noch Investitionen getätigt und das Zinsniveau ist relativ gering. Wann genau sich eine Volkswirtschaft in einer Rezession befindet ist jedoch umstritten. Einige Ökonomen sprechen bereits von einer Rezession, wenn das Wachstum unterhalb des langfristigen Trends liegt, andere definieren eine Rezession als einen Rückgang des Bruttoinlandsproduktes in mindestens zwei aufeinander folgenden Quartalen.

Um festzustellen, in welcher Konjunkturphase sich eine Volkswirtschaft befindet aber auch um den weiteren Konjunkturverlauf zu prognostizieren werden eine Reihe von Konjunkturindikatoren ermittelt. Zur Konjunkturprognose werden so genannte Frühindikatoren verwendet. Diese haben einen Vorlauf zur tatsächlichen Konjunkturentwicklung. Beispiele hierfür sind die Auftragseingänge, aber auch die Erwartungen der Unternehmen bezüglich der künftigen Geschäftsentwicklung. So befragt das ifo-Institut für Wirtschaftsforschung für die Ermittlung des ifo-Geschäftsklimaindex über 7000 Unternehmen in Deutschland nach ihrer Einschätzung der gegenwärtigen Geschäftslage aber auch nach ihren Erwartungen für die nächsten sechs Monate.

Zur Diagnose der gegenwärtigen Situation werden Präsensindikatoren eingesetzt. Dabei handelt es sich um Zeitreihen ökonomischer Daten, die einen Gleichlauf zum Konjunkturverlauf aufweisen. Wichtige Größen sind die Kapazitätsauslastung bzw. die industrielle Produktion. Ein weiterer, sehr gebräuchlicher Maßstab ist die so genannte **output gap**, die Produktionslücke. Sie misst die Abweichung des tatsächlichen Bruttoinlandsproduktes vom Potenzialoutput in Prozent.

Schließlich werden zur Diagnose aber auch zur Erfolgskontrolle von wirtschaftspolitischen Maßnahmen Spätindikatoren verwendet, die dem eigentlichen Konjunkturverlauf nachlaufen. Ein Beispiel für einen Spätindikator sind die Arbeitslosenzahlen. So vollzieht sich der Beschäftigungsaufbau im Aufschwung mit zeitlicher Verzögerung, da zunächst mit zusätzlichen Überstunden der bereits Beschäftigten auf eine erhöhte Nachfrage reagiert wird. Erst bei weiter steigender bzw. konstant höherer Nachfrage werden zusätzliche Arbeitnehmer eingestellt. Ebenso nimmt im Abschwung zunächst die Kurzarbeit zu, bevor Mitarbeiter entlassen werden. Die Arbeitslosenzahlen laufen also dem eigentlichen Konjunkturverlauf hinterher.

Abbildung 15-2: Die Phasen des Konjunkturzyklus

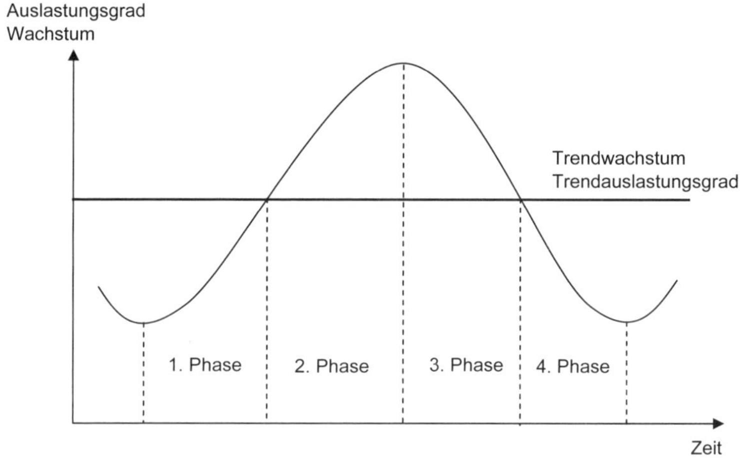

15.2.2 Einige empirische Befunde über Konjunkturzyklen

In Abbildung 15-3 ist die Entwicklung der Produktionslücke in den Mitgliedsstaaten der OECD[4] dargestellt. Bereits auf den ersten Blick ist zu erkennen, dass die OECD-Länder wiederkehrenden Konjunkturschwankungen ausgesetzt sind. Obwohl dieses Auf und Ab scheinbar regelmäßig auftritt, unterscheiden sich die einzelnen Auf- und Abschwünge voneinander. So weist die Boomphase um das Jahr 1990 eine recht breite Spitze auf, während der Aufschwung um die Jahrtausendwende nach dem Erklimmen des Höchststandes direkt wieder abfällt. Auch die Länge der Auf- und Abschwungphasen variiert stark. Im Durchschnitt dauert ein vollständiger Konjunkturzyklus zwischen fünf und neun Jahren.

[4] Der OECD (**O**rganisation for **E**conomic **C**ooperation and **D**evelopment) gehören mittlerweile mehr als 30 Staaten an. Dies sind neben west- und osteuropäischen Ländern die Türkei, Kanada, Neuseeland, Japan, Mexiko und die USA.

Abbildung 15-3: Produktionslücke in OECD-Ländern 1980 – 2006[5]

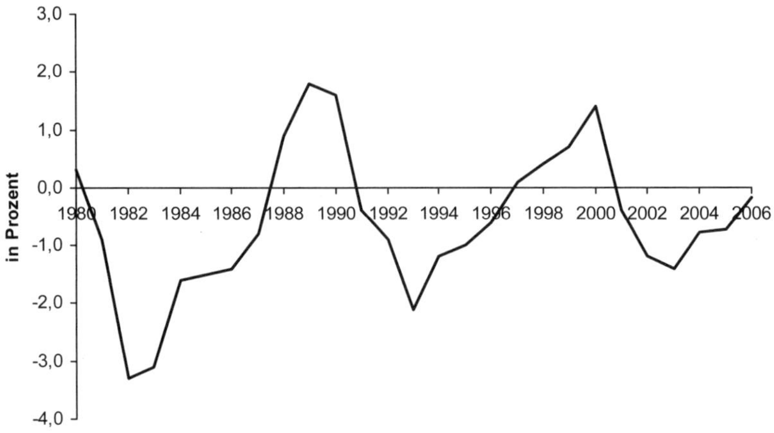

Die durchschnittliche Abweichung der Produktion von ihrem Trendwert, d.h. die Größe der Produktionslücke, ist seit 1960 zumindest in den Industrieländern gefallen (siehe Abbildung 15-4). Betrug die durchschnittliche Produktionslücke in den Ländern der Eurozone in den 60er Jahren noch 2,1 Prozent, so ist dieser Wert in der letzten Dekade auf rund ein Prozent gefallen. Die sinkende Volatilität der Konjunktur wird oft mit der wachsenden Bedeutung des Servicesektors in Verbindung gebracht, der weniger starken Konjunkturschwankungen ausgesetzt ist. Weiter mögliche Erklärungen sind der Rückgang von ausgeprägten negativen Angebotsschocks (wie beispielsweise der Ölpreisschock in den 70er Jahren) sowie eine zunehmend an mittelfristiger Stabilität orientierten Wirtschaftspolitik[6].

Die meisten volkswirtschaftlichen Größen verhalten sich den empirischen Befunden zufolge prozyklisch, d.h. sie wachsen im Aufschwung und fallen im Abschwung. Dies gilt beispielsweise für die Höhe der Beschäftigung, für Gewinne, Investitionen, Zinsen, den Konsum oder die Produktivität. Dagegen scheinen die Ausgaben des Staates relativ unabhängig vom Konjunkturzyklus zu sein. Ein antizyklisches Verhalten ist schließlich tendenziell bei der Arbeitslosenrate zu beobachten. Die Arbeitslosigkeit steigt normalerweise im Abschwung und fällt im Aufschwung.[7]

---

[5] Quelle: OECD

[6] Für eine detaillierte Diskussion vgl. OECD 2002.

[7] Allerdings hatten in Deutschland in den letzten Jahren viele Aufschwungsphasen keine merklichen Auswirkungen auf den Arbeitsmarkt.

Abbildung 15-4: Höhe der Produktionslücke in USA, Japan und der Eurozone im Zeitverlauf[8]

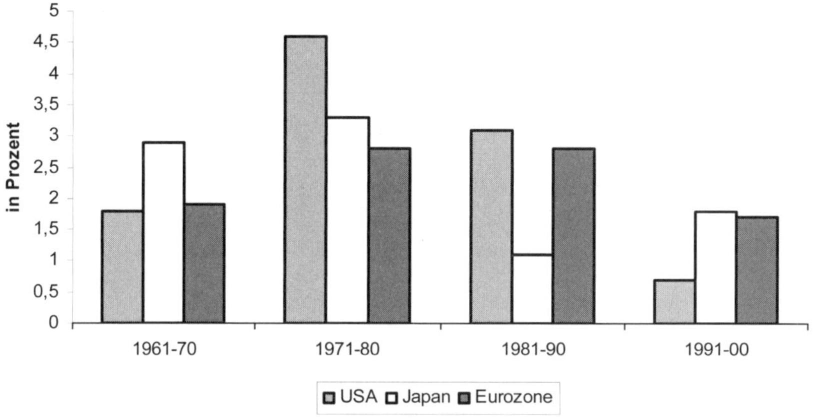

15.3 Die Instrumente einer aktiven Konjunkturpolitik

15.3.1 Boom und Rezession im AD-AS Modell

Um die einer aktiven Wirtschaftspolitik zugrunde liegenden Überlegungen zu verstehen, soll an dieser Stelle noch einmal auf das AD-AS Modell zurückgegriffen werden. Abbildung 15-5 zeigt ein AD-AS Modell, das zwischen langfristiger und kurzfristiger Angebotskurve unterscheidet. In der langfristigen Betrachtung verläuft die Angebotskurve vertikal über Y^*, dem Vollbeschäftigungsoutput. Y^* stellt also den Trendoutput dar, der bei Vollbeschäftigung aller Produktionsfaktoren erreicht wird. Die langfristige Angebotskurve spiegelt folglich das Produktionspotential einer Volkswirtschaft wieder. Es ist durch die Ausstattung mit Produktionsfaktoren gegeben und daher unabhängig vom Preisniveau (graphisch dargestellt durch die vertikale LAS-Kurve). Kurzfristig ist das gesamtwirtschaftliche Angebot dagegen von den Preisen abhängig. Ein höheres Preisniveau führt tendenziell zu höheren Gewinnen und damit zu einem höheren Angebot durch eine verstärkte Nutzung der Kapazitäten.

[8] Quelle: OECD

Abbildung 15-5: Nachfragebedingte Depression bzw. Hochkonjunktur

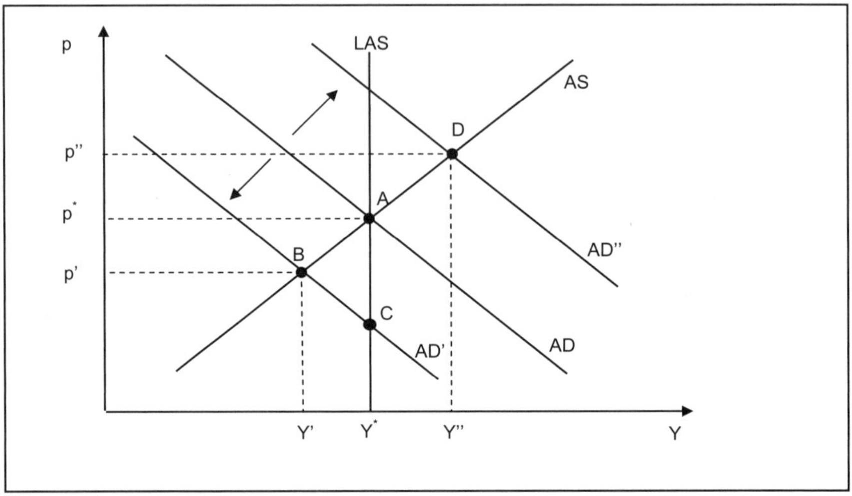

Ein Abweichen der gesamtwirtschaftlichen Entwicklung von ihrem Trend kann nun auf eine Störung sowohl der gesamtwirtschaftlichen Nachfrage als auch des Angebotes zurückgeführt werden. Sinkt beispielsweise die Nachfrage von AD auf AD', so resultiert daraus der neue kurzfristige Gleichgewichtspunkt B. Die dazugehörige Produktion Y' liegt unter dem Trendoutput Y^*, die Wirtschaft befindet sich also in einer Rezession, es herrscht Unterbeschäftigung. Andersherum kann ein Steigen der Nachfrage von AD auf AD'' einen Boom auslösen. Die Unternehmen weiten in Erwartung höherer Gewinne ihre Produktion aus, die neue Gleichgewichtsproduktion Y'' übersteigt den Trendoutput. Im Boom kann die Kapazitätsgrenze durch eine Ausweitung der Überstunden oder längere Maschinenlaufzeiten überschritten werden.

Neben Schwankungen der gesamtwirtschaftlichen Nachfrage können auch Störungen des Angebots eine Rezession verursachen. Die wohl bekanntesten Beispiele für derartige Störungen (auch Angebotsschocks genannt) waren die beiden Ölkrisen. Während der ersten vervierfachte sich zwischen 1971 und 1974 der reale Ölpreis, die zweite verdoppelte die Ölpreise in den Jahren 1979 und 1980. Da Öl ein wichtiger Produktionsfaktor ist, bedeuteten beide Ölkrisen eine deutliche Erhöhung der Produktionskosten. Ein derartiger Angebotsschock drückt sich im AD-AS-Modell durch eine Verschiebung der kurzfristigen Angebotskurve nach links aus. Die Produktion fällt unter ihr Produktionspotential zurück und die Wirtschaft befindet sich in der Rezession (siehe Abbildung 15-6).

Unter der Annahme einer langfristig über dem Vollbeschäftigungsoutput vertikalen Angebotskurve sind Abweichungen vom Trendoutput nicht von Dauer. Auch ohne den Einsatz von konjunkturpolitischen Maßnahmen kehrt die Volkswirtschaft langfristig zu ihrem Trend zurück. Ein Reduzierung der gesamtwirtschaftlichen Nachfrage von AD auf AD' führt zwar zunächst zu einem neuen Gleichgewicht in B, auf lange Sicht bewegt sich die Volkswirtschaft durch sinkende Preise jedoch wieder auf einen Punkt auf der langfristigen Angebotskurve, hier Punkt C, zu. Diese Beobachtung heißt jedoch nicht, dass konjunkturpolitische Maßnahmen in einem solchen Modell keinen Sinn machen. Vielmehr soll durch sie die Rückkehr zum Vollbeschäftigungsoutput beschleunigt bzw. im Idealfall eine Abweichung von Y^* ganz verhindert werden. Auf den speziellen Fall der Nachfragestörung bezogen, würde dies bedeuten, dass anstatt auf eine automatische Rückkehr zum Vollbeschäftigungsoutput (im Punkt C) zu warten, die gesamtwirtschaftliche Nachfrage stimuliert werden sollte. Im Idealfall würde sich die AD-Kurve wieder in ihre ursprüngliche Lage zurückbewegen, der alte Gleichgewichtszustand wäre wieder hergestellt. Umgekehrt könnte einer Überhitzung der Volkswirtschaft und damit einem steigenden Preisniveau (vgl. Gleichgewicht in Punkt D) mit einer Verknappung der gesamtwirtschaftlichen Nachfrage begegnet werden. Wiederum würde sich die AD-Kurve in Richtung ihrer ursprünglichen Position verschieben, das alte Gleichgewicht wäre wieder hergestellt.

Um eine solche stabilisierende Wirkung auf die gesamtwirtschaftliche Entwicklung herbeizuführen stehen in der Praxis zwei Instrumente zur Verfügung, die beide vor allem auf der Nachfrageseite ansetzen: Die Fiskal- und die Geldpolitik.

Abbildung 15-6: Angebotsbedingte Rezession

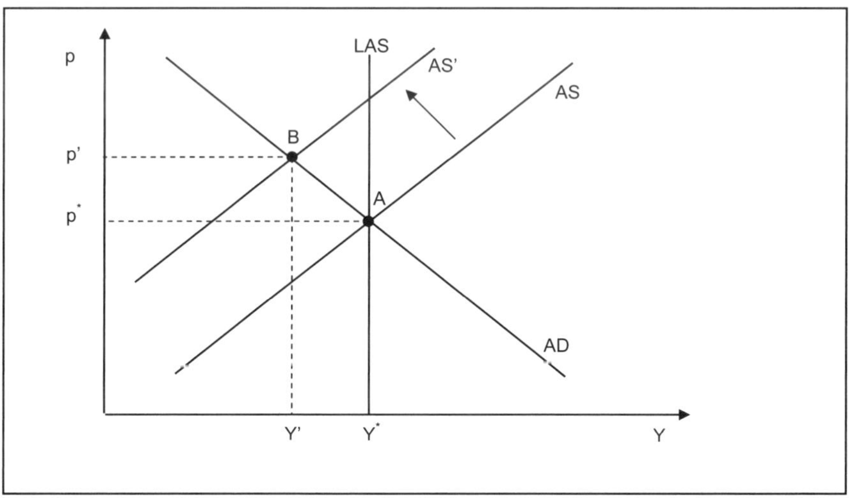

15.3.2 Die Fiskalpolitik

Unter **Fiskalpolitik** versteht man sämtliche finanzpolitische Maßnahmen des Staates, die starke Konjunkturschwankungen verhindern sollen und auf anhaltende Vollbeschäftigung hinwirken. Die Fiskalpolitik ist im Grunde die Umsetzung der keynesianischen Wirtschaftstheorie, die Rezessionen vor allem als Störung der gesamtwirtschaftlichen Nachfrage ansieht. Um den Konjunkturverlauf zu stabilisieren, soll der Staat – so die Grundidee – im Abschwung zusätzliche Nachfrage generieren, während er in Boomzeiten die gesamtwirtschaftliche Nachfrage abschwächt. Eine solche, dem Konjunkturverlauf entgegenwirkende Fiskalpolitik, wird als **antizyklisch** bezeichnet.

Die Stabilisierung des Konjunkturverlaufes kann dabei sowohl von der Einnahmenseite als auch von der Ausgabenseite geschehen. Befindet sich eine Volkswirtschaft in einer Rezession, so kann der Staat direkte Nachfrage generieren, indem er durch höhere staatliche Investitionen oder höheren staatlichen Konsum die Ausgaben steigert. Im Folgenden soll die Wirkung der Fiskalpolitik im IS-LM Modell erläutert werden, da in diesem besser zwischen geldpolitischen und fiskalpolitischen Instrumenten unterschieden werden kann. Angenommen Punkt A in

Abbildung 15-7 stellt das Ausgangsgleichgewicht in der Rezession dar. Eine Stimulierung der gesamtwirtschaftlichen Nachfrage durch eine expansive Fiskalpolitik verschiebt nun die IS-Kurve nach rechts. Das Einkommen steigt ($Y^{*'} > Y^{*}$) und im neuen Gleichgewicht B ist im Idealfall der Vollbeschäftigungsoutput wieder erreicht. Eine zweite Möglichkeit, die Nachfrage zu beeinflussen, bietet sich dem Staat von der Einnahmenseite her. So kann er die Steuern senken und damit die Kaufkraft der privaten Haushalte erhöhen. Eine solche Maßnahme führt zu einem steigenden privaten Konsum und damit ebenfalls zu einer steigenden gesamtwirtschaftlichen Nachfrage. Als Folge der höheren Ausgaben bzw. niedrigerer Einnahmen entsteht ein negativer Budgetsaldo. Werden Budgetdefizite in Kauf genommen, um die gesamtwirtschaftliche Nachfrage zu beleben, so wird von **deficit spending** gesprochen.

Während in der Rezession also Budgetdefizite auftreten, soll der Staat, der Theorie zufolge, in Boomzeiten Budgetüberschüsse realisieren, indem er dem Wirtschaftskreislauf Nachfrage entzieht und damit ein Überhitzen der Volkswirtschaft (mit der Folge eines stark steigenden Preisniveaus) verhindert. Wiederum können die öffentlichen Haushalte dabei entweder von der Einnahmenseite oder aber von der Ausgabenseite handeln. Befindet sich die Volkswirtschaft beispielsweise im Punkt C, einem Gleichgewichtspunkt über dem Produktionspotential $Y^{*'}$, so kann der Staat einerseits seine Investitionen zurückfahren, um die Wirtschaft zu ihrem langfristigen Trend zurückzubewegen. Möglich wären auch Steuererhöhungen, die zu Kaufkraftverlusten und damit zu einer geringeren privaten Nachfrage führen. In beiden Fällen wäre eine sinkende gesamtwirtschaftliche Nachfrage die Folge, das alte Gleichgewicht in Punkt B würde wieder hergestellt werden. Gleichzeitig erwirtschaftet der Staat

Abbildung 15-7: Die Wirkung der Fiskalpolitik

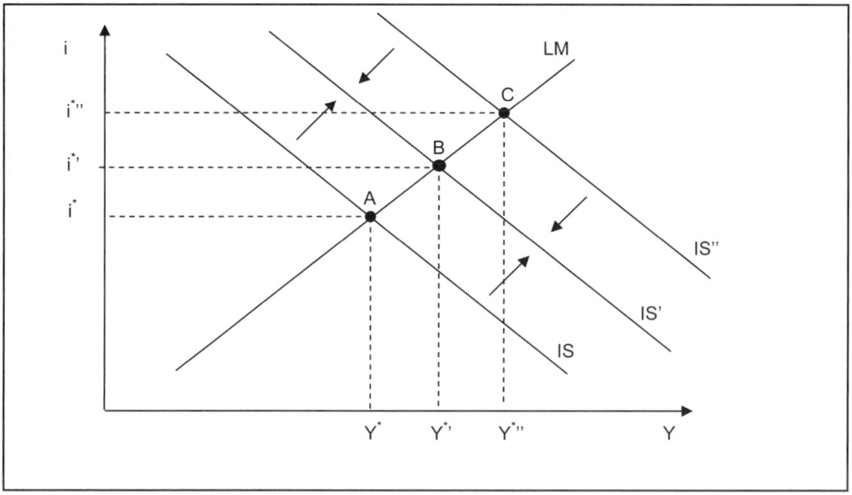

einen Überschuss, da seine Ausgaben bei konstanten Einnahmen gesunken bzw. bei konstanten Ausgaben seine Einnahmen gestiegen sind.

Im Idealfall entzieht der Staat also in Boomzeiten dem Wirtschaftskreislauf Geld, das er in einer Rezession zur Belebung der gesamtwirtschaftlichen Nachfrage verwendet. Langfristig häuft er also keine zusätzlichen Defizite aufgrund seiner konjunkturpolitischen Eingriffe an. Ein eben solcher antizyklischer Einsatz der Fiskalpolitik zur Nachfragesteuerung ist in den Paragraphen 26 und 27 des Stabilitätsgesetzes festgeschrieben. Darin ist ausdrücklich die Bildung einer so genannten **Konjunkturausgleichsrücklage** im Boom sowie von Investitionszulagen in der Rezession vorgesehen. In der Realität weicht die Regierung oftmals von dieser theoretischen Forderung ab, insbesondere weil Ausgabenkürzungen (oder Steuererhöhungen) naturgemäß auf den Wiederstand der Betroffenen stoßen. Viele Ökonomen sehen in der lange Zeit praktizierten antizyklischen Fiskalpolitik daher einen Grund für die heutige Verschuldung des Staates.[9]

Es ist wichtig zu verstehen, dass eine antizyklische Fiskalpolitik nicht unbedingt aktive, am Einzelfall orientierte wirtschaftspolitische Maßnahmen erfordert (so genannte **diskretionäre Fiskalpolitik**). Bis zu einem gewissen Grad wird die konjunkturelle Entwicklung auch ohne gezielte Eingriffe des Staates (beispielsweise durch eine Steuerreform) stabilisiert. Der Grund dafür liegt darin, dass sich das Budgetsaldo der öffentlichen Haushalte per se konträr zur konjunkturellen Lage entwickelt und damit als **automatischer Stabilisator** des Konjunkturverlaufes dient. So fallen in schlechten wirtschaftlichen Zeiten die Steuereinnahmen des Staates ganz von alleine, orientieren sie sich doch an den

[9] Für einen Überblick über die Haushaltsdefizite in Europa vgl. Kap. 7.2.

Konsumausgaben (zum Beispiel Mehrwertsteuer) bzw. an Einkommen und Gewinnen (zum Beispiel Einkommenssteuer). Sinken also die Einkommen, Gewinne und Konsumausgaben, so sinken automatisch auch die Einnahmen des Staates. Auf der anderen Seite steigen die Transferzahlungen. So muss der Staat bei steigenden Arbeitslosenzahlen auch mehr Arbeitslosengeld zahlen. Folglich entsteht in einer Rezession ganz automatisch ein Budgetdefizit, das wie eine expansive Fiskalpolitik wirkt. Auf der anderen Seite entzieht der Staat im Aufschwung auch ohne zusätzliche Maßnahmen dem Wirtschaftskreislauf Geld und damit Nachfrage. So steigen bei steigenden Einkommen und Gewinnen auch die staatlichen Steuereinkünfte. Dagegen sinken die Transferzahlungen, da immer mehr Menschen Arbeit finden. Der Staat erwirtschaftet also einen Budgetüberschuss und verfolgt eine kontraktive Fiskalpolitik. Ganz ohne aktive politische Maßnahmen verfolgt der Staat also in Teilen eine antizyklische Fiskalpolitik.

15.3.3 Die Geldpolitik

Unter Geldpolitik versteht man jegliche Maßnahmen, die die Steuerung der Geldmenge bzw. des Geldumlaufs zum Ziel haben. In der Eurozone entscheidet die Europäische Zentralbank (EZB) unabhängig[10] von anderen Entscheidungsträgern über den Einsatz geldpolitischer Maßnahmen. Da die EZB, anders als die Zentralbank der USA, zuvorderst dem Ziel der Preisniveaustabilität verpflichtet ist, ist der Einsatz geldpolitischer Maßnahmen für Zwecke der Konjunkturpolitik in der europäischen Praxis stark beschränkt. Allerdings sieht sich die EZB immer wieder starkem (vor allem politischen) Druck ausgesetzt, verstärkt die konjunkturelle Lage im Blick zu haben. Solange das Ziel der Preisniveaustabilität dabei nicht in Gefahr gerät, ist dies auch Auftrag der EZB.

Im Gegensatz zur Fiskalpolitik kann die Geldpolitik nicht direkt die gesamtwirtschaftliche Nachfrage beeinflussen. Vielmehr soll über die Steuerung des Geldangebots das Zinsniveau beeinflusst werden. Die Zinsen wiederum bestimmen die Kreditkosten[11] und beeinflussen damit die reale Investitionstätigkeit. Verknappt die Notenbank beispielsweise das Geldangebot in einer Volkswirtschaft (**kontraktive Geldpolitik**), so steigen die Zinsen, da weniger Geld im Umlauf ist und somit der „Preis“ des Geldes steigt. Andersherum führt eine **expansive Geldpolitik**, d.h. eine Erhöhung der Geldmenge, zu sinkenden Zinsen. Ein niedrigeres Zinsniveau regt wiederum die Investitionsnachfrage an, da neue Projekte nun zu günstigeren Konditionen finanziert werden können. Auch wird der Anreiz geringer, Vermögen langfristig anzulegen anstatt es für Investitionen oder Konsum zu verwenden. Letztlich führt eine Ausweitung des Geldangebots dieser Analyse zufolge also zu einem neuen Gleichgewicht bei niedrigeren Zinsen und einer höheren volkswirtschaftlichen Produktion. Abbildung 15-8 illust-

---

[10] Für eine Diskussion einer unabhängigen Zentralbank vgl. Kap. 17.3.3.2

[11] Die Zentralbank ist allerdings darauf angewiesen, dass die Banken auch auf die geldpolitischen Maßnahmen entsprechend reagieren und beispielsweise Zinssenkungen der Zentralbank an ihre Kunden weitergeben (vgl. Kap. 10.2)

riert die Wirkung einer expansiven Geldpolitik noch einmal anhand des IS-LM Modells. Es sei angenommen, dass es sich beim Ausgangsgleichgewicht A um ein Gleichgewicht in der Rezession handelt. Die dazugehörige Produktion Y^* liegt also unter dem Produktionspotential $Y^{*\prime}$. Eine Ausweitung der Geldmenge führt nun zu einer Rechtsverschiebung der LM-Kurve und damit zu einem sinkenden Zinsniveau ($r^{*\prime} < r^*$). Das neue Gleichgewicht ist gegeben durch Punkt B, indem das Produktionspotential der Volkswirtschaft ausgeschöpft wird. Die Wirkung einer kontraktiven Geldpolitik lässt sich auf dieselbe Weise als Linksverschiebung der LM-Kurve analysieren. Auf diese Weise kann eine Überhitzung der Volkswirtschaft im Boom verhindert werden.

Abbildung 15-8: Die Wirkung einer expansiven Geldpolitik

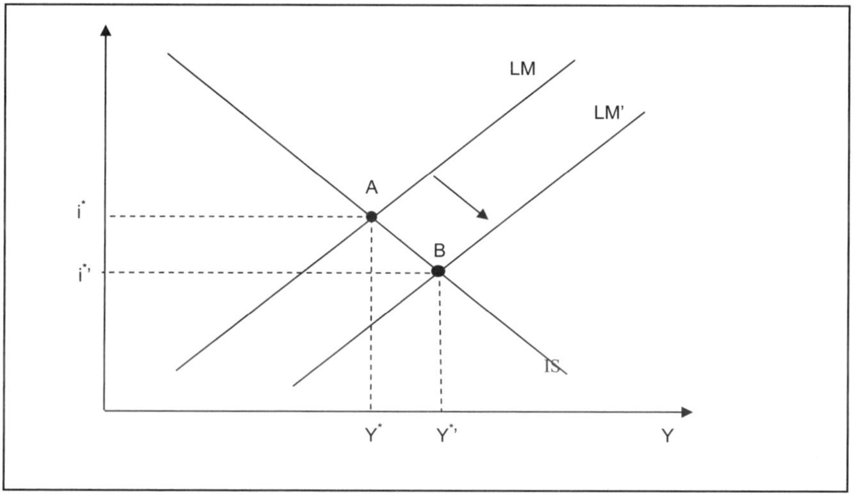

Wie aber lässt sich in der Realität eine derartige Verschiebung der LM-Kurve herbeiführen? Mit anderen Worten: Welche Instrumente stehen der Europäischen Zentralbank zur Verfügung, um die Geldmenge in einer Volkswirtschaft zu steuern? Ausgangspunkt für die Steuerung der Geldmenge ist der Bedarf der Kreditinstitute an Zentralbankgeld. Die Geschäftsbanken müssen immer darauf vorbereitet sein, dass ihre Kundschaft sich einen Teil ihrer Einlagen wieder ausbezahlen lassen will. Außerdem sind sie verpflichtet, in Höhe eines bestimmten Prozentsatzes dieser Einlagen Guthaben bei der Zentralbank zu unterhalten. Dazu ist jeweils Zentralbankgeld notwendig, das Banken nicht selbst schaffen können, sondern durch Geschäfte mit der Zentralbank erreichen.[12] Über das Monopol auf Zentralbankgeld kann die Notenbank also die Geschäftstätigkeit der Kreditinstitute beeinflussen und damit indirekt Einfluss auf die sich im Umlauf

[12] Natürlich kann sich Bank A auch Zentralbankgeld von Bank B besorgen, solange Bank B über überschüssige Liquidität verfügt.

befindliche Geldmenge nehmen. Im Folgenden werden mit der Mindestreservepolitik, der Offenmarktpolitik sowie der ständigen Fazilitäten die zentralen geldpolitischen Instrumente kurz betrachtet.

Im Mittelpunkt der europäischen Geldpolitik stehen so genannte **Offenmarktgeschäfte**. Dabei kauft oder verkauft die Zentralbank Wertpapiere mit dem Ziel, die Geldversorgung der Banken und die Bedingungen am Geldmarkt zu steuern. Die Notenbank wendet sich dabei nicht an einzelne Banken, sondern an den offenen oder anonymen Markt. Kauft die Zentralbank Wertpapiere, so zahlt sie mit Zentralbankgeld und erhöht somit die im Umlauf befindliche Geldmenge. Dagegen entzieht der Verkauf von Wertpapieren dem Wirtschaftskreislauf Geldmittel. Die Offenmarktpolitik der EZB bzw. der nationalen Notenbanken konzentriert sich vor allem auf so genannte Hauptrefinanzierungsgeschäfte (befristete Transaktionen), bei denen Wertpapiere nur für eine bestimmte Zeit verkauft bzw. angekauft werden. So verpflichtet sich beispielsweise die verkaufende Bank dazu, nach Ablauf einer Frist, z.B. nach vierzehn Tagen, das Wertpapier wieder zurückzukaufen. Den Geschäftsbanken wird also nur befristet Zentralbankgeld zur Verfügung gestellt bzw. entzogen. Werden Pensionsgeschäfte mit einem festgelegten Zinssatz ausgeschrieben, so wird dies als Mengentender bezeichnet. Ein Zinstender wird dagegen mit einem bestimmten Zinsmindestgebot ausgeschrieben.

Über die Festlegung der Zinssätze kann die Offenmarktpolitik der Notenbank über die Geldmenge hinaus auch die Zinsen an den Kapitalmärkten beeinflussen. Im Mittelpunkt stehen hierbei die so genannten Hauptfinanzierungsgeschäfte, die jede Woche mit einer Laufzeit von 14 Tagen zum so genannten **Hauptrefinanzierungszinssatz** ausgeschrieben werden. Beschränkt wird die Wirkung der Offenmarktpolitik jedoch dadurch, dass die Kreditinstitute nicht gezwungen werden können, ihre flüssigen Mittel in Offenmarktpapieren anzulegen. Will die Notenbank dem Wirtschaftskreislauf beispielsweise Geld entziehen, so ist sie darauf angewiesen, dass die Kreditinstitute die ausgeschriebenen Wertpapiere ankaufen. Eine vergleichsweise hohe Verzinsung kann allerdings entsprechende Anreize schaffen.

Ein weiteres wichtiges geldpolitisches Instrument des Eurosystems sind die zwei so genannten ständigen **Fazilitäten**, über die die Geldmarktzinsen direkt beeinflusst werden sollen. Zum einen kann sich jede Bank – sofern sie über entsprechende Sicherheiten verfügt – praktisch unbegrenzt und zu jeder Zeit bei den nationalen Notenbanken Liquidität zum **Spitzenrefinanzierungssatz** beschaffen. Der Kredit muss dann am nächsten Tag wieder zurückgezahlt werden (so genannter **overnight Kredit**). Der Zinssatz für eine solche Spitzenrefinanzierungsfazilität ist höher als der Zinssatz für Hauptrefinanzierungsgeschäfte und bildet eine Obergrenze für den Zinssatz von Tagesgeschäften: Keine Bank wird am Geldmarkt höhere Zinsen für einen Übernachtkredit bezahlen als die, die sie bei der Zentralbank bezahlen müsste.

Auf der anderen Seite bildet der Zinssatz für so genannte **Einlagefazilitäten** die untere Grenzen für den Tagesgeldsatz. Zum **Einlagensatz** können Geschäftsbanken überschüssige Liquidität bis zum nächsten Tag bei den nationalen Notenbanken anlegen. Dementsprechend wird keine Geschäftbank bei der Geldausleihe an andere Banken mit einem niedrigeren Zinssatz zufrieden sein. Zusammengefasst geben der Spitzenrefinanzierungssatz und der Einlagesatz den Korridor vor, in dem sich das Zinsniveau am Geldmarkt bewegt. Innerhalb dieses Korridors orientieren sich die Zinsen dann vor allem am Zinssatz für das Hauptfinanzierungsgeschäft. Abbildung 15-9 gibt einen Überblick über die Entwicklung der entsprechenden Zinssätze im Eurosystem seit Januar 1999.

Abbildung 15-9: Die Entwicklung der wichtigsten Zinssätze im Eurosystem 1999 – 2007 [%]

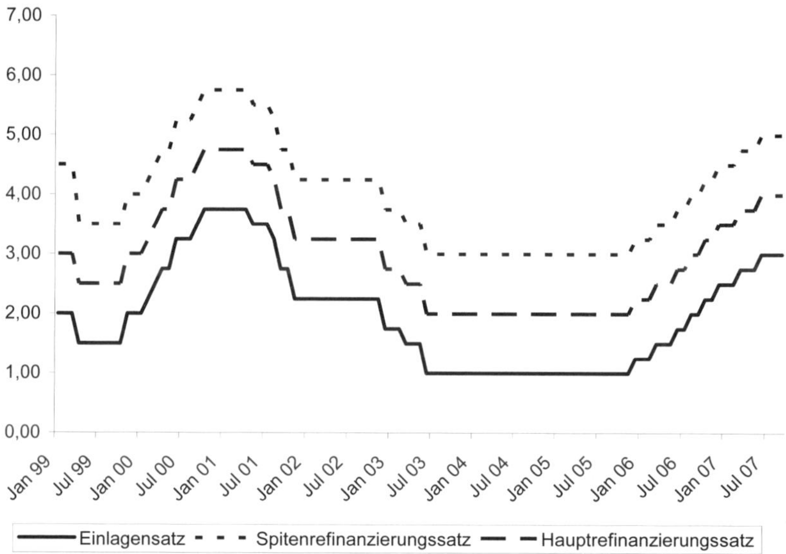

Das dritte geldpolitische Instrument ist die so genannte **Mindestreservepolitik**, die gewissermaßen den Rahmen für die zuvor beschriebenen Instrumente bildet, deren Bedeutung als geldpolitisches Instrument in der Praxis jedoch sehr gering ist. Die Kreditinstitute sind verpflichtet einen bestimmten Teil der Kundeneinlagen (die so genannte **Mindestreserve)** auf einem Konto der Bundesbank zu halten. War die Mindestreserve ursprünglich als Liquiditätsreserve bei Zahlungsschwierigkeiten gedacht, so hat sie heute praktisch keine Einlage sichernde Wirkung mehr, da die hinterlegten Einlagen jederzeit voll zur Verfügung stehen, solang der erforderliche Betrag im Monatsdurchschnitt erbracht wird. Der Umfang der Mindestreserve richtet sich dabei nach der Höhe der Verbindlichkeiten eines Kreditinstitutes. Zahlt ein Privatmann beispielsweise 10.000 € in ein Sparkonto der Bank XY ein, so darf diese nicht den vollen Umfang der Spareinlage weiterverleihen, sondern muss einen bestimmten Prozentsatz, den so genannten **Mindestreservesatz**, bei der Zentralbank hinterlegen.

Die Geldschöpfung der Privatbanken wird somit begrenzt. Ein Mindestreservesatz von 10 Prozent hätte beispielsweise zur Folge, dass die Bank XY 1.000 € bei der Zentralbank hinterlegen müsste und nur die übrigen 9.000 € an andere Kunden weiter verleihen dürfte. Will die Zentralbank nun dem Wirtschaftskreislauf Geld entziehen (kontraktive Geldpolitik), so kann sie durch eine Erhöhung des Mindestreservesatzes von 10 auf beispielsweise 15 Prozent die bei ihr hinterlegten Mindestreserven erhöhen. Bank XY müsste jetzt 1.500 € als Mindestreserve einzahlen. Da dieses Geld nicht dem Wirtschaftskreislauf zur Verfügung steht, ist das Geldangebot gesunken. Andersherum führt eine Verringerung des Mindestreservesatzes zu einer Ausweitung der Geldmenge (expansive Geldpolitik). Der Mindestreservesatz wurde von der EZB auf zurzeit zwei Prozent festgelegt.

15.4 Die Wirksamkeit einer aktiven Konjunkturpolitik

15.4.1 Eine passive Konjunkturpolitik

Insbesondere in den 60er und 70er Jahren des 20. Jahrhunderts verfolgten fast alle Regierungen der entwickelten Industrienationen eine aktive Konjunkturpolitik. Diese an den keynesianischen Ideen orientierte Wirtschaftspolitik sah sich jedoch zunächst ab dem Ende der 50er Jahre der Kritik der so genannten monetaristischen Theorie und in den 70er Jahren dann der Kritik der neuklassischen Theorie ausgesetzt. Beiden Denkrichtungen stimmen in der Forderung überein, dass der Staat nicht versuchen sollte, aktiv die Konjunktur zu beeinflussen. Vielmehr sei die Ökonomie grundsätzlich stabil und der wirtschaftliche Output tendiere von alleine gegen ihren Gleichgewichtszustand.[13] Nach diesen Ansätzen verstärkt eine aktive Konjunkturpolitik lediglich die Konjunkturschwankungen, denen eine Volkswirtschaft ausgesetzt ist.

Ausgehend von der Analyse des vorherigen Abschnittes überrascht diese Argumentation zunächst. Die empirischen Befunde belegen eindeutig die Existenz von Rezessionen und Boomphasen. Und im vorherigen Abschnitt wurde gezeigt, wie Geldpolitik und Fiskalpolitik zur Abschwächung dieser Schwankungen eingesetzt werden können. Warum sollten Politiker bzw. die Notenbanken diese Mittel nicht einsetzen? Im Folgenden werden einige Argumente der Befürworter einer passiven Konjunkturpolitik näher beleuchtet und die Wirksamkeit einer aktiven Konjunkturpolitik kritisch untersucht.

---

[13] Während die Neuklassiker die Auffassung vertreten, dass sich eine Volkswirtschaft fortwährend in einem Gleichgewichtszustand befindet, erkennen die meisten Monetaristen an, dass dies kurzfristig nicht immer der Fall sein muss.

15.4.2 Geldpolitik: Liquiditäts- und Investitionsfalle

Die Wirksamkeit der Geldpolitik im IS-LM Modell basiert auf zwei grundsätzlichen Prozessen, auch **Transmissionsmechanismen** genannt. Zunächst muss eine Erhöhung (oder Verknappung) der Geldmenge, beispielsweise durch eine expansive (restriktive) Offenmarktpolitik, das Zinsniveau am Kapitalmarkt beeinflussen. Geschieht dies aus welchem Grund auch immer nicht, so hat die Geldpolitik keine Auswirkung auf die gesamtwirtschaftliche Produktion, da von einem konstanten Zinsniveau keine Investitionsanreize ausgehen. Die zweite kritische Verbindung zwischen der Geldpolitik und dem realen gesamtwirtschaftlichen Einkommen ist die Zinselastizität der Nachfrage. Wenn die Investitionen nicht auf eine Veränderung des Zinsniveaus reagieren, so gehen von einer expansiven bzw. kontraktiven Geldpolitik keinerlei realwirtschaftliche Impulse aus (die Zinselastizität der Nachfrage ist dann null). Beide Möglichkeiten werden vor allem von keynesianischen Ökonomen betont, die die Geldpolitik nur eingeschränkt als probates Mittel der Konjunkturpolitik betrachten.

Die Verbindung zwischen einer expansiven Geldpolitik und sinkenden Zinsen ist nicht gegeben, wenn die Wirtschaftssubjekte eine so genannte absolute Liquiditätspräferenz haben. Angenommen niemand erwartet bei einem gegebenen (niedrigen) Zinsniveau eine positive Rendite auf Wertpapiere. Verkäufe von Wertpapieren sind nur mit Kursverlusten möglich, liquide Mittel werden aufgrund von erwarteten Verlusten nicht in Wertpapiere investiert. In einer solchen Situation versuchen die Menschen, ihr Vermögen vollständig in Geld zu halten. Kauft die Zentralbank nun im Rahmen einer expansiven Offenmarktpolitik Wertpapiere, so erhält sie zum gegebenen Zinssatz jede gewünschte Menge. Das zusätzliche Zentralbankgeld werden die Wirtschaftssubjekte vollständig in liquiden Mitteln halten und nicht zum Wertpapierkauf verwenden. Ein solcher Fall wird auch als **Liquiditätsfalle** bezeichnet: eine Erhöhung der Geldmenge führt lediglich zu einer erhöhten Geldhaltung, das Zinsniveau bleibt unbeeinflusst. Im Rahmen des IS-LM Modells kann die Liquiditätsfalle als horizontale LM-Kurve dargestellt werden. Geldpolitik kann nun keine Zinseffekte mehr durch eine Verschiebung der LM-Kurve hervorrufen, das gesamtwirtschaftliche Einkommen bleibt von geldpolitischen Impulsen unberührt (Abbildung 15-10).

Der zweite Fall, in dem die Geldpolitik keine realen Effekte hat, wird als so genannte **Investitionsfalle** bezeichnet. Befindet sich eine Volkswirtschaft in der Investitionsfalle, so ist die aggregierte Nachfrage vom Zinsniveau unabhängig. Beispielsweise hängt die Höhe der gesamtwirtschaftlichen Investitionen nicht allein vom Zinsniveau, sondern auch von einer Reihe anderer Faktoren ab. So dürften Erwartungen über die zukünftige wirtschaftliche Entwicklung oder das Ergebnis von Tarifverhandlungen Einfluss auf die Investitionsentscheidung haben. Sind die übrigen Faktoren derart bestimmend, dass das Zinsniveau nur noch eine untergeordnete bzw. keine Rolle mehr in der Investitionsentscheidung spielt, so vermag eine expansive Geldpolitik es nicht, die Nachfrage durch verringerte Zinsen anzukurbeln.

Abbildung 15-10: Die Unwirksamkeit der Geldpolitik in der Liquiditätsfalle

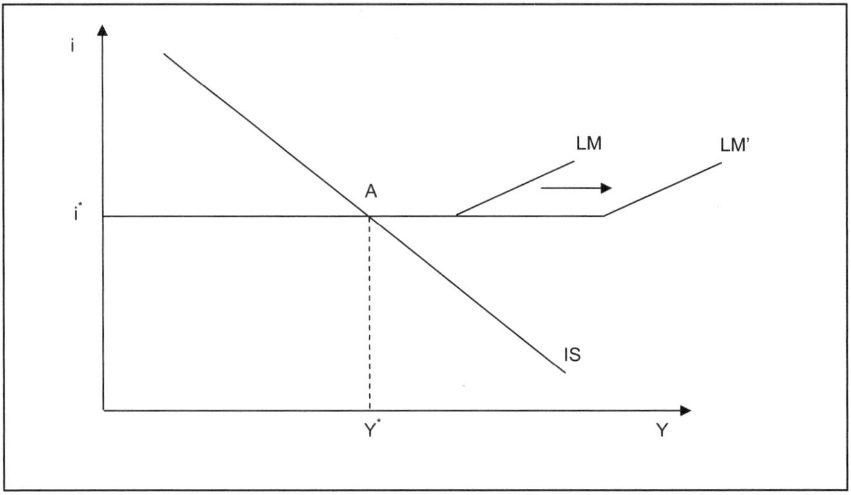

Auch wenn die Unternehmen auf Veränderungen des Zinsniveaus reagieren, kann der Transmissionsmechanismus zwischen Zinsen und Nachfrage gestört sein, wenn die Banken bei der Kreditvergabe an private Firmen zögern. Ein solches Phänomen war in den Jahren 1991 und 1992 in den USA zu beobachten. Infolge des Zusammenbruchs des Immobilienmarktes mussten die Banken zu dieser Zeit eine große Anzahl von „schlechten" Krediten abschreiben, die zur Grundstücksfinanzierung vergeben worden waren. Als 1991 die Zinsen in den USA fielen, zögerten die Banken, weitere Kredite an möglicherweise risikobehaftete Investoren zu vergeben. Stattdessen liehen sie ihr Geld dem Staat. Damit war der Transmissionsmechanismus zwischen Zinsen und Investitionen (und damit der gesamtwirtschaftlichen Nachfrage) ebenfalls unterbrochen.[14]

Im IS-LM Modell lässt sich eine (aus welchen Gründen auch immer) zinsunelastische gesamtwirtschaftliche Nachfrage als senkrechte IS-Kurve darstellen. Die Nachfrage ist dann unabhängig vom Zinsniveau und eine Verschiebung der LM-Kurve verändert lediglich das Zinsniveaus, nicht jedoch das gesamtwirtschaftliche Einkommen. Abbildung 15-11 zeigt die Wirkung einer expansiven Geldpolitik. Die resultierende Rechtsverschiebung der LM-Kurve bewirkt eine Verschiebung des Gleichgewichts von Punkt A zu Punkt B. Im Gegensatz zum alten Gleichgewicht hat sich allerdings nur das Zinsniveau verringert ($r^{**} < r^{*}$), während die gesamtwirtschaftliche Produktion unverändert bei Y^{*} verharrt.

Zusammenfassend lässt sich festhalten, dass eine aktive Konjunkturpolitik nicht mithilfe geldpolitischer Instrumente verfolgt werden kann, wenn der Transmissionsmechanismus zwischen Geldmengensteuerung und gesamtwirt-

[14] Dieses Phänomen wird auch als Kreditrationierung (credit rationing) bezeichnet (für einen Überblick siehe Duane G. Harris 1974 sowie Simon C. Parker 2002)

schaftlicher Nachfrage gestört ist. Dies ist dann der Fall, wenn entweder die Geldpolitik keine Auswirkungen auf das Zinsniveau hat oder die gesamtwirtschaftliche Nachfrage nicht auf Veränderungen des Zinsniveaus reagiert. Die Praxisrelevanz der so genannten Liquiditäts- bzw. Investitionsfalle ist allerdings umstritten. Eine komplette Unwirksamkeit geldpolitischer Instrumente aufgrund dieser Phänomene scheint in der Praxis eher selten. Nichtsdestotrotz ist eine *Einschränkung* der Wirksamkeit geldpolitischer Maßnahmen beispielsweise aufgrund einer relativ kleinen Zinselastizität der Nachfrage über die theoretische Analyse hinaus von praktischer Bedeutung. Im Falle einer unwirksamen bzw. nur sehr gering wirksamen Geldpolitik müssen konjunkturpolitische Impulse von der Fiskalpolitik ausgehen. Diese ist sowohl in der Liquiditätsfalle als auch in der Investitionsfalle wirksam und kann als zentrales Instrument einer keynesianischen Konjunkturpolitik bezeichnet werden.

Abbildung 15-11: Die Unwirksamkeit der Geldpolitik bei zinsunelastischer Nachfrage

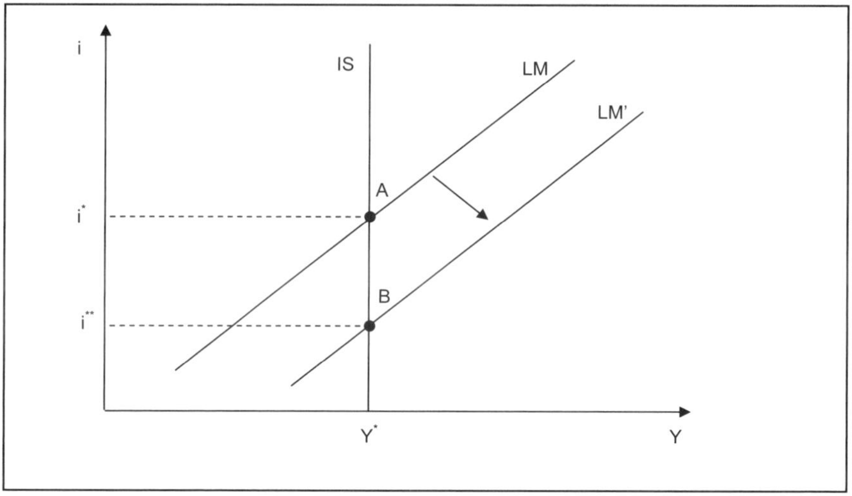

15.4.3 Fiskalpolitik: Das Problem des Verdrängungseffektes

Auch die Fiskalpolitik kann ihre volle Wirkung nur unter bestimmten Voraussetzungen entfalten. Die Problematik bei expansiven fiskalpolitischen Maßnahmen liegt vor allem darin, dass dem positiven Nachfrageeffekt durch höhere Staatsausgaben ein negativer Effekt durch das gleichzeitig gestiegene Zinsniveau gegenübersteht. Angenommen eine Volkswirtschaft befindet sich im Ausgangsgleichgewicht A in Abbildung 15-12. Eine Ausweitung der Staatsausgaben um ΔG führt zu einer Rechtsverschiebung der IS-Kurve (IS => IS'). Würde sich das Zinsniveau nicht ändern, so wäre der neue Gleichgewichtspunkt A'. Das zugehörige Einkommen wäre um ΔG (multipliziert mit dem Multiplikator α[15]) gestiegen. In Punkt A' befindet sich der Geldmarkt jedoch in einem Ungleichgewicht, da dieser nicht auf der LM-Kurve liegt. Dies ist darauf zurückzuführen, dass mit steigendem Einkommen die Geldnachfrage anzieht, bei gleichbleibenden Zinsen also eine Überschussnachfrage nach Geld besteht. Aus diesem Grunde erhöhen sich die Zinsen und die Investitionsausgaben gehen zurück. Anstatt eines Gleichgewichtes in A' wird lediglich Punkt B mit einem vergleichsweise geringeren Einkommen erreicht. Höhere Staatsausgaben führen also zu einer Verdrängung privater Investitionen durch ein gestiegenes Zinsniveau. Dieser Effekt wird auch als **crowding out** bezeichnet.

Abbildung 15-12: Der crowding out Effekt der Fiskalpolitik

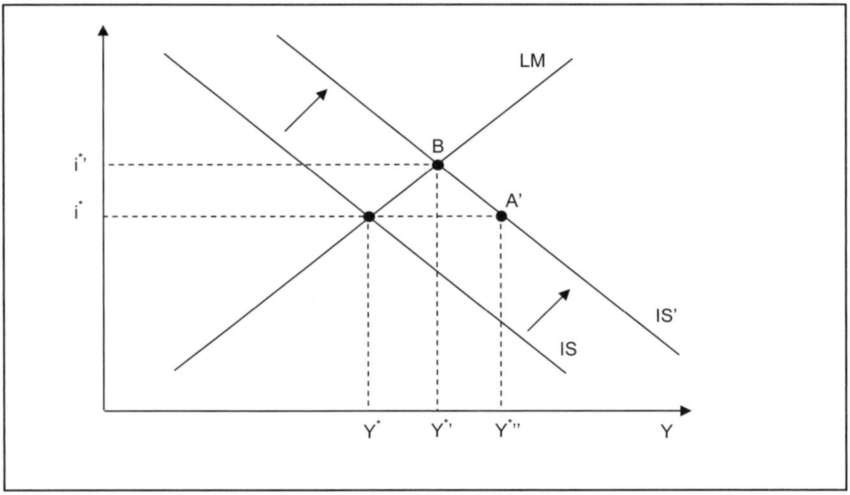

Die Wirksamkeit fiskalpolitischer Maßnahmen hängt also maßgeblich davon ab, inwieweit private Investitionen durch staatliche Ausgaben verdrängt werden. In Abbildung 15-12 ist die Höhe des crowding out Effektes durch die Strecke Y^{*}'' - Y^{*}' gegeben. Diese misst gerade den Unterschied zwischen dem Gleichgewichtseinkommen bei konstant gehaltenen Zinsen und dem (tatsächlichen) Einkommen bei gestiegenen Zinsen. Im Allgemeinen hängt die Höhe des Verdrängungseffektes und damit die Wirksamkeit der Fiskalpolitik vor allem von der Steigung der LM-Kurve ab.[16] Je flacher diese verläuft, desto weniger steigen die Zinsen als Reaktion auf eine Erhöhung der Staatsausgaben, und umso größer ist die Wirkung der Fiskalpolitik. Bei horizontal verlaufender LM-Kurve (=> Liquiditätsfalle) ist der crowding out Effekt gleich null und die Fiskalpolitik kann ihre ganze Wirkung entfalten.

---

[15] Für eine Erläuterung des Multiplikators vgl. Kap. 13.1.2

[16] Der Einfluss des Multiplikators α sowie der Steigung der IS-Kurve werden hier vernachlässigt.

Die Vorstellung eines geringen Verdrängungseffektes wird vor allem von keynesianischen Ökonomen vertreten. Dagegen wird von den Monetaristen die Möglichkeit des genau entgegengesetzten Falles betont. Hängt die Geldnachfrage nur in geringem Ausmaß vom Zinsniveau ab, und verläuft die LM-Kurve folglich steil, so verliert die Fiskalpolitik ihre Wirksamkeit. Eine Ausweitung der Staatsausgaben führt dann zu stark steigenden Zinsen und dementsprechend zu einem signifikanten Rückgang privater Investitionen. Der Extremfall einer vertikalen LM-Kurve ist in Abbildung 15-13 dargestellt. Die Geldnachfrage hängt in diesem Fall nicht vom Zinssatz ab. Vielmehr gibt es ein eindeutiges Einkommensniveau, zu dem sich der Geldmarkt im Gleichgewicht befindet. Eine expansive Fiskalpolitik führt nun lediglich zu einem höheren Zinsniveau bei konstantem gesamtwirtschaftlichen Einkommen. Im Falle einer vertikalen LM-Kurve wird die durch die Ausweitung der Staatsausgaben hervorgerufene Nachfragestimulierung vollkommen durch sinkende private Investitionen aufgehoben. Lediglich die Zusammensetzung nicht jedoch die Höhe des Einkommens verändert sich.

Abbildung 15-13: Die Unwirksamkeit der Fiskalpolitik im klassischen Fall

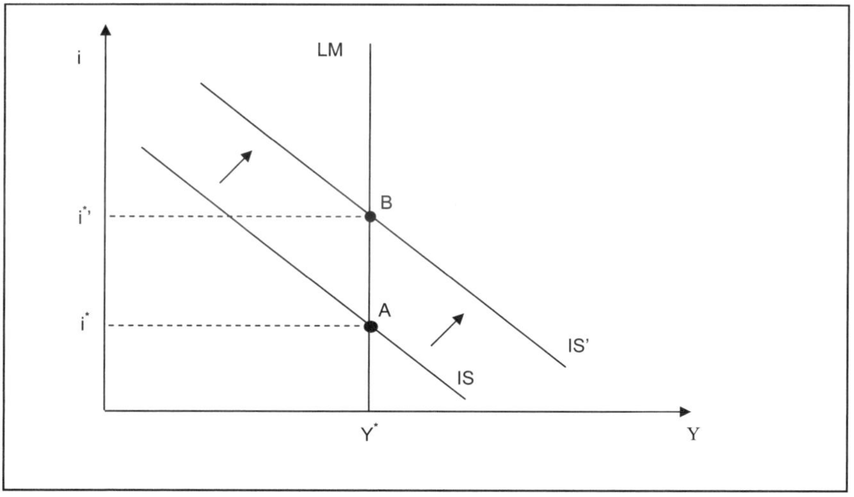

In der wirtschaftspolitischen Praxis erscheint der Fall einer absoluten Verdrängung von privaten Investitionen durch steigende Staatsausgaben nur für eine Volkswirtschaft relevant zu sein, die bereits ihre Produktionskapazität ausgereizt hat. Im Falle ungenutzter Ressourcen erscheint die Fiskalpolitik zumindest eine eingeschränkte Wirkung zu entfalten, da die LM-Kurve nicht vertikal verläuft. Darüber hinaus kann die Geldpolitik einer expansiven Fiskalpolitik entgegenkommen, indem sie ihrerseits die Geldmenge erhöht. Eine solche Maßnahme verhindert einen Nachfrageüberschuss nach Geld und hält somit die Zinsen im Idealfall konstant.

15.4.4 Zeitliche Wirkungsverzögerung

Ein weiteres Problem einer aktiven Wirtschaftspolitik liegt in der zeitlichen Verzögerung, die zwischen einer Störung der gesamtwirtschaftlichen Lage und der Wirkung stabilisierender wirtschaftspolitischer Maßnahmen liegt. Generell wird dabei zunächst zwischen dem so genannten **äußeren time lag** (der äußeren zeitlichen Verzögerung) und dem **inneren time lag** (der inneren zeitlichen Verzögerung) unterschieden. Während der innere lag die Zeitspanne zwischen dem Auftreten eines Schocks und der wirtschaftspolitischen Handlung beschreibt, bezieht sich der äußere lag auf die Verzögerung, mit der eine wirtschaftspolitische Maßnahme ihre Wirkung entfaltet.

Angenommen eine Volkswirtschaft, die sich ursprünglich in einem Vollbeschäftigungsgleichgewicht befindet, wird von einem negativen Nachfrageschock getroffen. Die erste Schwierigkeit vor der eine aktive Wirtschaftspolitik steht, ist die Wahrnehmung einer solchen Störung, vor allem aber auch deren richtige Interpretation. So kann eine sinkende Nachfrage nur ein temporäres Problem sein, das sich auch ohne staatliche Eingriffe innerhalb einer relativ kurzen Zeitspanne durch das freie Spiel der Märkte löst. Erkennen die privaten Unternehmen, dass beispielsweise ein Einbruch der ausländischen Nachfrage nur auf temporäre Faktoren zurückzuführen ist, so werden sie auf eine solche Störung nur mit Lagerveränderungen, nicht aber mit einer Anpassung der Kapazität reagieren. Die Auswirkungen auf das gesamtwirtschaftliche Einkommen blieben somit beschränkt. Eine Wirtschaftspolitik, die eine temporäre Störung als langfristig verkennt, würde statt einer stabilisierenden eine eher destabilisierende Wirkung entfalten, befindet sich die Volkswirtschaft doch beim Einsetzen der wirtschaftspolitischen Maßnahmen schon wieder im Ausgangsgleichgewicht bzw. auf dem Weg dorthin. Die Zeitspanne, die zwischen dem Auftreten einer gesamtwirtschaftlichen Störung und der Erkenntnis liegt, dass ein wirtschaftspolitisches Eingreifen notwendig ist, wird auch als **Erkenntnislag** bezeichnet. Die Länge des Erkenntnislags hängt dabei nicht zuletzt von der Qualität volkswirtschaftlicher Prognosen ab.[17]

Nach der Erkenntnis über die Notwendigkeit wirtschaftspolitischen Handelns müssen die Maßnahmen selbst beschlossen werden. Die Länge des **Entscheidungslag** – also die Zeitspanne zwischen der Erkenntnis und Entscheidung – unterscheidet sich dabei stark zwischen Geld- und Fiskalpolitik. Geldpolitische Maßnahmen können beinahe ad hoc getroffen werden. So trifft sich der EZB-Rat in der Regel zweimal im Monat. Darüber hinaus ist der **Durchführungslag** – also die Zeitspanne zwischen Entscheidung und Ausführung – gleich null. Alle wichtigen geldpolitischen Instrumente, wie die Offenmarkt- oder die Refinanzierungspolitik, können beinahe sofort ergriffen werden.

Fiskalpolitische Entscheidungen weisen dagegen längere Entscheidungs- und Durchführungslags aus. So müssen zum Beispiel Steueränderungen im Bundestag beraten und beschlossen werden. Bei einer Vielzahl von Gesetzen muss zu-

---

[17] Kareken, Solow 1963 schätzten den durchschnittlichen Erkenntnislag auf etwa fünf Monate.

sätzlich der Bundesrat eingeschaltet werden, was den Prozess weiter verlängert. Auch die tatsächliche Durchführung einer bereits getroffenen Entscheidung kann einige Zeit in Anspruch nehmen. So wirken sich bereits beschlossene Steuersenkungen typischerweise nicht sofort auf den Geldbeutel der Menschen aus.[18] Während fiskalpolitische Maßnahmen im Allgemeinen also von langen Entscheidungs- und Durchführungslags gekennzeichnet sind, ist dies bei den automatischen Stabilisatoren der Fiskalpolitik nicht der Fall. Weder ist eine gesonderte Entscheidung zum Einsatz dieser Stabilisatoren notwendig, noch verzögert sich ihre Ausführung. Steigt beispielsweise in der Rezession die Arbeitslosigkeit an, so nehmen die Transferzahlungen des Staates automatisch zu. Da die automatischen Stabilisatoren ihre Wirkung auch ohne die Erkenntnis in Notwendigkeit wirtschaftspolitischen Handelns entfalten, ist der gesamte innere time lag hier (bestehend aus Erkenntnis-, Entscheidungs- und Durchführungslags) gleich null.

An den inneren time lag schließt sich der äußere lag an, der außerhalb des Einflusses der politischen Entscheidungsträger liegt. Der **Wirkungslag** bezeichnet dabei die Zeitspanne, die zwischen der Durchführung einer wirtschaftspolitischen Maßnahme und ihrer tatsächlichen Wirkung auf das wirtschaftliche Geschehen liegt. Wiederum unterscheidet sich die Dauer dieser Verzögerung signifikant zwischen fiskal- und geldpolitischen Maßnahmen. So wird im Allgemeinen angenommen, dass die Geldpolitik erst mit erheblicher zeitlicher Verzögerung ihre Wirkung entfaltet. Senkt die EZB beispielsweise die Zinsen mit der Absicht die Investitionstätigkeit der Unternehmen anzuregen, so werden diese nicht sofort auf eine solche Entscheidung reagieren. Der Grund liegt ganz einfach darin, dass Investitionen im Normalfall langfristig geplant werden und daher nicht von Tag zu Tag zur Disposition stehen. Zum Zeitpunkt der Zinssenkung werden daher nur einige wenige Firmen auf das positive Zinssignal mit einer Ausweitung ihrer Investitionen reagieren. Je mehr Zeit jedoch vergeht, desto mehr Firmen werden die gesunkenen Zinsen in ihre (neuen) Investitionsentscheidungen miteinbeziehen. Folglich beeinflusst eine bereits durchgeführte expansive (ebenso wie eine kontraktive) Geldpolitik erst nach einer gewissen Zeitspanne das gesamtwirtschaftliche Einkommen in vollem Maße. Soll eine geldpolitische Maßnahme sehr schnell eine spürbare Wirkung haben, so muss ihr Ausmaß entsprechend groß sein. Das Problem einer solchen Politik ist jedoch, dass der Effekt im Laufe der Zeit weiter anwächst und daher sehr wahrscheinlich nach einiger Zeit mit entsprechenden Gegenmaßnahmen korrigiert werden muss.

Das Problem des Wirksamkeitslags ist bei fiskalpolitischen Maßnahmen weit weniger ausgeprägt. Ist das Einkommen der privaten Haushalte durch Steuersenkungen erst einmal gestiegen, geben die Menschen es in der Regel auch ohne weitere zeitliche Verzögerungen aus. Darüber hinaus ist es dem Staat möglich

[18] Jedoch kann eine schon beschlossene aber noch nicht in Kraft getretene Steuersenkung durchaus reale Auswirkungen haben, wenn die Bürger den Effekt bereits heute antizipieren und ihr Konsumverhalten dementsprechend anpassen.

durch geeignete Ausgaben die Investitionsnachfrage in einer Volkswirtschaft direkt zu beeinflussen. Die Fiskalpolitik kann also die gesamtwirtschaftliche Nachfrage weitaus direkter beeinflussen als dies bei geldpolitischen Instrumenten der Fall ist.

Zusammenfassend lässt sich festhalten, dass sowohl geldpolitische als auch fiskalpolitische Maßnahmen erst mit einer erheblichen zeitlichen Verzögerung wirksam werden. Während sich solche time lags bei der Fiskalpolitik vor allem innerhalb der Einfluss-Sphäre der politischen Entscheidungträger ergeben (innere time lags), verzögert sich die Wirkung geldpolitischer Maßnahmen vor allem *nach* ihrer eigentlichen Durchführung (äußere time lags). Das Problem von zeitlichen Verzögerungen im Allgemeinen liegt nun darin, dass eine antizyklische Wirtschaftspolitik prozyklisch wirken kann, wenn zwischen Störung und Wirkung der ergriffenen wirtschaftspolitischen Maßnahmen ein zu langer Zeitraum liegt. Beschließt die Zentralbank beispielsweise erst nach einiger Verzögerung eine expansive Geldpolitik, um einer Nachfrageschwäche zu begegnen, so kann sich die Volkswirtschaft beim Eintreten der Wirkung einer solchen Politik schon wieder im Aufschwung befinden. Dieser würde dann prozyklisch durch die expansiven Maßnahmen verstärkt. Anstatt eine stabilisierende Wirkung zu entfalten, würde Konjunkturpolitik in einem solchen Kontext die Konjunkturschwankungen noch weiter verschärfen. Aus dieser Analyse folgt, dass Stabilitätspolitik sich vor allem auf die Korrektur längerfristiger Rezessions- bzw. Boomphasen konzentrieren sollte. Darüber hinaus scheint der Einsatz von automatischen Stabilisatoren aufgrund der minimalen Verzögerungen wünschenswert.

Tabelle 15-1: Ausmaß der zeitlichen Verzögerungen wirtschaftspolitischer Maßnahmen

Art der Verzögerung		Geldpolitik	Fiskalpolitik	Automatische Stabilisatoren
Innerer time lag	Erkenntnislag	potenziell groß	potenziell groß	null
	Entscheidungslag	gering	groß	null
	Durchführungslag	gleich null	groß	null
Äußerer time lag	Wirksamkeitslag	groß	gering	gering

15.4.5 Die Rolle von Erwartungen

Eine weitere Schwierigkeit einer aktiven Wirtschaftspolitik ist die Theorie der **rationalen Erwartungen**. Streng genommen kennen die Wirtschaftssubjekte nach dieser These die Gesetzmäßigkeiten in einer Volkswirtschaft und bilden ihre Erwartungen aufgrund dieses Wissens. In einer abgeschwächten Form besagt die Theorie, dass die Menschen keine systematischen Fehler bei der Formulierung ihrer Erwartungen machen. Aus dieser These folgt, dass die Wirtschaftssubjekte die Auswirkungen wirtschaftspolitischer Maßnahmen antizipieren und ihr Verhalten eventuell schon vor der eigentlichen Wirkung der jeweiligen Maßnahme dieser anpassen. Aus der Theorie der rationalen Erwartungen ergeben sich eine Reihe von Problemen.

So kann eine politische Maßnahme vollkommen ihre Wirkung einbüßen, wenn sie bereits im Vorfeld von den Wirtschaftssubjekten antizipiert worden ist. Rechnen die Bürger in einer Volkswirtschaft bereits mit einer Ausweitung der Geldmenge, da sie wissen, dass die Notenbank bereits in der Vergangenheit bei einer ähnlichen wirtschaftlichen Lage eine expansive Geldpolitik verfolgt hat, so haben sie bereits vor der eigentlichen geldpolitischen Entscheidung ihr Verhalten entsprechend angepasst. Das geldpolitische Instrument verliert an Wirkung, da es sowieso schon von den Wirtschaftssubjekten antizipiert worden ist. Dieser Theorie zufolge hätten nur wirtschaftspolitische Maßnahmen einen realen Einfluss, die nicht bereits vorher erwartet worden sind.

Wirtschaftspolitik kann auch dann zumindest teilweise unwirksam werden, wenn die Wirtschaftssubjekte eine zukünftige, der jetzigen Politik entgegenlaufende Maßnahme erwarten. Beispielsweise könnten die Bürger in einer Volkswirtschaft annehmen, dass einer beschlossenen Steuerreduzierung schon bald eine Steuererhöhung folgen wird, da ansonsten die Budgetdefizite nicht länger finanzierbar sind. Eine solche Erwartung hätte zur Folge, dass die Wirtschaftssubjekte sich nur teilweise auf die niedrigeren Steuern einließen und bereits heute einen Teil ihrer zukünftigen Anpassungen (an die Steuererhöhung) vorwegnehmen würden. Die eigentliche Steuersenkung würde an Wirkung verlieren.

Schließlich ergeben sich aus der Erwartungsbildung im privaten Sektor auch spezielle Probleme für die Wirtschaftspolitiker. So müssen diese die Erwartungen der Haushalte und Unternehmen richtig antizipieren, um ihrerseits das richtige Ausmaß ihrer wirtschaftspolitischen Handlungen zu finden. Beabsichtigt die Regierung zum Beispiel mittels einer vorübergehenden Steuersenkung eine kurzfristige Stimulierung der Wirtschaft zum Ausgleich einer temporären Nachfrageschwäche, so muss sie zunächst die Höhe der Steuersenkung bestimmen. Da eine vorübergehende Steuersenkung das permanente Einkommen nur leicht erhöht, sollte eine solche temporäre Steuerreduktion von eher großem Ausmaß sein. Erwarten jedoch die Haushalte, dass aufgrund des zu erwartenden politischen Widerstandes die Steuern in der Zukunft nicht wieder erhöht werden, fiele ihre Reaktion auf eine starke, aber eigentlich nur temporäre Steuersenkung unerwartet heftig aus. Eine eher geringe Steuersenkung wäre dann ausreichend, um den gewünschten Nachfrageeffekt zu erzielen. Schätzt die Regierung das Verhalten des privaten Sektors nicht richtig ein und wählt beispielsweise eine zu starke Steuersenkung, so könnte die Volkswirtschaft destabilisiert werden.

15.5 Regeln vs. Ermessen

Eine zweite makroökonomische Debatte dreht sich um die Frage, ob Stabilisierungspolitik – und hier insbesondere die Geldpolitik - festen Regeln folgen oder ihre konkrete Ausgestaltung die Sache der Politik bzw. der Notenbank sein sollte. Diese Diskussion ist dabei unabhängig von der Frage, ob Konjunkturpolitik aktiv oder passiv sein sollte. So kann eine Politikregel sowohl aktiv stabilisierend als auch Ausdruck einer laissez-faire Politik sein. Zum Beispiel könnte eine passive Politikregel bestimmen, dass die Geldmenge in einer Volkswirtschaft unabhängig von der konjunkturellen Situation um zwei Prozent jährlich wächst. Die Geldpolitik würde in diesem Falle also nicht dazu eingesetzt, Konjunkturschwankungen entgegenzuwirken. Dagegen könnte eine aktive Politikregel bestimmen, dass sich das Geldmengenwachstum auch nach der Höhe der Arbeitslosigkeit richten soll:

$$\text{Geldmengenwachstum} = 2\% + (\text{Arbeitslosenquote} - 7\%).$$

Eine solche Politikregel würde also dazu führen, dass in einer Rezession, in der die Arbeitslosenquote ansteigt, die Geldpolitik automatisch expansiv ausgerichtet wäre. Andersherum wäre die Geldpolitik in einer Boomphase (und daher einer geringen Arbeitslosenquote) restriktiv ausgerichtet.

Auf den ersten Blick erscheint eine feste Politikregel nicht wünschenswert zu sein. Konjunkturpolitik könnte dann nicht auf die speziellen Umstände der konjunkturellen Situation eingehen. Nicht jede Rezession hat die gleichen Ursachen und kann mit den gleichen wirtschaftspolitischen Maßnahmen bekämpft werden. Die Befürworter einer an Regeln orientierten Geldpolitik argumentieren dagegen, dass Wirtschaftspolitik vor allem aus zwei Gründen nicht im Ermessensspielraum der Politik liegen dürfe. Zum einen zweifeln einige Ökonomen an der wirtschaftlichen Kompetenz von Politikern und befürchten opportunistisches Handeln. Diese Befürchtungen beziehen sich vor allem darauf, dass Politiker angesichts einer bevorstehenden Wahl makroökonomische Politik für ihre Zwecke missbrauchen könnten. So mag eine äußerst expansive Geldpolitik kurzfristig die wirtschaftliche Entwicklung stimulieren, langfristig jedoch nur zu inflationären Tendenzen und zu einer Überhitzung der Konjunktur führen. Da die momentane wirtschaftliche Situation von entscheidender Bedeutung für die Wahlentscheidung der Menschen ist, hat die Regierung bei bevorstehenden Wahlen dennoch einen Anreiz, eine nur kurzfristig positiv wirkende Geldpolitik zu implementieren[19].

Selbst wenn die Politik alleine dem Gemeinwohl Rechnung trägt, können Regeln unter Umständen die Wirksamkeit von wirtschaftspolitischen Maßnahmen verbessern. Dies ist vor allem dann der Fall, wenn Wirtschaftspolitik **zeitinkon-**

[19] In diesem Zusammenhang wird auch von politischen Konjunkturzyklen gesprochen (vgl. z.B. William D. Nordhaus 1975).

sistent ist. Dieses Problem kann dann auftreten, wenn die Regierung oder die Notenbank eine bestimmte Grundausrichtung ihrer Wirtschaftspolitik ankündigt, um die Erwartungen der privaten Haushalte zu beeinflussen. Wenn die Politik jedoch später, also nachdem die privaten Haushalte ihre Erwartungen entsprechend geändert haben, einen Anreiz hat, die ursprüngliche Ankündigung zu missachten, so verliert die Ankündigung von vornherein jegliche Glaubwürdigkeit. In einem solchen Kontext können feste Politikregeln dazu dienen, die Glaubwürdigkeit und damit die Wirkung von Ankündigungen zu gewährleisten.

In Kapitel 11.4.2 wurde beispielsweise gezeigt, dass der Trade-Off zwischen Arbeitslosigkeit und Inflation umso vorteilhafter ist, je geringer die von den privaten Haushalten erwartete Inflation ist. Folglich liegt eine niedrige Inflationserwartung im Interesse einer Notenbank, die sowohl eine geringe Inflationsrate als auch eine geringe Arbeitslosenquote zum Ziel hat. Um die Erwartungen der privaten Haushalte in ihrem Sinne zu beeinflussen, kündigen Notenbanken oftmals an, dass eine niedrige Inflationsrate das primäre Ziel ihrer Politik sei. Ohne die Existenz von festen Politikregeln ist eine solche Ankündigung jedoch nicht unbedingt glaubhaft. So antizipieren die Menschen, dass es im Interesse der Notenbank ist, eine expansive Geldpolitik zu betreiben, sobald die Haushalte eine geringe Inflation erwarten. Auf diese Weise könnte auch das zweite Ziel der Notenbank, nämlich niedrige Arbeitslosigkeit, kurzfristig erreicht werden. Da die privaten Haushalte jedoch diesen Anreiz der Notenbank durchschauen, werden sie gar nicht erst ihre Inflationserwartungen senken. Die Ankündigung der Notenbank, eine niedrige Inflationsrate anzustreben, ist daher wirkungslos. Eine feste Politikregel, die die Notenbank zu einer auf eine geringe Inflationsrate ausgerichtete Wirtschaftspolitik zwingt, kann in einer solchen Situation die Ankündigung erst für die privaten Haushalte glaubhaft machen.

15.6 Zusammenfassung

In diesem Kapitel wurde untersucht, inwiefern Wirtschaftspolitik dazu beitragen kann, konjunkturelle Schwankungen abzumildern. Die Befürworter einer aktiven Konjunkturpolitik vertreten dabei die Auffassung, dass eine antizyklische Wirtschaftspolitik den Konjunkturverlauf glätten kann. Danach soll in einer Rezession eine expansive Geld- und Fiskalpolitik die Wirtschaft wieder beleben, während in Boomphasen eine restriktive Geld- und Fiskalpolitik eine Überhitzung der Volkswirtschaft vermeiden soll. Gegner einer solchen aktiven Wirtschaftspolitik argumentieren dagegen, dass die Produktion (zumindest langfristig) ohne staatliche Eingriffe gegen ihren Gleichgewichtszustand strebt. Eingriffe der Politik sind demnach kontraproduktiv und verstärken die konjunkturellen Schwankungen nur. Im Extremfall kann eine eigentlich antizyklisch geplante Wirtschaftspolitik aufgrund der zeitlichen Verzögerung, die zwischen einer Störung der gesamtwirtschaftlichen Lage und der Wirkung stabilisierender wirtschaftspolitischer Maßnahmen liegt, in der Realität prozyklisch wirken.

Eine weitere Diskussion im Bereich der Konjunkturpolitik dreht sich um die Vor- und Nachteile von festen Politikregeln. Zwar geht mit ihnen ein Verlust an Flexibilität einher, jedoch können feste Regeln dazu beitragen, dass wirtschaftspolitische Maßnahmen nicht für politische Zwecke missbraucht werden. Außerdem sind Regeln eine Möglichkeit, um das Problem der Zeitinkonsistenz zu lösen und wirtschaftspolitische Ankündigungen damit erst glaubhaft zu machen. Beide großen Debatten sind bis heute nicht abgeschlossen. Die einzige klare Schlussfolgerung auf diesem Gebiet kann letztendlich nur die sein, dass es bislang noch keine endgültige Antwort darauf gibt, wie Konjunkturpolitik optimal gestaltet werden sollte.

16 Wirtschaftswachstum und Wachstumspolitik

16.1 Grundlagen

Nachdem sich das vorherige Kapitel mit den Schwankungen der gesamtwirtschaftlichen Produktion um ihr langfristiges Trendwachstum beschäftigt hat, soll nun das Wirtschaftswachstum selbst in den Mittelpunkt rücken. Es ist dabei fast unmöglich, die Bedeutung von wirtschaftlichem Wachstum zu überschätzen: Zu Beginn des 21. Jahrhunderts leben weiterhin unzählige Menschen in absoluter Armut, während der Lebensstandard in den Industrieländern ein Niveau erreicht hat, das noch vor einem Jahrhundert völlig undenkbar erschien. Schätzungen zufolge hat sich das Durchschnittseinkommen in den Vereinigten Staaten und Westeuropa in den letzten hundert Jahren verzehn- bis verdreißigfacht, im Vergleich zum Pro-Kopf-Einkommen zu Beginn des 19. Jahrhunderts ist das Volkseinkommen heute sogar 50- bis 300-mal so hoch.[1] Die treibende Kraft hinter dieser Entwicklung ist - wie im Verlaufe dieses Kapitels noch deutlich zu sehen sein wird - das Wirtschaftswachstum.

Unter **wirtschaftlichem Wachstum** wird im Allgemeinen die Zunahme des Outputs einer Volkswirtschaft verstanden. Als Indikator dient dabei zumeist das Bruttonationaleinkommen, das Bruttoinlandsprodukt oder das Volkseinkommen.[2] Wirtschaftswachstum ist folglich eine Steigerung der gesamtwirtschaftlichen Produktion oder des gesamtwirtschaftlichen Einkommens. Dabei richtet sich das Interesse oftmals auf die Produktion bzw. das Einkommen pro Kopf oder pro Arbeiter, da beispielsweise eine Zunahme der Produktion, die lediglich auf eine höhere Bevölkerungszahl zurückzuführen ist, nicht gleichbedeutend mit einer Steigerung der Leistungsfähigkeit einer Volkswirtschaft ist. Darüber hinaus kann nur durch Pro-Kopf-Größen die wirtschaftliche Leistungsfähigkeit von unterschiedlich bevölkerungsreichen Ländern verglichen werden. Die Wachstumstheorie stellt auf das mittel- bis langfristige Trendwachstum ab, kurzfristige konjunkturelle Schwankungen um diesen Trend bleiben unberücksichtigt.

In den folgenden Abschnitten soll zunächst ein Überblick über das wirtschaftliche Wachstum sowohl in Deutschland als auch in anderen Ländern gegeben werden. Aus diesen Fakten leiten sich eine Reihe von Fragen ab, die in einem zweiten Schritt mithilfe eines einfachen theoretischen Modells soweit wie möglich beantwortet werden sollen. Daraufhin wird - aufbauend auf den Ergebnissen des Modells - untersucht, inwieweit Wirtschaftspolitik den Wachstumsprozess einer Volkswirtschaft beschleunigen kann.

---

[1] Quelle: Angus Maddison 1995

[2] vgl. Kap. 2.4, 4.3.1 für eine eingehende Erläuterung der Sozialprodukte.

16.2 Einige empirische Befunde über Wirtschaftswachstum

Bei der Betrachtung der weltweiten wirtschaftlichen Entwicklung fallen zunächst einmal die großen Unterschiede zwischen den einzelnen Ländern ins Auge. Während einige Länder gemessen an ihrem Pro-Kopf-Einkommen bitterarm sind, ist der Reichtum in anderen Volkswirtschaften enorm. Einige Länder verdoppeln ihre wirtschaftliche Leistungskraft innerhalb weniger Jahre, während andere Volkswirtschaften wieder über Jahrzehnte überhaupt nicht wachsen oder sogar schrumpfen. In diesem Abschnitt sollen zunächst einmal die grundlegenden empirischen Befunde über den wirtschaftlichen Entwicklungsprozess in Deutschland und in der Welt kurz zusammengestellt werden. Aus diesen Fakten ergeben sich dann wie von selbst die Schlüsselfragen, die Ökonomen schon seit Jahrzehnten beschäftigen.

Abbildung 16-1: Die Entwicklung des Bruttoinlandsproduktes in den USA, 1929-2006 [in Mrd. USD][3]

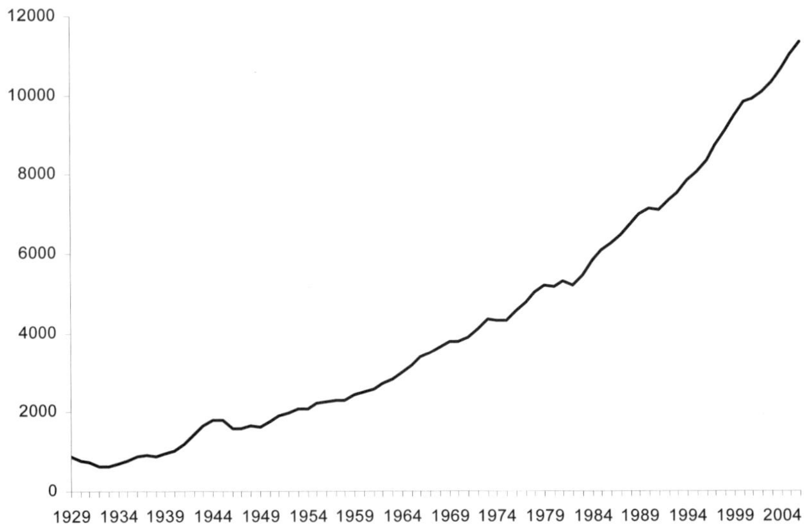

Abbildung 16-1 stellt die Entwicklung des US-amerikanischen Bruttoinlandsproduktes dar. Die Wirtschaftsleistung ist in den vergangenen Jahrzehnten relativ stetig angewachsen. Diese Aussage lässt sich für die meisten Länder treffen, wenn die langfristige Entwicklung betrachtet wird. Weiterhin lässt sich festhalten, dass die im vorherigen Kapitel beschriebenen Konjunkturschwankungen langfristig im Vergleich zum Trendwachstum nur eine untergeordnete Rolle spielen. Selbst die große Weltwirtschaftskrise von 1930 erscheint im Rückblick

[3] Quelle: Bureau of Economic Analysis; zu konstanten Preisen (2000)

nur als eine kleine Delle des langfristigen Wachstumstrends. Bereits in Kapitel 4 wurde am Beispiel von Deutschland gezeigt, dass der Lohnteil und der Anteil des Kapital- und Vermögenseinkommen am Bruttoinlandsprodukt im Zeitverlauf relativ konstant bleibt (siehe Abbildung 4-5).

Tabelle 16-1 gibt einen Überblick über das Bruttoinlandsprodukt der zehn bevölkerungsreichsten Länder im Jahre 2003. Dabei kann zwischen der Wirtschaftsleistung pro Kopf und pro Arbeiter unterschieden werden. Während ersteres mehr als Wohlstandsindikator zu interpretieren ist, lässt die Produktion pro Arbeiter Rückschlüsse auf die Produktivität einer Volkswirtschaft zu. Natürlich stehen beide Indikatoren in einem engen Zusammenhang.

Tabelle 16-1: Vergleich der Bruttoinlandsprodukte der bevölkerungsreichsten Länder[4] [US Dollar]

Land	Pro Kopf	Pro Arbeiter
USA	34875,37	67865,44
Japan	24036,74	45030,34
Russland	11788,58	21573,02
Brasilien	7204,94	15461,57
China	4969,64	8283,85
Indonesien	4122,08	8300,77
Indien	2990,07	6724,55
Pakistan	2593,00	6908,05
Bangladesch	2154,04	4198,34
Nigeria	1223,28	3065,10

Um einen Vergleich der Werte zwischen den verschiedenen Ländern überhaupt erst zu ermöglichen, muss das Bruttoinlandsprodukt von der jeweiligen Landeswährung in eine einheitliche Währung, im Folgenden der US Dollar, umgerechnet werden. Die Umrechnung basiert dabei nicht auf den Wechselkursen, sondern auf der so genannten **Kaufkraftparität**[5]. Dieser liegen Berechnungen darüber zugrunde, wie teuer ein bestimmter Warenkorb in den verschiedenen Ländern ist. Kostet beispielsweise ein VW Golf in den USA 20.000 US Dollar, während das gleiche Auto in Japan 2.000.000 Yen kostet, so beträgt der Wechselkurs basierend auf der Kaufkraftparität 100 Yen pro Dollar. Natürlich liegt einer solchen Wechselkursberechnung eine ganze Reihe von Produktpreisen zugrunde.

Beim Vergleich der Bruttoinlandsprodukte fallen sofort die großen Unterschiede zwischen den einzelnen Ländern auf. Während die Menschen in den Vereinigten Staaten in 2000 über ein durchschnittliches Pro-Kopf-Einkommen von fast 35.000 US Dollar verfügten, mussten die 120 Millionen Nigerianer im Durchschnitt mit 3,5 Prozent dieser Summe auskommen. Schätzungen der Weltbank zufolge betrug 1997 das Einkommen von über 70 Prozent der Bevölkerung höchstens einen Dollar am Tag.[6] Solche großen Differenzen im Pro-Kopf-Einkommen verschiedener Länder gehen natürlich einher mit Unterschie-

[4] Quelle: Heston, Summers, Aten 2006; in Preisen von 2000
[5] vgl. Kap. 12.3
[6] vgl. World Bank 2004

den in der Qualität der Ernährung, der Säuglingssterblichkeit, der Lebenserwartung oder der Analphabetenrate.

Nicht nur die gesamtwirtschaftliche Produktion bzw. das gesamtwirtschaftliche Einkommen variiert stark von Land zu Land, auch die Wachstumsraten unterscheiden sich signifikant voneinander. In Abbildung 16-2 ist die wirtschaftliche Entwicklung in Hongkong, Südkorea, Madagaskar und Mali von 1960 bis 2004 dargestellt. Während die Wirtschaftsleistung in Madagaskar und Mali leicht rückläufig war, ist sie in Südkorea und Hongkong förmlich explodiert. Belief sich das Bruttoinlandsprodukt pro Kopf in Madagaskar 1960 noch auf etwa 1.268 US Dollar, so war es bis zum Jahre 2004 auf 751 US Dollar gefallen. In der gleichen Zeit stieg die Produktion in Südkorea von 1.361 Dollar auf 18.424 Dollar.

Abbildung 16-2: Wachstumswunder und Wachstumsdesaster[7]

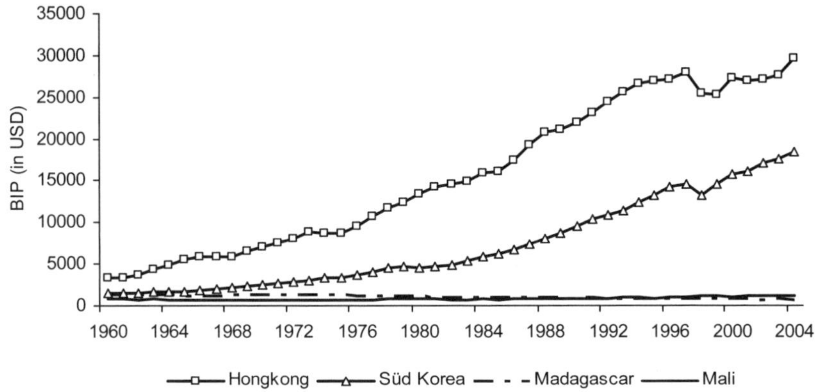

Zunächst klein erscheinende Unterschiede in den jährlichen Wachstumsraten sind dabei langfristig von großer Bedeutung. Wächst ein Land von Jahr zu Jahr um vier Prozent, so verdoppelt es seine Wirtschaftsleistung etwa alle 17,5 Jahre. Ein Land mit einem durchschnittlichen Wachstum von zwei Prozent benötigt dagegen circa 35 Jahre für eine Verdoppelung der gesamtwirtschaftlichen Produktion.[8] Daraus folgt aber, dass sich der Reichtum im ersten Beispiel über zwei Generationen (~ 50 Jahre) etwa dreimal (50 Jahre / 17.5 Jahre $\approx$ 3) verdoppelt hat. Damit ist der Reichtum insgesamt um das Achtfache ($2^3 = 8$) gestiegen. Dagegen hat sich der Wohlstand im zweiten Beispiel über zwei Generationen nur etwa 1,4 Mal verdoppelt (50 Jahre / 35 Jahre $\approx$ 1,4); das Durchschnittseinkommen hat im gleichen Zeitraum „nur“ um das 2,6-fache ($2^{1,4} \approx 2{,}6$) zugenommen.

[7] Quelle: Heston, Summers, Aten 2006, in Preisen von 2000

[8] Die Zeit, in der sich die Produktion einer Volkswirtschaft verdoppelt, kann approximativ wie folgt berechnet werden: $t \approx 70 / g$ wobei t die Verdoppelungszeit bezeichnet und g die jährliche Wachstumsrate ist (vgl. Robert E. Lucas 1988).

Wirtschaftliches Wachstum variiert nicht nur von Land zu Land, sondern ist auch in ein und demselben Land im Zeitverlauf nicht konstant. Während beispielsweise China von 1960 bis 1979 „nur" um gut zwei Prozent pro Jahr gewachsen ist, so verdreifachte sich das jährliche Wachstum in den darauf folgenden 20 Jahren auf über sechs Prozent. Die erheblichen Schwankungen in den Wachstumsraten eines Landes aber vor allem auch das unterschiedlich starke Wachstum in den verschiedenen Ländern macht deutlich, dass ein armes Land durchaus, wenn es über einen gewissen Zeitraum überdurchschnittlich stark wächst, in die Gruppe der reichen Länder aufsteigen kann. Andersherum kann auch ein reiches Land aufgrund einer ausgeprägten Wachstumsschwäche in die Gruppe der (relativ) armen Länder zurückfallen. So lag das gesamtwirtschaftliche Pro-Kopf Einkommen Argentiniens um 1900 nur unwesentlich hinter dem der damals reichsten Nationen. Argentiniens Wachstum war jedoch im Verlaufe des 20. Jahrhunderts derart schwach, dass es mittlerweile nur noch zu den Ländern mittleren Einkommens gerechnet wird.

Aus den dargestellten empirischen Befunden lassen sich zumindest zwei zentrale Frage ableiten:

1. Warum sind einige Länder so arm, warum andere so reich?
2. Worauf ist es zurückzuführen, dass eine Volkswirtschaft wächst?

In den nächsten Abschnitten wird nun das so genannte „Solow Wachstumsmodell" vorgestellt und untersucht, inwiefern dieses Modell Antworten auf diese Fragen geben kann.

16.3 Das Solow Wachstumsmodell ohne Technologie

16.3.1 Annahmen und Schlüsselgleichungen

Im Jahre 1956 veröffentlichte der spätere Nobelpreisträger Robert Solow ein Wachstumsmodell, das noch heute als Ausgangspunkt für die Analyse von wirtschaftlichem Wachstum dient.[9] Im Mittelpunkt des Modells stehen zwei Gleichungen: die Produktionsfunktion sowie eine Gleichung, die die Kapitalakkumulation beschreibt. Die Produktionsfunktion ist eine Cobb-Douglas-Funktion mit konstanten Skalenerträgen[10] und den Produktionsfaktoren Arbeit (L) und Kapital (K):

$$Y = F(K, L) = K^{\alpha} L^{1-\alpha} \ mit\ 0 \leq \alpha \leq 1.$$

[9] vgl. Robert M. Solow 1956

[10] Konstante Skalenerträge bedeuten, dass beispielsweise eine Verdopplung des Einsatzes an Produktionsfaktoren auch zu einer Verdopplung der Produktion führt. Im Allgemeinen gilt also: F(rK, rL) = rF(K, L) mit r ≥ 0.

Vereinfachend wird angenommen, dass in der Modellökonomie nur ein einziges, homogenes Gut produziert wird. Weiterhin konkurriert eine Vielzahl an Unternehmen am Markt und es wird eine geschlossene Volkswirtschaft betrachtet. Firmen sind Preisnehmer und der Markt ist vollkommen. Aus diesen Annahmen folgt, dass die Produktionsfaktoren mit ihren marginalen Grenzerträgen entlohnt werden und die Firmen keine ökonomischen Gewinne erzielen.[11]

Da die Leistungsfähigkeit einer Volkswirtschaft normalerweise durch die Produktion pro Kopf oder pro Arbeiter gemessen wird, macht es Sinn auch die Produktion im Solow Modell als Produktion pro Arbeiter auszudrücken. Zu diesem Zweck wird die Produktionsfunktion durch die Anzahl der Arbeiter L geteilt. Die Produktionsfunktion stellt nunmehr die Produktion pro Arbeiter als Funktion des pro Arbeiter eingesetzten Kapitals dar:

$$\frac{Y}{L} = F(\frac{K}{L}, \frac{L}{L}) = F(\frac{K}{L}, 1) = \left(\frac{K}{L}\right)^{\alpha} \text{ oder}$$

$$y = k^{\alpha}$$

$$\text{mit } y \equiv \frac{Y}{L} \text{ und } k \equiv \frac{K}{L} \text{ sowie } 0 \leq \alpha \leq 1.$$

Diese Produktionsfunktion ist dargestellt in Abbildung 16-3. Ein höherer Einsatz von Kapital pro Arbeiter geht demnach einher mit einer höheren Produktion pro Arbeiter. Da α jedoch zwischen null und eins liegt, fallen die Zuwächse bei jeder zusätzlichen Einheit Kapital pro Arbeiter geringer aus, es wird von positiven aber abnehmenden Grenzerträgen gesprochen.

Die zweite Schlüsselgleichung des Solow Modells beschreibt die Kapitalakkumulation im Zeitverlauf. Demnach ist die Veränderung des Kapitalstocks gleich den Bruttoinvestitionen minus der Abschreibungen auf das vorhandene Kapital:

$$\dot{K} = sY - \delta K$$

$$\text{mit} \quad s = \text{Sparquote}\ (0 \leq s \leq 1);$$

$$\delta = \text{Abschreibungsrate.}$$

---

[11] Dieses Resultat kann wie folgt hergeleitet werden: Die Unternehmen zahlen einen Lohn w für jede Arbeitseinheit sowie einen Zins r für jede Einheit Kapital. Mit einem einheitlichen Verkaufspreis von eins ist der Gewinn des Unternehmens $\prod = F(K,L) - rK - wL = K^{\alpha}L^{1-\alpha} - rK - wL$. Der maximale Gewinn errechnet sich, indem die Gewinnfunktion nach dem Produktionsfaktor Arbeit sowie nach Kapital K abgeleitet und gleich Null gesetzt wird. Als Bedingung für ein Gewinnmaximum ergibt sich dann: $w = (1-\alpha)K^{\alpha}L^{-\alpha} = (1-\alpha)(Y/L)$ sowie $r = \alpha K^{\alpha-1}L^{1-\alpha} = \alpha\,(Y/K)$. Die Faktoren Arbeit und Kapital werden also im Optimum mit ihren Grenzproduktivitäten entlohnt. Indem die Bedingungen für w und r in die Produktionsfunktion eingesetzt werden, kann der optimale Gewinn $\prod^*$ hergeleitet werden: $\prod^* = F(K, L) - rK - wL = Y - \alpha Y - (1 - \alpha)Y = 0$.

Abbildung 16-3: Die Produktionsfunktion im Solow-Modell

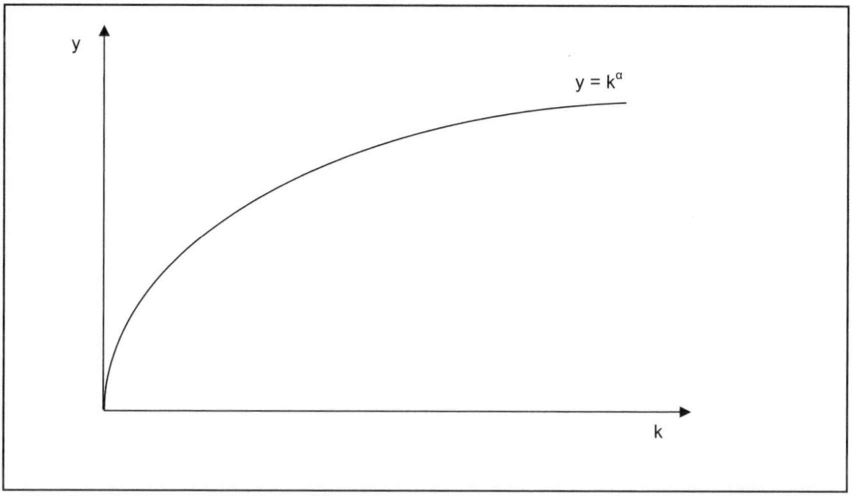

Der Punkt über der Variablen bezeichnet im Allgemeinen die Ableitung der Variablen nach t, der Zeit:

$$\dot{K} \equiv \frac{dK}{dt}.$$

Diese Ableitung ist gleich der Veränderung der Variablen pro Zeiteinheit, hier also die Veränderung des Kapitals „pro Periode"[12]. Die Wachstumsrate einer Variablen ist definiert als deren proportionale Veränderung, d.h. als die Höhe der Veränderung in Relation gesetzt zum absoluten Wert der Variablen. Beispielsweise errechnet sich die Wachstumsrate des Kapitals g_K[13] aus der Veränderung des Kapitalstocks (im Vergleich zur Vorperiode) geteilt durch den gesamten Kapitalstock:

$$g_K = \dot{K}/K.$$

Es sei beispielsweise angenommen, dass der Kapitalstock eines Landes im Jahre 2006 € 1000 betrug und dieser im folgenden Jahr auf € 1050 gestiegen ist. Die Wachstumsrate ergibt sich dann aus dem Quotienten der Veränderung des Kapitalstocks und dem gesamten ursprünglichen Kapitalstock. Die Wachstumsrate beträgt also:

[12] Im Solow Modell ist die Zeit fortlaufend, d.h. die Variablen des Modells sind zu jedem Zeitpunkt definiert. Alternativ kann ein Modell auch in diskreter Zeit formuliert sein. Dann sind die Variablen nur zu bestimmten Zeitpunkten (zum Beispiel t = 1, 2, 3, ...) definiert.

[13] Die Bezeichnung mit dem Buchstaben g leitet sich aus dem englischen Begriff growth rate (Wachstumsrate) ab.

$$g_K = \frac{\dot{K}}{K} = \frac{1050-1000}{1000} = 5\%.$$

Dieses Ergebnis kann approximativ auch durch die Differenz der natürlichen Logarithmen bestimmt werden:[14]

$$g_K = \ln 1050 - \ln 1000$$

$$\Leftrightarrow \quad g_K = \ln(\frac{1050}{1000}) \approx 5\%.$$

Im Allgemeinen gilt demnach, dass die Ableitung des natürlichen Logarithmus einer Variablen X nach der Zeit (also die Veränderung des Logarithmus) gleich der Wachstumsrate dieser Variablen ist. Es gilt also:

$$\frac{d\ln X}{dt} = \frac{\dot{X}}{X} = g_X.$$

Für die Herleitung ist es wichtig zu verstehen, dass ln X eine Funktion von X und X wiederum eine Funktion der Zeit ist. Demnach muss die Ableitung mithilfe der Kettenregel bestimmt werden und es ergibt sich:

$$\frac{d\ln X}{dt} = \frac{d\ln X}{dX}\frac{dX}{dt}$$

$$\Leftrightarrow \quad \frac{d\ln X}{dt} = \frac{1}{X}\dot{X} = g_X.$$

Dieser Zusammenhang wird im Folgenden für eine Reihe von Umformungen benötigt werden, zunächst soll aber die Kapitalakkumulationsgleichung näher betrachtet werden.

Auf der rechten Seite der Gleichung stehen zunächst die Ersparnisse sY. Die Haushalte sparen also einen konstanten Anteil s des gesamten Einkommens Y. Das Modell geht von einer geschlossenen Volkswirtschaft aus. In dieser Ökonomie sind also Ersparnisse gleich den Investitionen[15] und diese werden zum Aufbau von Kapital eingesetzt. Die Veränderung des Kapitalstocks im Vergleich zur Vorperiode ist also umso größer, je größer die Ersparnisse und damit die Investitionen sind. Von den Investitionen muss nun noch der Verschleiß des Kapitalstocks abgezogen werden. Dieser berechnet sich im Modell als konstante Abschreibungsrate δ multipliziert mit dem Kapitalstock K. Ist δ beispielsweise gleich 0,1, so bedeutet dies, dass sich innerhalb einer Periode 10 Prozent der

---

[14] Dieser Umformung liegt die allgemeine mathematische Regel zugrunde, dass der Logarithmus eines Quotienten gleich der Differenz aus dem Logarithmus des Zählers und dem Logarithmus des Nenners ist.

[15] vgl. Kap. 3.3 für eine detaillierte Erläuterung dieses Zusammenhanges.

Maschinen oder Fabriken abnutzen. Diese stehen in der Folgeperiode nicht mehr dem Produktionsprozess zur Verfügung. Ein hoher Verschleiß impliziert also ein niedriges Kapitalwachstum. Übersteigen die Abschreibungen die Investitionen, so schrumpft der Kapitalstock sogar (es gilt dann $sY < \delta K$).

Aus der Kapitalakkumulationsgleichung kann nun eine Gleichung für die Veränderung des Kapitals pro Arbeiter hergeleitet werden. Zu diesem Zweck kann in einem ersten Schritt die Wachstumsrate des Kapitals g_K in Abhängigkeit von der Wachstumsrate des Kapitals pro Arbeiter g_k und der Wachstumsrate der Arbeitskräfte g_L berechnet werden. Ausgangspunkt ist die Definition von k:

$$k \equiv \frac{K}{L}.$$

Werden beide Seiten logarithmiert, so ergibt sich:

$$\ln k = \ln\left(\frac{K}{L}\right) = \ln K - \ln L.$$

Diese Gleichung kann jetzt weiter umgeformt werden, indem beide Seiten nach der Zeit abgeleitet werden und damit wie gesehen die Wachstumsraten der Variablen berechnet werden. Es folgt:

$$\frac{d\log k}{dt} = \frac{d\log K}{dt} - \frac{d\log L}{dt}$$

$$\Leftrightarrow \quad g_k = g_K - g_L$$

$$\Leftrightarrow \quad g_K = g_k + g_L.$$

Die Wachstumsrate des Kapitalstocks ist demnach gleich der Summe aus der Wachstumsrate des Kapitals pro Arbeiter und der Wachstumsrate des in der Volkswirtschaft zur Verfügung stehenden Arbeitskräftepotentials. Im Folgenden sei angenommen, dass die Bevölkerung in der Ökonomie konstant mit der Rate n wächst. Weiterhin ist der Prozentsatz derer, die arbeiten, ebenfalls im Zeitverlauf konstant. Daraus folgt, dass auch die Anzahl der Arbeiter in der Volkswirtschaft mit der Rate n wächst ($g_L = n$):

$$g_K = g_k + n.$$

Dieser Zusammenhang kann nun in die ursprüngliche Kapitalakkumulationsgleichung eingesetzt werden. Dazu muss die ursprüngliche Gleichung zunächst durch K geteilt und dann die Wachstumsrate des Kapitalstocks entsprechend ersetzt werden:

$$\dot{K} = sY - \delta K$$

$$\Leftrightarrow \quad \frac{\dot{K}}{K} = g_K = \frac{sY}{K} - \delta$$

$$\Leftrightarrow \quad g_k + n = \frac{sY}{K} - \delta$$

$$\Leftrightarrow \quad g_k = \frac{s(Y/L)}{(K/L)} - \delta - n$$

$$\Leftrightarrow \quad g_k = \frac{sy}{k} - \delta - n.$$

Schließlich kann die Wachstumsrate g_k durch $\dot{k}/k$ ersetzt werden und die ganze Gleichung mit k multipliziert werden. Es ergibt sich:

$$\frac{\dot{k}}{k} = \frac{sy}{k} - \delta - n$$

$$\Leftrightarrow \quad \dot{k} = sy - (\delta + n)k.$$

Diese Gleichung besagt, dass die Veränderung des Kapitals pro Arbeiter im Zeitverlauf durch drei Terme bestimmt wird. Zunächst von den Investitionen pro Arbeiter, die den Kapitalstock pro Arbeiter erhöhen. Davon abgezogen werden muss wie bisher die Kapitalabschreibung pro Arbeiter, δk. Ebenfalls zu einer Verringerung des Kapitalstocks pro Arbeiter führt eine erhöhte Anzahl von Arbeitskräften in einer Volkswirtschaft. Intuitiv muss bei gleich bleibendem Kapitalstock K und einer steigenden Anzahl von Arbeitern L der Kapitalstock pro Arbeiter (K/L) = k sinken. Die Stärke dieses Effektes wird dabei von der Wachstumsrate der Arbeitskräfte n beeinflusst. Beträgt n beispielsweise 0,05 so bedeutet dies, dass die Anzahl an Arbeitern pro Periode um fünf Prozent zunimmt.

16.3.2 Der Steady State im Modell ohne Technologie

Im vorherigen Abschnitt sind die beiden Schlüsselgleichungen des Solow Modells hergeleitet worden. Diese lauten:

$$y = k^{\alpha} \text{ und}$$

$$\dot{k} = sy - (n + \delta)k.$$

Beide Gleichungen können nun benutzt werden, um den wirtschaftlichen Entwicklungsprozess in der Modellökonomie zu studieren. In Abbildung 16-4 wird zunächst die zweite Gleichung graphisch dargestellt. Dazu ist der rechte Teil der Gleichung in zwei Bestandteile unterteilt worden. Zunächst in die tatsächlichen Investitionen pro Arbeiter $sy = sk^{\alpha}$, die zu einer Erhöhung des Kapitalstocks führen. Auf der anderen Seite verringert sich k um die Summe aus der Wachstumsrate der Bevölkerung plus der Abschreibungsrate multipliziert mit der Höhe des Kapitalstocks pro Arbeiter: $(n + \delta)k$. Diese Gerade kann auch als Break-Even Investition interpretiert werden. So gibt sie für jeden Wert von k an, wie hoch die Verringerung des Kapitalstocks pro Arbeiter aufgrund von Abschreibungen und Bevölkerungswachstum ist. Für ein konstantes k muss also die Höhe der Investitionen genau gleich diesem Break-Even-Wert sein. Diese graphische Darstellung der Kapitalakkumulationsgleichung wird auch als **Solow Diagramm** bezeichnet.

Die Differenz aus beiden Kurven ergibt folglich die Veränderung des Kapitalstocks pro Arbeiter. Liegt die Investitionsfunktion über den Break-Even-Investitionen (d.h. $sy > (n + \delta)k$), so steigt der Kapitalstock pro Arbeiter, da die Investitionen die Verringerung des Kapitalstocks mehr als ausgleicht. Umgekehrt sinkt k, wenn die tatsächlichen Investitionen unter den Break-Even-Wert fallen (d.h. $sy < (n+ \delta)k$). Im Schnittpunkt der beiden Funktionen sind die tatsächlichen Investitionen genau gleich dem Investitionsniveau, das für ein konstantes k notwendig ist. In diesem Punkt ist die Veränderung des Kapitalstocks pro Arbeiter gleich Null. Dieser Punkt, im Diagramm mit $k = k^*$ gekennzeichnet, wird auch als **Steady State**[16] bezeichnet.

Wie entwickelt sich nun im Zeitverlauf der Kapitalstock pro Arbeiter in einer Volkswirtschaft mit einem beliebigen Anfangskapitalstock sowie einem exogen vorgegeben Bevölkerungswachstum n und einer Abschreibungsrate δ? Zunächst können drei Fälle unterschieden werden. Erstens, der Anfangskapitalstock k_0' ist kleiner als der Steady State Wert k^*. In diesem Fall überschreiten die tatsächlichen Investitionen die Break-Even-Investitionen, der Kapitalstock pro Arbeiter wächst also. Daraus folgt, dass sich k in Abbildung 16-4 nach rechts, d.h. in Richtung des Steady States bewegt. Die Differenz zwischen den beiden Kurven nimmt dabei stetig ab, d.h. mit steigendem k verringert sich das Wachstum des Kapitalstocks. Der Wachstumsprozess kommt schließlich im Steady State vollkommen zum Erliegen.

In die genau entgegengesetzte Richtung verläuft dieser Anpassungsprozess, wenn der Anfangskapitalbestand in einer Volkswirtschaft über dem Steady State Wert liegt. Nun sind die tatsächlichen Investitionen zu klein, um k konstant zu halten. Der Kapitalstock pro Arbeiter sinkt und nähert sich seinem Steady State Wert an. Wiederum verringert sich der Abstand zwischen beiden Kurven mit sinkendem k, der Kapitalstock sinkt also mit einer immer geringer werdenden Geschwindigkeit. Der Anpassungsprozess ist abgeschlossen, sobald k seinen

[16] Da die deutsche Übersetzung „stationärer Zustand" in der Literatur wenig gebräuchlich ist, wir im Folgenden der englische Begriff verwendet.

Abbildung 16-4: Das Solow-Diagramm

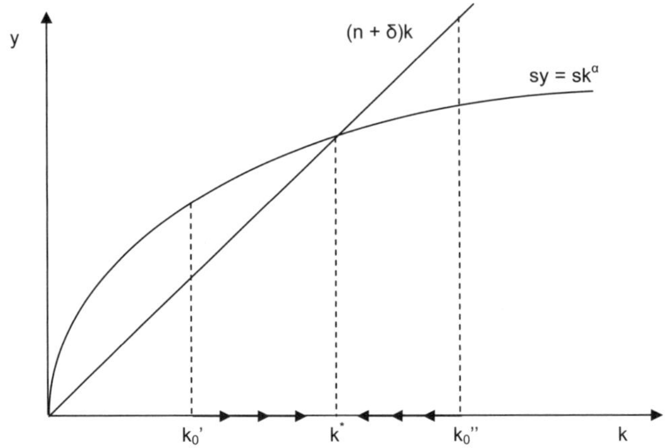

Steady State Wert erreicht ($k = k^*$).[17] Unabhängig vom Anfangsbestand strebt der Kapitalstock pro Arbeiter also langfristig gegen den Steady State Wert k^*.

Im nächsten Schritt kann nun mithilfe der Produktionsgleichung auch die Produktion im Steady State eindeutig bestimmt werden, da k der einzige Produktionsfaktor ist. Dieser Zusammenhang wird in Abbildung 16-5 deutlich, in der das Solow Diagramm durch die Produktionsfunktion ergänzt worden ist. Zunächst ergibt sich der Steady State Wert des Kapitals $k = k^*$ im Schnittpunkt zwischen tatsächlichen Investitionen und der Break-Even Investitionsgeraden. Da die Produktion pro Arbeiter alleine eine Funktion des Kapitalstocks pro Arbeiter ist, bestimmt alleine k^* den Steady State Output pro Arbeiter y^*. Die Differenz zwischen der Produktion pro Arbeiter y^* und den Investitionen pro Arbeiter sy^* ist gleich dem Konsum pro Arbeiter im Steady State. Jeder Arbeiter konsumiert also gerade den Teil des Einkommens, der nicht investiert wird.

[17] Mathematisch nähert sich k allerdings nur unendlich nahe an den Steady State Wert an, ohne ihn jemals zu erreichen.

Abbildung 16-5. Solow Diagramm und Produktionsfunktion

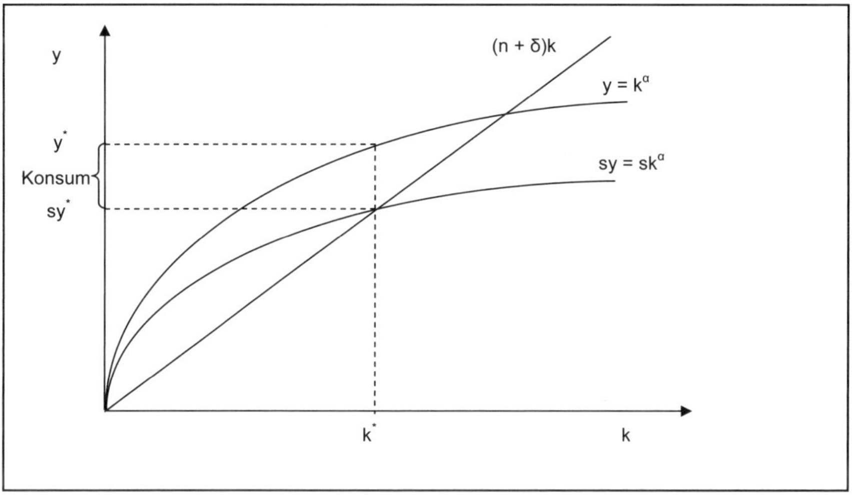

Nachdem der Kapitalstock und die Produktion im Steady State bislang nur graphisch bestimmt worden sind, sollen beide nun mathematisch berechnet werden. Es wurde bereits gezeigt, dass der Kapitalstock pro Arbeiter im Steady State konstant ist. Es muss also gelten, dass das Wachstum des Kapitalstocks gleich null ist:

$$\dot{k} \overset{!}{=} 0$$

$$\Leftrightarrow \quad sy - (n+\delta)k^* = 0.$$

In diese Gleichung kann nun die Produktionsfunktion $y = k^\alpha$ eingesetzt und dann nach k^*, dem Kapitalstock pro Arbeiter im Steady State aufgelöst werden:

$$0 = sk^{*\alpha} - (n+\delta)k^*$$

$$\Leftrightarrow \quad (n+\delta)k^* = sk^{*\alpha}$$

$$\Leftrightarrow \quad k^{*1-\alpha} = \frac{s}{n+\delta}$$

$$\Leftrightarrow \quad k^* = \left(\frac{s}{n+\delta}\right)^{\frac{1}{1-\alpha}}.$$

Indem k^* in die Produktionsfunktion eingesetzt wird, kann schließlich auch die Produktion pro Arbeiter im Steady State berechnet werden:

$$y^* = k^{*\alpha}$$

$$\Leftrightarrow \quad y^* = \left(\frac{s}{n+\delta}\right)^{\frac{\alpha}{1-\alpha}}.$$

Der Kapitalstock pro Arbeiter und damit auch die Produktion im Steady State ist also umso größer, je größer die Sparquote s ist. Andersherum sind Kapitalstock und Produktion umso kleiner, je größer das Bevölkerungswachstums n und umso höher der Verschleiß des Kapitalstocks ist.

Das Solow Modell ohne Technologie gibt also eine erste mögliche Antwort auf die Frage, warum einige Länder reicher als andere sein könnten. Demnach sind ceteris paribus Länder mit einer hohen Sparquote bzw. einer starken Investitionstätigkeit reicher als Länder mit einer geringen Sparneigung. Umgekehrt ist der Reichtum in Ländern mit einem hohen Bevölkerungswachstum in diesem Modell geringer als in Ländern mit einer langsamer wachsenden Bevölkerung. Bevor die Aussagekraft des Modells kritisch hinterfragt wird, verdeutlicht der nächste Abschnitt noch einmal graphisch den Zusammenhang zwischen der Sparquote bzw. dem Bevölkerungswachstum einerseits und dem Kapitalstock bzw. der Produktion im Steady State andererseits.

16.3.3 Erhöhung der Sparquote bzw. des Bevölkerungswachstums

Im vorherigen Abschnitt ist das Kapital und die Produktion pro Arbeiter im Steady State mathematisch hergeleitet worden. Demnach hängt die Höhe beider Variablen von der Sparquote s, dem Bevölkerungswachstum n sowie der Abschreibungsrate δ ab.[18] Im Folgenden soll graphisch untersucht werden, wie sich eine Erhöhung der Sparneigung bzw. des Bevölkerungswachstums auf eine Volkswirtschaft auswirkt.

Zunächst sei angenommen, dass sich die betrachtete Modellökonomie im Steady State befindet, der Kapitalstock pro Arbeiter ist also gleich k^*, die Produktion pro Arbeiter beträgt folglich y^*. Eine Erhöhung der Sparquote führt nun zu einem Aufklappen der tatsächlichen Investitionsfunktion von sy auf s'y (siehe Abbildung 16-6). Für einen gegebenen Wert k sind die Ersparnisse und damit auch die Investitionen nun größer. Daraus folgt, dass im alten Steady State Wert $k = k^*$ die tatsächlichen Investitionen nun größer sind als die Investitionen, die zur Aufrechterhaltung des Kapitalstocks vonnöten wären. Folglich vergrößert sich der Kapitalstock. Dieser Wachstumsprozess hält so lange an, bis im Punkt $k = k^{**}$ der neue Steady State Kapitalstock erreicht ist. Dieser ist wiederum durch den Schnittpunkt der „neuen" Investitionsfunktion mit der Break-Even-Investitionsgeraden gegeben. Der neue Steady State Wert liegt dabei über dem alten, d.h. $k^{**} > k^*$. Eine Erhöhung der Sparneigung führt also zu einer Erhöhung des Kapitalstocks und damit auch zu einer höheren Produktion im Steady State.

---

[18] Darüber hinaus werden beide Werte auch durch die Produktivität des Kapitals α bestimmt.

Abbildung 16-6: Eine Erhöhung der Sparquote

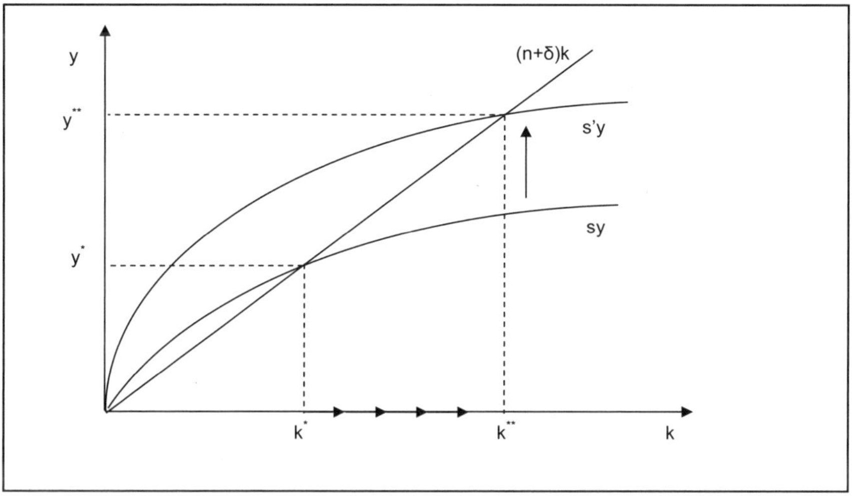

Genau in die entgegengesetzte Richtung wirkt dagegen ein schnelleres Bevölkerungswachstum. Mit steigendem n erhöht sich die Steigung der Break-Even-Investitionsgeraden (siehe Abbildung 16-7). Für jeden gegebenen Kapitalstock sind damit die zur Aufrechterhaltung des „status quo“ notwendigen Investitionen höher. Im alten Steady State mit $k = k^*$ reichen die tatsächlichen Investitionen nunmehr nicht aus, um den Kapitalstock pro Arbeiter konstant zu halten. Daraus folgt, dass k solange sinkt, bis im neuen Schnittpunkt der neue Steady State Wert $k = k^{**}$ erreicht ist. Dieser liegt unter dem altem Wert, d.h. $k^{**} < k^*$. Es lässt sich also sagen, dass ein schnelleres Bevölkerungswachstum zu einem geringeren Kapitalstock pro Arbeiter und damit auch zu einer niedrigeren Produktion pro Arbeiter führt.[19]

Zusammenfassend bestätigt die graphische Analyse die mathematische Berechnung des Kapitalstocks sowie der Produktion im Steady State. Beide hängen positiv von der Sparquote s, aber negativ vom Bevölkerungswachstum n ab.

[19] Analog lässt sich auch eine Erhöhung der Abschreibungsrate r analysieren. Diese führt ebenfalls zu einer Erhöhung der Steigung der Break-Even-Investitionsgerade und hat damit denselben Effekt wie ein höheres Bevölkerungswachstum.

Abbildung 16-7: Ein höheres Bevölkerungswachstum

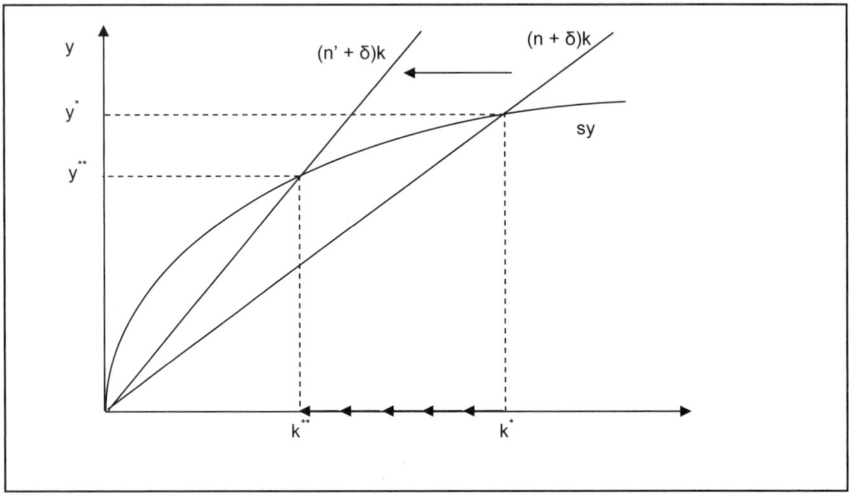

16.3.4 Bewertung

Diese sehr einfache Version des Solow Modells liefert zwei mögliche Erklärungen für die extremen Unterschiede, die weltweit in Bezug auf das Einkommen pro Kopf beobachtet werden können. Zum einen akkumulieren Länder mit einer hohen Sparquote im Zeitverlauf mehr Kapital pro Arbeiter. Daraus folgt auch, dass ceteris paribus das Einkommen pro Arbeiter in diesen Ländern höher ist als in Volkswirtschaften mit niedriger Spar- und damit auch Investitionsquote. Dagegen kann auf Grundlage des Modells erwartet werden, dass Länder mit einem hohen Bevölkerungswachstum ein geringeres Pro-Kopf Einkommen haben. Dies ist darauf zurückzuführen, dass in diesen Ländern ein höherer Teil der Investitionen darauf verwendet werden muss, den Kapitalanteil pro Arbeiter angesichts steigender Bevölkerungszahlen konstant zu halten.

Interessanterweise stimmen beide Aussagen grundsätzlich mit der Wirklichkeit überein (Tabelle 16-2). Arme Länder haben tendenziell tatsächlich eine relativ geringe Sparquote und ein hohes Bevölkerungswachstum, während die Bevölkerung in reichen Ländern im Allgemeinen langsamer wächst und die Sparquote höher liegt. Allerdings kann aus diesen Beobachtungen nicht einwandfrei abgeleitet werden, dass ein hohes Bevölkerungswachstum und eine geringe Sparquoten tatsächlich der Grund für die Armut in einem Land ist. Vielmehr ist es ebenso denkbar, dass die Menschen wenig sparen und viele Kinder in die Welt setzen, weil sie in Armut leben. Bevölkerungswachstum und Investitionsanteil sind dann nicht Ursache sondern Symptom für die Armut eines Landes.

Tabelle 16-2: Bruttoinlandsprodukte, Bevölkerungswachstum und Investitionsanteil im[20]

Land	BIP Pro Kopf [US Dollar, in Preisen von 2000]	Bevölkerungs-wachstum 1960 - 2004 [%]	Durchschnittlicher Investitionsanteil am BIP 1960 - 2004 [%]
USA	34875,37	58,7	20,8
Japan	24036,74	36,0	32,9
Russland	11788,58	-	16,0
Brasilien	7204,94	157,4	20,5
China	4969,64	99,0	26,8
Indonesien	4122,08	137,5	16,5
Indien	2990,07	139,0	11,7
Pakistan	2593,00	205,0	14,1
Bangladesch	2154,04	158,3	9,1
Nigeria	1223,28	242,8	6,5

Eine weitere empirische Beobachtung, die bereits das einfache Solow Modell impliziert, ist ein konstanter Kapitalanteil am Bruttoinlandsprodukt. Im Steady State sind sowohl k als auch y konstant. Daraus folgt, dass auch das Verhältnis von k zu y konstant sein muss. Daraus wiederum lässt sich ableiten, dass der Anteil des Kapitalstocks an der Gesamtproduktion ebenfalls im Zeitverlauf konstant bleibt:

$$\left(\frac{\bar{k}}{\bar{y}}\right) = \frac{\left(\frac{\bar{K}}{L}\right)}{\left(\frac{\bar{Y}}{L}\right)} = \left(\frac{\bar{K}}{\bar{Y}}\right).$$

Die vielleicht wichtigste empirische Beobachtung vermag das einfache Solow Modell jedoch nicht zu erklären, nämlich dass Volkswirtschaften kontinuierlich wachsen können. Im bislang erläuterten Modell wächst der Kapitalstock einer Volkswirtschaft lediglich, wenn der Anfangsbestand unter dem Steady State Wert liegt. In diesem Fall ist also die Wachstumsrate des Kapitals – definiert als proportionale Veränderung des Kapitalstocks – ebenfalls positiv.[21] Da die Produktion pro Arbeiter proportional zum Kapitaleinsatz pro Arbeiter ansteigt, wächst die Volkswirtschaft. Im Anpassungsprozess steigt also sowohl das Kapital als auch die Produktion pro Arbeiter. Wie bereits erläutert verlangsamt sich der Wachstumsprozess immer mehr, je weiter sich der Kapitalstock dem Steady State nähert und kommt in diesem schließlich ganz zum Erliegen.

[20] Quelle: Heston, Summers, Aten 2006; eigene Berechnungen; für Russland standen lediglich Daten von 1991 bis 2003 zur Verfügung

[21] Da der Kapitalstock niemals negativ sein kann, ergibt sich die Wachstumsrate als Quotient aus zwei positiven Zahlen und ist damit selber positiv.

Ist die Veränderung des Kapitalstocks jedoch gleich Null, so gilt dies auch für die Wachstumsrate des Kapitals pro Arbeiter[22] und damit für die Produktion pro Arbeiter. Langfristig strebt die Modellökonomie im einfachen Solow Modell also gegen ein Gleichgewicht ohne Wachstum. Kapital und Produktion pro Arbeiter sind konstant. Da dies natürlich kein befriedigendes Ergebnis ist, wird das Solow Modell nun im nächsten Schritt um eine Technologievariable erweitert, mithilfe derer die Modellierung von gleichgewichtigem Wachstum möglich wird.

16.4 Das Solow Modell mit Technologie

16.4.1 Annahmen und Schlüsselgleichungen

Um die Möglichkeit von kontinuierlichem Wachstum zu modellieren, wird nun das einfache Modell um den Produktionsfaktor Technologie (A) erweitert, der wie folgt in die Produktionsfunktion aufgenommen wird:

$$Y = F(K, AL) = K^{\alpha}(AL)^{1-\alpha} \ mit \ 0 \leq \alpha \leq 1.$$

Das Produkt aus Technologie und Arbeit, AL, wird auch als **effektive Arbeit** bezeichnet. Die Technologievariable bestimmt dabei die Produktivität der Produktionsfaktoren Arbeit und Kapital. Je höher A ist, desto mehr kann in einer Volkswirtschaft mit gegebenem Einsatz an Produktionsfaktoren produziert werden. Trotz konstantem Einsatz von Produktionsfaktoren nimmt also die Produktion zu, wenn das Technologieniveau steigt.

Eine wichtige Annahme mit Bezug auf das Technologieniveau einer Volkswirtschaft ist dabei, dass der technologische Fortschritt exogen vorgegeben ist, also außerhalb des Modells bestimmt wird. Das Modell nimmt einfach an, dass technischer Fortschritt existiert und das Technologieniveau mit einer konstanten Wachstumsrate g wächst:

$$\frac{\dot{A}}{A} = g_A = g.$$

Abgesehen von der Einbeziehung des Technologieniveaus in die Modellökonomie bleiben die bisherigen Annahmen des Modells bestehen. Die Veränderung des Kapitals ist also wiederum gleich der Differenz aus Investitionen und Abschreibungen:

$$\dot{K} = sY - \delta K.$$

---

[22] Null geteilt durch eine beliebige Zahl ergibt Null.

Auf dieselbe Art und Weise wie zuvor werden nun die beiden Schlüsselgleichungen, d.h. die Produktionsfunktion und die Kapitalakkumulationsgleichung, umgeformt. Der einzige – allerdings entscheidende Unterschied – zum einfachen Modell ist der, dass die Produktion und das Kapitalwachstum nun nicht mehr pro Einheit eingesetzter Arbeit L, sondern pro Einheit von eingesetzter effektiver Arbeitkraft AL ausgedrückt wird. Die Produktionsfunktion lautet nun also:

$$Y = F(K, AL) = K^{\alpha}(AL)^{1-\alpha}$$

$$\Leftrightarrow \quad \frac{Y}{AL} = \left(\frac{K}{AL}\right)^{\alpha}\left(\frac{AL}{AL}\right)^{1-\alpha} = \left(\frac{K}{AL}\right)^{\alpha}$$

$$\Leftrightarrow \quad y_A = (k_A)^{\alpha} \text{ mit } y_A \equiv \frac{Y}{AL} \text{ und } k_A \equiv \frac{K}{AL}.$$

Die Produktionsfunktion ist demnach grundsätzlich identisch mit der bisherigen, allerdings sind Produktion und Kapital nun pro Einheit effektiver Arbeit definiert.

Nun kann in Analogie zum einfachen Modell die Wachstumsrate des Kapitals in Abhängigkeit von der Wachstumsrate des Kapitals pro Arbeiter, der Wachstumsrate der Bevölkerung sowie dem technologischen Fortschritt berechnet werden. Ausgangspunkt ist die Definition von k_A:

$$k_A \equiv \frac{K}{AL}.$$

Werden beide Seiten logarithmiert, so ergibt sich

$$\ln k_A = \ln\left(\frac{K}{AL}\right) = \ln K - \ln A - \ln L.$$

Diese Gleichung kann jetzt wie bisher umgeformt werden, indem beide Seiten nach der Zeit abgeleitet werden:

$$\frac{d\ln k_A}{dt} = \frac{d\ln K}{dt} - \frac{d\ln A}{dt} - \frac{d\ln L}{dt}$$

$$\Leftrightarrow \quad g_{k_A} = g_K - g_A - g_L$$

$$\Leftrightarrow \quad g_K = g_{k_A} + g_A + g_L.$$

Die Wachstumsrate des Kapitalstocks ist demnach gleich der Summe aus der Wachstumsrate des Kapitals pro Einheit effektiver Arbeit, dem Bevölkerungswachstum und der Wachstumsrate des Technologieniveaus. Da die Bevölkerung in der Modellökonomie weiterhin konstant mit der Rate n wächst und das Technologieniveau von Periode zu Periode annahmegemäß mit g steigt, ergibt sich:

$$g_K = g_{k_A} + g + n.$$

Dieser Zusammenhang kann nun wieder in die Kapitalakkumulation eingesetzt werden. Dazu muss die ursprüngliche Gleichung zunächst durch K geteilt und dann die Wachstumsrate des Kapitalstocks entsprechend ersetzt werden:

$$\dot{K} = sY - \delta K$$

$$\Leftrightarrow \quad \frac{\dot{K}}{K} = g_K = \frac{sY}{K} - \delta$$

$$\Leftrightarrow \quad g_{k_A} + g + n = \frac{sY}{K} - \delta$$

$$\Leftrightarrow \quad g_{k_A} = \frac{s(Y/AL)}{(K/AL)} - \delta - g - n$$

$$\Leftrightarrow \quad g_{k_A} = \frac{sy_A}{k_A} - \delta - g - n.$$

Schließlich kann die Wachstumsrate g_{k_A} durch $\dot{k}_A / k_A$ ersetzt werden und die ganze Gleichung mit k_A multipliziert werden. Es ergibt sich:

$$\frac{\dot{k}_A}{k_A} = \frac{sy_A}{k_A} - \delta - g - n$$

$$\Leftrightarrow \quad \dot{k}_A = sy_A - (\delta + g + n)k_A.$$

Diese Gleichung unterscheidet sich in zweierlei Hinsicht von der umgeformten Kapitalakkumulationsgleichung des einfachen Modells. Zum einen beschreibt sie nicht die Veränderung des Kapitals pro Arbeiter, sondern die Entwicklung des Kapitals pro Einheit effektiver Arbeit. Zum anderen taucht nun die Wachstumsrate der Technologie g auf der rechten Seite der Gleichung auf. Intuitiv ist dies wie folgt zu erklären. Wächst der Einsatz effektiver Arbeit in einer Volkswirtschaft, so sinkt bei konstantem Kapitalstock das Kapital pro Einheit effektiver Arbeit. Um k_A konstant zu halten, muss die Höhe der Investitionen folglich nicht nur den Verschleiß des Kapitalstocks, sondern den Wachstumsprozess der effektiven Arbeit ausgleichen. Letztere hängt aber nicht nur vom Bevölkerungswachstum, sondern auch vom technologischen Fortschritt und damit von g ab.

16.4.2 Der Steady State im Modell mit Technologie

Die beiden Schlüsselgleichungen des Solow Modells mit Technologie sind im vorherigen Abschnitt hergeleitet worden und lauten:

$$y = k_A^{\alpha} \text{ und}$$

$$\dot{k}_A = sy - (n + g + \delta)k_A.$$

Diese können nun wieder im so genannten Solow Diagramm dargestellt werden (siehe Abbildung 16-8). Wie bereits erläutert, hängt die Steigung der Break-Even-Investitionsgeraden nun auch von der Wachstumsrate des Technologieniveaus ab.

Der Kapitalstock pro Einheit effektiver Arbeit entwickelt sich dabei im Zeitverlauf analog zum Kapitalstock pro Arbeiter im einfachen Modell. Ist der Anfangsbestand k_A kleiner als der Steady State Wert k_A^*, so übersteigen die Investitionen die zur Aufrechterhaltung des Kapitalstocks (pro Einheit effektiver Arbeit) notwendige Höhe, k_A wächst also. Dieser Wachstumsprozess verlangsamt sich im Zeitverlauf, da die Differenz zwischen den tatsächlichen und den Break-Even-Investitionen immer weiter abnimmt. Schließlich wird bei $k_A = k_A^*$ der Steady State erreicht. Hier sind die Investitionen gerade hoch genug, um den Kapitalstock pro Einheit effektiver Arbeit konstant zu halten (d.h. $sk_A^{\alpha} = (s + g + \delta)k_A$).

Abbildung 16-8: Das Solow-Diagramm im Modell mit Technologie

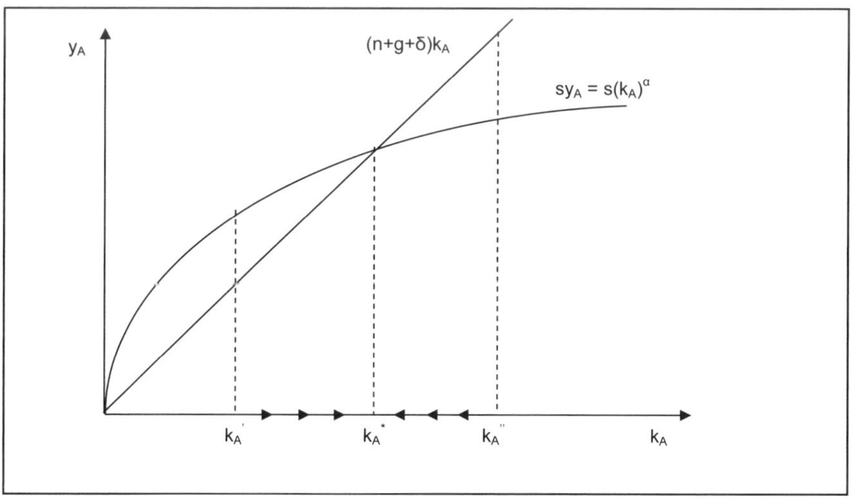

In die genau entgegengesetzte Richtung verläuft dieser Anpassungsprozess, wenn der Anfangsbestand k_A zunächst über dem Steady State Wert liegt. Nun sind die tatsächlichen Investitionen zu klein, um k_A konstant zu halten. Der Kapitalstock pro Einheit effektiver Arbeiter sinkt und nähert sich seinem Steady State Wert an. Wiederum verringert sich der Abstand zwischen beiden Kurven mit sinkendem k_A, der Kapitalstock pro effektiver Arbeit sinkt also mit einer immer geringeren Geschwindigkeit. Der Anpassungsprozess ist wiederum abgeschlossen, sobald k_A den Steady State Wert erreicht. Unabhängig vom Anfangsbestand strebt der Kapitalstock pro Einheit effektiver Arbeit also langfristig gegen den Steady State Wert k_A^*. Aus diesem ergibt sich wie zuvor durch Einsetzen in die Produktionsfunktion das Steady State Niveau der Produktion pro Einheit effektiver Arbeit.

Sowohl der Kapitalstock als auch die Produktion pro Einheit effektiver Arbeit im Steady State können nun mathematisch berechnet werden. Wie bereits erläutert muss k_A im Steady State konstant sein. Es muss also gelten:

$$\dot{k}_A = 0 = sy_A^* - (n+g+\delta)k_A^*.$$

In diese Gleichung kann nun die Produktionsfunktion $y_A = k_A^{\alpha}$ eingesetzt und dann nach k_A^*, dem Steady State Niveau des Kapitalstocks pro Einheit effektiver Arbeit, aufgelöst werden:

$$\begin{aligned}
& 0 = s(k_A^*)^{\alpha} - (n+g+\delta)k_A^* \\
\Leftrightarrow \quad & (n+g+\delta)k_A^* = s(k_A^*)^{\alpha} \\
\Leftrightarrow \quad & (k_A^*)^{1-\alpha} = \frac{s}{n+g+\delta} \\
\Leftrightarrow \quad & k_A^* = \left(\frac{s}{n+g+\delta}\right)^{\frac{1}{1-\alpha}}.
\end{aligned}$$

Indem k_A^* in die Produktionsfunktion eingesetzt wird, kann schließlich auch die Produktion pro Einheit effektiver Arbeit im Steady State berechnet werden:

$$\begin{aligned}
& y_A^* = (k_A^*)^{\alpha} \\
\Leftrightarrow \quad & y_A^* = \left(\frac{s}{n+g+\delta}\right)^{\frac{\alpha}{1-\alpha}}
\end{aligned}$$

Im Steady State sind also k_A und damit auch y_A umso größer, je größer die Sparquote s ist. Dies ist intuitiv damit zu erklären, dass in Folge einer höheren Sparquote ein größerer Einkommensanteil zum Aufbau von Kapital verwendet wird. Dagegen sind Kapitalstock und Produktion pro Einheit effektiver Arbeit umso kleiner, je größer das Bevölkerungswachstum, je höher der Verschleiß des Kapitalstocks und je schneller das technologische Wachstum ist. Intuitiv lässt sich dieser Zusammenhang dadurch erklären, dass mit steigendem Verschleiß, mit einem höheren Bevölkerungswachstum und schnellerem technologischen Fortschritt ein höheres Investitionsniveau alleine für die Aufrechterhaltung des „status quo“ aufgewendet werden muss.

16.4.3 Wirtschaftliches Wachstum im Solow Modell mit Technologie

Im vorherigen Abschnitt wurde gezeigt, dass sich die Modellökonomie unabhängig von ihrem Anfangskapitalbestand einem Steady State nähert. In diesem sind der Kapitalstock und die Produktion pro Einheit effektiver Arbeit konstant, d.h. die Wachstumsraten beider Variablen sind gleich null. Von Interesse ist aber in der Realität der Kapitalstock pro Arbeiter und insbesondere die daraus resultierende Produktion pro Arbeiter.

Der Kapitalstock pro Arbeiter im Steady State k^* ergibt sich aus dem Produkt von k_A^* und A, d.h. $k^* = Ak_A^*$. Während k_A^* im Steady State konstant ist, wächst A per Definition pro Zeiteinheit mit der Wachstumsrate g. Demnach ist auch der Kapitalstock pro Arbeiter im Steady State im Gegensatz zum einfachen Modell ohne Technologie nicht konstant, sondern wächst mit der Rate des technologischen Fortschritts g. Dieser Zusammenhang kann auch mathematisch bewiesen werde. Dazu kann zunächst aus der Definition von k_A der Kapitalstock pro Arbeiter als Produkt aus k_A und A hergeleitet werden:

$$k_A = \frac{K}{AL} = \frac{1}{A}\frac{K}{L} = \frac{1}{A}k$$

$$\Leftrightarrow \quad k = Ak_A.$$

Dieser Ausdruck kann nun auf beiden Seiten logarithmiert werden:

$$\ln k = \ln(Ak_A)$$

$$\Leftrightarrow \quad \ln k = \ln A + \ln k_A.$$

Die Ableitung der Gleichung nach der Zeit ergibt:

$$\frac{d\ln k}{dt} = \frac{d\ln A}{dt} + \frac{d\ln k_A}{dt}.$$

$$\Leftrightarrow \quad g_k = g_A + g_{k_A}$$

Die Wachstumsrate des Kapitalstocks pro Arbeiter entspricht also dem technologischen Fortschritt plus der Wachstumsrate des Kapitalstocks pro Einheit effektiver Arbeit. Während letztere im Steady State gleich null ist, wächst das Technologieniveau in der Volkswirtschaft mit g. Folglich wächst auch der Kapitalstock pro Arbeiter pro Periode mit dem Faktor g.

Analog kann auch die Wachstumsrate der Produktion pro Arbeiter hergeleitet werden. Diese ergibt sich, indem y_A mit dem Technologieniveau multipliziert wird, d.h. $y = Ay_A$. Im Steady State ist y_A konstant, während das Technologieniveau mit der Wachstumsrate g steigt. Daraus folgt, dass auch die Wachstumsrate der Produktion pro Arbeiter vom technologischen Fortschritt abhängt. Mathematisch lässt sich dieser Zusammenhang wie folgt herleiten:

$$y_A = \frac{Y}{AL} = \frac{1}{A}\frac{Y}{L} = \frac{1}{A}y$$
$$\Leftrightarrow \quad y = Ay_A.$$

Logarithmieren auf beiden Seiten ergibt:

$$\ln y = \ln(Ay_A)$$
$$\Leftrightarrow \quad \ln y = \ln A + \ln y_A.$$

Die Ableitung der Gleichung nach der Zeit führt schließlich auf folgenden Zusammenhang:

$$\frac{d\ln y}{dt} = \frac{d\ln A}{dt} + \frac{d\ln y_A}{dt}$$
$$\Leftrightarrow \quad g_y = g_A + g_{yA}.$$

Im Steady State wächst die Produktion pro Arbeiter also um g, da die Produktion pro Einheit effektiver Arbeit konstant ist.

Auf dieselbe Art und Weise lassen sich auch das Wachstum des absoluten Kapitalstocks sowie der absoluten Produktion in einer Volkswirtschaft berechnen. So ergibt sich K als Produkt aus AL und k_A:

$$k_A = \frac{K}{AL}$$
$$\Leftrightarrow \quad K = ALk_A.$$

Da A mit g und die Anzahl der Arbeiter mit n wächst, während k_A im Steady State konstant ist, wächst der absolute Kapitalstock mit (n + g), also der Summe aus dem Bevölkerungswachstum und der Rate des technologischen Fortschritts. Analog wächst auch die Produktion. Da sowohl der Kapitalstock als auch die Produktion im Steady State mit der gleichen Rate wachsen, ist der Quotient aus Kapitalstock und Produktion im Steady State konstant. Mit anderen Worten bleibt der Kapitalanteil am Gesamtoutput konstant.

Zusammenfassend lässt sich also sagen, dass alle Variablen im Solow Modell mit technologischem Fortschritt im Steady State mit konstanten Raten wachsen. Eine solche Situation wird auch als **ausgewogener Wachstumspfad** einer Ökonomie bezeichnet. Tabelle 16-3 gibt noch einmal einen Überblick über die Wachstumsraten der verschiedenen Variablen auf dem ausgewogenen Wachstumspfad.

Tabelle 16-3: Wachstumsraten auf dem ausgewogenen Wachstumspfad

Variable	Wachstumsrate
A	g
L	n
k_A	0
k	g
K	n + g
y_A	0
y	g
Y	n + g
K / Y	0

16.4.4 Bewertung

Mit der Einführung von technologischem Fortschritt in das Solow Modell ergibt sich eine dritte mögliche Erklärung für die großen Einkommensunterschiede zwischen armen und reichen Ländern. Demnach sind sowohl der Kapitalstock pro Arbeiter als auch die Produktion pro Arbeiter in Ländern mit hohem technologischen Niveau größer. Darüber hinaus identifiziert das erweiterte Solow Modell technologischen Fortschritt als die treibende Kraft des wirtschaftlichen Wachstums. Eine Volkswirtschaft kann demnach nur dann kontinuierlich wachsen, wenn das Technologieniveau von Periode zu Periode steigt, und damit die Produktionsfaktoren Arbeit und Kapital produktiver werden. Das Solow Modell mit Technologie gibt demzufolge mögliche Antworten auf beide Ausgangsfragestellungen und erklärt sowohl die weltweiten Einkommensdifferenzen als auch das Phänomen des kontinuierlichem Wachstums.

Das Problem der Analyse des Solow Modells sind die Annahmen bezüglich der Technologievariablen A. Das Model nimmt die Wachstumsrate der Technologie als exogen gegeben an und lässt keine Rückschlüsse darauf zu, woher dieses Wachstum kommen könnte. Dies ist insbesondere deswegen problematisch, weil die Wirtschaft im Modell nur aufgrund von technologischem Fortschritt kontinuierlich wächst. Daher wird – übertrieben formuliert – wirtschaftliches Wachstum im Modell dadurch erklärt, dass es einfach exogen angenommen wird. Unter der Annahme, dass das Technologieniveau im Zeitverlauf konstant bleibt, existiert auch kein Wirtschaftswachstum. Ein Strang der modernen Wachstumstheorie konzentriert sich aus diesem Grunde darauf, die Wachstumsrate der Technologie innerhalb des Modells, also endogen zu bestimmen.[23]

Ein weiterer Kritikpunkt bezieht sich auf die Interpretation der Variablen A. Diese ist bislang als Technologieniveau einer Volkswirtschaft interpretiert worden. Potentiell beschreibt sie jedoch auch alle anderen Faktoren neben Kapital und Arbeit, die die Produktion in einer Volkswirtschaft bestimmen bzw. die Produktivität der Produktionsfaktoren beeinflussen. So wäre es beispielsweise auch möglich, A als die Qualität der Infrastruktur einer Ökonomie oder als Aus-

[23] Im Kapitel 19.2 wird ein solches, so genanntes „endogenes Wachstumsmodell" vorgestellt. Für weitergehende Lektüre sei hier Charles I. Jones 1998 sowie für mathematisch versierte Leser David H. Romer 2001 empfohlen.

bildungsniveau der Arbeitskräfte auszulegen. In jedem Falle erscheint es wichtig, A näher zu definieren und auf dieser Grundlage die Entwicklung der Variablen zu analysieren.

Zusammenfassend bietet das Solow Modell einen guten Ausgangspunkt für die Analyse wirtschaftlichen Wachstums ohne jedoch die zentralen Fragen ausschöpfend und völlig befriedigend beantworten zu können. In einem nächsten Schritt soll auf Grundlage der bisherigen modelltheoretischen Überlegungen untersucht werden, inwiefern Wirtschaftspolitik das Wachstum einer Volkswirtschaft beeinflussen kann.

16.5 Implikationen für die Wachstumspolitik

16.5.1 Mehr oder weniger Sparen?

Die Variable innerhalb des Solow Modells, die die Wirtschaftspolitik eines Landes relativ einfach beeinflussen kann, ist die Spar- bzw. Investitionsquote s. So entscheidet die Regierung beispielsweise, ob staatliche Investitionen ausgeweitet oder reduziert werden sollen. Auf diese Weise kann die Investitionsquote einer Volkswirtschaft direkt verändert werden. Der Staat kann durch das Steuersystem auch indirekt Einfluss auf die Höhe privater Investitionen nehmen. Zum Beispiel senkt eine Erhöhung der Kapitaleinkommensteuer ceteris paribus die Anreize zu Sparen, da sich der Ertrag von Ersparnissen verringert. Auf der anderen Seite kann die Ersparnisbildung für private Haushalte attraktiver gestaltet werden, indem beispielsweise das Einkommen aus der privaten Rentenvorsorge steuerlich begünstigt wird. Dementsprechend bedeutend ist es, die Auswirkungen einer Veränderung der Ersparnisquote s auf das wirtschaftliche Wachstum einer Volkswirtschaft zu analysieren. Insbesondere soll im Folgenden untersucht werden, ob ein optimales s existiert, dessen Erreichung Ziel wirtschaftspolitischer Maßnahmen sein sollte.

Zunächst sei eine Volkswirtschaft angenommen, die sich auf ihrem ausgewogenen Wachstumspfad befindet. Die Regierung erhöht nun durch eine geeignete wirtschaftspolitische Maßnahme – indem sie beispielsweise die Steuern auf Kapitaleinkommen senkt – die Sparquote s. Abbildung 16-9 stellt eine Erhöhung der Sparquote im Solow Diagramm dar. Die tatsächliche Investitionshöhe nimmt für jeden gegebenen Wert von k zu, die entsprechende Funktion verschiebt sich von sy_A nach $s'y_A$ nach oben. Der neue Steady State Wert des Kapitalstocks pro Einheit effektiver Arbeiter steigt und befindet sich im Schnittpunkt zwischen neuer Investitionsfunktion $s'y_A$ und der Break-Even Investitionsgerade $(n+g+\delta)k_A$.

Der Kapitalstock springt dabei nicht sofort vom ursprünglichen Steady State Wert k_A^* zum neuen Gleichgewicht k_A^{**}. Vielmehr ist der Kapitalstock pro Einheit effektiver Arbeit zunächst gleich dem alten Steady State Wert k_A^*. In diesem Punkt übersteigen nun die tatsächlichen Investitionen die Höhe, die für die

Aufrechterhaltung des momentanen k_A notwendig wäre. Folglich vergrößert sich der Kapitalstock pro Einheit effektiver Arbeit und zwar um die Differenz aus tatsächlichen und Break-Even Investitionen. Mit steigendem k_A verringert sich auch das Wachstum von k_A, die Differenz zwischen Investitionsfunktion und Break-Even-Gerade nimmt ab. Schließlich erreicht der Kapitalstock pro Einheit effektiver Arbeit den neuen Steady State Wert und verharrt auf diesem Niveau.

Abbildung 16-9: Eine Erhöhung der Sparquote im Solow Modell mit Technologie

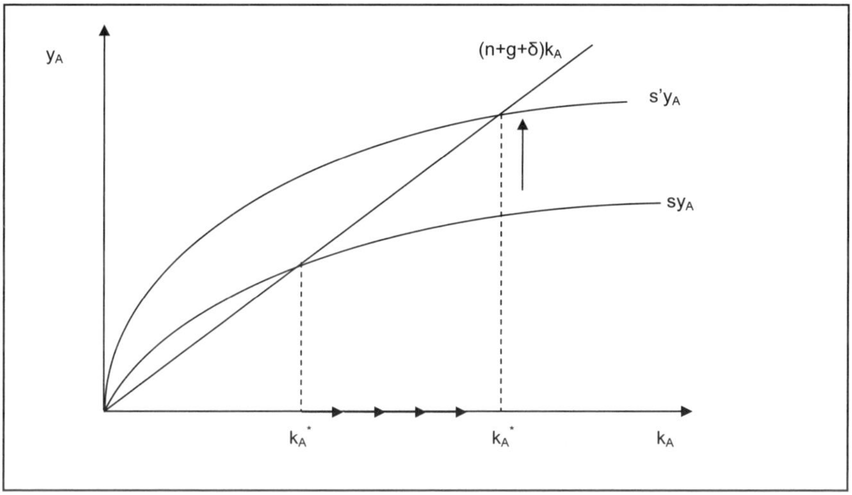

Abbildung 16-10: Der Anpassungsprozess des Kapitalstocks auf eine Erhöhung der Sparquote

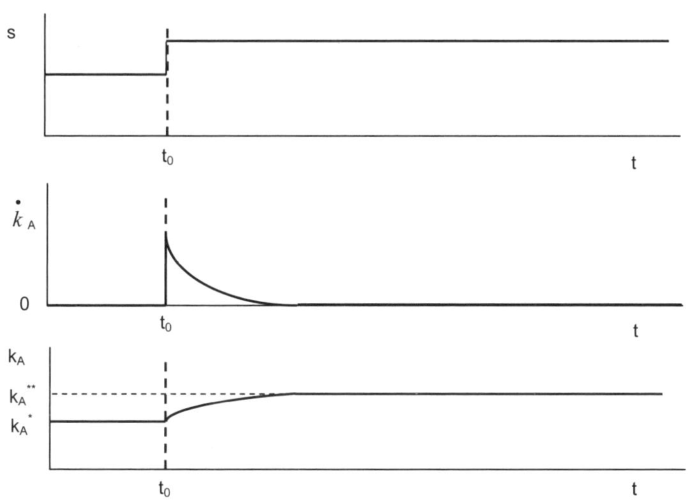

Die Reaktion von k_A auf die Erhöhung der Ersparnisquote s wird in Abbildung 16-10 noch einmal verdeutlicht. Annahmegemäß springt s zum Zeitpunkt t_0 auf das neue Niveau s' und bleibt daraufhin konstant. Die Investionen überschreiten nun das Break-Even Niveau und die Wachstumsrate von k_A springt von null auf einen positiven Wert. Folglich beginnt der Kapitalstock k_A zu steigen. Im Zeitverlauf verringert sich das Wachstum von k_A wieder bis schließlich der neue Steady State Wert k_A^{**} erreicht wird.

Ausgehend von dieser Analyse der Reaktion des Kapitalstocks k_A auf eine Erhöhung der Sparquote kann nun auch die Auswirkung auf die Produktion pro Arbeiter untersucht werden. In Abschnitt 16.4.3 wurde gezeigt, dass die Wachstumsrate der Produktion pro Arbeiter gleich dem technologischen Fortschritt plus der Wachstumsrate der Produktion pro Einheit effektiver Arbeit ist:

$$g_Y = g_A + g_{Y_A}.$$

Befindet sich die Volkswirtschaft auf dem ausgewogenen Wachstumspfad, so ist k_A und damit auch y_A als Funktion von k_A konstant. Folglich wächst die Produktion pro Arbeiter in der Ausgangssituation lediglich mit der Wachstumsrate der Technologie g_A=g.

Steigt nun die Sparquote s an, so wächst wie gezeigt auch der Kapitalstock pro Einheit effektiver Arbeit k_A. Mit steigendem k_A wächst auch die Produktion pro Einheit effektiver Arbeit y_A. Dementsprechend wächst die Produktion pro Arbeiter nicht nur aufgrund des technologischen Fortschritts, sondern auch weil k_A ansteigt. Die Wachstumsrate der Produktion pro Arbeiter ist also größer als g. Mit einer im Zeitverlauf sinkenden Wachstumsrate von k_A sinkt jedoch auch die Wachstumsrate von y_A wieder. Sobald k_A das neue Steady State Niveau k_A^{**} erreicht hat, verharrt auch y_A wieder auf konstantem Niveau y_A^{**} und die Wachstumsrate der Produktion pro Arbeiter wird wie in der Ausgangssituation lediglich von der Rate des technologischen Fortschritts g bestimmt.

Die Reaktion der Produktion pro Arbeiter auf eine Erhöhung der Sparquote ist noch einmal in Abbildung 16-11 zusammengefasst. Zum Zeitpunkt t_0 springt das Wachstum des Kapitals pro Einheit effektiver Arbeit nach oben. Dementsprechend springt auch die Wachstumsrate von y auf ein höheres Niveau. Die Produktion pro Arbeiter steigt über den bisherigen Wachstumspfad hinaus an. Im Zeitverlauf nähert sich k_A dem neuen Steady State Wert und somit sinkt die Wachstumsrate der Produktion pro Arbeiter wieder gegen den Ausgangswert g. Die Produktion pro Arbeiter pendelt sich schließlich auf einem höheren Wachstumspfad ein, der parallel zum ursprünglichen liegt. Eine permanente Erhöhung der Sparquote hat also nur einen temporären Effekt auf die Wachstumsrate der Produktion, verursacht aber eine permanente Levelverschiebung des Wachstumspfades. Dieses Ergebnis deckt sich mit der bisherigen Analyse, nach der permanentes Wirtschaftswachstum nur durch technologischen Fortschritt hervorgerufen wird.

Abbildung 16-11: Anpassungsprozess der Produktion pro Arbeiter bei einer Erhöhung der Sparquote

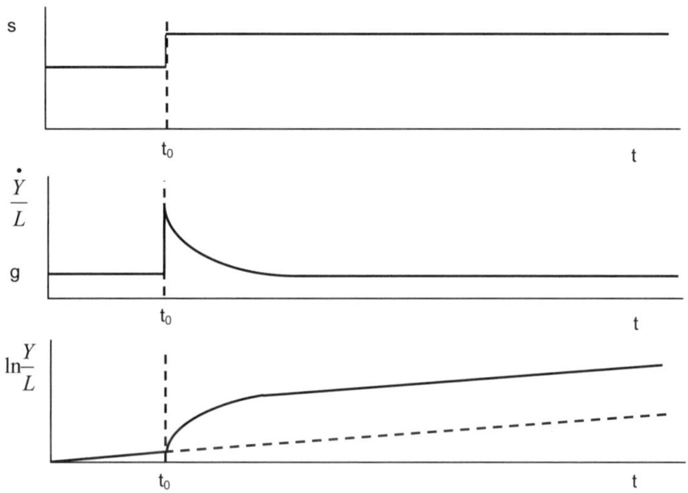

Die bisherige Betrachtung könnte zu dem Schluss verleiten, dass die Wirtschaftspolitik so ausgerichtet sein sollte, dass eine möglichst hohe Sparquote erreicht wird. Diese würde zu einem höheren Wachstumspfad und damit zu einer höheren Produktion pro Arbeiter führen. Von Interesse für das Wohlergehen der privaten Haushalte ist jedoch nicht die Pro-Kopf-Produktion, sondern vielmehr die Höhe des Konsums. Dieser ist gleich der gesamten Produktion pro Arbeiter minus dem Teil der Produktion, der wieder investiert wird, also nicht für den Konsum zur Verfügung steht.

Um die Auswirkungen einer höheren Sparquote auf den Konsum zu analysieren, ist das Solow Diagramm in Abbildung 16-12 um die Produktionsfunktion erweitert worden. Der Konsum pro Einheit effektiver Arbeit c_A ergibt sich dabei als Differenz aus der Gesamtproduktion und dem Teil der Produktion, die gespart wird. Mathematisch lässt sich dies wie folgt schreiben:

$$c_A = f(k_A) - sf(k_A) = (1-s)f(k_A)$$

$$\text{mit } c_A \equiv \frac{C}{AL} \text{ und damit}$$

$$\frac{C}{L} = c_A A.$$

Abbildung 16-12: Konsum im Solow Diagramm

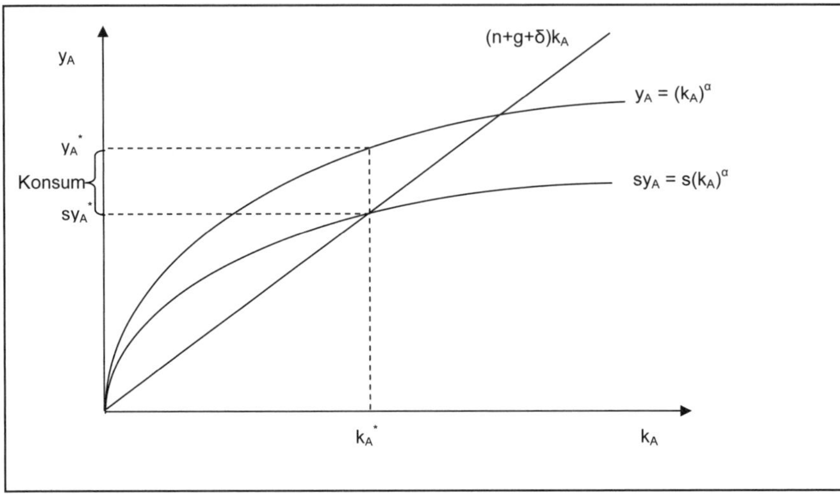

Aus der Definition von c_A ergibt sich also, dass der Konsum pro Arbeiter (C/L) gleich c_A multipliziert mit dem Technologieniveau A ist. Für ein gegebenes Technologieniveau steigt also der Konsum pro Arbeiter mit steigendem c_A. Das Ziel eines möglichst hohen Konsums pro Kopf ist also gleichbedeutend mit einem möglichst hohen Konsum pro Einheit effektiver Arbeit.

Eine Erhöhung der Sparquote hat nun zwei in entgegengesetzte Richtungen wirkende Effekte auf c_A. Zum einen erhöht sich s und folglich verringert sich der Teil der Produktion, der konsumiert werden kann. Wirtschaftspolitische Maßnahmen, die die Ersparnisbildung innerhalb einer Volkswirtschaft anregen, senken zunächst also den privaten Konsum. Im Zeitverlauf steigt jedoch k_A an und nähert sich dem neuen, höheren Steady State Niveau. Mit höherem k_A steigt jedoch auch die Produktion pro Einheit effektiver Arbeit $f(k_A)$. Langfristig wird daher zwar ein geringerer Anteil der Produktion konsumiert, die Produktion an sich erhöht sich aber infolge einer höheren Sparquote. Aus diesen Überlegungen folgt, dass die Auswirkungen einer höheren Sparquote auf den Konsum nicht a priori eindeutig sind. Der Konsum pro Einheit effektiver Arbeit – und damit auch der Konsum pro Arbeiter – kann langfristig sowohl wachsen als auch sinken.

Welche Bedingungen müssen erfüllt sein, damit eine höhere Sparquote auch zu höherem Konsum führt? Die formale Herleitung der entsprechenden Bedingung ist mathematisch etwas komplizierter und kann von Lesern, die sich nicht für die technischen Details interessieren, übersprungen werden. Um die Frage zu beantworten, muss untersucht werden, unter welchen Umständen c_A auf dem neuen ausgewogenen Wachstumspfad über dem alten Niveau liegt. Im Allgemeinen ergibt sich der Konsum pro Einheit effektiver Arbeit auf dem ausgewogenen Wachstumspfad, c_A^*, als Differenz aus Produktion und Investitionen pro Einheit effektiver Arbeit:

$$c_A^* = f(k_A^*) - sf(k_A^*).$$

Die Ersparnisse bzw. Investitionen sind auf dem ausgewogenen Wachstumspfad gerade groß genug, um k_A konstant zu halten. Sie entsprechen also den Break-Even Investitionen:

$$sf(k_A^*) = (n+g+\delta)k_A^*..$$

Daraus folgt, dass c_A^* gleich der Produktion minus den Break-Even Investitionen ist:

$$c_A^* = f(k_A^*) - (n+g+\delta)k_A^*.$$

Aus Abschnitt 16.4.2 ist ferner bekannt, dass das Niveau des Kapitalstocks pro Einheit effektiver Arbeit im Steady State von s, n, g und δ abhängt. Daher ist k_A^* eine Funktion dieser Parameter:

$$k_A^* = \left(\frac{s}{n+g+\delta}\right)^{\frac{1}{1-\alpha}}$$

$$c_A^* = f(k_A^*(s,n,g,\delta)) - (n+g+\delta)k_A^*(s,n,g,\delta).$$

Entscheidend ist nun, ob c_A^* mit steigendem s zu- oder abnimmt. Dies ist gleichbedeutend mit der Frage nach dem Vorzeichen der Ableitung von c_A^* nach s. Eine positive Ableitung impliziert dabei einen mit höherem s steigenden Konsum. Die Ableitung ergibt sich wie folgt[24]:

$$\frac{\partial c_A^*}{\partial s} = f'(k_A^*) \times \frac{\partial k_A^*(s,n,g,\delta)}{\partial s} - (n+g+\delta) \times \frac{\partial k_A^*(s,n,g,\delta)}{\partial s}$$

$$\Leftrightarrow \quad \frac{\partial c_A^*}{\partial s} = [f'(k_A^*) - (n+g+\delta)]\frac{\partial k_A^*(s,n,g,\delta)}{\partial s}.$$

Der zweite Teil dieser Ableitung ist immer positiv, da k_A^* mit steigendem s zunimmt. Das Vorzeichen des gesamten Ausdruckes hängt daher von der Differenz aus $f'(k_A^*)$, der marginalen Produktivität des Kapitals, und (n + g + δ) ab.

Ist die marginale Produktivität von k_A größer als die Summe aus n, g und δ, so wirkt sich eine Erhöhung der Sparquote langfristig positiv auf den Konsum pro Einheit effektiver Arbeit – und damit auch auf den Konsum pro Arbeiter – aus. Ist die Differenz negativ, so sinkt der Konsum als Reaktion auf eine Erhöhung der Sparquote. Intuitiv ist dieses Resultat damit zu erklären, dass ein höheres

[24] Zu beachten ist hier die Anwendung der Kettenregel.

Steady State Niveau von k_A auch höhere Break-Even Investitionen erforderlich macht. Ist die Produktivität des zusätzlichen Kapitals nun sehr hoch, so ist der aus dem höheren k_A^* resultierende Produktionszuwachs stark genug, um sowohl die notwendigen Break-Even Investitionen als auch ein höheres Konsumniveau zu ermöglichen. Eine geringe Produktivität führt dagegen zu einem vergleichsweise kleinen Anstieg der Produktion. Folglich muss der Konsum verringert werden, um den Kapitalstock langfristig auf dem neuen höheren Steady State Niveau zu halten.

Schließlich ist die Ableitung von c_A nach s gleich null, wenn $f'(k_A^*)$ der Summe aus n, g und δ gleicht. Dieser dritte Fall ist besonders interessant, weil die Nullstelle einer Ableitung bekanntlich einen Extremwert darstellt. Tatsächlich hat eine marginale Veränderung der Sparquote in diesem Fall keine Auswirkung auf c_A und der Konsum pro Einheit effektiver Arbeit ist auf dem höchst möglichen Niveau. Der Wert des Kapitalstocks k_A^* für den dieser Zusammenhang gilt, wird auch als **Goldene-Regel Niveau** des Kapitalstocks bezeichnet.

Zusammenfassend lässt sich festhalten, dass wirtschaftspolitische Maßnahmen nur dann eine Erhöhung der Sparquote zum Ziel haben sollten, wenn die Produktivität des Kapitals größer als die Summe aus der Wachstumsrate der Bevölkerung, der Wachstumsrate des technologischen Fortschritts und der Abschreibungsrate ist. Andersherum führt eine Verringerung der Ersparnisse zu einer Steigerung des Konsums und damit auch zu einem höheren Wohlergehen, wenn die Differenz aus $f'(k_A^*)$ und $(n + g + \delta)$ negativ ist. Dieses Kriterium erscheint dabei nur auf den ersten Blick von rein theoretischer Bedeutung zu sein, da sich alle Komponenten in der Realität schätzen lassen. Weiß der Wirtschaftsminister beispielsweise, dass die Bevölkerung in Deutschland stagniert, das Technologieniveau jährlich um 2 Prozent wächst und sich pro Periode der Wert des Kapitalstock durch Abnutzung um 8 Prozent verringert, so muss die Produktivität des Kapitals mindestens 0,1 (= 0 + 0,02 + 0,08) betragen, damit eine Erhöhung der Sparquote positive Auswirkungen auf den Wohlstand hat.

16.5.2 Technologischen Fortschritt fördern

Die bisherige Analyse hat ergeben, dass alleine technologischer Fortschritt zu dauerhaftem wirtschaftlichem Wachstum führt. Die Bedeutung von technologischem Fortschritt für die wirtschaftliche Entwicklung eines Landes ist also kaum zu überschätzen. Welche Faktoren bestimmen nun aber, wie schnell das Technologieniveau in einer Volkswirtschaft wächst? Und können wirtschaftspolitische Maßnahmen dazu beitragen, technologischen Fortschritt zu fördern? Leider ist der Kenntnisstand bezüglich der Determinanten des Technologiewachstums noch sehr beschränkt. Trotzdem können bereits einige wenige Überlegungen erste Antworten auf die Frage geben, ob und wie technologischer Fortschritt gefördert werden kann.

Tabelle 16-4 Ausgaben für Forschung und Entwicklung in ausgewählten Ländern (2003)[25]

Land	Ausgaben für F&E in % des BIP	Davon finanziert von Industrie (in %)	Davon finanziert von Regierung (in %)
Deutschland	2,52	66	31
Finnland	3,48	70	26
Frankreich	2,18	41	35
Großbritannien	1,88	44	31
Japan	3,15	75	18
Schweden	3,98	65	23
USA	2,59	63	31
Durchschnitt EU-25	1,92	54	35

In modernen Volkswirtschaften sind neue Erfindungen zumeist das Resultat von Forschungs- und Entwicklungsaktivitäten insbesondere in der Industrie, aber auch an Universitäten oder Forschungsinstituten. Im Jahre 2003 wurden in den Mitgliedsländern der Europäischen Union insgesamt 188,6 Milliarden US Dollar in Forschung und Entwicklung investiert. Dies entspricht einem durchschnittlichen Anteil von 1,92 Prozent am Bruttoinlandsprodukt. 54 Prozent dieser Ausgaben wurden dabei von der Industrie finanziert (Tabelle 16-4).

Ein Weg, den technologischen Fortschritt eines Landes zu steigern, wäre also, Anreize für die Industrie zu schaffen, sich noch stärker in der Forschung zu engagieren. Firmen investieren in Forschung und Entwicklung aus demselben Grund, aus dem sie neue Maschinen kaufen oder eine neue Fabrik errichten: um ihre Gewinne zu erhöhen. Ein Unternehmen wird nur dann in Forschungsarbeit investieren, wenn die daraus zu erwartenden Erträge über den entsprechenden Kosten liegen. Die Lukrativität von Forschungsausgaben wird dabei vor allem von zwei Faktoren bestimmt: der „Fruchtbarkeit" von Forschungsaktivitäten und dem Ausmaß, mit dem die Firmen an den aus der Entwicklungsarbeit resultierenden Erfindungen profitieren. Beide Faktoren können bis zu einem gewissen Grad auch von (wirtschafts-)politischen Maßnahmen beeinflusst werden.

Die „Fruchtbarkeit" von Forschung und Entwicklungsaktivitäten meint einfach die Wahrscheinlichkeit, mit der derartige Ausgaben tatsächlichen zu neuen Ideen und Produkten führen. Diese Wahrscheinlichkeit wird von einer Reihe von (oftmals nichtökonomischen) Faktoren bestimmt, deren Interaktion noch nicht besonders gut erforscht ist. Eine besondere Rolle scheint hier aber das Ausbildungssystem eines Landes zu spielen. Dieses hat sowohl direkte als auch indirekte Effekte auf die Fruchtbarkeit von industrieller Forschung. Zunächst bestimmt natürlich das Ausbildungsniveau der Forscher in der Privatwirtschaft auch die Erfolgsaussichten von Forschungsprojekten.

Weiterhin ist aber auch die Grundlagenforschung, wie sie vor allem an Universitäten und Forschungsinstituten geleistet wird, von entscheidender Bedeutung für die mehr anwendungsorientierte Forschung in der Industrie. So kann die

[25] Quelle: Eurostat

rasante Entwicklung in der Computerindustrie zumeist auf wenige bahnbrechende grundlegende Forschungsergebnisse, wie beispielsweise die Erfindung des Mikrochips, zurückgeführt werden. Ein gutes Ausbildungssystem erscheint daher eine der grundlegenden Voraussetzungen für technologischen Fortschritt und damit auch für wirtschaftliches Wachstum zu sein. Wenngleich Ausgaben nicht gleich Qualität sind, so lassen doch die Anteile der Bildungsausgaben am Bruttoinlandsprodukt erste Einblicke auf das Bildungssystem eines Landes zu. In der OECD reicht dieser Wert von 3,4 Prozent in Griechenland bis hin zu 7,4 Prozent in den USA oder gar 8,0 Prozent in Island. Deutschland liegt mit 5,2 Prozent im unteren Mittelfeld (siehe Tabelle 16-5).

Tabelle 16-5 Bildungsausgaben in ausgewählten OECD Ländern (2004)[26]

Land	**Ausgaben in % des BIP**	**Private Ausgaben (in % des BIP)**	**Öffentliche Ausgaben (in % des BIP)**
Australien	5,9	1,6	4,3
Deutschland	5,2	0,9	4,3
Finnland	6,1	0,1	6,0
Frankreich	6,1	0,4	5,7
Großbritannien	5,9	1,0	5,0
Schweden	6,7	0,2	6,5
Südkorea	7,2	2,8	4,4
USA	7,4	2,3	5,1
OECD Durchschnitt	5,7	0,7	5,0

Ein zweiter wichtiger Faktor für die Entscheidung einer Firma in die Forschung und Entwicklung neuer Produkte zu investieren, ist die Frage, inwieweit das Unternehmen von einer möglichen Erfindung profitieren wird. Dies hängt vor allem davon ab, ob und ab welchem Zeitpunkt andere Unternehmen die Ergebnisse der Forschungsaktivität nutzen können. Existiert beispielsweise in einem Land kein rechtlicher Schutz, der die Nutzung von Erfindungen durch andere, nicht an der Entwicklung beteiligten Unternehmen einschränkt oder verbietet, so ist der aus Forschungs- und Entwicklungsprojekten zu erwartende Erlös sehr klein. Die Firmen würden dann nur auf die Erfindungen von Konkurrenzunternehmen warten und könnten ohne eigene Kosten von diesen profitieren. Folglich würde sich kaum ein Unternehmen überhaupt in der Forschung engagieren.

Aus diesem Grunde existieren in vielen Ländern Patentgesetze. Diese gewähren einer Firma für einen bestimmten Zeitraum die ausschließlichen Rechte an ihrer Erfindung. Nur so haben die Unternehmen überhaupt einen Anreiz in Forschung und Entwicklung zu investieren. Ein wirkungsvolles Patentrecht ist also eine wichtige Voraussetzung für industrielle Forschungsaktivitäten und fördert

[26] Quelle: OECD

damit den technologischen Fortschritt eines Landes. Allerdings muss bei der Gestaltung von Patentrechten beachtet werden, dass ab dem Zeitpunkt der Erfindung ein völlig freier Zugang zu dem damit einhergehenden Wissen im Interesse der Gesellschaft wäre. Nur so können neue Entwicklungsprojekte auf dem bisherigen Wissen aufbauen und dieses weiter fortentwickeln. Folglich hat der Gesetzgeber hier die schwierige Aufgabe, eine Balance zwischen zu viel und zu wenig Schutz zu finden.

16.6 Zusammenfassung

Dieses Kapitel hat sich mit dem wirtschaftlichen Wachstum, also der Zunahme der Leistungsfähigkeit einer Volkswirtschaft, beschäftigt. Ausgehend von den empirischen Daten standen dabei zwei Fragen im Mittelpunkt des Interesses. Zum einen, warum derart große Einkommensunterschiede zwischen den verschiedenen Ländern bestehen. Und zum anderen, worauf dass Wachstum einer Volkswirtschaft zurückzuführen ist. Dem Solow Modell zufolge sind Länder mit einer hohen Sparquote, einem niedrigen Bevölkerungswachstum und einem schnellen technologischen Fortschritt reicher als Länder mit den umgekehrten Charakteristika. Allerdings kann eine Volkswirtschaft langfristig nur dann wachsen, wenn das Technologieniveau steigt.

Obwohl das hier betrachtete Modell von großem Nutzen für die Analyse von wirtschaftlichem Wachstum ist, leidet es vor allem darunter, dass es die Existenz von technologischem Fortschritt lediglich annimmt, ihn jedoch nicht erklärt. Trotzdem lassen sich aus den theoretischen Überlegungen die wirtschaftspolitischen Ziele nach einer angemessen hohen Sparquote und einer Förderung des technologischen Fortschritts ableiten.

17 Preisniveaustabilität und Inflationsbekämpfung

17.1 Einleitung

Ein weiteres wichtiges Ziel der Wirtschaftspolitik ist die Stabilität des Preisniveaus. Inflationäre Tendenzen, also der dauerhafte Anstieg des gesamten Preisniveaus in einer Volkswirtschaft, sollen demnach bekämpft werden, wenn die Preissteigerung ein bestimmtes Niveau überschreitet. Die Europäische Zentralbank strebt beispielsweise eine Inflationsrate an, die nicht über zwei Prozentpunkten liegen soll, jedoch auch nicht zu weit unter dieser Marke.

Aus Abbildung 17-1 ist ersichtlich, dass die großen Industrieländer in den letzten Jahren große Erfolge im Kampf gegen die Inflation erzielt haben. Waren besonders in den 70er Jahren und zu Beginn der 80er Jahre zweistellige Inflationsraten keine Seltenheit, so bewegen sich die Inflationsraten in den größten sechs Industrieländern seit dem Anfang der 90er Jahre weitestgehend unter fünf Prozentpunkten. Diese Erfolge sind nicht zuletzt auf die Fortschritte der volkswirtschaftlichen Forschung zurückzuführen. Insbesondere nach den enormen Preissteigerungen der 70er Jahre gehörte die Inflation zu den von Ökonomen am intensivsten analysierten wirtschaftlichen Phänomenen.

Abbildung 17-1: Entwicklung der Inflationsrate in großen Industrieländern, 1967 – 2006 [OECD; %]

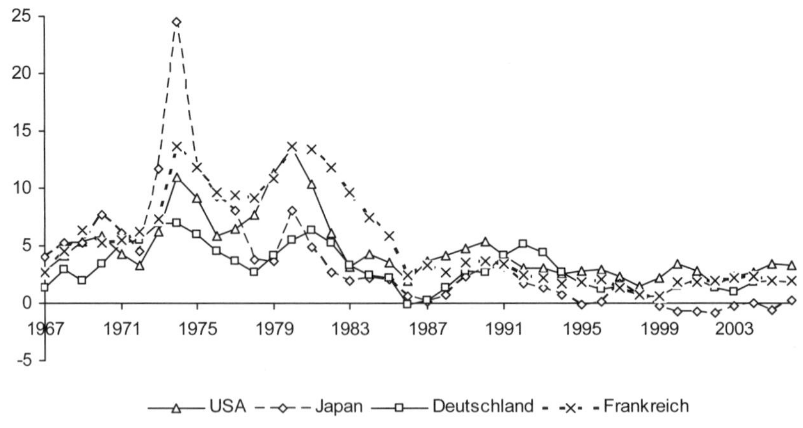

Nachdem in Kapitel 1 bereits die Berechnung der Inflationsrate sowie die gesellschaftlichen Kosten von Preissteigerungen dargestellt worden sind, sollen in diesem Kapitel mögliche Wege der Inflationsbekämpfung in den Mittelpunkt des Interesses rücken. Dazu ist zunächst ein detailliertes Verständnis der Ursachen von Preissteigerung unabdingbar. Daher werden im nächsten Abschnitt die drei gebräuchlichsten Inflationstheorien beschrieben. Ausgehend von diesen Erklärungsansätzen werden dann entsprechende Inflationspolitiken erläutert und kritisch hinterfragt.

17.2 Was verursacht Inflation?

17.2.1 Angebotsinduzierte Inflation

Eine erste Theorie sieht Inflation als ein Phänomen, das auf der Angebotsseite der Volkswirtschaft durch Kostensteigerungen, beispielsweise in Form von Lohnerhöhungen, entsteht. Unternehmen setzen typischerweise den Preis ihrer Produkte gleich den Kosten plus eines Gewinnaufschlags.[1] Steigen nun die Kosten an, so werden die Firmen versuchen, Preissteigerungen durchzusetzen. Kostensteigerungen drücken also häufig die Marktpreise nach oben. Aus diesem Grunde wird die angebotsinduzierte Inflation auch als **Kostendruckinflation (cost-push inflation)** bezeichnet. Um ihren Lebensstandard bei steigenden Preisen konstant zu halten, werden die Arbeitnehmer höhere Löhne fordern, die wiederum höhere Kosten für die Arbeitgeber bedeuten. Theoretisch kann so eine inflationäre Preisspirale in Gang gesetzt werden.

Eine angebotsinduzierte Inflation kann auch im bereits bekannten AD-AS Modell dargestellt werden (siehe Abbildung 17-2). In der Ausgangssituation befindet sich die Volkswirtschaft im Vollbeschäftigungsgleichgewicht A. Erhöhen sich nun die Kosten der Unternehmen, so würden bei konstanten Preisen die Gewinne der Unternehmen sinken. Zu jedem gegebenen Preisniveau werden die Betriebe folglich eine geringere Gütermenge anbieten. Daher verschiebt sich die Angebotskurve nach links. Wird eine gleich bleibende Nachfrage unterstellt,[2] so wird in Punkt B ein neues (temporäres) Gleichgewicht erreicht. In diesem ist die Produktion von Y^* auf Y' gefallen, das Preisniveau ist dagegen von p^* auf p' gestiegen.

Im Allgemeinen werden zwei Arten von Kosten zur Erklärung einer solchen Linksverschiebung des gesamtwirtschaftlichen Angebotes herangezogen. Zum einen kann die Erhöhung von Rohstoffpreisen zu so genannten Angebotsschocks

---

[1] Diese Aussage widerspricht nur auf den ersten Blick der volkswirtschaftlichen Theorie, nach der im perfekten Wettbewerb keine Gewinne erzielt werden. Die Theorie bezieht sich auf volkswirtschaftliche Gewinne, die über einen normalen Marktertrag hinausgehen, während hier betriebswirtschaftliche Gewinne gemeint sind, die beispielsweise an den Besitzer eines Unternehmens als Entlohnung für seinen Kapitaleinsatz fließen.

[2] Wenn die Kostensteigerungen durch Lohnerhöhungen verursacht worden sind, so ist eine Nachfragesteigerung möglich, da die privaten Haushalte nun über eine höhere Kaufkraft verfügen. Allerdings können steigende Löhne auch zu Konkursen von Betrieben und damit einer sinkenden Kaufkraft führen.

Abbildung 17-2: Eine angebotsinduzierte Inflation

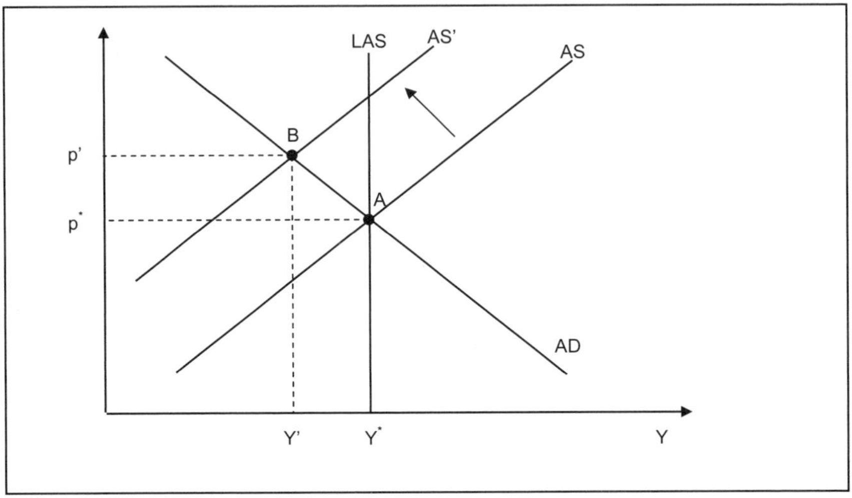

führen. Typische Beispiele für einen solchen Schock sind die Ölkrisen von 1973/74 und 1979/80, in denen sich die Ölpreise in kurzer Zeit vervierfachten bzw. verdoppelten. Eine Folge der Ölkrisen war, dass fast jedes Land unter Inflation (siehe Tabelle 17-1) bei gleichzeitig hoher Arbeitslosigkeit litt. Umgekehrt kann ein Fall der Rohstoffpreise, wie dies zum Beispiel in der 80er Jahren bei sinkenden Ölpreisen zu beobachten war, zu einem gleichzeitigen Rückgang der Inflation und der Arbeitslosigkeit führen.

Tabelle 17-1: Inflationsraten während der Ölkrisen [%][3]

Land	**1974**	**1979**	**1980**
USA	11,0	11,3	13,5
Japan	24,5	3,6	8,0
Deutschland	7,0	4,1	5.5
Frankreich	13,7	10,8	13,6
Großbritannien	16,0	13,4	18,0
Italien	19,4	15,7	21,1
Kanada	10,9	9,2	10,2

Eine zweite mögliche Ursache für Kostensteigerungen sind steigende Löhne. Beispielsweise können besonders mächtige Einzelgewerkschaften Löhne durchsetzen, die weit über dem Produktivitätsfortschritt eines Wirtschaftszweiges liegen. Auch dies würde zu einer Linksverschiebung der Angebotskurve und damit zu einem steigenden Preisniveau führen. Allerdings kann mit dieser Argumentation die Variation der Inflationsrate im Zeitverlauf nur bedingt erklärt werden.

[3] Quelle: OECD

Eine mögliche Begründung wäre, dass Gewerkschaften in ihrer Geschichte unterschiedlich einflussreich waren. Wie in Abbildung 17-2 ersichtlich, wird eine angebotsinduzierte Inflation nur von vorübergehender Natur sein, wenn die langfristige AS Kurve tatsächlich vertikal über der Gleichgewichtsproduktion steht. Durch die Linksverschiebung des gesamtwirtschaftlichen Angebots sinkt die Produktion unter das Gleichgewichtsniveau, die Wirtschaft befindet sich also in einer Rezession. Diese wird zu sinkenden Faktorpreisen führen und damit den Kostendruck wieder von den Firmen nehmen. Folglich verschiebt sich die AS Kurve im Zeitverlauf wieder nach rechts zurück und das ursprüngliche Gleichgewicht wird beim alten Preisniveau p^* wieder erreicht. Allerdings ist unklar, wie lange dieser Anpassungsprozess dauert. Gerade die Preise für den Faktor Arbeit reagieren in der Realität nur sehr langsam, die Folge ist dann eine lang andauernde Rezession mit hoher Arbeitslosigkeit.

17.2.2 Nachfrageinduzierte Inflation

Eine nachfrageinduzierte Inflation lässt die Preise aufgrund einer autonomen Nachfrageerhöhung steigen. Intuitiv wird eine Steigerung der Nachfrage vor allem dann zu höheren Preisen führen, wenn die Unternehmen ihr Angebot nur eingeschränkt ausweiten können. Stößt die Industrie an ihre Kapazitätsgrenzen, entsteht ein Nachfrageüberschuss, der nur in Form von höheren Preisen aufgelöst werden kann. Bereits ganz zu Beginn dieses Buches wurde gezeigt, dass sich die gesamtwirtschaftliche Nachfrage in die Komponenten Staatsnachfrage, Konsumnachfrage, Investitionsnachfrage sowie Nettoexporte unterteilen lässt.[4] Dementsprechend kann eine nachfrageinduzierte Inflation durch eine Erhöhung all dieser Komponenten sowie durch einen Fall der Importe ausgelöst werden.

Auch eine auf der Nachfrageseite der Volkswirtschaft entstehende Inflation kann wieder im AD-AS Modell dargestellt werden. In Abbildung 17-3 ist diesmal die kurzfristige Angebotskurve in einer veränderten Form eingezeichnet. Die Steigung der Angebotskurve ist zunächst gering und wird dann immer steiler, je näher sich die Produktion ihrem langfristigen Gleichgewicht Y^* nähert. Dieser Verlauf der Angebotskurve drückt aus, dass das Angebot der Unternehmen immer inflexibler wird, je höher die Auslastung der Produktionskapazitäten ist.

[4] vgl. Kap. 3.5

Abbildung 17-3: Eine nachfrageinduzierte Inflation

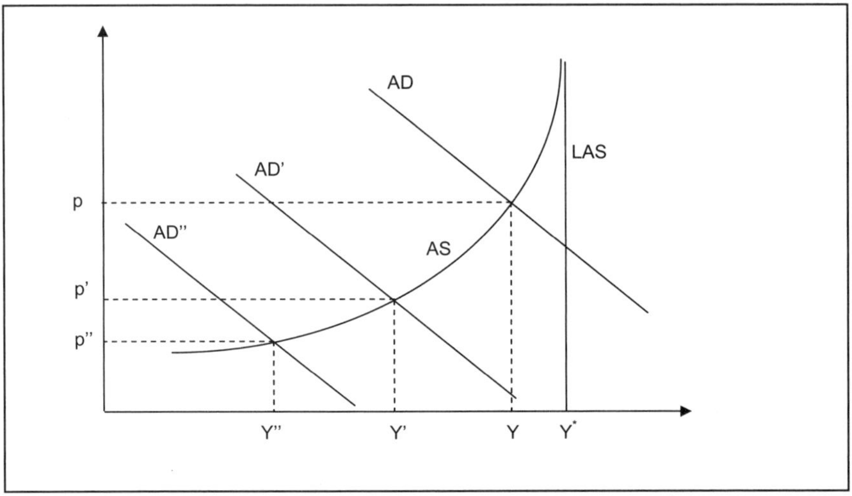

Eine autonome Erhöhung der gesamtwirtschaftlichen Nachfrage kann nun durch eine Rechtsverschiebung der AD Kurve dargestellt werden. Eine solche erhöht (zumindest in dieser kurzfristigen Betrachtung) die Produktion. Die Auswirkung auf das Preisniveau hängt entscheidend davon ab, ob sich die gesamtwirtschaftliche Produktion in der Ausgangssituation bereits nahe dem Vollbeschäftigungsgleichgewicht befand. In Punkt Y'' befindet sich die Volkswirtschaft beispielsweise in einem stark rezessiven Zustand der Unterbeschäftigung, die Produktionskapazitäten sind nicht ausgelastet. Auf eine Erhöhung der Nachfrage werden die Unternehmen bei nicht ausgelasteten Kapazitäten überwiegend mit einer Ausweitung der Produktion reagieren. Folglich steigt die Produktion von Y'' auf Y', während der Anstieg des Preisniveaus moderat ausfällt (p'' auf p'). Steigt die Nachfrage nun noch einmal an, wird das Angebot um ein Vielfaches inflexibler reagieren. Die Nachfragesteigerung wird nun zu einer beträchtlichen Steigerung des Preisniveaus von p' auf p führen: die Unternehmen stoßen an ihre Kapazitätsgrenzen.

In einer veränderten Form hat der Ökonometriker A.W. Phillips 1958 diesen Zusammenhang in einem berühmten Artikel beschrieben.[5] Phillips untersuchte den empirischen Zusammenhang zwischen der Arbeitslosenrate und der Steigerung der Nominallöhne in Großbritannien. Die Höhe der Lohnsteigerungen wurde später als die Höhe der Inflationsrate interpretiert, so dass schließlich die so genannte **modifizierte Phillipskurve** eine Beziehung zwischen Inflations- und Arbeitslosenrate beschreibt. Abbildung 17-4 zeigt den von Phillips herausgearbeiteten negativen Zusammenhang zwischen Arbeitslosigkeit und Preisniveaustabilität. Eine niedrigere Arbeitslosigkeit geht demnach mit einer höheren Infla-

[5] vgl. Alban W. Phillips 1958

Abbildung 17-4: Die modifizierte Phillipskurve

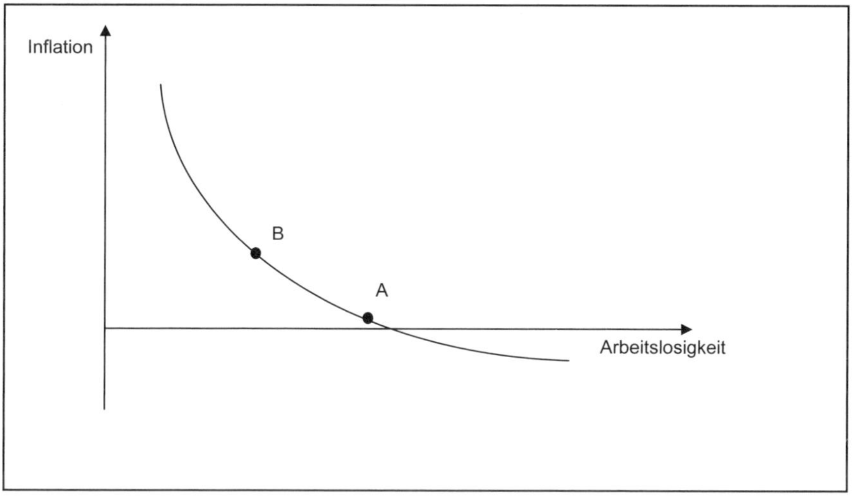

tionsrate einher und umgekehrt. Zwischen den wirtschaftspolitischen Zielen Vollbeschäftigung und Preisniveaustabilität besteht demnach ein **Zielkonflikt.**

Eine Stimulierung der gesamtwirtschaftlichen Nachfrage kann nun als Bewegung auf der Phillipskurve, beispielsweise vom Punkt A zum Punkt B dargestellt werden. Die erhöhte Nachfrage führt zu einer Ausweitung der Produktion und damit zu einer höheren Nachfrage nach Arbeitskräften. Die Arbeitslosigkeit sinkt. Gleichzeitig erhöht sich aber auch der Preis des Faktors Arbeit, folglich können die Arbeiter einen höheren Lohn verlangen und die Inflation steigt. Die Abbildung verdeutlicht auch, dass eine bereits geringe Arbeitslosigkeit nur mit einer sehr hohen Zunahme der Inflation weiter verringert werden kann.[6] Je näher sich eine Volkswirtschaft an ihrer Kapazitätsgrenze bzw. am Vollbeschäftigungsoutput befindet, desto „teurer" (im Sinne eines höheren Preisniveaus) ist eine Senkung der Arbeitslosenrate durch eine Ausweitung der gesamtwirtschaftlichen Nachfrage. Aus der modifizierten Phillipskurve folgt in der Theorie, dass die Politik eine Kombination aus Inflation und Arbeitslosigkeit auswählen und diese dann durch geeignete wirtschaftspolitische Maßnahmen erreichen kann.

17.2.3 Der monetaristische Ansatz

Nachdem die Phillipskurve fester Bestandteil der volkswirtschaftlichen Erklärungsansätze von Inflation geworden war, wurde in den 1960er Jahren eine plötzliche Rechtsverschiebung des empirischen Zusammenhanges zwischen Arbeitslosenrate und Inflation festgestellt. Für eine gegebene Arbeitslosenrate war

[6] Für eine ausführliche theoretische Fundierung der Phillips-Kurve vgl. Richard G. Lipsey 1960.

Abbildung 17-5: Phillipskurve für Deutschland 1970 – 2005[7]

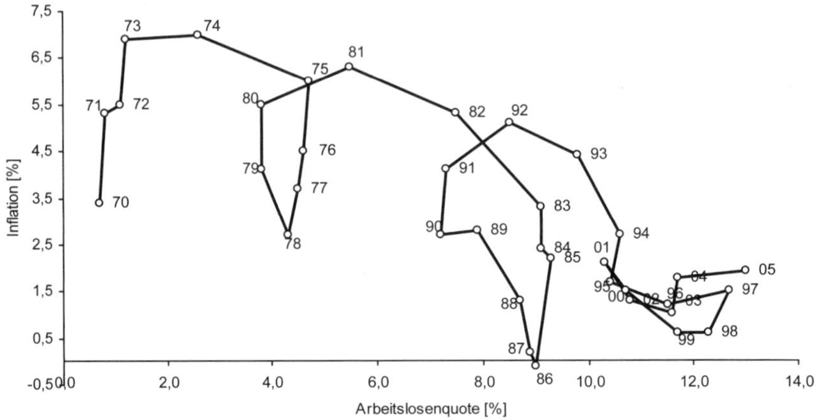

nun die entsprechende Inflationsrate höher als zuvor. Eine Erklärung für dieses Phänomen lieferte Milton Friedman[8], der die monetaristische Version der Phillipskurve entwickelte. Friedman kritisierte die ursprüngliche Phillipskurve und argumentierte, dass Arbeiter reale, d.h. um die Inflationsrate bereinigte Lohnerhöhungen fordern, da nur reale Lohnerhöhungen Einfluss auf den Lebensstandard haben. Die Phillipskurve betrachtete dagegen nominale Lohnsteigerungen.

Um die Auswirkungen dieser Kritik auf die Phillipskurve zu verstehen, sei beispielhaft angenommen, dass die Arbeiter bei Tarifverhandlungen mit den Arbeitgeberverbänden eine reale Lohnerhöhung von zwei Prozent zum Ziel haben. Während diese reale Forderung konstant gegeben ist, hängt die nominale Forderung von den Inflationserwartungen der Arbeiter ab. Wird beispielsweise eine Stagnation des Preisniveaus erwartet, so gleicht die reale der nominalen Lohnforderungen. Dagegen werden die Gewerkschaften bei einer erwarteten Inflation von beispielsweise drei Prozent eine Erhöhung der Löhne und Gehälter um fünf (zwei plus drei) Prozent fordern. Für eine gegebene Arbeitslosenrate existieren nun eine ganze Schar von Phillipskurven in Abhängigkeit von der erwarteten Inflationsrate (Abbildung 17-6).

Friedman nahm dabei an, dass die Arbeiter ihre Inflationserwartungen adaptiv, d.h. lediglich auf der Basis vergangener Inflationsraten, bilden. Unter dieser Annahme kann die beobachtete Rechtsverschiebung der Phillipskurve wie folgt erklärt werden. Zunächst sei angenommen, dass sich die Volkswirtschaft in der Ausgangssituation im Punkt A befindet (Abbildung 17-6). Die entsprechende Phillipskurve basiert auf einer Inflationserwartung P^e von einem Prozent. Nun weitet die Regierung die Staatsnachfrage aus, um die Produktion zu erhöhen und

---

[7] Quellen: Bundesagentur für Arbeit, Statistisches Bundesamt. Werte vor 1991 beziehen sich auf das frühere Bundesgebiet. Arbeitslosenquote der abhängigen zivilen Erwerbspersonen.
[8] vgl. Milton Friedman 1968

Abbildung 17-6: Die monetaristische Phillipskurve

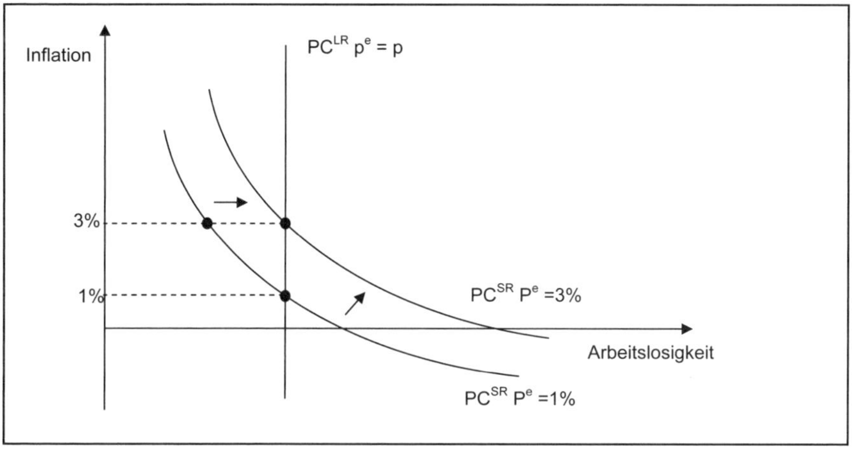

damit die Arbeitslosigkeit zu senken. Die Ökonomie bewegt sich zum Punkt B, in dem die Arbeitslosigkeit gesunken und die nominalen Inflationsrate (und damit die Löhne) auf drei Prozent gestiegen sind. Punkt B kann nun aber kein langfristiges Gleichgewicht sein, da in diesem die tatsächliche Inflation mit drei Prozent größer als die erwartete Inflation P^e von einem Prozent ist. Die Arbeiter werden daher ihre Inflationserwartungen auf drei Prozent erhöhen.[9] Dementsprechend bewegt sich die Phillipskurve nach rechts und die Ökonomie erreicht ein neues, langfristiges Gleichgewicht im Punkt C.

Ausgehend von dieser Analyse postuliert der monetaristische Ansatz eine nur kurzfristig inverse Beziehung zwischen der Inflationsrate und der Arbeitslosigkeit. In der langfristigen Betrachtung steht die Phillipskurve dagegen vertikal über der natürlichen Arbeitslosenrate. Auf der langfristigen Phillipskurve sind dabei die Inflationserwartungen gerade gleich der tatsächlichen Inflation. Die Arbeitslosenrate kann folglich nur kurzfristig auf Kosten einer höheren Inflation gesenkt werden, langfristig passen die Arbeiter ihre Erwartungen an und die natürliche Arbeitslosigkeit wird bei einer nun höheren Inflationsrate wieder ereicht[10]. Die beobachtete Rechtsverschiebung der Phillipskurve lässt sich also nach Friedman mit einer Erhöhung der Inflationserwartungen erklären.

[9] Der monetaristischen Version der Phillipskurve liegt die Vorstellung **adaptiver Erwartungen** zugrunde. Diese beschriebt einen Lernprozess bei dem die Erwartung der Vorperiode P^e_{t-1} um einen Teil (θ) des Erwartungsirrtums der Vorperiode ($P_{t-1} - P^e_{t-1}$) korrigiert wird. Der Erwartungswert für die laufende Periode ergibt sich also wie folgt: $P^e_t = P^e_{t-1} + \theta(P_{t-1} - P^e_{t-1})$.

[10] In der neuklassischen Theorie bricht auch die kurzfristig inverse Phillipskurve zusammen, indem von rationalen Erwartungen der Wirtschaftssubjekte ausgegangen wird. Die Arbeiter formen ihre Erwartungen dann auf der Basis aller verfügbaren Informationen und machen keine systematischen Fehler. Die Erwartungen der Wirtschaftssubjekte entsprechen dann immer der tatsächlichen Inflation und folglich befindet sich die Volkswirtschaft immer auf der vertikalen Phillipskurve.

Die Monetaristen – und allen voran Friedman – kritisierten jedoch nicht nur die Phillipskurve, sondern argumentierten auch, dass die Ursache für inflationäre Tendenzen nicht in realen Größen – wie eben der Nachfrage oder den Kosten – sondern vielmehr im Wachstum der Geldmenge zu suchen sei. Inflation ist demnach immer ein monetäres Phänomen. Dieser Ansatz ist bereits im Kapitel 11.2 dargestellt worden und soll hier nur kurz wiederholt und kritisch betrachtet werden. Die theoretische Fundierung für die monetaristische These ist die Quantitätstheorie des Geldes.[11] Diese besagt, dass das Produkt aus Geldmenge M und der konstanten Umlaufgeschwindigkeit des Geldes V gleich der gesamtwirtschaftlichen Produktion Y multipliziert mit dem allgemeinen Preisniveau P ist:

$$M\bar{V} = PY.$$

Dieser Zusammenhang kann nun nach dem Preisniveau aufgelöst werden:

$$P = M\left(\frac{\bar{V}}{Y}\right).$$

Wird neben einer konstanten Umlaufgeschwindigkeit auch ein kurzfristig konstanter realer Output angenommen, so variiert das Preisniveau direkt mit der Höhe der Geldmenge. Wird dagegen ein relativ konstantes Wachstum des realen Outputs vorausgesetzt, steigt das Preisniveau genau dann, wenn das Geldmengenwachstum die Produktionssteigerung übertrifft.

Im Wesentlichen wird der monetaristische Ansatz aus zweierlei Gründen kritisiert. Zunächst ist die Richtung des Kausalitätszusammenhanges zwischen dem Preisniveau und dem Geldmengenwachstum aus der Quantitätstheorie nicht direkt abzuleiten. So ist es zumindest theoretisch ebenso möglich, dass ein Anstieg des Preisniveaus zu einer Erhöhung der Geldmenge führt und eben nicht umgekehrt. Die zweite Kritik betrifft die Annahme einer konstanten Umlaufgeschwindigkeit des Geldes. Diese Annahme ist in der Vergangenheit immer wieder empirisch überprüft worden, ohne dass jedoch ein eindeutiges Resultat gefunden wurde. Die Ergebnisse der Forschung scheinen jedoch in die Richtung zu deuten, dass die Umlaufgeschwindigkeit zwar langfristig jedoch nicht unbedingt kurzfristig als konstant angenommen werden kann.[12]

[11] Für eine ausführlichere Erläuterung vgl. Kap. 10.1
[12] vgl. Artis, Lewis 1991

17.3 Wie kann Inflation bekämpft werden?

17.3.1 Bekämpfung einer angebotsinduzierten Inflation

Eine durch Kostensteigerungen verursachte Inflation kann offensichtlich nur durch eine Reduzierung der entsprechenden Kosten bekämpft werden. Die Importpreise für Rohstoffe liegen dabei in der Regel außerhalb der wirtschaftspolitischen Kontrolle. Wird eine angebotsinduzierte Inflation also durch höhere Importpreise hervorgerufen, stößt die Wirtschaftspolitik an ihre Grenze. Bei einem solchem Angebotsschock durch höhere Rohstoffpreise steht die Regierung lediglich vor der Entscheidung, ob die daraus resultierende Rezession durch eine Ausweitung der gesamtwirtschaftlichen Nachfrage bekämpft werden soll. Entscheidet sie sich für eine Stimulierung der Nachfrage, verschiebt sich die AD-Kurve nach rechts; die Rezession ist dann nur von kurzer Dauer und die Volkswirtschaft erreicht im Punkt C ihr neues Gleichgewicht (Abbildung 17-7). Das Preisniveau ist nun jedoch dauerhaft auf p'' gestiegen. Greift der Staat dagegen nicht in den Markt ein, so wird die Ökonomie langfristig wieder gegen ihr altes Gleichgewicht A streben. Die Konsequenz einer angebotsinduzierten Inflation wäre dann lediglich eine vorübergehende Erhöhung des Preisniveaus, verbunden jedoch mit einer zeitweilig höheren Arbeitslosenquote.

Werden die Kosten nicht durch ein Anziehen der Importpreise, sondern durch höhere Lohnkosten in die Höhe getrieben, so kann die Regierung zunächst versuchen niedrige Gehaltserhöhungen im öffentlichen Sektor durchzusetzen. Gelingt eine solche Politik der Lohnzurückhaltung, so werden zum einen direkt die Kosten im öffentlichen Bereich gedämpft, zum anderen können niedrige Lohn-

Abbildung 17-7: Stabilisierungspolitik angesichts einer angebots- o. nachfrageinduzierten Inflation

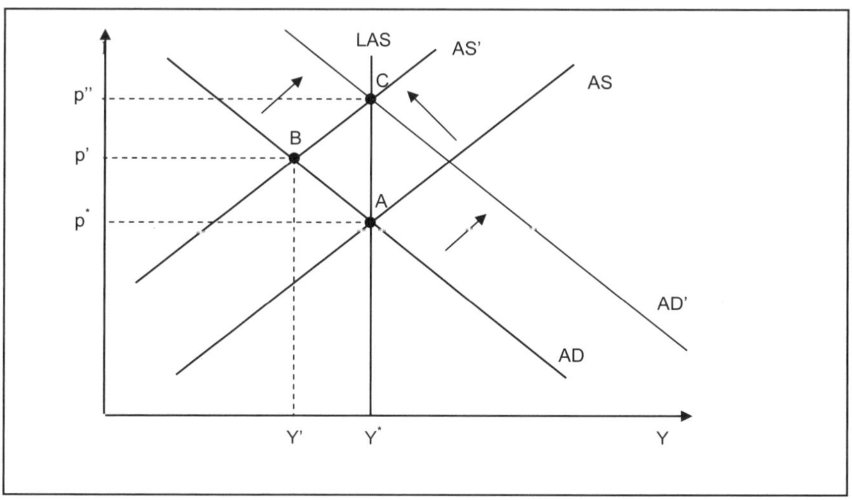

abschlüsse auch eine Signalwirkung für die Tarifverhandlungen in der Privatwirtschaft haben.

Ein weiterer Ansatz ist die so genannte Einkommenspolitik. Damit sind freiwillige Bündnisse zwischen Arbeitgeberverbänden, Gewerkschaften und der Regierung gemeint, die gemeinsam eine maßvolle Lohnpolitik typischerweise bei gleichzeitiger Sicherung von Beschäftigungsverhältnissen vereinbaren. Ein Beispiel für ein solches Bündnis ist das so genannte „Polder-Modell" in den Niederlanden, das in den vergangenen zwei Jahrzehnten als ein wichtiger Grund für den wirtschaftlichen Aufschwung des Landes gilt. Zurückhaltung bei der Lohnpolitik kann jedoch auch durch gesetzliche Zwangsmaßnahmen durchgesetzt werden. Beispielsweise beschloss die Regierung in Großbritannien 1972 zur Bekämpfung der Inflation ein Einfrieren der Reallöhne. Gehaltserhöhungen waren demnach nur dann erlaubt, wenn sie durch das Produktivitätswachstum gedeckt waren.

Ein generelles Problem der Einkommenspolitik ist ihre Durchsetzbarkeit. Auch wenn eine solche Politik im Sinne des Allgemeinwohles wäre, so hat doch jeder Einzelne einen Anreiz dazu, eine Steigerung des eigenen Gehaltes zu fordern. Eine zweite Schwierigkeit liegt darin begründet, dass eine Einkommenspolitik eine effiziente Ressourcenallokation behindern kann. So verlieren die Firmen die Möglichkeit durch Gehaltserhöhungen Arbeiter anzulocken. Dies kann potentiell dazu führen, dass der Gehaltsunterschied zwischen höher und niedrig qualifizierten Arbeitern abnimmt und damit auch der Anreiz sinkt, eine höhere Qualifikation anzustreben.

Eine mögliche Lösung dieses Problems ist die von Layard[13] vorgeschlagene Lohninflationssteuer. Demnach sollen Arbeitgeber, die Gehaltserhöhungen über eine festgesetzte Höhe hinaus zahlen, eine Steuer entrichten müssen. Der Vorteil dieses Ansatzes besteht darin, dass er zugleich den Widerstand der Arbeitgeber gegen hohe Lohnforderungen verstärkt, es jedoch den Firmen gegen die Zahlung der Steuer erlaubt, Arbeiter durch höhere Lohnsteigerungen anzuwerben. Allerdings ist eine solche Lohninflationssteuer aufgrund der administrativen Erfordernisse wenig realistisch.

17.3.2 Bekämpfung einer nachfrageinduzierten Inflation

Die Bekämpfung einer durch eine Steigerung der gesamtwirtschaftlichen Nachfrage hervorgerufenen Inflation erscheint zunächst sehr einfach. Eine Erhöhung des Preisniveaus kann offensichtlich mit einer Verringerung der Nachfrage verhindert werden. Allerdings kann dies zu einer Rezession und damit zu einer höheren Arbeitslosigkeit führen. Dieser Zusammenhang kann noch einmal mithilfe von Abbildung 17-7 erläutert werden. Es sei angenommen, dass sich die Volkswirtschaft ursprünglich im Punkt A befindet. Nun steigt die gesamtwirtschaftliche Nachfrage von AD auf AD'. Dies führt zu einer höheren Produktion,

[13] vgl. Richard Layard 1986

der Faktor Arbeit wird teurer und die Löhne steigen. Dementsprechend erhöhen sich die Kosten für die Unternehmen, so dass sich mittelfristig das gesamtwirtschaftliche Angebot von AS nach AS' nach links verschiebt. Im neuen Gleichgewicht C ist das Preisniveau gestiegen.

Verknappt die Regierung in einer solchen Situation nun die gesamtwirtschaftliche Nachfrage, so wird dies zumindest kurzfristig zu einer Unterbeschäftigung führen. Eine Reduktion der Nachfrage von AD' zurück auf AD würde beispielsweise im Punkt B zu einer Unterbeschäftigungsproduktion Y' führen. Gleichzeitig würde durch eine solche Politik das alte Preisniveau zunächst weiterhin überschritten ($p' > p^*$). Aus diesem Grunde empfiehlt es sich, eine Senkung der Nachfrage mit der im vorherigen Abschnitt beschriebenen Einkommenspolitik zu kombinieren. Diese senkt die Kosten der Unternehmen und trägt so dazu bei, die negativen Auswirkungen einer Senkung der gesamtwirtschaftlichen Nachfrage abzuschwächen oder sogar ganz aufzuheben. Gelingt es beispielsweise mithilfe einer Einkommenspolitik die Kosten der Unternehmen so stark zu senken, dass sich die AS Kurve wieder in ihre ursprüngliche Lage zurückverschiebt, so kann das ursprüngliche Gleichgewicht im Punkt A widerhergestellt werden.

Die Analyse macht deutlich, dass zur Bekämpfung einer nachfrageinduzierten Inflation sowohl die Nachfrage gedämpft als auch die Kosten der Unternehmen reduziert werden sollten. Eine solche Vorgehensweise bietet sich auch dann an, wenn nicht eindeutig geklärt werden kann, ob eine Inflation auf der Angebots- oder aber der Nachfrageseite einer Volkswirtschaft entstanden ist.

17.3.3 Monetaristische Inflationspolitik

17.3.3.1 Ursachen von exzessivem Geldmengenwachstum

Die monetaristische Theorie identifiziert das Geldmengenwachstum als Hauptursache von Inflation. Monetäre Inflation kann demnach nur dann wirkungsvoll bekämpft werden, wenn der Grund für exzessives Geldmengenwachstum bekannt ist. Eine erste mögliche Ursache für eine stark expansive Geldpolitik ist der von der ursprünglichen Phillipskurve unterstellte Trade-Off zwischen Arbeitslosigkeit und Inflation. Der monetaristischen Theorie zufolge besteht dieser allerdings nur in der kurzfristigen Betrachtung. Die bereits abgeleitete monetaristische Phillipskurve steht langfristig vertikal über der „natürlichen" Arbeitslosenquote, ein Zielkonflikt zwischen Vollbeschäftigung und Preisstabilität existiert demnach nicht (siehe Abbildung 17-6). Eine Regierung kann trotzdem - vor allem bei einer bevorstehenden Wahl - versucht sein, durch exzessives Geldmengenwachstum die Produktion kurzfristig anzukurbeln und damit wichtige Wählerstimmen zu gewinnen. Ebenso ist es möglich, dass die Politik eine hohe Inflationsrate nicht durch eine restriktive Geldpolitik bekämpfen wird, da sie eine mögliche Rezession scheut.[14]

Ein solcher Anreiz der Politik, den kurzfristigen Trade-Off zwischen Inflation und Arbeitslosigkeit auszunutzen, steht im engen Zusammenhang mit dem so genannten **dynamischen Inkonsistenz - Problem der Geldpolitik**, das erstmals von den Nobelpreisträgern Kydland und Prescott[15] formuliert wurde. Die grundlegende Idee ist hier, dass die Politik einen Anreiz hat, durch eine expansive Geldpolitik die Produktion kurzfristig zu steigern, wenn die Inflation ursprünglich gering ist. Dies ist auf die bei einer niedrigen Inflationsrate zunächst geringen marginalen Kosten einer Zunahme der Inflationsrate zurückzuführen. Mit anderen Worten übersteigt der Nutzen einer temporären Outputsteigerung die Kosten einer höheren Inflation bei einem zunächst niedrigen Preisniveau. Da die privaten Haushalte aber durchschauen, dass die Politik einen Anreiz hat eine expansive Geldpolitik zu verfolgen, werden diese gar nicht erst eine niedrige Inflationsrate erwarten. Dies aber führt zu einer höheren Inflationsrate ohne einen Anstieg der Produktion.

In Abbildung 17-6 kann dieser Zusammenhang wie folgt dargestellt werden. Ursprünglich befindet sich die Volkswirtschaft im Punkt A, die Inflationsrate ist gleich einem Prozent. Ausgehend von dieser Inflationsrate hat die Politik nun den Anreiz mithilfe einer expansiven Geldpolitik die Produktion temporär zu erhöhen und damit die Arbeitslosigkeit zu senken. Das neue vorübergehende Gleichgewicht könnte zum Beispiel im Punkt B liegen. Die privaten Haushalte antizipieren jedoch den Anreiz der Politik und passen ihre Inflationserwartungen dementsprechend an. Die Phillipskurve verschiebt sich folglich nach oben und das neue Gleichgewicht ist im Punkt C gegeben durch die natürliche Arbeitslosenrate bei nunmehr aber positiver Inflation. Ausgehend von diesem Gleichgewichtspunkt hat die Politik nun keinen Anreiz mehr eine expansive Geldpolitik zu verfolgen, da die gesellschaftlichen Kosten einer weiter steigenden Inflationsrate zu hoch sind. Das endgültige Gleichgewicht wird also im Punkt C erreicht, obwohl die gleiche Arbeitslosenrate auch bei niedrigerer Inflation (Punkt A) erreicht werden könnte. Das Gleichgewicht ist also nicht optimal.[16]

Das dynamische Inkonsistenz-Problem kann auch mithilfe eines einfachen mathematischen Modells illustriert werden. Der Output der Modellökonomie sei wie folgt gegeben:

$$y = y^* + (\pi - \pi^e).$$

Die Produktion ist demnach gleich dem Vollbeschäftigungsoutput y^* und weicht von dieser nur dann ab, wenn die tatsächliche Inflationsrate π nicht mit

---

[14] Diese Überlegungen setzen natürlich immer voraus, dass der Staat auch Einfluss auf die Geldpolitik hat. Bei einer lediglich dem Ziel der Preisniveaustabilität verpflichteten, unabhängigen Zentralbank ergeben sich die beschriebenen Probleme nicht

[15] vgl. Kydland, Prescott 1977

[16] Hier und im Folgenden wird der Einfachheit halber davon ausgegangen, dass eine niedrigere Inflationsrate immer positiv zu bewerten ist. Dies ist natürlich in der Realität nicht unbedingt der Fall, so birgt auch eine Deflation enorme Risiken für eine Volkswirtschaft (vgl. Kap. 11.5).

der erwarteten Inflationsrate π^e übereinstimmt. Da das Modell von rationalen Erwartungen ausgeht, kann langfristig keine Gleichgewichtsproduktion über der natürlichen Rate y^* liegen, da die Wirtschaftssubjekte die Inflationsrate nicht konsistent falsch einschätzen werden. Die Produktionsgleichung kann auch als Phillipskurve interpretiert werden. Solange die erwartete Inflation der tatsächlichen Inflation gleicht, befindet sich die Ökonomie auf der vertikalen langfristigen Phillipskurve und damit im Vollbeschäftigungsgleichgewicht. Abweichungen von diesem langfristigen Gleichgewicht sind nur möglich, wenn die tatsächliche Inflationsrate nicht mit den Inflationserwartungen übereinstimmt. In diesem Fall bewegt sich die Volkswirtschaft auf einer der inversen kurzfristigen Phillipskurven.

Die Inflationsrate wird im Modell durch die Geldpolitik bestimmt, die wiederum annahmegemäß in den Händen der Regierung liegt. Dabei formen die Haushalte zunächst ihre Inflationserwartungen, woraufhin dann die Regierung ihre Geldpolitik festlegt. Ziel der Wirtschaftspolitik ist dabei die Maximierung einer gesellschaftlichen Nutzenfunktion. Diese gibt an, wie hoch das Wohlergehen bei einer bestimmten Kombination aus Produktion und Inflation ist. Der Nutzen U steigt dabei mit einer wachsenden Produktion und sinkt mit steigender Inflation. Hier sei folgende Form angenommen:

$$U = \lambda(y - y^*) - \frac{1}{2}\pi^2 \; mit \; \lambda \geq 0.$$

Der Parameter λ gibt dabei die relative Wichtigkeit der Produktion an. Ein hohes λ bedeutet also, dass die Regierung der gesamtwirtschaftlichen Produktion ein hohes Gewicht zumisst, während die Inflationsrate nur von untergeordneter Bedeutung ist.

Um nun das Produktionsniveau und die Inflationsrate im Gleichgewicht zu bestimmen, muss zunächst der Ausdruck für die Produktion in die Nutzenfunktion eingesetzt werden:

$$U = \lambda(y - y^*) - \frac{1}{2}\pi^2 = \lambda(y^* + \pi - \pi^e - y^*) - \frac{1}{2}\pi^2$$

$$\Leftrightarrow \quad U = \lambda(\pi - \pi^e) - \frac{1}{2}\pi^2.$$

Die Regierung wird nun die Inflationsrate so setzen, dass diese Nutzenfunktion maximiert wird. Die optimale Inflationsrate ergibt sich, indem die Ableitung von U nach der Inflationsrate π gleich Null gesetzt wird:

$$\frac{\partial U}{\partial \pi} = \lambda - \pi \overset{!}{=} 0$$

$$\Leftrightarrow \quad \pi = \lambda.$$

Die Regierung hat also einen Anreiz eine positive Inflationsrate zu wählen, um die Produktion kurzfristig zu erhöhen. Unter der Annahme rationaler Erwartungen wird dieser Anreiz jedoch von den privaten Haushalten antizipiert. Folglich gleicht die erwartete Inflation der tatsächlichen Inflation:

$$\pi^e = \pi = \lambda.$$

Schließlich kann die Produktion berechnet werden, indem die tatsächliche und die erwartete Inflation in die Produktionsgleichung eingesetzt werden:

$$y = y^* + (\pi - \pi^e) = y^* + (\lambda - \lambda) = y^*.$$

Im Gleichgewicht ist die Inflationsrate also größer als null, ohne dass die Produktion über ihr natürliches Level hinaus gestiegen wäre. Dieses Ergebnis ist natürlich nicht optimal, da eine Produktion von $y = y^*$ auch bei einer Inflationsrate von null erreicht werden könnte. Der Grund für diese Ineffizienz liegt wie bereits erläutert darin, dass die Regierung einen Anreiz hat, eine expansive Geldpolitik zu betreiben und dieser Anreiz von den privaten Haushalten antizipiert wird.

17.3.3.2 Geldpolitische Regeln und Unabhängigkeit der Zentralbank

Im vorherigen Abschnitt wurden mögliche Erklärungen für exzessives Geldmengenwachstum erläutert. So können die Träger der Wirtschaftspolitik gerade bei bevorstehenden Wahlen versucht sein, den kurzfristigen Trade-Off zwischen Inflation und Arbeitslosigkeit ausnutzen. Weiterhin kann die Antizipation eines solchen Anreizes durch die Wähler zu einer ineffizient hohen Inflation führen. Entscheidend für beide Erklärungsansätze ist, dass die Geldpolitik in den Händen der Politik liegt. Könnte die Regierung nicht frei über geldpolitische Maßnahmen entscheiden, so hätte sie zwar weiterhin einen Anreiz, den kurzfristigen Trade-Off zwischen Inflation und Arbeitslosigkeit auszunutzen, der notwendige wirtschaftspolitische Spielraum wäre aber nicht vorhanden. Dementsprechend gäbe es auch keinen Anlass für die Wirtschaftssubjekte, eine höhere Inflationsrate zu erwarten, das dynamische Inkonsistenzproblem wäre gelöst.

Eine erste Möglichkeit, um zu starkes Geldmengenwachstum und damit inflationäre Tendenzen zu bekämpfen, ist die Einführung von festen geldpolitischen Regeln. Friedman beispielsweise empfahl, dass die Geldmenge jährlich um einen konstanten Prozentsatz steigen sollte. Liegt die Politikregel außerhalb des Einflussbereiches der Politik, so ist damit die Möglichkeit von exzessivem Geldmengenwachstum ausgeschlossen. Das Problem dieses Ansatzes liegt offensichtlich in der mangelnden Flexibilität. Unvorhersehbare ökonomische Entwicklungen lassen sich nur unvollkommen durch eine Politikregel abbilden. Regeln berauben daher die Wirtschaftspolitik eines Instrumentes, das gerade in Krisenzeiten von Bedeutung sein kann.

Ein zweiter Ansatz zur Bekämpfung von exzessivem Geldmengenwachstum, der in den letzten Jahrzehnten an Popularität gewonnen hat, ist die Delegation der Geldpolitik an Institutionen bzw. Individuen, die eine niedrige Inflation als besonders wichtig erachten. Je geringer die relative Wichtigkeit der Produktion, desto geringer ist auch der Anreiz, die Geldpolitik für eine Stimulierung der Produktion einzusetzen. Dieser Zusammenhang wurde auch im einfachen Modell des vorherigen Kapitels belegt. Die optimale Inflation und damit auch die Inflationserwartungen der privaten Haushalte hängen demnach vom Parameter λ, der relativen Wichtigkeit der gesamtwirtschaftlichen Produktion, ab. Je geringer λ, desto wichtiger ist eine niedrige Inflation in der Nutzenfunktion und umso niedriger ist auch die Inflationsrate im Gleichgewicht.

Eine Umsetzung dieser Idee sind von der Politik unabhängige Zentralbanken, die zumeist von Individuen geführt werden, die besonders großen Wert auf eine niedrige Inflation legen. Weiterhin haben Notenbanken oftmals den expliziten Auftrag vorrangig für Preisniveaustabilität zu sorgen. So ist die Gewährleistung der Preisstabilität vorrangiges Ziel der Europäischen Zentralbank (EZB). Die allgemeine Wirtschaftspolitik der Europäischen Union soll nur dann unterstützt werden, wenn das Ziel der Preisstabilität nicht beeinträchtigt wird.[17] Durch eine solche Konzentration der Geldpolitik auf die Bekämpfung der Inflation wird natürlich der mögliche Nutzen, den geldpolitische Instrumente innerhalb der Stabilitätspolitik haben, verringert. Im Extremfall muss die Stabilitätspolitik eines Landes vollständig auf fiskalpolitische Maßnahmen vertrauen.

Die Idee einer unabhängigen Zentralbank wird oftmals aufgrund von Demokratiedefiziten kritisiert. So haben die Notenbanken typischerweise eine sehr große Machtfülle, ohne dass ihre Mitglieder ausreichend demokratisch legitimiert sind. Beispielsweise wird der Präsident der EZB nicht vom europäischen Parlament, sondern vom Europäischen Rat der Finanzminister gewählt. Dieses Demokratiedefizit wird nach Ansicht von Kritikern noch dadurch verstärkt, dass ein Notenbankchef besonders hohes Gewicht auf die Preisniveaustabilität legt und somit nicht die gesellschaftlichen Präferenzen reflektiert. Weiterhin bezweifeln einige Ökonomen, ob die Zentralbank das Geldmengenwachstum zielgerichtet steuern kann. Zum einen hängt die Geldmenge nicht nur von der Zentralbank, sondern auch vom Verhalten der Kreditinstitute ab, zum anderen werden geldpolitische Maßnahmen erst zeitverzögert wirksam und können daher unter Umständen der tatsächlichen Situation nicht mehr gerecht werden.[18]

Eine Reihe von Studien hat in der Vergangenheit den Zusammenhang zwischen der Unabhängigkeit der Zentralbank und der Höhe der Inflation in Industrieländern analysiert.[19] Der Grad der Unabhängigkeit wurde dabei gemessen, indem beispielsweise untersucht wurde, ob Repräsentanten der Regierung im

[17] Für eine ausführliche Beschreibung der Europäischen Zentralbank vgl. Kap. 10.3.
[18] Eine Erläuterung dieser Problematik findet sich in Kapitel 15.4.4.
[19] vgl. u.a. Alberto Alesina 1988 oder Grilli, Masciandaro und Tabellini 1991.

Zentralbankrat sitzen, der Chef der Notenbank von der Politik ernannt und/oder entlassen werden kann und ob Entscheidungen der Zentralbank von der Regierung beeinflusst werden können. Alle Untersuchungen fanden dabei einen stark negativen Zusammenhang zwischen der durchschnittlichen Inflationsrate und der Unabhängigkeit der Zentralbank. Länder mit einer sehr unabhängigen Notenbank, wie beispielsweise die Schweiz oder Deutschland, hatten tendenziell sehr geringe Inflationsraten, während Spanien oder Italien, deren Zentralbanken unter dem Einfluss der Politik standen, mit sehr hohen Inflationsraten zu kämpfen hatten.

Allerdings kann nicht abschließend geklärt werden, ob die Unabhängigkeit der Zentralbank tatsächlich der Grund für die niedrigen Inflationsraten ist. Vielmehr könnte ein hohes Maß an Unabhängigkeit lediglich den hohen Stellenwert der Inflationsbekämpfung in einem Land dokumentieren. So sind niedrige Inflationsraten in Deutschland traditionell von hoher Bedeutung. Dementsprechend wurde der Bundesbank ein hohes Maß an Unabhängigkeit gewährt. Ob nun aber die relativ geringen Inflationsraten der Nachkriegszeit auf die Unabhängigkeit der Bundesbank oder aber generell auf den Wunsch nach niedriger Inflation zurückzuführen ist, kann an dieser Stelle nicht eindeutig geklärt werden. Nichtsdestotrotz dürfte die Unabhängigkeit von Zentralbanken eine zentrale Rolle bei den Erfolgen der Inflationspolitik in den Industrieländern gespielt haben.

17.4 Zusammenfassung

In diesem Kapitel wurden mögliche Ansätze der Inflationsbekämpfung diskutiert. Diese orientieren sich an der jeweils identifizierten Ursache einer Inflation. Zu unterscheiden sind dabei drei theoretische Ansätze. Eine angebotsinduzierte Inflation wird durch eine Erhöhung der Produktionskosten - zumeist durch steigende Rohstoffpreise oder Lohnerhöhungen - der Unternehmen ausgelöst. Diese geben Kostensteigerungen dann in Form von höheren Preisen weiter. Wirtschaftspolitisch kann eine angebotsinduzierte Inflation vor allem durch Lohnzurückhaltung im Rahmen der so genannten Einkommenspolitik bekämpft werden.

Eine nachfrageinduzierte Inflation entsteht durch eine Erhöhung der gesamtwirtschaftlichen Nachfrage, die (vor allem aufgrund von Kapazitätsengpässen) nicht durch eine Produktionsausweitung befriedigt wird. Vielmehr erhöhen die Unternehmen ihre Preise, um den entstehenden Nachfrageüberschuss abzubauen. Einer solchen Inflation kann der Staat durch ein Zurückfahren der gesamtwirtschaftlichen Nachfrage begegnen. Die daraus potentiell entstehende temporäre Unterbeschäftigung kann durch eine gleichzeitige Reduzierung der gesamtwirtschaftlichen Kosten, etwa in Form einer Einkommenspolitik, abgemildert werden.

Der monetaristische Ansatz sieht Inflation als ein rein monetäres Phänomen, das durch zu hohes Geldmengenwachstum hervorgerufen wird. Der Grund für ein exzessives Geldmengenwachstum liegt vor allem in dem kurzfristig unterstellten negativen Zusammenhang zwischen Inflation und Arbeitslosigkeit. Die Politik hat hierdurch – gerade im Vorfeld einer Wahl - einen Anreiz, durch eine expansive Geldpolitik ein temporäres Wachstum der Produktion hervorzurufen. Antizipieren die privaten Haushalte diesen Anreiz, so führt dies zu einer nicht optimalen Höhe der Inflation aufgrund von hohen Inflationserwartungen. Dieses Problem kann gelöst werden, indem die Geldpolitik der politischen Kontrolle entrissen wird. Dies kann entweder durch feste geldpolitische Regeln erreicht werden oder durch die Delegation der Geldpolitik an Institutionen bzw. Individuen, die eine niedrige Inflation für besonders wichtig erachten. Eine mögliche Umsetzung dieser Idee sind von der Regierung eines Landes unabhängige Zentralbanken. Diese dürften in der Vergangenheit einen maßgeblichen Anteil an den Erfolgen der Inflationspolitik in den Industrieländern gehabt haben.

18 Arbeitslosigkeit und Beschäftigungspolitik

18.1 Einführung

Arbeitslosigkeit ist vielleicht das makroökonomische Problem, das die Betroffenen am direktesten trifft und vor dem die Menschen die größte Angst haben. Der Verlust der Arbeitsstelle zieht nicht nur ökonomische Schwierigkeiten nach sich, sondern führt oftmals auch zu psychischen Problemen, eben weil Arbeit eine der Grundkonstanten unserer Gesellschaft ist. Die Bedeutung von Arbeitslosigkeit ist auch aus der politischen Auseinandersetzung abzulesen. Die Situation auf dem Arbeitsmarkt bestimmt maßgeblich die Beliebtheit der Regierenden. Unter anderem führte die steigende Arbeitslosigkeit 1982 zur Ablösung der damaligen sozialliberalen Regierung unter Helmut Schmidt. Auch Helmut Kohl stolperte 1998 nicht zuletzt über das steigende Heer von Arbeitslosen. Und Gerhard Schröder versprach bei seinem Amtsantritt, dass er sich an den Erfolgen auf dem Arbeitsmarkt wird messen lassen.

Ungeachtet der Wichtigkeit, die das Thema Arbeitslosigkeit auf der politischen Bühne genießt, hat das Problem in Deutschland, aber auch in vielen anderen europäischen Ländern, nach wie vor enorme Ausmaße. In Deutschland waren trotz guter konjunktureller Lage im Jahresdurchschnitt 2006 fast 4,5 Millionen Menschen arbeitslos, davon mehr als die Hälfte bereits länger als ein Jahr. In Griechenland oder Frankreich ist weiterhin etwa jeder elfte ohne Arbeit, die durchschnittliche Jugendarbeitslosigkeit in der Europäischen Union betrug im Jahre 2006 gut 16 Prozent.

In diesem Kapitel sollen mögliche Instrumente zur Bekämpfung der Arbeitslosigkeit im Allgemeinen sowie Wege aus der Arbeitslosenmisere in Deutschland und Europa im Speziellen aufgezeigt werden. Dazu wird in einem ersten Schritt die Lage auf dem Arbeitsmarkt in Deutschland und anderen europäischen Ländern kurz skizziert. Dann werden Maßnahmen zur Bekämpfung der friktionellen Arbeitslosigkeit vorgestellt. In einem weiteren Schritt wird die Logik hinter der von vielen Ökonomen zur Bekämpfung der strukturellen Arbeitslosigkeit vorgeschlagenen Flexibilisierung des Arbeitsmarktes dargestellt und kritisch hinterfragt. Abschließend werden Chance und Risiken einer nachfrageorientierten Beschäftigungspolitik sowie ausgewählter Instrumente einer aktiven Arbeitsmarktpolitik diskutiert.

18.2 Eine kurze empirische Bestandsaufnahme des europäischen Arbeitslosenproblems

Die Arbeitslosigkeit in Europa schnitt im internationalen Vergleich nicht immer so schlecht ab wie in den vergangenen Jahren. In Abbildung 18-1 ist die Entwicklung der Arbeitslosenraten in den USA, Japan und der Europäischen Union (EU) seit 1971 dargestellt. Demnach lag die Arbeitslosigkeit in der EU zu Beginn der 70er Jahre bei etwa drei Prozent und damit deutlich unter dem Niveau in den USA und nur geringfügig über der japanischen Arbeitslosenrate. Ein erster deutlicher Anstieg der Arbeitslosigkeit auf etwa fünf Prozent erfolgte nach der ersten Ölkrise 1974. Ein zweiter Sprung ist zu Beginn der 80er Jahre zu verzeichnen. Während sich in Japan die Beschäftigungssituation im gleichen Zeitraum kaum veränderte, hatte die USA mit ähnlichen Problemen zu kämpfen. Erst Mitte der 80er Jahre überstieg der Anteil der Arbeitslosen in Europa den Wert in den USA. Seitdem ist in der EU – ungeachtet einiger Schwankungen – eine konstant hohe Arbeitslosigkeit zu beobachten. Besonders in den 90er Jahren, in denen die durchschnittliche Arbeitslosenrate in der EU teilweise bei über 10 Prozent lag, war die Situation auf dem US-amerikanischen Arbeitsmarkt bedeutend besser als in Europa. Allerdings hat sich die Lage auf dem europäischen Arbeitsmarkt seit dem Ende der 90er Jahre wieder etwas entspannt und lag in den alten Mitgliedländern der EU-15 im Jahr 2006 bei 7,4 Prozent.

Abbildung 18-1: Vergleich der Arbeitslosigkeit in der EU[a], Japan und den USA 1971 – 2005 [%][1]

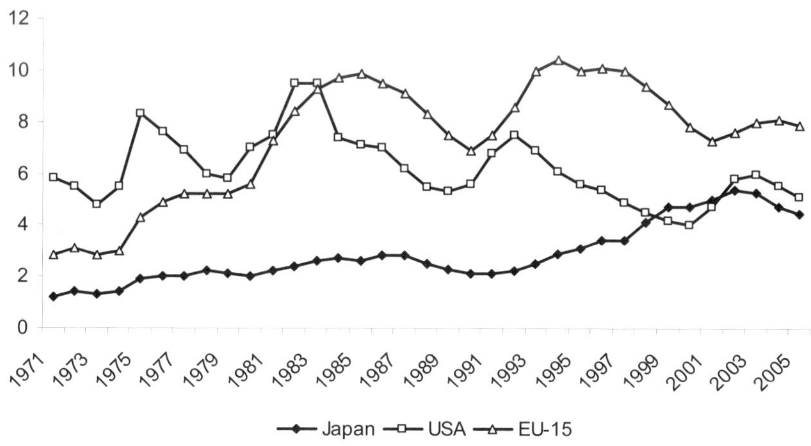

[1] Quelle: OECD; vor 1986 basiert der EU-Wert auf der durchschnittlichen Arbeitslosigkeit in Deutschland, Frankreich, Großbritannien und Italien

Abbildung 18-2: Arbeitslosenquoten in Europa [%][2]

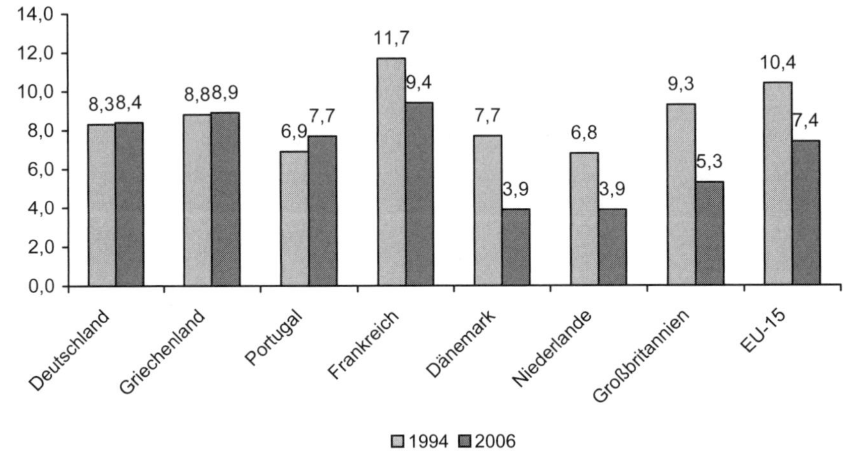

Die Erfolge im Kampf gegen die Arbeitslosigkeit sind allerdings nicht gleichmäßig auf die Mitgliedsstaaten der EU verteilt (siehe Abbildung 18-2). Während die Arbeitslosenrate in Griechenland und Deutschland zwischen 1994 und 2006 nahezu stagnierte und in Portugal sogar deutlich anstieg, verringerte sich im gleichen Zeitraum die Arbeitslosenquote in anderen Ländern drastisch. So sank der Anteil der Arbeitslosen in den Niederlanden von 6,8 auf 3,9, der in Großbritannien von 9,3 auf 5,3 Prozent. Diese Zahlen machen bereits deutlich, dass nur schwer von einem gesamteuropäischen Arbeitslosenproblem gesprochen werden kann, da die Entwicklung auf dem Arbeitsmarkt in den einzelnen europäischen Ländern sehr unterschiedlich ist. Auch variiert die Höhe der Arbeitslosigkeit stark zwischen den EU-Mitgliedsstaaten. Während Polen in 2006 eine Arbeitslosenrate von 13,8 Prozent zu verzeichnen hatte, waren in Dänemark zur gleichen Zeit lediglich 3,9 Prozent der Menschen arbeitslos gemeldet.

Die Heterogenität der europäischen Arbeitsmärkte wird auch bei der Analyse eines besonders schwerwiegenden Problems deutlich, nämlich dem der europäischen Jugendarbeitslosigkeit (siehe Abbildung 18-3). Obwohl diese in den letzten 10 Jahren gesunken ist, lag der prozentuale Anteil der Arbeitslosen bei den unter 25jährigen im europäischen Durchschnitt bei gut 16 Prozent und damit mehr als doppelt so hoch wie der Durchschnitt aller Altersklassen.[3] Spürbare Unterschiede sind zwischen den einzelnen EU-Ländern festzustellen. Während

[2] Quelle: OECD. Arbeitslosenquoten in Prozent der

[3] Teilweise kann diese große Diskrepanz durch eine höhere friktionelle Arbeitslosigkeit unter den jüngeren Arbeitnehmern erklärt werden. Diese sind erst seit relativ kurzer Zeit auf dem Arbeitsmarkt und sich ihren beruflichen Plänen nicht immer sicher. Deshalb erscheint es natürlich, wenn jüngere Arbeiter zunächst verschiedene Jobs ausprobieren und für kürzere Übergangsperioden arbeitslos sind. Es ist allerdings sehr unwahrscheinlich, dass die enorm hohe Arbeitslosenrate bei den unter 25jährigen nur durch friktionelle Arbeitslosigkeit erklärt werden kann.

Abbildung 18-3: Jugendarbeitslosigkeit in der EU [%][4]

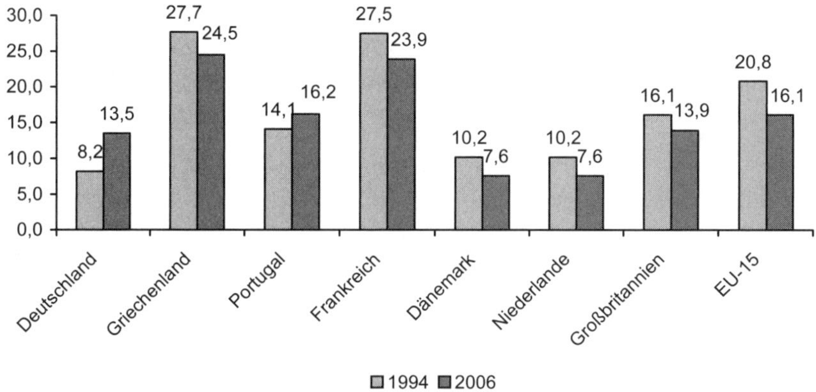

in Griechenland oder Frankreich jeder vierte Jugendliche ohne Arbeit ist, sind es in den Niederlanden „nur" 7,6 Prozent.

Solch frappierende Unterschiede fallen auch bei der Betrachtung der europäischen Langzeitarbeitslosigkeit ins Auge (siehe Abbildung 18-4). Zunächst einmal ist festzuhalten, dass im europäischen Durchschnitt die Langzeitarbeitslosigkeit eine besorgniserregend hohe Bedeutung hat. So lag im Jahre 2006 der Anteil der langfristigen Arbeitslosigkeit[5] an der gesamten Arbeitslosigkeit der EU-15 bei 44,2 Prozent. Dieser Wert deutet daraufhin, dass strukturelle Arbeitslosigkeit eine große Rolle innerhalb des europäischen Arbeitslosenproblems spielt, da friktionelle und saisonale Arbeitslosigkeit typischerweise nicht von solcher Dauer sind.[6] Besonders alarmierend sind diese Zahlen, weil Langzeitarbeitslosigkeit sich selber nährt. Menschen, die lange ohne Arbeit waren, verlieren ihre beruflichen, vielleicht auch sozialen Kompetenzen. Dies führt wiederum dazu, dass sie auf dem Arbeitsmarkt noch schwerer vermittelbar werden, Arbeitslosigkeit wird somit zu einem dauerhaften Phänomen.

[4] Quelle: OECD; Arbeitslosenrate in der Altersklasse der unter 25-jährigen
[5] Definiert als Arbeitslosigkeit mit einer Dauer von mindestens 12 Monaten.
[6] Die verschiedenen Arten von Arbeitslosigkeit sind in Kapitel 8.4.1 bereits ausführlich behandelt worden.

Abbildung 18-4: Langzeitarbeitslosigkeit in der EU [in % der gesamten Arbeitslosigkeit][7]

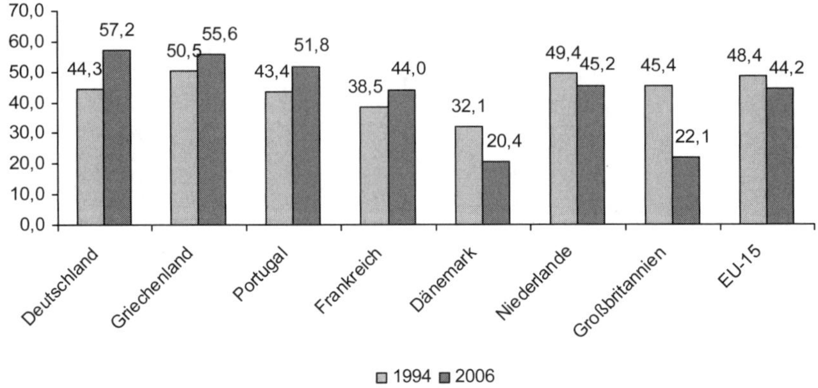

Auffällig sind auch in Bezug auf die Langzeitarbeitslosigkeit wieder die großen innereuropäischen Unterschiede. Länder mit einem besonders großen Arbeitslosenproblem tendieren zu einem hohen Anteil an Langzeitarbeitslosigkeit. So ist in Griechenland mehr als 55 Prozent der Arbeitslosigkeit langfristiger Natur. In Deutschland ist der Prozentsatz von 1994 bis 2006 von 44,3 auf 57,2 gestiegen. Dagegen sank der Anteil der Langzeitarbeitslosen in den europäischen Ländern, die Erfolge im Kampf gegen die Arbeitslosigkeit zu verzeichnen hatten. Die Langzeitarbeitslosen profitierten also überdurchschnittlich von der verbesserten Arbeitsmarktsituation. Auch dies belegt die Wichtigkeit der strukturellen Arbeitslosigkeit und ihrer Bekämpfung in Europa. Dementsprechend wird im Folgenden ein Schwerpunkt auf die Bekämpfung der strukturellen Arbeitslosigkeit gelegt. Zunächst werden kurz Maßnahmen diskutiert, die zu einer Verringerung der friktionellen Arbeitslosigkeit beitragen können.

[7] Quelle: OECD

18.3 Bekämpfung friktioneller Arbeitslosigkeit

Unter friktioneller Arbeitslosigkeit wird die Arbeitslosigkeit bezeichnet, die aufgrund der Verzögerung zwischen Jobverlust und Neueinstellung entsteht.[8] Ein potentieller Grund für eine hohe frikitionelle Arbeitslosigkeit sind Arbeitslosenversicherungen. Beispielsweise steht in Deutschland allen Arbeitnehmern, die mindestens 360 Kalendertage innerhalb der letzten zwei Jahre versicherungspflichtig beschäftigt waren und sich persönlich arbeitslos gemeldet haben, Arbeitslosengeld zu. Die Höhe des Arbeitslosengeldes ist dabei abhängig vom vorherigen beitragspflichtigen Einkommen, der Lohnsteuerklasse sowie dem Vorhandensein von Kindern. Die Dauer des Bezuges von Arbeitslosengeld (zwischen 6 und 18 Monaten) ist von der Dauer der Beschäftigung und des Lebensalters abhängig. Bis zur Vollendung des 55. Lebensjahres ist der Bezug von Arbeitslosengeld grundsätzlich auf maximal zwölf Monate begrenzt.

Eine Begründung für die im Rahmen der jüngsten Arbeitsmarktreformen beschlossene Verkürzung der Bezugsdauer von Arbeitslosengeld ist die Anreizwirkung von Arbeitslosenversicherungen. Höhere und länger andauernde Leistungen für Arbeitslose mindern die negativen materiellen Auswirkungen von Arbeitslosigkeit. Dementsprechend vermindert sich der Anreiz für Arbeitslose möglichst schnell eine neue Arbeitsstelle zu finden. Daher sinkt mit einer großzügigeren Arbeitslosenversicherung die Jobeinstellungsrate, die friktionelle Arbeitslosigkeit eines Landes nimmt zu. Dies bedeutet allerdings nicht, dass Arbeitslosenversicherungen – auch aus einer rein ökonomischen Perspektive – per se negativ zu beurteilen sind. Beispielsweise kann eine derartige Absicherung von Arbeitslosigkeit die Effizienz auf dem Arbeitsmarkt erhöhen, indem sie es den Arbeitern gestattet, für eine Weile nach einem Job zu suchen, der tatsächlichen ihren Qualifikationen entspricht. Wäre ein Arbeitnehmer dazu gezwungen, bei Arbeitsverlust sofort einen neuen Job anzunehmen, so wäre die Wahrscheinlichkeit sehr hoch, dass diese neue Arbeitsstelle gar nicht mit ihren bzw. seinen Kompetenzen übereinstimmt. Die genaue Ausgestaltung der Arbeitslosenversicherung eines Landes erfordert daher eine in der Praxis sehr schwierige Abwägung zwischen Vor- und Nachteilen der verschiedenen Systeme.

Friktionelle Arbeitslosigkeit wird jedoch nicht nur durch die Art der Arbeitslosenversicherung, sondern auch durch die Transparenz des Arbeitsmarktes beeinflusst. Sind Information über freie Stellen nur schwer verfügbar, so werden Menschen längere Zeit damit verbringen müssen, um eine entsprechende Stelle zu finden. Diese Unterart der friktionellen Arbeitslosigkeit wird auch als **Sucharbeitslosigkeit** bezeichnet. Offensichtlich kann Sucharbeitslosigkeit bekämpft werden, indem der Fluss von Informationen, insbesondere zwischen den Anbietern von Arbeit und den Arbeitssuchenden, erleichtert wird. Daher zielen arbeitsmarktpolitische Maßnahmen zur Verringerung der friktionellen Arbeitslosigkeit oft darauf ab, die Vermittlung von Arbeitsstellen durch öffentliche

[8] Für eine ausführlichere Betrachtung von Definition und Gründen friktioneller Arbeitslosigkeit vgl. Kap. 8.4.3

Arbeitsämter effizienter zu gestalten. Eben dies ist ein zentrales Anliegen der vieldiskutierten Hartz – Reform. Kern der Vorschläge ist es, die Bundesagentur für Arbeit wieder zu einem effizienten Vermittler zu machen, der sich intensiv um Arbeitslose, aber auch um Arbeitgeber kümmert. Ein Beispiel hierfür ist die Umgestaltung der Arbeitsämter in so genannte Jobcenter, in denen alle Dienstleistungen für den Arbeitsmarkt vereint werden sollen. Obwohl die Hartz Reform im Grundsatz von vielen gesellschaftlichen Gruppen begrüßt wurde, werden die Erfolgsaussichten oftmals sehr zurückhaltend beurteilt. Der Haupteinwand der Kritiker besteht darin, dass auch die beste Vermittlung nicht weiterhilft, wenn keine Arbeitsplätze vorhanden sind. Diese Einschätzung spiegelt die Auffassung wieder, dass das Gros der Arbeitslosigkeit in Deutschland struktureller Natur ist. Daher wird sich der folgende Abschnitt nun mit arbeitsmarktpolitischen Maßnahmen beschäftigen, die potentiell dazu beitragen können, strukturelle Arbeitslosigkeit zu bekämpfen.

18.4 Strukturelle Arbeitslosigkeit und Rigiditäten auf dem Arbeitsmarkt

Bereits in einem früheren Kapitel[9] wurde gezeigt, dass strukturelle Arbeitslosigkeit aufgrund von Rigiditäten, insbesondere Lohnstarrheit, auf dem Arbeitsmarkt entstehen kann. Daran anknüpfend erklären viele Ökonomen das hohe Arbeitslosenniveau in Europa durch die Kombination aus wirtschaftlichem Strukturwandel und gleichzeitiger Inflexibilität des Arbeitsmarktes.[10] Nach diesem Ansatz kann die unterschiedliche Entwicklung der Arbeitslosigkeit in den USA und Europa mit der ungleichen Flexibilität der Arbeitsmärkte erklärt werden. Die niedrige Arbeitslosigkeit in den USA ist demnach auf die Flexibilität des dortigen Arbeitsmarktes zurückzuführen, die Rigiditäten auf dem europäischen Arbeitsmarkt seien dagegen die Ursache für die steigende Arbeitslosigkeit in Europa. Folglich könne die Arbeitslosigkeit in Europa nur durch eine weit reichende Flexibilisierung der Arbeitsmärkte erfolgreich bekämpft werden. Typischerweise werden (a) **Lohnverhandlungsmonopole**, (b) der **Kündigungsschutz** sowie (c) die **hohen Reservationslöhne** als Hauptursachen für einen inflexiblen Arbeitsmarkt genannt. Im Folgenden sollen die Auswirkungen jeder einzelnen Rigidität untersucht und daraus mögliche wirtschaftspolitische Maßnahmen zur Bekämpfung der Arbeitslosigkeit abgeleitet werden.

(a) Lohnverhandlungsmonopole

Während in den USA die Löhne zumeist dezentral ohne Einbeziehung der Gewerkschaften ausgehandelt werden, spielen in den meisten europäischen Ländern, mit Ausnahme der Schweiz und Großbritanniens, die Gewerkschaf-

[9] vgl. Kap. 8.4.3
[10] vgl. z.B. Horst Siebert 1997.

ten eine sehr große Rolle bei der Festsetzung der Löhne. Tabelle 18-1 gibt einen Überblick über den Anteil der Gewerkschaftsmitglieder an der gesamten Arbeitnehmerschaft.

Tabelle 18-1: Einfluss der Gewerkschaften im internationalen Vergleich[11]

	Anteil Gewerkschafts-mitglieder (in %) in 2003	**Abdeckung durch zentrale Lohnverhandlungen (in %)**
Deutschland	22,6	63.0
Frankreich	8,3	95.0
Vereinigtes Königreich	29,3	35.0
Norwegen	53,3	77.0
Schweden	78,0	92.0
USA	12,4	13.8

Auch in Deutschland sind die Lohnverhandlungen weitestgehend monopolisiert. Sie werden von den Tarifparteien geführt, dies sind Gewerkschaften und Arbeitgeberverbände. Dabei gelten die Verhandlungsergebnisse in den meisten Fällen auch für diejenigen Angestellten und Arbeiter, die nicht gewerkschaftlich organisiert sind. Erstens werden Tarifverhandlungsergebnisse von einem Arbeitgeber insgesamt umgesetzt, d.h. eine z.B. dreiprozentige Lohnsteigerung kommt nicht nur den Gewerkschaftsmitgliedern des Betriebes zugute, sondern mindestens allen tariflich[12] Angestellten. Zweitens übernehmen häufig auch diejenigen Arbeitgeber die Verhandlungsergebnisse, die nicht Mitglied im jeweiligen Arbeitgeberverband sind. Wenn daher über die Macht von Gewerkschaften und Arbeitgeberverbänden gesprochen wird, ist weniger die Rate der offiziell gewerkschaftlich organisierten Arbeiter und Angestellten wichtig, sondern die Rate derjenigen, die von den Tarifverhandlungen faktisch betroffen sind (siehe auch Tabelle 18-1).

Inwieweit kann das Verhandlungsmonopol zu Arbeitslosigkeit führen? Ein einzelner Arbeitnehmer ist in einem großen Unternehmen relativ machtlos bei individuellen Lohnverhandlungen, dies gilt vor allem in relativ standardisierten Jobs. Ein gewöhnlicher Sachbearbeiter ist schneller austauschbar in einem Unternehmen als ein Mitglied der Geschäftsführung. Die Ohnmacht der

[11] Quellen: Visser (2006). Daten bezüglich der Abdeckung durch zentrale Lohnverhandlungen beziehen sich auf die Jahre 1997 (Deutschland, Schweden), 1998 (Norwegen), 2003 (Frankreich) bzw. 2004 (Vereinigtes Königreich, Frankreich).

[12] Viele Unternehmen unterscheiden zwischen tariflichen und außertariflichen Angestellten. Lohnabschlüsse gelten dabei häufig nur pauschal für alle tariflichen Angestellten, d.h. denjenigen, die dem Tarifvertrag der jeweiligen Branche unterliegen. Außertarifliche Angestellte unterliegen nicht generell dem Tarifvertrag, sondern verhandeln direkt mit dem Arbeitgeber über ihre Einstellungsbedingungen. Dabei stellt der Tarifvertrag häufig die Grundlage der Verhandlungen dar. Der tatsächliche Arbeitsvertrag weicht allerdings mehr oder weniger stark von den tariflichen Bedingungen ab. Solche Abweichungen drücken sich in längeren Arbeitszeiten aus, abweichenden Löhnen oder variableren Löhnen, d.h. es wird nur ein relativ geringer fester Lohn gezahlt, ein Großteil ist leistungsabhängig, häufig werden Überstunden pauschal durch eine höhere Bezahlung abgegolten und können innerhalb der vertraglichen Bindung vom Angestellten nicht geltend gemacht werden.

„kleineren" Angestellten führt vereinfachend gesprochen zu einer geringeren Bezahlung.[13] Mit aus diesem Grunde sind Gewerkschaften entstanden. Die Entstehung von Arbeitgeberverbänden kann in gewisser Weise als eine Folgeerscheinung von Gewerkschaften interpretiert werden. In dem Moment, wo nicht mehr der einzelne Arbeiter bei Vertragsverhandlungen dem Unternehmen gegenüber saß, sondern die Gewerkschaft, verlor der Arbeitgeber seine größere Macht. Gewerkschaften verfolgen im Wesentlichen zwei Ziele: eine möglichst hohe Bezahlung im weitesten Sinne und eine möglichst hohe Jobsicherheit. Durch die kollektive Verhandlungsmacht können dabei bei konstantem Arbeitsangebot höhere Löhne durchgesetzt werden (Abbildung 18-5). Mit anderen Worten, es wird ein höherer Lohn als bei individuellen Verhandlungen festgesetzt und es wird den Arbeitgebern überlassen ihre Nachfrage an den Lohn anzupassen.

Auf dem Arbeitsmarkt entstehen zwei Klassen, die als Insider und Outsider bezeichnet werden. Jeder Insider oder Inhaber eines Arbeitsplatzes wird höhere Löhne grundsätzlich begrüßen. Für die Outsider oder Arbeitslosen aber wird die Möglichkeit einen Job zu bekommen aufgrund der höheren Löhne schwieriger.

Abbildung 18-5: Tariffare Arbeitslosigkeit

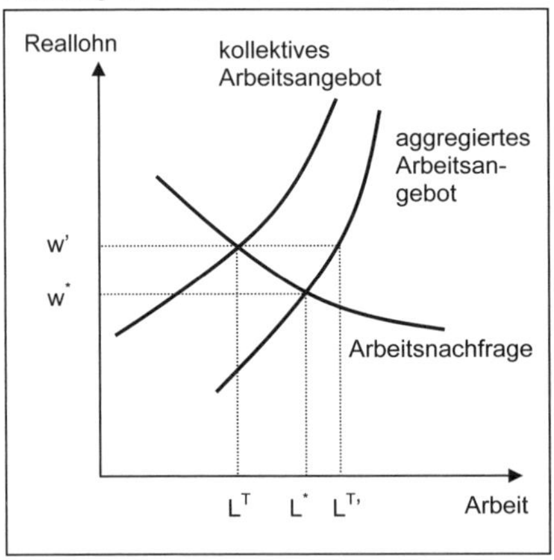

In der neben stehende Abbildung wird die kollektive Arbeitsangebotskurve als elastischer angenommen als die Aggregation der individuellen Angebotskurven. Dies ist dann der Fall, wenn Gewerkschaften neben Lohnforderungen auch die Arbeitslosigkeit möglichst minimieren wollen. Die relativ elastische kollektive Arbeitsangebotskurve macht dies deutlich. Eine relativ geringe Lohnsteigerung führt zu einer relativ stärkeren Steigerung des Arbeitsangebotes verglichen mit der aggregierten Arbeitsangebotskurve. Die so genannte **tariffare Arbeitslosigkeit** entsteht aus der Tatsache, dass die kollektive Arbeitsangebotskurve oberhalb der aggregierten individuellen Arbeitsangebotskurven liegt. Das Arbeitsmarktgleichgewicht bei individuellen Verhandlungen befindet sich im Punkt (L^*, w^*). Die Gewerkschaften können einen Lohn w' durchsetzen, wo-

[13] Das Wort „Bezahlung" soll hier in einem weiten Sinne verstanden werden. Wichtig ist was der Angestellte bzw. Arbeiter insgesamt bekommt. Hierbei muss der tatsächliche Lohn, die Arbeitszeit, spätere Pensionszahlungen und auch soziale Standards miteinbezogen werden. Ein Angestellter ist z.B. in der Regel bereit einen geringeren Lohn zu akzeptieren gegen das Versprechen einer lebenslangen Anstellung. Er verliert damit das Risiko der Arbeitslosigkeit und gewinnt lebenslange finanzielle Planungssicherheit.

durch Arbeitslosigkeit in Höhe von L^{T}'-L^{T} entsteht. Dies ist die Differenz zwischen der tatsächlichen Erwerbstätigkeit und dem Arbeitsangebot der Individuen zum Lohn w'.

Aus diesen Überlegungen leitet sich die Forderung vieler Ökonomen ab, die Löhne in Europa dezentraler zu bestimmen und zentrale Lohnvereinbarungen flexibler zu gestalten.[14] Insbesondere müsse das Lohnniveau die individuelle Situation in den Betrieben widerspiegeln. In Deutschland wurde dieser Forderung in den letzten Jahren beispielsweise durch die Einbeziehung von Öffnungsklauseln in Tarifverträgen Rechnung getragen. So wurde in der Chemieindustrie die Möglichkeit von temporären Lohnkürzungen um bis zu 10 Prozent vereinbart. Ebenso ist im Tarifvertrag der Papierindustrie eine Klausel verankert, die im Falle von wirtschaftlichen Schwierigkeiten eine Anpassung der jährlichen Bonuszahlungen ermöglicht. Allerdings ist jeweils die Zustimmung der Arbeitgeber- und Arbeitnehmerverbände erforderlich.[15]

Es sei an dieser Stelle angemerkt, dass die obige Betrachtung keineswegs eine erschöpfende Analyse der Arbeitsmarkteffekte gewerkschaftlicher Aktivitäten darstellt. Beispielsweise können von Gewerkschaften durchgesetzte Arbeitsstandards zu einer höheren Zufriedenheit der Belegschaft und damit zu einer höheren Arbeitsproduktivität führen. Dies hätte wiederum positive Arbeitsmarkteffekte.

(b) Kündigungsschutz

In den 60er und 70er Jahren wurden in den meisten europäischen Ländern Kündigungsschutzgesetze verabschiedet. In diesen werden Anforderungen festgelegt, die bei einer Kündigung eines Arbeitnehmers zu beachten sind. Beispielsweise müssen Entlassungen in größeren Unternehmen vom Betriebsrat genehmigt oder Abfindungszahlungen geleistet werden. Solche Regelungen machen Entlassungen für Firmen teurer und sollen die Arbeitsplatzsicherheit erhöhen. Das Problem von Kündigungsschutzgesetzen ist jedoch, dass diese die Anreize verringern, neue Arbeitnehmer einzustellen. Insbesondere werden Firmen davor zurückschrecken, bei steigender Nachfrage neue Arbeiter anzuheuern und stattdessen versuchen, den zusätzlichen Arbeitsbedarf durch Überstunden abzudecken. Die Einstellung neuer Arbeitnehmer würde lediglich zu höheren Anpassungskosten im Falle eines wirtschaftlichen Abschwungs führen, da Arbeitsplätze aufgrund der Kündigungsschutzregelungen nicht einfach wieder abgebaut werden können.

Kündigungsschutzgesetze vermindern also die Chance derjenigen, die noch keinen Arbeitsplatz haben, eine Stelle zu finden, während sie den Arbeitsplatz der bereits Beschäftigten sicherer machen. Dies kann eine Erklärung für die

---

[14] Es sei an dieser Stelle angemerkt, dass die obige Betrachtung keineswegs eine erschöpfende Analyse der Arbeitsmarkteffekte gewerkschaftlicher Aktivitäten darstellt. Beispielsweise können von Gewerkschaften durchgesetzte Arbeitsstandards zu einer höheren Zufriedenheit der Belegschaft und damit zu einer höheren Arbeitsproduktivität führen.

[15] Für einen detaillierten Überblick über die Flexibilisierung der Tarifverträge in Deutschland sowie Empfehlungen für weitere Schritte siehe OECD 2002.

besonders hohe Jugendarbeitslosigkeit in Europa sein.[16] Weiterhin können Kündigungsschutzgesetze die Reallöhne über den Gleichgewichtslohn ansteigen lassen. Arbeitnehmer, deren Stellen durch Gesetze gesichert sind, haben eine weit bessere Verhandlungsposition gegenüber ihren Arbeitgebern, da sie nicht ohne Kosten durch einen anderen Arbeiternehmer ersetzt werden können. Dementsprechend können sie Löhne durchsetzen, die über dem Gleichgewichtsniveau liegen und damit – wie bereits dargestellt – zu Arbeitslosigkeit führen. Diese Analyse impliziert, dass eine Verringerung des Kündigungsschutzes zur Schaffung neuer Arbeitsplätze beitragen kann.

(c) Hohe Reservationslöhne

Mit dem **Reservationslohn** einer Person wird das Lohn- und Gehaltsniveau bezeichnet, zu dem die- oder derjenige gerade noch bereit ist, zu arbeiten. Mit anderen Worten gibt der Reservationslohn ein Gehaltsminimum auf dem Arbeitsmarkt vor, das von einem Unternehmen in jedem Fall bezahlt werden muss. Dieser Reservationslohn wird vor allem durch die Gestaltung der Arbeitslosen- sowie der Sozialversicherung, aber auch durch die Einführung von Mindestlöhnen bestimmt.

In den europäischen Volkswirtschaften garantiert die Sozialhilfe typischerweise ein Mindesteinkommen, das unabhängig von der Erwerbsbiographie ist. Darüber hinaus wird für eine bestimmte Zeitspanne Arbeitslosengeld gewährt, das sich am bisherigen Arbeitseinkommen orientiert. Tabelle 18-2 gibt einen Überblick über die so genannte **Nettoersetzungsraten**, d.h. dem Prozentsatz des bisherigen Einkommens nach Steuern, das im Falle der Arbeitslosigkeit vom Staat bezahlt wird. Auffällig sind dabei nicht nur die Unterschiede in der Höhe, sondern vor allem auch die unterschiedliche Dauer der Zuwendungen an Arbeitslose. Während in den USA nur sechs Monate lang Arbeitslosengeld gezahlt wird[17], lag die Nettoersetzungsrate in Frankreich im Jahre 1993 auch nach 24 Monaten Arbeitslosigkeit noch bei 73 Prozent.

Neben der Sozial- und Arbeitslosenunterstützung wird der Reservationslohn auf dem Arbeitsmarkt durch gesetzliche Mindestlöhne bestimmt, die ein Unternehmer zu zahlen verpflichtet ist. Viele Regierungen setzen gesetzliche Mindestlöhne fest, um zu verhindern, dass Arbeitskräfte im Verhältnis zum Durchschnitt der Gesellschaft unterbezahlt werden. Ein Großteil der Erwerbstätigen ist von den Mindestlöhnen gar nicht betroffen. Aufgrund ihrer Qualifizierung erhalten sie einen Arbeitsplatz, der höher bezahlt ist. Vor allem aber unausgebildete Arbeiter und Arbeitnehmer mit nur geringer oder keiner Berufserfahrung werden mit einem gesetzlichen Mindestlohn entlohnt. Gesetzliche Mindestlöhne gab es 2002 zum Beispiel in den USA und in neun von 15 EU-Ländern. In den USA wird der Mindestlohn durch den **Fair Labor Standards Act (FLSA)** festgelegt. Im Oktober 2003 betrug der Mindestlohn USD

[16] vgl. Modigliani et al. 1998, S. 337.

[17] Die Nettoersetzungsrate ist trotzdem ungleich null, da nicht nur das direkte Arbeitslosengeld in die Berechnung mit einfließt, sondern auch andere staatliche Leistungen.

5,15. Dabei bestehen Ausnahmen für Schwerbehinderte, Studenten, Erwerbstätige, die typischerweise Trinkgelder erhalten und jugendliche Erwerbstätige. Nach einem von Eurostat durchgeführten Vergleich auf Monatsbasis beträgt der Mindestlohn in den USA 1011 Euro und liegt in neun EU-Ländern zwischen 406 Euro (Portugal) und 1290 Euro (Luxemburg).[18]

Insgesamt hat sich der Reservationslohn in den meisten europäischen Ländern in den 70er und 80er Jahren – sei es durch einen Ausbau des Wohlfahrtstaates oder durch die Einführung von Mindestlöhnen – erhöht.[19] Dies hat mehrere Auswirkungen auf den Arbeitsmarkt. Zunächst senkt ein hoher Reservationslohn natürlich die Anreize für Arbeitslose, Arbeit im Niedriglohnsektor zu suchen bzw. anzunehmen. Ein generöser Wohlfahrtsstaat kann auch dazu beitragen, dass Gewerkschaften in Lohnverhandlungen die möglichen Auswirkungen höherer Löhne auf die Arbeitslosigkeit weniger beachten, da die Arbeitslosen einigermaßen sozial abgesichert sind. Somit sinkt beispielsweise der Anreiz, niedrigere Löhne als Gegenleistungen für Beschäftigungsgarantien zu akzeptieren. Eine weitere mögliche Konsequenz eines hohen Reservationslohnes ist das Ausscheiden von niedrigqualifizierten Arbeitnehmern aus dem Arbeitsmarkt. Übersteigt der Mindestlohn den Gleichgewichtslohn auf dem Markt für weniger Qualifizierte, so werden die Unternehmen mit Entlassungen reagieren. Stellt ein Arbeiter pro Stunde beispielsweise Waren im Wert von 5 Euro her, der Mindestlohn beträgt aber 5,50 Euro, wird er keine Anstellung finden. Nur ein Arbeiter, der Waren im Wert von mindestens 5,50 Euro pro Stunde herstellt, wird einen Job finden.

Dieser Argumentation zufolge kann die Arbeitslosigkeit in Europa durch eine Reduzierung der staatlichen Leistungen für Arbeitslose sowie durch die Abschaffung oder Senkung von Mindestlöhnen bekämpft werden.

Zusammenfassend kann festgehalten werden, dass ein Ansatz zur Lösung des europäischen Arbeitslosenproblems in der Flexibilisierung des Arbeitsmarktes bestehen könnte. Im Mittelpunkt einer solchen Strategie sollten die Lockerung des Kündigungsschutzes, die Absenkung des Reservationslohnes sowie die Einschränkung von Lohnverhandlungsmonopolen stehen. Befürworter dieses Ansatzes verweisen neben der niedrigeren Arbeitslosenquote in den USA gerne auf die historisch niedrige Arbeitslosigkeit in Großbritannien. Diese sei vor allem auf die Einschränkung des Einflusses von Gewerkschaften sowie auf die Beschneidung des Wohlfahrtstaates zurückzuführen.[20] So sank beispielsweise der Anteil von Gewerkschaftsmitgliedern in Großbritannien von 50 Prozent im Jahre 1980 auf unter 30 Prozent in 1999. Allerdings ist das wahre Ausmaß der Arbeitslosigkeit in Großbritannien umstritten. Zwar lag die offizielle Arbeitslosenrate in Großbritannien bei unter fünf Prozent, die Anzahl der aufgrund von

[18] Quelle: Eurostat
[19] vgl. Horst Siebert 1997, S. 50ff.
[20] Für eine ausführliche Diskussion der Entwicklung des Arbeitsmarktes in Großbritannien siehe Nickell, Quintini 2002.

Krankheit nicht arbeitsfähigen Arbeiter stieg jedoch in den letzten Jahren dramatisch an. So meldeten sich im Jahre 1998 43,4 Prozent der niedrig qualifizierten Männer über 25 Jahren in besonders stark von Arbeitslosigkeit betroffenen Regionen arbeitsunfähig. Einige Ökonomen argumentieren deswegen, dass es sich bei diesen Menschen um versteckte Arbeitslose handelt, die keine Arbeit mehr finden.[21]

Tabelle 18-2: Nettoersetzungsraten in Europa und den USA 1993[22]

Land	**Nettoersetzungsrate[a] 1993**						
	Dauer der Arbeitslosigkeit (in Monaten)						
	Beginn	3	6	12	18	24	60
Deutschland	61,1%	61,1%	61,1%	54,8%	54,8%	54,8%	54,8%
Frankreich	80,4%	80,4%	80,4%	80,4%	80,4%	73,0%	46,7%
Italien	55,5%	55,5%	55,5%	55,5%	55,5%	27,7%	27,7%
Großbritannien	41,4%	41,4%	41,4%	41,4%	41,1%	41,1%	41,1%
Spanien	83,7%	83,7%	71,7%	71,7%	71,7%	71,7%	23,2%
Texas	51,8%	51,8%	51,8%	6,7%	6,7%	6,7%	6,7%
New York	53,4%	53,4%	53,4%	30,4%	30,4%	30,4%	30,4%

Auch der Vergleich zwischen den USA und Europa kann nach verbreiteter Auffassung nicht uneingeschränkt als Beweis dafür dienen, dass Rigiditäten der (einzige) Grund für die Misere auf dem europäischen Arbeitsmarkt sind. Zum einen waren viele institutionelle Regelungen schon in den 60er Jahren in Europa in Kraft, zu einer Zeit also, in der die US-amerikanische Arbeitslosigkeit die in Europa noch überstieg. Daraus folgt, dass Rigiditäten nicht der einzige Grund für die negative Entwicklung der Arbeitsmarktsituation in Europa gewesen sein können.[23]

Weiterhin wurde bereits darauf hingewiesen, dass in Europa ein starkes Gefälle zwischen den verschiedenen Ländern existiert. So können Österreich, Norwegen oder die Niederlande auf niedrige Arbeitslosenzahlen verweisen, obwohl die Arbeitsmärkte dieser Länder weit von der Flexibilität der USA oder Großbritanniens entfernt sind. Dementsprechend argumentieren einige Ökonomen, dass die beschriebenen Rigiditäten nicht per se, sondern nur unter bestimmten Voraussetzungen eine negative Wirkung auf den Arbeitsmarkt entfalten. Beispielsweise kommt eine Studie des britischen Arbeitsmarktökonomen Stephen Nickell[24] zu dem Ergebnis, dass generöse Unterstützungen für Arbeitslose nur dann zu höherer Arbeitslosigkeit führen, wenn diese für eine sehr lange Dauer gezahlt werden. Ein weiteres Ergebnis des Aufsatzes ist, dass zentrale Tarifverhandlungen nur dann den Arbeitsmarkt belasten, wenn die Arbeitgeber-

[21] vgl. Nickell, Quintini 2002.
[22] Quelle: Central Planning Bureau 1995; die Zahlen beziehen sich auf einen alleinstehenden Arbeitnehmer mit durchschnittlichen Einkommen, sämtliche staatliche Leistungen wurden mit einbezogen
[23] vgl. Blanchard, Wolfers 2000 sowie Bertola, Blau, Kahn 2001.
[24] vgl. Stephen Nickell 1997

und Arbeitnehmerverbände in den verschiedenen Sektoren ihre Forderungen nicht koordinieren.[25]

Ein weiterer Einwand gegen eine radikale Flexibilisierung des Arbeitsmarktes ist die Befürchtung, dass dadurch die soziale Ungleichheit stark zunehmen könnte.

Tabelle 18-3 gibt einen Überblick über zwei Indikatoren für das Ausmaß der Ungleichheit in einem Land. In der ersten Spalte wird das verfügbare Einkommen der reichsten 10 Prozent innerhalb der Bevölkerung eines Landes ins Verhältnis gesetzt zu dem Einkommen der ärmsten 10 Prozent. Der zweite Indikator ist der so genannte **Gini – Koeffizient**[26]. Dieser nimmt bei einer vollkommen gleichen Einkommensverteilung einen Wert von null an, während eine eins bedeuten würde, dass ein einziges Individuum über das gesamte volkswirtschaftliche Einkommen verfügt. Beide Indikatoren steigen also mit zunehmender Ungleichheit an. Den Indikatoren zufolge ist die Ungleichheit in den skandinavischen Ländern Schweden und Norwegen am geringsten, während das verfügbare Einkommen in den USA, Italien und Großbritannien sehr ungleich verteilt ist. Diese Ergebnisse scheinen also den Einwand zu bestätigen, dass eine Flexibilisierung der Arbeitsmärkte tendenziell die Ungleichheit in einem Land verstärkt.

Tabelle 18-3: Soziale Ungleichheit im Vergleich (Mitte bis Ende 1990)[27]

	Verhältnis des verfügbares Einkommens 90/10 Dezil	**Gini - Koeffizient**
Deutschland	3,18	0,261
Frankreich	3,54	0,288
Italien	4,77	0,342
Großbritannien	4,57	0,344
Norwegen	3,15	0,238
Schweden	2,61	0,221
USA	5,57	0,372

25 Nickell begründet dieses Ergebnis damit, dass im Falle von unkoordinierten Tarifverhandlungen der Abschluss in einem Sektor als untere Grenze für die Verhandlungen im nächsten Sektor gilt. Daher würden Lohnerhöhungen im Zeitverlauf immer höher ausfallen. Durch ein abgesprochenes Verhalten der Arbeitgeber- und Arbeitnehmerverbände könne dies verhindert werden.

26 Für eine eingehendere Erläuterung des Gini-Koeffizienten siehe z.B. Peter Dörsam 2004.

27 vgl. Timothy M. Smeeding 2002

18.5 Nachfrageorientierte Beschäftigungspolitik und keynesianische Arbeitslosigkeit

Ein weiterer Ansatz zur Belebung des Arbeitsmarktes geht davon aus, dass Arbeitslosigkeit vor allem ein Resultat fehlender Nachfrage ist. Diese Vorstellung geht auf Keynes[28] zurück. Daher wird Arbeitslosigkeit, die auf eine Nachfrageschwäche zurückzuführen ist, auch als **keynesianische** Arbeitslosigkeit bezeichnet. Die Grundidee ist einfach: Sinkt beispielsweise die Nachfrage nach Autos, so schrumpft auch die Autoproduktion. Sinkt aber die Produktion, so werden auch weniger Arbeiter benötigt; die Arbeitsnachfrage fällt und Arbeitslosigkeit in der Autobranche ist die Folge.

Arbeitsmarktpolitik muss diesem Ansatz zufolge vor allem die gesamtwirtschaftliche Nachfrage stimulieren. Dazu stehen insbesondere die Instrumente der Fiskalpolitik, im beschränkten Umfang auch die der Geldpolitik zur Verfügung.[29] So kann beispielsweise durch die Erhöhung der Staatsausgaben staatliche Nachfrage generiert werden. Ebenso besteht die Möglichkeit, den privaten Konsum durch die Senkung von Steuern anzukurbeln. Den privaten Haushalten steht dann mehr Einkommen für den Konsum zur Verfügung. Schließlich kann eine expansive Geldpolitik durch niedrigere Geldmarktzinsen die gesamtwirtschaftliche Investitionstätigkeit anregen. In allen Fällen steigt die Nachfrage und damit der keynesianischen Theorie zufolge auch die Produktion.[30] Dadurch erhöht sich wiederum der Bedarf an Arbeitskräften. Dieser Zusammenhang ist noch einmal stark vereinfacht in Abbildung 18-6 dargestellt.

[28] vgl. John M. Keynes 1936

[29] Für eine ausführliche und kritische Diskussion dieser Instrumente vgl. Kap. 15.3.

[30] Dieser Zusammenhang kann im IS-LM Modell als Rechtsverschiebung der IS- bzw. der LM-Kurve dargestellt werden.

Abbildung 18-6: Schema einer nachfrageorientierten Beschäftigungspolitik

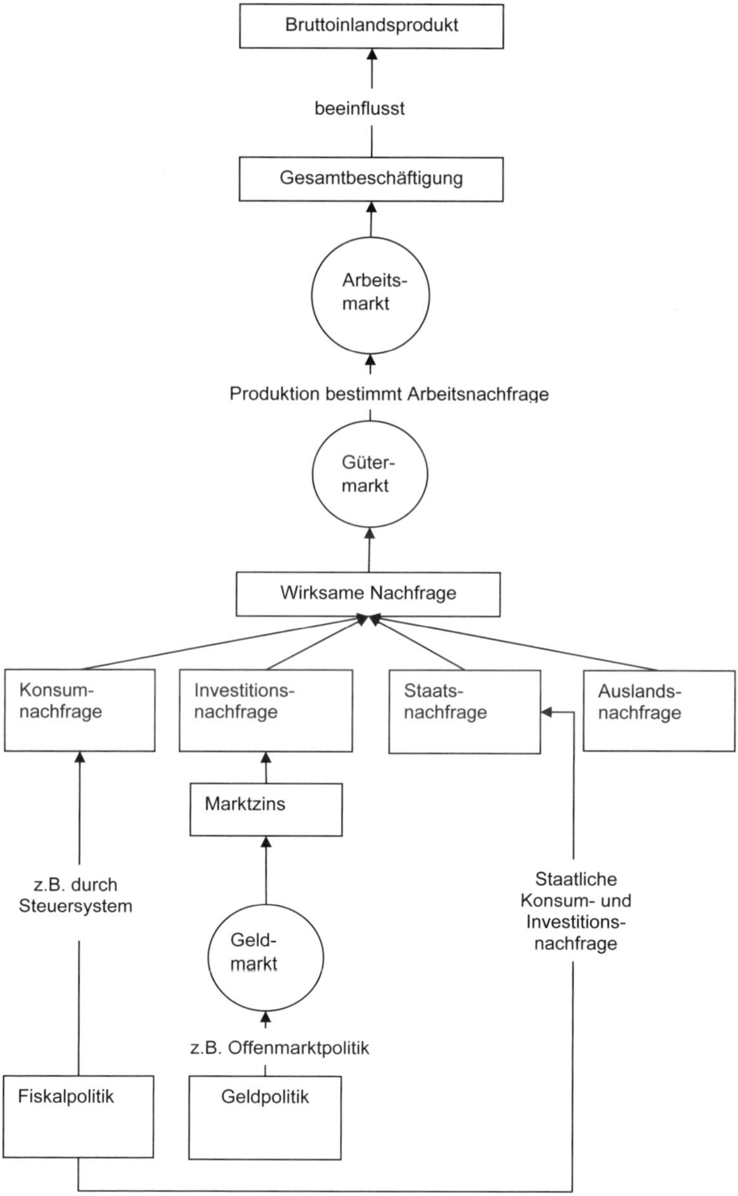

modifiziert übernommen aus Horst Siebert 1996, S. 339

Ausdruck finden solche Überlegungen auch heute beispielsweise in der Forderung, die Politik der Europäischen Zentralbank stärker an der Bekämpfung der Arbeitslosigkeit auszurichten. Ebenfalls wird oft eine Lockerung der Maastricht-Kriterien[31] verlangt, um die fiskalpolitischen Spielräume für eine Belebung der Konjunktur und des Arbeitsmarktes zu öffnen. Beide Standpunkte finden sich beispielsweise in einem „Manifest" einflussreicher Ökonomen aus dem Jahre 1998, in dem ein Gesamtkonzept zur Bekämpfung der europäischen Arbeitslosenmisere entwickelt wird.[32] Darin enthalten sind neben Vorschlägen für eine teilweise Flexibilisierung des Arbeitsmarktes auch die Forderungen nach einer breit angelegten Stimulierung der Nachfrage – insbesondere der Investitionsnachfrage – in Europa.

Kritiker einer nachfrageorientierten Beschäftigungspolitik verweisen dagegen darauf, dass der Einsatz der Fiskalpolitik langfristig zu enormen Budgetdefiziten führt, wie sie heutzutage in fast allen europäischen Staaten zu beobachten sind.[33] Dann aber wird infolge hoher Zinskosten der Bewegungsspielraum zukünftiger Generationen eingeschränkt. Auch werden private Investitionen zum Teil durch eine höhere Staatsnachfrage verdrängt. So führt die Finanzierung von höheren Defiziten (zur Finanzierung der Fiskalpolitik) zu steigenden Zinsen auf dem Kapitalmarkt. Dies lässt die Investitionstätigkeit der Unternehmen sinken, der positive Nachfrageeffekt der höheren Staatsausgaben wird teilweise wieder aufgehoben.[34]

Ein weiterer Kritikpunkt an einer nachfrageorientierten Beschäftigungspolitik ist, dass eine in die Dienste der Beschäftigungspolitik gestellte (expansive) Geldpolitik die Inflationsrate eines Landes durch exzessives Geldmengenwachstum stark in die Höhe treiben kann.[35] Schließlich erscheint auch der postulierte Zusammenhang zwischen Produktion und Beschäftigung zu einfach. So hängt die Beschäftigung nicht nur von der Produktion alleine, sondern auch von deren Arbeitsintensität ab. Diese wird jedoch von einer ganzen Reihe von Faktoren bestimmt. Beispielsweise führen hohe Lohnkosten tendenziell zu weniger Beschäftigungsintensität.

[31] Für eine detaillierte Darstellung der Maastricht-Kriterien siehe Kasten 7-1.
[32] vgl. Modigliani et al. 1998.
[33] vgl. Kap. 7.2.
[34] Für eine ausführlichere Diskussion dieses ´crowding out´ Effektes vgl. Kap. 13.3.3, 15.4.3.
[35] vgl. Kap. 11.2, 15.4.2.

18.6 Aktive Arbeitsmarktpolitik und Wiedereingliederung in den Arbeitsmarkt

Zu Beginn dieses Kapitels wurde bereits das dramatische Ausmaß an Langzeitarbeitslosigkeit in vielen europäischen Ländern, unter anderem auch in Deutschland belegt. Problematisch ist hierbei vor allem, dass Menschen, die lange ohne Arbeit waren, ihre beruflichen, aber auch sozialen Kompetenzen verlieren. Die Chance der Wiedereingliederung in den Arbeitsmarkt sinkt mit zunehmender Dauer der Arbeitslosigkeit. Von Langzeitarbeitslosigkeit besonders betroffen sind dabei gering qualifizierte Beschäftigte und Arbeitnehmer derjenigen Branchen, die an wirtschaftlicher Bedeutung verlieren. Die auf dem Arbeitsmarkt nachgefragten und die von den Menschen angebotenen Qualifikationen unterscheiden sich bei dieser Personengruppe besonders stark. Ein Ansatz, insbesondere Langzeitarbeitslose und schwer vermittelbare Arbeitnehmer wieder in den Arbeitsmarkt einzugliedern, ist die so genannte **aktive Arbeitsmarktpolitik**. Nach der Definition der Internationalen Arbeitsorganisation (ILO) sind darunter solche Maßnahmen der Regierung zu verstehen, die darauf abzielen, den am Arbeitsmarkt benachteiligten Menschen direkt oder indirekt zur Beschäftigung zu verhelfen oder ihre Einstellungschancen zu vergrößern.

Bei der Implementierung und Beurteilung von aktiver Arbeitsmarktpolitik sind neben den direkten Effekten auf die eigentlichen Teilnehmer der Maßnahmen auch immer die indirekten Einflüsse auf Nichtteilnehmer zu beachten. Die direkten Effekte lassen sich einteilen in Einflüsse auf (a) den so genannten **Matching-Prozess**, d.h. die Zusammenführung von Arbeitsangebot und Arbeitsnachfrage, (b) die Produktivität, (c) den Lohnfindungsprozess, (d) das Arbeitsangebot und (e) die psychische und soziale Belastung des Teilnehmers, die im Allgemeinen Folge von Arbeitslosigkeit ist.

Bei den indirekten Effekten kann zwischen Mitnahmeeffekten, Substitutionseffekten, Verdrängungseffekten und Steuereffekten unterschieden werden. Von Mitnahmeeffekten wird dann gesprochen, wenn ein Arbeitsloser auch ohne die Maßnahme das Ziel derselben erreicht hätte. In einem solchen Fall werden öffentliche Mittel eingesetzt ohne einen zusätzlichen Nutzen zu stiften. Substitutionseffekte entstehen dann, wenn Arbeitgeber regulär Beschäftigte durch staatlich geförderte Arbeitnehmer ersetzen oder bei Neueinstellungen Maßnahmenteilnehmer anstelle von Nichtteilnehmern auswählen. Von Verdrängungseffekten ist dann die Rede, wenn reguläre Beschäftigung in den Unternehmen verloren geht, die gegen Firmen konkurrieren, die durch den Einsatz von staatlich geförderten Beschäftigten einen Wettbewerbsvorteil erzielen und folglich ihren Marktanteil ausweiten können. Schließlich muss in die Bewertung von aktiver Arbeitsmarktpolitik mit einbezogen werden, dass diese – wird sie durch die Erhebung von Steuern und Abgaben finanziert - den Faktor Arbeit zusätzlich verteuern kann.

Zu den möglichen Instrumenten einer aktiven Arbeitsmarktpolitik gehören insbesondere (a) die **Qualifikation von Arbeitssuchenden**, (b) **Arbeitsbe-**

schaffungsmaßnahmen und (c) **Lohnkostenzuschüsse** an Arbeitgeber. Diese Maßnahmen sollen nun kurz dargestellt und auf ihre direkten und indirekten Effekte überprüft werden.

(a) Qualifikation von Arbeitssuchenden

Die Qualifikation von Arbeitssuchenden erfolgt in Deutschland vor allem durch berufliche Aus- und Fortbildungsprogramme. Diese werden zumeist von privaten Fortbildungsinstituten veranstaltet und dauern im Falle von Fortbildungen zwischen drei und acht Monaten, bei Umschulungen bis zu zwei Jahre. Die Teilnehmer dieser Maßnahmen werden von den regionalen Arbeitsämtern ausgewählt und erhalten die Kursgebühr, die Kosten der Unterkunft und im Falle vorheriger Erwerbstätigkeit ein Unterhaltsgeld in Höhe des Arbeitslosengeldes.

Ziel solcher Aus- und Fortbildungsprogramme ist zum einen die Verringerung von **Mismatch** - Problemen, d.h. also die Angleichung von auf dem Arbeitsmarkt gefragten und angebotenen Qualifikationen. Weiterhin soll die Produktivität und damit die Vermittelbarkeit des Arbeitnehmers erhöht oder erhalten werden. Allerdings besteht das Problem solcher Programme darin, dass die auf dem Arbeitsmarkt verlangten Fähigkeiten sowohl bekannt (insbesondere bei Umschulungen auch vorausschauend) als auch in Kursen vermittelbar sein müssen. Kritiker argumentieren, dass die Qualifikation von Arbeitssuchenden durch tatsächlichen Einsatz im angestrebten Arbeitsbereich den Aus- und Fortbildungsprogrammen vorzuziehen ist.

(b) Arbeitsbeschaffungsmaßnahmen (ABM)

Die Grundidee von ABM ist die Schaffung neuer Beschäftigungsmöglichkeiten insbesondere für Langzeitarbeitslose, deren Lohn dann bis zu 90 Prozent von der Bundesagentur für Arbeit getragen wird. Arbeitslose sollen so ihre Beschäftigungsfähigkeit erhalten oder wieder herstellen können. Weiteres Ziel ist die Verminderung von psychischer und sozialer Belastung, die aus langer Arbeitslosigkeit resultiert. So soll die Resignation von Arbeitslosen verhindert werden.

Potentiell können Arbeitsbeschaffungsmaßnahmen zu Verdrängungs- und Substitutionseffekten führen, wenn Arbeitgeber reguläre Arbeit durch geförderte Arbeit ersetzen und dadurch einen Wettbewerbsvorteil gegenüber ihren Konkurrenten erlangen. Um dies zu verhindern, sollen die ABM-Stellen nur in Bereichen entstehen, die nicht oder erst später am regulären Arbeitsmarkt nachgefragt werden (Zusätzlichkeitsprinzip) bzw. im öffentlichen Interesse liegen. Auch sind Arbeitsbeschaffungsmaßnahmen im Regelfall auf eine Laufzeit von maximal 36 Monaten begrenzt. Das Problem insbesondere des Zusätzlichkeitsprinzips liegt allerdings darin, dass auf ABM-Stellen Beschäftigte während ihrer Tätigkeit nur selten Qualifikationen erwerben, die später auf dem freien Arbeitsmarkt von Bedeutung sind. Dementsprechend sind positive Wirkungen auf das Matching, sowie auf die Produktivität und damit die Einstellungschancen nur in sehr beschränktem Umfang zu erwarten.

(c) Lohnkostenzuschüsse

Die Idee von Lohnkostenzuschüssen resultiert aus der Beobachtung, dass die Löhne in vielen europäischen Ländern (darunter auch in Deutschland), vor allem im Niedriglohnbereich, über dem Produktiv- oder Gleichgewichtslohn liegen.[36] Dadurch bricht der Arbeitsmarkt für niedrigqualifizierte Arbeitnehmer zu einem großen Teil zusammen. Beschäftigungsaufbau in diesen Sektoren könnte also nur durch niedrigere Löhne erreicht werden. Dies scheitert jedoch einerseits an gesetzlich festgelegten Mindestlöhnen bzw. den Vereinbarungen zwischen den Tarifparteien, andererseits aber auch an den Sozialleistungen, die eine untere Grenze für den Lohn vorgeben, zu dem ein Arbeitsloser bereit ist, eine Arbeit anzunehmen.

Eine Möglichkeit für die Lösung dieses Dilemmas wäre die staatliche Förderung des Niedriglohnsektors. Zum einen könnte der Staat einem Arbeitgeber, der einen Arbeitslosen einstellt, für einen beschränkten Zeitraum finanzielle Leistungen zahlen. Zum anderen ist auch die dauerhafte Subventionierung von Arbeitsplätzen denkbar. In beiden Fällen würden die Ist-Kosten für den Arbeitgeber gesenkt, ohne dass sich der Anreiz für einen Arbeitslosen vermindert die Beschäftigungsstelle anzunehmen. Ein weiterer Vorteil von Lohnsubventionen ist die Verbesserung des Matchings und der Produktivität eines Arbeitnehmers, da dessen Qualifikationen durch direkten Einsatz auf dem Arbeitsmarkt trainiert werden. Allerdings besteht bei Lohnkostenzuschüssen die Gefahr von Mitnahme- und Substitutionseffekten. Außerdem sind die Kosten für einen staatlich geförderten Niedriglohnsektor relativ hoch.

Zusammenfassend lässt sich festhalten, dass eine aktive Arbeitsmarktpolitik durchaus zur Wiedereingliederung insbesondere von Langzeitarbeitslosen in den Arbeitsmarkt beitragen kann. Allerdings müssen in eine Gesamtbewertung immer auch die indirekten Kosten solcher Maßnahmen mit einbezogen werden.

[36] Die Ursachen für diese Beobachtung wurden bereits im Kapitel 8.4.3, 18.4 eingehend erläutert.

18.7 Zusammenfassung

Dieses Kapitel hat sich mit möglichen Instrumenten zur Bekämpfung der Arbeitslosigkeit im Allgemeinen sowie Wege aus der Arbeitslosenmisere in Deutschland und Europa im Speziellen beschäftigt. Zunächst ist dabei festzuhalten, dass die Arbeitslosigkeit in Europa seit Mitte der 1980er Jahre deutlich über dem Niveau der USA oder Japan liegt. Allerdings ist die Situation innerhalb Europas sehr unterschiedlich. Während Länder wie die Niederlande, Großbritannien oder Dänemark große Erfolge im Kampf gegen die Arbeitslosigkeit zu verzeichnen haben, hat sich die Lage in anderen Ländern (unter anderem auch Deutschland) in den letzten Jahren noch verschlechtert. Ein besonderes Problem in diesen Ländern liegt in dem steigenden Anteil an Langzeitarbeitslosen.

Oftmals wird von Ökonomen die Inflexibilität der Arbeitsmärkte als eine der Hauptursachen für die strukturelle Arbeitslosigkeit in Europa genannt, ein Ansatz zur Lösung des europäischen Arbeitslosenproblems läge damit in der Flexibilisierung der europäischen Arbeitsmärkte. Im Mittelpunkt einer solchen Strategie sollten die Lockerung des Kündigungsschutzes, die Absenkung des Reservationslohnes sowie die Einschränkung von Lohnverhandlungsmonopolen stehen. Kritiker einer solchen Strategie verweisen jedoch darauf, dass viele der (inflexiblen) institutionellen Regelungen schon in den 60er Jahren in Europa in Kraft waren, zu einer Zeit also, in der die US-amerikanische Arbeitslosigkeit die in Europa noch überstieg. Daher können die Rigiditäten zumindest nicht der einzige Grund für die Arbeitslosenmisere sein. Ein weiterer Haupteinwand gegen eine umfassende Flexibilisierung ist der aufgrund der Erfahrungen in Großbritannien und den USA zu erwartende Anstieg der finanziellen Ungleichheit.

Ein zweiter Ansatz zur Belebung des Arbeitsmarktes geht davon aus, dass Arbeitslosigkeit vor allem ein Resultat fehlender Nachfrage ist und daher der Staat die gesamtwirtschaftliche Nachfrage – durch fiskal- und geldpolitische Maßnahmen – ankurbeln sollte. Kritiker einer solchen nachfrageorientierten Beschäftigungspolitik verweisen beispielsweise darauf, dass der Einsatz der Fiskalpolitik langfristig zu enormen Budgetdefiziten führt und private Investitionen zum Teil durch eine höhere Staatsnachfrage verdrängt werden. Weiterhin kann eine in den Dienst der Beschäftigungspolitik gestellte (expansive) Geldpolitik die Inflationsrate eines Landes durch exzessives Geldmengenwachstum stark in die Höhe treiben.

Ein Ansatz, um insbesondere Langzeitarbeitslose und schwer vermittelbare Arbeitnehmer wieder in den Arbeitsmarkt einzugliedern ist die aktive Arbeitsmarktpolitik, die darauf abzielt, am Arbeitsmarkt benachteiligte Menschen zu neuer Beschäftigung zu verhelfen oder ihre Einstellungschancen zu vergrößern. Zu den möglichen Instrumenten einer aktiven Arbeitsmarktpolitik gehören insbesondere die Qualifikation von Arbeitssuchenden, Arbeitsbeschaffungsmaßnahmen und Lohnkostenzuschüsse an Arbeitgeber. Bei der Beurteilung solcher Maßnahmen müssen allerdings immer auch mögliche indirekte Effekte – beispielsweise die Verdrängung regulärer Beschäftigung – mit einbezogen werden. Dies macht eine Gesamtbewertung einer aktiven Arbeitsmarktpolitik schwierig.

VI. Fortgeschrittene Makroökonomie

Nachdem der Leser in den ersten vier Teilen dieses Buches systematisch in die wichtigsten Gebiete der Makroökonomie eingeführt wurde, sollen zum Schluss noch einige fortgeschrittene Themen behandelt werden. Der Inhalt dieses Teils geht dabei über das hinaus, was typischerweise in einem wirtschaftswissenschaftlichen Grundstudium behandelt wird. Der Leser soll so die Möglichkeit erhalten, seine Kenntnisse in bestimmten Bereichen zu vertiefen und einen Einblick in Fragestellungen des Hauptstudiums erhalten.

Inhaltlich orientieren sich die folgenden Kapitel an Themen, die bereits in den vorherigen Teilen des Buches behandelt worden sind. Diese werden dann vertieft und der Leser erhält einen Einblick in den aktuellen Stand makroökonomischer Forschung. Zu Beginn eines jeden Kapitels wird dabei noch einmal kurz das bereits Bekannte zusammengefasst. Diese Zusammenfassung kann aber natürlich nicht die Lektüre der jeweiligen Kapitel ersetzen, auf die im Folgenden aufgebaut wird. Die fortgeschrittenen Themen, die hier behandelt werden sollen, sind dabei von besonders großer (praktischer) Relevanz und Gegenstand intensiver wirtschaftswissenschaftlicher Forschung. Sie werden daher auch in fast jedem volkswirtschaftlichen Hauptstudium behandelt.

Kapitel 19 greift das aus Kapitel 16.3 bekannte Solow-Wachstumsmodell auf und führt kritisch in so genannte **endogene Wachstumsmodelle** ein. In diesen wird das Technologieniveau nicht exogen vorgegeben, sondern endogen bestimmt. In Kapitel 20 wird der Leser dann in moderne Konjunkturtheorien eingeführt.[1] Mit der **RBC-Theorie** und der **neukeynesianischen Makroökonomie** werden zwei der wichtigsten modernen Denkrichtungen vorgestellt, die sich insbesondere um die mikroökonomische Fundierung makroökonomischer Modelle bemühen. Schließlich werden in Kapitel 21, aufbauend auf Kapitel 17, makroökonomische Theorien zur Bestimmung flexibler Wechselkurse vorgestellt. Besonderes Augenmerk gilt dabei dem **monetaristischen Ansatz** für die langfristige Bestimmung von Wechselkursen sowie dem so genannten **Dornbusch-Modell**, dass auch das kurzfristige Verhalten von Wechselkursen zu erklären versucht.

[1] Dieser Abschnitt baut auf Kapitel 15 auf.

19 Endogene Wachstumsmodelle

19.1 Einleitung

In Kapitel 16.2 wurden bereits die zentralen Fragestellungen jeder Betrachtung von wirtschaftlichem Wachstum herausgearbeitet. Diese lauten:

1. Warum sind einige Länder so arm, warum andere so reich?
2. Worauf ist es zurückzuführen, dass eine Volkswirtschaft wächst?

Bislang diente das Solow-Wachstumsmodell als Ausgangspunkt für die Beantwortung dieser Fragen. Das extreme Einkommensgefälle zwischen den verschiedenen Ländern erklärt das Modell durch Unterschiede in den Investitionsraten, dem Bevölkerungswachstum und dem exogen vorgegebenen Technologieniveau. Höhere Investitionsraten und niedrigeres Bevölkerungswachstum erlauben es den reichen Ländern demnach mehr Kapital pro Arbeiter zu akkumulieren und dadurch die Arbeitsproduktivität zu steigern. Kontinuierliches Wachstum wird im Solow Modell damit erklärt, dass das Technologieniveau von Periode zu Periode steigt, und damit die Produktionsfaktoren Arbeit und Kapital produktiver werden. Dieses Ergebnis erscheint plausibel, da erst technologischer Fortschritt es heutzutage ermöglicht, eine Vielzahl dessen zu produzieren, was früher bei gleicher Menge an Produktionsfaktoren möglich gewesen wäre.

Das Hauptproblem der Analyse des Solow Modells sind die Annahmen bezüglich der Technologievariablen A, die als die zentrale Variable des Modells gelten kann. Insbesondere erscheint problematisch, dass die Größe, die kontinuierliches Wachstum überhaupt ermöglicht, exogen vorgegeben wird. Wirtschaftliches Wachstum wird damit – überspitzt formuliert – einfach angenommen, aber nicht innerhalb des Modells erklärt. Somit erlaubt das Modell keine Rückschlüsse auf die Determinanten wirtschaftlichen Wachstums. Auch könnte die Variable A alle anderen Faktoren darstellen, die neben Kapital und Arbeit die Produktion in einer Volkswirtschaft bestimmen bzw. die Produktivität der Produktionsfaktoren beeinflussen. So wäre es beispielsweise auch möglich, A als die Qualität der Infrastruktur einer Ökonomie oder als Ausbildungsniveau der Arbeitskräfte auszulegen.

Ausgehend von dieser fundamentalen Kritik soll hier ein „modernes" Wachstumsmodell entwickelt werden, das zum einen A explizit als Technologieniveau interpretiert und zum anderen das Wachstum des Technologieniveaus innerhalb des Modells, also endogen, bestimmt. Dementsprechend gehört das Modell zu der Klasse der so genannten „**endogenen Wachstumsmodelle**".

19.2 Ein einfaches endogenes Wachstumsmodell[1]

19.2.1 Die „Produktion" technologischen Fortschritts

Damit technologischer Fortschritt innerhalb des Modells bestimmt werden kann, muss der bisherige Rahmen des Solow-Modells erweitert werden. Insbesondere sind eine explizite Modellierung der Forschungsaktivitäten einer Volkswirtschaft und die daraus resultierende Steigerung des Technologieniveaus vonnöten. Im Folgenden soll vereinfachend davon ausgegangen werden, dass innerhalb einer Volkswirtschaft ein Sektor „Forschung und Entwicklung" existiert, in dem neue Technologien „produziert" werden. Es wird also die Veränderung des Technologieniveaus im Zeitverlauf betrachtet. Die Produktion neuer Ideen folgt einer konventionellen Produktionsfunktion mit den Inputs Kapital (K), Arbeit (L) und Technologieniveau (A):

$$\frac{dA}{dt} = \dot{A} = B(a_K K)^{\beta} (a_L L)^{\gamma} A^{\theta} \text{ mit } B > 0, \beta \geq 0 \text{ und } \gamma \geq 0.$$

In dieser Funktion repräsentieren a_L und a_K den Anteil der im Forschungssektor beschäftigten Arbeitnehmer bzw. den Anteil des dort eingesetzten Kapitals. Ist a_L beispielsweise gleich 0,1 so bedeutet dies, dass 10 Prozent aller Arbeitskräfte im Forschungsbereich arbeiten. Demnach hängt also die Produktion neuer Technologie zum einen davon ab, wie viele Ressourcen einer Volkswirtschaft in den Forschungsbereich fließen. Diese Anteile werden im Modell als exogen angenommen. Beeinflusst wird die Forschungsaktivität in der Privatwirtschaft – und dadurch der Anteil der in diesen Bereich fließenden Ressourcen - vor allem durch die „Fruchtbarkeit" von Forschungsaktivitäten sowie dem Ausmaß, mit dem Firmen an den aus der Entwicklungsarbeit resultierenden Erfindungen profitieren. Beide Faktoren können bis zu einem gewissen Grad auch von (wirtschafts-)politischen Maßnahmen beeinflusst werden.[2]

Neben den Produktionsfaktoren Kapital und Arbeit beeinflussen noch zwei andere Faktoren die Produktion neuer Ideen. Zunächst ist es wahrscheinlich, dass die Entwicklung neuer Technologien vom bestehenden Technologieniveau A abhängt. Dieser Zusammenhang kann dabei sowohl negativ als auch positiv sein. Zum einen sind Erfindungen aus der Vergangenheit häufig die Grundlage neuer Erfindungen. Beispielsweise ermöglichen oftmals erst Erfolge in der Grundlagenforschung die anwendungsorientierten Entwicklungen in der Privatwirtschaft. In diesem Falle besteht ein positiver Zusammenhang zwischen bestehendem Technologieniveau und zukünftigen Erfindungen, der Parameter θ ist also positiv. Andersherum kann das, was bereits erfunden wurde, nicht noch

---

[1] Das im Folgenden beschriebene Modell folgt weitgehend der Darstellung in David H. Romer 2001 und basiert auf Wachstumsmodellen entwickelt von Paul M. Romer 1990; Grossman, Helpman 1991 und Aghion, Howitt 1992.

[2] Vgl. Kap. 16.5.2 für eine eingehende Darstellung der Bestimmungsfaktoren der gesamtwirtschaftlichen Forschungsaktivität.

einmal erfunden werden. In diesem Sinne erschwert ein höheres Technologieniveau die Entwicklung neuer Ideen, θ ist dann negativ.

Der Parameter B repräsentiert schließlich alle anderen Faktoren, die den Erfolg der Forschungsarbeit in einer Volkwirtschaft bestimmen. Ein Beispiel hierfür wäre das Ausbildungssystem eines Landes. So bestimmt das Ausbildungsniveau der Forscher in der Privatwirtschaft auch die Erfolgsaussichten von Forschungsprojekten. Weiterhin ist aber auch die Grundlagenforschung, wie sie vor allem an Universitäten und Forschungsinstituten geleistet wird, von entscheidender Bedeutung für die mehr anwendungsorientierte Forschung in der Industrie. Die Effekte eines verbesserten Bildungssystems könnten folglich in Form einer Steigerung des Parameters B modelliert werden.

Bei der Betrachtung der Produktionsfunktion des technologischen Niveaus ist ferner zu beachten, dass die sonst übliche Annahme konstanter Skalenerträge der Produktionsfaktoren Arbeit und Kapital hier aufgegeben wurde. Eine Verdopplung des Einsatzes dieser Faktoren führt also nicht zwangsläufig zu einer Verdopplung der Produktion. Vielmehr kann eine Erhöhung des Einsatzes an Produktionsfaktoren sowohl zu einer proportionalen als auch zu einer über- oder unterproportionalen Steigerung der Produktion führen. Diese Annahme kann durch die speziellen Eigenarten der Forschungsarbeit gerechtfertigt werden. So kann eine Verdoppelung des Kapitals sowie der Arbeitskraft eines Projektes potentiell dazu führen, dass eine Technologie zweimal erfunden wird, das Technologieniveau also von der Investition unberührt bleibt. Möglich ist aber auch eine überproportionale Steigerung des Forschungsoutputs, beispielsweise durch eine Erhöhung der Produktivität infolge von Forschungskooperationen.

19.2.2 Die weiteren Modellspezifikationen

Die weiteren Modellspezifikationen gleichen denen des bereits behandelten Solow-Modells mit Technologie. Neben dem Forschungssektor existiert also ein Produktionssektor, dessen Produktionsfunktion nach wie vor von den beiden Inputs Kapital und effektive Arbeit (AL) abhängt. Allerdings werden nun nicht mehr sämtliche volkswirtschaftlichen Ressourcen in der Produktion verwendet, sondern nur noch der Teil, der nicht in den Forschungsbereich fließt. Unter der bekannten Annahme einer Cobb-Douglas Produktionsfunktion mit konstanten Skalenerträgen ergibt sich für den gesamtwirtschaftlichen Output:

$$Y = F(K, AL) = [(1-a_K)K]^{\alpha}[A(1-a_L)L]^{1-\alpha} \text{ mit } 0 \leq \alpha \leq 1.$$

Anzumerken ist hier noch, dass das Technologieniveau vollständig sowohl in die Entwicklung neuer Technologien als auch in die Produktionsfunktion mit eingeht. Beide Sektoren können also auf das gesamte Wissen zurückgreifen, da der Gebrauch von Ideen nicht dazu führt, dass diese in anderen Bereichen nicht mehr verwendet werden können.

Die Veränderung des Kapitals ist nach wie vor gegeben als Differenz aus Investitionen und Abschreibungen. Die Sparquote s ist wiederum exogen vorgegeben und konstant. Zur Vereinfachung sei im Folgenden eine Abschreibungsrate von $\delta = 0$ angenommen:[3]

$$\dot{K} = sY - \delta K = sY + 0K$$

$$\Leftrightarrow \quad \dot{K} = sY$$

Schließlich wächst die Bevölkerung konstant um den Faktor n. Wiederum zur Vereinfachung sei die Möglichkeit eines negativen Bevölkerungswachstums an dieser Stelle ausgeschlossen:

$$g_L = \frac{\dot{L}}{L} = n, n \geq 0.$$

Die Analyse dieses Modells ist trotz der ähnlichen Struktur komplizierter als die des Solow-Modells mit Technologie. Dies ist darauf zurückzuführen, dass jetzt zwei Variablen, der Kapitalstock K und das Technologieniveau A, endogen innerhalb des Modells bestimmt werden. Daher soll zunächst das Modell ohne Kapital behandelt werden. Trotz dieser Vereinfachung werden bereits die Hauptaussagen des Modells ersichtlich.

19.2.3 Analyse des Modells ohne Kapital

In einem ersten Schritt soll das oben beschriebene endogene Wachstumsmodell ohne Kapital analysiert werden. Zu diesem Zweck können einfach die Parameter α und β, die die Produktivität des Kapitals in der Güter- bzw. Technologieproduktion beschreiben, gleich null gesetzt werden. Die Produktionsfunktion des Technologiesektors sowie die gesamtwirtschaftliche Produktionsfunktion lauten damit wie folgt:

$$\dot{A} = B(a_K K)^0 (a_L L)^\gamma A^\theta$$

$$\Leftrightarrow \quad \dot{A} = B(a_L L)^\gamma A^\theta$$

$$Y = F(K, AL) = [(1-a_K)K]^0 [A(1-a_L)L]^{1-0}$$

$$\Leftrightarrow \quad Y = F(AL) = A(1-a_L)L.$$

[3] Diese Annahme verändert die Hauptaussage des Modells nicht.

Zunächst soll die gesamtwirtschaftliche Produktion, also die zweite der Gleichungen betrachtet werden. Wird diese auf beiden Seiten durch L dividiert, so ergibt sich die Produktion pro Arbeiter (y) als Funktion des Technologieniveaus A. Die Produktion pro Arbeiter steigt dabei proportional mit dem Technologieniveau:

$$\frac{Y}{L} = \frac{A(1-a_L)L}{L}$$

$$\Leftrightarrow \quad y = A(1-a_L) \text{ mit } y \equiv \frac{Y}{L}.$$

Dementsprechend ist die Wachstumsrate von y gleich der Wachstumsrate des technologischen Fortschritts, da der Term (1-a_L) eine Konstante ist und im Zeitverlauf nicht wächst. Mathematisch lässt sich dieser Zusammenhang herleiten, indem die Funktion zunächst logarithmiert wird:

$$\ln y = \ln[A(1-a_L)]$$

$$\Leftrightarrow \quad \ln y = \ln A + \ln(1-a_L)$$

Diese Gleichung kann jetzt weiter umgeformt werden, indem beide Seiten nach der Zeit abgeleitet werden. Wie schon erläutert gilt, dass die Ableitung des Logarithmus einer Variablen nach der Zeit gleich der Wachstumsrate dieser Variablen ist. Daraus folgt:

$$\frac{d\ln y}{dt} = \frac{d\ln A}{dt} - \frac{d\ln(1-a_L)}{dt}$$

$$\Leftrightarrow \quad \frac{\dot{y}}{y} = \frac{\dot{A}}{A} - 0$$

$$\Leftrightarrow \quad g_y = g_{A.}$$

Die Wachstumsrate des Outputs pro Arbeiter ist also gleich der Wachstumsrate der Technologie.[4] Aufgrund dieses Zusammenhanges kann sich die folgende Analyse nun auf die Wachstumsrate des technologischen Niveaus konzentrieren. Diese folgt, wie bereits gesehen, der folgenden Funktion:

$$\dot{A} = B(a_L L)^{\gamma} A^{\theta} \quad \text{mit } B > 0 \text{ und } \gamma \geq 0.$$

Die Wachstumsrate von A (g_A) ergibt sich dann, indem diese Funktion durch A geteilt wird:

[4] Der zweite Term auf der rechten Seite stellt lediglich eine Konstante dar und fällt folglich bei der Ableitung weg.

$$g_A = \frac{\dot{A}}{A} = \frac{B(a_L L)^\gamma A^\theta}{A}$$
$$\Leftrightarrow \quad g_A = B(a_L L)^\gamma A^{\theta-1}$$

Die Wachstumsrate der Technologie wird also zunächst bestimmt von der Menge der im Forschungsbereich eingesetzten Arbeitskräfte ($a_L L$), dem Technologieniveau, dem „Erfolgsparameter“ B sowie den Parametern γ und θ. Um die Entwicklung von g_A im Zeitverlauf analysieren zu können, muss deren Wachstumsrate berechnet werden. Zu diesem Zweck wird die Funktion zunächst wieder logarithmiert:

$$\ln g_A = \ln B + \ln(a_L L)^\gamma + \ln(A)^{\theta-1}$$
$$\Leftrightarrow \quad \ln g_A = \ln B + \gamma \ln a_L + \gamma \ln L + (\theta - 1)\ln A.$$

Die resultierende Gleichung wird daraufhin nach der Zeit abgeleitet. Da ln B und ln a_L Konstanten sind, fallen diese bei der Ableitung weg:

$$\frac{d \ln g_A}{dt} = \frac{d \ln B}{dt} + \gamma \frac{d \ln a_L}{dt} + \gamma \frac{d \ln L}{dt} + (\theta - 1)\frac{d \ln A}{dt}$$
$$\Leftrightarrow \quad \frac{\dot{g}_A}{g_A} = 0 + 0 + \gamma \frac{\dot{L}}{L} + (\theta - 1)\frac{\dot{A}}{A}$$
$$\Leftrightarrow \quad \frac{\dot{g}_A}{g_A} = \gamma n + (\theta - 1) g_A.$$

Schließlich lässt sich die Veränderung der Wachstumsrate des technologischen Fortschritts ermitteln, indem die Funktion mit g_A multipliziert wird. Es ergibt sich:

$$\dot{g}_A = \gamma n g_A + (\theta - 1)[g_A]^2.$$

Die Veränderung der Wachstumsrate des technologischen Fortschritts ist demnach eine Funktion des Bevölkerungswachstums (n), der Skalenerträge von effektiver Arbeit und Technologie in der Produktion technologischen Fortschritts (γ und θ) sowie des Wachstums der Technologie (g_A). Mithilfe dieser Gleichungen kann nun die Entwicklung der Wachstumsrate des technologischen Fortschritts im Zeitverlauf und damit das Wachstum der Produktion pro Arbeiter untersucht werden. Das Verhalten der Volkswirtschaft hängt dabei entscheidend von den Skalenerträgen des Technologieniveaus in der Produktionsfunktion des technologischen Fortschritts ab. Diese werden von dem Parameter θ gemessen. Dabei kann zwischen drei Fällen unterschieden werden, die im Folgenden getrennt behandelt werden sollen.

19.2.3.1 Fallende Skalenerträge ($\theta < 1$)

Fallende Skalenerträge bedeuten, dass die Entwicklung neuer Ideen unterproportional mit der Höhe des vorhandenen Technologieniveaus voranschreitet. Ein exogener Anstieg des Technologieniveaus um beispielsweise vier Prozent führt also ceteris paribus zu einer weniger als vierprozentigen Steigerung von $\dot{A}$. Um die Entwicklung der Wachstumsrate des technologischen Fortschrittes für diesen Fall zu analysieren, ist in Abbildung 19-1 das so genannte Phasendiagramm von g_A dargestellt. In diesem ist die Veränderung der Wachstumsrate des technologischen Fortschritts als Funktion von g_A abgebildet. Dieser Zusammenhang wurde bereits im vorherigen Abschnitt wie folgt hergeleitet:

$$\dot{g}_A = \gamma n g_A + (\theta - 1)[g_A]^2.$$

Unter der Annahme fallender Skalenerträge ist (θ-1) negativ. Damit steigt die Funktion mit höherem g_A zunächst an, fällt dann aber bei weiter steigenden Werten wieder ab und wird negativ.[5] Das Phasendiagramm verdeutlicht, dass ein Steady-State Wert g_A^* existiert, indem die Veränderung gerade gleich null ist, die Wachstumsrate des technologischen Fortschritts also konstant bleibt. Die Wachstumsrate wird sich dabei diesem Steady-State Niveau unabhängig von ihrem Anfangswert annähern. Ist g_A ursprünglich geringer als g_A^*, so ist die Veränderung der Wachstumsrate positiv, die Wachstumsrate wächst also bis $g_A = g_A^*$. Umgekehrt sinkt die Wachstumsrate des technologischen Fortschritts, wenn g_A zunächst größer als der Steady-State-Wert ist. Sobald g_A gleich g_A^* ist, wächst das Technologieniveau A und damit auch die Produktion pro Arbeiter y mit einer konstanten Rate g_A. Die Volkswirtschaft befindet sich nun auf einem ausgewogenen Wachstumspfad.

Das Steady-State-Wachstum kann nicht nur graphisch analysiert, sondern auch mathematisch hergeleitet werden. Zu diesem Zweck wird die Bedingung verwendet, dass g_A im Steady-State konstant ist, die Wachstumsrate der Wachstumsrate des technologischen Fortschritts also gleich null sein muss:

[5] Dieser Verlauf ergibt sich, da zunächst der positive erste Summand überwiegt. Mit steigendem g_A wird jedoch der Einfluss des negativen zweiten Summanden immer größer (da in diesen g_A quadriert eingeht) und die gesamte Gleichung wird negativ.

$$\frac{\dot{g}_A}{g_A} = \gamma n + (\theta - 1) g_A^* \overset{!}{=} 0$$

$$\Leftrightarrow \quad (\theta - 1) g_A^* = -\gamma n$$

$$\Leftrightarrow \quad g_A^* = \frac{-\gamma n}{\theta - 1}$$

$$\Leftrightarrow \quad g_A^* = \frac{\gamma n}{1 - \theta}$$

Die Wachstumsrate des Technologieniveaus (und damit der Produktion pro Arbeiter) ist demnach eine Funktion des Bevölkerungswachstums (n) sowie der Skalenerträge von effektiver Arbeit und Technologie in der Produktion technologischen Fortschritts (γ und θ). Wichtig ist an dieser Stelle die Bemerkung, dass diese Wachstumsrate endogen innerhalb des Modells bestimmt wurde und nicht – wie bislang – lediglich eine Wachstumsrate von A angenommen worden ist. Auffällig ist hier ferner, dass kontinuierliches Wachstum nur bei einem positiven Bevölkerungswachstum n möglich ist.

Abbildung 19-1: Phasendiagramm von g_A für $\theta < 1$

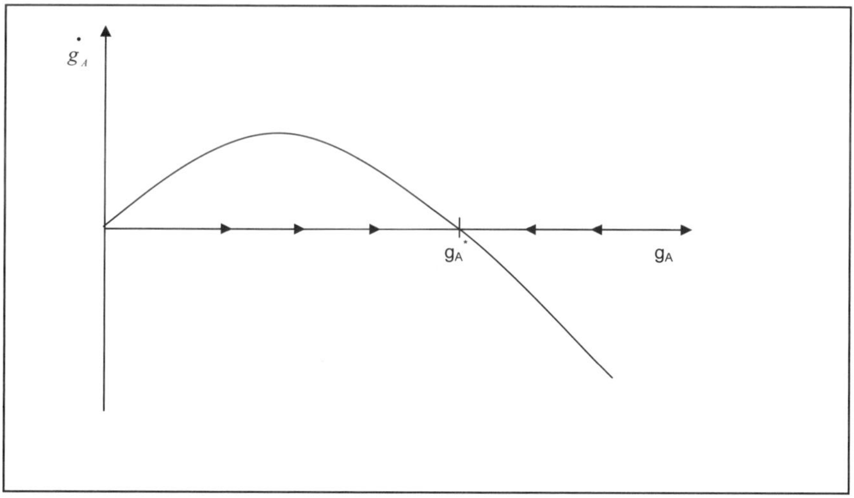

19.2.3.2 Steigende Skalenerträge (θ > 1)

Werden steigende Skalenerträge angenommen, so bedeutet dies, dass die Entwicklung neuer Ideen überproportional mit der Höhe des vorhandenen Technologieniveaus wächst. Ein exogener Anstieg des Technologieniveaus um vier Prozent führt in diesem Fall zu einer mehr als vierprozentigen Steigerung von $\dot{A}$. Vorhandenes Wissen ist in diesem Fall außerordentlich nützlich für die Entdeckung neuer Technologien. Diese Annahme verändert die Dynamik der Wachstumsrate des technologischen Fortschritts dramatisch, wie anhand des Phasendiagramms von g_A (Abbildung 19-2) ersichtlich wird. Demnach ist die Veränderung der Wachstumsrate des Technologieniveaus eine in g_A ansteigende Funktion.

Abbildung 19-2: Phasendiagramm von g_A für θ > 1

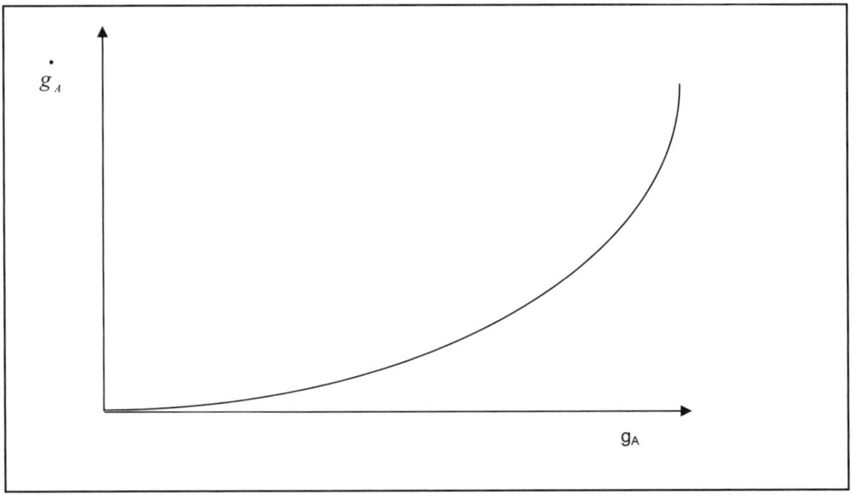

Dieser Zusammenhang lässt sich auch aus der bereits bekannten Funktion des Phasendiagramms erkennen:

$$\dot{g}_A = \gamma n g_A + (\theta - 1)[g_A]^2.$$

Steigende Skalenerträge vorausgesetzt, sind beide Summanden auf der rechten Seite der Gleichung stets positiv.[6] Weiterhin steigen beide Terme mit g_A an. Da der zweite Summand exponentiell mit g_A wächst, werden diese Zuwächse im Zeitverlauf immer größer. Je größer also die Wachstumsrate g_A, desto höher ist

[6] Dies gilt natürlich nur für $g_A > 0$. Diese Bedingung ist jedoch in unserem Modell immer erfüllt, da der Anfangswert von g_A nie negativ sein kann (und im Folgenden ansteigt).

auch der (positive) Anstieg der Wachstumsrate, was wiederum zu einem noch höheren g_A führt usw.

Da im Modell die Wachstumsrate des technologischen Niveaus gleich der Wachstumsrate der Produktion pro Arbeiter ist, wächst die Volkswirtschaft bei steigenden Skalenerträgen mit immer schnellerem Tempo. Ein ausgewogener Wachstumspfad wird nicht erreicht.

19.2.3.3 Konstante Skalenerträge (θ = 1)

Die dritte mögliche Annahme sind konstante Skalenerträge. In diesem Fall ist die Produktion neuer Technologie exakt proportional zum bestehenden Technologieniveau. Jetzt führt ein exogener Anstieg des Technologieniveaus um vier Prozent zu einer genau vierprozentigen Steigerung von $\dot{A}$. Unter der Annahme von konstanten Skalenerträgen vereinfachen sich die Gleichungen für den Anfangswert von g_A sowie der nachfolgenden Dynamik der Wachstumsrate des technologischen Fortschritts wie folgt:

$$g_A = B(a_L L)^{\gamma} A^{\theta-1} = B(a_L L)^{\gamma} A^{1-1}$$

$$\Leftrightarrow \quad g_A = B(a_L L)^{\gamma} \text{ sowie}$$

$$\dot{g}_A = \gamma n g_A + (\theta - 1)[g_A]^2 = \gamma n g_A + (1-1)[g_A]^2$$

$$\Leftrightarrow \quad \dot{g}_A = \gamma n g_A .$$

Die anfängliche Wachstumsrate ist bei konstanten Skalenerträgen also eine Funktion lediglich des Arbeitseinsatzes im Forschungssektor sowie der Parameter B und γ. Ausgehend von diesem Anfangswert kann sich die Wachstumsrate der Technologie und damit die der Produktion pro Arbeiter nun auf zwei völlig unterschiedliche Weisen entwickeln.

Ist das Bevölkerungswachstum in der Volkswirtschaft gleich null ($n = 0$), so ist auch die Veränderung des technologischen Fortschrittsgleich null. Folglich verändert sich g_A im Zeitverlauf nicht, sondern bleibt konstant auf der Höhe des Anfangswertes. Die Ökonomie wächst also von Beginn an mit $g_A = B(a_L L)^{\gamma}$ und befindet sich ohne Anpassungsprozess auf einem ausgewogenen Wachstumspfad. Wenn das Bevölkerungswachstum jedoch positiv ist ($n > 0$), gleicht die Wachstumsdynamik der Volkswirtschaft der bei steigenden Skalenerträgen. Die Wachstumsrate der Technologie und der Produktion pro Arbeiter steigt dann im Zeitverlauf immer weiter an, da $\dot{g}_A = \gamma n g_A > 0$. Weil die Veränderung der Wachstumsrate eine *linear* in g_A wachsende Funktion ist, steigen die Zuwächse jedoch nicht (wie im Falle von steigenden Skalenerträgen) exponentiell an, sondern bleiben konstant (siehe Phasendiagramm in Abbildung 19-3).

Abbildung 19-3: Phasendiagramm von g_A für θ > 1 und n > 0

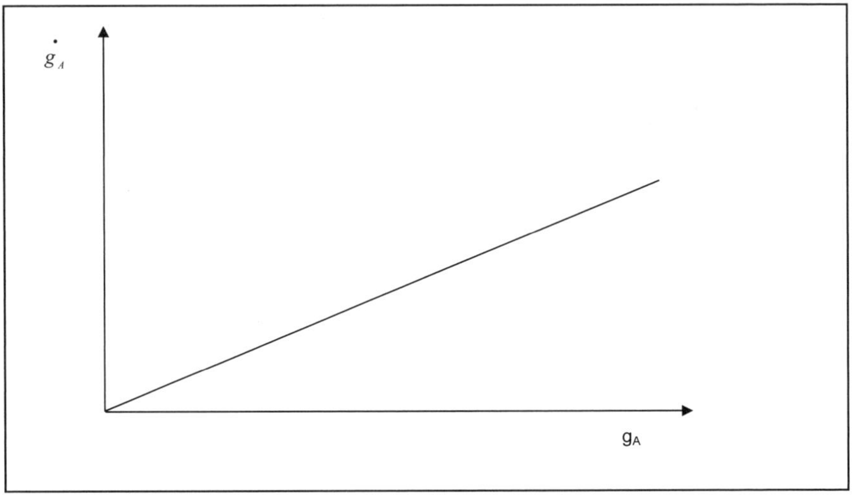

19.2.4 Wirtschaftspolitische Implikationen

In Kapitel 16.3 wurden die wirtschaftspolitischen Impulse diskutiert, die (i) eine Veränderung der Sparquote und (ii) eine Förderung des technologischen Fortschritts im Solow-Modell haben. Da in der bisherigen Analyse des endogenen Wachstumsmodells Kapital als Produktionsfaktor ausgeklammert worden ist, beschränkt sich die Betrachtung an dieser Stelle auf eine Veränderung von a_L, dem Anteil der im Forschungssektor beschäftigten Arbeitnehmer. Da Kapital in dieser vereinfachten Modellversion nicht akkumuliert wird, können weder die Auswirkungen einer höheren Sparquote noch die eines höheren Kapitalanteils im Forschungsbereich untersucht werden.

Eine Erhöhung der Variablen a_L kann die Regierung beispielsweise durch höhere Ausgaben für die Grundlagenforschung an Universitäten und Forschungsinstituten erreichen. Weiterhin wäre es möglich, durch wirtschaftspolitische Maßnahmen die Anreize für die Privatwirtschaft zu erhöhen, verstärkt in die Forschung zu investieren.[7] Ein daraus resultierender Anstieg der in den Forschungsbereich fließenden Ressourcen führt zunächst ungeachtet der spezifischen Parameterwerte zu einem Anstieg der Wachstumsrate der Technologie und damit zu höherem Wirtschaftswachstum. Dieser Zusammenhang kann aus der Gleichung für den Anfangswert von g_A abgeleitet werden, nach der g_A positiv von a_L abhängt:

[7] Für eine ausführlichere Analyse möglicher wirtschaftspolitischer Maßnahmen, um technologischen Fortschritt zu fördern, vgl. Kap. 16.5.2.

$$g_A = B(a_L L)^\gamma A^{\theta-1}$$

Während das Wachstum also kurzfristig in jedem Fall ansteigt, hat eine Erhöhung von a_L je nach Produktivität des vorhandenen Technologieniveaus A sehr unterschiedliche Effekte auf das *langfristige* Wachstum in der Modellökonomie. Übereinstimmend mit der bisherigen Modellanalyse kann auch hier wieder zwischen drei Fällen unterschieden werden.

Werden erstens *sinkende Skalenerträge* des vorhandenen Technologieniveaus in der Produktionsfunktion des technologischen Fortschritts unterstellt ($\theta < 1$), so hat ein Anstieg in g_A lediglich einen kurzfristigen Anstieg des Wachstums zur Folge. Langfristig wird sich g_A unabhängig vom Anfangswert immer seinem Steady-State Wert annähern, der wiederum nicht von a_L abhängt.[8] Wirtschaftspolitik kann bei abnehmenden Skalenerträgen also lediglich kurzfristig das wirtschaftliche Wachstum ankurbeln, langfristig strebt die Wachstumsrate immer gegen einen Gleichgewichtswert. Daraus folgt, dass ein höheres g_A die Produktion pro Arbeiter durch eine temporäre Erhöhung der Wachstumsrate auf einen höheren, parallel zum alten gelegenen, Wachstumspfad bringt (siehe Abbildung 19-4).

Abbildung 19-4: Auswirkungen einer Steigerung von a_L bei fallenden Skalenerträgen ($\theta < 1$)

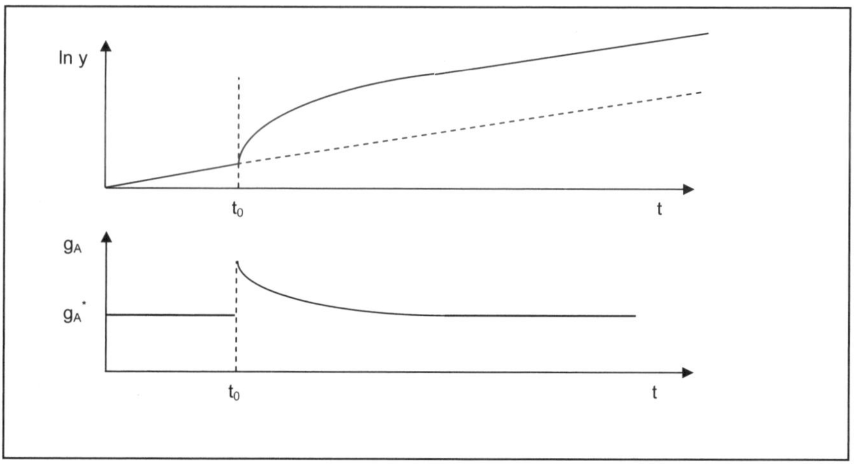

Werden zweitens *steigende Skalenerträge* ($\theta > 1$) des bereits vorhandenen Technologieniveaus in der Produktion neuer Technologien angenommen, so hat eine Erhöhung des Anteils der im Forschungssektor beschäftigten Arbeitskräfte dramatische Auswirkungen auf das langfristige Wachstum in der Modellökonomie. In Abschnitt 16.4 wurde bereits gezeigt, dass die Veränderung der Wachs-

8 $g_A^* = \frac{\gamma n}{1-\theta}$

tumsrate des Technologieniveaus eine in g_A ansteigende Funktion ist. Erhöht sich also g_A aufgrund eines gestiegenen a_L, so erhöht sich auch die Wachstumsrate von g_A und damit g_A selber. Dies beschleunigt wiederum die Wachstumsrate von g_A. Ein Anstieg von a_L führt somit zu einem im Zeitverlauf immer größer werdenden Abstand zwischen dem neuen und dem alten Pfad von g_A. Dementsprechend gelangt eine Volkswirtschaft nach einer Steigerung von a_L auf einen neuen Wachstumspfad, der sich immer weiter von dem alten entfernt (Abbildung 19-5). Steigende Skalenerträge vorausgesetzt hat eine Erhöhung des Anteils der im Forschungssektor beschäftigten Arbeitskräfte also nicht nur Level-, sondern auch Wachstumseffekte.

Abbildung 19-5: Auswirkungen eine Steigerung von a_L bei steigenden Skalenerträgen ($\theta > 1$)

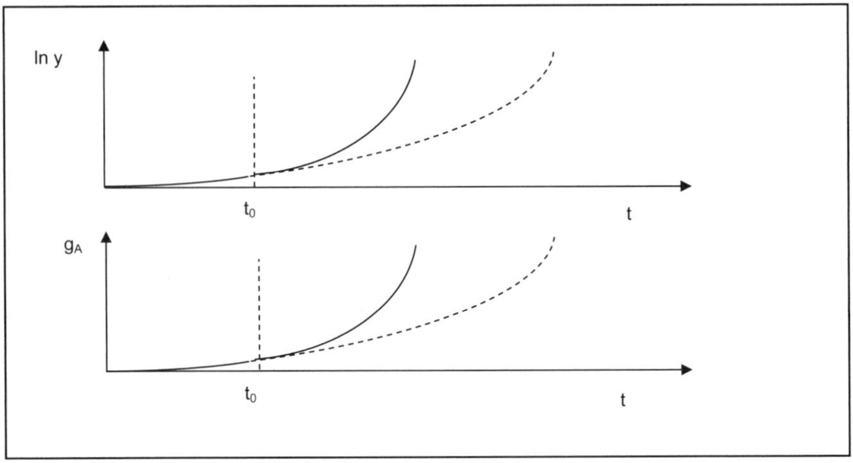

Das gleiche Resultat ergibt sich für die Annahme *konstanter Skalenerträge bei positivem Bevölkerungswachstum* ($\theta = 1$; $n > 0$). Im Abschnitt 16.4 wurde bereits gezeigt, dass in diesem Fall die Veränderung der Wachstumsrate eine *linear* in g_A ansteigende Funktion ist. Eine Erhöhung von g_A durch einen vermehrten Einsatz von Arbeitskräften im Forschungssektor führt also zu einer höheren Wachstumsrate von g_A und damit zu einem noch höheren Wachstum des Technologieniveaus sowie der Produktion pro Arbeiter. Dementsprechend gelangt eine Volkswirtschaft durch einer Steigerung von a_L auch bei konstanten Skalenerträgen und positivem Bevölkerungswachstum auf einen neuen Wachstumspfad, der sich immer weiter von dem alten entfernt.[9]

Schließlich soll noch der Effekt eines höheren Anteils der im Forschungssektor beschäftigten Arbeitnehmer bei *konstanten Skalenerträgen und stagnieren-*

[9] Allerdings vergrößert sich der Abstand zwischen den Wachstumspfaden langsamer als für die Annahme steigender Skalenerträge, da die Veränderung der Wachstumsrate nur eine linear (und nicht exponentiell) in g_A steigende Funktion ist.

der Bevölkerungszahl (θ = 1; n = 0) untersucht werden. Für diesen Fall wurde bereits gezeigt, dass die Ökonomie von Beginn an mit $g_A = B(a_L L)^{\gamma}$ wächst und sich ohne Anpassungsprozess auf einem ausgewogenen Wachstumspfad befindet.[10] Eine Erhöhung von a_L führt daher zu einer neuen langfristigen Wachstumsrate, die über der alten liegt. Das Wachstum springt dabei ohne Anpassungsprozess auf das neue Niveau und die Volkswirtschaft wächst sofort mit der neuen langfristigen Wachstumsrate (siehe Abbildung 19-6). Auch in diesem Fall hat eine Erhöhung des Anteils der im Forschungssektor beschäftigten Arbeitskräfte sowohl Level- als auch Wachstumseffekte.

Abschließend sei hier noch darauf hingewiesen, dass eine Erhöhung von a_L in unserem einfachen Modell auch als eine Erhöhung der Sparquote interpretiert werden kann. So verfügt die Modellökonomie nur über zwei Sektoren: Einen Produktionssektor, in dem ein Gut produziert wird, das nur für den (heutigen) Konsum von Nutzen ist, und einen Forschungssektor, in dem Technologie produziert wird und damit gemäß den Annahmen ein „Gut", das für die zukünftige Produktion von Güter eingesetzt werden kann. In diesem Sinne sind Ressourcen, die für die Produktion von Technologie verwendet werden, ein Verzicht auf heutigen zugunsten von zukünftigem Konsum. Der Anteil der Arbeitskräfte im Forschungsbereich (a_L) kann somit auch als Sparquote interpretiert werden. Interessanterweise folgt aus der vorangegangen Analyse dann, dass eine Veränderung der Sparquote auch Wachstumseffekte haben könnte. Dieses Ergebnis steht im Kontrast zu den Ergebnissen des Solow-Modells, indem eine Erhöhung der Sparquote nur einen temporären Effekt auf die Wachstumsrate hat.

Abbildung 19-6: Auswirkungen eine Steigerung von a_L bei konstanten Skalenerträgen (θ > 1) und stagnierender Bevölkerung (n = 0)

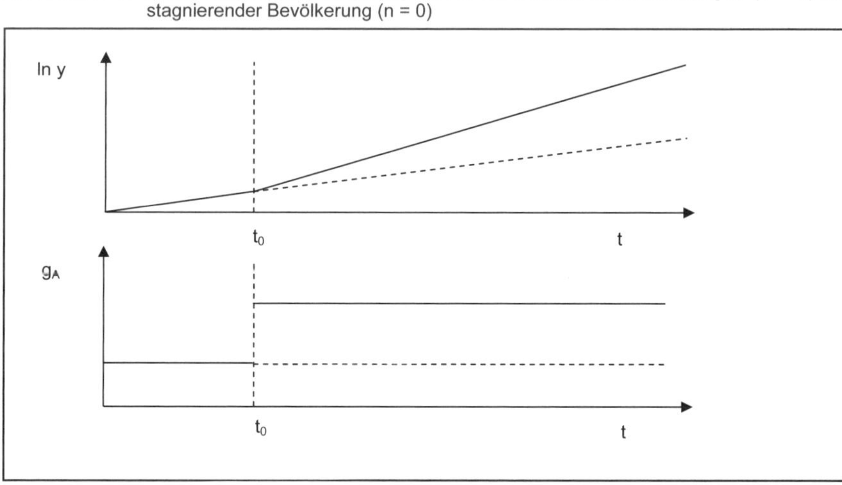

[10] vgl. Kap. 0.

19.2.5 Das Modell mit Kapital

Eine Analyse des Modells unter Einbeziehung des Produktionsfaktors Kapital erweist sich als relativ komplex und langwierig. An dieser Stelle soll auf eine detaillierte Untersuchung verzichtet werden, da eine solche über den Rahmen dieses Buches hinausgehen würde. Ferner gleichen die Ergebnisse denen des hier dargestellten Modells ohne Kapital.[11]

Der grundlegende Unterschied zur vereinfachten Version besteht im Modell mit Kapital darin, dass jetzt zwei Variablen, der Kapitalstock K und das Technologieniveau A, endogen bestimmt werden. Die Wachstumsdynamik der Volkswirtschaft hängt sodann von den Skalenerträgen beider produzierter Faktoren ab. Da für den Produktionssektor von einer Cobb-Douglas Produktionsfunktion mit konstanten Skalenerträgen ausgegangen wird,[12] sind die Erträge des vorhandenen Technologieniveaus A und des Kapitals K in der Produktion neuer Technologien[13] entscheidend. Ist die Summe der Skalenerträge beider Faktoren ($\beta + \theta$) kleiner eins, liegen fallende Skalenerträge in der Technologieproduktion vor. Die Ergebnisse der Analyse stimmen dann weitgehend mit denen des einfachen Modells unter der Annahme $\theta < 1$ überein. Ebenso gleichen die Resultate des Modell ohne Kapital für $\theta > 1$ denen im Modell mit Kapital für den Fall, dass die Summe aus β und θ größer als eins ist. Gleiches gilt für die Fälle $\theta = 1$ (Modell ohne Kapital) und $\beta + \theta = 1$ (Modell mit Kapital). Die Ergebnisse des vereinfachten Modells lassen sich also für das erweiterte Modell verallgemeinern, bei der Fallunterscheidung müssen lediglich die Skalenerträge des Kapitals *und* der Technologie berücksichtigt werden.

19.3 Beurteilung endogener Wachstumsmodelle

Endogene Wachstumsmodelle versuchen einen der Hauptschwachpunkte des Solow-Modells zu beheben, indem sie A explizit als Technologieniveau interpretieren und das Wachstum des Technologieniveaus dann innerhalb des Modells, d.h. endogen, bestimmen. Ein erstes interessantes Ergebnis solcher endogenen Wachstumsmodelle besteht darin, dass unter der Annahme konstanter oder steigender Skalenerträge wirtschaftspolitische Maßnahmen sowohl langfristige Wachstums- als auch Leveleffekte haben können. Damit könnten Variationen in den Wachstumsraten dadurch erklärt werden, dass im Zeitverlauf unterschiedlich hohe Anteile der volkswirtschaftlichen Ressourcen in den Forschungsbereich geflossen sind.

Ein großes Problem dieser Analyse besteht jedoch darin, dass die Faktoren, die von endogenen Wachstumsmodellen als zentral für das Wachstum in einer

[11] Für eine ausführliche Analyse siehe David H. Romer 2001, S. 107ff.

[12] $Y = F(K, AL) = [(1 - a_K)K]^{\alpha}[A(1 - a_L)L]^{1-\alpha}$ mit $0 \leq \alpha \leq 1$.

[13] $\dot{A} = B(a_K K)^{\beta}(a_L L)^{\gamma} A^{\theta}$ mit $B > 0, \beta \geq 0$ und $\gamma \geq 0$.

Volkswirtschaft angesehen werden, seit dem zweiten Weltkrieg zumindest in den Industrieländern relativ kontinuierlich gestiegen sind. So haben sich beispielsweise die Forschungsausgaben rasant erhöht. Dies jedoch müsste – unter der Annahme konstanter oder steigender Skalenerträge – zu immer größer werdenden Wachstumsraten führen. Diese können in der Realität jedoch nicht beobachtet werden. Daher erscheint nur die Annahme fallender Skalenerträge realistisch.[14]

Fallende Skalenerträge führen zu einem Ergebnis, dass relativ nahe an dem des Solow-Modells liegt. Demnach strebt eine Volkswirtschaft immer gegen einen Steady-State Wert, der von der Wachstumsrate der Technologie bestimmt wird. Im hier dargestellten Modell wurde diese Wachstumsrate aber im Gegensatz zum Solow-Modell nicht exogen festgelegt, sondern endogen im Modell bestimmt. Das Ergebnis ist insofern überraschend, weil Wirtschaftswachstum demnach ein positives Bevölkerungswachstum erfordert. Dagegen sprechen jedoch empirischen Befunde, wonach ein stärkeres Bevölkerungswachstum nicht mit höheren Wachstumsraten einhergeht.

Plausibler erscheint dieses Ergebnis, wenn das hier betrachtete Modell als ein Modell des weltweiten Wirtschaftswachstums interpretiert wird. Das Technologieniveau A repräsentiert dann weltweit einsetzbares Wissen. Dies erscheint insofern einleuchtend zu sein, als dass der Einsatz neuer Technologien in einem Land nicht deren Nutzung in einer zweiten Ökonomie ausschließt. Dieser Interpretation folgend ist die Kernaussage des Modells dann die, dass die weltweite Entwicklung neuer Ideen positiv vom Bevölkerungswachstum abhängt: Je mehr Menschen auf der Welt leben, desto mehr Menschen können auch neue Erfindungen machen.

Allerdings kann das Modell dann zwar weltweites Wirtschaftswachstum an sich erklären, nicht jedoch die zweite zentrale Fragestellung der Wachstumstheorie beantworten: Warum sind einige Länder so arm, warum andere so reich? Wäre technologisches Wissen tatsächlich frei verfügbar, so müssten arme Länder dem Modell zufolge kontinuierlich der Armut entwachsen. Dies jedoch ist zumindest nicht überall der Fall. Ist also die Annahme falsch, dass Wissen weltweit eingesetzt werden kann? Die Grundlagenforschung von Universitäten und Instituten ist zumeist öffentlich verfügbar. Schwieriger erscheint der Technologietransfer in Bezug auf private Forschungsergebnisse zu sein. Normalerweise werden diese durch Investitionen von Unternehmen im Ausland verbreitet. Beispielsweise könnte Nokia aufgrund von möglichen Kostenvorteilen eine Fabrik in einem afrikanischen Land bauen und dort Mobiltelefone mit einer neuartigen Technologie fertigen. Dies wäre eine Form des Technologietransfers.

Ein Problem solcher privaten Technologietransfers in ärmere Länder besteht darin, dass in diesen die privaten Eigentumsrechte (auch und gerade in Bezug auf geistiges Eigentum) oftmals unterentwickelt sind. Dies kann dazu führen, dass Unternehmen Investitionen in diese Länder unterlassen, die Verbreitung

[14] vgl. Charles I. Jones 1995

privatwirtschaftlicher Technologien wird somit behindert. Obwohl dieses Problem sicherlich in einigen Regionen von großer Bedeutung ist, können die weltweiten Einkommensunterschiede jedoch nicht durch fehlende private Eigentumsrechte alleine erklärt werden. Eine mögliche Erklärung, die über das hier dargestellte Modell hinausgeht, liegt darin, dass Technologie zwar weitgehend frei verfügbar ist, jedoch nicht von allen Ländern gleich gut genutzt werden kann.

Anhand dieser kurzen Diskussion der Ergebnisse des in diesem Abschnitt skizzierten endogenen Wachstumsmodells lässt sich bereits erkennen, dass auch dieses fortgeschrittene Modell keine abschließenden Antworten auf die zentralen Fragen wirtschaftlichen Wachstums liefert. Insbesondere kann es keine überzeugende Antwort auf die Frage geben, warum die weltweiten Einkommensunterschiede derart groß sind. Allerdings kann das Modell insofern als Fortschritt im Vergleich zu dem bislang behandelten Solow-Modell gesehen werden, als dass technologischer Fortschritt, die treibende Kraft hinter wirtschaftlichem Wachstum, nicht mehr exogen angenommen, sondern endogen innerhalb des Models bestimmt wird. Die Erweiterung des Modells um einen Forschungssektor lässt im Übrigen Rückschlüsse darauf zu, welche Auswirkungen wirtschaftpolitische Maßnahmen, die die Förderung technologischen Fortschritts zum Ziel haben, auf den Wachstumsprozess einer Volkswirtschaft haben.

20 Moderne Konjunkturtheorie

20.1 Einleitung

In Kapitel 15.4 wurde bereits eingehend diskutiert, inwiefern wirtschaftspolitische Maßnahmen dazu beitragen können, konjunkturelle Schwankungen abzumildern. Theoretische Grundlage für die Betrachtung war dabei unter anderem das AD-AS Modell. In diesem weicht die gesamtwirtschaftliche Produktion bei Störungen sowohl der gesamtwirtschaftlichen Nachfrage als auch des Angebots von ihrem langfristigen Gleichgewicht ab, die Produktion fluktuiert also um ihren langfristigen Trend.

Dieser Zusammenhang kann noch einmal in Abbildung 20-1 verdeutlicht werden. Ausgehend vom Gleichgewichtspunkt A führt ein negativer Nachfrageschock dazu, dass sich die AD Kurve nach links verschiebt. Die Ökonomie befindet sich nun im neuen – temporären – Gleichgewicht B und damit unter dem Trendoutput. Mittelfristig passen sich jedoch das gesamtwirtschaftliches Angebot und Preislevel der veränderten Nachfrage an und die Volkswirtschaft kehrt zu ihrem langfristigen Gleichgewicht bei nunmehr gesunkenen Preisen zurück.[1] Eine Vielzahl solcher Störungen bewirken im AD-AS Modell konjunkturelle Schwankungen der gesamtwirtschaftlichen Produktion um ihren Trend.

Voraussetzung für eine solche Erklärung konjunktureller Schwankungen im AD-AS Modell ist eine kurzfristig ansteigende AS Kurve. Eine solche Form impliziert, dass Angebot und Nachfrage bei Störungen kurzfristig auch durch Mengen- und nicht nur durch Preisanpassungen ins Gleichgewicht gebracht werden. Preise sind demnach kurzfristig nur bedingt flexibel. Erst unter dieser Annahme verursacht die sinkende Nachfrage im oben betrachteten Beispiel eine Abweichung von der langfristigen Gleichgewichtsproduktion. Wären die Preise in der Modellökonomie vollkommen flexibel, so würde das Preisniveau sofort von p auf p'' sinken, die Produktion bliebe im Gleichgewicht, würde sich also auch kurzfristig nicht verändern. Bei flexiblen Preisen ist die kurzfristige AS-Kurve vertikal, Abweichungen von der Gleichgewichtsproduktion sind dann nicht möglich.

Zusammenfassend sind also für die bislang unterstellte theoretische Erklärung für Konjunkturschwankungen kurzfristig fixe bzw. nicht vollkommen flexible Preise notwendig. Eben diese Annahme wird von den Vertretern der so genannten Real-Business-Cycle (RBC) Theorie[2] kritisiert. Sie argumentieren, dass der mikroökonomischen Theorie zufolge Preise zumeist vollkommen flexibel sind

---

[1] Für eine eingehendere Erläuterung dieser Zusammenhänge vgl. Kap. 14.2 und 15.3.1.

[2] Reale-Konjunkturzyklen-Theorie

und somit Angebot und Nachfrage stets in Einklang bringen. Die Annahme rigider Preise sei demnach willkürlich und ohne Grundlage. RBC-Modelle gehen dagegen von vollkommener Preisflexibilität aus und erklären Konjunkturschwankungen als Gleichgewichtsphänomen. Als Hauptursache von Schwankungen in der gesamtwirtschaftlichen Produktion identifiziert die RBC-Theorie dabei Veränderungen in realen Variablen, insbesondere in der Produktionstechnologie. Nominale Größen spielen für die Vertreter der RBC-Theorie keine Rolle bei der Erklärung von Konjunkturzyklen.[3]

Teilweise als Reaktion auf diese Kritik an der fehlenden mikroökonomischen Fundierung für die Annahme rigider Preise hat sich die neukeynesianische Denkrichtung entwickelt. Diese hält an der traditionellen keynesianischen Erklärung von Konjunkturzyklen als Abweichungen von der Gleichgewichtsproduktion durch Störungen entweder der gesamtwirtschaftlichen Nachfrage oder des gesamtwirtschaftlichen Angebots fest. Der Fokus neukeynesianischer Forschung liegt auf möglichen theoretischen Erklärungen für die Annahme kurzfristig fixer Preise. Im Folgenden soll nun sowohl die RBC-Theorie als auch neukeynesianische Ansätze kurz dargestellt werden.

Abbildung 20-1: Rezession im AD-AS Modell bei kurzfristig fixen Preisen

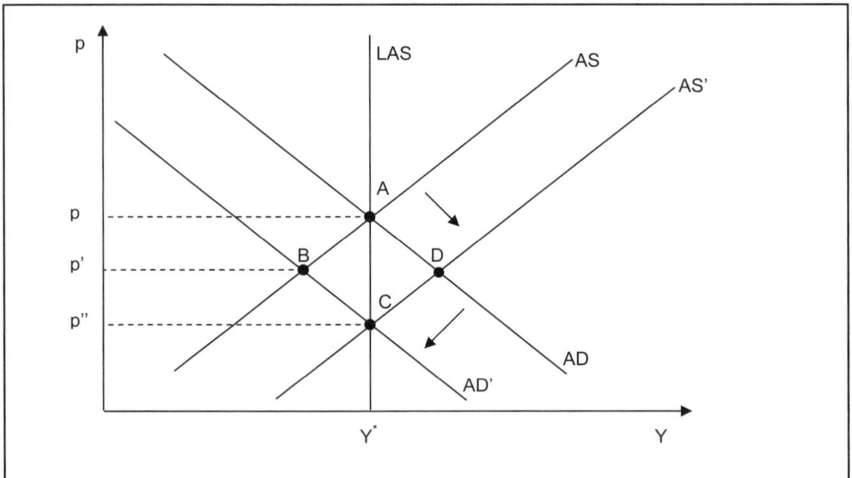

[3] Diese Ansicht geht zurück auf die klassische Zweiteilung (vgl. Kap. 9).

20.2 Real-Business-Cycle Theorie[4]

20.2.1 Die Grundidee

Die grundlegenden Annahmen der Real-Business-Cycle (RBC) Theorie wurden bereits einleitend kurz erläutert. Demnach bestreiten die Vertreter dieser Denkrichtung die Existenz inflexibler Preise. Vielmehr gehen sie von vollkommenen Märkten aus, die aufgrund von Preisanpassungen sofort und ohne zeitliche Verzögerungen geräumt werden. Dieser Zusammenhang ist noch einmal in Abbildung 20-2 dargestellt. Im Ausgangspunkt A befindet sich die Volkswirtschaft in ihrem natürlichen Gleichgewicht. Die Gleichgewichtsproduktion Y^* wird dabei lediglich durch die Angebotsseite AS bestimmt. Jetzt sei wie zuvor ein negativer Nachfrageschock angenommen, der die gesamtwirtschaftliche Nachfrage von AD auf AD' sinken lässt. Unter der Annahme vollkommener flexibler Preise sinkt das Preisniveau sofort von p auf p', das neue Gleichgewicht ist im Punkt B gegeben. Die gesamtwirtschaftliche Produktion sinkt also nicht unter den langfristigen Trend, sondern verharrt im natürlichen Gleichgewicht Y^*.

Abbildung 20-2: Ein negativer Nachfrageschock im AD-AS Modell mit flexiblen Preisen

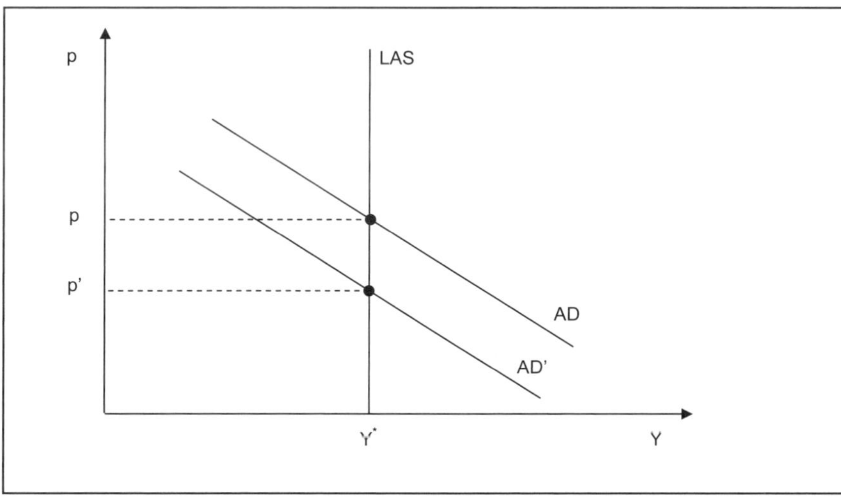

Diese kurze Analyse macht bereits deutlich, dass der RBC-Theorie zufolge Störungen der gesamtwirtschaftlichen Nachfrage keine Erklärung für Produktionsschwankungen sein können. Vielmehr können einzig und allein Faktoren, die die langfristige AS-Kurve und damit die natürliche Gleichgewichtsproduktion verändern, für die beobachteten Konjunkturschwankungen verantwortlich sein.

[4] Die folgende Erläuterung der RBC-Theorie basiert teilweise auf der Darstellung in N. Gregory Mankiw 2003.

Weiterhin befindet sich die Volkswirtschaft immer in ihrem langfristigen Gleichgewicht. Konjunkturzyklen können daher nicht als Abweichungen vom langfristigen Gleichgewichtszustand interpretiert werden. Wie können sie dann in einem solchen Modellrahmen erklärt werden?

Die Grundidee der RBC-Theorie ist, dass Veränderungen realer Variablen und insbesondere der Technologieproduktivität, fortwährend die Produktivität einer Volkswirtschaft beeinflussen. Solche Angebotsschocks führen zu kontinuierlichen Verschiebungen der natürlichen Produktion und auch der damit einhergehenden natürlichen Beschäftigung. Konjunkturschwankungen sind der RBC-Theorie zufolge die optimale Reaktion der Volkswirtschaft auf Produktivitätsschocks, die das natürliche Gleichgewicht verändern. Eine zentrale Schlussfolgerung dieser Theorie ist demnach, dass Wirtschaftspolitik nicht stabilisierend in die gesamtwirtschaftliche Entwicklung eingreifen sollte, da sich die Ökonomie stets im Gleichgewicht befindet.

Im Folgenden soll nun zunächst anhand einer sehr einfachen Modellökonomie – der so genannten Robinson-Crusoe Ökonomie – die Intuition hinter der RBC-Theorie verdeutlicht werden. Daraufhin werden die zentralen theoretischen Bestandteile dargestellt und kritisch hinterfragt.

20.2.2 Robinson Crusoe und die RBC-Theorie

Die grundlegende Idee der RBC-Theorie wird oftmals anhand der Geschichte von Robinson Crusoe veranschaulicht, der auf einer einsamen Insel gestrandet ist. Diese Insel mitsamt seines einzigen Bewohners dient dann als einfache Modellökonomie, mithilfe derer Rückschlüsse auf größere und komplexere Volkswirtschaften gezogen werden können.

Auf der einsamen Insel erfreut sich Robinson Crusoe genau zweier Dinge: zum einen seiner Freizeit, in der er schwimmen oder faulenzen kann, zum anderen seinem Konsum, der der Einfachheit halber vollständig aus Nahrung, z.B. Fisch oder Getreide, besteht. Um ausreichend mit Lebensmitteln versorgt zu sein, muss Crusoe arbeiten. Dabei kann er entweder das Konsumgut produzieren oder in die Produktion zukünftiger Güter investieren. So hat er beispielsweise die Wahl zwischen dem Ernten von Getreide (und somit einer Erhöhung des jetzigen Konsums) oder dem Aussäen neuen Getreides, das er dann in der Zukunft wird ernten können. Ebenso könnte er fischen gehen, um mit seiner Beute seinen heutigen Hunger zu stillen (Konsum) oder aber neue Netze für den zukünftigen Fischfang knüpfen (Investition). Auf diese Weise verteilt Robinson Crusoe seine Arbeitszeit zwischen heutigem Konsum und neuen Investitionen.

Crusoe muss aber nicht nur seine Arbeitszeit auf das Fischen einerseits und dem Knöpfen neuer Netze andererseits verteilen, sondern auch entscheiden, wie viel Zeit er am Tag überhaupt arbeiten möchte. Vereinfacht ausgedrückt kann er seine Zeit zum Faulenzen (Freizeit), zum Knüpfen neuer Netze (Investitionen) oder zum Fischen (Konsum) verwenden. Robinson Crusoe wird dabei seine zur Verfügung stehende Zeit genau so auf die einzelnen Aktivitäten verteilen, dass sein Nutzen, den er aus Freizeit und Essen bezieht, maximiert wird. Hier wird implizit angenommen, dass Crusoe sein Verhalten optimiert. Die Beschreibung des Modells wird vervollständigt durch die Definition des Bruttoinlandsproduktes der Insel als die Summe aus Konsum und Investitionen.

Die Verbindung dieser einfachen Inselökonomie zur RBC-Theorie kann jetzt hergestellt werden, indem angenommen wird, dass eine Vielzahl unterschiedlicher Schocks das Leben Robinson Crusoe's beeinflussen. Insbesondere beeinflussen diese Ereignisse die Fähigkeiten und Möglichkeiten des Gestrandeten, Nahrung zu produzieren und/oder in zukünftige Produktion zu investieren. In diesem Sinne stimmen sie mit den **Technologieschocks** in RBC-Modellen überein, die zu einer Veränderung der gesamtwirtschaftlichen Produktivität führen.

Ein erstes Beispiel für einen negativen Schock ist das Aufziehen eines schweren Gewitters über der Insel. Dieses erschwert das Arbeiten im Freien und verringert damit den Ertrag, den Crusoe aus einer Stunde Fischen oder dem Knüpfen neuer Netze erzielt. Somit sinkt seine Arbeitsproduktivität. Robinson Crusoe wird daher seine Arbeitszeit an Gewittertagen kurzfristig verringern bis seine Produktivität wieder ihre normale Höhe erreicht hat. Folglich verbringt Robinson mehr Zeit mit Faulenzen, die Investitionen und der Konsum sinken während des Gewitters. Dementsprechend verringert sich auch das Bruttoinlandsprodukt der Inselökonomie aufgrund des negativen Schocks, die Insel wird von einer Rezession geplagt.

Am nächsten Tag – gerade als sich Robinson auf den Weg zum Fischen machen will - kreuzt ein großer Tanker vor der Insel. Aus Erfahrung weiß Crusoe, dass dieser ihn nicht entdeckt, jedoch die Fischschwärme vertreiben wird. In diesem Fall sinkt die Anzahl der Fische, die Crusoe pro Arbeitsstunde fangen wird. Dementsprechend reduziert er beim Anblick des Tankers die Arbeitszeit, die er zum Fischen eingeplant hatte und damit auch den Fischkonsum an diesem Tag. Crusoe wendet sich vielmehr dem Knöpfen neuer Netze zu oder verbringt mehr Zeit mit Nichtstun. In diesem Fall führt der negative Schock zu einer Verringerung des Konsums zugunsten einer höheren Investitionstätigkeit und mehr Freizeit.

Schließlich schwimmt am dritten Tag ein ungewöhnlich großer Schwarm Fische an der Insel vorbei. In diesem Falle steigt Crusoe's Produktivität, da er mehr Fische fangen wird als zu normalen Zeiten. In diesem Sinne repräsentiert das Auftauchen der Fische einen positiven Schock. Sobald Crusoe bemerkt, dass seine Fangquote höher ist als an anderen Tagen, wird er seine Arbeitszeit ausweiten, um den gestiegenen Ertrag auszunutzen. Mit anderen Worten regiert Crusoe mit Mehrarbeit auf den gestiegen Grenznutzen des Fischfangs und optimiert so seinen Nutzen. Folglich sinkt an diesem Tag seine Freizeit, während der Konsum über das „normale Maß" hinaus ansteigt. Vorausgesetzt Crusoe reduziert nicht im gleichen Maße seine Investitionen, steigt also als Reaktion auf den positiven Produktivitätsschock das Bruttoinlandsprodukt und die Inselökonomie boomt.

Die Essenz der Geschichte von Robinson Crusoe besteht darin, dass das Bruttoinlandsprodukt, die Investitionen und der Konsum sowie die Beschäftigung der Inselökonomie fluktuieren, ohne dass irgendeine Form von Marktversagen (insbesondere nicht vollkommen flexible Preise) angenommen worden wäre. Die Konjunkturzyklen sind hier einfach Folge der optimalen Reaktion von Robinson Crusoe auf Produktivitätsschocks und nicht Ausdruck eines Ungleichgewichts. Insofern wären auch jegliche Versuche von außen (d.h. durch einen Staat), die Inselökonomie zu stabilisieren, schädlich, da die Reaktion von Crusoe auf die nicht zu vermeidenden Schocks ja bereits optimal ist. Eben diese Aussagen sind die zentralen Botschaften der RBC-Theorie. Ausgehend von dieser Parabel sollen nun die zentralen Bauteile identifiziert und diskutiert werden, die für die RBC-Theorie von entscheidender Bedeutung sind.

20.2.3 Intertemporale Substitution der Arbeit

Robinson Crusoe weitet seine Arbeitszeit als Reaktion auf positive Produktivitätsschocks aus und arbeitet weniger, wenn der zu erwartende Ertrag gering ist. Übertragen auf die Realität bedeutet diese Annahme, dass die Menschen in einer Ökonomie ihre Arbeitszeit an den Anreizen ausrichten. Die Vertreter der RBC-Theorie unterstreichen insbesondere die Bedeutung der so genannten **intertemporalen Substitution der Arbeit**. Demnach sind Arbeiter dazu bereit, ihre Arbeitszeit zwischen der Gegenwart und der Zukunft anhand der jeweils zu erwartenden Erträge aufzuteilen. Sind beispielsweise die Löhne in der Gegenwart relativ gering, so wird ein Arbeitnehmer weniger Stunde arbeiten, um dann in der Zukunft sein Arbeitsangebot auszuweiten, wenn die Gehälter wieder gestiegen sind.

Die Höhe des heutigen Arbeitsangebotes im Vergleich zur in Zukunft angebotenen Arbeitszeit hängt demnach vom relativen Lohn beider Perioden ab. Dieser ergibt sich allerdings nicht nur aus den jeweiligen Reallöhnen, sondern darüber hinaus auch aus dem Zinssatz. So ist das in der Gegenwart verdiente Geld wertvoller, da es zinsbringend angelegt werden kann. Ein hoher aktueller Zinssatz steigert damit den Anreiz, besonderes viel in der Gegenwart zu arbeiten. Mathematisch lässt sich der intertemporale relative Lohn zwischen zwei Perioden wie folgt ausdrücken:

$$L = \frac{(1+r)w_1}{w_2}$$

mit w_1 = Reallohn in Periode 1

w_2 = Reallohn in Periode 2

r = Zinssatz (in Periode 1)

Arbeitet ein Individuum in der ersten Periode und legt das Geld dann bis zur nächsten Periode an, so erhält sie oder er $(1+r)w_1$ Geldeinheiten pro Arbeitseinheit. Diesen Ertrag setzt sie oder er ins Verhältnis zum Reallohn in der zweiten Periode, w_2. Höhere Reallöhne in der ersten Periode sowie ein hoher Zinssatz führen demnach zu einem vergleichsweise hohen Arbeitsangebot in der Gegenwart.

Dieser von den Vertretern der RBC-Theorie postulierte Zusammenhang kann nun zur Erklärung von Schwankungen in der Höhe der Beschäftigung und der Produktion herangezogen werden. Wird die Volkswirtschaft beispielsweise von einem positiven, vorübergehenden Technologieschock getroffen, so erhöht sich sowohl die Produktivität des Kapitals als auch die der Arbeit. Folglich steigt die Entlohnung für diese Produktionsfaktoren, also der Reallohn w_1 und der Zinssatz r. Dementsprechend erhöht sich der relative intertemporale Lohn und die Arbeitnehmer weiten ihr gegenwärtiges Arbeitsangebot aus. Dies führt zu einem Anstieg der Beschäftigung und damit auch zu einer wachsenden Produktion. Lässt der Effekt des Technologieschocks wieder nach, reduzieren die Arbeiter ihre Arbeitszeit und sowohl Beschäftigung als auch die gesamtwirtschaftliche Produktion sinken.

Der RBC-Theorie zufolge sind Fluktuationen des Beschäftigungsstandes über den Konjunkturzyklus Ausdruck freiwilliger Entscheidungen der Wirtschaftssubjekte. Hohe Arbeitslosigkeit in der Rezession wäre demnach ein freiwilliges Phänomen. Diese Auffassung wird von den Kritikern dieser Theorie heftig bestritten. Diese verweisen insbesondere darauf, dass eine Vielzahl der angeblich freiwilligen Arbeitslosen sich arbeitslos melden und aktiv eine neue Beschäftigung suchen. Demnach ist Arbeitslosigkeit Folge eines unvollkommenen Arbeitsmarktes, der nicht vollständig geräumt wird. Ein weiteres Problem sehen Kritiker darin, dass es in der Realität kaum möglich ist, die Arbeitszeit als Reaktion auf eine (typischerweise eher geringe) Veränderung des relativen Lohnes flexibel anzupassen. Arbeiter können zwar oft wählen, ob sie lieber ganztägig oder nur halbtags arbeiten möchten. Eine flexible Reduzierung der Arbeitszeit von beispielsweise acht auf sieben Stunden ist jedoch nur sehr selten möglich.

Empirische Studien kommen zumeist zu dem Ergebnis, dass das Arbeitsangebot nur in sehr geringem Ausmaß auf die Lohnhöhe reagiert.[5] Die intertemporale Substitution der Arbeit könnte dann die Fluktuation der Beschäftigungshöhe nicht mehr erklären.[6] Verteidiger der RBC-Theorie weisen allerdings darauf hin, dass solche Studien mit einer Vielzahl von Datenproblemen zu kämpfen habe. Beispielsweise kann für eine nicht arbeitende Person nicht das Gehalt beobachtet werden, das sie durch die Annahme eines Jobs erhalten könnte. Dementsprechend ist es schwer, abschließend zu beurteilen, ob sie aufgrund eines zu niedrigen Lohnes – und damit freiwillig – arbeitslos ist.

[5] vgl. z.B. Laurence Ball 1990.

[6] Allerdings könnte die RBC-Theorie weiterhin eine Erklärung für die Fluktuationen in der Produktion liefern. So führen Produktivitätsschocks auch ohne zusätzlichen Arbeitseinsatz zu einer höheren Produktion, da ja die Produktivität der vorhandenen Produktionsfaktoren erhöht wird.

20.2.4 Technologieschocks

Die Inselökonomie ist konjunkturellen Schwankungen aufgrund von Ereignissen ausgesetzt, die die Fähigkeiten und Möglichkeiten von Robinson Crusoe beeinflussen, Nahrung zu produzieren und/oder in zukünftige Produktion zu investieren. In Analogie dazu werden konjunkturelle Schwankungen im RBC-Modell durch Technologieschocks verursacht. Diese verändern die Produktivität der Volkswirtschaft. Ein positiver Technologieschock führt demnach zu einer höheren Produktivität der eingesetzten Produktionsfaktoren und damit zu einer höheren gesamtwirtschaftlichen Produktion. Gleichzeitig steigt der Reallohn, da Arbeit nun im Produktionsprozess effektiver ist. Dies wiederum lässt aufgrund der im vorherigen Abschnitt beschriebenen intertemporalen Substitution der Arbeit die Beschäftigung steigen (was einen weiteren positiven Impuls für die Produktion bedeutet). Auf der anderen Seite beeinträchtigen negative Technologieschocks die Effektivität der Produktionsfaktoren. Folglich sinken sowohl die Produktion als auch die Löhne und damit die Beschäftigung.

Obwohl der große Einfluss von technologischem Fortschritt auf die Produktion einer Volkswirtschaft unbestritten ist, lehnen Kritiker der RBC-Theorie die Vorstellung großer, landesweiter Technologieschocks ab. Vielmehr sei technologischer Fortschritt ein kontinuierlicher Prozess. Weiterhin sei die Idee negativer Technologieschocks nur schwer vorstellbar, da bereits vorhandene Produktionstechnologien ja nicht wieder verloren gingen. Demgegenüber argumentieren die Vertreter der RBC-Theorie, dass ein negativer Technologieschock nicht unbedingt einen Rückgang des Technologieniveaus zu bedeuten hat. Vielmehr könnte bereits ein Unterschreiten des langfristigen Trendwachstums des technologischen Fortschritts ähnliche Effekte haben. Weiterhin könnten andere Ereignisse, wie beispielsweise eine Erhöhung des Ölpreises, die gleichen Effekte wie Technologieschocks haben, da höhere Inputpreise den Gewinn der Produktion verringern.

20.2.5 Die Neutralität des Geldes

In der Inselökonomie von Robinson Crusoe spielt Geld keine Rolle. Diese Annahme gilt auch in RBC-Modellen. Konjunkturelle Schwankungen sind demnach alleine durch die Störung realer Variablen zu erklären. Insbesondere hat die Geldpolitik der RBC-Theorie zufolge auch kurzfristig keine Auswirkungen auf die realen Größen einer Volkswirtschaft. Demzufolge kann beispielsweise eine expansive Geldpolitik nicht zu einer Stimulierung der gesamtwirtschaftlichen Produktion und zu einem Abbau der Arbeitslosigkeit beitragen.

Kritiker dieser Sichtweise verweisen auf empirische Studien, die zumindest kurzfristig reale Effekte von monetären Schocks bzw. geldpolitischen Maßnahmen nachweisen.[7] Sind diese Befunde korrekt, so hätten sie weitreichende Kon-

[7] vgl. z.B. Romer, Romer 1989

sequenzen für die generelle Bedeutung von RBC-Modellen. So argumentiert Romer[8], dass Veränderungen monetärer Größen aller Wahrscheinlichkeit nach nur dann reale Effekte haben können, wenn Güter- und Arbeitsmärkte nicht vollkommen sind. Dies würde jedoch einer weiteren zentralen Annahme der RBC-Theorie widersprechen.

20.2.6 Flexibilität von Preisen und Löhnen

Bereits zu Beginn dieser Betrachtung wurde die zentrale Rolle von flexiblen Preisen für die RBC-Modelle betont. Diese gehen von vollkommenen Märkten aus, die aufgrund von Preisanpassungen sofort und ohne zeitliche Verzögerung geräumt werden. Dementsprechend befindet sich die Volkswirtschaft immer im natürlichen, optimalen Gleichgewicht. Diese Annahme findet insofern auch in der Modellökonomie Robinson Crusoe's Niederschlag, als dass in dieser die den Umweltzuständen entsprechende optimale Höhe der Produktion, der Investition und der Beschäftigung unmittelbar durch vollkommene Märkte erreicht wird.

Vertreter der RBC-Theorie argumentieren, dass die Annahme vollkommener Preisflexibilität von der mikroökonomischen Theorie gestützt wird. Dagegen sei die Annahme rigider Preise willkürlich und ohne Grundlage. Auf der anderen Seite bejahen die Vertreter der so genannten neukeynesianischen Denkrichtung die Wichtigkeit von inflexiblen Preisen und Löhnen für die Erklärung von Schwankungen in der gesamtwirtschaftlichen Produktion und dem Beschäftigungsstand. Der Kritik der RBC-Theorie setzen sie mögliche mikroökonomische Fundierungen für die Annahme rigider Preise entgegen. Diesen Theorien wendet sich der nun folgende Abschnitt zu.

[8] vgl. David Romer 2001

20.3 Neukeynesianische Theorie

20.3.1 Die Grundidee

Die Bezeichnung Neukeynesianer wird etwa seit den frühen 1980er Jahren für eine Gruppe von Ökonomen benutzt, die mit den traditionellen Vertretern keynesianischer Wirtschaftspolitik darin übereinstimmen, dass Märkte nicht immer vollkommen sind und durchaus – zumindest kurzfristig – in einem Ungleichgewicht verharren können. Insbesondere halten sie an der Vorstellung fest, dass aufgrund von Preisrigiditäten sowohl die Produktion als auch die Beschäftigung von ihren natürlichen Gleichgewichten abweichen können. Konjunkturschwankungen sieht die Neue Keynesianische Theorie also im Gegensatz zur RBC-Theorie weiterhin als Ungleichgewichtsphänomen an. Daraus folgt auch, dass der Wirtschaftspolitik in der neukeynesianischen Theorie und damit im Gegensatz zur RBC-Theorie durchaus eine mögliche stabilisierende Rolle zugedacht wird.

Im Gegensatz zur traditionellen keynesianischen Theorie konzentriert sich die neukeynesianische Forschung auf die mikroökonomische Fundierung rigider Preise und Löhne bzw. auf mögliche Ursachen für die Existenz unvollkommener Märkte. Diese Fokussierung auf mikroökonomische Themen geht allerdings zu Lasten der Aufmerksamkeit für klassische wirtschaftspolitische Fragestellungen. In den folgenden Abschnitten sollen nun ohne Anspruch auf Vollständigkeit einige der wichtigsten neukeynesianischen Erklärungen für die Existenz inflexibler Preise dargestellt und diskutiert werden.[9]

20.3.2 Die Menükosten von Preisanpassungen

Eine erste Erklärung für inflexible Preise sind die so genannten **Menükosten**, die eine Firma für die Anpassung ihres Preislevels zahlen müsste.[10] Typische Beispiele hierfür sind die Preise, die ein Restaurant für das Drucken neuer Speisekarten oder ein Versandhandel für den Entwurf neuer Kataloge bezahlen muss. Die Kosten führen dazu, dass eine Firma im Falle einer unerwarteten Änderung beispielsweise der gesamtwirtschaftlichen Nachfrage ihre Preise nur dann an die neue Situation anpassen wird, wenn die aus der Preisanpassung zu erwartenden Gewinne größer als die daraus entstehenden Menükosten sind. Beispielsweise wird ein Restaurant, das mit sinkenden Kundenzahlen zu kämpfen hat, nur dann die Preise senken (oder auch erhöhen), wenn die aus der Preisänderung zu erwartenden Gewinne über den Kosten für den Druck neuer Speisekarten liegen.

---

[9] Insbesondere die Modelle, in denen asymmetrische Informationen, Grund für die Existenz unvollkommener Märkte sind, werden an dieser Stelle nicht behandelt.

[10] Diese Theorie geht zurück auf N. Gregory Mankiw 1985 sowie auf Akerlof, Yellen 1985 und wurde bereits in Kapitel 11.4.1 einführend erklärt.

Die Wahl vor der ein Unternehmen in diesem Falle steht, kann graphisch mithilfe der Abbildung 20-3 analysiert werden. Angenommen sei hier ein Markt mit mehreren Preis setzenden Unternehmen. Aus der mikroökonomischen Theorie ist bekannt, dass gewinnmaximierende Firmen ihren Preis so festlegen, dass der Grenzertrag (MR) den Grenzkosten (MC) entspricht.[11] In der Ausgangssituation ist die Nachfrage für das Produkt der Firma durch die Gerade D gegeben. Das Unternehmen wählt folglich das gewinnmaximierende Gleichgewicht A mit dem zugehörigen Preisniveau p. Jetzt sei angenommen, dass die gesamtwirtschaftliche Nachfrage im betrachteten Markt fällt, so dass sich auch die Nachfragekurve der betrachteten Firma von D nach D' verschiebt. Für einen gegebenen Preis ist nun die Nachfrage geringer und die marginale Ertragskurve fällt ebenfalls von MR auf MR'. Lässt die Firma den Preis unverändert bei p, so ist das neue Gleichgewicht im Punkt B gegeben. In diesem übersteigt jedoch der marginale Ertrag die marginalen Kosten des Unternehmens. Folglich hat das Unternehmen einen Anreiz den Preis soweit zu senken, dass der marginale Ertrag wieder mit den marginalen Kosten übereinstimmt. Das neue Gleichgewicht wäre dann im Punkt C und dem dazugehörigen Preisniveau (p' < p) gegeben.

Abbildung 20-3: Menükosten und der Anreiz für eine Anpassung des Preisniveau

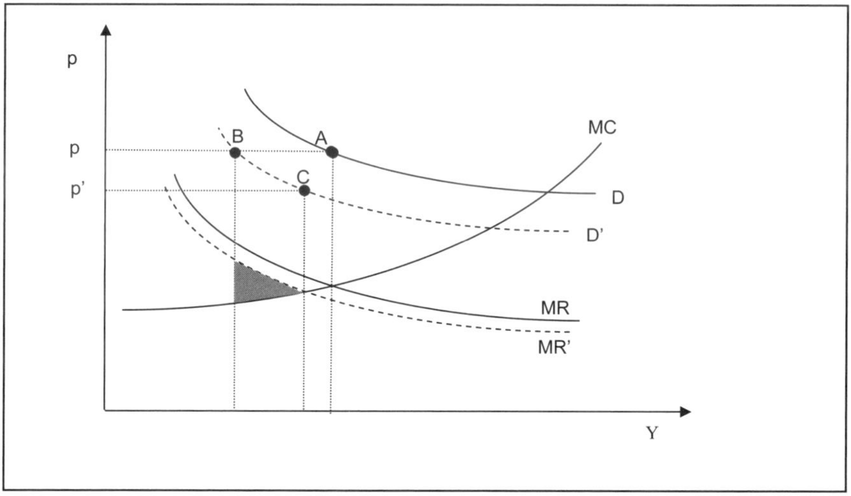

Die Anpassung des Preises von p auf p' erhöht den Gewinn des Unternehmens um die schraffierte Fläche zwischen marginaler Ertrags- und Kostenkurve. Diese Preisanpassung ist demnach nur dann vorteilhaft, wenn die betrachtete Firma Menükosten hat, die kleiner sind als der aus der Preisanpassung zu erwartende Gewinn. Mit anderen Worten sind die Preise in diesem Markt dann inflexibel, wenn entweder die Menükosten sehr hoch oder aber der durch eine An-

[11] Für eine Erläuterung dieses Zusammenhanges siehe beispielsweise Dennis Paschke 2003.

passung der Preise generierte Profit (d.h. die schraffierte Fläche im Diagramm) gering ist. Kritiker dieses Ansatzes bezweifeln, dass die Menükosten in der Realität typischerweise nicht besonders groß sind in Relation zu den bei starren Preisen zu erwartenden Gewinneinbußen. Demnach hätten die Firmen also im Normalfall immer einen Anreiz, ihre Preise an die wirtschaftliche Entwicklung anzupassen.

Weiterhin bezweifeln einige Ökonomen, dass die normalerweise relativ geringen Menükosten zu starren Preisen und damit zu gesamtwirtschaftlichen Rezessionen führen können, die große soziale Kosten mit sich bringen. Dieses Phänomen wird von den Befürwortern der Menükostentheorie mit so genannten **gesamtwirtschaftlichen Nachfrageexternalitäten** begründet. Danach haben die Preissenkungen einer Firma nicht nur einen unmittelbaren Einfluss auf den Ertrag des Unternehmens selbst, sondern durch eine Beeinflussung der gesamtwirtschaftlichen Nachfrage auch auf alle anderen Unternehmen. Senkt eine Firma den Preis für ihre Produkte, so verringert dies auch (wenngleich nur marginal) das gesamtwirtschaftliche Preisniveau P. Folglich steigt das reale Geldangebot[12], was wiederum eine Stimulierung des Volkseinkommens und damit eine höhere Gesamtnachfrage nach den Produkten aller Unternehmen zufolge hat.[13] Letztendlich kommt die Preissenkung der einzelnen Firma somit der gesamten Volkswirtschaft zugute.

Bei der Preisentscheidung des einzelnen Unternehmens spielt nun aber in der Regel der Nutzen für die Gesamtwirtschaft keine Rolle. Jede Firma vergleicht lediglich den für sie aus einer Veränderung des Preisniveaus zu erwartenden Gewinn mit den eigenen Kosten. Daher ist es durchaus möglich, dass eine Preisanpassung nicht erfolgt, obwohl sie gesamtwirtschaftlich von großem Nutzen wäre. Geringe (Menü)Kosten auf der Firmenebene können somit zu rigiden Preisen führen, die große makroökonomische Kosten verursachen.

Die Idee gesamtwirtschaftlicher Nachfrageexternalitäten kann auch noch einmal in Abbildung 20-3 veranschaulicht werden. Demnach könnte der Nachfrageschwäche durch eine Reduzierung der Preise aller am Markt vertretenden Firmen entgegen gewirkt werden. Im günstigsten Fall würde dies durch eine Erhöhung der realen Geldmenge zu einem Nachfrageimpuls führen, der auch die individuelle Nachfragefunktion wieder von D' nach D zurück schiebt. Von einer solchen Belebung der Gesamtnachfrage auf dem betrachteten Markt würden also alle Firmen profitieren, die Senkung der einzelnen Preise liegt damit im eigenen und im gesellschaftlichen Interesse. Jede einzelne Firma nimmt jedoch die Preisentscheidungen der Mitkonkurrenten als gegeben an und vergleicht lediglich die Anpassungskosten mit den durch eine individuelle Preissenkung zu erwartenden zusätzlichen Erträgen. Dies kann zu einer suboptimalen Entscheidung führen, da die positiven Externalitäten einer Preisanpassung auf den Gesamtmarkt nicht in Betracht gezogen werden.

---

[12] Das reale Geldangebot ist definiert als Quotient aus Geldangebot und Preisniveau.

[13] Im IS-LM Modell kann dieser Effekt als Rechtsverschiebung der LM-Kurve dargestellt werden.

20.3.3 Koordinationsprobleme und die Existenz mehrerer Gleichgewichte

Die bisherige Betrachtung von konjunkturellen Schwankungen ging davon aus, dass für eine Volkswirtschaft immer ein einziges und eindeutiges Gleichgewicht existiert. Konjunkturelle Schwankungen wurden dann als Abweichungen von diesem Gleichgewicht oder aber – wie in der RBC-Theorie – als Veränderungen des Gleichgewichtes selber interpretiert. Eine weitere Erklärung für Konjunkturschwankungen wäre die Existenz mehrerer Gleichgewichtsproduktionen, zwischen denen sich die Volkswirtschaft hin und her bewegt. Dabei ist es durchaus vorstellbar, dass eine Volkswirtschaft in einem „schlechten" Gleichgewicht (d.h. in einem rezessiven Zustand) verharrt, obwohl ein „besseres" Alternativgleichgewicht existiert. Gründe für eine ineffizient niedrige Gleichgewichtsproduktion sind **sich selber erfüllende Erwartungen** (self-fulfilling prophecies) am Markt bzw. **Koordinationsprobleme** zwischen den Marktteilnehmern. Diese Idee soll im Folgenden anhand eines sehr einfachen Beispiels erläutert werden.

Angenommen sei an dieser Stelle eine kleine Volkswirtschaft, die nur aus zwei Unternehmen besteht. Firma A produziert Autos während B DVD-Player herstellt. Der Gewinn der Firmen hängt dabei aufgrund von gesamtwirtschaftlichen Nachfrageexternalitäten nicht nur vom eigenen Preis, sondern auch von dem des jeweils anderen Unternehmens ab. Senkt beispielsweise Firma A den Preis ihrer Autos, so steigt das reale Geldangebot in der Ökonomie und damit die Nachfrage auch für die DVD-Player von Unternehmen B.

Nun entscheidet die Zentralbank des Landes, das Geldangebot zu verknappen. Dementsprechend wird bei unveränderten Preisen das reale Geldangebot sinken und damit die Volkswirtschaft in eine Rezession steuern. Dies kann nur dann verhindert werden, wenn beide Firmen simultan ihre Preise senken. In diesem Fall bleibt das reale Geldangebot konstant. Die Unternehmen verdienen dann beispielsweise jeweils 200.000 Euro. Bleiben jedoch die Preise für DVD-Player und Autos unverändert, so sinkt die gesamtwirtschaftliche Nachfrage und damit auch die Profite der Unternehmen. Für diesen Fall sei angenommen, dass beide Firmen nur noch jeweils 100.000 Euro Gewinn machen. Über diese beiden Fälle hinaus sind noch zwei weitere Szenarien denkbar. Zum einen kann Firma A den Preis für Automobile senken, während B an den bisherigen Preisen für DVD-Player festhält. Eine Rezession kann durch die einseitige Preissenkung nicht verhindert werden und die Nachfrage sinkt in beiden Sektoren. Da jedoch Firma A ihre Preise gesenkt hat, bricht ihr Gewinn auf 50.000 Euro ein und damit stärker als der Gewinn von Firma B, der noch 100.000 Euro beträgt. Umgekehrt verhält es sich, wenn Firma A ihre Verkaufspreise konstant hält, Firma B dagegen DVD-Player verbilligt anbietet. Jetzt verdient A immerhin noch 100.000 Euro, während B sich mit 50.000 Euro begnügen muss. Tabelle 20-1 fasst noch einmal die Auswirkungen der verschiedenen Preisentscheidungen zusammen.

Dieses Szenario kann als Spiel zwischen den beiden Firmen analysiert werden, bei dem die einzelnen Unternehmen ihre Preisentscheidung so treffen, dass sie – ausgehend von ihren Erwartungen bezüglich der Preisentscheidung der anderen Firma - ihren eigenen Gewinn maximieren. Es sei angenommen, dass die Firmen ihre Preisentscheidungen nicht absprechen können. Alle möglichen Kombinationen von Preisentscheidungen beider Firmen sind in Tabelle 20-1 noch einmal mit den dazugehörigen Gewinnen aufgelistet. Um das Ergebnis dieses Spiels analysieren zu können, werden an dieser Stelle zwei zentrale Konzepte der **Spieltheorie**[14] eingeführt. Zunächst soll untersucht werden, ob eine oder beide Firmen eine **dominante Strategie** haben. Dies ist dann der Fall, wenn eine der beiden Preisentscheidungen immer optimal wäre, egal wie sich die andere Firma entscheidet. Mit anderen Worten dominiert beispielsweise die Strategie, den Preis zu senken, genau dann die alternative Strategie, den Preis konstant zu halten, wenn der aus einer Preissenkung resultierende Gewinn immer höher ist als der Gewinn bei konstanten Preisen, egal welche Preisentscheidung das andere Unternehmen trifft. Hat eine Firma eine dominante Strategie, dann wird ein rationales Unternehmen diese auch spielen.

Tabelle 20-1 Preisentscheidungen, Koordinationsprobleme und die Existenz mehrerer Gleichgewichte

		Firma B	
		Preissenkung	**Konstante Preise**
Firma A	**Preissenkung**	Gewinn Firma A: 200.000 Euro Gewinn Firma B: 200.000 Euro	Gewinn Firma A: 50.000 Euro Gewinn Firma B: 100.000 Euro
	Konstante Preise	Gewinn Firma A: 100.000 Euro Gewinn Firma B: 50.000 Euro	Gewinn Firma A: 100.000 Euro Gewinn Firma B: 100.000 Euro

Um zu sehen, ob Firma A eine dominante Strategie hat, sei zunächst angenommen, dass diese sich dazu entscheidet, den Verkaufspreis für Autos zu senken. Sinken auch die Preise für DVD-Player, so war die Strategie der Preissenkung optimal. Firma A erhält dann 200.000 Euro, während sie bei konstanten eigenen Preisen nur 100.000 Euro Gewinn erzielt hätte. Senkt jedoch Firma A ihre Preise, während B die Preise konstant hält, so bricht der Gewinn des Automobilherstellers auf 50.000 Euro ein. In diesem Fall wäre es besser für Firma A

[14] Die Spieltheorie analysiert das Entscheidungsverhalten in Konfliktsituationen, in denen der Erfolg nicht nur vom eigenen Verhalten, sondern auch von dem anderer abhängt. Sie ist innerhalb der volkswirtschaftlichen Theorie auf dem Gebiet der Mikroökonomie einzuordnen, da sie typischerweise das Verhalten von Individuen analysiert. Insbesondere seit den 1970er Jahren hat die Bedeutung der Spieltheorie nicht nur in den Wirtschaftswissenschaften, sondern auch in den sozialwissenschaftlichen Nachbardisziplinen rasant zugenommen. 1994 erhielten die Ökonomen John Harsany, John Nash sowie der an der Universität Bonn lehrende Reinhard Selten in Anerkennung ihrer Verdienste um die Weiterentwicklung der Spieltheorie den Nobelpreis für Wirtschaftswissenschaften. Für eine gute Einführung siehe beispielsweise Bierman, Fernandez 1998.

gewesen, ebenfalls die Preise konstant zu halten und immerhin noch Gewinne in Höhe von 100.000 Euro einzufahren. Firma A hat also keine dominante Strategie, die ungeachtet der Preisentscheidung von B immer optimal wäre. Entscheidet sich B dazu, die Preise zu senken, maximiert Firma A den Gewinn, indem sie ebenfalls ihre Preise senkt. Hält B jedoch die Preise für DVD-Player konstant, so erzielt Firma A bei konstanten eigenen Preisen einen höheren Gewinn als bei einer Preissenkung. Dementsprechend hängt die optimale eigene Strategie von Firma A von der Entscheidung des Unternehmens B ab. Auf dieselbe Art und Weise können auch die Wahlmöglichkeiten von Firma B analysiert werden. Es zeigt sich, dass auch dieses Unternehmen keine dominante Strategie hat, die ungeachtet der Entscheidung von A immer optimal wäre.

Da die Unternehmen also keine dominanten Strategien haben, kann a priori nicht festgestellt werden, für welche (Preis-)Strategie sich das jeweilige Unternehmen entscheidet. Um dennoch mögliche Aussagen über den Ausgang des Spiels machen zu können, wird an dieser Stelle das Konzept des **Nash-Gleichgewichtes** eingeführt. Demnach ist eine Kombination von Strategien der verschiedenen Spielteilnehmer dann ein (Nash-)Gleichgewicht, wenn die Strategie eines jeden Spielers, bei gegebenen Strategien aller anderen Spieler, optimal ist. Übertragen auf das hier betrachtete Problem bedeutet dies, dass eine Kombination von Preisentscheidungen beider Firmen genau dann ein Gleichgewicht ist, wenn die Entscheidung der Firma A Entscheidung die beste Reaktion auf die Preissetzung von B darstellt und die Wahl von Firma B gleichzeitig die beste Reaktion auf die Entscheidung von A ist. Mit anderen Worten lohnt es sich für keine der beiden Firmen ihre Entscheidung - gegeben der Wahl des anderen Unternehmens - zu revidieren. Mithilfe dieser Definition soll nun das vorliegende Spiel auf Gleichgewichte untersucht werden.

Zunächst soll das Szenario betrachtet werden, dass beide Firmen ihre Preise senken und damit die Rezession vermieden werden kann. Sowohl Unternehmen A als auch Unternehmen B verdienen in diesem Fall 200.000 Euro. Würde eines der beiden Unternehmen seine Entscheidung revidieren und stattdessen die Preise konstant halten, so würde der Ertrag auf 100.000 Euro sinken. Daher hat weder der Autobauer noch der Produzent von DVD-Playern einen Anreiz, seine Entscheidung nachträglich zu ändern. Diese Kombination von Preisentscheidungen kann daher als Gleichgewicht bezeichnet werden. Weiterhin sei nun davon ausgegangen, dass Firma A ihre Preise senkt, während B das Preisniveau unverändert lässt. In diesem Fall hätten sowohl A als auch B einen Anreiz, ihre Entscheidung zu verändern. Senkt B genau wie A seine Preise, dann könnte das Unternehmen seinen Gewinn von 100.000 Euro auf 200.000 Euro verdoppeln. Ebenso würde eine Revidierung der Preisentscheidung des Unternehmens A zugunsten konstanter Preise – gegeben der Entscheidung von B, seine Preise konstant zu halten – zu einer Erhöhung der Unternehmensgewinne von B von 50.000 auf 100.000 Euro führen. Dementsprechend ist die Kombination aus sinkenden Autopreisen und konstanten Preisen für DVD-Player kein Nash-Gleichgewicht.

Auf analoge Art und Weise kann gezeigt werden, dass auch die umgekehrte Kombination – also konstante Autopreise und sinkende Preise für DVD-Player – kein Gleichgewicht darstellt. Schließlich verbleibt noch das Szenario, in dem beide Firmen die Preise konstant halten. Das Resultat ist eine Rezession mit Gewinnen von jeweils 100.000 Euro. In diesem Fall ist die Entscheidung von Firma A die beste Reaktion auf die Preissetzung von B und die Wahl der Firma B die beste Reaktion auf die Entscheidung von A. So würde sowohl Unternehmen A als auch B bei einer Veränderung der Entscheidung weg von konstanten hin zu sinkenden Preisen Einbußen in Höhe von 50.000 Euro hinnehmen müssen. Dementsprechend hat keine der beiden Firmen einen Anreiz, ihre Entscheidung zu revidieren. Die Kombination aus konstanten Autopreisen und konstanten Preisen für DVD-Player stellt daher ein Gleichgewicht dar.

Zusammenfassend hat das hier dargestellte Spiel zwei Gleichgewichte. Ein „gutes", indem die Rezession vermieden wird und ein „schlechtes", indem die Vermeidung der Rezession aufgrund konstant gehaltener Preise nicht gelingt und sich beide Firmen mit einem Gewinn von 100.000 Euro zufrieden geben müssen. Welches der beiden Gleichgewichte sich schlussendlich einstellt, hängt von den Erwartungen der Marktteilnehmer ab. Gehen beide Firmen davon aus, dass die jeweils andere ihre Preise konstant hält, so kann die Rezession nicht vermieden werden. Erwarten die Unternehmen jedoch eine Preissenkung des jeweils anderen Betriebs, so wird die Rezession aufgrund einer gemeinsamen Preissenkung beider Unternehmen umgangen.

Bemerkenswert an diesem Ergebnis ist, dass obwohl beide Firmen das „gute" Gleichgewicht dem „schlechten" vorziehen würden, sich dieses nicht automatisch einstellt. Könnten beide Unternehmen ihre Preisentscheidungen koordinieren, so würde die Rezession in jedem Falle vermieden. Gerade in der Realität – in der eine Vielzahl von Firmen am Markt operieren – ist dies jedoch zumeist nicht möglich (oder sogar aufgrund des Wettbewerbsrechts verboten). Ungünstige gesamtwirtschaftliche Entwicklungen können demnach Ausdruck eines Koordinationsproblems am Markt sein. Preise sind in diesem Fall einfach deshalb inflexibel, weil die Marktteilnehmer rigide Preise erwarten (und dann selber ihre Preise nicht korrigieren).[15]

[15] Eine Möglichkeit, die hier dargestellte Theorie, nach der Rezessionen das Resultat von Koordinationsproblemen sein können, in der Realität zu testen, sind Experimente. In diesen werden Freiwillige gebeten, Spiele wie das in diesem Abschnitt dargestellte nachzuspielen. Dann wird geprüft, ob sich in der Realität „schlechte" Gleichgewichte einstellen. Für einen Überblick über derartige Experimente siehe David H. Romer 2001, S.319f.

20.3.4 Gestaffelte Anpassung von Preisen

Eine weitere mögliche Ursache für inflexible Preise ist die gestaffelte Anpassung von Preisen. So setzen Firmen ihre Preise zumeist nicht simultan fest, sondern entscheiden zu verschiedenen Zeitpunkten darüber, ob sie am bisherigen Preisniveau festhalten oder nicht. Diese gestaffelte Anpassung führt dazu, dass sich die Preise in einer Volkswirtschaft nur langsam den Veränderungen des gesamtwirtschaftlichen Umfeldes anpassen.[16] Dies macht das folgende Beispiel deutlich.

Angenommen sei hier wiederum eine kleine Volkswirtschaft mit nur zwei Unternehmen, die aber nun beide im selben Wirtschaftszweig angesiedelt sind. Firma A und B produzieren beide Autos. Die Zentralbank des Landes entscheidet sich nun dafür, das Geldangebot auszuweiten. Bleiben die Preise als Reaktion auf diese expansive Geldpolitik unverändert, so lässt das gestiegene reale Geldangebot die Nachfrage steigen und die Volkswirtschaft erlebt einen Boom. Dieser wäre jedoch schnell beendet, würden beide Unternehmen simultan, beispielsweise zu Beginn der darauf folgenden Woche, ihre neuen Preise festsetzen. Beide Firmen würden als Reaktion auf die gestiegene Nachfrage ihre Preise erhöhen und das reale Geldangebot fiele wieder auf das ursprüngliche Niveau zurück.[17]

Nun sei angenommen, dass sich das Management von Firma A immer montags, das von B immer mittwochs trifft, um die Geschäftsstrategie und damit auch eventuell neue Preise zu besprechen. In einem solchen Fall gestaffelter Preisanpassung wird sich das Preisniveau nur langsam nach oben bewegen. So wird Firma A, deren Management sich zuerst trifft, ihre Autopreise lediglich moderat anheben. Beschließt das Management eine zu starke Preissteigerung, so wird die Firma ceteris paribus aufgrund des gegenüber dem Mitkonkurrenten sehr hohen relativen Preises Kunden verlieren. Angesicht der nur geringfügig gestiegenen Verkaufspreise von Firma A wird auch das Management von B aus Furcht vor dem Verlust von Kunden nur begrenzt an der Preisspirale drehen. Beide Firmen sind jeweils darauf bedacht, den relativen Preisunterschied nicht zu groß werden zu lassen. Daher reagiert das gesamtwirtschaftliche Preisniveau nur sehr langsam auf das gestiegene Geldangebot, aufgrund der gestaffelten Preisanpassung sind die Preise in dieser Volkswirtschaft rigide.[18]

Kritiker dieses Ansatzes argumentieren, dass die neukeynesianische Theorie lediglich von der Staffelung von Preisanpassungen ausgeht, deren Existenz jedoch nicht erklärt. Ein möglicher Grund für zeitlich versetzte Preisentscheidungen von Unternehmen kann den Neukeynesianern zufolge darin bestehen, dass Firmen zunächst das Verhalten der Mitkonkurrenten abwarten möchten, bevor sie ihre eigene Preisentscheidung treffen. Eine solche Argumentation ersetzt

[16] vgl. z.B. John Taylor 1979.

[17] Hier wird davon ausgegangen, dass die Firmen kein Koordinationsproblem bei der Preissetzung haben.

[18] Auf ähnliche Weise können auch Lohnrigiditäten auf dem Arbeitsmarkt damit erklärt werden, dass Tarifverhandlungen zeitversetzt stattfinden und daher die Arbeitnehmer relative Lohneinbußen fürchten. Ein weiterer Grund für rigide Löhne liegt in dem Abschluss langfristiger Tarifverträge.

nach Ansicht vor allem von Befürwortern der RBC-Theorie jedoch nur eine nicht zu beweisende Annahme, nämlich inflexible Preise, durch eine andere.

20.4 Zusammenfassung: RBC-Modell vs. Neukeynesianische Theorie

In diesem Kapitel wurden die zwei wohl wichtigsten Denkrichtungen innerhalb der modernen Konjunkturtheorie vorgestellt. Ausgangspunkt dieser Darstellung war die Erkenntnis, dass für traditionelle Erklärungen von konjunkturellen Schwankungen inflexible Preise notwendig sind.

Eben diese Annahme wird von der so genannten Real-Business-Cycle (RBC) Theorie als willkürlich kritisiert. Deren Vertreter entwickeln daher eine Sichtweise, die von vollkommenen Märkten und flexiblen Preisen ausgeht. Konjunkturschwankungen sind dann die optimale Reaktion der Volkswirtschaft auf Produktivitätsschocks, die das natürliche Gleichgewicht verändern. Dementsprechend verneinen die Vertreter der RBC-Theorie, dass wirtschaftpolitische Maßnahmen zu einer Stabilisierung der Ökonomie beitragen können, da sich die Volkswirtschaft stets im Gleichgewicht befindet.

Demgegenüber halten die Vertreter der neukeynesianischen Theorie an der traditionellen Sichtweise fest, nach der Konjunkturschwankungen Ausdruck von Ungleichgewichten sind. Wirtschaftspolitik kann dann sehr wohl dazu beitragen, die Ökonomie näher an ihr Gleichgewicht heranzuführen. Die neukeynesianische Theorie konzentriert sich weniger auf die Entwicklung einer zusammenhängenden makroökonomischen Theorie, sondern versucht Erklärungen für die - für ihre Schlussfolgerungen zentrale - Annahme inflexibler Preise zu finden. Zu den Erklärungsansätzen gehören dabei die Existenz von Menükosten, Koordinationsprobleme zwischen Unternehmen bei der Preisanpassung sowie gestaffelte Preissetzungen.

Obwohl beide Denkrichtungen sich in ihren Grundaussagen konträr gegenüberstehen, haben beide die moderne makroökonomische Forschung entscheidend vorangebracht. Eine zentrale Lehre aus der hier dargestellten Diskussion besteht darin, dass makroökonomische Modelle immer mikroökonomisch fundiert sein müssen. Gesamtwirtschaftliche Prozesse sind letztlich die Summe einer Vielzahl von individuellen Entscheidungen. Werden diese individuellen Entscheidungen nicht korrekt im Modell modelliert, so sind auch die abgeleiteten makroökonomischen Schlussfolgerungen aller Voraussicht nach fehlerhaft.

21 Die Bestimmung flexibler Wechselkurse

21.1 Einleitung

In Kapitel 12 wurden bereits einführend Wechselkurse behandelt und dabei zwischen festen und flexiblen Wechselkurssystemen unterschieden. Seit dem Zusammenbruch des Bretton-Woods Systems[1] Anfang der 1970er Jahre sind die Wechselkurse der wichtigsten Währungen flexibel zueinander. Die meisten Ökonomen erwarteten damals auch nach dem Ende dieses Systems relativ fixer Wechselkurse, dass die Volatilität der Währungskurse eher gering bleiben würde. Grundlage für diese Einschätzung war vor allem die bereits aus Kapitel 12.3 bekannte Theorie der Kaufkraftparität. Demnach spiegelt der nominale Wechselkurs der Währungen zweier Länder das relative Preisniveau dieser Volkswirtschaften wider. Der reale Wechselkurs zwischen zwei Ländern - also der relative Preis zweier Güter dieser Länder – ist dann immer gleich eins.

Dass die Erwartung relativ konstanter Wechselkurse nicht Wirklichkeit geworden ist, wird bereits in Abbildung 21-1 ersichtlich, in der der Wechselkurs zwischen US Dollar und Deutscher Mark zwischen 1972 und 1999 abgebildet ist. Nach dem Ende des Bretton-Woods Systems verlor der Dollar gegenüber der Deutschen Mark rapide an Wert.[2] Kostete ein US Dollar Anfang 1972 noch DM 3,20, so fiel der Wechselkurs bis Juli 1973 auf DM 2,33. Diese Abwertung des Dollars gegenüber der Mark dauerte bis Anfang der 1980er Jahre an, als die US-amerikanische Währung etwa DM 1,70 kostete. Bis Mitte der 80er Jahre setzte der US-Dollar dann zu einem Höhenflug an, der im März 1985 bei einem Wechselkurs von DM 3,30 pro US Dollar gipfelte. Doch bereits im Dezember 1986 notierte der Dollar schon wieder bei einem Kurs von unter zwei DM, um dann in der Folgezeit meist in einem Band zwischen DM 1,50 und 2,00 pro US Dollar zu fluktuieren.

Neben diesen eher langfristigen Fluktuationen zeigt Abbildung 21-1 ferner, dass die Wechselkurse auch von Monat zu Monat sehr starken Schwankungen unterworfen sind. Noch deutlicher würde die extreme kurzfristige Volatilität von Wechselkursen, wenn anstelle monatlicher Daten die täglichen Kurse in der Abbildung verzeichnet wären.[3] Tägliche Kursänderungen von +/- einem Prozent sind am Markt keine Seltenheit. Solche Kursausschläge stimmen schwerlich mit

[1] Einen kurzen Überblick über das Bretton-Woods System gibt Kapitel 13.4.2.

[2] In der Darstellung wird abweichend vom sonstigen Text die so genannte Preisnotierung verwendet. Diese gibt den Preis einer festen Einheit ausländischer Währung in inländischer Währung an. Sinkt in diesem Fall der Wechselkurs, so bedeutet dies eine Aufwertung der inländischen Währung (für eine ausführliche Darstellung der verschiedenen Notierungen vgl. Kap. 12.1).

[3] Die Fülle der Datenpunkte würde dann jedoch eine Darstellung der Wechselkurse im Zeitverlauf aus Platzgründen nicht erlauben.

Abbildung 21-1: Nominaler Wechselkurs zwischen US Dollar und DM 1972-99, monatliche Basis[4]

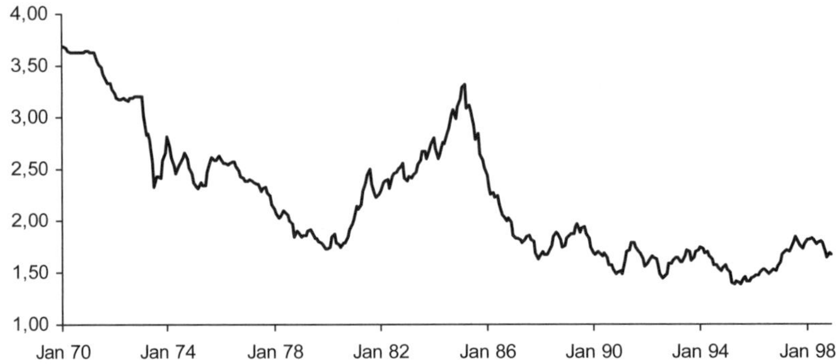

den Veränderungen des relativen Preisniveaus zweier Länder überein, sondern spiegeln zumeist die Reaktion des Marktes auf kontinuierlich neu eintreffende Nachrichten bezüglich der politischen Lage und der ökonomischen Situation eines Landes wieder.

Bereits 1979 kam eine Untersuchung der Wechselkurse nach dem Ende des Bretton-Woods Systems zu dem Ergebnis, dass die täglichen Wechselkursschwankungen fast vollkommen unvorhersehbar sind.[5] Auch die monatlichen Veränderungen sind demnach zu mehr als 90 Prozent unerwartet und unvorhersehbar. Mit anderen Worten können die kurzfristigen Veränderungen beispielsweise des Dollar/Euro-Kurses nicht mithilfe ökonomischer Theorien – also beispielsweise mithilfe der Theorie der Kaufkraft – vorhergesagt werden. Langfristig jedoch verbilligen sich die Währungen von Ländern mit einer hohen Inflationsrate und schnell wachsendem Geldangebot gegenüber solchen Zahlungsmitteln, die in Volkswirtschaften mit geringer Preissteigerung und langsam wachsendem Geldangebot verwendet werden. Ferner wurde festgestellt, dass die Differenz zwischen inländischem und ausländischem Zinsniveau langfristig in etwa mit der erwarteten Aufwertung der ausländischen Währung übereinstimmt. Schließlich konnte ein Überschießen des langfristigen Wechselkursgleichgewichtes beobachtet werden. Die Anpassung von Wechselkursen erfolgt also oftmals in einer solchen Weise, dass der Markt kurzfristig „zu stark“ reagiert.

[4] Quelle: IMF
[5] vgl. Michael L. Mussa 1979

In den folgenden Abschnitten soll nun versucht werden, einige der oben genannten empirischen Beobachtungen theoretisch zu erklären. Allerdings sei an dieser Stelle schon vorweg genommen, dass kurzfristige Ausschläge des Wechselkurses nach wie vor von volkswirtschaftlicher Theorie so gut wie gar nicht vorhergesagt werden können. Tatsächlich erscheint oft die beste Prognose für den morgigen Wechselkurs der heutige Kurs zu sein. Nichtsdestotrotz können einige wichtige Erkenntnisse aus der theoretischen Modellierung von Wechselkursen gewonnen werden. Begonnen werden soll an dieser Stelle noch einmal mit der Theorie der Kaufkraftparität, die oftmals auch ein Baustein fortgeschrittener Modelle ist. Danach wird der so genannte monetaristische Ansatz diskutiert, der vor allem auf die langfristige Bestimmung von Wechselkursen abzielt. Abschließend soll kurz in das Dornbusch-Modell eingeführt werden, dass auch einige kurzfristige Phänomene zu erklären vermag.

21.2 Die Kaufkraftparitätstheorie

Die Theorie der Kaufkraftparität besagt, dass unter der Annahme vollkommenen Wettbewerbs der Preis handelbarer Güter überall gleich hoch sein muss.[6] Mit anderen Worten muss der US-amerikanische Preis, P^*, eines gegebenen Güterbündels nach der Umrechung in Euro (mithilfe des nominalen Wechselkurses E) mit dem deutschen Marktpreis, P, übereinstimmen. Formal kann dieser Zusammenhang, der auch als **absolute Kaufkraftparität** bezeichnet wird, wie folgt ausgedrückt werden:

$$P = \frac{P^*}{E}.$$

Diese Gleichung kann jetzt so umgeformt werden, dass der Wechselkurs zwischen Euro und Dollar das relative Preisniveau zwischen den USA und Deutschland widerspiegelt.

$$E = \frac{P^*}{P}.$$

Steigt also beispielsweise das Preisniveau des betrachteten Güterbündels in den USA um fünf Prozent relativ zu dem deutschen Preis, so wird dies zu einer Aufwertung des Euros um ebenfalls fünf Prozent führen.

Eine zweite Version dieser Theorie ist die so genannte relative Kaufkraftparität. Nach dieser ist – bezogen auf unser obiges Beispiel – die proportionale Veränderung des Dollar/Euro Wechselkurses gleich der Differenz zwischen der US-

[6] Die Intuition dieser Theorie ist ausführlich in Kapitel 12.3 dargestellt.

amerikanischen und der deutschen Inflationsrate. Formal ausgedrückt bedeutet dies:[7]

$$\frac{\dot{E}}{E} = \frac{\dot{P}^*}{P^*} - \frac{\dot{P}}{P}.$$

Bereits in Kapitel 12.3 wurde anhand des so genannten Big-Mac Indices gezeigt, dass die Vorhersagen der Kaufkraftparitätstheorie in der Realität oftmals nicht zutreffen. Problematisch ist vor allem die Annahme vollkommenen Wettbewerbs. Insbesondere die Existenz von Transport und Transaktionskosten, aber auch Importzölle oder Einfuhrbeschränkungen beeinträchtigen stark die Aussagekraft der Theorie. Ein weiteres Problem ergibt sich bei der Wahl des der Berechung des Preisniveaus zugrunde liegenden Güterbündels. Insbesondere bei Handelspartnern, deren Bevölkerung andere Güterpräferenzen haben, ergeben sich an dieser Stelle Schwierigkeiten, zumindest bezüglich der absoluten Kaufkraftparitätstheorie. Probleme im Zusammenhang mit dem zugrunde liegenden Güterbündel bereitet auch die Tatsache, dass einige wichtige Güter, insbesondere viele Dienstleistungen, gar nicht auf dem internationalen Markt gehandelt werden. So wird wahrscheinlich kein Berliner auf die Idee kommen, extra in die USA zu fliegen, um sich die Haare zu schneiden.

Obwohl die Theorie der Kaufkraftparität also durchaus kritisch gesehen werden muss, liefert sie insbesondere für die langfristige Betrachtung von Wechselkursen erste wichtige Anhaltspunkte. Dass Preise eine Rolle in der Bestimmung von Wechselkursen spielen, belegt auch die empirische Beobachtung, dass die Währungen von Ländern mit relativ hohen Inflationsraten dazu tendieren, sich im Zeitverlauf zu verbilligen. Diese Erkenntnis stimmt mit der relativen Kaufkraftparitätstheorie überein. In fortgeschrittenen Modellen ist aus diesem Grunde die Theorie der Kaufkraftparität oftmals ein zentraler Baustein. Ein Beispiel hierfür ist der so genannte monetaristische Ansatz mit flexiblen Preisen, der im nächsten Abschnitt dargestellt wird.

[7] Die relative Kaufkraftparität kann hergeleitet werden, indem die Gleichung der absoluten Kaufkraftparität logarithmiert und dann das totale Differential gebildet wird.

21.3 Der monetaristische Ansatz mit flexiblen Preisen

Der monetaristische Ansatz hebt die Wichtigkeit des Geldangebotes und der Geldnachfrage für die Bestimmung flexibler Wechselkurse hervor. Zentrale Annahme dieser Theorie sind absolut flexible Preise, so dass sich der Gütermarkt immer im langfristigen Gleichgewicht befindet. Die Produktion gleicht dann stets dem natürlichen Output bei Vollbeschäftigung, $\overline{Y}$. Auch der Geldmarkt befindet sich immer im langfristigen Gleichgewicht. Hier wird eine stabile Geldnachfrage und perfekte Kapitalmobilität angenommen. Zunächst soll das Gleichgewicht auf dem Geldmarkt beschrieben werden.

Dieses wird im Modell durch die bereits aus Kapitel 13.2 bekannte Gleichgewichtsbedingung der LM-Kurve beschrieben. Demnach ist die reale Geldmenge gleich der Liquiditätsnachfrage, die wiederum positiv von der Produktion $\overline{Y}$ und negativ vom heimischen Zinsniveau i abhängt:

$$\frac{M}{P} = L(\bar{Y}, i) \text{ mit } \frac{\partial L}{\partial \bar{Y}} > 0 \text{ sowie } \frac{\partial L}{\partial i} < 0.$$

Das Gleichgewicht auf dem Geldmarkt kann durch die ungesicherte Zinsparität[8] mit dem nominalen Wechselkurs verknüpft werden. So gleicht das heimische Zinsniveau i dem ausländischen Zins i^* minus der zu erwartenden Aufwertung der nationalen Währung, Ê:

$$i = i^* - \frac{E_t(E_{t+1}) - E_t}{E_t} = i^* - \hat{E}.^{9}$$

Durch Einsetzen der ungesicherten Zinsparitätsgleichung in die Bedingung für ein Gleichgewicht auf dem Geldmarkt ergibt sich:

$$\frac{M}{P} = L(\overline{Y}, i^* - \frac{E_t(E_{t+1}) - E_t}{E_t}) = L(\bar{Y}, \hat{E}).$$

Wichtig ist an dieser Stelle zu verstehen, dass diese Gleichgewichtsbedingung einen positiven Zusammenhang zwischen Preisniveau und nominalem Wechselkurs impliziert. Steigen die Preise, so führt dies zu einem gesunkenen realen Geldangebot (M/P). Da sich der Geldmarkt per Annahme immer im Gleichgewicht befindet, muss die Geldnachfrage sofort sinken. Dies geschieht durch höhere inländische Zinsen. Diese hängen jedoch bei konstantem ausländischen Zinssatz von der erwarteten Entwicklung der heimischen Währung ab. Je höher die erwartete Aufwertung der heimischen Währung, desto niedriger werden auch

[8] Für eine ausführlichere Beschreibung vgl. Kap. 13.4.1.

[9] Die Betrachtung bezieht sich hier der Einfachheit halber lediglich auf zwei Perioden.

die heimischen Zinsen sein. Ein höherer Zinssatz impliziert andersherum, dass eine Abwertung erwartet wird. Bei konstanten Erwartungen bezüglich des zukünftigen Wechselkurses muss der momentane Wechselkurs steigen, damit für die Zukunft von einer Abwertung ausgegangen werden kann. Zusammenfassend impliziert also eine Steigerung des Preisniveaus einen höheren Wechselkurs. Intuitiv führt der durch eine Preissteigerung implizierte Geldnachfrageüberschuss dazu, dass Inländer verstärkt im Ausland Geld leihen. Der Zufluss von ausländischem Kapital lässt dann den Wechselkurs steigen. In Abbildung 21-2 ist die **MM-Kurve** der *geometrische Ort sämtlicher Preis-Wechselkurs-Kombinationen, die ein Gleichgewicht auf dem Geldmarkt darstellen.*

Das Gleichgewicht auf dem Markt für handelbare Güter ergibt sich, wenn kein Anreiz für weiteren profitablen Handel mehr besteht. Dies ist genau dann der Fall, wenn die Bedingung der Kaufkraftparität erfüllt ist. Sind die Preise handelbarer Güter überall gleich hoch, so lohnt es sich nicht Güter von A nach B zu transportieren und dort zu verkaufen. An dieser Stelle sei von der aus dem vorherigen Abschnitt bekannten absoluten Kaufkraftparität ausgegangen. Demnach sinkt der nominale Wechselkurs E bei konstanten ausländischen Preisen, P^*, im Falle höherer inländischer Preise, P:

$$E = \frac{P^*}{P}.$$

Durch Logarithmieren der obigen Gleichung ergibt sich:

$$\ln E = \ln(P^*) - \ln(P).$$

In Abbildung 21-2 wird die Bedingung der Kaufkraftparität und *damit der geometrische Ort aller Preis-Wechselkurs-Kombinationen, die ein Gleichgewicht auf dem Gütermarkt darstellen*, durch die **PPP[10]-Kurve** veranschaulicht.

Der monetaristische Ansatz geht nicht nur davon aus, dass sich der Geldmarkt immer im Gleichgewicht befindet, sondern nimmt darüber hinaus auch absolute Preisflexibilität an, so dass der Gütermarkt ebenfalls nicht von seinem Gleichgewicht abweicht. In der graphischen Abbildung bedeutet dies, dass sich die Volkswirtschaft stets sowohl auf der MM- als auch auf der PPP-Kurve befinden muss. Nur im Gleichgewichtspunkt A sind beide Bedingungen – also ein Gleichgewicht auf dem Güter- und dem Geldmarkt – simultan erfüllt. Der Wechselkurs ist also durch E', das dazugehörige gleichgewichtige Preisniveau durch P' gegeben.

[10] Die Bezeichnung PPP ergibt sich aus der englischen Übersetzung für Kaufkraftparität: Purchasing Power Parity.

Abbildung 21-2: Der gleichgewichtige Wechselkurs im monetaristischen Modell

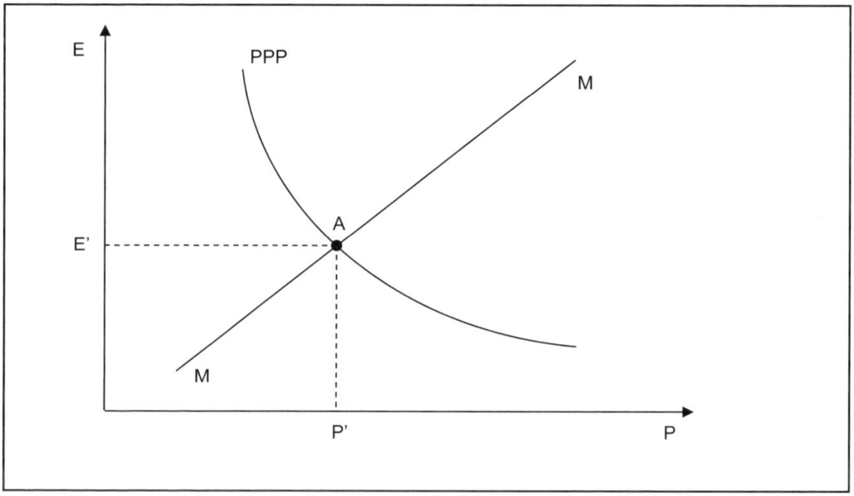

Um die Determinanten des gleichgewichtigen Wechselkurses detaillierter bestimmen zu können, soll dieser im Folgenden nun mathematisch bestimmt werden. Dazu sei davon ausgegangen, dass neben der inländischen Volkswirtschaft eine ausländische Ökonomie (Index *) existiert. Für beide gelte die bekannte Bedingung für ein Geldmarktgleichgewicht:

$$\frac{M}{P} = L(\overline{Y}, i) \text{ sowie}$$
$$\frac{M^*}{P^*} = L(\overline{Y}^*, i^*).$$

Beide Gleichungen können nun logarithmiert werden. Da die genaue Form der Geldnachfragefunktion L nicht bekannt ist, werden die unbekannten Parameter der Einkommens- bzw. der Zinsvariablen mit η sowie σ bezeichnet.[11] Es folgt:

$$\ln(M) - \ln(P) = \eta \ln(\overline{Y}) - \sigma \ln(i) \text{ sowie}$$
$$\ln(M^*) - \ln(P^*) = \eta \ln(\overline{Y}^*) - \sigma \ln(r^*).$$

Die Differenz der beiden Geldmarktgleichgewichtsbedingungen lautet:

[11] Annahmegemäß ist die funktionale Form der Geldnachfrage in beiden Ländern identisch.

$$\begin{aligned}
& \ln(M) - \ln(P) - [\ln(M^*) - \ln(P^*)] = \eta \ln(\bar{Y}) - \sigma \ln(i) - [\eta \ln(\bar{Y}^*) - \sigma \ln(i^*)] \\
\Leftrightarrow \quad & \ln(M) - \ln(P) - \ln(M^*) + \ln(P^*) = \eta \ln(\bar{Y}) - \sigma \ln(i) - \eta \ln(\bar{Y}^*) + \sigma \ln(i^*) \\
\Leftrightarrow \quad & \ln(M) - \ln(P) - \ln(M^*) + \ln(P^*) = \eta[\ln(\bar{Y}) - \ln(\bar{Y}^*)] - \sigma[\ln(i) - \ln(i^*)].
\end{aligned}$$

Auflösen nach der Differenz der (logarithmierten) Preisniveaus beider Länder ergibt:

$$\ln(P^*) - \ln(P) = -[\ln(M^i) - \ln(M^*)] + \eta[\ln(\bar{Y}) - \ln(\bar{Y}^*)] - \sigma[\ln(i) - \ln(i^*)]$$

Die Differenz aus (logarithmiertem) inländischem und ausländischem Preisniveau gleicht aber – wie oben bereits hergeleitet – aufgrund der Kaufkraftparität dem (logarithmierten) Wechselkurs. Es folgt:

$$\ln(E) = -[\ln(M) - \ln(M^*)] + \eta[\ln(\bar{Y}) - \ln(\bar{Y}^*)] - \sigma[\ln(i) - \ln(i^*)]$$

Der Wechselkurs hängt demnach negativ sowohl von der Differenz zwischen inländischem und ausländischem Geldangebot als auch der Differenz zwischen heimischem und ausländischem Zinsniveau ab. Bei einer steigenden Differenz der gesamtwirtschaftlichen Produktionen wird die inländische Währung dagegen aufgewertet. Im monetaristischen Modell führen sowohl eine höhere Produktion als auch niedrigere Zinsen zu einer höheren Geldnachfrage. Dementsprechend wird nun ein Gleichgewicht auf dem Geldmarkt bei einem niedrigeren Preisniveau (und damit einem höheren realen Geldangebot) erreicht. Fallende inländische Preise führen aufgrund der angenommenen Kaufkraftparität dann zu steigenden Wechselkursen.[12] Die zentrale Schlussfolgerung des monetaristischen Modells ist jedoch, dass ein im Verhältnis zum Ausland schneller wachsendes inländisches Geldangebot zu einer Abwertung der inländischen Währung führt. Diese Erkenntnis wird auch von den empirischen Daten gedeckt und soll im Folgenden noch einmal graphisch veranschaulicht werden.

Dazu sei angenommen, dass sich die heimische Volkswirtschaft zunächst im Ausgangsgleichgewicht A befindet (siehe Abbildung 21-3). Nun erhöht sich das Geldangebot M. Annahmegemäß befindet sich der Geldmarkt immer im Gleichgewicht. Die bereits bekannte Gleichgewichtsbedingung lautet:

$$\frac{M}{P} = L(\bar{Y}, i).$$

[12] Dieses Ergebnis steht im Kontrast zu dem des Mundell-Flemming Modells aus Kapitel 13.4.3, in dem eine höhere Produktion und niedrigere Zinssätze zu einer Abwertung der inländischen Währung führen. Der Grund für diese unterschiedlichen Ergebnisse liegt – wie so oft – in den unterschiedlichen Annahmen bezüglich der Preisflexibilität.

Bei gestiegenem Geldangebot M wird nun ein neues Gleichgewicht durch einen proportionalen Anstieg des Preisniveaus P erreicht. Steigt beispielsweise das Geldangebot um fünf Prozent, so werden auch die Preise um fünf Prozent anziehen. Eine Erhöhung des Geldangebots führt demnach zu einer Verschiebung der MM Kurve nach rechts unten. Gleichzeitig muss aufgrund der Kaufkraftparität ein um fünf Prozentpunkte gestiegenes heimisches Preisniveau zu einer Abwertung der inländischen Währung um ebenfalls fünf Prozent führen. Ein neues Gleichgewicht ergibt sich also bei gestiegenen Preisen und einem gesunkenen Wechselkurs.

In Abbildung 21-3 veranschaulicht, verschiebt sich folglich die MM-Kurve aufgrund des wachsenden Geldangebotes von M'M' nach M''M''. Die Lage der PPP-Kurve bleibt von der Erhöhung des Geldangebots unbeeinflusst. Das neue Gleichgewicht ist demnach im Punkt B bei höherem Preisniveau P'' und einem niedrigeren Wechselkurs E'' gegeben. Eine Erhöhung des Geldangebotes führt also – wie bereits formal berechnet – zu einem niedrigeren Wechselkurs. Aufgrund der Annahme völlig flexibler Preise ist nicht nur der Geldmarkt, sondern auch der Gütermarkt zu jedem Zeitpunkt im Gleichgewicht. Daher erfolgt die Anpassung vom ursprünglichen Gleichgewicht in A zum neuen Gleichgewicht B ohne zeitliche Verzögerung, die Volkswirtschaft befindet sich zu jeder Zeit im langfristigen Gleichgewicht.

Sowohl die Theorie der Kaufkraftparität als auch die monetaristische Theorie erklären einige der wichtigsten langfristigen Beobachtungen bezüglich Wechselkursschwankungen. Dagegen können beide Ansätze die kurzfristige Volatilität von Wechselkursen in keiner Weise erklären. Ein erster Schritt in diese Richtung stellt das so genannte Dornbusch-Modell dar, das im nächsten Abschnitt stark vereinfacht beschrieben werden soll.

Abbildung 21-3: Eine Erhöhung des Geldangebots im monetaristischen Modell

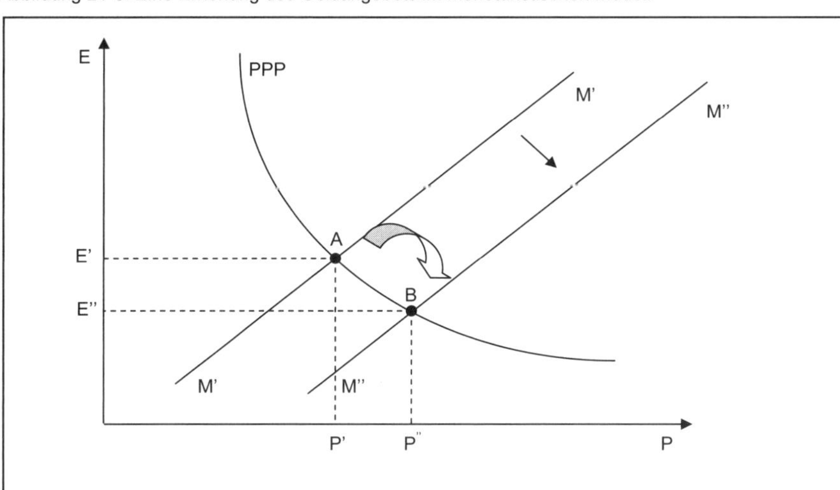

21.4 Das Dornbusch Modell mit rigiden Preisen

Der im vorherigen Abschnitt dargestellte monetaristische Ansatz versucht das langfristige, nicht jedoch das kurzfristige Verhalten von Wechselkursen zu erklären. In der Realität ist oft zu beobachten, dass der Wert einer Währung substantiell und oft über lange Perioden von ihrem Gleichgewichtsniveau abweicht. Wird die Theorie der Kaufkraftparität zugrunde gelegt, so sind die meisten Währungen zu einem bestimmten Zeitpunkt über- oder unterbewertet. Auch passen sich die Wechselkurse nicht – wie vom monetaristischen Ansatz vorhergesagt – sofort an ein neues Gleichgewicht an, sondern schießen oftmals über selbiges hinaus. Ergibt sich das neue Gleichgewicht beispielsweise bei einem niedrigeren als dem momentanen Wechselkurs, so sinkt der Wert der Währung noch unter diesen neuen Gleichgewichtswert, um sich dann „von unten" dem Gleichgewicht zu nähern. Andersherum kann der Wechselkurs auch über das langfristige Gleichgewichtsniveau hinausschießen und sich dann „von oben" dem eigentlichen Gleichgewicht annähern. Eine mögliche Erklärung solcher Phänomene liefert das so genannte **Dornbusch-Modell**, das auf den Ökonom Rudiger Dornbusch zurückgeht.[13] Die Resultate dieses Modells sollen im Folgenden graphisch und intuitiv dargestellt werden.

Ausgangspunkt des Dornbusch-Modells ist der bekannte monetaristische Ansatz. Das Gleichgewicht auf dem Gütermarkt ergibt sich analog zu den bisherigen Annahmen genau dann, wenn kein Anreiz für weiteren profitablen Handel mehr besteht, d.h. wenn die Bedingung der Kaufkraftparität erfüllt ist. Das langfristige Gütermarktgleichgewicht wird demnach in Abbildung 21-4 weiterhin durch die PPP Kurve beschrieben. Abweichend vom monetaristischen Ansatz geht Dornbusch jedoch von der Existenz rigider Güterpreise aus. Der Gütermarkt kann also kurzfristig vom langfristigen Gleichgewicht abweichen, die Kaufkraftparitätsbedingung ist dann nicht erfüllt. Bezüglich des Geldmarktes nimmt das Modell weiterhin einen vollkommenen flexiblen Markt an, der sich zu jeder Zeit im Gleichgewicht befindet. Mit anderen Worten nimmt das Modell einen vollkommenen Geldmarkt, nicht jedoch einen vollkommenen Gütermarkt an. Ferner sei hier zur Vereinfachung angenommen, dass die betrachtete Volkswirtschaft auch bei einer Abweichung vom Gütermarktgleichgewicht immer den natürlichen Output bei Vollbeschäftigung, $\overline{Y}$, produziert.

Nun soll wieder untersucht werden, wie sich eine Ausweitung des Geldangebotes auf den heimischen Wechselkurs auswirkt.[14] In Abbildung 21-4 schlägt sich das höhere Geldangebot wie aus der vorherigen Analyse bekannt in einer Rechtsverschiebung der MM Kurve (von M'M' nach M''M'') nieder. Das neue langfristige Gleichgewicht ist durch den Schnittpunkt der PPP-Kurve mit der M''M''-Geraden, im Punkt B, gegeben. Langfristig wird also der Wechselkurs sinken, wohingegen das heimische Preisniveau ansteigt. Dieser Anstieg kann

---

[13] Dornbusch entwickelte dieses Modell im Jahre 1976 in dem berühmten Aufsatz „Expectations and Exchange Rate Dynamics", erschienen im *Journal of Political Economy* (vgl. Rudiger Dornbusch 1996).

[14] Eine Verknappung des Geldangebotes würde natürlich zu genau entgegengesetzten Ergebnissen führen.

kurzfristig jedoch nicht realisiert werden, da die Preise inflexibel sind, zunächst also auf dem alten Niveau P' verharren. Der Geldmarkt dagegen passt sich annahmegemäß sofort der gestiegen Geldmenge an. Die Volkswirtschaft befindet sich folglich auf der (neuen) M''M'' Kurve, verharrt jedoch auf dem alten Preisniveau. Dementsprechend springt die Ökonomie als Reaktion auf eine Ausweitung des Geldangebotes von A nach C. Der Wechselkurs sinkt also von E' auf E''' und damit noch unter das langfristige Wechselkursgleichgewicht E''. Eine Ausweitung des Geldangebotes um fünf Prozent führt kurzfristig zu einer Abwertung des Wechselkurses um mehr als fünf Prozent. Der schwache Wechselkurs – und die dadurch im internationalen Vergleich günstigen Preise – führen jedoch zu einem Anstieg der ausländischen Nachfrage und damit im Zeitverlauf zu steigenden Preisen. Im Verlaufe dieses Anpassungsprozesses steigt auch der Wechselkurs von E''' auf E'' an.

In der graphischen Analyse „überschießt" der Wechselkurs bei einer Ausweitung des Geldangebotes das neue, langfristige Gleichgewicht, weil die Ökonomie temporär vom Gütermarktgleichgewicht abweicht. Die Kaufkraftparitätsbedingung ist also vorübergehend nicht erfüllt und die nationale Währung ist im Punkt C unterbewertet. Genau dieses Ungleichgewichtsphänomen kann in der Realität oftmals beobachtet werden. Die Dauer der Unterbewertung hängt dabei von dem Grad der Güterpreisinflexibilität ab. Besonders rigide Preise bewirken ein lang andauerndes Ungleichgewicht.

Das Überschießen des gleichgewichtigen Wechselkurses folgt logisch aus der Kombination von vollkommenem Geldmarkt (und rigiden Preisen) und der Gültigkeit der ungesicherten Zinsparität. So ist auf dem Geldmarkt bei einem Anstieg der Geldmenge M eine Einhaltung der Gleichgewichtsbedingung bei (kurzfristig) konstanten Preisen und gegebener Produktion nur durch eine Senkung der heimischen Zinsen i möglich. Für ein niedrigeres Zinsniveau müssen die Investoren der Zinsparität zufolge jedoch immer durch eine erwartete Aufwertung der heimischen Währung, $\hat{E}$, kompensiert werden. Zur Erinnerung:

$$i = i^* - \hat{E}.$$

Langfristig wird der Wechselkurs jedoch gegen das neue Gleichgewichtsniveau E'' streben. Eine Aufwertung im Zeitverlauf ist nur dann möglich, wenn der Wechselkurs zunächst unter das langfristige Gleichgewicht fällt. Die Währung wird also übermäßig abgewertet, um darauf hin die Erwatungen an einen steigenden Wechselkurs erfüllen zu können. Eben dieses Phänomen wird an den Finanzmärkten häufig beobachtet.

Abschließend sei noch darauf hingewiesen, dass das Dornbusch Modell nicht auf die Analyse von Auswirkungen geldpolitischer Maßnahmen beschränkt ist. Auch die Fiskalpolitik eines Landes beeinflusst das inländische Zinsniveau und damit den Wechselkurs eines Landes. So führt beispielsweise eine expansive Fiskalpolitik aufgrund der steigenden Kreditaufnahme des Staates zu höheren inländischen Zinsen. Diese wiederum machen es – der ungesicherten Zinsparitätsgleichung zufolge – erforderlich, dass die Investoren für die Zukunft eine Abwertung der heimischen Währung erwarten. Dementsprechend wird eine expansive Geldpolitik dazu führen, dass der Wechselkurs „zu weit" nach oben springt, um dann im Zeitverlauf in Richtung des langfristigen Gleichgewichts abgewertet zu werden.

Abbildung 21-4: Überschießen des Wechselkurses im Dornbusch-Modell

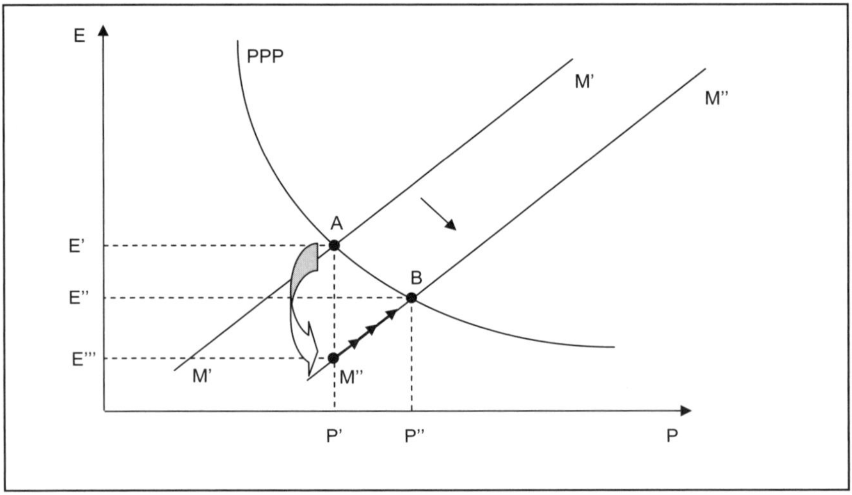

21.5 Zusammenfassung

In diesem Kapitel sind die grundlegenden Theorien zur Bestimmung flexibler Wechselkurse dargestellt worden. Der Theorie der Kaufkraftparität zufolge spiegeln die Veränderungen der nominalen Wechselkurse relative Preisveränderungen zwischen zwei Ländern wider. Obwohl unterschiedliche Preisniveaus durchaus eine Rolle bei der Bestimmung von Wechselkursen spielen, werden in der Realität oftmals Abweichungen von dem durch die Kaufkraftparitätstheorie vorhergesagten Wechselkurs festgestellt. Insbesondere die starken kurzfristigen Wechselkursschwankungen sind schwerlich mit Veränderungen relativer Preise in Einklang zu bringen.

Der monetaristische Ansatz baut die Theorie der Kaufkraftparität in ein komplexeres Modell ein, das von einem vollkommenen Güter- und Geldmarkt ausgeht, die sich jederzeit im Gleichgewicht befinden. Die zentrale Schlussfolgerung dieses Modells besteht darin, dass ein relativer Anstieg des Geldangebotes zu einem sinkenden Wechselkurs führt. Aufgrund der Annahme vollkommener Märkte erfolgt diese Anpassung dabei sofort, der Wechselkurs gleicht daher immer seinem langfristigen Gleichgewicht. Weiterhin hängt der Wechselkurs im monetaristischen Modell negativ von der Differenz zwischen heimischem und ausländischem Zinsniveau und positiv von der Differenz der gesamtwirtschaftlichen Produktionen ab.

Schließlich liefert das Dornbusch-Modell eine Erklärung für die in der Realität oftmals beobachtete Abweichung des Wechselkurses vom langfristigen Gleichgewicht sowie dafür, dass die Währungen bei der Anpassung an ein neues Gleichgewicht oftmals über selbiges hinausschießen. Zentrale Grundlage für dieses Ergebnis ist die Annahme kurzfristig inflexibler Güterpreise bei einem weiterhin vollkommenen Geldmarkt. Eine Ausweitung des Geldangebotes führt dann wie zuvor zu einer sofortigen Anpassung des Geldmarktes. Das Preisniveau verharrt jedoch zunächst annahmegemäß auf seinem ursprünglichen Niveau, der Gütermarkt weicht vom langfristigen Gleichgewicht ab und die Kaufkraftparität ist vorübergehend nicht erfüllt.

Ferner ist bei einem Anstieg der Geldmenge M eine Einhaltung der Gleichgewichtsbedingung auf dem Gütermarkt bei konstanten Güterpreisen und gegebener Produktion nur durch eine Senkung der heimischen Zinsen i möglich. Für ein sinkendes Zinsenniveau müssen die Investoren jedoch durch eine erwartete Aufwertung der heimischen Währung kompensiert werden, da sie ansonsten ihr Geld nicht im Inland investieren werden. Eine Aufwertung im Zeitverlauf ist aber nur dann möglich, wenn der Wechselkurs zunächst unter das langfristige Gleichgewicht fällt. Die Währung überschießt also das langfristige Gleichgewicht, um darauf hin die Erwatungen an einen steigenden Wechselkurs erfüllen zu können.

Obwohl die dargestellten Theorien eine Vielzahl der empirischen Beobachtungen erklären können, bleibt festzuhalten, dass die täglichen – und größtenteils auch die monatlichen – Wechselkurse nicht mithilfe dieser Modelle vorhergesagt werden können. Diese sehr kurzfristigen Schwankungen sind fast vollständig unerwartet und unvorhersehbar. Häufig gilt, dass die beste Schätzung für den morgigen Wechselkurs der heutige Wechselkurs ist.

LITERATURVERZEICHNIS

Aghion, Phillipe; Howitt, Peter: A Model of Growth through Creative Destruction. In: Econometrica, 60. Jg. (1992), H. 2, S. 323-351.

Akerlof, George A.; Yellen, Janet L.: A Near-rational Model of the Business Cycles, with Wage and Price Inertia. In: Quarterly Journal of Economics, Supplement, 100. Jg. (1985), H. 5, S. 823-838.

Aldcroft, Derek H.: The European Economy, 1914-1990. London 1993.

Alesina, Alberto: Macroeconomics and Politics. Cambridge, MA 1988.

Akerlof, George A.: The Market for "Lemons": Quality Uncertainty and the Market Mechanism. In: The Quarterly Journal of Economics, 84. Jg. (1970), H. 3, S. 488-500.

Ando, Albert; Modigliani, Franco: The Life Cycle Hypothesis and Saving: Aggregate Implications and Tests. In: The American Economic Review, 53. Jg. (1953); H. 1, S. 55-84.

Ando, Albert; Modigliani, Franco: The Life Cycle Hypothesis and Saving: A Correction. In: The American Economic Review, 54. Jg. (1964), H. 2 Teil 1, S. 111-113.

Artis, Michael J.; Lewis, Mervyn K.: Money in Britain: monetary policy, innovation and Europe. New York 1991.

Ball, Laurence: Intertemporal Substitution and Constraints on Labour Supply: Evidence from Panel Data. In: Economic Inquiry, 28. Jg. (1990), H. 4, S. 706-724.

Barro, Robert J.: Are Government Bonds Net Wealth? In: The Journal of Political Economy, 82. Jg. (1974), H. 6, S. 1095-1117.

Derselbe: Perceived Wealth in Bonds and Social Security and the Ricardian Equivalence Theorem: Reply to Feldstein and Buchanan. In: The Journal of Political Economy, 84. Jg. (1976), H. 2, S. 343-350.

Derselbe: The Ricardian Approach to Budget Deficits. In: The Journal of Economic Perspectives, 3. Jg. (1989), H. 2, S. 37-54.

Derselbe: Determinants of Economic Growth. Cambridge 1997.

Bailey, M. J.: The Welfare Cost of Inflationary Finance. In: Journal of Political Economy, 64. Jg. (1956), H. 2, S. 93-110.

Bertola, Giuseppe; Blau, Francine D.; Kahn, Lawrence M.: Comparative Analysis of Labor Market Outcomes: Lessons for the US from International Long-Run Evidence. In: NBER Working Paper, 2001, S. 53ff.

Bierman, H. Scott; Fernandez, Luis: Game Theory with Economic Applications, Reading, Menlo Park, New York u.a. 1998.

Blanchard, Olivier; Wolfers, Justin: The Role of Shocks and Institutions in the Rise of European Unemployment: The Aggregate Evidence. In: The Economic Journal, 110. Jg. (2000), H. 462, S. C1-C33.

Board of Governors of the Federal Reserve System (Hrsg.): The Federal Reserve System. Purposes and Functions. Washington D.C. 1994.

Bofinger, Peter: Monetary Policy. Goals, Institutions, Strategies, and Instruments. Oxford, New York 2001.

Bordo, Michael D.: Is There a Good Case for a New Bretton Woods International Monetary System? In: AEA Papers and Proceedings, Historical Perspectives on International Institutions, 85. Jg. (1995), H. 2, S. 317-322.

Bordo, Michael D.; Eichengreen, Barry: A Restospective on the Bretton Woods System. Chicago 1993.

Brealey, Richard A.; Myers, Stewart C.: Principles of Corporate Finance. Diverse Städte 2003.

Buldorini, Luca; Makrydakis, Stelios; Thimann, Christian: The Effective Exchange Rates of the Euro. In: Occasional Paper Series ECB (2002), H. 2.

Bundesagentur für Arbeit (Hrsg.): Arbeitsmarkt 2003 - Arbeitsmarktanalyse für das Bundesgebiet insgesamt, West- und Ostdeutschland. Nürnberg 2004.

Bundesministerium der Finanzen, BMFi (Hrsg.): Bundeshaushalt 2003. Finanzplan des Bundes 2002-2006. Anlagen. Berlin 2002.

Bundesministerium der Finanzen, BMFi (Hrsg.): Finanzplan des Bundes 2003 bis 2007. Berlin 2003.

Burda, Michael; Wyplosz, Charles: Macroeconomics: a European text. Oxford 2001.

Cardia, Emanuela: Replicating Ricardian Equivalence Tests with Simulated Series. In: The American Economic Review, 87. Jg. (1997), H. 1, S. 65-79.

Carroll, Christopher D.: Buffer-Stock Saving and the Life-Cycle/Permanent Income Hypothesis. In: The Quarterly Journal of Economics, 112. Jg. (1997), H. 1, S. 1-55.

Central Planning Bureau: Replacement Rates - A transatlantic view. CPB Working Paper, Nr. 80, 1995.

Chow, Gregory C.: Rational Versus Adapative Expectations in Present Value Models. In: The Review of Economics and Statistics, 71. Jg. (1989), H. 3, S. 376-384.

Clark, John Maurice: Business Acceleration and the Law of Demand: A Technical Factor in Economic Cycles. In: The Journal of Political Economy, 25. Jg. (1917), H. 3, S. 217-235.

Cobham, David: Macroeconomic Analysis: an intermediate text. London 1998.

Davies, Glyn: A History of Money. From Ancient Times to the Present Day. Cardiff 1996.

Deutsches Institut für Altersvorsorge (Hrsg.): Erben in Deutschland. Volumen, Psychologie und gesamtwirtschaftliche Auswirkungen. Köln 2002.

Dörsam, Peter: Mathematik anschaulich dargestellt für Studierende der Wirtschaftswissenschaften. Heidenau 2003.

Derselbe: Wirtschaftsstatistik anschaulich dargestellt. Heidenau 2004.

Dornbusch, Rudiger: Expectations and Exchange Rate Dynamics. In: Journal of Political Economy, 84. Jg. (1976), H. 6, S. 1161-76.

Europäische Kommission: One Market, One Money. In: European Economy, Nr. 44, 1990.

Europäische Zentralbank (Hrsg.): Entwicklung der internationalen Preis- und Kostenwettbewerbsfähigkeit des Euro-Währungsgebiets. In: Monatsbericht August 2003, S. 75ff.

Derselbe: Statistics Pocket Book. September 2004. Frankfurt am Main 2004.

Derselbe: Key ECB Interest Rates. www.ecb.int 2003.

Eurostat: Statistik kurz gefasst. Bevölkerung und soziale Bedingungen 5/2002. Luxemburg 2002.

Fama, Eugene F.: Efficient Capital Markets: A Review of Theory and Empirical Work. In: Journal of Finance, 25. Jg. (1970), H. 2, S. 383-417.

Feldstein, M.: bei Bofinger (1999)

Fischer, S.: bei Bofinger (1993)

Fisher, Irving: Appreciation and Interest. Originalveröffentlichung 1896. In: Barber, William J. (Hrsg.): The Works of Irving Fisher. The Pickering Masters Series. Volume 1, London 1997.

Derselbe: Recent Changes in Price Levels and Their Causes. In: The American Economic Review, 1. Jg.(1911a), H. 2, S. 37-45.

Derselbe: The Purchasing Power of Money: Its Determination and Relation to Credit, Interest and Crises. New York 1911b.

Derselbe: The Theory of Interest. As Determined by Impatience to Spend Income and Opportunity to Invest It. New York 1930. In: Reprints of Economic Classics. Clifton 1974.

Fleming, J. Marcus: Domestic Financial Policies under Fixed and under Floating Exchange Rates. IMF Staff Papers 9 (1962), S. 369-379.

Fonseca, Gonçalo L.; Ussher, Leanne (Hrsg.): The History of Economic Thought Website; http://cepa.newschool.edu/het/home.htm.

Forschungsgruppe Wahlen: Wahlanalyse Bundestagswahl 2002. http://www.forschungsgruppe.de/Ergebnisse/Wahlanalysen 2004.

Friedman, Milton: A Theory of the Consumption Function. Princeton 1957.

Friedman, Milton: The Role of Monetary Policy. In: American Economic Review, 58. Jg. (1968), H. 1, S. 1-17.

Galbraith, John W.: Modelling Expectations Formation with Measurement Errors. In: The Economic Journal, 98. Jg. (1988), H. 391, S. 412-428.

Glaeser, Edward L.; Laibson, David; Sacerdote, Bruce: An Economic Approach to Social Capital. In: The Economic Journal, 112. Jg. (2002), H. 483, S. F437-458

Goodhart, Charles A.E.: Money, Information and Uncertainty. London 1989.

Grilli, Vittorio; Masciandaro, Donato; Tabellini, Guido: Political and Monetary Institutions and Public Financial Policies in the Industrial Countries. In: Economic Policy: A European Forum, 6. Jg. (1991), H. 2, S. 341-392.

Grossman, Gene; Helpman, Elhanan: Innovation and Growth in the Global Economy, Cambridge, MA 1991.

Gujarati, Damodar N.: Basic Econometrics. Diverse Städte 1995.

Hall, Robert E.. Stochastic Implications of the Life Cycle-Permanent Income Hypothesis: Theory and Evidence. In: The Journal of Political Economy, 86. Jg. (1978), H. 6, S. 971-987.

Harris, Duane G.: Credit Rationing at Commercial Banks: Some Empirical Evidence. In: Journal of Money, Credit and Banking, 6. Jg. (1974), H. 2, S. 227-240.

Hayashi, Fumio: Tobin's Marginal q and Average q: A Neoclassical Interpretation. In: Econometrica, 50. Jg. (1982), H. 1, S. 213-224.

Heston, Alan; Summers, Robert; Atten, Bettina: Penn World Table Version 6.1, Center for International Comparisons at the University of Pennsylvania (CICUP), 2002.

Hinze, Jörg: Konjunktur-Schlaglicht: Umstellung der VGR. In: Wirtschaftsdienst, 1999, 441.

Hicks, John R.: Mr. Keynes and the Classics: A suggested simplification. In: Econometrica, 5. Jg. (1937), H. 2, S. 147-159.

Hicks, John R.: Critical Essays in Monetary Theory. Oxford, New York 1972.

Hillier, Brian: The Macroeconomic Debate. Models of the Closed and Open Economy. Oxford 1991.

HWWA u.a. (Hrsg.): Die Lage der Weltwirtschaft und der deutschen Wirtschaft im Frühjahr 2004. HWWA Report 243, Hamburg 2004.

Derselbe: Die Lage der Weltwirtschaft und der deutschen Wirtschaft im Herbst 2004. HWWA Report 248, Hamburg 2004.

Institut für Mittelstandsforschung (Hrsg.): Unternehmensgrößen Statistik 1997/98. Daten und Fakten. Bonn 1997.

International Monetary Fund: International financial statistics. Washington D.C. verschiedene Jahrbücher.

Jones, Charles I.: Time Series Tests of Endogenous Growth Models. In: Quarterly Journal of Economics, 110. Jg. (1995), H. 2, S. 495-525.

Derselbe: Introduction to Economic Growth. New York 1998.

Jorgenson, Dale W.: Capital Theory and Investment Behavior. In: The American Economic Review, 53. Jg. (1963), H. 2, S. 247-259.

Kareken, John; Solow, Robert: Lags in Monetary Policy. In: Brown, E. Cary (Hrsg.): Stabilization Policies. New Jersey1963.

Keynes, John M.: The general theory of employment, interest and money. London 1967 (1936).

Kindleberger, Charles P.: Manias, Panics, and Crashes. A History of Financial Crisis. New York 2001.

King, Robert G.; Plosser, Charles I.: Money as the Mechanism of Exchange. In: Journal of Monetary Economics, 17. Jg. (1986), S. 93-115.

Kiyotaki, Nobuhiro; Wright, Randall: On Money as a Medium of Exchange. In: Journal of Political Economy, 97. Jg. (1989), H. 4, S. 927-954.

Kotlikoff, Laurence J.; Razin, Assaf; Rosenthal, Robert W.: A Strategic Altruism Model in Which Ricardian Equivalence Does Not Hold. In: The Economic Journal, 100. Jg. (1990), H. 403, S. 1261-1268.

Kydland, Finn E.; Prescott, Edward C.: Rules Rather than Discretion: The Inconsistency of Optimal Plans. In: Journal of Political Economy, 85. Jg. (1977), H. 3, S. 473-492.

Laspeyres, E.: Die Berechnung einer mittleren Warenpreissteigerung. In: Jahrbücher für Nationalökonomie und Statistik, 16 (1871), S. 296-314.

Landreth, Harry; Colander, David C.: History of Economic Thought. Boston 1994.

Layard, Richard: How to beat Unemployment. Oxford 1986.

Lippe, Peter M. von der: Volkswirtschaftliche Gesamtrechnung(en) in Deutschland nach neuen internationalen Vorschriften. http://www.vwl.uni-essen.de/dt/stat/downloads/, 2004.

Lipsey, Richard G.: The Relationship Between Unemployment and the Rate of Change of Money Wage Rates in the United Kingdom, 1862-1957: A Further Analysis. In: Economica, 27. Jg. (1960), S. 1-44.

Lovell, Michael C.: Tests of the Rational Expectations Hypothesis. In: The American Economic Review, 76. Jg. (1986), H. 1, S. 110-124.

Lucas, Robert E., Jr.: Adjustment Costs and the Theory of Supply. In: The Journal of Political Economy, 75. Jg. (1967), H. 4, Teil 1, S. 321-334.

Derselbe: Expectations and the Neutrality of Money. In: Journal of Economic Theory 1972, H. 4, S. 103-124.

Derselbe: Econometric Policy Evaluation: A Critique. In: Carnegie-Rochester Conference Series on Public Policy 1976, H. 1, S. 19-46.

Derselbe: On the Mechanics of Economic Development. In: Journal of Monetary Economics , 22. Jg. (1988), H. 1, S. 3-42.

Maddison, Angus: Monitoring the World Economy: 1820-1992. In: OECD: Paris1995.

Mäding, Heinrich: Migration Processes – Challenges for German Cities. In: Deutsches Institute für Urbanistik (Hrsg.): Occasional Paper, 2002.

Mankiw, N. Gregory: Small Menu Costs and Large Business Cycles: A Macroeconomic Model of Monopoly. In: Quarterly Journal of Economics, 100. Jg. (1985), H. 2, S. 529-538.

Mankiw, N. Gregory: A Quick Refresher Course in Macroeconomics. In: Journal of Economic Literature, 28. Jg. (1990), H. 4, S. 1645-1660.

Mankiw, N. Gregory: Macroeconomics. New York 2003.

Marcet, Albert; Sargent, Thomas J.: The Fate of Systems With "Adaptive" Expectations. In: The American Economic Review, 78. Jg. (1988), H. 2, Papers and Proceedings of the One-Hundreth Annual Meeting of the American Economic Association, S. 168-172.

Milgrom, Paul; Roberts, John: Economics, Organization and Management. Englewood Cliffs 1992.

Modigliani, Franco: Life Cycle, Individual Thrift, and the Wealth of Nations. In: The American Economic Review, 76. Jg. (1986), H. 3, S. 297-313.

Modigliani, Franco; Fitoussi, Jean-Paul; Moro, Beniamino; Snower, Dennis; Solow, Robert; Steinherr, Alfred; Sabini, Paolo S.: An Economist´s Manifest on Unemployment in the European Union. In: BNL Quarterly Review, 51. Jg. (1998), S. 1-19.

Mundell, Robert A.: Capital Mobility and Stabilization Policy under Fixed and Flexible Exchange Rates. In: Canadian Journal of Economics, 29. Jg. (1963), S. 475-485.

Mundell, Robert A.: International Economics. New York 1968.

Mussa, Michael L.: Empirical Regularities in the Behaviour of Exchange Rates and Theories of the Foreign Exchange Market. In: Brunner, K.; Meltzer, A. H. (Hrsg.): Policies for Employment, Prices and Exchange Rates. Amsterdam 1979.

Muth, John F.: Rational Expectations and the Theory of Price Movements. In: Econometrica, 29. Jg. (1961), H. 3, S. 315-335.

Nickell, Stephen: Unemployment and Labor Market Rigidities: Europe versus North America. In: Journal of Economic Perspectives, 11. Jg. (1997), H. 3, S. 55-74.

Nickell, Stephen; Quintini, Glenda: The Recent Performance of the UK Labour Market. In: Oxford Review of Economic Policy, 18. Jg. (2002), H. 2, S. 202-220.

Nierhaus, Wolfgang: Praktische Methoden der Konjunkturanalyse. In: Ifo Schnelldienst, 51. Jg. (1998), H. 28, S. 7-19.

Nielen, Jochen: Das Leitbild des Laisser-faire in der Politischen Ökonomie von Smith bis Keynes, dargestellt anhand der Hauptwerke von Smith, Malthus, Ricardo, Mill, Marshall und Keynes. Bonn 2000.

Nordhaus, William D.: The Political Business Cycle. In: Review of Economic Studies, 42. Jg. (1975), H. 2, S. 169-190.

OECD: Employment Outlook. Paris 1994.

Derselbe: Economic Outlook Nr. 65. Paris 1995.

Derselbe: Economic Outlook Nr. 72. Paris 2002.

Derselbe: Ongoing changes in the business cycle. In: Derselbe: Economic Outlook Nr. 72. Paris 2002.

Derselbe: Policy Brief: Economic Survey of Germany. Paris 2002.

Derselbe: Economic Outlook Nr 73. Paris 2003.

Derselbe: OECD in Figures. Paris 2003.

Okun, Arthur M.: Potential GNP: Its Measurment and Significance. In: Proceedings of the Business and Statistics Section, American Statistical Association (1962), S. 98-103.

Paasche, H.: Über die Preisentwicklung der letzten Jahre nach den Hamburger Börsennotierungen. In: Jahrbücher für Nationalökonomie und Statistik, 23 (1874), S. 168-178.

Parker, Simon C.: Do Banks Ration Credits to New Enterprises? And Should Governments Intervene?. In: Scottish Journal of Political Economy, 49. Jg. (2002), H. 2, S. 162-95.

Paschke, Dennis: Mikroökonomie anschaulich dargestellt. Heidenau 2003.

Phillips, Alban W.: The Relationship Between Unemployment and the Rate of Change of Money Wage Rates in the United Kingdom 1861-1957. In: Economica, 25. Jg. (1958), H. 2, S. 283-99.

Pigou, Arthur C.: The Value of Money. In: The Quarterly Journal of Economics, 32. Jg. (1917), H.1, S. 38-65.

Pollock, Richard L.; Suyderhoud, Jack P.: An Empirical Window on Rational Expectations Formation. In: The Review of Economics and Statistics, 74. Jg. (1992), H. 2, S. 320-324.

Ragacs, Christian: Warum Mindestlöhne die Beschäftigung nicht reduzieren müssen: Ein Literaturüberblick. In: Working Paper, Wirtschaftsuniversität Wien: Working Paper No. 19. Wien 2002.

Ricardo, David: On the Principles of Political Economy and Taxation. In: Sraffa, Piero (Hrsg.): The Works and Correspondence of David Ricardo. Cambridge 1951a. Volume I, S. 1-447.

Derselbe: Funding System. In: Sraffa, Piero (Hrsg.): The Works and Correspondence of David Ricardo. Cambridge 1951b. Volume IV, S. 149-200.

Romer, Christina D; Romer, David H.: Does Monetary Policy Matter? A New Test in the Spirit of Friedman and Schwartz. In: NBER Macroeconomics Annual. Cambride, MA, London1989, S. 121-170.

Romer, David H.: Advanced Macroeconomics. New York 2001.

Rowley, Eric E.: Hyperinflation in Germany. Perceptions of a Process. Aldershot 1994.

Romer, Paul M.: Endogenous Technological Change. In: Journal of Political Economy, 98. Jg. (1990), H. 5, S. S71-S102.

Sachverständigenrat zur Begutachtung der gesamtwirtschaftlichen Entwicklung (Hrsg.): Zwanzig Punkte für Beschäftigung und Wachstum. Jahresgutachten 2002/03. Wiesbaden 2002.

Schaller, Huntley: A Re-Examination of the q-Theory of Investment Using U.S. Firm Data. In: Journal of Applied Econometrics, 5. Jg. (1990), H. 4, S. 309-325.

Sedillot, René: Muscheln, Münzen und Papier. Die Geschichte des Geldes. Frankfurt a.M., New York 1992.

Siebert, Horst: Einführung in die Volkswirtschaftslehre. Stuttgart 1996.

Derselbe: Labor Market Rigidities: At the Root of Unemployment in Europe. In: Journal of Economic Perspectives, 11. Jg. (1997), H. 3, S. 37-54.

Smeeding, Timothy M.: Globalization, inequality and the rich countries of the G-20: evidence from the Luxembourg income study (LIS). In: SPRC Discussion Paper No. 122, 2002.

Smith, Adam: Der Wohlstand der Nationen. Eine Untersuchung seiner Natur und seiner Ursachen. Herausgegeben von Claus Recktenwald nach der vollständigen Ausgabe nach der 5. Auflage (letzte Hand), London 1789, München 1996.

Sobel, Robert: The Great Bull Market: Wall Street in the 1920s. New York 1968.

Solow, Robert M.: A Contribution to the Theory of Economic Growth. In: Quarterly Journal of Economics, 70. Jg. (1956), H. 1, S. 65-94.

Spence, Michael: Job Market Signalling. In: The Quarterly Journal of Economics, 87. Jg. (1973), H. 3, S. 355-374.

Statistisches Bundesamt Deutschland (Hrsg.): Wohnsituation und Ausstattung privater Haushalte in Deutschland 1998. Wiesbaden 1998. Internetausgabe unter http://www.destatis.de/presse/ deutsch/pm1998/evs-sta98.htm, eingesehen 18.02.2003.

Derselbe: Preise. Wiesbaden 2003. Internetausgabe unter http://www.destatis.de/download/d/preis/jd_ab_1948.pdf, eingesehen 01.03.2003.

Taylor, John: Staggered Price Setting in a Macro Model. In: American Economic Review, 69. Jg. (1979), H. 2, S. 108-113.

Thorp, John; Turnball, Philip: Banking and Monetary Statistics. London 2000 (=Handbooks in Central Banking)

United Nations: United Nations Development Programme annual report. New York 2003.

Weissenfeld, Horst; Weissenfeld, Stefan: Im Rausch der Spekulationen. Im Rausch der Spekulationen. Rosenheim 1999.

Williamson, John: On the System in Bretton Woods. In: AEA Papers and Proceedings, The Breakdown of the Bretton Woods System, 75. Jg. (1985), H. 2, S. 74-79.

World Bank: Millenium Development Goals. http://www.developmentgoals.org/Data.htm, 2004.

Yellen, Janet L.: Symposium on the Budget Deficit. In: The Journal of Economic Perspectives, 3. Jg. (1989) H. 2, S. 17-21.

Zimmermann, Horst; Henke, Klaus-Dirk: Finanzwissenschaft : eine Einführung in die Lehre von der öffentlichen Finanzwirtschaft. München 2001.

STICHWORTVERZEICHNIS

A

B

C

D

E

F

N

O

P

V

W

Z

Christian Rauda, Hanna Kaspar, Patrick Proner

Pro & Contra

Das Handbuch des Debattierens

288 S., ISBN 978-3-86707-151-2

Seit in Cambridge im Jahr 1815 und in Oxford im Jahre 1823 die ersten Debattierclubs gegründet wurden, stehen sich Redner an zahlreichen Schulen und Hochschulen gegenüber, die ihre Kräfte in Form von rhetorischer Schlagfertigkeit, Eloquenz und Wortwitz messen. Inzwischen hat sich dieser Gesellschaftssport auch in Deutschland etabliert.

Neben den verschiedenen Regeln der Debatten werden in diesem Buch auch Tipps für eine erfolgreiche Rede vermittelt. Insbesondere werden zu über 70 aktuellen Themen aus Politik, Wirtschaft und Gesellschaft außer einer kurzen prägnanten Einführung mit den nötigen Grundinformationen auch Pro- und Contra-Argumente, mögliche Anträge und passende Zitate präsentiert. Nicht nur im Unterricht an Schulen können die Themen zum Einstieg in eine Debatte oder auch als Denkanstoß beim Verfassen von Aufsätzen genutzt werden.

Dieses Buch sei aber auch jedem empfohlen, der schlicht ein Interesse an aktuellen Themen wie z.B. „Wehrpflicht", „Geheime Vaterschaftstests", „Prostitutionsverbot", „Rente ab 70", „Schuluniform", „Kernkraft", „Tierversuche" usw. hat. Als Nebeneffekt ergibt sich vielleicht ein besonders gelungenes Argument oder auch ein passendes Zitat bei der nächsten privaten Diskussion.

Aktuelle Informationen, auch über unser weiteres Buchprogramm, finden Sie im Internet: **www.pd-verlag.de**